KB151417

The Oxford Handbook of the Psychology of Working

일의 심리학

David L. Blustein 편

박정민 · 김태선 · 신주연 · 남지혜 공역

박영story

역자 서문

"우리는 전문가.
그래서 우리가 알고 있는 지식은 절대적인 진리야."

과연 그럴까?
우리와 함께 작업하고 있는 client가 갖고 있는 중요한 니즈들 중에
혹시 우리가 미처 알지 못하고 간과하는 것은 없을까?
현재 내가 하고 있는 전문가로서의 역할 및 행동에 있어서
조금 더 범위를 넓히고,
조금 더 시야를 확장해야 할 것은 무엇일까?

이 책을 번역하면서,
기존에는 당연하게만 생각했던 심리학 이론들이 가지고 있는 한계점들과,
진정으로 client를 위한 조력 서비스를 하기 위해
그리고 변화하는 시대에서
사람들이 건강하게 살아갈 수 있는
역량을 개발하는 과정을 돕기 위해
우리가 새롭게 관심을 가져야 할 활동에 대해
정말 새삼스럽게 다시 생각해보는 기회를 가지게 되었다.

"그거 다 아는 건데"
"나도 다 하고 있어요"
"쓸데없는 얘기로 시간 낭비하지 말아요"라고 이야기하며
변화에 저항하는 내담자를 보면서 안타까워했던 우리지만,
정작 우리 자신도 기존에 가지고 있었던 생각과 가치관, 지식의
틀 안에 갇혀서 우물 안 개구리같이 살고 있는 것은 아닐까
하는 신선한 두려움을 느낄 수 있었다.

이 책의 번역 작업은
진정으로 건강하고 역량있는 전문가가 되려면,

끊임없이 스스로를 돌아보려는
자세를 가지고,
한 단계 더 성장하고 성숙하기 위해
시간과 에너지를 투자하는
노력을 해야 한다는 당연한 생각을
새삼스럽게 다시 해볼 수 있는 좋은 기회였다.

이 책을 통해,
client의 건강과 행복을 위해
노력하고 계신 전문가분들이
기대하시고 목표하시는 방향으로
한 단계 더 성장할 수 있는 기회를
가지시기를 진심으로 기원한다.

[번역 담당]
박정민 : 1, 2, 3, 4, 5, 6장
김태선 : 7, 14, 15, 17, 18장
신주연 : 8, 9, 12, 13장
남지혜 : 10, 11, 16장

2018년.
같은 하늘 아래.
박정민, 김태선, 신주연, 남지혜.

차 례

참고문헌 ··· QR코드

스마트폰으로 이 QR코드를 스캔하시면 참고문헌을 이용할 수 있습니다.

1부
이론적 기초

1장   일의 심리학: 새로운 시대를 위한 새로운 시각

데이빗 블루스틴(David L. Blustein)

초록

1장은 '옥스포드 핸드북: 일의 심리학'의 서문으로서, 여기에서는 일의 심리학이 관심을 가지고 있는 두 가지 주제에 대해 리뷰를 해보려고 한다. 첫 번째로는 일과 진로에 대해 기존에 이루어졌던 담론들에 대한 비판, 두 번째로는 일의 심리학적 특성을 이해하기 위한 새로운 시각의 틀, 그리고 그 다음에는 이 책의 각 장에 대해 짤막한 설명을 제공할 것이다. 사람들의 삶에 있어서 일이 담당하고 있는 역할에 대해 통합적으로 의미있는 이야기를 해볼 수 있는 기반을 마련하기 위해, 여러 가지 요소들이 독자적/통합적으로 어떻게 기능하는지에 대해 요약할 계획이다. 마지막으로는 일의 심리학이라는 시각을 좀더 발전시키기 위한 방안들을 제시해보려고 한다.

키워드

일의 심리학, 일, 진로개발, 조직심리학, 빈곤, 사회적 정의, 진로상담

일은 사람의 인생에 있어서 매우 핵심적인 요소이다. 삶의 구조, 생존의 수단, 다른 사람들과의 관계, 그리고 가장 중요한 자기결정력(self-determination)의 도구를 제공해준다(Blustein, 2006, 2008; Budd, 2011; Juntunen, 2006; Richardson, 1993, 2012). 어느 나라에 살고 있든지, 대부분의 사람들은 일의 삶을 준비하고, 그에 대해 적응하며, 일의 삶을 관리하기 위해 엄청나게 많은 시간과 에너지를 투자한다. 그리고, 사람들과 커뮤니티에 영향을 미치는 주요 위기사건들은 과거에도 그랬고, 현재에도 일과 관련된 것들이 많다(Clifton, 2011; Wilson, 1996). 이러한 위기들은 종종 사회와 나라에게 엄청난 영향을 주며, 개인 삶의 과정에도 큰 영향을 미친다

(Sen, 1999; Wilson, 1996). 전쟁, 기근, 개인의 안전에 대한 위험요소들은 모두 개인의 안전감에 대해 직접적인 연관성이 있었다(Clifton, 2011; Sachs, 2005). 즉, 일의 부족은 빈곤과 마찬가지로 사회적, 경제적 분열을 가져올 수 있는 핵심적인 원인이 된다. 동시에, 의미있는 양질의(decent) 일은 만족스러운 삶을 꾸려나갈 수 있는 기반을 만들어준다. 사람들은 일을 통해 자신과 가족의 생존을 책임질 수 있고, 세상에서 자신의 가치와 흥미를 표현할 수 있는 창구를 가지게 된다(Lent, Brown, & Hackett, 2002; Savickas, 2011; Super, 1980).

내러티브(narrative), 비망록, 소설 등 다양한 예술적 표현물들을 잘 살펴보면, 사람들의 삶에서 일

이 핵심적인 위치를 차지한다는 것을 강조하고 있다(Blustein, 2006; Bowe, Bowe, & Streeter, 2000; Budd, 2011; Terkel, 1974). 심리학 분야의 학자들, 정책자문가들, 현장전문가들은 항상 일의 중요성에 대해 관심을 가져왔다(e.g., Blustein, 2008; Brown, & Lent, 2005; Fassinger, 2008; Fouad & Bynner, 2008; Hall and Associates, 1996; Savickas, 2011). 이러한 관심을 기반으로 일과 진로, 직업에서의 웰빙에 대해 지속적으로 연구가 이루어져왔고, 일에 관련된 전반적인 이슈와 도전과제들을 포함한 다양한 연구결과가 발표되었다(e.g., Brown & Lent, 2005; Duffy, Diemer, Perry, Laurenzi, & Torrey, 2012; Eggerth, Delancy, Flynn, & Jacobson, 2012; Flores et al., 2011; Quick & Tetrick, 2010; Walsh & Savickas, 2015). 사실, 응용심리학자들(임상심리학, 상담심리학, 산업 및 조직심리학의 선구자들)의 초기 연구결과물은 대부분 사람들이 일을 기반으로 한 계획을 세우는 것을 돕고, 점점 더 다양해지는 일을 맡기기 위해 조직이 최적의 후보들을 고르는 일을 돕기 위한 것이었다(Koppes, 2007; Savickas & Baker, 2005).

하지만, 응용심리학자들은(산업 및 조직심리학은 예외로 하고) 곧 정신건강에 대한 이슈들에 초점을 맞추게 되었고, 심리학의 영향력을 확장하여 도움을 필요로 하는 사람들에게 서비스를 제공하는 일에 주력하기 시작했다.

이렇게 심리학 내에서의 세부전공이 늘어남에 따라, 인간행동의 맥락으로서의 일은 대부분의 심리학분야에서 분리되어지기 시작했다. 일이라는 것이 우리가 매우 많은 시간과 에너지를 투자하게 되는 인생의 한 부분임에도 불구하고, 결국은 일에 대한 명확한 심리학적 개념을 정립하지 못하게 된 것이다. 현재에도 몇 가지 경우를 제외하고는 대부분의 심리치료와 개인이론의 핵심적인 요소에 일이 포함되어 있지 않다(e.g., Axelrod, 1999; Lowman, 1993; Richardson, 2012, Socarides & Kramer, 1997). 더 나아가서, 남미(와 많은 나라들) 심리학 분야의 현장전문가와 학자들이 일에 대해 관심을 가지는 대상은 어느 정도의 특권과 선택의 자유를 가지는

사람들에게만 점점 제한되어가는 경향이 나타났다. 이러한 상황들을 기반으로, 많은 학자들은 기존 심리학의 접근법에 대해 비판을 하기 시작했고, 한 개인의 심리학적 웰빙에 있어서 일이 차지하는 역할에 대해 더 많은 관심을 가져야 한다고 주장하기 시작했다(e.g., Blustein, McWhirter, & Perry, 2005; Harmon & Farmer, 1983; Richardson, 1993).

이 장과 (다른 장들에서) "일의 심리학"이라는 용어는 일에 관련된 기존 심리학적 이론들에 대한 비판을 할 때에도 사용되고 있고, 현재 일을 하고 있으며 앞으로 일을 하기를 원하는 다양한 사람들의 일 경험들을 이해하고자 하는 새로운 시각으로서도 사용될 것이다. 이러한 새로운 움직임의 아젠다로서, 필자는 다양한 학자들과 현장전문가들을 모아서 이 핸드북 프로젝트를 발족하였다. 우리는 다양한 맥락과 상황이 포함된 일의 경험에서 사람들이 마주하게 되는 복잡한 도전과제들에 대해 신중하고 비판적인 시각을 가지고 생각해보려고 한다.

서문에서, 필자는 일의 심리학을 위한 기반과 이 핸드북의 전체내용을 정리하여, 사람들의 삶에서 일이 담당하고 있는 역할에 대해 이제 시작되고 있는 이야기들을 더 확장하고 더욱 심층적인 논의가 이루어지도록 하는 작업을 해보려고 한다. 일의 심리학의 기본전제들을 제시한 후에는, 각 장의 내용을 간단하게 리뷰하여 다양한 전문가들의 논의가 잘 이해될 수 있도록 조력할 계획이다. 마지막으로는 연구와 현장실무, 그리고 이론개발이 나아갈 미래 방향을 강조하는 방법들을 몇 가지 제시할 것이다.

일의 심리학이란?

하나의 시각으로서의 '일의 심리학'은 응용심리학의 초반시기에서 찾아볼 수 있다. 개인 및 조직의 시각에서 일에 대해 광범위한 관심을 가졌던 때 말이다(Koppes, 2007; Savickas & Baker, 2005; Zickar, 2004). 20세기 초반의 심리학자들(직업 가이던스의 파슨스(Parsons)와 인사심리학의 문스터버그

(Munsterberg) 및 동료들)은 삶에서의 핵심적인 부분에 대한 이해도를 넓히기 위해 일에 대한 연구를 시작하였다. 이와 동시에 이들은 응용심리학의 현장실무에 대해서도 흥미를 보였다. 직업 가이던스 학자와 현장전문가들은 사람들이 일의 삶에서 의미와 만족도를 높이기 위해 미래에 대한 현명한 선택을 하는 것을 돕는 데에 관심이 있었다. 인사 심리학자들은 개인-환경 적합도와 유사한 질문들에 대해 흥미를 보였지만, 그 범위는 조직의 시각에서 생산성과 직원 근무기간, 일에 대한 만족도를 높이는 것에 한정되었다. 20세기 중반쯤 되었을 때부터 이 두 가지 분야들이 급성장하였고, 인상적인 결과를 제시한 연구들과 세심하게 신경을 써서 구성한 이론들, 그리고 존경심을 표현할 만한 현장실무들이 나타나기 시작했다. 직업 가이던스와 인사심리학은 각각 독특한 내용의 이론들과 하위 개념들을 많이 만들어내었지만, 그 접근법들에서 공통적인 주제로 나타났고 지금도 나타나고 있는 것은 일에 대한 심리학적인 연구였다. 따라서 이 이론들을 통합하고, 일에 대한 다양한 심리학적 연구들을 분리시켜버리는 문제를 해결할 수 있는 하나의 개념적 틀의 구축에 대한 필요성이 대두되었다. 불필요한 분야간의 구분선들은 삶의 다른 영역들로부터 일에 대한 연구를 분리시켜버렸고, 각 분야는 지엽적인 초점에 집중하여 결국은 전체적인 심리학 산업계에 부정적인 영향을 미치게 되었기 때문이었다.

일의 심리학에 대해 더 세부적으로 살펴보는 작업을 하기 전에, 여기에서 먼저 일의 심리학이 아닌 것이 무엇인지를 명료화하는 일이 중요할 것 같다. 우선 가장 핵심적인 사실은, '일의 심리학은 하나의 이론이 아니다'라는 것이다. 그보다는 심리학을 포함한 많은 학문들의 분야에서 발생된 다양한 트렌드들이 만나면서 도출된 하나의 시각이라고 말할 수 있겠다. 일의 심리학이라는 시각은 응용심리학과 진로개발 분야를 지난 몇십년 동안 지배하고 있었던 일과 진로에 대한 담화들을 비판하는 데에서 처음 시작되었다. 진로선택, 진로개발과 전통적인 산업 및 조직심리학에 대한 기존 연구들에 대한 비판은 새롭고 더 광범위한 시각의 윤곽을 그려내는 작업에 도움을 주었다.

이 새로운 시각은 아직 개발과정의 초기단계에 머물러 있다. 따라서, 이 핸드북은 사람들의 삶에서 일이 담당하고 있는 역할에 대해 잘 이해할 수 있게 해줄, 광범위한 공감대를 형성할 수 있고 간결한 접근법의 발전을 촉진하기 위해 기획되었다.

두번째이지만 첫번째만큼 중요한 요소는 일의 심리학이 어떤 한명의 학자나 어떤 연구그룹만이 주장하는 개념은 아니라는 사실이다. 일의 심리학이라는 시각은 일과 진로에 대해 수십년동안 유지되어온 전통적인 가정 및 시각들을 비판하면서 만들어진 것이다. 앞으로 이 책에서 설명하겠지만, 일의 심리학이라는 시각은 특권을 별로 가지지 못한 사람들의 일의 삶에 대한 연구와 개입전략에 내재된 편견들을 알아챈 용감한 학자들 덕분에 만들어진 개념이다(e.g., Harmon & Farmer, 1983; Helms & Cook, 1999; Kornhauser, 1957; Richardso, 1993; Smith, 1983; Zickar, 2004). 그리고, 이러한 비판을 통해 일과 진로에 대한 심리학적 이해의 범위를 넓히기 위한 새로운 아이디어들이 도출되고 있지만, 이 아이디어들을 통합할 수 있는 명확한 시각은 아직 만들어지지 않은 상황이다(e.g., Helms & Cook; Szymanksi & Parker, 2003). 따라서, 이 핸드북이 가지고 있는 여러 목표들 중 하나는 다양한 비판들, 새로운 패러다임과 시각들을 전반적으로 통합할 수 있는 기회를 제공하는 것이 될 것이다.

이제부터 필자는 일의 심리학 개념을 소개할 것인데, 우선적으로는 기존의 담론에 대한 비판으로서의 기능에 초점을 맞춰보려고 한다. 그 다음에는 일의 심리학이라는 시각이 가지는 가장 중요한 특성들에 대해 신중하게 리뷰해볼 계획이다. 전체적으로 보면, 이 두 가지 부분들은 독자들에게 일의 심리학 시각에 대한 주요 내용들을 브리핑하면서 그 이후의 내용을 위한 기초적인 기반을 깔아줄 것이다. 이후의 논의에서 보여질 내용은, 이 핸드북의 주장근거와 일의 심리학이 변화시킬 것에 대한 전반적 개관이다. 일의 심리학 개념은 심리학자, 사회과학 연구자, 상담전문가들이 다양한 사람들(권력, 특권, 사회적 지역에 상관없이)의 일의 삶을 이해하고 그에 대해 개입하는 방법에 변화를 가져다줄 수 있다.

비판으로서의 일의 심리학

20세기, 일이라는 주제에 대해 이루어진 심리학적 연구의 트렌드들 중 하나는 일을 하고 있고, 앞으로 일을 하기를 원하는 다수의 사람들을 위한 일을 탐색하는 것으로부터, 어느 정도의 자유의지와 특권을 가진 사람들의 일의 삶을 탐색하는 것으로 옮겨갔다는 것이다. 몇 가지 경우를 제외하고(e.g., Harmon & Farmer, 1983; Kornhause, 1957; Richardson, 1993; Smith, 1983), 현대 직업심리학과 산업 및 조직심리학의 아젠다는 일의 삶을 어떻게 만들어갈지에 대해 어느 정도의 선택권을 가지고 있는 사람들을 이해하고 그 발전을 촉진하는 데에 집중되어왔다. 다음의 내용에서, 필자는 기존의 이론에 대해 비판적 시각을 제시했던 연구들을 리뷰하면서, 외부적인 장벽과 다양한 억압들이 인간의 행동과 웰빙에 대해 미치는 영향을 분석해볼 것이다.

1) 페미니즘과 젠더(gender)

일과 진로에 대한 기존의 규준들에 대해 새로운 아이디어와 정치적 시각을 더한 페미니스트 이론가들은 가장 중요한 비판들 중의 하나를 제시하였다. 교육과 고용기회, 양질의 일에 접근하기 위해 벅찬 도전과제들을 자주 해결해야 하는 여성들의 삶에 대해 지금까지 심리학 분야가 큰 관심을 보이지 않았다는 사실을 지적한 것이다(e.g., Barnett & Hyde, 2001; Betz & Fitzgerald, 1987; Brown, 2009). 페미니스트 비판가들은 다양한 삶의 역할들 사이의 관계와 단절을 살펴보기 위해 더 광범위하고 전반적인 시각을 도출해내었다(Fassinger, 2008). 예를 들어, 페미니스트 학자들은 성차별주의가 일터에서의 여성이 흥미를 발전시키고 승진기회를 갖는 것을 제한시킨 명시적인 방법과 암묵적인 방법을 밝혀냈다(Betz & Fizgerald, 1987; Fassinger, 2008).

또한 이들은 돌봄노동(care work)이 여성의 직업시장에서 많은 부분을 차지하고 있는 이유에 대해서도 사려깊은 담론을 도출하였다(Richardson, 2012). 이에 더하여, 페미니스트 학자들은 개인적 이슈와 정치적 이슈간의 복잡한 관계에 대해 창의적인 탐색을 하였다(Brown, 2009).

2) 인종과 문화

진로개발에 대한 중대한 비판들 중 일부는 많은 서구문화에서 인종차별주의가 유색인종의 기회들을 어떻게 제한시켰는지에 대해 예리한 검토를 하면서 이루어졌다(Carter & Cook, 1992; Helms & Cook, 1999; Smith, 1983). 즉, 학자들과 현장전문가들이 인종 및 문화이슈에 대해 비판을 했던 내용은 많은 경우, 인종차별주의와 다른 형태의 사회적 억압 때문에 기회에 대한 접근가능성이 불공정하게 배분된다는 사실을 강조한 것이었다. 또한 이러한 비판들은 문화가 일과 진로에 대한 담론을 어떻게 구조화하는지에 대한 관심을 증폭시켰다(Stead, 2004). 일에 대한 심리학적 연구들에 대해 인종과 문화가 미친 영향에 대해 검토해보면서, 우리는 일과 진로에 대한 서구기반의 전통적인 시각에는 편견이 내재되어 있다는 생각을 할 수밖에 없었다. 그렇다면 그 편견은 일에 대한 심리학적 연구에 정치적으로 기반되어 있는 중요한 요소라고 할 수 있을 것이다.

3) 성적 지향(Sexual orientation)

자신의 성적 지향 때문에 차별을 겪고 있는 상황이 존재한다는 사실은, 기존의 진로선택과 개발에 대한 시각과 가정에 대해 반드시 비판을 해보아야 한다는 필요성을 도출하였다(Chung, 2003; Lidderdale, Croteau, Anderson, Tovar-Murray, & Davis, 2007).

비이성(非異性)의 성적 지향에 대한 낙인은 특히 교육현장과 일터에 치명적인 영향을 미쳤고, 일에 기반한 계획을 세우고 일에 적응을 하고 있는 사람들에게 엄청난 도전과제를 제공하게 된다(Croteau, Anderson, DiStefano, & Kampa-Kokesch,

2000). 차별과 심리적 학대, 때로는 신체적 학대를 받는 환경에서 살아야 할 때 생기는 핵심적인 결과는 자기결정적인 일의 삶의 기회를 제한하는 것이 될 수밖에 없다. 또한 일터에서의 성적소수자(LGBT)들의 경험에 대해 들어보면, 전통적인 진로 담론의 실효성에 대해 자연스럽게 회의감을 가지게 된다.

4) 장애(Disability)

본인의 의지에 따라 진로를 선택할 수 있고, 비교적 고급교육을 받은 구성원들에게만 초점을 맞추어 연구를 하는 경향에 대한 지속적 비판들 중의 하나는 재활운동(rehabilitation movement)로부터 시작되었다(Fabian & Leisner, 2005; Neff, 1985; Szymanski & Parker, 2003). (신체적, 정신적) 장애의 특성과 조건들에 초점을 맞추면서, 학자와 현장전문가들은 일터에서의 불평등 상황을 마주하게 되었고, 일터에서의 삶에 있어서 그다지 바람직하지 않은 범위내에서만 선택이 가능했던 사람들을 만날 수 있었다. 사실, 포괄적인 일의 심리학에 대한 가장 분명한 필요성은 사람들의 삶 안에서의 일에 대한 맥락연구에 몰두했던 네프(Neff, 1985)와 동료들(e.g., Szymanski & Parker, 2003)에 의해 발전되었다. 일터에 있어서 장애가 미치는 영향에 대해 검토하면서, 우리는 일의 심리학이 가지고 있는 현대적인 비전에 내재되어 있는 몇 가지 이슈들을 발견하게 되었다. 예를 들어, 어떤 장애조건은 그 사람의 업무성과에 영향을 미칠 수 있는 부분과는 상관없는 사회적 장애물 때문에, 해당 개인의 선택 범위를 제한시킨다. 또, 장애조건에 의해 만들어진 낙인은 종종 각 개인이 일과 관련된 도전과제에 대해 의미를 부여하고 그에 대해 반응하는 방법에 영향을 미친다(Neff, 1985). 사실상, 장애의 심리학은 일에 대한 포괄적, 맥락적 심리학 연구를 위한 기반을 닦아왔다.

5) 인식론(epistemology)

인식론적인 수준에서, 일과 진로에 대한 주제를 포함하는 기존의 심리학적 담론에 대한 비판은 사회구성주의자의 시각으로부터 시작되었다(Burr, 1995; Gergen, 2009). 이 비판들의 독특한 특성들 중 하나는 이미 잘 알려진 현상이나 지식에 대한 기존 현장실무, 이론과 기반 가정들에 대해 의문을 품어본다는 것이다. 사비카스(Savickas, 1993)와 리차드슨(Richardson, 1993)의 논문들을 보면, 일, 진로, 심리적 현장실무 연구들 대부분의 기초를 형성하는 가정들이 정리되어 있다. 사회구성주의자들의 비판을 통해 보다 상대론적인 이해가 가능하게 된다는 것은, 많은 연구들에 기반되어 있는 가정들이 관계와 문화에 의해 형성되었다는 것을 가리킨다(Burr, 1995; Flum, 2001; Schultheiss, 2003, 2007). 사회구성주의자들은 지식이 구성되는 방법을 파악하고 싶어하며, 질문을 하는 방법과 탐색을 하는 방법을 구성하는 사회적, 정치적 담론을 이해하고 싶어한다. (사회구성주의 분석에 대한 세부 내용은 블루스틴, 슐타이스와 플럼(Bluestein, Schultheiss, & Flum, 2004)의 책과 이 책의 3장에서 찾아볼 수 있다.)

6) 요약

지금까지 진행해보았던 간단한 리뷰에서 볼 수 있듯이, 비판점들은 다수의 공통 주제를 가진 다양한 시점들에서 제기되었다. 첫째, 진로연구는 창의적이고 실질적인 좋은 성과를 많이 만들어냈지만, 심리학에서 일이 연구되는 방법, 개인과 조직이 일의 삶에서 웰빙이라는 목표를 달성할 수 있는 방법의 범위와 깊이를 제한한 면이 있다. 둘째, 일과 진로연구에 대한 기존담론에서는 일의 삶에 있어서 충분한 선택권을 가지지 못한 사람들에게 그다지 관심을 가지지 않았다. 셋째, 일과 진로에 대한 대부분의 현대적 시각들은 (몇 가지 예외 경우는 있지만) 사회적 장애물 때문에 일에 대한 접근성이 불공평하게 되는 상황에 대해 초점을 맞추지 않는 경향이 있었다. 넷째, 몇 가지 예외가 있긴 하지만(e.g., Richardson, 2012; Savickas, 2011; Super, Savickas, & Super, 1996), 일에 대한 심리학 연구는 날이 갈수록 편협해져갔고, 사람들의 다양한 삶을 전반적으로 설명하지 못하는 아이디어와 현장실무 전략들만을 만들어냈다. 이와 같은 비판들은 일의 심리학에 대한 시각을 발전시킬 수 있는 기반을 마련해주었는데, 이제부터 이 부분에 대해 살펴보도록 하겠다.

시각으로서의 일의 심리학

현대 일의 심리학이라는 시각의 발전은 리차드슨(Richardson, 1993)의 업적과 직접적으로 관련되어 있다. 그는 심리학자라면 다음의 이슈들에 대해 자신의 관점을 재구조화해야 한다고 주장하였다. (1) 진로보다는 일 자체에 대해 강조하기 (2) 기존의 인식론적인 관점을 확장하여 사회적 구성주의를 수용하기 (3) 돌봄노동과 시장노동 모두에 대해 관심을 갖기 (4) 여러 학문분야들의 시각을 가지고 일에 대해 탐색해보기.

이러한 제안들은 다양한 비판점들을 통합하여, 확장되고 포괄적인 일에 대한 연구를 위한 프레임워크를 구축하기 위한 것이다. 이 핸드북에서는 일의 심리학 시각의 전체적인 범위를 다루겠지만, 이번 장에서는 가장 핵심적인 내용에 대해 간단하게 살펴보기로 하겠다.

일의 심리학에서 가치가 담당하는 역할

프릴렐텐스키(Prilleltensky, 1997)는 심리학자들이 일을 이끌어나가는 가치들에 대해 잘 알고 있어야 한다고 주장하는 의미있는 논문을 발표했다. 심리학 분야의 연구와 현장실무는 가치중립적이어야 한다는 기존의 상식을 벗어나서, 그는 가치와 도덕적 결정기준은 우리가 하는 일에 스며들어 있다는 이야기를 하였다. 프릴렐텐스키에 의하면, 심리학자는 반드시 자신의 가치와 도덕적 기준을 명확히 인식하고 있어야 하며, 그러한 기준들을 자신의 일을 통해 표현하는 방법들을 찾아내야 한다.

가치와 도덕적 기준을 일의 심리학 시각에 통합시키는 작업은 몇 가지 중요한 함의를 가지고 있다. 일이라는 것은 각 개인의 경험특성을 구조화하는 사회적, 정치적 맥락에서 이루어지게 된다는 것을 고려할 때, 학자들과 현장전문가들이 일에 대한 연구방법을 정하는 의사결정은 개인, 가정, 커뮤니티에 대해 거대한 영향력을 미치게 될 것이다. 예를 들어, 조직의 리더를 훈련시키는 최적의 방법에 대해 연구하는 심리학자가 있다면, 조직에서는 그에게 직원들의 권리를 침해하는 데에서 오는 불만을 감소하기 위해 관리자는 어떤 행동을 해야 하느냐는 질문을 할 수 있다. 그리고, 일류대학에 다니는 중산층 출신의 학생들이 보이는 진로선택과 발전에 대한 연구는 그 학자에게 내재된 가치관을 보여주게 될 것이다. 물론, 이러한 시도들은 우리의 작업과정에서 자연스럽게 나타나게 되는 것이지만, 내담자 개인과 그가 소속된 커뮤니티에게 매우 긍정적인 성과를 안겨주는 경우가 많다. 하지만, 가치에 대한 질문을 간과하게 되면, 학자와 현장전문가로서 어떤 의사결정을 하게 될 때 특권을 가진 사람들에게는 권한을 만들거나 유지해주고, 특권이 없는 사람에게는 별 도움이 되지 못하는 위험요소를 만나게 될 수 있다.

일의 심리학에 대한 핵심적 가정

일의 심리학이라는 시각은 일의 연구에 대한 방향성을 수립하고, 개인, 조직, 커뮤니티를 위한 개입전략을 개발하기 위한 핵심적인 요소를 몇 가지 가지고 있다. 지금부터 정리해볼 요소들은 모든 것을 포함하고 있지는 않지만, 최신문헌에서 제시된 핵심내용들을 요약해줄 것이다(e.g., Blustein, 2006, 2011; Fassinger, 2008; Fouad & Bynner, 2008; Juntunen, 2006; Richardson, 1993, 2012).

● 다양한 인식론들(논리실증주의, 후기실증주의, 사회구성주의를 포함)은 일의 특성을 이해하기 위해 사용 가능한 전략이다.

학자는 세계의 특성을 이해하는데 있어서 특정한 양식을 사용해야 한다는 암묵적/명시적 기대가 존재하긴 하지만, 일의 심리학에 대한 시각은 특정한 형식이 다른 것들보다 더 우월하다는 관점을 가지지 않는다. 학자와 전문가가 선택한 인식론은 프로젝트에 내재된 가치와 제시하는 질문들에 기반하고 있어야 한다. 이 핸드북에서 살펴보았던 일에 대한 포괄적인 연구에 포함된 이슈들은 다양한 인식론들에 기반하고 있다. 논리실증주의부터(e.g., Duffy et al., 2012; Eggerth, DeLancy, Flynn, & Jacobson, 2012; Kenny, Blustein, Haase, Jackson, & Perry, 2006) 후기실증주의까지(Blustein et al., 2010; Flores et al., 2011), 그리고 사회구성주의의 관점 (Stead & Perry, 2012)도 포함한다.

● 일은 사람들의 삶에 있어서 핵심적인 요소이다.

대부분의 독자들은 잘 알고 있겠지만, 일이 우리의 인생에 있어서 담당하는 핵심적인 역할(웰빙의 촉진이나 방해, 건강하고 안전하며 서로 배려하는 커뮤니티의 기반구축)은 명료하게 증명되어 있다. 사람들의 삶에 있어서 일이 중심적인 역할을 한다는 주장은 다양한 연구들을 통해 제시되었고(Blustein, 2008; Quick & Tetrick, 2010; Richardson, 2012), 여러 내러티브, 비망록, 예술작품, 문학과 음악에서도 쉽게 찾아볼 수 있다(Blustein, 2006; Budd, 2011). 심리학의 초기역사에서도 설명되었듯이, 일은 삶을 구조화하는 핵심적 요소이며, 역사적, 문화적 구분선을 넘어서 사람들을 연결해준다(Bluestein, 2006; Budd, 2011; Donkin, 2011).

● 일은 정신건강에 있어서 핵심적인 요소이다.

일의 심리학 시각이 가지는 핵심적인 가정에는, '일은 긍정적인 정신건강을 촉진하고 유지시킬 수 있는 능력을 가지고 있다'는 것이 있다. 많은 학자들은 이러한 주장을 지지해서, 실업과 불완전 고용의 영향력에 대한 연구들(eg., Paul & Moser, 2009)을 보면 정신건강 문제들의 원인은 실업으로 나타난 경우가 있었다. 여기에 더하여, 양질의 일을 하고 있는 경우에는 정신건강 문제, 반사회적 행동, 그 외의 부적응적인 행동 발생률이 낮은 것으로 나타났다(e.g., Bluestein, 2006; Shore, 1998).

● 일에 대한 심리학 연구는 현재 일하고 있고, 앞으로 일하기를 원하는 모든 사람들의 일의 삶을 대상으로 한다.

앞에서 언급했듯이, 일의 심리학이 가지는 기본적인 가정들 중의 하나는 현재 일하고 있고, 앞으로 일하기를 원하는 모든 사람들을 포함시킬 수 있을만큼 충분히 커다랗고 친화적인 텐트를 만드는 것이다(Richardson, 1993). 그렇다고 해서 이러한 가정이 진로선택과 개발, 경력 관리나 경력에 대한 최신 심리학적 연구에서 수립된 다른 관점들에 대한 전통적인 초점을 제외시키는 것은 아니다.

그보다 중요한 것은, 일에 관련된 전 세계의 다양한 요소들을 포함시킬 수 있도록 설계된 연구가 이루어져야 한다는 사실이다. 최고 높은 수준의 기획과 의미있는 교육에 관련된 직업부터 생존만을 위한 직업까지(그리고, 이 두 가지 극단점 사이에 위치한 모든 직업들) 모두 포함된다. 그리고, 일의 심리학 시각은 실업과 불완전 고용 상태일 때, 일에 부정적인 영향을 주는 장애조건에 적응하고 있을 때의 목표의식까지 포함한다.

● 일 경험과 일 이외의 경험은 사람들의 자연스러운 인생과정에서 밀접하게 연결되어 있는 경우가 많다.

앞에서 언급했듯이, 심리학이론과 현장실무는 시간이 지날수록 범위가 편협해져서, 실제 사람들의 삶과 일치되지 않는 내용을 담는 경우도 생기게 되었다. 따라서, 일에 관련된 이론과 현장실무에서 보여지는 실제 삶의 모습은 어떤 것인지를 명확하게 파악해야 할 필요성이 있다. 갈수록 심리학의 세부 분야가 늘어나는 현상과 반대로, 일의 심리학 시각에서는 심리학담론을 통합시키지 못하는 기존의 카테고리들을 감소시키거나 제거하기 위해 노력하고 있다. 우리가 기대하는 이상적인 담론은 사람들이 자신의 삶에 대해 직접 말하는 언어를 통해, 생생한 일의 경험을 탐색하는 것이다. 비망록과 내러티브에서의 발췌 내용을 통해 보면 (e.g., Blustein, 2006; Bowe et al., 2000; Terkel, 1974), 일은 우리의 삶의 다른 부분과 매우 긴밀하게 연결되어 있다. 우리는 인생에서 다양한 역할을 수행하고 있으며, 그 역할들은 체계적인 방식으로, 그리고 무계획적인 방식으로 서로 연결되어 있어서, 통합적인 인생경험이라는 아름다운 타페스트리로 탄생하게 된다(cf. Super, 1980).

● 사람들의 삶에서 일이 담당하고 있는 역할을 명확하게 이해하는 것은, 일에 대한 심리학적 탐색과정의 핵심이다.

일이 가지고 있는 복잡하고 미묘한 특성을 이해하고 싶다면, 심리학자들은 각 개인이 일과 관련된 과제를 할 때 마주하게 되는 경험에 대해 공감적으로 접근하는 방법을 개발할 필요가 있다. 최근의 질적 연구(e.g., Flores et al., 2011; Fouad, Cotter, Carter, Bernfeld, & Liu, 2011; McIlveen, Beccaria, DuPreez, & Patton, 2010)들을 보면, 사람들이 자신의 일 경험을 이해하고 그에 대해 의미를 만드는 복잡하고 미묘한 방법들을 심층적으로 연구하여, 연구에서 공감과 관계가 가지는 중요성을 강조하였다. 거시적으로 보았을 때, 연구를 통해 일에 대한 사람들의 생생한 경험을 듣게 되면, 일에 대한 상담실무와 공공정책 계획을 효율화할 수 있는 가능성이 높아질 것이다.

● 일의 심리학 시각은 사회적, 경제적, 정치적 세력들이 자원 및 행동유도요소(affordance)의 배분에 영향을 주는 방법을 파악하기 위해 노력한다.

거시적 수준의 요소들에 초점을 맞춰보면, 심리학자들은 일이 삶의 가장 핵심적인 놀이터(즐거운 꿈과 괴로운 좌절이 공존하는 곳)들 중의 하나로서 기능하는 방법을 이해할 수 있게 된다. 직업심리학과 산업 및 조직심리학에서 일에 대하여 진행된 전통적인 연구들이 일반적인 사회적, 경제적 장벽들을 탐색하고 파악했던 반면, 일의 심리학 시각에서는 사례개념화, 연구, 현장실무, 정책제안의 앞에 놓여 있는 세부적인 자원 및 장애물들을 중요하게 생각하며 고려하고 있다.

● 일의 심리학 시각은 시장(marketplace)과 돌봄(caregiving)이 포함된 다양한 맥락에서 일이 진행되고 있다는 사실을 인정한다.

리차드슨(Richardson, 1993, 2012)이 확신을 가지고 주장했듯이, 일이란 금전, 상품, 서비스를 얻기 위한 고용에만 국한되는 것이 아니다. 일에 대해 정말 광범위하게 접근할 수 있으려면, 오랜 기간 동안 다양한 문화에서 지속적으로 이루어져왔던 돌봄노동(가족 구성원과 사랑하는 사람들을 돌봐주는 것)에도 관심을 가져야만 한다.

● 일의 심리학 시각은 문화와 관계적 맥락 안에서 일을 개념화하려고 한다.

문화와 관계적 프레임워크가 명확하게 내재되어 있는, 일에 대한 최근 개념화 내용을 보면 실업

(e.g., Stead & Perry, 2012), 사회적 계급(McIlveen, et al., 2010), 돌봄노동(Richardson, 2012)과 빈곤(Blustein, 2011b)에 대한 정보적인 관점을 볼 수 있다.

● 프레임워크로서의 일의 심리학은 기존 이론들을 더 풍요롭게 발전시킬 수 있는 잠재력이 있다.

일의 심리학이 다루는 광범위하고 포괄적인 범위에는 기존의 진로선택, 진로상담, 심리치료, 조직심리학, 경력관리이론들이 모두 포함되어 있어서, 각 요소들의 영향력과 설명력을 확장시킬 수 있는 기회를 가질 수 있다. 더 큰 시각으로 보면, 일의 심리학은 전통적인 이론에 새로운 양식을 만들어낼 수 있는 개념적 근거와 도구를 더해주어, 일의 세계가 급격하게 변화하는 것에 발맞추어 확장할 수 있게 해준다.

● 이상적으로, 일은 사람의 핵심적인 니즈를 충족시켜줄 수 있는 잠재력을 가지고 있다.

많은 학자들은 일을 통해 충족할 수 있는 우리의 니즈가 무엇인지 파악하기 위해 애써왔다(e.g., Neff, 1985; O'Brien, 1986). 통합적인 시각을 가지고 다양한 분류체계들을 고려해보면, 다음과 같은 세 가지의 니즈들이 나타난다(Blustein, 2006):

(1) 생존과 권력의 니즈: 과거의 원시 수렵-채집인 시대를 떠올려 보면 쉽게 알 수 있듯이, 일이라는 것은 우리가 생존하는데 있어서 가장 핵심적이고 중요한 요소이다. 그리고, 일은 사회적 지위와 명예 및 금전의 획득을 통해 세상에서 한 개인의 권력수준을 높여줄 수 있는 잠재력을 가지고 있다.

(2) 사회적 관계의 니즈: 많은 사람들에게 있어서, 일이란 다른 사람들과의 관계를 맺을 수 있는 광범위한 기회들을 제공해주는 것이다(Flum, 2001; Schultheiss, 2003). 그리고, 일은 지지적인 관계와 문제가 있는 관계 모두를 포함하여, 타인과의 다양한 상호작용들이 이루어지는 주요한 극장으로서 기능하는 것이기도 하다. 또한, 사람들은 일 경험을 통해 사회에 대한 직/간접적인 기여를 하게 되어, 일상에서 사회적 세상과 연결을 할 수 있게 된다(Blustein, 2011a).

(3) 자기결정력에 대한 니즈: 가장 이상적인 상황이라면, 일은 사람들에게 흥미와 에너지에 대한 욕구를 채워주고, 의미있는 활동들을 할 수 있는 기회를 제공해줌으로써, 자기결정력을 강화시켜준다(Ryan & Deci, 2000). 또, 자기결정력은 자신이 가치롭게 생각하는 목표를 달성가능하게 도와주며, 동기수준을 높여주는 업무 과제를 통해 획득가능하기도 하다.

일의 심리학 시각의 현재상황

앞에서 살펴보았듯이, 일의 심리학 시각은 심리학적 연구, 현장실무, 공공정책 제안에서 일이 이해되고 있는 방법을 생산적으로 촉진시키고 확장해줄 수 있는 변형적 프레임워크를 제공해준다. 일의 심리학 시각은 일에 대한 현대 심리학담론에서의 지배적 이론들이 가지고 있는 특권을 감소시키려는 포괄적인 시각이다. 사람들은 일의 심리학 시각을 발전시키기 위해 다양한 학문과 프로그램을 개발하려는 시도를 시작하였다. 이와 같은 시도들 중의 일부는 일의 심리학에 직접적으로 연결되는 아이디어를 만들어내었고, 또 다른 일부는 더욱 미묘하게 변화하는 시대정신(전통적인 진로내러티브에 대한 비판적인 검토를 환영하는 전문가세계의 분위기를 반영)을 만들어내었다.

전통적인 진로연구에 대한 비판에 기반하는 사회정의는 이론, 연구, 현장실무의 스펙트럼에서 매우 큰 변화를 만들어왔다. 예를 들어, 사회정의에 대해 고려한 내용은 새로운 텍스트(e.g., Hartung & Subich, 2011; Watson & McMahon, 2012)에서, 리뷰 논문과 문헌(e.g., Fassinger, 2008; Fouad, 2007)에서, 이론적인 계획(Richardson, 2012; Vondracek, Ferreira, & Santos, 2010)에서 더욱 명료하게 나타나고 있다. 그리고 신진 학자 그룹에서는 불평등과 부당함을 유지시키는 도미노효과를 만들어낸 구조에 대해 어떻게 하면 조금 더 다르게 접근할 수 있을까에 대해 탐색하고 있다(Blustein, McWhirter, & Perry, 2005; Toporek & Chope, 2006).

일의 심리학에 내재되어 있는 사회정치적 비판

에서 시작된 아이디어는 스스로 회사를 그만두었거나, 회사에서 구조조정된 실직자들에 대한 연구에서 명확하게 나타난다(e.g., Blustein, Medvide, & Wan, 2011; Fouad et al., 2011). 그리고, 일의 심리학 시각을 가지고 취업이민에 대해 예리하게 분석한 다수의 논문들에서는 비정규직 이민 근로자(e.g., Marfleet & Blustein, 2011)와 미국으로 들어온 라틴계 이민자(e.g., Eggerth et al., 2012)에 대해 중요한 통찰을 하였다. 빈곤과 사회계급에 대한 연구는 수십년 동안 진로 담론에 포함되어 왔었지만(cf. Super, 1957), 최근에는 디머와 알리(Diemer and Ali, 2009), 누난, 홀과 블루스틴(Noonan, Hall and Blustein, 2007), 맥킬빈과 동료들(McIlveen et al., 2010)이 중요한 성과를 내면서, 실질적인 연구들이 더 많이 이루어지고 있다.

여기에서 한발짝 더 나아가서, 상담 현장실무에서의 혁신은 일의 심리학 시각을 조금 더 명료하게 정립해 주었다. 그 중에서 매우 독특하고 설득력 있는 실례는 일의 심리학 시각을 가지고 회사에서 구조조정된 실직자들의 니즈를 탐색한 히스, 로팅하우스, 브리딕과 콘라트(Hees, Rottinghaus, Briddick, and Conrath, 2012)의 연구결과였다. 이에 더하여, 통합적 상담이라는 시각은 일의 심리학 프레임워크를 활용하여 발전되었고, 내담자의 전반적인 삶의 이슈를 상담과정에 통합시켜서 보다 포괄적인 심리치료 실무를 위한 개념적 구조를 제공해주었다(Blustein, Kenna, Gill, & DeVoy, 2008). 그리고, 최근에 리차드슨(Richardson, 2012)이 설계한 일과 관계에 대한 상담을 위한 모델은 광범위한 개념적, 이론적 아이디어들로부터 개발된 것으로, 일의 심리학 시각이 가지는 중요한 특성들을 여러 가지 포함하고 있다.

위험요소가 존재하는 환경에서 살고 있는 내담자들을 조력하기 위해 개발된 심리교육적 전략 또한 일의 심리학 시각의 많은 특성들을 가지고 있다. 예를 들어, 도시의 교육 커뮤니티에서 개발된 많은 신규 프로그램들은 전통적인 진로개발전략에 숨어있는 인종차별주의에 대해 비판적 의식을 가지고 신중하게 검토하였다(Ali, Yang, Button, &

McCoy, 2012; Blustein et al., 2010; Perry, DeWine, Duffy, & Vance, 2007).

평가분야에서, 더피(Duffy)와 동료들은 개인의 일에 대한 자유의지경험을 측정하기 위해 정교한 심리측정도구를 개발하였다(Duffy et al., 2012).

직업심리학 분야에서 발생한 가장 핵심적인 트렌드들 중의 하나는 "일(work)"과 "일하기(working)"라는 용어를 부활시켰다는 것이다. 리차드슨(Richardson, 1993)의 조언을 받아들이고, 전통적인 노사관계와 직업사회학(e.g., Budd, 2011) 분야와는 전혀 다른 분야의 전통에 따라 심리학자, 상담자, 학자들은 시간이 갈수록 시장과 돌봄이라는 두 가지 맥락에서 일어나는 활동들을 모두 일의 범위에 포함시키기 시작했다(e.g., Bhat, 2010; Duffy et al., 2012; Fouad, 2007; Richardson, 2012; Shen-Miller, McWhirter, & Bartone, 2012). 어떤 사람들은 돌봄활동은 우리가 생각하는 적절한 일의 범위에 꼭 포함될 필요는 없다고 이야기하지만, 필자는 돌봄활동을 "진로"에 포함시키지 않게 되면, 일에 관심을 가지고 있는 심리학자, 사회과학자, 현장전문가들의 미션의 범위를 제한시키게 된다고 믿고 있다(Blustein, 2006).

일의 심리학에 대한 개념적 프레임워크와 초기 연구/프로그램 개발 계획이 보여주듯이, 모든 심리학분야와 조력직업 분야에서는 엄청난 양의 새로운 아이디어와 실무전략, 정책제안들이 쏟아지고 있다. 그러한 노력을 통해 새로운 시각이 형성되고 있으며, 연구, 이론, 현장실무, 공공정책에서의 중요한 혁신이 촉진되고 있는 것이다. 심리학자와 관련분야 전문가들이 내담자와 커뮤니티의 일 인생에 대해 가지고 있는 사고방식 및 개입전략에 있어서 혁신을 촉진하기 위해, 새로운 시각을 더욱 심층적으로 만들고 강한 영향력을 가질 수 있도록 하는 작업을 하는데 있어서 필자는 많은 학자들의 도움을 받았다. 앞으로 요약해볼 이 핸드북의 내용들을 보면, 일이 가지고 있는 심리학적 특성에 대해 지속적으로 탐색하는 데에 필요한 명확한 지식기반의 기초자료를 제공받을 수 있을 것이다.

핸드북의 개요

이 핸드북은 크게 다섯 가지의 주제로 구성되어 있다. 주제 구분을 할 때에는 참고문헌과, 현장 전문가와 학자로서 필자가 겪은 경험을 참고하여 일과 진로에 대해 선험적으로 고려한 것을 기반으로 하였다. 첫 번째 주제에서는 일의 심리학에 대한 이론과 인식론적 프레임워크를 탐색하였다. 두 번째 주제는 일의 맥락을 다루었고, 인종, 젠더, 성적 지향, 빈곤, 가족이라는 요소들이 전체적인 일 산업을 구조화하는 다양한 방법들에 초점을 맞추었다. 세 번째 주제에서는 조직심리학과 진로에 대한 관리 관점을 가지고 일의 심리학을 탐색해보았다. 네 번째 주제에서는 상담의 현장실무와 심리치료를 다루었다. 다섯 번째 주제는 공공정책과 커뮤니티에 대한 함의에 초점을 맞추었다.

이론적 기반

첫 번째 주제는 다음 장에서 논의될 내용들을 위한 기반을 구축하는 1장부터 시작이 된다. 이삭 프릴렐텐스키와 그레이엄 스테드(Issac Prilleltensky and Graham Stead)가 집필한 2장에서는 일의 심리학에 기여한 핵심적인 학문적 흐름을 반영하여, 임상심리학을 전반적으로 살펴보았다. 1장의 초반에서 언급했듯이, 조금 더 포괄적인 관점의 개발을 촉진한 다양한 비판들은 비판적 사고의 전형을 보여준다. 프릴렐텐스키와 스테드는 핵심적인 심리학운동에 대해 통찰력있는 분석을 통해, 심리학적 담론에 기반하고 있는 가정들에 대해 비판을 시작하였다. 2장에서는 개인주의, 긍정심리학, 기계론적 접근, 자기 민족 중심주의, 그리고 심리학이 일을 이해하기 위해 사용했던 기존의 방법들을 만들어낸 다른 전통들에 대해 비판적인 분석을 진행하였다. 연구자들은 또한 자유로운 일의 심리학을 발전시키기 위한 다수의 제안점들을 도출하기도 했다.

그레이엄 스테드(Graham Stead)가 집필한 3장에서는, 일의 심리학 연구에 관련된 인식론과 담론에 대해 광범위한 분석을 수행하였다. 그는 관계이론, 담론과 언어분석, 권력을 포함한 사회구성주의 관점에 기여한 다양한 아이디어들을 요약해주고 있다. 3장에서는 리차드슨(Richardson, 1993)이 사람들의 삶에서 일이 담당하는 역할에 대해 초기 분석을 했던 것을 확장하여, 일의 심리학적 연구에 대한 신중한 인식론적 분석의 유용성을 제고하였다.

또 다른 핵심적인 이론적 기반은 직업심리학의 중추를 형성하고 있는 진로선택과 개발이론에서 나타난다. 4장에서는 제인 스완슨(Jane Swanson)이 일의 심리학이라는 렌즈를 통해 새롭게 나타나는 이론과 함께 전통적인 이론을 리뷰하면서 전체적인 이론들을 점검해보았다.

스완슨은 개인-환경 적합성 이론, 사회인지적 진로 이론, 업무적응이론, 전생애 개발이론들을 포괄적으로 리뷰하는 것으로 4장을 시작한다. 그녀는 일의 심리학 시각, 사회구성주의적 사고, 내러티브 이론과 다른 비판적 관점을 기반으로 하여 기존 이론들을 탐색하였다.

일의 맥락

전통적인 직업심리학과 산업 및 조직심리학에 대해 지속적으로 진행되고 있는 비판에서 보여지듯이, 일의 맥락은 불평등주의, 인종차별주의, 성차별주의, 연령차별주의, 동성애차별주의에 대해 매우 큰 영향을 받고 있다. 즉, 일이라는 놀이터는 평등과는 거리가 멀다는 것이다. 두 번째 주제에서는, 몇몇 학자들이 개인의 일에 대한 삶의 특성과 변화과정 구축을 억압하는 복잡한 방법들을 파악하려는 의도를 가지고, 기존의 사회적인 장벽들을 탐색하였다. 이 주제의 첫 번째 장인 5장에서는 리사 플로레스(Lisa Flores)가 다문화적, 일의 심리학 시각을 가지고 일에 있어서 인종차별주의가 미치는 영향을 검토한다. 광범위한 분석을 통해 인종차별주의가 일-기반의 차이, 건강, 웰빙, 그리고 직업만족도에 어떤 영향을 미치는지를 강조할 것이다. 플로레스는 해당주제에 관련된 인구학적 자료들을 통찰력있게 리뷰하고, 일과 관련된 포괄적인 현상

들을 비판적으로 평가하여, 인종은 일터에서의 평등, 접근가능성, 사회정의, 존엄성을 고려하는데 있어서 핵심적인 요소라고 주장한다.

니타 칸탐네니(Neeta Kantamneni)는 5장에서, 전통적인 진로 담론에 대한 최초 비판들 중 하나를 진행하며, 일터를 준비하고 적응하는데 있어서 젠더가 담당하는 역할에 대해 논의한다. 칸탐네니는 젠더, 젠더역할 사회화, 성차별주의와 차별이 남성과 여성의 일 경험에 영향을 주는 복잡한 방법들을 리뷰하였다. 그녀는 사회화와 성차별주의가 사람들의 업무적 삶에 대해 어떤 제약을 주는지를 보여주며, 젠더와 관련된 현상이 남성과 여성 모두에게 영향을 주는 핵심적인 방법들을 강조한다. 마지막으로 칸탐네니는 상담 현장실무와 미래의 연구방향에 대해 수준 높은 제안들을 다양하게 제시해준다.

그 다음으로, 메리 앤더슨(Mary Andeson)과 제임스 크로토(James Crote머)는 성적 지향과 일에 관련된 문헌에 대해 통찰력 높은 리뷰를 제공한다. 아마 사회적 억압의 여러 가지 유형중에서 거의 알려지지 않은 형태인 동성애차별주의는 다양하고 전파력이 빠른 방법으로 업무환경에 부정적인 영향을 미치고 있다. 앤더슨과 크로토의 연구에 따르면, 일의 심리학 시각의 도입은 우리가 성적지향과 일의 세계에 대해 생각하는 방법을 변화시킬 수 있는 잠재력을 가진다고 한다. 통찰력 있는 정보가 풍부하게 담겨 있는 그들의 저술내용에서는 일의 심리학이 다양한 성적 지향들을 포용하고 수용하기 위해 개발한 로드맵을 얻을 수 있을 것이다.

일의 심리학이 가지고 있는 핵심적인 관심은 기회구조의 자체적 문제와 빈곤에서 오는 제약들 때문에 어떤 사람들은 접근 기회 자체를 얻기가 어렵다는 점이다. 사바 라쉬드 알리(Saba Rasheed Ali)는 이러한 관점을 가지고, 사회계급이 교육, 훈련, 일의 모든 국면에서 맡고 있는 역할에 대해 설명한다. 그녀는 일과 빈곤에 대한 놀라운 자료들을 요약하면서, 저소득층의 삶을 지배하고 있는 저임금과 기회부족의 문제를 강조해줄 것이다. 그리고 나서는, 직업심리학이 이론과 현장실무에 사회계

급과 빈곤이슈를 포함시키는데 있어서 나타나는 양가적 관계를 리뷰할 것이다. 마지막으로 그녀는 일과 빈곤에 대해 포괄적인 담론을 확장시킬 수 있는 현장실무, 공공정책 업무, 그리고 연구에 대해 건설적인 제안들을 다수 제시해줄 것이다.

메리 수 리차드슨(Mary Sue Richardson)과 찰스 쉐퍼(Charles Schaeffer)는 가족과 일에 대한 문헌자료들을 탐색하여, 시장노동(market work)과 돌봄노동(care work)에 대한 그들의 아이디어를 정교하게 설계된 '일의 이원적 모델'로 요약해준다. 리차드슨과 쉐퍼는 지금까지 이루어진 일에 대한 연구에서는 무보수인 돌봄노동보다 보수를 받고 일하는 시장노동에 대해 주된 관심을 가졌기 때문에, 전 세계의 거의 모든 사람들이 종사하고 있는 핵심적인 일의 형태에 대해서는 간과했음을 예리하게 파악하였다. 그들의 주장은 시장노동, 보수를 받는 돌봄노동, 무보수의 돌봄노동 모두에 대해 균형잡힌 관심을 가지고 정확한 이해를 하게 되면, 성차별주의의 확산을 막을 수 있고, 남성과 여성 모두의 삶의 질을 높일 수 있는 이론과 현장실무를 강화할 수 있다는 것이다.

노동인구의 고령화는 전세계의 다양한 나라에서 나타나고 있는 현상이며, 근로자와 일터에게 도전과제와 혁신을 요구하고 있다. 하비(Harvey)와 안소니 스턴스(Anthony Sterns)는 고령화와 일에 대한 문헌자료들을 광범위하게 리뷰하면서, 고령화된 노동인구가 사회적, 경제적 세상에 지속적으로 어떻게 기여할 수 있을지에 대해 설명한다. 그들은 조직적 관점과 자기관리 관점에서 일과 고령화에 대한 문헌을 검토하였다. 그리고, 나이가 많은 근로자들이 자신의 존엄성을 지키면서 안전한 일의 삶을 살 수 있도록 조력하는 방법으로서, 기능적이고 친화적인 일터를 만드는 것이 중요함을 강조하였다.

1장의 초반에서 이야기했듯이, 장애와 일에 대한 문헌자료를 보면 포괄적인 일의 심리학에 대한 핵심적인 기초들 중의 하나를 찾아볼 수 있다. 엘렌 파비안(Ellen Fabian)은 장애와 일에 관련된 현대문헌자료 검토를 통해 이러한 흐름을 지속시켜

나간다.

그녀의 저술에서는 일의 심리학이라는 시각을 가지고 장애상태(신체적 장애, 정신의학적 상태, 발달장애들을 포함)에 의해 발생되는 복잡한 이슈들을 검토한다. 그리고, 파비안은 장애를 가진 사람들이 일의 세계와 협상을 할 때, 그들을 지원하기 위해 설계된 다양한 법적인 아젠다들을 리뷰한다. 그녀의 포괄적인 저술에 따르면, 장애인 커뮤니티에 대한 지원책들이 강력한 파워를 가지고 더욱 적극적으로 활동을 하게 된다면, 사람들이 의미를 찾을 수 있으며 양질인 일 환경을 만들어주는 자원들의 평등성을 더 높일 수 있는 법적 아젠다와 공공정책 아젠다를 확대하는 방법에 대해 중요한 교훈을 얻을 수 있다고 한다.

조직에 대한 함의

일에 대한 심리학적 연구분야에서 발생되고 있는 불필요한 인위적 분리(artificial splits) 현상을 감소시키기 위해, 필자는 이 핸드북에 경영학과 산업 및 조직심리학 분야의 뛰어난 학자들의 글을 포함시켰다. 첫 번째 장에서는, 더글라스 팀 홀(Douglas Tim Hall)과 필 미르비스(Phil Mirvis)가 일의 세계의 혁신적 변화에서 나타난 다양한 도전과제들을 해결하기 위해, 경영학적 관점에서 이루어진 일 연구의 길고 유명한 역사에 대해 일의 심리학을 창의적으로 적용해 보았다. 홀과 미르비스는 세 가지의 기본적인 질문에 대한 답을 찾으려 했다. (1) 내가 하고 있는 일은 어떤 것인가? (2) 나의 일 정체성은 무엇인가? (3) 나의 일을 통해 성공을 한다는 것은 어떤 것을 말하는가? 이 질문들에 대한 답을 찾으면서, 그들은 진로관리에 대한 담론을 확장하여, 다양한 문제와 인구, 사회적 지위들을 포함시키려 했다.

마이클 지카(Michael Zickar)는 정의와 수용이라는 가치에 대해 비판적인 시각을 가지고, 산업 및 조직심리학의 담론에 혁신을 가져올 수 있는 중요한 저술을 제공해주었다. 역사에 대한 비판적인 시각이 기반이 된 분석을 수행하면서, 그는 산업 및

조직심리학의 초기연구와 현장실무가 가지고 있는 중요한 특성들을 리뷰했는데, 고용주와 조직의 복지를 위해 전념하게 되는 근로자의 시각에 내재하고 있는 직업과 도전과제들의 근본을 파악해보려고 했다. 마지막으로 지카는 다양성과 수용성(inclusion)이 보장된 조직들내에서 유사경험(experience-near) 연구를 설계하는데 있어서 일의 심리학 시각을 산업 및 조직심리학과 통합해볼 수 있는 사려깊은 제안들을 다양하게 제시하였다.

상담과 심리치료

상담과 심리치료 현장실무는 과거뿐 아니라 현재에도 사람들의 복지(welfare)를 증진하기 위한 노력에서 핵심적인 위치를 차지하고 있다. 일의 맥락에서, 상담과 심리치료는 복잡한 역사를 통해 진로상담에 대해 매우 많은 연구를 수행했지만, 전통적인 정신건강 상담과 심리치료 분야에서 일의 역할을 탐색하는 연구는 그다지 충분치 못했다. 이 부분에서의 두 장은 진로상담과 심리치료 규율들에 다시 한번 새로운 힘을 불어넣기 위해 기획하였다. 첫 번째 장에서는 셰리 터너(Sherri Turner), 줄리아 콘켈 지벨(Julia Conkel Ziebell)과 로빈 알카라 세이너(Robin Alcala Saner)가 전통적인 진로선택과 발달상담 모델을 확장하여, 충분한 자유의지를 갖지 못한 내담자에게도 조력할 수 있는 방법을 찾는다. 터너와 동료들은 우선 전통적으로 주된 관심을 갖지 못한 내담자 그룹(빈곤층, 노숙자, 성적소수자, 장애인)에 대한 상담사례들에 대해 리뷰를 하였다. 리뷰결과와 소외계층에 대해 이루어진 우수현장사례들을 분석한 내용과 통합하여, 그들은 일의 세계에서 충분한 선택권을 가지지 못한 내담자와, 다양한 삶의 맥락에서 억압의 피해자로 살고 있는 내담자들과 함께 일할 때 적용가능한 제안들을 제시해줄 것이다.

에이제이 프랭클린(AJ Franklin)과 메리 베스 메드비데(Mary Beth Medvide)는 일, 사회정의, 다양성에 대한 고정관념들이 심리치료이론과 현장실무에 어떻게 스며들어 있는지를 파악한다는 어려운 과제를 선택하여 고군분투하였다. 그들은 숙련된 전문가의 관점을 가지고 진로개발 이론들, 수준높은 심리치료 이론들, 그리고 일의 심리학 시각을 통합하여서, 이 도전과제를 해결하기 위해 통합적인 상담 전략을 위한 포괄적 패러다임 기반을 구축하였다. 마지막 부분에서는 통합적 상담 개입전략을 개발하는데에 도움이 될 수 있는 상세한 상담사례와 제안점을 제시해줄 것이다.

커뮤니티 기반의 개입전략과 공공정책

일의 심리학이 가지는 핵심적인 특성중의 하나는 상담실 밖으로 현장실무를 확장하고, 대학의 연구실과 도서관을 벗어나서 학문적 연구를 확장하는 것이었다. 다시 말해서, 일의 심리학에 기반되어 있는 사회정의 윤리는 사람들의 일의 삶에 영향을 미치는 모든 조직에서 체계적 변화를 만들어내는 작업에 명확하게 초점을 맞추고 있다. 이 부분의 첫 번째 장에서는 모린 케니(Maureen Kenny)는 교육과 일 사이의 관계 탐색에 전념을 하였다. 케니는 현대 교육현장의 위기에 대해 전반적으로 리뷰를 하면서, 교육산업분야에는 일에 기반된 학습과정에 다양한 도전과제들이 존재함을 보여주었다.

그녀는 교육개혁에 대해 현재 이루어지고 있는 논의에 내재된 진로아카데미, 학교직장(school-to-work), 진로개발교육과 같은 이슈들에 대해 다루고 있는 문헌자료들을 광범위하게 리뷰하였다. 케니는 이 리뷰결과 및 교육 커뮤니티의 니즈와 연계하여 일의 심리학 시각을 고려한 결과를 기반으로 하여 우리에게 세심하게 설계한 연구 아젠다와 정책들을 제안해줄 것이다.

다음 장에서는, 신디 윤투넨(Cindy Juntunen)과 탐바-쿠이 베일리(Tamba-Kuii Bailey)가 훈련과 고용의 맥락을 탐색할 것이다. 윤투넨과 베일리는 날이 갈수록 불안정해지는 교육, 훈련, 직업의 맥락에서 성인들이 협상해야 하는 복잡한 일-관련 변화들을 리뷰하였다. 그들은 사람들에게 관계적 지원, 지속적인 훈련의 기회, 자원과 행동유도요소에 있어서 광범위한 체계적 변화를 제공해주는 다양한 개입전략과 프로그램들이 가지는 혜택에 대해 강조하였다. 윤투넨과 베일리의 저술내용에서는 전통적인 직업심리학 연구와 실제 생활에서 내담자와 커뮤니티가 직면하게 되는 도전과제들을 연결해주는데 있어서 일의 심리학 시각을 활용하였다는 점이 특히 설득력있는 부분이다.

최근 수년간, 의미 있고 효율적인 모바일 업무환경에서 일할 수 있는 기회를 촉진하거나 오히려 방해하는 공공정책은 어떤 것이 있는지에 대해, 연구자들의 관심이 많았다. 진로개발과 공공정책 연구의 선두주자인 스펜서 닐스(Spencer Niles)와 에드윈 헤어(Edwin Herr)는 사회적 변화를 촉진하기 위해서는 명료하고 설득력 있는 공공정책 아젠다가 중요함을 강조하는 멋진 글을 제공해주었다. 그들은 상담서비스와 인본적 교육 및 일-기반의 기회들에 대한 접근가능성을 증진해 줄 수 있는 훌륭한 정책 실례들을 제시하였다. 스펜서와 헤어는 모든 사람들이 양질의 의미 있는 일을 찾을 수 있는 기회를 더 많이 가질 수 있도록 조력하는 공공정책 수립에 필요한 근거와 연구 프레임워크를 구축하는 과정에 존재하는 도전과제들도 보여줄 것이다.

앞으로 나아갈 방향: 결론의 도출
(connecting the dots)

1장의 초반에서 이야기했듯이, 필자는 기존에 우리의 분야에 존재하던 담론에 대해서, 일의 심리학 시각에 기반하여 비판을 할 때 마주하게 되는 도전과제들을 정리해보기 위해 다양한 학자들의 도움을 요청했다. 그들의 조력을 통해 완성된 이 핸드북의 내용들은 각 장에서도, 그리고 전체적으로도 마찬가지로 일에 대한 심리학 연구들과 개입전략에 있어서 혁신을 가져올 수 있는 진정한 잠재력을 지닌 시각과 관점들을 정교화해준다. 그리고, 저자들은 공정한 양질의 일의 기회를 촉진하는 작업에 흥미를 가지는 학자 및 현장전문가들을 위해 보다 확장되고 수용적인 기반을 창의적으로 구축해주었다.

일단 이렇게 담론의 범위를 넓혀놓은 다음에, 일의 심리학이 나아갈 다음 단계는 무엇일까? 필자는 지금까지 이루어진 작업들을 더 광범위하고 통합적으로 검토하여 세부이론들과 현장실무들을 포함하여 정교화시키는 일을 해보려는 생각을 하고 있다.

우리 분야에서 들을 수 있는 가장 지겨운 클리셰들 중의 하나(맞는 이야기이긴 하지만)는 일의 세계는 매우 빠르고 예측하지 못한 방향으로 변화되고 있다는 말이다. 이 핸드북의 내용들을 읽어보면 이 이야기는 명확하게 드러나지만, 더 중요한 것은 그 변화의 영향 자체가 매우 복잡하기 때문에 전세계의 근로자들에게 있어서 단 하나의 "거대 진로 내러티브"(Savickas, 2002)를 적용하기란 어렵다는 사실이다. (사실, 필자는 어디를 가더라도 이렇게 주장해 왔다. 2차 세계 대전 이후의 베이비붐 세대에게도 거대 진로 내러티브를 일관성 있게 적용하는 것은 적절치 못하다고 말이다. 이 이야기에 대해 더 세부적으로 알고 싶다면, 블루스틴(Bluestein, 2006)의 연구를 참고하기 바란다.) 그렇다면, 거대 진로 내러티브를 대체할 수 있는 것은 과연 무엇이 될까? 우리는 이 핸드북의 내용을 통해 이와 같은 새로운 내러티브를 쓰기 위한 도움을 받을 수 있을 것이다.

각 개인에 대한 개입전략

필자의 개인적인 시각으로 볼 때, 빠른 변화 속에서 살고 있고, 기회가 감소되거나 정체되는 맥락에서 일하고 있는 많은 사람들이 자신의 일의 삶을 관리하기 위해 충분한 교육을 받고, 유연하게 대처하며, 높은 동기수준을 가지고 있어야 한다는 것은 분명해 보인다. 그리고, 각 개인의 진로선택에 대한 자유의지 이슈는 점점 더 복잡해지고 역동적이 될 것이라는 사실도 명확하다. 핸드북에 담겨 있는 내용들을 전체적으로 고려하여 생각해보면, 경제적인 환경, 행동유도요소, 노동시장의 유용성, 개인이 보유한 스킬, 그리고 다른 사회적, 경제적, 정치적, 심리학적 조건에 따라 우리의 자유의지는 매우 큰 변화를 반복하게 될 것이기 때문에, 결국 우리는 매우 다각적인 관점을 개발해야 할 것 같다. 실업과 불완전 고용이라는 불안정성이 점점 더 높아만 가고 있는 지금, 사람들이 자신의 일의 삶을 어떻게 운영해나갈 것인가에 대한 문제와, 사람들이 일에 기반한 이슈들에 대한 지원을 어떻게 얻을 수 있는가의 문제를 재구조화하는 것은 매우 중요한 일이라고 생각된다.

진로상담, 진로관리, 진로개발교육에 대한 전통적인 담론이 많은 사람들에게 적용가능한 것이기는 하지만, 양질의 일을 찾고 유지하는 과정에서 발생하는 문제를 해결하기 위해 새로운 아이디어와 해결책이 필요한 것도 사실이다. 아마도 현재 존재하는 가장 복잡한 문제는 '심리학자와 상담전문가들은 사람들이 새로운 일의 세상에서 생존하고 성장하기 위해 필요한, 복잡하고 새로운 스킬들을 개발하는 작업을 어떻게 도울 수 있을까'일 것 같다.

이 핸드북의 많은 저자들이 이야기한 것을 보면, 일의 세계에서 성공하려면 재주(dexterity), 유연성, 창의성, 적응유연성, 관계적 지원, 높은 수준의 읽고 쓰는 능력과 산술능력이 필요하다. 이에 더하여, 일의 분야에서 성공경험을 하려면 한 명의 개인에게 양질의 일의 삶을 창출할 수 있는 기회를 제공해주는 사회적 환경이 요구된다. 이 핸드북의 내용에서 인용된 많은 문헌연구들과 관점들은 20세기의 일에 기반한 문제들을 위해 개발된 해결책들은 21세기의 문제를 풀기에는 적합하지 않다는 것을 보여준다고 필자는 해석하고 있다. 물론 어떤 사람들은 여전히 진로상담, 전통적인 심리치료, 일과 관련된 교육으로부터 도움을 받고 있지만, 그 외의 새로운 개입전략들도 개발될 필요가 있다고 생각한다.

21세기의 일을 위한 개입전략의 구조는 사비카스(Savickas, 2005)와 리차드슨(Richardson, 2012)의 연구에서 소개되었던 새로운 모델들을 통해 형태를 잡아가는 중이다. 이 두 가지의 관점은 변화, 일의 맥락화, 주도성(agency)과 같은 개념을 포함하여 구축되고 있다. 그리고 렌트와 동료들(Lent et al., 2002) 및 기타 인지심리학이론가들(e.g., Reardon, Lenz, Sampson, & Peterson, 2009)의 이론들은 상담자와 조력전문가들이 내담자가 스스로에 대해 풍요롭고 유용한 자기개념을 개발하고, 교육과 일에 관련된 삶을 구축하는 작업을 돕는데 있어서 핵심적인 요소가 될 것이다. 그러나, 내담자의 니즈가 점점 더 복잡해짐에 따라, 상담 개입전략은 지금보다 새롭게 변화되어야 할 필요성이 지속적으로 제기되고 있다. 예를 들어, 실업과 불완전 고용의 혼란속에 빠져 있는 내담자들에게는 일과 관련된 상담과 정신건강 상담이 혼합된 통합적 개입전략이 정말 필요하다. 또한, 노동시장에서 보다 더 많은 경쟁력을 얻기 위한 방법을 찾고 있는 내담자가 늘어감에 따라, 상담전문가와 심리학자들은 직업탐색과 취업에 필요한 스킬개발 전략에 대해 더 많이 배울 필요가 있다. 물론, 각 개인들이 노력을 할 필요도 있겠지만, 이 핸드북에서는 사람들이 더 많은 기회들에 접근할 수 있도록 광범위하고 체계적인 변화를 만들어내기 위해, 보다 확대된 일의 심리학 관점이 필요함을 강조하고 있다. 이 부분에 대해 간단하게 살펴보도록 하자.

공공정책 아젠다

닐스(Niles)와 헤르(Herr)의 저술에 더하여, 이 핸드북에서는 근로자들에게 특히 도움이 될 수 있는 중요한 공공정책을 세부적으로 정리해보았다. 기존 연구들(e.g., Bluestein, 2006; Blustein et al., 2012)에서 기술되었듯이, 완전고용을 창출하기 위해 많은 사람들이 합심해서 노력해야만 일에 대한 접근기회는 확장될 수 있다. 그리고 심리학자들, 다른 사회과학자들, 조력전문가들도 사람들의 삶에서 핵심적인 위치를 차지하고 있음에 대해 정부 및 지방자치단체 리더들에게 명확하게 제시해줄 필요가 있다(cf. Richardson, 1993). 교육과 일 간의 연계성을 지속적으로 증진시키게 되면, 사람들이 21세기의 일을 준비할 수 있게 해주는 학교와 훈련기관을 세우는 데에 도움이 될 것이다. 또한, 근로자들이 전생애에 걸쳐 학습을 하기를 요구하고,

또 전생애적 학습에 대해 보상을 하는 노동시장에서 살아가야 하는 모든 근로자들의 기회를 증진시켜주려면, 직업훈련과 성인교육을 개선하는 작업이 매우 중요하다.

이러한 아이디어는 완전히 새로운 것도 아니고 급진적인 것도 아니다. 학자들은 수십년 동안 위와 같은 정책들을 주장했었고, 다양한 수준의 성공적인 결과를 만들어왔다. 그렇다면, 이 핸드북에서는 보다 효과적인 공공정책 아젠다를 만들어가기 위해 어떤 도움을 제공하면 될 것인가? 필자는 이 부분에 대한 전문가들의 저술내용을 기반으로 하여, 우리의 주장과 영향력을 강화시키는데 도움이 될 수 있는 몇 가지 아이디어를 제공할 것이다.

연구 아젠다

정책 산업의 핵심적인 요소는 정책에 대한 도전과제를 제시할 수 있는 연구이다. 이 핸드북에서 살펴보았듯이, 일의 심리학이라는 아젠다는 다양한 인식론과 목표들을 포함시켜 한층 더 포괄적인 연구를 강화할 수 있는 잠재력을 가지고 있다. 예를 들어보면, 개인과 커뮤니티에 대해 실업이 미치는 영향에 대한 통합적 연구는 실업과 불완전 고용의 광범위한 부정적적인 영향력을 명료화하는데에 도움이 될 것이다. 그리고, 부정적인 사회적 장벽(인종차별주의, 성차별주의, 계급주의, 연령차별주의, 동성애차별주의)이 일터에 미치는 영향에 대해 자세히 설명하는 연구는 공정성과 사회정의라는 가치를 기반으로 한 정책의 필요성을 강조해줄 수 있을 것이다.

이 부분에서 기술되는 일의 심리학 시각을 보면, 변화, 사회정의, 각 개인과 커뮤니티의 웰빙을 극대화시키는 가치체계가 내재된, 일에 대한 아이디어와 가정들을 제공해준다. 일반적으로 직업심리학과 산업 및 조직심리학에 대한 전통적인 담론에서는(항상 그렇지는 않았지만) 정치적 관점을 내포하고 있거나 그에 대해 설명하고 있는 연구들을 피해왔다. 하지만, 이 핸드북의 많은 저자들은 명료한 가치시스템을 내포한 연구 아젠다를 분명

하게 표현하였다. 즉, 일의 심리학에 포함되는 가치들은 매우 다양하지만, 공통적으로 나타난 주제는 교육, 훈련, 일의 기회에 대해 더 높은 접근성이 보장되어야 한다는 것이었다. 따라서, 일의 심리학 시각을 기반으로 한 연구들은 사람들이 일터에서 마주하게 되는 어려운 이슈들을 해결하는데 있어서 객관성이 보장되지 않은 사회적 장벽의 방해를 받지 않도록 도와줄 수 있을 것이다.

그렇다고 해서, 모든 학자들이 과학과 학문에 기반을 두지 않은 언론인이나 주창자(advocate)가 되어야 한다는 말이 아니다. 이 핸드북에서 공통적으로 나타나고 있는 일의 심리학 시각은 프릴렐텐스키(Prilleltensky, 1997)의 주장 - 과학은 사람들을 억압에서 해방시키고, 서로를 배려하는 커뮤니티 환경을 강화시킬 수 있는 잠재력이 있다 - 에 기반하고 있다.

정책에 기반한 연구를 하는 것에 더하여, 이 핸드북에서는 지속적으로 탐색적 연구와 새로운 이론을 만들어내는 연구를 하는 작업이 얼마나 중요한지에 대해 강조하고 있다. 이 연구 아젠다를 구성하는 주제들은 매우 광범위하지만, 여기에서는 몇 가지 주제를 그 중에서 골라서 제시해보려고 한다. 한가지 주제는 사람들이 자신의 '일'과 '일에 관련된 삶'의 맥락에 대한 의미를 만들어내는 다양한 방법들을 탐색하는 것이다. 직업심리학 연구에서 나타나고 있는 새로운 트렌드(e.g., Ali et al., 2012; Kenny, Blustein, Chaves, Grossman, & Gallagher, 2003)를 기반으로 하여, 사람들이 일과 관련된 과제를 해결해야 할 때 마주하게 되는 내적/외적 자원 및 장벽들을 파악하는 연구를 지속하는 것이 필요하다. 또 하나의 주제는 보다 발전된 연구를 위해 유용하고 상대적이며 정교한 구조를 가지고 있는 이론을 개발하는 것이다. 그 예로는, 관계 이론 분야에서 새롭게 나타나고 있는 흐름으로서, 일에 대해 보다 포괄적으로 바라보는 시각을 가지고 다양한 이론들을 설명하는 것이 있다(e.g., Blustein, 2011a; Richardson, 2012).

수십년 동안 연구와 이론개발에 대해 이루어져 온 노력들은 전통적인 흐름을 따르고 있었지만, 이

핸드북의 내용에서 공통적으로 나타나는 시각에서는 기존의 노력들이 가지고 있는 영향력을 증가시킬 수 있는 방법들을 제공할 것이다. 또한, 이 핸드북에서 정교화된 다양한 이론적 시각들과 인식론적 시각들은 일에 대한 학문적 흐름을 이끌어 나갈 수 있도록 기존의 가정들을 분석하는 방법에 대해 유용한 가이드라인을 제시하게 될 것이다.

이 핸드북의 핵심은 이론적 다원주의라고 말할 수 있다. 필자는 일에 대해 관심을 가지고 있는 다양한 심리학 분야의 학자들의 저술을 수집하였다. 따라서, 각 장에서 제시된 비전은 매우 광범위하다. 그리고, 각 저자들은 공통적으로 자신의 전공 분야를 벗어난 문헌들까지 포함하여 연구를 진행하였다. 이러한 통합분석에서는 일과 진로에 대한 전통적 심리학 연구들보다 더욱 포괄적인 성과를 도출해냈다. 이와 같은 통합적 특성을 기반으로 생각해보면, 심리학 내부, 심리학 외부의 다양한 전공을 가진 학자들이 팀을 이루어 협력하면서 새로운 연구와 개입전략을 개발하는 것이 효과적일 것으로 보인다. 문화, 인종, 그리고 다른 사회적 정체성은 연구와 이론개발에 있어서 신중하게 탐색해볼 가치가 있는 중요한 요소로 나타났다. 사람들의 삶과 커뮤니티의 안녕에 있어서 일이 차지하는 핵심적 위치를 고려할 때, 필자는 이와 같은 연구결과를 대중적인 도서와 미디어를 통해 많이 알리는 것이 바람직하다고 생각한다. 윌슨(Wilson, 1996)의 고전적인 연구, "일자리를 잃었을 때(When Work Disappears)"는 대중서로 발간되어 일과 빈곤에 대한 공공 담론의 시작을 촉진한 연구의 좋은 실례

라고 말할 수 있다. 일의 심리학 시각에 기반되어 있는 광범위하고 포괄적인 비전이 있다면, 일에 대한 연구를 하는 심리학자는 학문적 방법뿐 아니라 대중에게 친근한 방법을 통해 사회적 적절성에 대한 연구결과를 사람들에게 전달할 수 있을 것이다.

글을 마치며

필자가 보기에, 이 핸드북의 모든 장들은 일이라는 맥락을 다루는 다양한 문헌연구들에 대해 창의적이며 통찰력있는 정보들을 다양하게 제공해주고 있다. 각 장에서는 일에 대한 특정한 국면을 다루고 있지만, 전체적인 핸드북의 공통적인 특성은 일의 심리학 시각을 지속적으로 발전시킬 수 있는 명료하고 이해가 쉬운 지식들을 제공한다는 것이다. 이 핸드북의 편집자로서, 필자는 각자의 분야에서 명성을 떨치고 있는 학자들과 리더들에게 이 과정에 함께 하자는 부탁을 하였다. 전문가들의 뛰어난 글들을 읽으면서 필자가 그랬듯이, 독자들도 큰 감동을 받을 수 있기를 소망한다. 그리고, 가능하다면 독자들도 일에 대해 광범위하고 사회적으로 공정한 비전을 창출하는데 있어서, 학자들과 현장전문가들의 작업에 동참하고 싶은 마음이 들기를 희망한다.

감사의 글

이 글의 초안을 읽고 조언을 해준 앨리스 코너스-켈그렌(Alice Connors-Kellgren), 살리하 코잔(Saliha Kozan), 베일리 렌드(Bailey Rand)에게 감사의 마음을 전한다.

2장 비판심리학, 웰빙, 그리고 일

아이작 프릴렌텐스키(Issac Prilleltensky)와 그레이엄 스테드(Graham B. Stead)

초록

비판심리학(critical psychology)은 다음의 현상들에 대한 반동으로 형성되었다. ⒜ 개인주의로의 억압적인 전환, ⒝ 다수 대중의 생활에 대한 부정적 영향, ⒞ 사회적 현상유지에 대한 심리학의 공모(고의이거나, 선의이거나). 비판심리학 운동은 심리학과 사회가 도덕적, 인식론적, 그리고 전문적 결점을 가지고 있을 수 있다는 전제를 기반으로 하여 질문을 던진다. 2장에서는 비판심리학의 시각을 가지고 세 가지 영역을 지배하고 있는 가정들에 대해 검토하고, 개인 및 커뮤니티의 웰빙과, 심리학 연구 및 전문적 개입전략을 개선시키기 위해 설계된 대안적 원칙들을 제시한 후, 일의 세계에서 웰빙의 대안적 개념을 적용해볼 것이다. 또, 일의 세계에 영향을 미치는 도덕적, 인식론적, 전문적 가치들에 내재되어 있는 문제적 가정들을 리뷰해보고, 근로자, 조직, 커뮤니티의 웰빙을 증진할 수 있는 이론적, 실용적 제안점을 제공할 계획이다. 인도주의적 일심리학과 비판경영학은 일의 세계에서 새롭게 나타나고 있는 비판심리학을 위해 유용한 창구들을 제공해줄 것이다.

키워드

비판심리학, 가치, 인식론, 전문적 개입전략, 현재의 상황, 억압, 사회정의, 일

건전한 정신은 건전한 조직에 깃든다(Mens Sana in Corporation Sano)-이는 기업에서 일하는 심리학자들과 정신건강 상담자들의 수가 늘어나고 있다는 이코노미스트(The Economist)지의 최근 기사 제목이다. 이 기사에서는 기업에 근무하는 심리학자들의 역할에 대해 근본적인 질문을 던지고 있었다. "기업은 구성원들의 정서적 삶에 대해 파악해야 하는가? 수집된 정보를 믿을 수 있을까? 심리적으로 취약한 조직구성원은 자신의 주치의보다 조직에 고용된 심리전문가에게 더 큰 신뢰감을 가져야 하는가?"(Schumpeter, 2010, p.65). 과거의 역사를 살펴보면 심리학자들은 좋은 의도를 가지고 있기는 했지만, 조직구성원들의 웰빙수준을 항상 높여주지는 못했었고, 그보다는 조직의 생산성과 관리자의 통제력을 높이는 데에 주로 도움을 주어왔다. 생산성과 관리자의 통제력을 높이기 위해 구성원의 웰빙을 꼭 희생시켜야 하는 것은 아니었음에도 불구하고, 그러한 일은 종종 일어났다(Baritz, 1974; Islam & Zyphur, 2009; Ralph, 1983). 바로 여기에서 비판심리학자들이 활동하기 시작했다.

기업에 근무하는 심리학자들이 높은 연봉을 받는다고 해도, 비판심리학자들은 그것이 좋은 현상이라고 당연하게 여기지 않는다. 비판심리학자들은 신성시되는 관행(sacred cow)에 대해서도 의문을 가진다. 그런다고 해서 우리가 매우 유명해지지는 않겠지만, 이와 같이 당연하게 여겨지던 것에 대해서도 의문을 가져보면, 기존의 심리학적 가치, 가정, 개입전략에 대해 심층적으로 살펴볼 수 있게 될 것이다(Prilleltensky, 1997). 이와 같은 탐색을 통해 우리는 비판심리학의 시각에서 근본적인 질문을 세 가지 정도 해볼 수 있다. 우리는 누구의 웰빙에 대해 이야기하고 있는 것인가? 누구의 가치와 가정을 유지해야 하는가? 현상을 유지하게 되면 누가 혜택을 받게 되는가?(Fox, Prilleltensky, & Austin, 2009). 이 질문에 대답을 하기 위해, 비판심리학자들은 단순히 정답을 찾는 것을 넘어서서, 대안을 만들어내려고 했다(Prilleltensky & Nelson, 2002).

심리학에서는 웰빙이란 모든 사람들을 위한 것이라고 말하고는 있지만, 관리자의 웰빙과 조직구성원의 웰빙을 종종 혼동하곤 한다. 또한, 사회계급의 차이를 간과하고, 지배계층의 가치와 가정들을 촉진하는 경우가 많다. 그리고, 불평등과 현상유지라는 문제에 도전하지 못하고, 특권층에게 혜택을 주곤 한다. 이는 단순한 도발이나 이상적인 선언이 아니다(Parker, 2007; Prilleltensky, 1994; Teo, 2005, 2009). 기존의 연구들을 보면, 심리학이 권력자들의 편에 서서, 아동, 여성, 이민자, 원주민, 정신건강 질환자와 같은 취약계층에게 오히려 괴로움을 주는 경우가 종종 있었다(Chamberlin, 1978, 1984, Clarke & Braun, 2009; Everett, 1994; Fox, Prilleltensky, & Austin, 2009; Huygens, 2009; Olfman, 2006; Parker, 2007; Ussher & Nicolson, 1992).

비판심리학은 네 가지의 기본적 독립체의 웰빙에 관심을 가진다: 개인, 커뮤니티, 심리학, 심리학 분야 종사자. 개인과 커뮤니티의 웰빙은 양질의 고용(decent employment, Clark, 2010), 직업 환경(Fullan, 2008; Sisodia, Sheth, & Wolfe, 2007), 전반적인 일의 세계(Blustein, 2006; Rath & Harter, 2010)의 유용성에 의해 큰 영향을 받는다. 그래서, 일의 세

계는 비판심리학자들이 일할 거리가 매우 많은 곳이다. 그래서 이 장에서는 비판심리학, 일, 그리고 일 간의 관계에 대해 정리해보려고 한다.

비판심리학 운동은 도덕, 인식론, 전문성의 기준을 가지고 보았을 때, 심리학과 사회에서 어떤 부분이 부족한지에 대해 질문을 던진다(Teo, 2005, 2009). 이 장에서 우리는 이 세 분야를 지배하고 있는 가정에 대해 비판심리학의 시각에서 검토해본 후, 개인, 커뮤니티, 심리학, 전문적 개입전략의 웰빙을 증진하기 위해 설계된 대안적 원칙들을 제시하려고 한다. 웰빙의 대안적 개념을 일의 세계에 적용해보면서, 일의 세계에 영향을 미치는 도덕적, 인식론적, 전문적 가치에 내재되어 있는 문제적 가정을 리뷰하고, 조직구성원, 기업, 커뮤니티의 웰빙을 강화하기 위한 이론적, 현장실무적 제안점을 고안해낼 것이다.

'일'은 매우 다양한 요소들을 포함하고 있다. 하지만, 우리의 현장실무와 연구에서의 경험은 주로 비영리적 분야에서 얻어진 것이다. 학자가 되기 전에, 대부분의 우리는 커뮤니티와 학교에서 상담과 정신건강 서비스를 하던 사람들이다. 그래서, 우리는 비영리적 기관들을 대상으로 연구를 해보면서, 인정과 가치평가를 제대로 받지 못한 분야에서 일하고 있는 사람들의 어려움을 이해하게 되었다(Chetkovich & Kunreuther, 2006; Evans, Hanlin, & Prilleltensky, 2007). 또 하나의 새로운 분야인 교육자들을 만나보니(Darling-Hammond, 2010; Farber & Azar, 1999; Hargreaves & Shirley, 2009; Ravitch, 2010), 봉사자들과 교육자들은 큰 금액의 기금을 후원해주고 위원회를 통제하는 정부와 기업들의 인정을 받기 위해 분투하고 있다는 것도 알게 되었다(Payne, 2008). 이 장에서 우리는 특히 이들의 어려움에 대해 세밀하게 살펴보려고 한다.

비판심리학

비판심리학은 사회의 상황과 심리학의 현 상황에 대한 염려로부터 시작하게 되었다(Fox, Prilleltensky, & Austin, 2009). 비판심리학 내에도 몇 가지

다양한 흐름이 있지만, 대부분은 심리학자라는 직업이 가지는 도덕적, 인식론적, 전문적 가치에 대한 비판적 태도를 가지고 있으며, 혁신이 필요한 상황에서도 기존 사회구조의 유지에 대해 무의식적 지지를 하는 것을 비판한다(Teo, 2005, 2009). 핸드북의 이 부분에서는 문제점과 그에 대한 해결방안들도 함께 제시할 것이다.

도덕적 가치

도덕성이란 옳은 일을 하는 것에 대한 연구와 현장실무를 가리킨다(Facione, Scherer, & Atting, 1978). 그리고 가치란 도덕적 사고와 행동을 이끌어낼 수 있는 일련의 원칙들을 의미한다. 가치가 정당화되려면 명료한 기준들이 필요하다(Kane, 1994, 1998). 우리의 경우에, 핵심적인 기준은 특정 가치나 원칙이 개인, 커뮤니티, 심리학전문가, 심리학 그 자체의 웰빙에 미치는 영향이었다. 도덕적으로 정당화할 수 있는 가치들의 모음을 구축하는 데에는 다양한 방법들이 존재한다. 하나의 방법으로는, 인구의 다양한 부분에서 존재하고 있는 가치가 낳은 결과에 대해 관찰하는 것이 있다. 또 하나는 해당 가치를 실현하는 시나리오를 통해 그려지는 이상적인 사회를 그려보는 방법이다. 비판심리학자들은 대부분의 경우 첫 번째 방법을 활용하는 편이지만, 두 번째 방법이 없이는 앞으로 나아가기가 어려운 것이 사실이다. 개인주의가 사람들, 커뮤니티, 일의 세계에 미친 부정적인 영향을 관찰하게 되면서, 비판심리학자들은 서구의 가치에 대해 회의감을 가지기 시작했다.

1) 개인주의

역사적으로, 개인주의는 종교와 억압적인 규율의 억센 손아귀로부터 사람들을 보호하기 위한 것이었다. 조직적 종교와 종교 내부의 규범들(normative derivation)은 타인, 특히 여성, 농부, 아이들을 통제하는 데에 사용되어 왔기 때문이다. 개인적 욕구는 억압되었고, 통치자의 뜻에 순응하는 것만이 중요했다. 프로이트 혁명은 억압과, 억압으로부터 생기는 심리학적, 사회적 결과에 대한 우리의 이해도를 매우 많이 높여주었다. 이와 같은 개인주의는 종교의 독재, 순응, 억압이라는 부정적인 관습으로부터 사람들을 해방시키고 자유를 제공해주었다(Taylor, 1991).

하지만, 안타깝게도 이와 같은 문화적 개인주의는 소비자중심주의로부터 발달된 경제적 개인주의 및 자본주의와 섞이게 되었다. 주위에서 너무나 흔하게 볼수 있는 광고와 명성에 대한 욕망에 의해 촉진된 개인 신분상승의 추구는 커뮤니티로부터의 관계단절과 무의미성이라는 결과를 가져오는 경우가 많아졌다(Sloan, 1997). 경제적 이득을 향해 끊임없이 달려가다보니 어느새 조직은 구성원들을 착취하기 시작했고, 소수의 기업이 엄청난 이익을 얻게 되는 결과도 낳았다(Chomsky, 1999). 빅토리아시대의 엄숙주의와 같이 사람들을 무조건 하나의 가치에 순응해야 하는 상황에서 해방시키기 위해 만들어진 문화적 개인주의는 아쉽게도 통치자에게 순응하는 또 하나의 가치가 되어버렸다. 단순한 소비자중심주의가 가장 위대하며, 가장 존중받아야 하는 기준이 되었고, 인간이란 욕망이 많은 존재라는 전제가 당연시 되는 상황이 발생하게 된 것이다(Cushman, 1990).

북아메리카의 문화에서 개인주의는 자본주의에 의해서만 강화된 것이 아니라, 자립성과 독립성이라는 개신교도적인 윤리에 의해서도 촉진되었다. 대부분의 영국 출신 이주민들은 유럽의 종교적 박해에서 탈출하여, 미국이라는 나라가 상징하는 기회를 찾아 온 사람들이었다. 맥락적으로, 그리고 역사적으로 보았을 때 그들이 그 상황에서 자연스럽게 보이게 되었던 반응들(정부로부터의 자립성과 독립성)은 많은 서구 국가들에 전파되었다. '사람은 누구나 자기자신의 웰빙에 대해 스스로 책임을 져야 한다'는 가치로서 말이다. 누군가 인생에서 성공을 거두었다면, 그것은 그 사람이 열심히 일했기 때문이고, 누군가 실패를 했다면 그것은 그 사람이 부족했기 때문인 것이다(Bellah, Madsen, Sullivan, Swidler, & Tipton, 1985). 이것이 바로 수많은 책들이 쓰여지고, 영화들이 만들어지고, 정치적 연설이 구성되는데 있어서 기반이 된, 엄청나게 단순하고 매력적인 서사이다. "피해자 비난하기"라는 가치는 얼마 지나지 않아 자본주의 시스템의 변명에 나타나기 시작했다. 약물과 범죄로 찌들어있는 커뮤니티에서 빈곤하게 성장한 아동들이라 해도, 스스로 열심히 일을 한다면 그렇게 어려운 상황을 이겨내고 성공할 수 있다는 것이다. 이러한 주문(mantra)은 사회의 모든 계층과 담론에 자연스럽게 스며들어갔다. 피해자를 비난하는 것은 의학, 사회복지학, 교육학, 사회사업학, 상담학, 심리학 등의 모든 분야 전문가들이 빠지기 쉬운 위험한 함정들 중의 하나가 되었다. 어떤 문제를 마주했을 때 통합적으로, 맥락적으로, 환경적으로 검토하는 것이 아니라, 전문가들은 자신의 앞에 앉아 있는 개인 한 사람에게만 관심을 가지게 된 것이다(Ryan, 1971).

따라서, 개신교의 윤리, 자본주의 그리고 의학 모델은 원래는 억압된 사람들을 해방시키는 속성(개인주의)을 가지고 있었지만, 시간이 지나감에 따라 억압적인 속성으로 바뀌게 되었다. 가난하고 소외된 사람들을 위한 것이 아니라, 소비자중심주의에서 많은 소비를 하고 있는 사람들을 위한 것으로 말이다(Cushman, 1990). 2008년 이후, 탐욕과 자만이라는 속성을 수반한 개인주의는 경제를 거의 파괴시켰다. 현재와 같이 통제를 하지 않는 신자유주의 형태의 자본주의 또한 실제적인 경제적 몰락을 강화하였다.

지금까지 간단하게 분석해본 내용에서는 종교, 경제, 조력전문가들만을 다루었지만, 사실 개인주의의 영향력은 교육정책, 미디어, 대중문화에서도 찾아볼 수 있다. 북아메리카와 특히 미국에서, 개인주의는 명확한 삶의 형태로 나타난다(Bellah et al., 1985). 따라서 비판심리학자들은 개인주의가 사람들과 커뮤니티 모두에게 부정적인 영향을 미치고 있다는 사실에 대해 반응하기 시작했다. 자기 자신에게만 몰두하는 과도한 집착은 사회적 맥락에서 사람들을 소외시켰고, 결과적으로 자기해방이 아니라 자기과찬(self-adulation)이라는 현상을 가져왔다. 자기결정력과 사회정의에 의해 통제받지 않는 자유는 얼마 지나지 않아 사람들을 자기에게만 관심을 가지도록 만들었다. 주위 사람들과

자원을 공유하고 서로 배려해야 한다는 부담 없이 자기만의 왕국을 세우게 되는 분위기는 텔레비전에서 쉽게 볼 수 있는 탐욕스러운 괴물을 만들어냈다: 메이도프(Madoff), 리만 브라더스(Lehman Brothers), 에이아이지(AIG), 뱅크 오브 아메리카(Bank of America), 골드만삭스(Goldman Sachs), 콘라드 블랙(Conrad Black), 실비오 베를루스코니(Silvio Berlusconi).

개인주의가 점차 괴물로 변해가고 있다는 사실을 증명할 근거는 여러 곳에서 매우 다양하게 나타나고 있다. 다른 요소들을 고려하지 않고 자신의 이익만을 추구하려는 사람들의 욕구는 전 세계가 2008년에 마주했던 커다란 혼란에 대해 능수능란하게 변명을 늘어놓았다. 사회정의적 동기에서 눈을 돌렸던 것은 각 개인들뿐 아니라, 서로를 돌봐주고 연민을 느끼는 공동체적인 정서를 상실한 커뮤니티도 마찬가지였다. 따라서 비판심리학자들은 개인주의에 대해 수많은 비판적 주장을 제시하였고, 심리학이 일부러 그랬던 것은 아니겠지만 지금까지 피해자의 잘못만을 비난하는 담론을 강화시키는 이론과 현장개입전략을 개발해온 것에 대해 초점을 맞추어 보아야 한다는 목소리를 높였다(Albee, 1990; Prilleltensky, 1994). 간단하게 말해서 개인주의는 각 개인들과 커뮤니티 모두에게 나쁜 영향을 미쳤다. 특권 계층에 있는 많은 사람들은 개인주의를 적극적으로 활용했던 것이다. 1960년 이후로 빈부격차는 기하급수적으로 커졌고, 경제적으로 상위 1%에 있는 사람들은 엄청난 부를 축적했으며, 불평등지수 또한 매우 많이 올라갔다(Wilkinson & Pickett, 2009). 비판심리학자들은 삶의 질에 대해 생각하지도 못하는 많은 사람들의 편에 서서 생각하려고 애썼다. 비판심리학의 근본적인 세 가지 질문(누구의 가치인가, 누구의 웰빙인가, 누가 혜택을 받는가)에 대한 답을 찾기 위해서 말이다. 부유층의 개인주의는 그들 자신의 웰빙에 우선적으로 혜택을 주었지만, 그 혜택 자체는 단기적이고 피상적인 속성이 있었다. 특권층이라 해도 사회적 소외와 경쟁에서 자유로울 수는 없고, 그들 또한 항상 채워지지 않는 만족도를 높이기 위해 지옥같

은 트레드밀에서 뛰고 있기 때문이다(Diener & Biswas-Diener, 2008).

현상유지(The status quo)

개인주의의 헤게모니는 문화적, 정치적, 경제적, 군사적 권력 어디에서도 쉽게 찾아볼 수 있다. 때로 현재의 상황은 역경을 극복한 영웅의 이야기(누구든지 "미국"에 살고 있다면 할 수 있다는 것을 증명하는)나 피해자-비난의 시각으로 빈곤층을 비하하는 사고체계에 의해 자연스럽게 유지되는 면이 있다. 독재정권 하에서 현재체계는 혹독한 폭력에 의해 잔인하게 유지되지만 말이다. 어떤 방법을 쓰든 간에, 권력이 전체 사회를 지배하게 되는 것은 분명하다. 가장 민주적인 사회에서도, 돈만 있으면 영향력있고 힘있는 변호사, 로비스트, 정치인을 살 수 있다. 현재상황을 유지하고 있는 부패는 제3세계의 개발도상국에서만 일어나는 일이 아닌 것이다. 선진국에서도 그러한 사례는 너무나 많이 찾아볼 수 있다. 하지만, 민주주의의 아주 작은 변화도 까탈스러운 비판자들(좋게 표현한다면 배은망덕한 놈들, 나쁘게 표현한다면 공공의 선에 대한 적)을 잠재울 수 있는 힘이 있다(Chesney, 1998). 그래서 현상유지를 하려고 하는 법적, 경제적, 정치적인 권력들에 대항하여, 비판심리학자들은 그다지 아름답지 않은 사회와 전체 세상에 대한 거울역할을 하려고 한다. 아메리카의 북쪽과 서쪽 국가들(예: 엘살바도르)에 살고 있는 비판심리학자들은 비교적 자유롭게 비판의 주장을 표현할 수 있었던 반면, 다른 나라의 비판심리학자는 체제전복주의자로 간주되어 불법무장단체에 의해 암살되는 경우가 많았다. 바로 이것이 이그나시오 마르틴 바로(Ignacio Martín-Baró, 1994)의 운명이었다. 그는 스페인 심리학자이자 예수회 신부로서 1989년, 자신이 근무하던 대학에서 다른 동료들과 함께 암살되었다. 마르틴 바로는 라틴 아메리카의 해방심리학을 창시하고 발전시킨 사람이었다(Quiñones Rosado, 2007; Watskins & Shulman, 2008). 그는 빈곤층이 억압의 굴레를 벗어나도록 조력하기 위해, 심리학자들이 해방심리학을 발전시켜야 한다고 주장했다. 오늘날, 해방심리학과 비판심리학의 비전은 남미대륙에서 다음과 같은 학자들의 작업을 통해 발전되고 있다. 베네주엘라의 마리차 몬테로(Maritza Montero, 2007, 2009), 코스타리카의 이그나시오 도블스 오로페자(Ignacio Dobles Orobeza)와 동료들(Dobles Oropeza, 2009; Dobles Oropeza, Arróliga, & Zúñiga, 2007).

비판심리학과 해방심리학이론이 식민지를 경험한 나라에서 시작되었다는 것은 우연이 아니다. 아프리카에서는 프란츠 파논(Frantz Fanon)이 식민지화의 심리학적 상처에 대한 연구를 하였다. 그는 마르티니크(Martinique)의 카리브해 지역에 있는 섬에서 태어나, 알제리에서 살면서 흑인 원주민에 대한 부정적인 영향력을 미친 프랑스의 지배를 경험하였고, 초기의 반식민지주의 이론을 정리하게 되었다(Bulhan, 1985; Fanon, 1965; Hook, 2004; Parker, 2007). 오늘날 비판심리학은 남아프리카와 대륙의 다른 국가들에서 매우 활발하게 발전하고 있다(Hook, 2004). 하지만, 심리학에서의 현상유지에 대한 저항은 식민지 맥락에서만 일어난 것은 아니었다.

1920년대 후반, 1930년대, 1940년대의 독일 지식인들은 마르크스주의와 사회과학을 결합시켜서 비판심리학의 프랑크푸르트 학파를 조성하였는데, 이와 같은 결합은 이후에 나타나게 된 학문분야에 매우 큰 영향을 미쳤다. 커뮤니케이션 도구들이 지배계층의 시각을 반영하고 있다는 기본적인 통찰은 사회학, 정치학, 심리학 분야에서 이루어진 많은 핵심적 연구기반이 있어서 가능했다(Held, 1980). 특히 에리히 프롬(Erich Fromm)은 사회의 현재상황을 비판하는데 있어서 광범위한 정신분석이론을 활용하여, 사회적 경쟁의 유해한 영향력과 부를 소유하려는 욕구에 대해 비판하고, 살아있는 존재가치를 느끼려는 '존재적 인간'이 아니라 자기 소유에만 집착하려는 '소유적 인간'이 많이 있다는 사실에 대해 지적하였다(Fromm, 1965). 2차 세계대전 이후, 클라우스 홀츠캄프(Klaus Holzkamp)는 베를린에서 해방 및 주체심리학(독일의 비판심리학을 대표하는 명칭)을 발전시켰다(Tolman, 1994).

유럽의 다른 국가들, 특히 영국에서는 1970년 대와 1980년대 페미니스트 및 반식민주의 심리학 자들이 현상유지에 대해 담론적 비판을 하였다. 그들은 인종차별주의와 여성에 대한 억압이 모든 문화적 코드에 스며들어 있음을 지적하였다. 엔리케(Henriques), 홀웨이(Hollway), 어윈(Urwin), 벤(Venn)과 워커다인(Walkerdine)이 편집한 훌륭한 책, '주제 바꾸기(Changing the Subject, 1984)'는 담론적 비판심리학을 발전시키는데 큰 기여를 하였다. 맨체스터 메트로폴리탄 대학의 담론연구그룹(Discourse Unit)에 소속된 이안 파커(Ian Parker, 2007)와 동료들은 심리학이 불평등의 영구화를 위한 공범으로 기능했었던 방법에 대해 지속적으로 탐색하였다.

심리학의 현재상황에 대한 다양한 비판흐름들을 통합하기 위한 노력으로, 데니스 팍스(Dennis Fox)와 아이작 프릴렐텐스키(Isaac Prilleltensky)는 1993년에 급진적 심리학 네트워크(Radical Psychology Network)를 공동창립하였고, 1997년에는 '비판심리학: 소개(Critical Psychology: An Introduction)의 초판을 발간하였다(Fox & Prilleltensky, 1997). 이 책은 심리학 내부에서 불거지는 불만들에 대해 목소리를 부여해주었다. 2판은 새로운 공동창립자가 참가한 후 많은 개정작업을 해서 2008년에 발간되었다(Fox, Prilleltensky, & Austin, 2009). 이 책들은 현재 사회상황에 대해, 그리고 그 안에서 심리학이 맡고 있는 역할에 대해 사람들이 가지기 시작한 불만을 정교화할 수 있는 프레임워크를 필요로 하는 심리학자들이 비판심리학에 대해 접근하고 활용할 수 있도록 도와주었다.

개인주의와 사회적인 현상유지에 있어서 심리학이 담당하고 있는 역할

'심리학의 도덕성과 정치: 심리학적 담론과 현상유지(The Morals and Politics of Psychology: Psychological Discourse and the Status Quo, 1994)에서, 프릴렐텐스키는 실제 주요이론들과 응용심리학 분야들이 개인주의를 어떻게 재생산하고 있는지, 그리고 지배적인 사회상황을 어떻게 유지하고 있는지를 분석하였다.

조지 알비(George Albee, 1994)는 그의 책 서문에 이렇게 썼다. 심리학자들은 "현재의 상황을 보존하기 위한 과제를 무비판적으로 수용해왔다... 스스로에게 산업심리학 분야 관리자로서의 정체성을 부여하거나, '학교부적응의 원인은 학교에서의 사회적 환경 문제보다는 개인적인 결점 때문이다'라는 믿음을 수용하면서 말이다"(1994, pp. ix-x). 이책은 정신분석, 행동주의, 인본주의, 인지주의 및 상담센터, 학교, 산업 및 조직심리학의 현장개입전략 내에 존재하는 전통적인 경향성을 분석하였다.

다양한 이유들로 인해, 이 모든 분야들은 현재상황에 도전을 하기보다는 지원하는 경향성을 보인다. 프릴렐텐스키는 이러한 경향이 나타나게 된데에는 네 가지의 핵심적인 메커니즘이 있음을 파악하였다. 첫 번째 경우는, "사회의 지배적인 세력에게 혜택을 제공하는 가치가 마치 전체 사회에게 이득을 주는 것같이 보여질 때"(Prilleltensky, 1994, p.35)이다. 이는 관리계층의 통제력을 높이기 위한 개입전략들이 조직구성원에게도 똑같이 혜택을 주기 위함이라고 선전되었던 때가 있었던 산업 및 조직심리학의 역사에서 보아도 명확하게 나타난다(Baritz, 1974; Islam & Zyphur, 2009; Ralph, 1983; Wells, 1987). 두 번째, "사회경제적인 시스템의 구조에 기반하고 있는 사회적 문제들이 심리적 부적응이라는 이름으로 논의될 때"(Prilleltensky, 1994, p.35)이다. 이러한 이념적 전략은 라이언(Ryan, 1971)의 훌륭한 책, "피해자 비난하기(Blaming the Victim)"이라는 제목에서 잘 나타난다. 불운은 각 개인의 부적응적인 행동, 사고, 정서 때문이라고 주장되었었다. 또, 캐플란과 넬슨(Caplan and Nelson, 1973)의 고전적인 연구를 보면, 아프리카계 미국인을 대상으로 하는 심리학적 연구의 80%는 그들의 어려움이 사회경제적 환경이 아니라 개인 내적인 부적절성 때문이 일어난다고 기술하고 있었다. 다음과 같이 결점(deficiencies)을 묘사하는 전문용어들은 심리학에서 개인의 기량부족을 설명하기 위해 개발된 것이 많다. 취약한 자아, 부적응적 대처 메커니즘, 부적응적 성격, 인지적 결핍 등(Gergen, 1990).

현상유지를 강화하기 위한 세 번째 메커니즘은 인간현실에 대한 개념을 사회적으로 창출된 현상을 설명하는 사회역사적 맥락에서 찾는 것이 아니라, "인간의 본성"이나 "유전적 기질"으로 설명하는 경향이다. 따라서, 젠더역할은 원래부터 존재하는 특성이 되었고, 아프리카계 미국인의 인지적 능력은 유전적인 제한선 안에 갇혀 버렸다. 샘슨(Sampson, 1981)은 이렇게 주장했다. "사회역사적 과정에 의해 매개된 것은 마치 '원래 그랬던 것'처럼 다루어졌고, 그러한 현상이 생기게 된 실제 원인과는 다른 현실이 되어버렸다"(p.738).

심리학이 현재의 상황유지를 강화하는 네 번째 방법은 분리(dislocation)이다. 이는 설리반(Sullivan)이 제안한 개념으로서, "무엇인가 새로운 것이 문화적 시스템으로 들어오게 되는 과정이며, 해당 문화적 시스템에 대한 비판적 시각의 일부를 잠재워 버리는 능력을 가지고 있는 것"이다(Sullivan, 1984, p.165). 예를 들어 보면, 가족상담은 개인상담에서 맥락에 대한 관심이 부족함에 대해 지적하고 있지만, 정작 가족상담도 정신건강에 대해 진정으로 통합적이고 맥락적인 접근을 소개하는 것에서는 다소 먼 모습이었다. 마찬가지로, 법정심리학은 사람들의 개별적인 부적응행동에 대처하기 위해 개발되었지만, 그로 인해 전체 시스템에서 범죄의 사회적 원인을 찾는 것은 어렵게 되었다. 1960년대, 워싱턴의 판사 바젤런(Bazelon)은 법정 심리학자들에 대한 연설에서 이 부분에 대해 잘 설명하였다.

"우리가 당신들에게 이 역할을 맡겼던 이유가 무엇이었는지 고려해본다면, 당신들은 이런 점에 대해서도 좀 생각해보는 것이 좋을 것 같습니다. 사회적, 경제적 구조에서 아주 작은 변화를 만들어 내는 것보다 1,000명의 심리학자들을 고용하는 것이 훨씬 저렴한 비용이 든다는 것을 말입니다."(Caplan & Nelson, 1973, p.210)

개혁(reform)은 변형(transformation)과 혼동되어서는 안된다. 사회적 시스템이 수용할 수 있는 범위 내에서의 변화(change)는 필수적이다. 그로스(Gross)가 주장했듯이, "기득권층이 현재의 상황을 단순하게 보전만 하려고 하면, 그들의 힘은 금방

약해질 것이다. 하지만, 일부 구성원들이 여러 가지 변화에 대해 강하게 요구한다면... 지배층은 권력을 확장하는 것은 고사하고 유지를 하기 위해서도 변화가 필수적이라는 것을 알게 될 것이다"(1980, p.58). 이는 람페두사(Lampedusa)가 쓴 "레오파드(The Leopard)"에서 잘 나타난다. 이 책에서 젊은 조카는 왕자인 삼촌에게 이렇게 말한다. "우리가 모든 것이 지금 그대로이기를 원한다면, 바로 지금이 변화가 정말 필요한 때인 거예요"(Gross, 1980, p.58).

1970년대와 1980년대는 현 시스템을 지지하는 심리학의 역할에 저항하는 목소리들이 다양하게 나왔던 시대였다. 설리반은 행동주의와 심리측정을 분석하면서, 이런 말로 결론을 맺었다. "현재 사회와 정치상황을 정당화시키기 위해, 그들은 권력의 사회-정치적 무리들을 지원하거나 타당화시키는 해석을 한다."(1984, p.26) "주류심리학은 현재 사회에서 지배적인 정치적, 경제적, 종교적 이데올로기에 기반하고 있기 때문에, 심리학전문가들은 그러한 사상이 사람들의 삶에 어떤 영향을 미치는지를 검토하기보다는, 그 사상들을 유지하는데에 더 힘을 쓴다."(Braginsky, 1985, p.881) "심리학은 여러 사회과학 학문들 중에서도 유난히 사회계층 속에서 자신의 위치가 어디인지에 대해 잘 파악하지 못하는 것 같기 때문에, 현 상황이 유지되어야 하는 변명을 해주는 역할을 하게 될 가능성이 크다."(Sullivan, 1985, pp.131-132) 잉글비(Ingleby)는 심리학자의 "암묵적인 계약은 현상을 유지하는 것"이라고 더 이상 명료할 수 없는 어조로 주장했다(1974, p.317).

전통적인 피해자-비난 경향의 이데올로기(Prilleltensky, 1994)로부터 새로운 긍정심리학으로의 변화(Ehrenreich, 2009)를 하는 중에도, 아직 심리학은 여전히 맥락을 최소화시키는 작업을 하고 있다(Shinn & Toohey, 2003): 심리사회적 문제에서 맥락이 차지하는 부분을 간과하는 것이다.

가장 최근에 이와 같은 부정적 경향을 명료하게 보여준 것은 긍정심리학이다. 긍정심리학은 사람들의 행복에서 (사회적 정의와 같은) 환경의 역할

을 최소화시켰다(Lyubomirsky, 2007, or Seligman, 2002). "긍정심리학의 핵심적인 보수성은 다양한 불평등과 권력남용이 지배하고 있는 현재상황에 대한 애착에 기반하고 있다"라고 바바라 에런라이크(Barbara Ehrenreich)는 주장했다(2009, p.170). 그녀는 긍정심리학의 혜택은 불평등과 부당함에 의해 크게 방해받지 않는 중산층 사람들에게나 닿을 수 있다고 생각했다:

대중적인 긍정적 사고와 같이, 긍정심리학은 한 사람이 자기자신의 관점을 수정하면서 내적으로 만들어낼 수 있는 변화에 대해서만 관심을 가진다... 현재상황의 유지에 대해 긍정심리학자들이 더 중요한 기여를 하는 것은 환경이란 한 사람의 행복을 결정하는데 있어서 미미한 역할밖에 하지 않는다는 것을 주장하거나 "발견하는" 것이다... 더 좋은 직장과 학교, 더 안전한 동네, 모든 질병에 적용가능한 건강보험, 또는 더 자유롭게 소망을 이룰 수 있는 상황이 개인의 행복에 별 영향을 미치지 않는다면, 왜 사람들은 그러한 환경을 꿈꾸는 것일까? 사회적 개혁자, 정치적 활동가, 그리고 변화-지향적 공무원들은 사람들이 충분한 휴식을 취할 수 있도록 도울 수 있다... 더 나은 세상을 위한 열망은 몇백년에 걸쳐 지속되어 왔지만, 요새는 "긍정성 훈련"의 현장전문가들, 긍정심리학자들과 대중적 긍정적 사고 강사들만이 주류에서 활동하고 있다(E hrenreich, 2009, pp.171-172).

심리학자들 중에서도 특히 셀리그만(Seligman, 2002)과 류보머스키(Lyubomirsky, 2007)는 사람들의 행복에서 사회적 환경이 설명할 수 있는 부분은 매우 작다고 주장했다. 물론, 인생에서 경험하게 되는 성공이나 실패의 대부분은 유전적 기질이나 동기적 요소들에서 원인을 찾을 수 있다. 동기 요소들을 사람들이 성장하는 환경과 완전히 분리할 수 있다면 말이다. 긍정심리학자들은 사람들의 행복이 유전에 의해(50%), 자유의지에 의해(40%) 주로 결정되며, 환경이 설명하는 부분은 아주 경미한 수준(10%)이라고 주장한다(Lyubomirsky, 2007; Seligamn, 2002). 이렇게 긍정심리학자들이 주장하듯이, 환경요인은 행복의 10%만 설명하고, 자유의

지는 행복의 40%만 설명할 수 있다고 하더라도, 우리는 그 40%에 포함되는 심리학적, 행동적 변인은 사람들의 인생환경과 쉽게 분리될 수 없다는 사실을 기억해야 한다(McGue & Bouchard, 1998; Turkheimer, 1998).

요약해보면, 비판심리학(critical psychology)은 다음의 현상들에 대한 반동으로 형성되었다. (a) 개인주의로의 억압적인 전환, (b) 다수 대중의 생활에 대한 부정적 영향, (c) 사회적 현상유지에 대한 심리학의 공모(고의이거나, 선의이거나). 우리는 1970년대, 1980년대, 1990년대에 라틴 아메리카, 아프리카, 호주, 유럽, 북아메리카에서 열정적으로 일을 시작했던 비판심리학자들과 활동가들을 살펴보았다. 오늘날, 비판심리학은 지배적인 사회계급체제에 의해 가장 부정적인 영향을 많이 받고 있는 사람들의 정의와 웰빙수준을 개선하는 데에 힘을 쏟고 있는 학문과 사회적 운동으로 인정받고 있다.

인식론적 가치

인식론은 지식에 대한 연구를 의미한다. 마찬가지로, 인식론적 가치란 우리가 가장 신뢰로운 연구의 목표를 도출하는데 있어서 사용하는 기준을 뜻한다. 우리는 현상의 독특한 속성을 측정하는데 적절한 방법을 찾아야 한다. 비영어권 국가로부터 갓 도착한 이민자들에게 영어로 작성된 진로흥미검사를 실시한다는 것은 정말 적절하지 않은 행동이다. 우리는 탐색하고 싶어하는 경험의 특성에 맞는 방법을 개발해내야 한다.

비판심리학은 주류심리학의 연구방법이 가지고 있는 부족한 점 세 가지에 대해 초점을 맞추어 왔다. 비판가들에 의하면, 심리학의 주요이론은 종종 기계적이고, 환원적이며, 민족중심적인 접근을 하는 경우가 많다고 한다. 이제부터는 다소 문제가 있다고 보여지는 가정들에 대해 살펴보려고 한다. 그 다음에는 우리가 새롭게 선택할 수 있는 대안에 대해서도 제시할 계획이다.

1) 기계적인 접근

심리학은 물리학의 인과모델을 차용하여 자기 결정력과 주도성(agency)의 역할을 최소화해왔다. "사람이라는 존재가 특정 원인에 의해서만 움직일 수 있고, 주위 환경과 양육(nature and nurture)과 같이 추가되는 요소에 의해서만 발전될 수 있는, 수동적이고 반응적인 기계와 같이 잘못 개념화된 것은 비판받아 마땅하다"(Teo, 2005, p.36). 이와 같은 기계에 대한 은유는 행동주의에서 먼저 시작되었다. 행동주의에서는 인간행동을 자극과 반응이라는 기준으로 연구하고, 주관성(subjectivity), 성찰성(reflexivity), 주도성(agency)과 같은 매개 효과에 대해서는 거의 관심을 두지 않았다(Teo, 2009). 비판심리학자들은 이와 같은 기계적인 접근방법에 반대하며, 자연과학모델은 실험실과 통제된 환경에서 진행되는 연구에 맞는 대상에 맞을 뿐, 인간과 같이 보다 복잡하고 정교한 존재를 대상으로 하는 연구에는 적절하지 않다고 주장한다.

2) 환원주의적 접근

첫 번째 염려와 관련하여, 비판심리학자들은 주류심리학이 가지고 있는 원자론적 접근방법에 대해서는 반대의사를 표명한다. 인간의 총체적인 경험은 그 중의 일부만을 연구해서는 제대로 설명될 수가 없기 때문이다.

이와 같이 자연과학의 모델을 주로 차용했었기 때문에, 심리학은 행동, 정서, 사고를 분리해서 관찰하는 모델을 개발하려고 애써왔다. 하지만, 이러한 접근법으로 인간의 복잡성에 대해 설명하기란 매우 어려운 일이다. 인간은 다양한 맥락에서 다양한 행동을 보이며, 반응을 하기 전에 내면에서 복잡한 현상을 경험하기 때문이다. 테오(Teo)는 다음과 같이 주장하였다.

"인간 특성의 부분들을 연구하면 전체적인 인류의 복잡성에 대해 충분히 설명할 수 있다고 가정하는 것이 환원주의이다.… 전체를 이해하기 위해 부분들을 연구한다는 아이디어와, 각 부분들을 하나씩 더해나가면 의미있는 통합적 전체를 구성하게 된다는 아이디어는 편협한 세계관에 기반하고 있다. 인간의 심리적 삶에 있어서는, 각 부분들을 더한다고 해서 전체가 만들어지지 않는다. 비판가들은 이렇게 주장한다. 인간의 주관성에 대해 공정한 시각을 가지고 이해할 수 있는 심리학은 각 부분을 이해하기 위해 인간경험의 전체를 관찰하는 것부터 시작해야 한다고 말이다. 그 반대가 아니고."(2009, p.39)

기계적 접근과 환원적 접근은 방법론주의(methodologism)나 방법의 우상화(methodolatry) - 기존의 측정 방법들을 기반으로 하여 연구의 대상을 이해하는 것 - 에 의해 많은 영향을 받고 있다(Parker, 2007; Teo, 2005, 2009). 우리는 활용가능한 도구가 있는 것을 연구하려고 한다. 연구의 대상에 맞는 도구를 개발하기보다는, 우리가 가지고 있는 도구(설문조사, 질문지, 부자연스러운 사회적 환경 질문)에 맞는 연구 문제들을 만들어내고 있는 것이다(Pancer, 1997).

3) 민족중심적 접근

20세기 주류심리학과 진로심리학의 대부분은 다수집단(유럽계 백인남성)의 특성을 반영하고 있었다. 여성과 다른 문화에서 온 사람들은 지배층의 기준에 맞춰 개발된 도구로 평가를 받아야 했다. 미국에 온 이민자들은 민족중심적 도구로 평가를 받았기 때문에, 지적 능력이 떨어져 보일 수밖에 없었다(Kamin, 1974). 유사한 편견을 내재한 과정은 여성, 아프리카계 미국인, 다양한 식민지 원주민들의 "결함이 있는" 심리적 상태를 평가하는 데에 활용되었다(Prilleltensky, 1994). 남성, 유럽인, 백인-중심의 평가와 개입전략은 심리학 역사 어디에서나 쉽게 찾아볼 수 있다(Hook, 2004; Moane, 2011; Oliver, 2004). 페미니스트와 반식민지주의 심리학자들은 정신건강 전문가들과 기득권층이 여성과 원주민들에 대해 병리적인 평가를 내린다는 것을 보여주었다(Durrheim, Hook, & Riggs, 2009; Fox, Austin & Prilleltensky, 2009; Watkins & Shulman, 2008). 남성, 백인, 유럽인을 대상으로 한 심리학의 기준을 일반화하는 것은 불가능하다. 20세기에 이런 일이 실제로 이루어졌다고 해도 말이다(Teo1,

2005).

4) 전문가의 가치

도덕적 가치와 인식론적 가치는 전문가의 가치를 구성한다. 심리학자의 도덕적, 인식론적 가정들은 그들의 행동을 통해 나타나고, 진단기준, 평가도구, 상담 지침서, 심리학적 보고서에서 활자화된다. 앞에서 설명했듯이, 기계적이고 환원주의적 가치가 지배하던 맥락에서 발달된 것이 바로 개인주의적, 반응적, 소외적 접근법이다. 비판심리학자들은 심리학에서 나타나는 이 세 가지 접근법에 대해서도 반대한다.

1) 개인주의적 접근법

심리학의 모든 평가와 개입전략은 주로 개인에게 초점을 맞추는 개인주의적 문화와 환원주의적 접근법에 의해 나타난 방법이다. 특히 진로심리학의 특질-요인(trait-and-factor)과 관련된 접근법들에서 명확하게 나타난다. 진로심리학이론의 대부분—홀랜드(Holland, 1997)의 진로이론, 갓프레드슨(Gottfredson, 2002)의 이론, 직업적응 이론(Dawis, 2005)—은 특질-요인 이론에 의존하고 있다. 지역심리학(community psychology)이 출현하기 전에는, 자신의 사무실을 벗어나서 다양한 대상을 위한 개입전략을 사용해보려는 심리학자가 거의 없었다. 학교와 기업에 근무하는 심리학자들 또한 학교나 공장 내의 사무실에서만 일을 하였다. 자립성이라는 개신교의 가치, 피해자 비난이라는 보수주의적인 주문(invocation), 환원주의의 인식론적 유산들 때문에, 심리학자들이 일터, 학교, 교회, 커뮤니티의 환경적인 요소들을 무시하고 개인에게만 초점을 맞추어 진단을 내리고 상담을 하는 것은 너무나 쉬운 일이었다(Fox, Austin, & Prilleltensky, 2009; Gergen, 2009).

2) 반응적 접근법

물리학이 심리과학의 이상적인 모델이었다면, 의학은 심리학적 개입전략의 이상적인 목표였다. 그리고 대부분의 의학이 가지는 속성은, 우리가 잘 알고 있듯이, 반응적이다(reactive). 건강시스템(질병관리 시스템이라고 더 많이 불리는 것)은 '기다려보자(wait-and-see)' 모드로 운영된다. 전문가들은 환자들이 사무실의 문을 두드리면서 도움을 요청하기를 기다린다. 건강에 대한 사회적 영향요인을 파악하는 예방적, 공중보건(public health) 접근법은 의학적 모델에 위협을 가하는 것이고, 결국은 전세계의 건강시스템들과 비교해보았을 때 매우 제한적인 지원만을 받고 있는 것이 현실이다(Albee, 1982, 1996). 심리학은 의학적 모델을 따르고 있기 때문에, 주로 반응적인 모델을 사용하고 있다.

3) 소외적 접근법(Alienating approaches)

특히 정신과 병원에서는 전문가의 거만한 태도가 정신건강시스템의 특성을 대변하는 경우가 많다. 이곳에서 일어나는 끔찍한 학대사례들은 전문가들이 점점 더 비인간화되어가는 모습을 보여준다. 정신질환 환자들은 건강관리과정의 파트너가 아니라 통제의 대상이 되어가고 있다(Chamberlin, 1984; McCubbin, 2009).

이와 유사한 전문가의 거만함은 자폐아동의 "냉장고" 엄마에 대한 진단(Kanner, 1949)에서도 나타났고, 아이의 행동은 통제되어야(subdued) 한다는 주장(Olfman, 2006)에서도 보였으며, 원주민들은 서구화될 필요가 있다는 주장(Glover, Dudgeon, & Huygens, 2010)에서도 나타났다. 아동, 여성, 정신질환 환자, 전세계의 소수자들은 통제와 지배의 대상이 된 것이다.

이와 같은 도덕적, 인식론적, 전문적 가치의 결점들이 존재하기 때문에, 심리학에 대해 아름다운 그림만을 그리기란 다소 어려운 일이 되었다. 따라서, 비판심리학자들은 기존의 개입전략들을 관찰하고 이에 반기를 들기 시작했다: 그들은 억압적인 시스템의 일부분이 되기를 원하지 않았기 때문이다. 대부분의 비판가들은 현재의 바람직하지 않은 개입전략에서 해방되는 것만을 생각하는 편이지만, 우리는 지금부터 모든 사람들을 의기소침하게 만드는 심리학의 부정적 이미지를 개선할 수 있는 몇 가지 대안들을 구체적으로 제시해보도록 하겠다.

웰빙에 대한 비판적 접근

유용하고, 효과적이며, 사람들에게 자유를 주는 일의 심리학을 만들어가기 위해, 앞에서 논의했던 걱정거리들을 해결할 수 있는 제안점들을 몇 가지 제시해보겠다: 도덕적 가치, 인식론적 가치, 전문적 가치.

1) 도덕적 가치에 대한 비판적 접근

우리는 지금 개인주의와 현상유지를 위한 불평등 이슈, 상호의존성 / 불평등 / 고립이라는 문제들을 가지고 있는 시스템을 암묵적으로 지지하는 심리학의 문제를 마주하고 있다.

(1) 상호의존성(Interdependence)

상호의존성의 가치는 상충되는 가치들 사이의 균형을 잡는 데에 있다. 문제는 개인주의 뿐 아니라 집단주의와 같은 다른 가치들도 보다 극단적인 형태로서 알려져 있다는 것이다. 그러다보니, 자립성은 극단적인 형태의 이기주의가 되었고, 집단주의는 억압의 형태가 되었다(Prilleltensky, 1997, 2001). 우리는 개인적, 관계적, 조직적, 커뮤니티의 웰빙은 가치들이 효율적으로 균형잡혀 있고 통합적이 될 때 가능하다고 생각한다(Prilleltensky & Prilleltensky, 2006).

우리가 하고 싶은 첫 번째 제안은 한 개인의 웰빙이 그가 관계맺고 있는 사람들, 그가 접촉하게 되는 조직들, 그리고 크게는 커뮤니티의 웰빙에 의존한다는 점을 강조하는 것이다(Prilleltensky & Prilleltensky, 2006; Rath & Harter, 2010). 따라서 조직의 웰빙은 그 조직을 구성하고 있는 사람들의 웰빙에 달려 있으며, 조직 내부 관계의 웰빙에 달려 있고, 조직이 속해있는 전체 커뮤니티의 웰빙에 달려 있다(Fullan, 2008; Sisodia, Sheth, & Wolfe, 2007). 전체적인 커뮤니티의 웰빙에 대해서도 똑같은 이야기를 할 수 있을 것이다. 역기능적이고 험악한 폭언이 오가는 대인관계가 존재하는 조직들이 있

는 커뮤니티의 웰니스(wellness)를 상상하기란 어렵지 않은가(Nelson & Prilleltensky, 2010). 로버트 퍼트넘(Robert Putnam, 2000, 2002)이 주장했듯이, 사회적 자본이나 관계적 네트워크 수준이 낮은 커뮤니티는 좋지 않은 교육, 건강, 복지체계로 인해 고통받고 있으며, 범죄율 또한 높다는 것이 증명되고 있다. 마찬가지로, 사람들이 평등하지 못한 경험을 많이 하고 있는 커뮤니티에서는 중독, 십대 임신, 학교중퇴, 아동학대와 같은 심리사회적 문제들이 더 많이 발생하고 있다(Wilkinson & Pickett, 2009). 최근 연구에서도 경제적 불평등 수준과 상환 불능 주택 융자 사례간의 상관성이 있다는 것이 증명되었다(Brescia, 2010). 거시적으로 보거나 미시적으로 보거나, 실업자 수가 많은 커뮤니티에 사는 사람들은 고용률이 높은 커뮤니티에 사는 사람들과 비교해볼 때, 삶에 대한 만족도가 낮은 것이 분명하게 나타나고 있다(Clark, 2010). 빈곤한 커뮤니티에서 살고 있는 아동들은 가정에서 더 많은 스트레스를 받고 있는 편이고, 학교에서 성공을 거두는 경우가 드물며, 커뮤니티에서의 삶은 더 많은 위험에 노출되어 있다(Evans, 2004). 사실 사회적 자본, 실업, 아동 빈곤이라는 문제를 제외하고서도, 개인적, 관계적, 조직적, 커뮤니티의 웰빙 간의 상호의존성이 존재한다는 것을 보여주는 사례는 매우 많다. 학대가정에서 성장한 아동들은 방어적인 행동 패턴을 개발하게 되어, 성인이 되어도 제대로 된 대인관계를 구축하기가 어려워진다. 사람들에 대한 신뢰가 부족하기 때문에, 일터나 커뮤니티에서도 관계적인 갈등에 빠져들기 쉬운 것이다(Prilleltensky, Nelson, & Peirson, 2001). 이렇게 되면 일터에서 통제력을 잃게 되기 때문에 스트레스 수준이 높아지고, 집에 와서도 사소한 일에 화를 내게 될 텐데, 이러한 상황은 정신건강과 웰빙에 대해 큰 영향을 미치게 된다(Prilleltensky, 2012).

각 독립체(개인, 관계, 조직, 커뮤니티)의 웰빙을 촉진하고, 그들간의 시너지효과를 높이려면, 몇 가지 가치들을 명료화할 필요가 있다. 개인의 웰빙수준을 높이려면, 우리는 자기결정력, 삶에서의 의미 있는 몰입, 낙관주의, 긍정적인 대인관계, 성장에

대한 기회들을 강화해야 한다(Diener & Biswas Diener, 2008; Lyubomirsky, 2007; Prilleltensky & Prilleltensky, 2006). 관계적인 웰빙은 돌봄(caring), 연민, 상호적인 지원이 필요하다(Blustein, Schultheiss & Flum, 2004; Gergen, 2009). 그리고, 조직의 웰빙을 위해서는 효과성, 성찰성, 지원이라는 가치가 필요하다(Fullan, 2008; Sisodia, Sheth, & Wolfe, 2007). 마지막으로, 커뮤니티의 웰빙을 위해서는 공공기관들, 다양성에 대한 존중, 사회적 자본, 그리고 가장 중요한 사회정의가 요구된다(Nelson & Prilleltensky, 2010). 이러한 가치들은 조화로운 관계, 개인적인 성장, 발전하는 커뮤니티라는 시너지 효과를 내기 위해 균형잡혀 있어야 한다(Watkins & Shulman, 2008).

정치적인 지형도를 보면, 과거 소비에트 연방과 같이 전체주의적 정권이 있었던 나라들에서는 집합주의를 추구하며 국민들을 억압했지만, 미국과 같은 서구 나라들에서는 국민들 간의 분리(isolation)를 강화하였다. 성공을 하기 위해 노력하는 과정에서, 후자 나라의 국민들은 외로움을 경험해야 했다(Putnam, 2000, 2002). 전체주의 국가에서는 순종을 요구하면서, 국가적인 의지를 앞세웠다. 어떤 경우에든지 국민에 대한 배려는 빠져 있다. 개인적인 자유에 대한 니즈와, 다른 집단 및 전체 커뮤니티를 지원하고자 하는 니즈간의 균형을 잡기 위해서는 해방적인 공동체주의(communitarianism), 즉 자기자신의 웰빙은 다른 사람들의 웰빙을 희생해서 얻어져서는 안된다는 믿음이 필요하다고 우리는 생각한다(Prilleltensky, 1997). 행복한 커뮤니티나 건강한 대인관계가 없다면, 개인적인 웰빙은 항상 위태로울 수밖에 없다. 그렇다고 해서 개성이나 창의적인 개인주의를 없애야 한다는 것이 아니다. 오히려, 우리가 주장하는 것은 특정 개인이 너무 많은 것을 얻고 다른 사람들은 그 뒤에서 아무 것도 못 얻는 경우가 없는 커뮤니티와 일터를 창출하자는 것이다. 개인을 해방시키지 못하는 공동체주의는 억압적인 것이고, 통제가 없이 혼란스럽기만 한 해방은 극단적인 개인주의로 회귀할 수밖에 없다.

개인과 커뮤니티를 환경적 연속선상의 양 극단으로 생각한다면, 관계와 조직은 사람들이 서로를 돕고 공통적인 문제들의 해결을 위해 대화를 하며 연대감을 증진시킬 수 있게 하는 매개적인 메커니즘으로 기능한다(Gergen, 2009). 당신이 주위 사람들과의 관계와 접촉하고 있는 조직들에 대해 관심을 가지지 않는다면, 소속된 커뮤니티를 돌본다는 것은 불가능한 일이다. 일터는 각 구성원의 개인적 특성을 수용해주는 동시에, 집단적인 책임을 강화시킬 필요가 있다.

(2) 정의(Justice)

정의란 자원, 의무, 협상력(bargaining power)들을 공정하고 평등하게 배분하는 것을 의미한다. 비판심리학자들이 현재상황에 반기를 드는 이유는, 수백만의 사람들이 불공정하고 불평등한 상태를 경험하고 있기 때문이다. 자본주의가 통제가 안되고 극단적인 형태를 취하게 될수록, 불평등 수치는 높아질 수밖에 없다(Chomsky, 1999).

시스템의 속성에 대한 핵심적인 주장은 시스템이 모든 사람들에게 공평한 기회들을 제공해줄 수 있다는 것이다. 이는 명백하게 잘못된 주장이다. 다 무너져가는 집들이 있는 커뮤니티에서 제대로 된 교육을 받지 못하고 성장한 빈곤가정의 아동들은 넉넉한 환경에서 큰 아동들과 비교해보았을 때 좋은 대학에 갈 기회를 거의 얻지 못하며, 고등학교를 졸업하기도 매우 힘들다(Darling-Hammond, 2010; Evans, 2004; Ravitch, 2010). 이와 같은 불편한 진실을 마주하고도 여전히 현상유지를 주장하는 사람들은 부모들이 자신에게 주어진 기회를 제대로 활용하지 못했다고 비난하며 그들에게 손가락질을 한다(Farber & Azar, 1999). 하지만, 잠깐 다시 생각해보자. 이 부모들은 약물중독자를 어디에서나 찾아볼 수 있는 동네에서, 어떻게 아이를 키워야 하는지 전혀 모르는 십대 부모 밑에서 자란 사람들이었다. 이렇게 되면, 당신은 그 부모의 부모의 부모를 비난하는 끝없는 퇴행속으로 빠지거나, 그러한 행동을 그만두고 이런 말을 할 수 있을 것이다: 혜택받지 못한 환경에서 성장한 아동들은 자신의 삶을 둘러싸고 있는 환경 때문에 비난받으면 안된다. 왜냐하면, 그들은 자신의 환경에 대해 아무런 통제력이 없었기 때문이다.

불평등은 빈곤아동의 교육뿐 아니라 건강에 대해서도 부정적인 영향을 미친다. 아들러와 스튜어트(Adler and Stewart, 2009)는 "행동적 불평등(behavioral injustice)"이라는 용어를 사용해서, 불리한 환경에서 성장했을 때 생기는 건강상 문제에 대해 설명하였다. 그들은 비만에 대해 설명하면서, 대부분의 빈곤층은 고지방의 음식을 주로 먹게 되고 운동을 할 수 있는 기회는 잘 얻지 못하는, 즉 "살을 찌게 만드는(obesogenic)" 환경에서 성장한다는 것을 보여주었다.

> "물론 어떤 사람들은 변화라는 것을 만들고 유지시킬 수 있지만, 대부분의 의학모델에서는 사람들에게 비만증상을 생기게 하고 유지시키는 데에 기여하는 힘을 간과하고 있다. 환자들은 병원에 갔다 온다고 해도, 곧바로 체중이 늘어날 수밖에 없는, 이전과 동일한 환경에 들어갈 수밖에 없다. 그들의 환경에 존재하는 상업적, 구조적 힘도 여전히 강하다. 따라서, 이 사람들은 비만을 "강화시킬 수밖에 없는" "악순환의 고리"에 갇히게 되고… 음식의 과도한 섭취를 촉진시키고 신체적 운동을 하지 않도록 하는 "살을 찌게 만드는 환경"에 살고 있는 비만인구의 수가 늘어가는 결과를 낳게 되는 것이다. (Adler & Steward, 2009, p.55)

비판심리학자들은 사람들이 "자유의지를 가지고 있기 때문에" 언제든지 자신의 건강이나 일에 대한 기회를 개선할 수 있다는 관념에 대해 의문을 가진다. 이러한 시각은 삶에서 개인에게 다양한 기회들을 제공해주는 자원에 대한 접근성이 매우 불공평하다는 사실을 간과하는 것이다. 그렇다고 해서, 사람들에게 사회정의를 위해 추구하는 주도성(agency)이 아예 없다는 것은 아니다. 그보다 주도성을 강화하기 위해서는, 우선 환경이 모든 사람들에게 유사한 기회를 제공하는 것은 아니라는 사실을 인식할 필요가 있다는 것이다. 우리는 "통제력을 거의 가지지 못한 사람들에게 해당 상황에

대한 책임을 지라고 하는 것은 불공정하다… 모든 사람들이 자신을 더 건강하게 만들 수 있는 선택을 할 수 있는 기회를 공평하게 제공해주고, 그에 대한 논의를 비난조가 아니라 사회정의의 시각에서 할 수 있도록 재구조화해야 하는 책임은 사회에게 있다"(2009, p.61)라고 이야기한 아들러와 스튜어트에게 동의한다. 보다 공평하게 자원들을 배분하고, 더 건강한 환경에 더욱 손쉽게 접근할 수 있도록 해주는 국가와 커뮤니티는 더 높은 수준의 심리사회적 건강과 웰빙에 도달할 수 있다(Wilkinson & Pickett, 2009).

스테드와 페리(Stead & Perry, 2012a)는 사람들이 진로선택을 잘할 수 있도록 도우려면, 개인주의적이고 환원주의적인 시각에 대한 강조보다는, 일에 대한 다문화적, 다맥락적, 커뮤니티 전체에 대한 시각을 더 많이 강조하는 것이 중요하다고 주장하였다. 그렇게 되면 윤리를 기반으로 한 사회정의적 시각이 구축될 것이기 때문이다(Ali, Liu, Mahmood and Arguello, 2008).

(3) 연대감과 사회적 변화에 있어서 심리학이 담당해야 할 역할

주류심리학이 암묵적으로 현재상황을 유지하는 것에 기여한 것과 달리, 비판심리학자들은 적극적으로 소외된 집단과의 연대감(solidarity) 증진을 지지하고, 사회적 변화를 강화하였다(Huygens, 2007, 2009; Nelson & Prilleltensky, 2010; Prilleltensky & Nelson, 2002). 비판심리학자들은 참여적이고 협력적인 방법과, 사람들의 해방에 도움이 되는 방법을 활용하여 빈곤층과 소외계층에게 조력을 하고 있다.

프릴렐텐스키와 넬슨(Prilleltensky and Nelson, 2002)은 자기결정력, 역량강화, 돌봄, 연민, 다양성에 대한 존중, 사회정의와 같은 요소들이 어떻게 교육, 임상, 조직, 건강, 커뮤니티 환경에서의 실제적인 개입전략을 개혁하는지에 대해 구체적으로 설명하였다. 이 모든 사례에서, 비판심리학자들은 결과를 중요시 여기는 만큼 역량강화와 사회정의의 과정을 핵심적으로 생각한다. 즉, 우리가 함께 일하고 있는 파트너들이 자신의 목소리를 내고, 스

스로 선택을 할 수 있게 해준다는 의미이고, 그들이 가지고 있는 독특한 강점과 힘을 인정함으로써 각자의 존엄성을 존중하며, 특정 개인의 권한확대가 아닌, 상호간의 역량강화를 가능하게 하면서 자신의 삶에 대한 통제권을 얻을 수 있는 방법을 돕는다는 뜻이다. 이 원칙을 잘 보여주는 사례를 두 가지 살펴보도록 하자.

예를 들어, 브린튼 라이크스(Brinton Lykes)는 과테말라에서 수년간 원주민 여성들과 함께 일했었다(Lykes, 1997, 1999; Lykes and Coquillon, 2009). 그 여성들은 불법무장단체에 의해 저질러진 대량 학살에 의해 큰 트라우마를 겪고 있었기 때문에, 라이크스는 그들에게 자신의 삶에 대한 통제력을 얻을 수 있도록 역량강화를 해줄 수 있는 방법을 찾아주며 신뢰를 얻었다. 그들은 함께 일하면서 많은 프로젝트를 진행할 수 있었다: 포토보이스(photo voice: 사진을 통해 자신의 목소리를 내는 것) 전시회와 회복을 위한 노력들. 연대감이 증진되는 진정한 파트너십 속에서, 여성들은 과거의 잔혹행위와 불평등에 대해 인식을 얻어가며 자신의 심리사회적 현실을 변화시켜나갔다.

길고 하얀 구름의 나라(Aotearoa), 뉴질랜드 출신인 잉그리드 호이겐스(Ingrid Huygens, 2007)는 와이탕이(Waitangi) 조약에 대한 파케하(pakeha, 백인 이주민) 변화과정을 연구하였다. 1840년, 영국 정부와 마오리족 간에 체결된 이 조약은 백인식민지 개척자들이 마오리족의 인권과 특권을 거의 존중하지 않았다는 것을 인정하는 것이었다. 호이겐스는 식민지화에 대한 폐기학습(unlearning)의 과정과, 마오리족 커뮤니티와의 연대감을 형성하는 과정을 기록하였다. 그녀의 연구는 지배집단의 변형과정에 대해 많은 교훈을 주었다: 백인이 가지고 있는 특권의 정당성에 대해 의문을 제기하기, 억압받는 집단의 도전과제에 대해 개방성을 가지기, 식민지화에 대한 대항적(counter-hegemonic) 방법을 추구하기, 지배에 의해 생긴 결과에 대해 책임을 가지기, 과거의 불평등을 인식하면서 공정한 관계를 개발하기(2007, p.247).

인식론적 가치에 대한 비판적 접근법

인간, 조직, 커뮤니티를 연구하는데 있어서 기계론적, 환원주의적, 자기민족 중심적인 접근법을 사용하는 것에 저항하여, 우리는 전체론적, 개체적(agentic), 그리고 문화적으로 적절한 방법을 활용해보려고 한다.

1) 전체적이고 개체적인 접근법

비판심리학자들은 사람들에 대해 연구를 할 때 맥락을 고려해야 하는 어려운 도전과제를 수용한다. 양적 연구와 질적 연구를 한다는 것은 연구대상의 생생한 삶의 경험을 파악한다는 의미이기 때문이다. 거대한 사회적 힘이 존재하기는 하지만, 사람들은 자율성과 자기결정력을 추구한다는 사실을 그들은 알고 있다. 비판심리학자들은 사회적 힘을 존중하는 동시에, 개인의 주도성도 함께 존중하면서 균형을 잡는다. 사람들의 선택은 문화적, 사회적 메시지와 기회에 의해 영향을 받는 것이다. 누스바움(Nussbaum, 2006)은 이렇게 설명하였다.

사람들은 성공할 수 있을 것이라고 생각되는 것에 자신의 선호(preference)를 맞춘다. 그리고, 자신과 유사한 사람들에게 적절한 성공은 이것이라고 사회가 말해주는 것에 스스로의 기준을 맞춘다. 여성 및 불우한 환경에서 살고 있는 사람들은 종종 불공평한 암묵적 환경에 의해 형성된 "적응적 선호(adaptive preferences)"를 나타내곤 한다. 이러한 선호경향은 현상유지를 타당화하는 전형적인 실례라고 할 수 있다.(p.73)

따라서, 비판심리학자들은 사람들이 자기결정력의 실행을 하는 것에 관심을 가지지만, 그와 동시에 건강과 웰빙에 대한 사회적 결정요인에 대해 적절하게 인식하고 있다(Commission on Social Determinants of Health, 2008; Marmot, 2004).

문화적으로 적절한 접근법

어떤 커뮤니티에도 다양한 문화가 존재한다:

장애인의 문화, 모로코인의 문화, 성적소수자의 문화 등. 비판심리학자들은 모든 사람들에게 적용할 수 있는 단 하나의 기준을 찾는 것이 아니라, 특정한 집단의 문화를 파악하고 그에 맞춰 조력 방법을 조율하려고 한다. 내담자가 당신이 가지고 있는 예의, 건강, 행복에 대한 개념을 따르고, 당신의 규칙에 따라 움직이기를 기대하는 것은 정말 무례한 태도이다. 우리는 진실한 겸손함과 상대방의 이야기에 귀를 기울이는 태도를 가져야만 한다. 예를 들어, 빈곤층과 함께 작업하는 비판심리학자들은 문화간의 차이를 진심으로 이해하려고 하는 방법론들을 개발해왔다(Smith, 2010).

전문적 가치에 대한 비판적 접근법

비판심리학자들은 개인주의적, 반응적, 분리적(alienating) 경향성에 대해 저항하면서, 다양한 수준을 가지고 있고, 강점을 기반으로 하며, 역량을 강화시켜주고, 주도적인 개입전략을 개발해나갔다.

문화와 커뮤니티의 다단계적 변화

개인의 웰빙이란 단순한 개인적인 적응뿐 아니라 환경적인 적응을 요구하는 다단계의 현상이다(Rath & Harter, 2010). 공장에서 일하는 한 근로자의 웰빙은 개인의 태도뿐 아니라, 일터의 분위기, 보상의 수준, 공정한 정책, 정서적 지원, 도전적 기회와 같은 다양한 요소들에 의해 결정된다(Blustein, 2006). 건강한 일터환경은 근로자들이 조직내에서 다양한 수준의 파워를 가지고 있다는 사실을 고려하면서, 효과적이고 성찰적이며 지지적인 정책과 현장개입전략을 구축한다. 이와 같은 환경적 접근법이 한 근로자의 태도에만 고집스럽게 초점을 맞추는 전략보다는 바람직하지만, 우리가 여기에서 기억해야 할 것은, 조직구성원의 웰빙을 희생시켜서 관리자의 통제력을 상승시키는 것을 목적으로 하는 다단계적 개입전략을 만드는 일도 여전히 가능하다는 사실이다.

강점을 기반으로 하고, 역량을 강화시키는 변화

비판심리학의 개입전략은 다단계에서 멈추는

것이 아니라, 사람들의 역량을 키워주는 것도 중요하게 생각한다. 비판심리학의 목표는 근로자들에게 목소리를 낼 수 있는 기회와, 선택을 할 수 있는 능력을 제공하는 것이며, 그들의 강점을 인식하고, 조직내 모든 사람의 니즈에 대해 상호적인 존중이 이루어지는 일터환경을 구축하는 것이다. 비판심리학자들은 결점을 찾아내는 것을 주요 목표로 삼지 않으며, 사람들, 조직, 커뮤니티가 가지고 있는 자산을 찾아내는 것을 중요시 여긴다. 이러한 철학을 기반으로 하여 우리는 파트너들에게 질문을 던지고, 그들과 함께 개입전략을 만들어나간다. 긍정적 탐구(Appreciative Inquiry)는 강점에 기반을 둔 행동연구들 중 하나의 실례로 말할 수 있겠다(Cooperrider & Srivastva, 1987). 또, 자산구축 커뮤니티 개발(ABCD: Asset Building Community Development)도 그 중의 하나이다(Kretzmann & McKnight, 1993). 내러티브 상담(Morgan, 2000)과 청소년의 적응유연성 개발(Liebenberg & Ungar, 2008) 또한 결점이 아니라 강점을 주로 다루는 전략이다. 이러한 접근법들은 사람들의 강점을 인식하고, 그들에게 목소리를 낼 수 있는 기회와 선택의 자유를 제공하려 한다. 강점-기반의 현장전문가들은 사람들이 자신의 자산을 만들어낼 수 있도록 그들과 협력관계를 구축한다. 그들은 이런 질문을 던진다: 어려운 문제를 해결하기 위해 어떤 일을 해보았습니까? 어떻게 지금과 같은 성과를 거둘 수 있었습니까? 당신의 강점과 미덕은 어떤 것입니까?

도전적 변화

우리는 구성원과 조직들이 문제를 만들어내기를 앉아서 기다리기보다는, 위험요소와 예방요소에 대한 분석을 기반으로 한 적극적 접근법을 활용한다. 문제가 발생된 후에 해결하는 것보다는, 미리 예방을 하는 것이 훨씬 더 인간적이고 비용 절감이 가능하다. 조직의 바람직한 분위기와 구성원의 웰빙을 개선할 수 있는 효과적인 전략들이 이미 개발되어 있다. 또한, 일터에서의 만족도와 공정성을 증가시킬 수 있는 정책과 현장 개입전략에 대해서도 많은 내용들이 알려져 있다(Fullan,

2008; Marmot & Feeney, 1996; Maton, 2008; Sisodia, Sheth, & Wolfe, 2007). 대부분의 경우, 이러한 전략들은 조직구성원들이 비전을 가질 수 있도록 도와주며, 일터를 더 좋은 곳으로 만들고, 조직 내에서 수직적/수평적 파트너십이 활성화되도록 하며, 경쟁을 최소화시키고, 공유된 책임감을 창출한다. 적극적 접근법은 단순히 긍정적인 성과만을 추구하는 것을 넘어서서, 의미있는 과정을 만들고 싶어한다. 협력적이고 포용적이며 효과적인 과정은 신뢰와 주인의식을 증진시키기 때문에 그 자체로 큰 성과가 된다. 효율적인 학교 개선 사례를 보면, 교사들은 행정조직과 협력하였고, 현재 상태가 좋은 학교들은 어려운 다른 학교들을 도왔으며, 선배 교사들은 후배 교사들에게 멘토가 되어주었고, 모든 사람들은 관련 자료들을 공유했으며, 학부모들 또한 초청되어 문제를 함께 풀어나갔다(Hargreaves & Shirley, 2009).

정리해보면, 효과적인 예방전략은 보다 전반적인 범위를 다루고 있으며, 다양한 교육방법을 활용하고, 충분한 조력을 제공하며, 탄탄한 이론에 기반을 두고 있고, 긍정적인 관계를 촉진하며, 약속된 시간을 적절하게 지키고, 잘 훈련된 스탭에 의해 운영된다(Nation et al., 2003). 이러한 요소들을 보면 학교, 일터, 커뮤니티 대상의 개입전략을 수립하는데 도움이 될 것이다.

일과 진로심리학에 대한 비판적 접근법

비판심리학과 일의 세계에 대해 알아보려면, 진로심리학에 대한 적용정도를 고려해볼 필요가 있다. 진로심리학은 일의 심리학과는 좀 다른 것이다. 진로심리학은 현재의 상황에 도전하기보다는 주류접근법을 전반적으로 활용해서 연구와 상담을 진행해 왔다. 진로심리학자들은 일이란 '위계적인 것'이며 '다양한 직업선택들의 연속체'라는 시각으로 연구를 하였다(e.g., Brown & Associates, 2002; Brown & Lent, 2005). 핵심적인 초점은 개인에게 있었고, 맥락에는 그보다 작은 관심이 주어졌다. 하지만 일의 심리학은 일은 핵심적인 인간의 활동이며, 사회문화적인 속성을 가지고 있으며, 인생의

모든 영역에 내재되어 있다고 생각하고, 일에 초점을 맞춘다. 유료노동과 무료노동을 포함한 일의 모든 종류는 일의 심리학에서 연구대상이 되고, 일의 심리학에서는 일에 대한 억압과 사회적 장벽에 대해 관심을 가지려고 한다(Blustein, 2006).

이론들

진로심리학의 이론들은 개인-환경 적합성(e.g., Dawis, 2005; Holland, 1997), 사회인지적 진로이론(Lent, Brown, & Hackett, 2002), 발달적이고 전생애적인 시각(e.g., Savickas, 2002; Super et al., 1996), 사회학적 접근법(e.g., Johnson & Mortimer, 2002), 시스템이론(Patton & McMahon, 1999), 행위이론(action theory / Young, Valach, & Collin, 2002), 그리고 가장 최근으로는 블루스틴(Blustein, 2011)의 일의 관계적 이론까지를 포함하고 있다. 모두 다 그런 것은 아니지만, 대부분의 진로이론들은 진로문제를 해결하는데 있어서 논리실증주의적(logical positivist) 접근법에 초점을 맞추어왔다. 개인의 성격과 내적 사고 과정을 탐색하는 데에 강조점이 있으며, 그 과정을 통해 밝혀진 특성에 잘 맞는 직업들을 선택하는 것 말이다. 이는 또한 개인의 핵심적인 내면 특성을 밝히고 설명하는 본질주의적(essentialist) 접근이기도 하다. 본질주의는 개인의 핵심 특성들에 초점을 맞추고, 개인을 맥락과 분리시키기 때문에, 피해자를 비난하고 맥락을 최소화시킬 수 있는 위험성을 가지고 있다(Burr, 2003). 안타깝게도 본질주의는 사회학적 시각을 제외하고는 전통적 진로이론과 최근 진로이론 모두에 포함되어 있다(Johnson & Mortimer, 2002). 비판심리학자들은 본질주의의 이와 같은 분리적 태도에 대해 우려하는 마음을 가지고 있다. 도비스(Dawis, 2005)의 진로이론에서 볼 수 있듯이, 진로심리학에서도 일의 적응에 대해 강조하기는 하지만, 구성원 개인이 아니라 일의 세계가 어떻게 조정되어야 하는지에 대한 관심은 크지 않다. 하지만, 조금 더 최근에 개발된 진로이론들에서는 맥락의 중요성에 대해 초점을 맞추고 있다. 영, 발라흐, 콜린(Young, Valach, and

Collins, 2002)의 맥락주의 진로이론을 보면, 미시적 시스템과 거시적 시스템이 개인의 삶에 어떻게 영향을 미치는지를 설명하고 있으며, 패튼과 맥마흔(Patton and McMahon, 1999)의 진로개발에 대한 시스템이론도 마찬가지이다. 시간이 지날수록, 진로이론들에서는 여성, 다양한 문화의 사람들, 소수자, 낮은 사회경제적 지위를 가진 사람들, 이민자, 장애인의 진로이슈에 대해 관심을 많이 보이고 있지만, 사회적 정의와 일의 중요성에 대해서는 아직 그다지 관심이 크지 않다.

진로와 일에 대한 연구

기존의 진로이론들에서는 비판심리학에 대해 명료하게 언급하기보다는 암시적으로만 다루어왔다. 동기, 자기효능감, 자아개념, 진로목표, 진로성숙도, 정서와 인지(거의 모든 내면 과정), 진로 개입전략, 상담테크닉과 같은 변인들은 진로선택 과정과 관련되어 연구되었고, 가끔씩은 사회경제적 지위, 언어, 인종, 국가와 같은 맥락 안에서 연구되었다(Brown & Lent, 2005). 핵심적인 초점은 개인주의적인 시각에서 그 사람을 조력하는 것이었다.

하지만, 이와 같은 제한점이 있었음에도 불구하고, 진로연구들에서도 몇 가지 핵심적으로 중요한 내용들을 발견할 수 있다. 사회정의와 일의 중요성은 몇 명의 학자에 의해 강조되어 왔다(Ali et al., 2008; Blustein, McWhirter, and Perry, 2005; Stead and Perry, 2012a; Watson and Stead, 2002). 예를 들어 맥훠터, 블루스틴과 페리(McWhirter, Blustein, and Perry, 2005)는 해방적 공동체주의 접근법을 일의 심리학에 통합시켜서 직업에 대한 선택의 자유가 거의 없거나 아예 없는 사람들을 조력하자고 주장했다. 왓슨과 스테드(Watson and Stead)는 현장 전문가의 역할이 무엇인지, 그리고 그들의 고객은 과연 누구인지에 대해 질문을 던졌고, 연구와 상담에서는 상호적인 협력과 힘의 공유가 모든 사람을 위해 이루어져야 한다고 주장하였다.

맥킬빈과 패튼(McIlveen and Patton, 2006)은 진로개발에 있어서 객관적인 평가와 심리측정에 대해 비판적인 리뷰를 하면서, 푸코(Foucault, 1977)의 저술을 언급하였다. 전통적인 진로 접근법들은 논리실증주의를 기반으로 하여 진로구인(construct)들을 개발하고 구체화하였는데(언어를 통해 구조화된 용어는 객관적이고 명료한 것으로 생각됨), 이때 고려되지 않은 것은 그러한 구인들이 사람에 의해 만들어진 것(constructed)이라는 점이었다. 또한, 진로심리학자들은 기업의 규율과 제재범위 내에서 활동을 하다보니 "개성의 통제자로서의 기능을 하게 되었다"(p.23). 이들의 주장은 새비지(Savage, 1998)와 맥킨리(McKinlay, 2002) 연구와 흐름을 같이 하는 것으로서, 조직구성원의 내면적 자아는 조직환경에서 관리되고 통제되어서 맥킨리가 표현했듯이 "죽은 자아(dead selves)"(p.595)가 되어버렸다는 주장이다. 상담자는 상담관계에서 자신이 가지고 있는 힘을 인식해야 하고, 진로분야에 대한 담론에 대해 비판적이고 성찰적으로 지각해야 한다고, 맥킬빈과 패튼은 확신했다.

진로상담자들이 많은 내담자를 조력한 것은 사실이지만, 심리학적 담론과 연계된 진로상담 대화를 통해 사람들은 분류되었고, 진단되었으며, 기록되는 존재가 되어갔다. 푸코의 저술 이후로, 사람들은 "정상적인" 존재가 되기 위해 치료를 받아야 했고, 진로상담은 맥킬빈과 패튼(2006)이 설명했듯이 파워풀한 담론이 되었다. 여기에서 짚고 넘어가야 할 중요한 점은, 진로심리학 문헌에서의 전통적이고 "객관적인" 담론들만이 유일하게 효용성이 있는 것은 아니라는 사실이다. 그 외에도 다른 담론들이 존재한다. 하지만, 대안적인 담론들은 종종 소외되기 일쑤였다. 바로 그 때문에 푸코(1977)는 권력과 지식은 밀접하게 연계되어 있다고 주장한 것이다. 지식은 주로 존경받는 저자, 조직, 기관들의 담론을 통해 수용되게 된다. 가장 유용하거나 가장 바람직한 담론이 꼭 활용되는 것은 아니고, 반드시 모든 상황에 적용되거나 객관적인 것도 아니다. 특정한 담론을 통해 전달되는 것만이 진실이라고 간주될 뿐이다.

비판심리학자들이 기존의 지식에 대해 지역적이고 맥락적이라고 보는 이유가 바로 이것이다.

일에 관련된 심리학의 변화와 관련되어 비판심

리학이 명확한 주장을 한 내용이 진로개발 학회지(Journal of Career Development)의 특별호에 소개되었다. 여기에서 편집자인 스테드와 페리(2012b)는 일에서의 변화 상황이 생겼을 때 사람들에게 제공되는 자원이 공정하고 평등하게 배분되지 못하는 문제가 있어 왔다고 주장했다. 그리고, 진로심리학은 개인적인 적응에만 관심을 둘 뿐, 구조적이고 사회적인 문제에 대해서는 별 관심이 없었다는 점을 지적했다. 프릴렐텐스키와 스테드(Prilleltensky and Stead, 2012)는 상담과정에서 나타나는 선택 행동들에는 적응/도전이라는 딜레마가 다음과 같이 존재하고 있다는 것을 발견했다. (a) 시스템에 대한 적응 또는 도전 (b) 시스템의 적응에 초점을 맞추지만 도전하지 않는 것 (c) 시스템에 도전하고 적응하려 하지 않는 것 (d) 시스템에 대해 도전이나 적응 모두 하지 않는 것. 각각의 선택 행동들이 어떤 결과를 가져오게 되는지에 대해, 사람들과 커뮤니티의 웰빙과 관련하여 논의가 되었다. 블루스틴, 메드바이드, 완(Blustein, Medvide, and Wan, 2012)은 진로심리학의 전통적인 담론이 실업자들을 소외시킬 뿐 아니라 실업에 관련된 공공정책, 연구, 현장 개입전략에 있어서 억압적인 정책을 실시하는 데에 기여해 왔다고 비판했다. 그들의 주장에 의하면, 진로심리학자들은 정치적, 사회적, 심리학적 분야 어디에서도 실업이나 해고 문제에 있어서, 각 개인에 대해 심도있게 연구하지 않았다는 것이다. 알리, 양, 버튼과 맥코이(Ali, Yang, Button, and McCoy, 2012)는 사례연구방법론을 사용해서 아이오와 지역의 9학년 학생들을 대상으로 진로교육 프로그램을 실시하였다. 그 프로그램은 학자, 학교 교직원, 학생들을 연구과정에 참여하게 하는 협력 과정을 강조하는 비판심리학 접근법에 의해 개발되었고, 현재 학생들이 마주하고 있으며, 그들의 공부와 진로계획에 영향을 미치는 개인적, 환경적 장벽에 초점을 맞추었다. 맥휘터와 맥휘터(Mc-Whirter and McWhirter, 2012)는 칠레의 진로가이던스에 대해 분석을 하면서, 그에 대해 비판도 했지만 진로가이던스가 경제적으로 어려운 환경에 살고 있는 칠레의 청소년들을 도와줄 수 있는 방향으로 변형될 수 있는 방법들을 제공하였다. 일에 관련된 정치적 요소들에 대해 국가 차원에서 논의한 실례는 포르투갈(Santos & Ferreira, 1998)과 남아프리카(Nicholas, Naidoo, & Pretorius, 2006)의 연구에서도 찾아볼 수 있다.

진로심리학이 근원적으로 문화적 속성을 가지고 있음에도 불구하고, 문헌을 보면 문화적, 이문화적(cross-cultural) 심리학을 소외시켰던 경향이 있다(Stead, 2004, 2007). 스테드와 바커(Stead and Bakker, 20120a)가 주장했듯이, 이론가들은 자신의 문화적인 신념(이때의 문화는 미국 내부와 외부의 다양한 범위의 문화를 모두 포함한다)이 이론의 개발과 적용에 있어서 중요한 역할을 한다는 사실을 인식해야 한다. 사회구성주의에 밀접하게 관련된 것이 담론분석(discourse analysis)인데, 이는 진로심리학과 일의 심리학을 개념화하는데 있어서 대안으로 떠오른 방법이다. 담론분석은 다양한 시각들로 구성되며, 반본질주의와 반인본주의라는 핵심적 특성을 가지고 있고(e.g., Foucault, 1977; Hook, 2004), 의미와 현실을 구성하는데 있어서 한 동전의 양면으로 보이는 언어와 권력에 초점을 맞추었다. 푸코주의자(Foucauldian)들은 누가 지배당하고 있는가, 왜 특정 사람들이나 집단들은 타인의 희생을 통하여 이득을 얻게 되는가에 관심을 가진다. 어떤 맥락에서는 해당 담론들이 당연하고 여겨지고 수용되는 반면, 다른 맥락에서는 억압적이 될 수 있다는 것은 매우 흥미로운 현상이다(Stead & Bakker, 2010a). 블루스틴, 슐타이스와 플럼(Blustein, Shul-theiss, and Flum, 2004)은 사회구성주의를 활용해서 진로와 일에 대한 관계적 시각을 제공하였다. 그들은 일의 심리학에 대한 관계적 접근의 목표는 "기존의 전통적인 지식구조에 도전하고 현장개입전략과 정책에 대해 새로운 가능성을 제안하는 생성적 담론(generative discourses)을 구성하기 위함"이라고 주장했다(p.435). 내러티브 접근법을 강조하는 관계적 접근은 진로에 대한 현재의 연구보다 사람들의 다양한 삶의 영역을 더 효과적으로 통합시키게 될 것이라고 그들은 주장했다. 관계적인 접근법은 정신내적인 과정에 대한 초점에서, 관계적 요소들이 내재된 맥락 영역으로 초점을 옮겨 놓았다.

스테드와 바커(Stead and Bakker, 2010a, 2010b)는 담론분석이 진로심리학의 인식론적/존재론적인 가정들에 대해 비판적으로 평가할 수 있는 접근법이라고 주장했다. 그들의 의견에 따르면, 담론분석은 개인과 조직이 소통하는 방법들을 분석하고, 특정 지식들이 어떻게 소외되는지 파악하는데에 활용될 수 있다고 한다. 강조된 점은 담론들이 사회적으로 어떻게 구성되는지, 그 담론들을 통해 누가 혜택을 받게 되는지, 그리고 누구의 접근법들이 소외되는지에 대한 것들이다. 실례로는, 진로심리학 연구에서 양적 연구에 비해 질적 연구가 소외된 것을 들 수 있겠다. 예를 들어, 스테드와 동료들은 (Stead et al., 2012) 1990년부터 2009년까지 11개의 주요 국제 학회지와 미국 저널에서 진로와 일에 대해 다룬 3,279개의 논문들을 내용분석하였다. 그 결과, 논문의 55.9%는 양적 분석을, 35.5%는 이론/개념적 연구를 실시하였지만, 질적 연구나 복합적 방식의 연구를 진행한 것은 6.3%밖에 되지 않는 것으로 나타났다.

1990년부터 2009년까지는, 질적 연구와 복합적 방식의 연구보다 양적 연구가 지배적으로 이루어졌다는 것을 알 수 있다.

이는 진로심리학에서 방법론주의(methodologism)가 전반적으로 나타나고 있음을 보여주는 하나의 실례이다. 따라서 담론분석은 일과 진로에 대한 연구들을 비판적으로 평가해볼 수 있는 도구를 제공해줄 수 있고, 연구, 상담, 정책에 있어서 기존에 이루어지던 관습에 대한 새로운 대안을 제시해줄 수 있을 것이다.

인도주의적 일 심리학

진로심리학이 직업과 관련하여 사람들에게 관심을 가지고 있기는 하지만, 실업에 대해 관심을 가지거나, 실업과 빈곤 문제를 어떻게 개선할 것인지에 대해 연구하는 부분은 별로 없었다. 인도주의적 일 심리학(Humanitarian Work Psychology: HWP)은 조직심리학의 원칙을 인도주의에 적용하고, 특히 지역의 이해관계자들의 니즈를 포함하여 빈곤의 감소 및 양질의 일(decent work) 증진에 힘쓰는 국제적 초당파(nonpartisan) 조직이다(http://hum-workpsy.org). 이 조직의 초점은 일의 웰빙을 촉진하기 위한 계획을 개발하는 커뮤니티들의 협력에 있다. 베리와 동료들은(Berry et al., 2011) 빈곤의 감소는 경제학자들마의 목표가 아니며, 이 중요한 이슈를 다루는데 필요한 스킬과 사회적 의무를 가지고 있는 조직심리학자들의 목표이기도 하다고 주장했다. 이 조직의 활동에는 자료수집, 자료분석과 통합, 커뮤니케이션, 정책개발, 프로그램의 시행 등이 포함된다. 전체적인 목적은 빈곤을 감소시키기 위한 혁신적이고 실용적이며 효과적인 방법들을 통해 기업들에 대한 연구를 진행하여, "현재"에 놓인 관심을 "앞으로 나아갈 방향"으로 전환시키는 것이다. 이 분야에서는 훌륭한 연구들(Smith, 2010; Blustein, 2006; Carr and Sloan, 2003; Owusu-Bempah and Howitt, 2000)이 다양하게 이루어졌다. 하퍼(Harper, 2003)는 빈곤과 관련된 심리학적 연구는 대부분 부적절한 방법(실험설계와 응답형식의 질문지)으로 진행되었으며, 정치적인 인식도 부족했다고 지적하였다. 빈곤과 실업은 밀접하게 관련되어 있기 때문에, 일의 심리학이 가지는 비판적인 접근법은 이러한 전세계적 문제를 제시하는 데에 잘 맞는 것으로 보인다.

비판심리학과 비판적 관리전략 연구

진로심리학과 일의 심리학이 해방적인 잠재력을 가지고 있다는 사실에 더하여, 비판적인 접근법은 관리전략에도 영향을 미칠 수 있다. 사실, 비판적 접근법과 관리전략 연구의 결합으로 인해 생겨난 것이 비판적 관리전략 연구(Critical Management Study: CMS)이다. 이 분야의 연구는 비판심리학이 주류심리학에 적용하는 것과 동일한 통찰을 관리전략에 적용해본다(Adler, Forbes, & Willmott, 2008). 사람들의 풍요로운 삶을 강화하는데 있어서 다양한 기업들의 협력이 중요하다는 것을 인식하고, 비판적 관리전략 연구는 현대 조직들과 이론들이 가지고 있는, 인간의 잠재력 발휘를 방해하는 장벽들을 다루려고 한다.

비판적 관리전략 연구가 강조하고 싶은 것은, 조직들이 인간의 삶을 풍요롭게 만드는 것이 아니라, 스트레스와 건강악화를 만들어내고 그러한 현상을 당연시 여기게 하며, 복종과 착취에 대해 자연스럽게 느끼게 하고, 체제에 대한 순응을 요구하며, 자유로운 소통을 방해하고, 도덕성을 약화시키며, 인종과 젠더의 불평등 환경을 창출하고 강화하면서, 인간의 잠재력 발휘를 불필요하게 좌절시키고 있다는 것이다. 주류심리학과 조직 및 관리의 일상(everyday practice)은 해방적인 변화를 위한 전진적인 힘이 되어주기보다는, 현재상황에서 조직화된 착취와 억압의 형태를 유지하기 위한 반응적 도구가 되어가고 있다. 바로 그렇기 때문에, 조직과 관리전략 분야에 비판적인 시각을 소개하고 발전시키며 적용해야 하는 것이다(Alvesson, Bridgman, & Willmott, 2009, p.8).

비판심리학과 마찬가지로, 비판적 관리전략 연구는 관리전략에서 당연하게 여겨졌던 가정들에 대해 질문을 던져본다. 지금까지 아무도 의문을 갖지 않았던 가정 세 가지는 다음과 같다: 자연스러운 지배(naturalization), 생산성의 모범성(paragon), 성찰의 부족. 첫 번째 우려는, 백인남성이 지배하는 일터환경에 대해 아무도 의문을 갖지 않고 수용한다는 점이다. 두 번째는 일터에서 이루어지는 사람들의 모든 상호작용은 최종성과(bottom line)를 기반으로 하여 평가되어야 한다는 가정을 다룬다. 대인관계는 그를 통해 이익을 얻을 때에만 가치가 있다는 말이다. 인간관계를 이렇게 도구적으로 다루는 접근은 일터에서의 인력을 도구화(objectifica-tion)시키는 역할을 한다. 마지막으로, 성찰의 부족은 앞에서 언급한 두 가지 가정의 기반이 된다. 자기성찰이 부족하기 때문에, 지배그룹은 죄책감이 들거나 자기비난을 하지 않고 억압적인 행동을 지속할 수 있는 것이다(Alvesson, Bridgman, & Willmott, 2009).

연속적인 사례연구를 진행하면서, 볼프람 콕스, 르트렌트-존스, 보로노프, 위어(Wolfram Cox, LeTren-Jones, Voronov, and Wier, 2009)는 조직의 갈등과 딜레마 문제에 비판적 이론을 적용하였다. 이들이 모은 사례연구들은 각 구성원 개인이 가지고 있는 흥미가 너무 다양하기 때문에 일터에 혼란을 가져오게 되는 상황에서 내러티브, 담론, 권력분석이 유용하게 사용될 수 있음을 보여주었다. 이와 같이 비판적 관리전략 연구를 활용한 문헌자료가 많아지고 있는 상황은 조직적 발전과 인류의 풍요로움을 연구하는데 있어서 새로운 길이 열리리라는 희망을 보여준다.

결론

비판심리학과 그 외의 비판적인 접근법들은 일의 심리학 분야에 제공할 수 있는 것이 매우 많다. 가장 중요한 기여는 해체와 재건이라고 말할 수 있겠다. 해체는 기존 가정들이 구성된 방법에 대해 질문을 던짐으로써, 억압적인 관행들을 해체하는 작업이다. 그리고 재건은 자기결정력, 협력, 다양성 존중, 사회정의와 같은 가치들을 강화하는 방향으로 일터와 사회의 관계와 구조를 다시 구축하는 작업을 가리킨다. 해체와 재건이라는 목표를 달성하기 위해 우리가 할 일은, 심리학 및 관련 전문가들이 사회적인 현상유지에 도전할 수 있도록 지원하는 것이라고 생각한다. 일의 심리학 접근법과 비판적 관리전략 연구들은 조직의 이익보다 사람에게 더 큰 관심을 두는 해방적 접근법과 방향을 같이 한다. 인도주의적 일 심리학은 협력, 도움, 사회정의라는 원칙을 강화해준다. 진로심리학은 주류심리학에 매우 밀접하게 관련되어 있기는 하지만, 역시 일부의 기존 가정들에 대해 의문을 품기 시작하는 중이다.

일에 대한 비판심리학 접근법은 우리에게 이러한 점을 새삼스럽게 상기시켜준다. 관리자와 조직 리더들의 웰빙이 아니라, 조직구성원과 커뮤니티 구성원들의 웰빙이 중요한 이슈라는 점 말이다. 나아가서 비판심리학은 우리가 지배그룹뿐 아니라 모든 사람들의 가치와 열망에 관심을 가져야 한다는 사실을 일깨워준다. 일의 심리학을 활용하여 전체 커뮤니티에게 혜택을 제공해주려면, 우리는 좀 더 열심히 모든 사람의 목소리에 귀를 기울여서 일 세계의 권리와 의무들이 공정하게 배분되며, 근로자들의 웰빙을 논할 때 사회정의를 빠뜨리지 않도록 유의해야 한다. 공정성이 없는 웰니스(well-ness)란 존재할 수 없다.

3장 사회구성주의적 사고와 일
Social Constructionist Thought and Working

그레이엄 스테드(Graham B. Stead)

초록

일의 심리학은 사회구성주의와 관련되어 연구가 되고 있다. 사회구성주의는 담론, 언어, 관계와 문화에 대해 초점을 맞추려는 접근법이다. 일의 심리학이 구성되는 과정은 어딘가에서 발견되거나 객관적으로 결정된 것이 아니라, 직업심리학에 대한 대안적 시각을 제공하고자 하는 수단이었는데, 이 과정에 사회구성주의가 관련되어 있었다. 3장에서는 사회구성주의에 대해 관심을 가지고, 사회구성주의의 발전과정과 적용성에 대해 논의해볼 것이다. 적용해볼 분야는 일의 심리학, 인식론, 언어와 담론, 권력/지식, 관계적 자아, 내러티브 등이 있다. 그리고, 사회구성주의에 대해 공통적으로 나타나는 비판점에 대해서도 살펴보려고 한다. 사회구성주의를 활용할 수 있는 새로운 연구방향에 대해서도 제시할 계획이다.

키워드

사회구성주의, 일, 진로, 담론, 권력

3장의 목표는 사회구성주의를 설명하고, 일의 심리학에 있어서 사회구성주의가 유용하게 사용될 수 있음을 보여주는 것이다(e.g., Blustein, 2006). 사회구성주의에 대해 전반적으로 리뷰를 하지는 않겠지만, 일의 심리학에 있어서 사회구성주의의 어떤 점이 활용되기가 좋은지에 대한 필자의 관점을 제시해 보려 한다. 사회구성주의의 개념에 대해 명확한 설명을 하기란 쉽지 않다. 왜냐하면, 사회구성주의의 정의나 내용에 대해 아직 명확한 합의가 이루어진 것이 없기 때문이다. 사회구성주의는 한 명의 저자나 특정도서가 떠오르는 하나의 이론이

나 시각이 아니라, 사회과학을 이해하는데 있어서 비교적 유사한 방법들을 가진 접근법을 모은 것이다. 3장에서는 다음과 같은 내용들을 다루어보려고 한다. 사회구성주의의 정의, 역사적 발전과정과 현재의 상황, 담론과 언어, 권력/지식과 정상화(normalization), 관계적 자아, 내러티브, 사회구성주의에 대한 비판과 앞으로의 연구방향.

사회구성주의란 무엇인가?

사회구성주의를 이해하는 데에는, 우선 많은 사회구성주의자들이 동의하는 시각과, 동의하지

않는 시각에 대해 설명하는 것이 좋을 듯하다. 쿠시먼(Cushman, 1995)은 사회구성주의의 "기본적인 명제(propositions)" 여덟 가지를 제시하였다. 그는 이 명제들을 통해 각 개인들은 문화와 역사 내에서 사회적으로 구성된다는 점을 강조하였다. 특히, 사람들은 언어, 상징, 의례(rituals), 도덕적 이해, 권력, 특권의 매트릭스 내에 존재하고 있다는 것이다. "구성(construction)"이란 우리가 사람들을 어떻게 묘사하고, 분류하며, 명명하는가를 보여주는 것이다. 예를 들어보면, 우리는 심리학적, 정치적, 법률적, 경제적, 종교적 담론을 통해 구성을 만들어내고, 이러한 구성들은 담론 내에서 발생하게 된다. 푸코(Foucault, 1972)에 의하면, 담론이란 대상을 가리키는 단순한 단어가 아니라, "사람들이 이야기하는 대상을 체계적으로 구성하는 관행(practices)"(p.49)이다. 이렇게 보았을 때, 담론은 실행자(practitioner)들에게 의미를 부여하는 방식으로 대상들을 정렬하는 일상화된 소통 방법을 가리킨다고 할 수 있다.

따라서 일의 심리학에 대한 담론들은 조직심리학, 경제학, 정치학에서 발견되는 일에 대한 담론과는 몇 가지 측면에서 다른 특성을 가진다.

기본적으로 담론들은 그들이 관심을 가지는 대상에 따라 나름대로의 전문용어들과 구성방법들을 가지고 있다. 또한 담론들은 진리체제에 기반을 하고 있으며, 사람들의 행동에 효과적으로 영향을 미칠 수 있다. 일단 사람들이 특정 표현으로 묘사되거나 명명되고 나면, 다양한 일들이 그들에게 일어나게 된다. 인종, 민족, 문화를 예로 들어보자. 이 용어들은 구성들이라고 말할 수 있다. 왜냐하면, 모든 사람들이 동의하는 그룹분류도 불가능하고, 하나의 그룹이 다른 그룹들과 어떻게 구분될지에 대해서도 명확한 설명이 불가능하기 때문이다(Stead, 2004). 그러나, 실제 일터환경에서 사람들에 대해 이루어지는 담론들과 행동들이 이 구성들에 기반하고 있다는 것은 매우 분명하다.

버르(Burr, 2003)는 다음의 요소들이 사회구성주의자들의 생각에서 공통적으로 나타나는 것이라고 설명하였다. (a) 사람들이 당연하게 여기는 "분명하거나" "무책한 인식"(innocent knowledge)에 대해 비판적 시각을 가진다 (b) 우리가 세상을 이해하는 방법은 역사적이고 문화적으로 구성된 것이다(예: 지식은 지역적이고 임시적인 것이기 때문에, '전세계에 통용되는 지식'이라는 것에도 우리는 한번 의문을 가져볼 만하다) (c) 지식은 사회적 관계에 의해 창출되고 유지된다 (d) 지식과 행동은 밀접하게 관련되어 있다(i.e., 말은 행동을 한다(words do things)). 로크와 스트롱(Lock and Strong, 2010)은 사회구성주의의 다섯 가지 일반적인 원리를 제시하였다. (a) 인간의 활동 중에서 핵심적인 요소는 의미와 이해이다 (b) 의미와 이해는 사회적 상호작용에서부터 시작한다 (c) 의미를 만드는 방법들은 문화, 시간, 공간에 내재되어 있으며, 다양한 맥락에서 다양한 모습을 보인다 (d) 사람들은 사전에 미리 결정된 특성이나 특질을 가지고 있는 것이 아니다. 따라서 사회구성주의에서는 본질주의(i.e., 각 개인은 발견할 수 있는 핵심적인 특성을 가지고 있다; Burr, 2003)에 대해 회의적인 시각을 가진다 (e) 비판적인 시각을 가진다.

구브리움과 홀스타인(Gubrium and Holstein, 2008)은 사회구성주의가 질적 연구, 현상학, 근거 이론, 민속방법론이나 구성주의(constructivism)와 동일한 것이 아니라는(몇 가지 겹치는 점은 있겠지만) 주장을 하였다. 사회구성주의는 때로는 구성주의의 부분집합이나 구성주의와의 동의어로 여겨지기도 하는데, 두 가지 시각 모두 문제가 있다. 인간의 관계에 대해 상호적인 흥미를 가지고 있는 것과 같이 두 가지 접근간에 유사성은 있지만, 사회구성주의는 구성주의의 개념인 내적 정신 과정에 대한 신념은 피하는 편이다(Sparkes & Smith, 2008). "구성주의"라는 용어가 직업심리학에서 때때로 쓰이고는 있지만, 내적 마음에 대한 담론을 하게 될 때 "사회구성주의"는 참고를 위한 접근법(underpinning approach) 수준으로 활용된다. 영과 콜린(Young and Collin, 2004)은 사회구성주의와 직업심리학 문헌에서 나타나는 사회구성주의간의 유사성과 차이점을 명료화하였다. 사회구성주의가 어떻게 발전하였고 현재 어떻게 활용되고 있는지에 대해 알게 되면, 이 접근법이 의미하는 바를 더 잘 이해할 수 있을 것이다.

역사적 발전과정과 현재의 모습

사회구성주의를 이해하는 데에는, 역사적 발전과정을 간단하게 돌아보는 작업이 도움이 될 것이다. (보다 세부적인 발전과정은 로크와 스트롱(Lock and Strong, 2010)의 연구에서 설명되어 있다.) 사회구성주의가 가졌던 가장 초반의 시각들 중 하나는 1513년, 이탈리아에서 정치적 논문 '군주론(The Prince)'을 발표하여 유명해진 니콜로 마키아벨리(Niccolò Machiavelli, 1469-1527)의 주장과 방향을 같이 한다. 그는 통치자가 전략과 권력행사를 통해 어떻게 정치적 힘을 유지하는지에 대해 기술하였다. 마키아벨리는 통치자의 권력 소유보다는, 통치자가 관계를 통해 권력을 어떻게 활용하는지에 대해 관심을 가졌다. 이러한 시각은 과거나 현재나 대부분의 사람들이 가지고 있는 권력에 대한 상식적인 개념(권력이란 일부 사람들이 소유한 자산이나 특성이라고 보는 시각)과는 매우 달랐다(Clegg, 1989). 권력이란 사람 내에 존재하는 특성이 아니라, 관계의 네트워크 속에 존재하는 것이라고 보는 시각은 푸코(Foucault, 1980)의 저술에서 두드러졌다. 또 한 명의 이탈리아인, 잠바티사 비코(Giambattisa Vico, 1668-1774)는 합리적 데카르트주의(Cartesian)를 비판하였다. 그는 지식이라는 것이 영원할 수 있는가에 대해 의문을 가졌고, 개념을 구성하는 사람들은 자신이 만들어낸 개념을 이해하지만, 개념을 창출하지 않은 사람은 그 개념을 이해하지 못한다고 믿었다. 비코는 현상이란 구성된 것이라고 믿었는데, 이러한 태도는 사회구성주의에 대한 중요한 시각의 전신이 되었다.

이성세대라고도 알려진 계몽주의 시대는 18세기에 왕족과 부유층에게만 집중되었던 권력에 대한 반동으로 형성되었다. 이 시대는 자유, 민주주의, 이성적 사고, 사고력, 과학, 개성의 중요성이 강조되었던 때여서, 오늘날 직업심리학에서와 마찬가지로 경험주의의 가치가 높이 평가되었다. 하지만 그 이후의 낭만주의와 포스트모더니즘 시대에는 지식의 절대주의(its knowledge claims)에 대해 의문을 가지기 시작했다. 19세기의 낭만주의 시대는 이성적 사고만을 강조하는 경향에 대한 반동으로 형성되었고, 정신역동적 접근법과 인본주의에서 분명하게 설명된 감정, 정서, 무의식을 강조하였다(Gergen, 1991). 경험적 관찰과 측정만이 이해를 위한 유일한 방법으로 생각되지 않았고, 형이상학적인 시각에 대한 가치가 높아졌다.

낭만주의적 표현(자기충족, 자아실현, 무의식)은 직업연구와 상담에서도 지속적으로 활용되었다.

실증주의에 대한 반동형성

대부분의 직업심리학이론과 문헌들은 실증주의를 기반으로 하여 개발되었다. 사회구성주의는 실증주의와 경험주의적 방법에 대한 반동으로서 많은 시각들을 개발했다고 보아도 과언이 아닐 것이다. 논리실증주의는 아리스토텔레스(Aristotle)의 연역주의(이론이 먼저 개발되고, 그 이론에 맞는 사실들을 수집함)에 문제를 제기했고, 모든 이론은 관찰 가능한 현상을 기반으로 하여 경험적으로 만들어져야 한다고 주장했던 프란시스 베이컨(Francis Bacon, 1951-1626)에서 그 시초를 찾을 수 있겠다. 계몽주의적 사고와 밀접하게 관련되어 있던 실증주의는 1920년대의 "비엔나 학파(Vienna Circle)"에 의해 확립되었다. 비엔나 학파에는 루돌프 카르나프(Rudolf Carnap), 오토 뉴라스(Otto Neurath), 한스 한(Hans Hahn)과 같은 학자들이 소속되어 있었다. 이 그룹은 형이상학적 사고는 의미있는 것이 아니라고 거부했으며, 최고의 과학적 지식은 이성적 사고, 실증적 관찰, 경험을 통해서 얻어지는 것이라고 주장했다. 그들은 과학적 탐구과정의 객관성과 가치중립적인 속성이 중요함을 강조하였다.

실증주의의 교리는 자연과학(e.g., Feyerabend, 2010; Kuhn, 1962)과 사회과학(e.g., Danziger, 1990; Teo, 2005)에 의해 도전을 받았다. 쿤과 파이어아벤트(Kuhn and Feyerabend)는 과학적 담론에서 절대적인 패러다임이나 방법은 존재하지 않는다고 생각했고, 진정한 과학은 논리적 실증주의와 이성적 탐구만으로 이해될 수 없다고 주장했다. "인식론에 기반한 시각에서는 그럴듯해보일지는 모르지만, 언젠가는 증명되게 될 사실은… '과학에 있어서 절대적인 단 하나의 규칙은 없다'라는 것임을 우리는 발견하였다. 바로 그러한 태도가 지식의 성장을 위한 합리적이고 절대적으로 필요한 태도인 것이다"(Feyerabend, 2010, p.7). 사회구성주의자들은 직업심리학 문헌에서 실증주의가 지나치게 많은 관심을 받아왔으며(Stead et al., 2012), 일부 관점들 때문에 혼란을 가중시켰다고 생각하고 있었다. 그렇다고 해서, 대부분의 사회구성주의자들은 실증주의와 양적 연구방법에 완전히 반대하지는 않았고, 다양한 접근법들 사이에서는 지속적으로 소통이 이루어져야 한다고 믿었다(Burr, 2003; Gergen, 2009b; Holstein & Gubrium, 2008). 하나의 연구전통에 대한 종말을 요구한다는 것은 기본주의 (foundationalism)를 주장하는 것이다. 즉, 자신의 접근법에 대해 안정적이고 명확한 신념을 가지고, 다른 접근법들이 근본적으로 잘못되었다고 주장하는 것이다(Gergen, 2001).

비트겐슈타인과 데리다

영국 철학자 비트겐슈타인(Wittgenstein, 1953)은 사회구성주의에 영향을 준 사람이다. 의미는 다양한 담론과 맥락 내에 존재하고 있기 때문에 확정적이거나 보편적이지 않다는 신념을 가지고 있었다. 언어가 현실을 대변하는 것이 아니라, 인간의 상호작용을 통해 현실이 구성된다고 생각한 것이다. 프랑스 철학자인 데리다(Derrida, 1976)는 특정 신호(예: 단어)의 의미는 절대 고정될 수 없으며, 활용되는 담론과 맥락에 따라 달라진다고 주장했다. 하나의 단어가 완벽한 의미를 표현하기란 어렵다. 왜냐하면, 다른 단어들의 의미에 따라 끝없이 달라질 것이기 때문이다. 따라서, "일의 심리학"과 "사회정의"와 같은 용어정의들은 함께 사용되는 다른 단어들의 의미에 따라 달라지며, 특정 의미들이 또 다른 의미들에 따라 변화하게 되는 범위는 무한대라는 것이다. 언어라는 것은 불안정하고 고정적인 것이 절대 될 수 없기 때문에, 언어를 통해 핵심자기(core self / 예: 자신의 진정한 자기를 찾기)를 정의

한다는 것은 신화일 수밖에 없다. 누군가는 일의 심리학이나 직업심리학에서 사용된 정의들은 각각의 담론이나 진리체계에서 유용하다고 주장할 수도 있겠지만, 그 정의들은 절대 변하지 않는 것이 아니며, 언제나 수정이 가능하고 다양한 해석이 가능한 대상인 것이다.

푸코

푸코(Foucault, 1972, 1977, 1980)의 저술은 내면적 인지보다 문화적 맥락 내에 있는 사회적 담론들을 통해 지식이 창조됨을 강조한 부분에서 사회구성주의와 방향을 같이 하는 것들이 많다(Burr, 2003). 또한 푸코는 권력이라는 것이 한 개인에게 내재되어 있는 것이 아니라, 사회적인 상호작용속에 존재한다는 것을 강조했고, 권력과 지식은 같은 동전의 양면이라고 주장했다. 그가 생각하기에 지식은 권력을 통해 구성되는 것이기 때문에, "진리체계"(직업심리학과 일의 심리학이 가지는 기존의 시각과 같은)는 객관적이고 보편적인 진리가 아니라 만들어진 것이었다.

최근의 진전

사회구성주의는 버거와 루크만(Berger and Luckmann, 1966)의 책, "실재의 사회적 구성: 지식사회학 논고(The Social Costruction of Reality: A Treatise in the Sociology of Knowledge)"와 함께 많은 관심을 받았다. 버거와 루크만은 사회학자들이었지만, 그들의 연구는 심리학과 관련 학문 분야에 영향을 미쳤다. 그들의 초점은 언어와 사회적 상호작용이 지식을 구성하는데 어떻게 사용되고 있는지에 대한 문제였다. 가장 최근에는 러시아 학자인 미하일 바흐찐(Mikhail bakhtin)과 레프 비고츠키(Lev Vygotsky)가 사회구성주의에 많은 기여를 하였다. 비고츠키와 루리아(Vygotsky and Luria, 1993)는 더 높은 수준의 정신적 기능은 다른 사람들과의 관계를 통해서 이루어지며, 문화적 도구들은 심리학적 과정을 구성하는데 있어서 필수적인 요소라고 믿었다.

심리학 분야에서 특히 영향력이 컸던 사회구성

주의자는 케네스 거겐(Kenneth Gergen)이다. 그는 "현대 심리학에서의 사회구성주의자 운동"(Gergen, 1985)이라는 논문을 썼으며, 심리학자들이 대안적인 접근법으로 눈을 돌리는 데에 중요한 역할을 했고, 이 분야에서 지속적으로 많은 논문을 발표하고 있다(Gergen, 2009a, 2009b).

직업심리학 문헌은 다음과 같이 다양한 학자들의 사회구성주의 사고에 기반을 둔 논의들을 포함하고 있다(Blustein, Schultheiss, and Flum, 2004; Cohen, Duberley, and Mallon, 2004; Coupland, 2004; McIlveen and Patton 2006; McIlveen and Shultheiss, 2012; Richardson, 2004, 2012; Stead(2004, 2007); Stead and Bakker, 2010a, 2010b, 2012; Young and Collin, 2004). 이 학자들은 관계적 시각, 문화, 평가, 자기, 일의 의미 등 다양한 관심사를 가지고 있다. 그 중에서 리차드슨(Richardson, 1993)은 비교적 초기에 사람들의 삶에 속한 일에 대한 자신의 생각을 발표하였고, 다양한 일터에는 그만큼의 다양한 방법론이 적용되어야 한다고 주장했다. 그녀는 권력, 인종, 계급, 젠더, 발달에 대한 연구와 일 맥락에 대한 연구를 하는데 있어서 사회구성주의가 매우 유용하다고 믿었다. 최근에는 자신의 연구(Richardson, 2012)에서 일 환경에서의 지식을 창출하는데 있어서 담론과 언어가 담당하는 역할을 강조하였다.

사회구성주의와 인식론

인식론은 지식의 기본과 속성을 탐색하고, 우리가 알기를 원하는 것을 어떻게 알 수 있는가에 대해 파악하는 철학의 한 줄기이다. 일의 심리학을 이해하는 데에는 많은 방법들이 존재한다: 경험적 시각(감각을 통해 이해하는 것이 우리가 아는 것이고, 이때 마음은 세상에 대한 거울 역할을 한다), 이성주의적 시각(세상에 대한 경험은 내적인 사고를 하고 있는 한 개인의 내부로부터 온다), 포스트구조주의적 시각(우리가 알고 있는 것은 언어와 담론에 의해 구성된 것이다). 사회구성주의자들은 우리가 무엇인가를 묘사하려면 합의와 협상이 필요하다고 믿고 있기 때문에, 후자 그룹에 속한다. 이들에게 지식은 끊임없

이 변화하고 있는 흐름으로 생각되며, 객관적으로 결정되는 것이 아니라 사람들과 사물들을 묘사하는 담론에 기반하고 있는 것이다. 사회구성주의는 연구들이 지식에 대한 다소 고정적이고 미리 결정된 방법으로 진행되는 속박에서 벗어나서, 지배적인 담론에 대해 도전하고 대안적인 담론들을 탐구하도록 도와준다. 따라서, 기존에 당연하게만 여겨졌던 담론들에 대해 비판적인 학습을 하는 태도가 권장되며, 그럼으로써 일의 심리학을 더 심층적으로 탐색하는데 유용한 도구들이 개발될 수 있을 것이다.

언어와 담론

때로 언어와 담론은 동의어로 사용되곤 하지만, 실제로 두 가지는 다른 개념이다. 언어는 한 개인의 표현에 대한 구조, 관계, 의미로 생각할 수 있다. 푸코(Foucault, 1972) 이후로, 담론은 사람들과 대상들이 구성되고, 정의되며 설명되는 방법을 결정하는 규칙들, 관행들, 신념들로 구성된 시스템이라고 정의되고 있다. 일, 빈곤, 억압에 대한 우리의 시각들은 활용되는 언어와 담론에 따라 달라지며, 그 담론에는 실증주의, 구성주의, 사회구성주의적 언어와 담론들이 포함된다. 사회구성주의자들은 개인이 가지고 있는 언어와 담론은 그 사람이 세상을 다양하게 바라볼 수 있도록 도와준다고 믿고 있으며, 우리가 세상을 구성하는 방법은 역사 및 문화와 밀접하게 관련되어 있다고 생각한다. 일이 유료노동인지 무료노동인지, 마지못해 하는 것인지 기꺼이 노력을 기울이는 것인지, 진로 및 직업과 동의어로 쓰일 수 있는지의 여부는 상호적 상호작용과 협상에 따라 달라진다. 즉, 우리가 일을 바라보는 방식은 우리가 사용하는 담론과 밀접하게 연결되어 있는 것이다. 객관적이고 가치중립적인 일의 연구에서도, 협상이 이루어진 담론이 존재한다. 어떤 경우에는 묘사를 하는 과정에 정치가 개입하기도 하는데, 그렇게 되면 담론내에 권력이 존재하게 된다. 권력은 억압적이기도 하지만, 동시에 생산적이기도 하다. 권력은 자신이 제공하는 지식을 기반으로 하여 사람들을 끌어들인다. 표상의

정치학(politics of representation)을 통해, 특정한 시각들과 용어들이 선호되고, 어떤 것들은 소외되거나 간과된다. 이러한 식으로, 담론은 지식을 생산한다(Foucault, 1980). 지금부터는 담론과 언어의 역할을 일의 의미와 은유에 관련하여 설명해보도록 하겠다.

일의 의미

옥스퍼드 영어 소사전(Shorter Oxford English Dictionary, Trumble & Steenson, 2002)에 의하면, 일이란 수행되는 활동이고, 하나의 행동이며, 하나의 과정이기도 하다. 이것은 비교적 광범위한 정의이기 때문에, 연구의 목적에 따라 일을 구성하는 것이 무엇인지에 대해서는 다양한 의미가 존재하고, 소명(vocation), 진로(career), 직업(occupation), 일자리(job)와 같이 다양한 용어들이 존재한다. 이와 같은 용어들과 의미들은 사람들에 의해 합의되는 것이다. 필자는 "소명(vocation)", "진로(career)", "일(work)"이라는 용어들이 명확하게 어떤 차이점을 가지는지 잘 모르겠고, "직업심리학(vocational psychology)"이 "진로심리학(career psychology)"과 많이 다른지에 대해서도 잘 모르겠다. 필자가 함께 일해보았던 경험 많은 편집자들과 논평가들은 이 용어들이 의미하는 것의 정의를 제공할 때, 일관적으로 이 중의 한 용어를 더 선호하거나, 두 가지 용어를 모두 사용하는 것 같기는 했다.

필자에게는 이 용어들이 특정저자가 원하는 의미를 나타내는 것으로 보인다. 연구자들은 이론적 접근법, 문화, 그들이 집필하고 있는 맥락에 맞다고 생각되는 의미를 용어에 부여한다. 이 용어들의 지배적인 의미는 권력의 담론과 타인으로부터의 인정에 의해 구성된다. 이 용어들이 다양하고 변화한다는 사실을 볼 때, 용어의 주관성은 입증된 것 같다.

이 핸드북이 진로(career)나 직업(occupation)의 심리학이 아니라 일(working)의 심리학이라는 제목을 가지게 된 것은, 언어와 협상이 우리의 시각 및 우리가 대상을 바라보는 방법을 결정한다는 사실을 명확하게 보여준다. '일(working)'이라는 용어를 사용함으로써, 이 책은 논의에 대해 보다 수용적인 태도를 가지게 되었다. 예를 들어, 일에는 다음의 것들이 모두 포함될 수 있기 때문이다: 유료노동과 무료노동, 일에서의 억압과 차별, 실업, 더 낮은 사회경제적 환경에서 살고 있는 사람들의 일에 관련된 삶. "경력사다리(career ladder)"라고 대부분 알고 있는 위계적인 경력개발에만 초점을 맞추거나, 부유층과 상위중산계급의 직업궤적에만 관심을 갖는 것이 아니다. 일의 심리학에는 흥미가 있지만, 진로나 직업에는 관심이 없다는 것을 의미하는 것도 아니다. 이 핸드북에서는 일에 대해 더 정확하고 객관적인 설명들을 많이 제공하면서도, 사회정의를 향한 맥락적이고, 유용하며, 민감한 시각을 함께 제시한다. 필자가 이해하기에, 일의 심리학은 일에 관련된 불평등에 특히 관심을 가지고 있으며, 더 광범위한 의미내에서 일을 통해 갖게 되는 사람들의 웰빙에 초점을 맞춘다. 이 세상은 해석 방법을 수록한 지침서대로 움직이지 않는다. 해석은 우리에게 맡겨진 과제이다. 우리가 세상을 초월해서 객관적이나 전체적으로 볼 수 없기 때문에, 우리는 담론, 역사, 문화와 밀접하게 관련된 개인적인 관점을 가질 수밖에 없다. 결국, 필자 또한 당신들과 마찬가지로 일의 심리학을 해석해야 하는 과제를 가지고 있다. 그리고, 우리의 해석에는 많은 유사성들이 있겠지만, 그만큼 많은 차이점이 존재하고 있을 것이다.

은유

"일"이라는 단어는 은유와 관련하여 매우 자주 사용된다. 표현뿐 아니라 대부분의 담론에서 공통적으로 활용되는 방법이다. 은유와 관련된 흥미로운 사실은 "객관적인 현실"이라고 불리는 것이 거의 없다는 것이다. 은유에서 사람들은 한 가지를 표현하지만, 사실 다른 것을 생각하도록 요구하고 있기 때문이다(Sarup, 1993). 사람들은 은유를 통해 무엇인가를 암시하므로, 그러한 은유는 일에 대한 연구 논문들에서 공통적으로 사용된다. 예를 들어, 우리는 '일의 세계'에 대해 파악할 때 문화적 렌즈를 사용하고, 유리천장 효과와 개인의 내적 과정을 더 잘 이해하기 위한 비계(scaffolding)를 창출할 수 있는 지식 집짓기 블록을 활용한다. 일반심리학과 직업심리학에서 가장 많이 쓰이는 은유는 '발견(discovery)'인데(예: "발견-중심 접근법"), 무엇인가를 발견한다는 것은 근본적인 진리나 "객관적인" 것을 찾는 것을 의미한다. 이는 직업심리학에서 흔히 진행되는 '구성(construction)'과는 다소 다른 것이다. 은유를 포함한 대화의 다른 표현들은 일상생활에서의 언어와 담화에 항상 내재되어 있기 때문에 도저히 피할 수가 없다. 일의 심리학에서 사용되는 은유들은 다음과 같은 경향을 가진다: 일의 의미에 대한 통찰을 제공하기 위해 이분화하기(예: 풀타임 노동 / 여가시간), 보편적인 심리학을 위한 지식을 끝없이 찾기, 내면의 정신상태와 외부 환경에 초점 맞추기(이것도 이분화의 일종임). 사회구성주의자들은 관계들과의 연계망, 또는 버드(Bird, 2000)가 표현했듯이 중개를 위한 언어 – 맥락내에서의 움직임과 활동의 언어 – 를 유지하는 데에 은유를 사용하는 것을 좋아한다. 은유는 자기, 가족, 일과 같이, 각각 독립체인 것 같지만 실제로는 명확하게 분리시키기 어려운 용어들을 위한 언어이다. 은유는 한 개인의 일상생활에 포함되어 있는 활동으로서의 일을 연구하는 언어일 뿐, 특정 생활영역에 영향을 주거나 그 생활영역으로부터 영향을 받는 것이 아니다.

일을 이해하는데 있어서 새로운 은유법을 사용하게 되면, 우리의 시각을 확장하여 더욱 풍요롭게 만들 수 있게 된다. 그렇지 않으면, 우리는 직업심리학에서 공통적으로 사용되었던 은유들에게만 의존하게 되니 말이다. 하지만 학술지 논문들의 논평가들은 미리 결정된 과학적 용어를 사용할 것을 요구하는 경향이 있다. 사회구성주의와 담론분석 원고를 심리학 학술지에 제출했을 때, 필자는 이 시각들을 표현하는데 있어서 전통적인 심리학이나 실증주의의 언어와 은유를 사용하라는 요구를 자주 받았고, 필자가 사용하는 것과는 매우 달라보이는 연역주의적 정의를 활용하라는 요구도 자주 받았다. 사회구성주의나 자기(self)에 대한 정의를 어떻게 한두 문장으로 할 수 있을까? 이러한 태도는 대안적 시각을 넓히는 것이 아니라, 지식의 확산을 제한시키고, 주류진리와 지식체제 내의 권력을 유지하는 기능만 하게 된다.

권력/지식과 정상화

푸코(Foucault, 1980)는 권력과 지식이 사회적 관계 내에서 어떻게 상호작용하는지에 대한 시각을 제공해주었다. 그는 권력과 지식을 같은 동전의 양면으로 보아서, '권력/지식'이라고 표현했다. 푸코는 논문에서 사람들의 특성은 구성된 것이고, 문화와 시간 내에서 담화의 대상이 되는 것이라고 주장했다. 주체화(subjectification, 기술어(descriptors)를 각 개인들에게 주관적으로 배분함)를 통해, 사람들은 지식의 대상으로 묘사되고 통계적인 목록이 되고 연구가 된다.

푸코(Foucault, 1972, p.17)가 했던 유명한 말이 있다. "내가 어떤 사람이냐고 묻지 말아라. 내가 변하지 않고 그대로이냐고 묻지 말아라. 우리의 서류(papers)가 제대로 되어 있는지(in order)를 살펴보는 작업은 정부 관료들과 경찰들에게 맡겨두자. 우리가 서류를 작성할 때에는, 적어도 그들의 도덕성은 염려하지 않도록 해달라(At least spare us their morality when we write)." 이러한 사고는 심리학자들의 진단을 하려는 경향성에도 잘 적용할 수 있을 것이다. 사람들을 지식의 대상으로 보는 시각은 계몽주의 이전 시대와는 매우 많이 다르다. 이 때 보통 사람들은 감시레이다 아래 있었고, 거의 언급되지 않았다. 중요한 대상은 특권을 가지고 있는 귀족과 부유층뿐이었다. 푸코(Foucault, 1980)는 위계적 권력의 현실을 인식했지만, 권력을 개인 내부에 있는 특성으로 보지 않았다. 그가 생각하기에 권력은 다른 사람들과의 관계 내에 있는 담론을 통해 표현되며, 저항을 통해 눈에 보이게 되는 것이었다. 저항이 없다면, 그것은 권력(power)이 아니라 지배(dominance)라는 것이 푸코(1980)의 주장이었다. 하지만 그는 권력을 부정적으로만 보지 않았고, 권력은 지식을 생산하기도 한다고 생각했다. 권력은 직업심리학에서 주류적인 시각들을 생산해내고, 다른 시각들을 소외시킨다.

푸코는 일터환경에서 권력이 어떻게 발생되는 지에 대해 정리해주었다. '감시와 처벌'(Discipline and Punish, 1972)에서 푸코는 벤담(Bentham)의 원형 감옥(panopticon)-간수들이 죄수들을 항상 볼 수 있지만, 죄수들은 간수들을 볼 수 없는 가상의 탑-을 언급하였다. 간수들의 지속적인 감시를 경험한 죄수들은 자신이 스스로를 감시하게 되고, 그 결과 자기통제와 책임감이 생기게 된다. 푸코에게는, 이것이 바로 사회, 학교, 감옥, 병원, 일터에서 권력이 발생하게 되는 방법으로 보였다. 조직적 감시가 자기감시를 낳게 되는 것이다. 조직관리 연구들 중에서도 감시(surveillance)를 다루었던 것들이 몇 가지 있었다. 새비지(Savage, 1998)는 1833년부터 1914년까지 영국의 그레이트 웨스턴 철도회사(Great Western Railway)의 관리자와 구성원간의 관계에 대한 연구를 진행하였다. 예전에는 구성원들이 처벌을 받고 벌금을 내는 환경이었지만, 19세기 중반 이후에는 구성원들이 경력사다리를 올라가기 위해, 자기점검과 자기통제를 하며 스스로 동기화되고 훈련이 되는 환경으로 변화하였다. 이를 보면, 구성원의 생산성을 증진하고, 현대의 일 문화를 개발하는 데 있어서 보다 "효과적인" 방법이 무엇인지를 잘 알 수 있다. 그레이(Grey, 1994)는 회계법인의 젊은 인턴들을 대상으로 사례연구를 진행하였다. 자신이 하고 있는 일을 통해 스스로의 정체성을 구축한 인턴들은 훈련전략이란 일터에서 자신의 성장을 도와주는 도구라고 생각하는 것으로 나타났다. 업무평가 또한 자신의 경력 열망(career aspiration)을 조력해주는 방법이라고 긍정적으로 보고 있었다. 구성원 평가라는 것은 불편하고 귀찮다고 생각하는 사람들도 있었지만, 연구대상 인턴들은 자신의 "진정한 잠재력"을 인식하도록 도와주기 때문에 수용가능한 전략이라고 생각하고 있었다. 맥킨레이(McKinlay, 2002)는 1914년부터 20년 동안, 스코틀랜드의 금융기관들을 분석하면서, 자기통제를 통해 은행의 문화적 기대에 순응하는 구성원들은 승진을 하는 경우가 많았지만, 정작 구성원들의 "내면적 자기가 죽어버리는(dead selves)" 현상이 벌어진다는 것을 파악하였다. 그

이유는 매우 통제가 잘 되어 있는 업무환경을 만들어내기 위해 구성원들이 관료주의와 자기통제라는 곤란에 빠져버리기 때문이라고 맥킨레이는 생각하였다.

권력을 통해, 사람들과 사물들에 대한 지식-일에 대한 이론, 카테고리(예: 진단명), 평가-이 창조된다. 권력적인 담론을 통해 특정 지식은 소외되고, 다른 지식은 강화되는 상황이 만들어진다. 이는 직업심리학 문헌에서 특히 잘 볼 수 있는데, 스테드와 동료들(Stead et al., 2012)은 1990년부터 2009년 사이에 발표된 3,279개의 진로 및 업무 관련 논문들을 실은 11개의 학술지를 분석하였다. 그 중에서 양적 연구방법을 사용한 논문은 55.9%였고, 6.3%만이 질적 연구방법을 사용하였다. 나머지 연구들은 개념적/이론적 논문이었다.

직업심리학은 개인적인 존재에 초점을 맞추었기 때문에, 권력/지식의 역할을 강조하였다. 현재 문제에 대한 해결책을 찾고, 조율하며 적응하고, 실업자가 되고, 일에 대한 불만을 가지며, 빈곤층이 되는 주체가 되라는 기대를 받는 대상은 각 개인이다. 푸코(Foucault, 1977)에게 있어서, 상담은 각 개인에게 사회적인 기준을 지키기 위해 자기통제를 할 것을 요구하며, 정상화(normalizing) 작업을 하는 판단이 될 수 있다. 평가과정에서도 이러한 현상은 찾아볼 수 있다. 평가지침서에는 정상 수치와 규준표가 포함되어 있기 때문에, 상담자와 내담자는 현재 내담자가 정상범위로부터 어느 정도 벗어났는지를 판단할 수 있는 것이다. 직업심리학은 전통적으로 다양한 전문용어, 담론, 평가, 진단, 개입전략, 심리적 연계, 윤리위원회와 같은 전통적 단체 등을 활용하여 각 개인에게 초점을 맞춘다. 이에 대해 로즈(Rose, 1985)는 "심리학적 복합체(psychological complex)"라고 표현했다. 징계처분권리(disciplinary power)의 최종적인 효과는 자기통제로서, 이를 통해 사람들은 푸코가 묘사했던 "순종적인 존재(docile bodies)"가 되어간다. 직업을 잃거나 빈곤한 사람들은 개인적인 약점이나 결점 때문이 아니라, 더 큰 사회적 담론과 문화의 결과일 수 있는 것이다. 각 개인과 그의 결점에만 초점

을 맞추는 태도는 현상을 유지시키는 기능을 하며, 일의 심리학 시각에는 반대되는 역할을 하게 된다.

관계적 자기

직업심리학이론들은 전통적으로 각 개인의 자기(self)와 직업의 요구사항들간에 적절한 적합성이 존재할 때, 최상의 진로결정이 이루어질 수 있다고 보았다(Dawis & Lofquist, 1984; Holland, 1997). 자신이 가진 다양한 특성들(능력, 흥미, 자기, 성격)을 파악하여 스스로가 어떤 사람인지를 파악하게 되면, 그 특성들에 잘 맞는 직업을 잘 고를 수 있다는 것이다. 이러한 시각은 프랭크 파슨스(Frank Parsons, 1909)의 저술에 기원을 두고 있고, 홀랜드(Holland)와 수퍼(Super)의 특성요인과 개인-환경 적합성 이론들부터 시작된 것이다(Brown & Associates, 2002). 하지만, 사회구성주의자들은 독특한 내면자기를 강조하는 본질주의에 대해 의문점을 가진다. 이들은 개인이라는 존재가, 발견되기만을 기다리고 있는 내면적, 핵심적 특성을 가지고 있다고 생각하지 않는다(Burr, 2003). 본질주의는 인본주의 및 대부분의 현대 심리학적 사고와 밀접하게 연결되어 있다. 이와 반대로, 사회구성주의자들은 개인적인 자기란 긴 시간 동안 타인들과의 관계 속에서 다양한 모습으로 창출되었다고 생각한다(Burkitt, 2008; Gergen, 1991; Stead & Bakker, 2010b). 자기(self)는 고정적이고 안정적인 개체가 아니고, 유연하고 분열되며 상황에 따라 변화하는 것이다. 사회구성주의자의 시각에서, "분열된 자기"는 심리학적 질병이 아니라, 지속적으로 변화하는 자기일 뿐이다.

우리는 누군가의 자기(self)를 명확하게 눈으로 볼 수가 없기 때문에, 행동을 통해 내면적 자기를 추론할 수밖에 없다. 이는 계몽주의의 사고와 개신교의 일 윤리로부터 나온 시각이다. 거겐(Gergen, 2009b)은 이런 질문을 하였다. "실제로 사람들의 행동이 그들의 내면적 마음이나 자기를 반영한다는 것을 어떻게 알 수 있을까?" 물론, 내면적 자기의 "특성"은 해석일 뿐이라는 주장에 대해서는 논쟁이 있을 수 있다. 사회구성주의자들은 자기라는

것이 담론을 통한 관계 속에서 구성된다고 믿는다. 우리의 사고, 감정, 신념들은 관계에서의 언어, 담론을 통해 만들어지게 된다는 것이다. 바우만(Bauman, 2002)에 따르면, 사람들이 가지는 내면적 사고는 공공 수사학(public rhetoric), 즉 그 사람의 문화에서 공통적으로 찾아볼 수 있는 담론의 재현(recital)에 지나지 않는다. 일에 대한 이론을 구축하고 일에 대해 생각할 때, 우리는 스스로가 선택한 일의 담론들 - 문화적이고 역사적으로 엮인 - 과 불가분하게 얽혀 있을 수밖에 없다. 따라서 개인의 행동을 끌어내는 내면적 자기를 보여준다고 알려진 "자기결정"과 "주도성(agency)"과 같은 용어들은 문제가 될 수 있다. 사람들은 시간과 맥락에 따라 다양한 모습을 보이므로, "자기(self)"가 아니라 "복수의 자기들(selves)"이라고 말하는 것이 오히려 더 적절할 것 같다. 어떤 상황에서든 동일한 방법으로 행동하는 사람은 존재하지 않는다. 모든 사람들은 다양한 맥락과 관련된 방법으로 움직인다.

사회구성주의자들이 오랫동안 자기의 관계적인 측면에 대해 강조해오는 동안, 직업심리학자들 또한 직업심리학의 탈맥락적 연구가 가지는 부족한 점을 극복하기 위해 관계적인 연구를 발전시켜왔다. 관계적인 연구에서는 진로의식(career awareness), 일의 탐색, 업무환경에서 생산적으로 기능하고, 실업과 같은 일 기반의 위기를 관리하는 능력을 강화할 때 관계가 중요함을 강조하였다. 사회구성주의자들에게 있어서 직업심리학에서 나타나는 자급자족할 수 있고(self-sufficient), 스스로에게 동기부여를 할 수 있는(self-driven) 근로자들ㅡ그들의 일의 삶은 단호한 개인주의에 기반하고 있음ㅡ에 대한 생각은 더 이상 쓸모가 없는 구식이고, 탈맥락적이며, 환원적이라고 보여진다. 그 대신에 다른 사람들과 일의 삶을 공동으로 구성해나가는 관계적인 인간에 대한 시각이 강조되고 있는 것이다. 일반적인 심리학적 건강과, 스트레스 및 불안이 가득한 일 환경에 있어서 관계적인 지원과 네트워크는 매우 중요하게 여겨진다. '자기'의 위치를 한 개인의 내면으로부터 관계적인 영역으로 옮기게 되

면, 각 개인이 일과 관련된 이슈에 대한 책임을 오롯이 혼자 져야 한다거나, 자기통제에 초점을 맞추어야 한다는 기대를 받는 부담을 감소시켜줄 수 있다. 이와 같은 시각은 일의 심리학을 맥락과 커뮤니티 내의 관계로 보고 있다(Blustein, 2006). 리차드슨(Richardson, 1993)은 시장노동, 개인적 관계, 개인적 돌봄노동을 통해 자신의 삶을 구성하고 있는 사람들을 위해 새로운 담론을 제안하였다. 그녀는 연구와 상담에서 내러티브적 접근법을 활용하여 사람들이 삶을 공동 구축하고, 삶에 대해 대안적인 의미를 만들어낼 수 있도록 조력하자고 주장했다. 그러한 과정을 진행하게 되면, 일 연구의 범위는 더 넓어져서 돌봄노동을 포함할 수 있게 되고 일과 관련된 선택의 자유가 거의 없거나 아예 없는 사람들까지 포함할 수 있게 될 것이다 (Blustein, 2011).

기타 요소들

사회구성주의자가 의미구성 방법들 중의 하나로 보는 것은 '"타인"들을 통해서'라는 방법이다. 물론, 이러한 방법은 특정한 사람이나 특정 사물을 설명하는 데에는 유용할지 모르지만, 그렇지 못한 경우도 있다는 것을 우리는 지각하고 있다. 이는, 샘슨(Sampson, 1993b)이 말했던 "기준의 부재(absent standard)"나 "활용가능한 타인(serviceable other)"에도 적용될 수 있다. "타인"은 지배집단에 의해 활용가능하도록 구성된 개념이고, 샘슨이 설명했듯이 지배그룹의 담론에서만 나타날 수 있는 존재이다. 예를 들어, 여성은 종종 남성의 담론을 통해 정의된다. 빈곤층은 중산층과 부유층의 담론을 통해 정의되고 묘사되는 경우가 많다. 의미는 다양한 모습으로 정의될 수 있고, 여러 가지 프레임워크에 의해 창출될 수 있는데도 말이다(Hall, 1997/2001; Sampson, 1993a, Sampson, 1993b). 어떤 담론의 권력이 강한지에 따라 매우 다양한 차이점들이 창출되고, 다른 영역의 가치를 감소시키고 특정 영역이 가지는 중요성을 강화시키기 위한 분류법이 개발된다.

이때 만들어진 분류들 중에서 "실제적"인 것은

거의 없다. 특정한 집단의 사람들에게만 잘 맞도록 구성되었기 때문이다. 일의 심리학 문헌에서 공통적으로 지적되고 있는 분류들은 다음과 같다: 젠더, 사회경제적 지위, 인종, 민족, 일/여가, DSM 질병 목록. "복수의 자기들(selves)" 또한 타인들을 고려하면서 구성된 것이고, 활용가능한 타인들은 '자기'를 유지하고 그에 대해 의미를 부여하는 데에 도움을 주는 존재들이다. 복수의 자기들은 다른 자기들과의 관계에서 구축되며(Sampson, 1993a), 열심히 일하고, 남성이라는 성별을 가졌으며, 승진이 가능하고, 경제적으로 독립적이며, 자신감에 찬 자기들은 스스로를 유지하고 의미를 얻기 위해, 직장을 잃었고, 빈곤하며, 자신감이 낮은 반대 존재들을 필요로 한다. 자기에 대한 지배적 개념은 타인의 '자기들을 정의하는 담론'을 통해 구성되고 있다. 타인의 구성에 대해 고려한다는 것은, 업무 환경에서 일어나는 불공정하고 억압적인 관행들에 대한 시사점을 제공해준다. 이러한 부정적인 구성들은 그 구성들이 일을 이해하는 관계적인 방법을 변화시켜야 할 필요성이 있는 경우가 많다. 내러티브는 관계를 통해 구성되는데, 이에 대해서는 지금부터 이야기해보도록 하자.

내러티브

일반적으로 사회구성주의자들은 메타 내러티브(meta-narratives)에 대해 깊은 회의감을 가지고 있다. 이 용어는 리오타르(Lyotard, 1984)가 주장해서 대중화시킨 개념으로서, 하나의 보편적인 언어나 이해의 모드를 통해 모든 내러티브들을 재구성하는 보편적인 이론을 가리킨다. 마르크스주의는 메타 내러티브나 거대담론(grand narrative)의 한 실례라고 말할 수 있다. 실증주의의 형태를 띠고 있는 과학은 일반적으로 개별 내러티브가 지나치게 주관적임을 비판하지만, 리오타르가 지적했듯이, 과학 또한 이론들과 원칙을 설명하기 위한 시작점으로서는 내러티브에 의존하고 있는 것이 사실이다. 사회구성주의자들은 보통 사람들이 자신의 삶을 설명하는 개별 내러티브에 특히 관심을 가지고 있다. 연구자들이 이러한 태도를 가지게 되면, 소외된 사람들이나 "타인들"이 지배적인 내러티브의 독보적인 활동 때문에 지워지지 않을 수 있다.

사회구성주의는 특정한 상담치료나 연구방법을 가지고 있지 않다. 하지만, 의학모델에 연결된 치료들(인과관계에 초점을 맞추고, 내면성-모든 사람의 문제는 마음 속에 있다-을 강조하는 치료들)에 대해 의문을 가진다. 여기에는 특히 정신분석, 인지치료가 포함될 수 있겠다. 사회구성주의자들은 기존에 모두가 당연하게 여겼던 것에 질문을 던지고 뭔가 다른 방법이 있을까에 대해 궁금증을 가지며(Gergen, 2009a), 대안적이지만 보다 엄격한 기준을 가진 시각을 추구한다. 치료와 연구에서의 전통적인 구성들은 반드시 이래야만 한다는 것이 없기 때문에, 사회구성주의자들은 내담자와 연구참가자들의 생각을 파악할 수 있는 다른 방법이 없을까 고민하였다. 내러티브들은 매우 다양한 모습들을 가지고 있고, 사건들을 단순화시키며 의미를 제공하며, 특정한 내러티브를 타당화하고 다른 내러티브를 소외시킨다(Preuss & Dawson, 2009).

내러티브 치료와 연구에서, 일반적으로 전문가는 참가자에게 현재 문제나 이슈에 대해 한 가지 내러티브를 제시할 것을 요구하는 편이다. 예를 들어 참가자는 직장을 찾기 위해 애를 썼거나, 일터의 동료들과 관련된 어려움을 해결하기 위해 노력했던 플롯(plot)을 제공한다. 내러티브는 기억에 의존하고 있기 때문에 선택적으로 나올 수 있으며, 그 어떤 내러티브도 완벽한 진실이 될 수는 없다. 따라서, 상담자와 연구자들은 내담자나 연구참가자들을 대상으로 이야기를 구성하고 있는 다른 방법들을 탐색한다. 예를 들어, "단절된 구간(missing link)", 모순점, 이분법들을 검토하여 활용된 담론이 어떤 것인지를 판단한다. 인터뷰에서 명확하게 나타난 것이 일의 내러티브 중에서 중요한 부분이었다면, 자료를 모으는 다른 방법으로는 문서자료, 이메일, 사진, 영화, 음악 들이 있을 수 있는 것이다.

내러티브 접근법들은 사회구성주의자들의 시각과, 사회구성주의가 의미 만들기를 강조하는 태도를 수용한다. 그 자료들이 진실이거나 절대적 현실이라고 생각하는 것이 아니라 언어와 담론을 보여주는 것이라고 생각하는 것이다. 우리는 언어와 담론을 통해 우리의 세상을 구성하고 묘사한다고 믿는다. 우리는 다양한 이야기들을 통해 이론, 문헌자료, 연구방법이나 내담자의 성찰을 관찰한다. 진로문헌에서 나타나는 내러티브 구성주의의 실례들은 다음과 같다: 부졸드(Bujold, 2004), 귀샤르와 렌츠(Guichard and Lenz, 2005), 맥킬빈과 패튼(McIlveen and Patton, 2007).

내러티브와 사회적 상호작용에 대해 흥미를 가지는 점에 있어서는 급진적 내러티브 구성주의(constructivism)가 사회적 내러티브 구성주의(constructionism)와 겹치는 점이 많지만, 이들 사이에 중요한 차이점이 있다는 것을 이해하는 것은 중요한 일이다(Strong & Paré, 2004; White & Epston, 1990). 사회적 내러티브 구성주의는 사회적 상호작용을 통한 내러티브에 관심을 가지며, 내적 과정이나 개인적 대본(script)에는 별 관심을 두지 않는다(Sparkes & Smith, 2008). 사람들의 심층적인 내면 자기를 반영하는 내러티브보다는, 내러티브를 구성하는 관계적, 사회문화적 상호작용을 파악한다. 내러티브란 개인내부에 있는 것이 아니라, 다른 사람들과의 관계에 위치한다는 것이다(예: 공동구축). 그리고, 주도성(agency), 정서, 기억들은 사회적 상호작용, 성과, 내러티브에 의해 나타난다고 본다(Sparkes & Smith, 2008). 직업상담에서 나타난 내러티브의 실례로는 캠벨과 웅가(Campbell and Ungar, 2004)의 저술을 들 수 있으며, 보제와 타일러(Boje and Tyler, 2009)는 일중독에 대해 흥미있는 연구를 진행하였다.

내러티브 구성주의를 치료에 활용한 실례(White & Epston, 1990)도 많고, 연구에 활용한 경우도 많다(Clandinin, 2007; Riessman, 2008). 화이트와 엡스틴(White and Epston)은 치료적 맥락에서, 내담자의 지배적인 문제 내러티브에 도전하고, 이 내러티브를 외현화시켜서, 기존의 지배적 내러티브로부터 내담자를 분리시키고, 내담자의 문제에 대한 대안적 이야기를 쓰는 것을 강조하였다. 이는 내담자의 문제는 해당 문제가 가지고 있는 단일 내러티브(지배적 내러티브)에만 기인될 수가 없다는 가정에 기반한 주장이다. 리스맨(Riessman)은 연구에서 내용(예: 그림, 동영상, 문자)을 해석하는데 활용할 수 있는 다양한 분석 방법들을 제공했다. 그녀가 제안한 분석 방법에는 주제 분석, 구조 분석, 대화/행동 분석, 가시화 분석(visual analysis) 등이 있다.

사회구성주의에 대한 비판

사회구성주의에 대한 많은 오해와 비판은 현실의 의미, 상대주의, 도덕적 상대주의, 주도성을 다루는 문헌자료에 정기적으로 출현하고 있다.

현실

사회구성주의자들은 실제적 현실이 존재한다는 것을 부인하며, 해당 사건들이 발생하였다는 것을 확신할 수 없다고 주장한다고 비판하는 이야기가 종종 나온다. 이는 잘못 알려진 비판이다. 거겐(Gergen, 2009a)은 실제로 "저기에(out there)" 존재하는 현실을 고려한다는 것은 내부 및 외부 세계에 이미 가지고 있는 개념에 기반한다는 것을 지적했다. 사실, 빈곤, 공해, 실업, 죽음은 매우 현실적인 이슈이다. 하지만 이 용어들이 우리에게 어떤 의미를 가지는가에 대해 논의하기 시작한다면, 우리는 우리의 시각에 기반한 담론을 제공하게 되기 때문에, 앞에서 언급한 용어들은 한 가지 시각이나 담론으로만 설명되기가 어렵다. 당신이 어떤 이슈를 생각하든지 간에 생각을 하는 방법에는 한 가지만 존재한다고 말하는 태도는, 호기심과 대화의 창구를 닫아버리는 부정적인 효과를 낳는다. 실업을 예로 한번 들어보자. 실업자의 수를 누가 세느냐에 따라 달라질 것이고(contested point), 실업이라는 것이 무엇을 의미하는지, 그리고 실업은 어떻게 연구되어야 하는지, 그때의 제한점은 무엇인지에 대한 시각도 경제학, 법학, 정치학, 사회학, 종교학, 심리학과 같은 다양한 담론에 따라 다양하게 나타난다. 유료노동을 하고 있지 않은 사람이 실업자임은 분명하겠지만, 담론에서 우리가 실업을 어떻게 정의하고 어떤 상황으로 볼 것인지는 또 다른 문제인 것이다.

상대주의

가장 많이 볼 수 있는 비판은 사회구성주의자들이 모든 것을 상대적으로 보며, 모든 아이디어는 동일한 가치를 가진다고 생각한다는 믿음에서 나온다. 사실, 사회구성주의자들은 모든 아이디어는 담론 내에 위치한다고 생각하며, 문화, 시간, 공간에 따라 달라진다고 본다. 따라서, 다양한 시각들을 비교해보았을 때, 원론적이거나 근본적인 진리는 있을 수 없는 것이다. 우리는 이 세상을 초월할 수 없고, 그에 대해 객관적인 의견을 제시할 수 없기 때문에, 무언가에 대해 확실하게 이야기를 할 수 없다고 본다. 하지만, 현실이 창출된 특정 담론(통계학의 언어, 도덕적 담론, 일의 심리학과 직업심리학의 언어)내에서는 진리가 존재할 수 있고, 다양한 시각들을 비교하고 평가할 수 있을지 모른다. 그러나, 하나의 대상에 대한 다양한 패러다임이 존재하는 상황에서는, 시각들 간의 비교를 하기가 어렵다. 예를 들어, 개인-환경 적합성 접근법과 사회구성주의 사이에 어떤 것이 더 바람직한지를 가리는 일은 어려운 것이다. 하지만, 이와 같은 시각들은 절대적인 토대가 없는 기준(담론 내에서의 진리체계에 지나지 않는)에 항상 비교되고 있는 것이 사실이다. 사회구성주의자들이 관심을 가지는 것은 권력을 가지고 있는 담론들이 직업심리학의 시각들의 지위나 소외화에 어떻게 기여를 하고 있는가의 문제이고, 이러한 담론들이 어떻게 행동으로 옮겨지는가의 문제이다(상대주의에 대한 흥미로운 정보와 논의에 대한 관심이 있다면 애거(Agger, 2007)의 연구를 참조하기 바란다).

도덕적 상대주의

사회구성주의들은 도덕적인 상대주의를 가지고 있다는 점에 대해 종종 비판을 받는다. 비판가들은 사회구성주의자들이 억압을 타파하고, 공평하지 못한 노동관행을 근절하며, 빈곤문제를 감소시키고, 이상적인 사회가 갖추어야 하는 가치들을 위해 투쟁하는데 있어서 도덕적인 시각이 없다는 점을 지적한다. 한가지의 문제를 해결하기 위해 모든 것을 파괴해야 한다고 주장한다는 것이다. 거겐(Gergen, 2009b)이 지적했듯이, 선의 창출은 악이 생길 수 있는 매우 좋은 환경이며, 그 반대의 경우도 마찬가지이다. 이러한 시각은 수천년전부터 동양 철학자들이 제시하고 있었다. 도덕적 상대주의라는 복잡한 문제에 대해 간단하게 대답해본다면, 사회구성주의자들은 지배적인 시각이 다양한 잣대들에 의해 적극적으로 도전받아야 하며, 누구든지 그에 대해 의문을 품어보아야 한다고 생각한다는 것이다. 종교적, 정치적, 사회적 가치들은 대부분 현재상황에 대해 도전하는데 있어서 중요한 역할을 하며, 사람들의 웰빙을 구성해나가는데 있어서도 핵심적인 기능을 한다. 사회구성주의자들은 이러한 목소리들과 크게 다르지 않다. 사회구성주의자들은 개인적으로는 한가지의 시각을 주장할지 모르지만, 자신들의 가치만이 도덕적으로 우월하다는 인상을 주지 않으려 한다. "구성주의의 도덕성 부족(shallowness)은 특정 가치에 대한 헌신(value commitment)을 하는데 있어서 관심을 가지지 않으려 하지만... 개인적으로는 특정 가치에 대해 선호를 하는 경우가 많다."(Gergen, 2009a, p.169) 거겐에 의하면, 사회구성주의자들은 현재 일어나고 있는 이슈들에 대해 멀리서만 바라보지 않고 대화를 통한 공동적 탐색과정에 참여하기를 선호한다. 실업, 노동과 고용에서의 관행, 관리층과 구성원의 불일치, 업무파업, 빈곤 등과 같은 사회적 질병 문제를 해결하기 위한 방법을 주장하는 데에는 다양한 목소리들이 존재하기 때문이다.

이러한 이슈들에 대해 아무것도 하지 않는 태도는 당연히 문제겠지만, 하나의 시각 및 해결책만이 우월하다고 주장하는 것이 사회구성주의의 태도라고 본다면 이는 사회구성주의를 잘못 이해하고 있는 것이다. 거겐은 모든 도덕성이 평등하다고 주장하는 사람을 단 한 사람도 알지 못한다고 했다. 그는 도덕적 상대주의보다는 도덕적 다원주의를 주장한다. 이는 특정 도덕성에 대해 선호를 할 수는 있겠지만, 대안적인 전통에 대해서도 존중하는 태도를 가진다는 것이다. 예를 들어보면, 사회

정의와 일의 심리학에 관련된 주제들은 사회구성주의자들에게 흥미로운 것이다. 따라서, 다양한 시각들을 수용하고, 관계된 담론들에 관심을 가지게 되는데, 이는 일의 심리학이 가지는 바로 그 특성이라고 말할 수 있다.

주도성

사회구성주의에 대해 자주 나타나는 또 하나의 비판은 주도성(agency)에 관련된 것이다. 주도성은 대부분의 진로이론들에서 찾아볼 수 있는 개념이며, 일반적으로 사람들이 가지는 내면적 상태라고 생각되는 개념이다. 사람들은 일과 관련하여 자기만의 결정을 한다고 알려져 있지만, 사실 우리는 그들이 결정을 내리는데 있어서 활용가능한 담론들을 어떻게 활용하는지에 대한 정보를 많이 갖고 있지 않다. 주도성의 개념은 계몽주의와 서구문화에서 나타난 개인주의에 기반하고 있다. "당신은 어떤 직업을 가지고 싶습니까?"라는 간단한 문장에서도 주도성의 개념을 찾아볼 수 있다. 본질주의자의 시각에서 보면, 우리의 의도는 행동을 구성하는 데에 사용되기 때문이다(Gergen, 2009b). 직업을 선택하는 것은 잘 알려진 행동(performance)이다. 행동은 다양하고 활용가능한 문화적 담론들을 기반으로 이루어진다. 특정 직업을 갖기 위해 노력하거나, 일과 관련된 결정을 내리는 행동은 스스로의 내면의지를 따르는 것으로 보이지만, 사실 우리는 해답을 찾기 위해 우리 자신의 마음을 탐색하기보다는 현재 활용이 가능한 행동 여러 가지 중에서 하나를 고르는 것이다. 결정을 내리는 과정에는 다양한 근거들이 있고, 우리는 활용 가능한 대안들 중에서 하나를 선택하게 된다. 우리의 의도는 내면적 마음에만 의존하는 것이 아니며, 다양한 담론들에 의해 결정된다고 말할 수 있겠다. 이러한 과정에서, 주도성과 결정주의에 대한 논쟁은 감소되어 행동과 관계, 문화적으로 활용가능한 활동들에 대한 초점으로 옮겨가게 되었다. 따라서, 개인의 내면만을 강조하는 시각은 일의 심리학에서 사회구성주의를 활용하게 되면서, 다양한 담론들과 관계들에 초점을 맞추는 시각으로 대체되었다.

우리가 활용가능한 연구방향

사회구성주의자의 시각을 가지고 연구를 수행할 수 있는 방법들이 다양하게 존재하기 때문에, 여기에서 몇 가지 가능성들을 제시해보려고 한다. 연구에서는 일의 심리학에 존재하는 다양한 담론들(사고, 문화, 젠더, 사회계층, 가족구성원과 같은 업무담론들)을 분석할 수 있고, 담론들의 목적은 무엇인지, 그리고 그 담론을 통해서 혜택을 받는 사람은 누구인지에 대해 탐색할 수 있을 것이다. 이와 같은 담론들은 언어, 문자일수도 있고, 이미지일수도 있다. 담론들이 발생하는 맥락과 이 담론들의 효과(예: 담론은 어떤 행동을 낳는가)에 대해서도 많은 관심을 가지고 중요하게 고려해볼 가치가 있다. 사회구성주의 연구자들은 어떤 자료를 수집하든지 간에, 그 자료가 인터뷰 대상의 개인적 사고를 대표하지 않을 수 있다는 점을 인식해야 한다. 그보다자료는 인터뷰어와 인터뷰 대상이 함께 공동으로 구성한 것이고, 더 큰 규모의 사회적, 문화적 담론 분야 내에 존재하는 것이라고 보는 것이 더 정확하다. 특정 직업심리학담론의 분석만이 수용되고, 다른 담론분석은 소외되는 이유 또한 연구해볼만한 가치가 있다. 유사한 맥락에서, 일의 담론들에서 권력과 저항이 어떤 기능을 하는지에 대해 탐구해보는 것도 좋겠다.

사회구성주의를 활용해서 진행했던, 이민과 일에 대한 최근 연구(Flum & Cinamon, 2011)가 있다. 이민의 관계적 국면 및 일의 이행(transition)에 대한 사회적, 맥락적 장벽을 주제로 한 연구도 가능할 것이다. 예를 들어 다음과 같은 연구 주제들도 시도해볼 만하다: 가족과 일의 관계 간의 상호작용은 초반에, 그리고 시간이 지나감에 따라 어떻게 변화하는가? 일터에서의 관계적 지원은 어떻게 일어나는가?

사회구성주의자들에게는 담론과 관계가 중요한 것이기 때문에, 문서, 사진, 영상, 건물 또한 연구의 대상이 될 수 있다. 예를 들어, 뒤르하임과 딕슨(Durrheim and Dixon, 2001)은 역사적 의미가 있는 네 가지 시대에 일어난 시공간적 상호작용으로서의 인종차별주의를 연구하였다. 상호작용이 일어나는 업무세팅에 다양한 고용의 공간(학교, 사무실, 병원, 대학 등)도 포함시켜서 연구할 필요가 있다. 우리가 타인에 대해 구성하는 방법은 건물과 공간을 구성하는 방법과 유사하게 관련되어 있으며, 이 공간에서 상호작용을 하는 대상 및 방법과도 연계성이 높다.

실업에 대한 연구는 지금까지 직업심리학 문헌에서 제대로 이루어지지 못했다. 실업에 대한 담론들이 실업률을 낮추는 것이 수용가능하거나 바람직하다는 생각을 어떻게 지지하는지에 대해서도 여러 가지 탐색을 해볼 수 있을 것이다. 또한, 관리담론이 실업자들의 취업을 어떻게 어렵게 만드는지에 대해서도 연구가치가 있다.

결론

사회구성주의는 담론과 언어를 강조하며, 지식을 창출하는 과정에서 타인과의 관계 내에 있는 담론과 언어가 어떻게 기능하는지에 대해 관심이 많다.

사회구성주의는 관계, 상호작용, 대화에 대해 초점을 맞춘다. 보편적인 거대담론을 제공하는 것보다는, 각 개인의 내러티브에 관심을 가진다. 따라서, 사회구성주의는 소외된 사람들과 커뮤니티(빈곤층, 억압된 계층, 차별된 사람들, 삶의 수준이 표준 범위에서 벗어난 사람들)를 이해하는데 있어서 유용한 지식을 효과적으로 제공할 수 있다. 사회구성주의는 기존의 사고에 대해 다르게 생각하고, 앞으로 만들어갈 수 있는 상황을 그려볼 수 있는 접근법이다. 이러한 시각은 전통적인 직업심리학에서 볼 수 있는 관점들과 매우 차별화되지만, 사람들에게 더 많은 자유를 제공할 수 있으며, 일의 심리학을 개념화하는데 있어서 새로운 길을 열어줄 수 있을 거라 기대한다.

4장 진로개발에 대한 전통이론과 신규이론, 그리고 일의 심리학

Traditional and Emerging Career Development Theory and the Psychology of Working

제인 스완슨(Jane L. Swanson)

초록

4장에서는 일의 심리학과 또다른 새로운 패러다임을 기반으로 한 비판적 시각을 사용하여, 진로개발의 전통적/근본적 이론들과, 최근에 소개된 이론들을 리뷰해보려고 한다. 첫 번째로는 전통이론에 대한 리뷰와 비판을 진행할 것이고, 그 다음으로는 진로개발 이론들과 진로상담 이론들 간의 차이에 대한 논의를 해볼 것이며, 진로와 비진로상담의 역사적 교차점에 대해서도 살펴볼 계획이다. 마지막으로는 현대의 진로와 일에 대한 관점 변화에 대해 새롭게 나타나고 있는 시각을 세 가지 제시해보도록 하겠다.

키워드

진로결정, 진로상담, 일의 심리학, 진로개발 이론

직업심리학은 프랭크 파슨스(Frank Parsons)가 집필한 '직업선택(Choosing a Vocation, 1909)에 기원을 두고 있다. 파슨스는 자신을 이해하고, 직업적 세계를 이해하며, "두 그룹의 특성에 대한 관계에 대해 심층적인 고찰(true reasoning)"을 해보는 작업의 중요성에 대해 강조하였다(Parsons, 1909, p.5). 진로선택과 개발에 대한 이론 또한 파슨스의 연구로부터 파생되었는데, 그의 연구는 특질-요인 접근으로 시작하여 20세기 동안 직업선택에 대해 다양한 설명방법들을 발전시켰다(Swanson & Fouad, 2010). 이 이론들은 4장의 초반에 리뷰해볼 계획이다.

최근에 푸아드(Fouad, 2007)는 직업심리학이론과 연구에 기반되어 있는 다섯 가지 가정을 정리하였는데, 그 가정들 중에는 현재 매우 유효한 것도 있고, 현재상황에 거의 맞지 않는 것도 포함되어 있었다. 이 가정들을 먼저 리뷰해보는 것이 4장의 이야기를 끌어가는 데에 도움이 될 거라 생각되므로, 전통적 이론들에 대한 틀을 이해하기 위한 목적으로 다음과 같이 다섯 가지 가정들을 살펴보도록 하겠다.

1. 모든 사람들은 일의 선택을 할 수 있는 능력을 가지고 있다

전통적/근본적 이론들은 전형적으로 각 개인이 선택에 대한 자유를 가지고 있는지에 대한 의문을 갖지 않는다. 사실, 이 이론들은 개인들이 날이 갈수록 다양한 선택을 해야 하므로, 전문가들은 확장되어 가는 일의 세계와 성장하는 경제환경 속에서 그들이 고를 수 있는 다양한 대안들을 분류할 수 있도록 조력을 해주어야 한다는 사실을 고려하지 않고 개발되었는데, 이는 20세기 초반 파슨스가 실행한 연구와(Zytowski, 2001), 그리고 2차 세계 대전 이후에 참전 군인들에 대한 교육과 고용에서 찾아볼 수 있는 내용과 동일한 상황이다(Whiteley, 1984). 이 상황은 특히 20세기 후반에 기원을 두는 이론들(홀랜드와 수퍼/Holland and Super, 직업적응 이론/Theory of Work Adjustment, TWA)에서 강하게 나타난다. 반대로, 1980년대와 그 이후에 개발된 이론들(갓프레드슨/Gottfredson, 사회 인지적 진로이론/Social Cognitive Career Theory/SCCT)에서는 선택을 하는데 있어서 환경이 제공하는 제약들을 반영하여 구인(contruct)을 만들었다. 자유의지에 대해 의문을 가지는 태도는 진로선택과 개발의 이론내에서 이루어진 변화의 초반에 나타났으며, 특히 블루스틴(Blustein)의 일의 심리학 접근법에서 눈에 띄었다.

2. 일은 사람들의 삶에 포함된 일부이다

진로에 대한 기본 이론들은 주요 목표를 일의 세계에 두었으며, 각 개인의 삶에 속한 다른 영역들과의 관계에 대해서는 큰 관심을 갖지 않았다.

이러한 시각은 의심할 여지 없이 20세기 중반, 일의 세계는 남성(특히 중산층 백인남성)에 의해 지배되었다는 사실에 기반한다. 일은 남성의 영역이었고, 가족과 가정은 여성의 영역이었다. 일과, 일의 외적인 요소(nonwork)들에 대한 질문들은 여성들이 더 넓은 일의 영역에 본격적으로 진출하여 커리어를 쌓게 되기 전까지는 본격적으로 시작되지 않았다. 여성들이 일의 세계로 진입하게 된 이후에도, 여성들이 일외적요소에 대해 책임을 져야 하는 상황은 변화하지 않았기 때문에(Hochschild, 1989), 이중 부담이 생겨났고, 일과 가정이라는 두 가지 영역의 교차점에 대한 연구도 시작되게 되었다. 남성에게는 일의 결정과 진로선택에 대해 모두 고려하기를 기대하지만, 여성에게는 필요하다면 두 가지 중 하나는 포기할 것을 기대되는 상황이 생겼기 때문이다. 일의 세계로 여성이 진입하게 되면서 발생한 사회적 혁명은 진로이론에 있어서의 변화도 요구하게 되었다. 수퍼(Super)는 사람들이 인생에서 맡게 되는 역할이 매우 다양하다는 것을 인식하기는 했지만, 그 수준은 첫발자국을 뗀 정도에 불과했고, 현대가 되어서야 시장노동(market work)과 개인노동(personal work)에 대해 이루어지고 있는 논의들로 인해 좀더 풍부한 설명들이 가능해지기 시작했다(Richardson, 2012).

3. 일의 세계는 예측 가능하다

우리가 생각하기에, 일의 세계는 한번도 예측 가능했던 적이 없다. 하지만, 최근에 관찰되는 변화들은 그 전보다 훨씬 더 극단적으로 지역과 국가, 전세계 일의 세상을 바꾸어놓고 있다(DeBell, 2001, 2006; Fouad & Bynner, 2008). 드벨(Debell, 2001)은 "신세계 경제(new world economy)"의 모습을 다음과 같이 묘사한다: 세계화의 증가, 빈부격차의 확대(그리고, 직업간의 이동 증가), 합병과 인수로 인한 기업 불안정성, 일 자체의 재구조화, 신속하고 예측 불가능한 기술변화. 미래에 대한 예측불가능성을 고려한다면 직업선택 및 개발이론과, 내담자에 대한 적용과정은 매우 충분한 유연성을 갖추어야 하는 상황인 것이다. 사비카스와 동료들(Savickas et al., 2009)도 유사한 비판을 하였다: 현재 이론들은 "안정적인 개인특성과 조직내에서 안정성을 보장받은 직업들에 대한 가정을 기반으로 하여 개발되었기 때문에, 포스트모던시대의 경제 상황에 적용하기 위해서는 재구성작업이 되어야 한다"(p.240).

4. 누구라도 인생 초기에 의미있는 단 한번의 결정을 내려야 한다

이 가정은 현재 더 이상 유효하지 않고, 그렇게 된지도 꽤 된 것 같다. 지금 진행하고 있는 논의에 더 맞게 이야기를 해본다면, 전통적/근본적 이론들은 인생에 걸쳐 선택을 할 수 있는 시기가 다양하게 있는 것으로 이론을 수정해왔고 그에 대한 설명도 시도해왔다(직업적응의 과정과 성과에 대해 초점을 맞춘 직업적응이론(TWA), 수퍼(Super)가 주장한 인생 단계들의 반복 개념). 하지만, 특정 시기의 선택에 초점을 맞춘 태도(고등교육에서의 전공선택을 위한 진로상담) 때문에 이 이론들의 적용과정은 여전히 사람들이 삶의 초기에 단 한번의 중요한 결정을 내려야 한다는 진부한 개념을 기반으로 하고 있다. 근본적 이론들은 앞으로 반드시 이 이슈들을 다루어야 한다.

5. 진로상담은 단기로 진행되어야 하기 때문에, 정보제공에 초점을 맞추어야 한다

전통적 이론에 대한 비판과 직접적인 관련이 있는 것은 아니지만(진로개발 이론과 진로상담 이론의 차이에 대해 정리한 부분이 뒤쪽에 있으니 참고하기 바란다), 이 가정에 대한 믿음은 상담자와 내담자들이 현대의 이론들에서 제기한 핵심적인 이슈들을 제대로 다루지 못하게 방해한다. 사비카스와 동료들(2009)이 주장했듯이, "상담자는 전통적 경력경로(career path)에 대한 정보들은 시간이 지날수록 더욱 더 의문에 가득차고 신뢰할 수 없게 되어가고 있다는 사실을 직면할 필요가 있다".

푸아드(Fouad, 2007)는 이 다섯 가지 가정들을 정리한 다음에, 직업심리학의 최신 연구들에 대해 전반적인 리뷰를 하였다. 최신 연구들은 전통적인 이론에 튼튼하게 기반을 두고 있지만, 맥락적인 요소들을 현대적인 시각에서 바라보았다는 특성을 가지고 있었다. 진로에 대한 가정들이 지속적으로 변화해가고 있으므로, 푸아드는 이론가들과 연구자들이 새로운 질문을 만들어내는데 관심을 가져

보기를 제안하고 있다(Fouad, 2007).

직업선택과 진로개발의 전통적 이론들

진로개발에 대한 전통적/근본적 이론들은 전형적으로 세 가지의 커다란 분류로 나누어지는데, 이 분류 자체 또한 20세기에 발생한 이론들의 특성을 반영하고 있다: ⑴ 개인-환경 적합성 이론 ⑵ 발달적 이론 ⑶ 사회 인지적 이론. 파슨스(Parsons, 1909)의 연구는 특질-요인 접근을 개발하였고, 이는 홀랜드(Holland)와 직업적응이론(TWA)의 개인-환경 적합성 이론으로 발전되었다. 수퍼(Super)의 전생애적, 삶의 공간 이론은 발달적 개념을 강조하여 풍요로운 대안적 설명들을 제공하였으며, 사비카스(Savickas)는 이를 바탕으로 진로구성이론을 개발하였고, 갓프레드슨(Gottfredson)은 직업선택에 관련된 제한점과 절충안을 설명하는데 있어서 발달적 개념들을 적용하였다. 사회인지진로 이론(Lent, Brown, & Hackett, 1994)은 반듀라(Bandura)의 자기효율성과 성과기대 개념을 직업흥미, 선택, 성과, 만족도를 예측하는 데에 적용하였다. 이후에 다시 논의하겠지만, 20세기에 개발된 이 이론들은 맥락적 이슈와 환경적 제한점에 더 많은 관심을 가지게 되어, 일의 심리학과 같은 새로운 패러다임을 만들어내게 되었으며, 각 개인의 다양한 일 경험을 수용하고 더욱 다양한 설명을 제공하게 되었다.

개인-환경 적합성 이론들

개인-환경 적합성 이론에는 두 가지 핵심 이론이 있다: 홀랜드(Holland)의 직업성격유형(Holland, 1959, 1997; Nauta, 2013)과 미네소타 직업적응이론(Dawis, 2005; Swanson & Schneider, 2013). 두가지 이론 모두 초기의 특질-요인 상담(Chartrand, 1991; Rounds & Tracey, 1990)으로부터 발전된 것인데, 이는 20세기 초, 파슨스(Parsons, 1909)의 사회개혁운동에 기반을 하고 있다. 그리고, 직업적응이론과 홀랜드의 이론은(파슨스에 기반을 하고 있는) "매칭모델(matching model)"이라고도 할 수 있다(Betz,

2008). 왜냐하면, 직업선택은 개인과 환경의 중요한 특성을 명료화할 때 최적화될 수 있으므로, 각 개인과 환경 간에 존재하는 최적의 매치(match)나 적합성(fit)을 찾아야 한다고 생각했기 때문이다. 이 이론들은 "개인차 심리학에 기반을 하고 있어서"(Juntunen & Even, 2012, p.6), 개인과 환경의 세부적인 특성을 고려하는 것이 매우 중요하다고 생각한다. 매칭모델의 또 다른 구성요소는 적합성의 정도가 정량화될 수 있다고 생각하는 태도이다. 따라서, 적합성은 각 개인의 만족도나 근속기간(일 환경에서 보내는 시간의 길이)을 예측하는 데 활용되고 있다.

직업적응이론과 홀랜드 모델은 직업심리학 원칙 내에서 발전하였지만, 좀더 광범위한 개인-환경 심리학 연구들에 개념적 기반을 두고 있다. 이러한 시각은 사람과 환경 사이에는 상호적인 관계가 있다는 가정을 바탕으로 구성되었다: 사람들은 환경에 영향을 주고, 환경은 그 안에 살고 있는 사람들에게 영향을 미친다(Walsh, Price, & Craik, 1992). 사실 일은 사람들이 상호작용을 하고 있는 많은 환경들 중의 하나일 뿐이다(다른 환경으로는 학교, 가족, 지인관계, 생활환경 등이 있다). 이 모든 환경들은 모두 사람들에게 영향을 주고, 환경 내에 살고 있는 사람들로부터 영향을 받는다. 직업심리학—과학과 실무—은 직업적응이론과 홀랜드의 개인-환경 적합성 모델을 볼 때, 개인-환경 심리학의 핵심 사상을 수용한 것이 분명하다(Swanson & Chu, 2000).

홀랜드 이론은 1959년 발표된 이후로 직업심리학에 엄청난 영향을 미쳐왔다. 그 이유 중 하나로는 이론을 기반하고 있는 전제와 전문용어들이 매우 이해하기 쉬웠기 때문이기도 하다. 홀랜드 이론의 핵심전제는 '진로선택이란 한 개인의 성격표현이다'라는 것이다. 특정 직업을 가진 사람들을 보면 다른 직업과 비교해보았을 때 유사한 성격을 가지고 있으며, 그로 인해 특정한 업무환경을 만들게 된다는 주장이다. 홀랜드는 여섯 개의 커다란 직업성격유형을 정의하였다(실재적, 탐구적, 예술적, 사회적, 기업적, 관습적). 각 유형은 전형적인 흥미,

자아개념, 가치, 잠재역량, 선호하는 업무활동과 환경이라는 기준으로 설명된다(Holland, 1997). 홀랜드 이론에는 4가지의 작업 가정들이 있다: (a) 대부분의 사람들은 여섯 가지 유형 중의 하나로 설명할 수 있다 (b) 모든 환경 또한 여섯 가지 유형으로 나눠볼 수 있다 (c) 사람들은 자신에게 맞는 환경을, 환경은 자신에게 맞는 사람들을 찾아서 좋은 매치를 이루면 된다 (d) 성격과 환경은 상호작용을 통해 행동을 만들어낸다. 즉, 모든 사람들과 환경들은 하나 이상의 유형으로 설명할 수 있으며, 이 유형들은 개인-환경 적합성의 수준을 정량화하는 데에 활용되어, 만족도 및 근속기간과 같은 핵심성과들을 예측하는 데에 쓰일 수 있다. 유형이란 "동료, 생물학적 유전, 부모, 사회적 계층, 문화, 물리적 환경을 포함한 다양한 문화적, 개인적 힘들 사이에 이루어지는 특징적 상호작용의 산물"인 것이다(Holland, 1997, p.2).

홀랜드는 또한 계측성, 일치성, 변별성, 일관성, 정체성과 같은 행동을 예측하는데 있어서 각 유형들이 상호작용하는 방법을 설명하기 위해 몇 가지 2차 구인들과 근거들을 설명하였다. 계측성(calculus)은 여섯 가지 유형의 구조적 배치를 가리키는데, 육각형에서의 거리는 각 유형간의 유사성의 정도와 반비례한다. 인접한 유형들은 반대편에 위치한 유형들보다 공통적인 점을 더 많이 가지고 있다. 다른 네 가지의 2차 구인들은 사람이나 환경 내의 유형들간의 관계, 그리고 사람과 환경간의 관계를 설명해준다. 일치성은 홀랜드의 이론에서 핵심적인 역할을 담당하는 요소로서, 사람과 환경과의 매치(여섯 가지 유형)를 정량화하는 기제로 활용되며, 근속기간과 만족도와 같은 핵심성과를 예측하는 데 쓰인다. 변별성은 개인이나 환경의 유형에 대한 특성수준을 가리킨다. 일관성(consistency)은 개인이나 환경유형에 대한 "내부적 일관성(coherence)"을 의미한다(Spokane, 1996). 그리고 정체성은 각 개인이나 환경유형의 명료성과 안정성 정도를 가리킨다. 홀랜드는 2차 구인 네 가지를 사용해서 일치성이 있고, 변별성이 있고, 일관적이며 정체성이 높으며, 만족도와 적응도가 높은 사람과, 일치성,

변별성, 일관성, 정체성이 낮은 사람을 구별할 수 있을 거라는 가설을 세웠다.

여섯 가지 유형의 육각형 구조는 홀랜드 이론의 두 가지 핵심적인 기능을 담당한다: 한 개인이나 환경유형 내에 존재하는 일관성의 정도를 제시하고, 개인과 환경 간의 일치성 정도를 정의해준다. 그리고, "홀랜드의 육각형 모델"은 진로전문가와 내담자들에게 잘 알려져 있고 많이 사용되고 있으며, 흥미검사 결과를 제시하고 진로정보를 조직화하는 기반으로서도 활용되고 있다.

직업적응이론(TWA)은 이름에서도 알 수 있듯이, 업무환경에서의 적응과정에 핵심적인 초점을 맞추고 있다. 이때의 적응과정은 일 환경 내에서의 만족도(satisfaction) 및 일 환경에 대한 충족도(satisfactoriness)를 예측할 수 있는 개인의 특성을 포함한다(Dawis & Lofquist, 1984). 직업적응이론은 두 가지 모델 ─ 예측모델과 과정모델 ─ 로 구성되어 있다(Dawis, 2005). 예측모델은 각 개인들이 자신의 일 환경에 대해 만족하는지, 일 환경에서 요구하는 기준을 만족시키고 있는지를 설명하는 변인들(결국 각 개인들이 일 환경에서 얼마나 오래 근속하게 될 것인지를 예측하는 변인)에 초점을 맞춘다. 과정모델은 개인과 환경 간의 적합성이 어떻게 얻어지고 유지되는지에 관심이 있다.

예측모델은 직업적응이론의 핵심이며, 업무적응 여부를 예측하는 데에 초점을 맞춘다. 직업적응이론은 중요한 요소 두 가지를 제시하였다: (1) 업무환경에서 제공가능한 보상을 받고자 하는 니즈와, 보상을 받을만한 가치를 가진 개인 (2) 해당 개인이 가지고 있는 스킬과 능력으로 충족시킬 수 있는 업무요건을 가진 일 환경. 개인과 환경특성이 적절하게 만나는 교차점은 조화(correspondence)라고 불리고, 교차점이 부족한 환경은 부조화라고 불린다. 한 사람의 니즈가 일 환경에 의해 충족된다면, 그 사람과 환경은 조화가 되는 것이고, 그렇지 않다면 부조화 상태인 것이다. 이 상태는 일 환경에 대한 개인의 만족도를 결정해준다. 마찬가지로, 일 환경의 요구조건이 개인에 의해 충족된다면, 개인과 환경은 조화 상태가 되고, 그렇지 않다면 부

조화 상태가 되는 것으로, 일 환경에 대한 개인 충족도는 결정된다. 다른 말로 표현해본다면, 니즈를 가진 사람과 보상을 가진 환경이 존재한다는 것이다. 니즈와 보상이 조화되면 개인은 만족하게 된다. 마찬가지로 능력이 있는 개인과, 그 능력에 대한 요구를 가진 환경이 있다고 하자. 보유한 능력과, 그 능력에 대한 요구가 조화가 되는 상황이 되면, 개인의 충족도가 높아지게 된다.

한 개인의 만족도와 충족도가 높다면, 그 사람과 환경은 조화로운 평형상태가 되며, 업무적응상태가 이루어진다. 하지만, 개인이 불만족하게 되고, 환경의 요구조건이 충족되지 않는다면, 불균형 상태가 되어, 특정 유형의 변화발생을 촉진하는 동기로서 기능하게 된다. 따라서, 불만족도는 직업적응이론에서 말하는 핵심적 동기이다. 적응행동은 네 가지 방식들 중에서 하나 이상의 유형으로 나타난다(Dawis, 2002). 불만족한 개인은 두 가지 선택이 가능하다: 제공하는 보상의 수나 종류를 바꾸는 환경 변화 시도, 자신이 요구하는 니즈의 수나 종류를 바꾸는 자신 변화 시도. 결국, 개인은 현재의 일 환경에 남아있을지, 다른 환경을 찾아 떠날지를 결정해야 하는 상황이 된다. 또 충족도가 낮은 개인도 두 가지 선택이 가능하다: 환경의 요구를 충족하기 위해 스킬의 수준을 높이거나 스킬의 범위를 넓히기, 환경의 요구를 변화시키기. 그리고, 환경도 개인을 계속 유지시킬지 내보낼지에 대한 최종 성과를 결정하기 위해 몇 가지 선택이 가능하다. 직업적응이론이 개인과 환경 모두에게 초점을 맞추기는 하지만, 이 이론은 명확하게 개인의 경험을 더 강조한다. 만족(satisfaction)이라는 용어는 개인이 자신의 직업에 대해 가지는 만족도를 뜻하며, 충족(satisfactoriness)은 일 환경의 기준을 맞출 수 있는 개인에 대한 것이다(Dawis, 2005).

이러한 기본적인 예측들에 더하여, 직업적응이론은 중재적 관계와 변인들을 몇 가지 제시해준다. 조화의 2가지 과정, 만족과 충족은 서로에게 영향을 준다: 일 환경에 대한 개인의 만족도는 일 환경에 대한 충족도에 영향을 줄 것이며, 반대로 개인의 충족도는 만족도에 영향을 줄 것이다. 직업적응

이론에 포함된 또 다른 중재변인은 성격유형이다. 한 개인의 성격이 환경과 어떻게 상호작용을 하는가를 설명한 것이다. 직업적응이론은 네 가지 성격 스타일을 제안한다: 민첩함(celerity)-개인이 환경과의 상호작용을 시작하는 속도, 페이스(pace) - 환경에 대한 개인의 반응 강도, 리듬-개인의 반응 패턴(예: 꾸준함, 주기적, 불규칙함), 인내-환경에 대해 개인이 얼마나 끈질기게 반응하는가.

이 스타일 변인들은 환경을 묘사하는 데에도 활용될 수 있다.

과정모델은 적응이 일어나는 과정과 유지과정에 초점을 맞춤으로써, 일에 대한 적응을 예측하는 직업적응이론의 능력에 한가지를 추가하였다. 앞에서 이야기했듯이, 개인과 환경간의 부조화는 새로운 행동을 만들어내는 동기요인으로 작용하기 때문에, 직업적응이론의 과정 부분은 이 동기적인 힘의 한도와 성과를 정의해준다. 직업적응이론은 각 개인들이 부조화 상태가 발생했을 때 어떻게 반응하는지를 나타내는 적응 스타일을 제안하였다. 적응 스타일은 네 가지 변인으로 구성된다: 유연성(flexibility - 불만족의 한계에 도달하여 능동적이거나 반동적인 적응행동을 보이기 전까지 개인이 인내할 수 있는 부조화의 정도), 적극적 적응(active adjustment - 부조화 정도를 감소시키기 위해 개인이 환경에 대해 수행하는 노력행동), 반동적 적응(reactive adjustment - 개인이 부조화의 양을 줄이기 위해 자기자신을 변화시키는 행동을 할 때), 인내(perseverance - 개인이 적응행동을 한 후에 부조화 환경을 참아낼 의지를 보이는 시간의 길이). 적응 스타일은 환경에도 마찬가지로 적용된다. 이 네 가지 적응 스타일 변인들은 개인과 일 환경에서 다양하게 나타난다는 가설이 설정되어 있으며, 이들은 적응행동을 예측하는 데 있어서도 중요한 요인들이다.

발달이론들

진로선택에 대한 발달이론들은 시간이 지나감에 따라(아동기부터 시작되어 전생애를 걸친 기간 동안) 개인의 흥미와 열망이 어떻게 지속적으로 변화하는지에 대해 관심을 가진다. 개인-환경 이론과는 반대로, 발달이론은 다음과 같이 더 넓은 맥락적 요소들을 포함하고 있다: 일과 다른 인생 역할간의 교차점, 진로선택에 대한 젠더와 사회경제적 지위의 영향력 등(Swanson & Fouad, 2010). 수퍼(Super)와 갓프레드슨(Gottfredson)은 다음과 같이 두가지 이론을 제안하였다.

수퍼의 생애주기, 생애공간 이론

수퍼는 직업의 선택이란 특정한 시기에 한번 수행하는 것이 아니라, 전생애에 걸쳐서 이루어지는 발달과정이라는 시각을 제시하면서, "직업심리학 영역에서 대변혁을 일으켰다"(Betz, 2008, p.365). 수퍼가 주장한 이론의 큰 특징은 '직업개발이란 다양한 결정들을 내리는 과정이며, 한 개인의 자아개념을 완성하게 되는 직업선택들로 완성된다'는 것이다. 직업선택은 직업적 자기와 일의 세계 간에서, 적절한 매치들을 연속적으로 내리는 과정으로 정의되었다.

수퍼가 제안한 이론적 전제에는 발달적 맥락과 사회적 맥락에 대한 초점, 그리고 개인-환경 적합성 이론에서 설명되었던 개인과 직업 간의 차이점에 대한 인식이 포함된다. 수퍼는 다섯 가지의 진로발달 단계를 제안하였다(성장, 탐색, 확립, 유지, 쇠퇴). 이 다섯 가지 단계들은 전생애과정에 걸쳐 일어나는 대순환(maxicycle)이기도 하고, 이행과 재결정 시점을 통해 되풀이되는 소순환(minicycle)이기도 하다. 성장단계(4세-13세, 아동기부터 초기 청소년기)에는 네 가지 과제가 포함된다. 미래에 대해 생각해보기, 자기자신의 삶에 대한 개인적 통제력을 증가시키기, 학교와 일터에서 성과를 달성하기 위해 스스로를 파악하기, 효과적인 업무습관과 태도를 발달시키기(Super et al., 1996). 탐색 단계(14-24세, 청소년기에서 초기 성인기까지)에서는 핵심적인 과제 세 가지를 경험한다: 진로선택에 대한 구체화, 특수화, 실행(Super et al., 1996). 확립기(25-44세, 성인 초기에서 중기까지)에서는 진로와 일의 삶에 진입하여 안정적인 상태를 구축하게 된다. 이 시기의 과제는 안정화, 공고화, 선택한 진로에서의 발전 노력이다. 유지기(45세-65세, 중기 성인기부터 은퇴까지, 사비카스(Savickas, 2005)는 관리기라고 부름)에는 일에서의 성공을 통해 얻은 자산들을 유지하는 일을 하게 된다. 핵심적인 과제로는 개선, 고수, 업데이트, 혁신이 있다. 다섯 번째, 그리고 마지막 단계인 쇠퇴기(65세 이상, 은퇴기간)에서는 개인이 은퇴를 하거나, 주 노동인력집단으로부터 철수하게 되는 시기가 시작된다.

수퍼는 이 단계들이 선형적이고 예측가능하기는 하지만, 변하지 않는 것은 아니라고 설명했다. 즉, 대부분의 사람들이 이 단계들을 경험하기는 하지만, 모두 똑같은 형태로 경험하거나, 똑같은 연령대에 경험하는 것은 아니라는 의미이다. 각 단계 간의 이동은 "소순환"으로서, 성장, 재탐색, 재성취 단계의 반복이라는 특성을 가진다. 위에서 명시한 연령 범위는 대부분의 사람들이 각 단계를 경험하는 시기의 근사치이다. 수퍼는 각 단계마다 특징적인 발달과제를 제시하였다. 이 과제들을 숙달하게 되면, 사람들은 각 단계내에서 자신의 인생 역할을 효과적으로 수행하게 되며, 다음 과제를 위한 준비를 할 수 있게 된다. 수퍼는 발달단계에서의 과제를 숙달하고, 그 단계에 관계된 이행에 대처하기 위한 개인의 준비도나 능력을 가리키는 '진로성숙'이라는 개념을 제안하였고, 그 다음에는 성인의 진로이슈를 보다 명확하게 반영하기 위해(Savicaks, 1997; Super & Knasel, 1981), "변화하는 일과 일의 조건들에 대처하기 위한 준비도"라고 정의되는 '진로적응'이라는 개념도 제시하였다(Savickas, 1994, p.58).

수퍼의 이론이 가지고 있는 근본적인 전제는, 직업선택이란 자기에 대한 객관적, 주관적 시각을 포함한 자아개념의 실행이라는 것이다. 각 개인들은 자신의 사회적 맥락 내에서 지속적으로 자기평가를 하여 진로를 구성해나간다: 자신의 자아개념에 맞는 일의 역할을 고려하기 시작하는 것이다. 이때 자아개념은 외부 세계(예: 부모, 교사, 고용주)로부터 받는 피드백에 의해 형성된다. 그리고, 생성된 자아개념은 다양한 일의 역할을 통해 실행되

어나간다.

수퍼는 다른 삶의 역할 맥락 내에서도 직업선택의 개발이 이루어짐을 고려하였다. "생계를 꾸려가면서, 사람들은 인생을 살아간다"(Super et al., 1996). 그는 개인이 경험하게 되는 여섯 가지의 역할을 정리하였는데(아동, 학생, 가사담당자(homemaker), 직장인, 시민, "여가활동자"), 이 역할들은 종종 동시에 경험되기도 하고, 상호작용을 하기도 한다. 수퍼의 "생애주기, 생애공간" 이론은 역할들이 한 개인의 인생에서 다양한 시기에, 다양한 조합으로 나타날 수 있기 때문에, 그 역할들의 특징들은 사람마다 다르다는 것을 인식하고 있었다. '인생 공간(life space)'이란 삶의 다양한 시기에 개인이 맡게 되는 역할들을 가리키며, '인생 주기(life span)'는 앞에서 이야기했던 단계들을 가리킨다. 사람들은 "두 가지 영역의 교차점에서 살아가는 것이다"(Super et al., 1996, p.128).

갓프레드슨의 한계와 절충 이론

갓프레드슨(Gottfredson)의 이론(1996, 2005)은 직업선택이 한계와 절충 과정을 통해 범위를 좁혀가는 현상에 초점을 맞추었다. 한계(circumscription)란 성별, 사회적 계층/특권, 그리고 흥미라는 기준을 통해 직업의 범위를 좁히게 되는 것을 말한다. 그리고 절충(compromise)은 직업을 선택하는 경로에서 접근가능성에 대해 회의를 갖게 되고, 대안들을 포기하게 될 때 일어나는 현상이다. 갓프레드슨의 이론이 많은 학자들로부터 지지를 받지는 못했지만, 현장전문가들에게 지속적인 관심을 받고 있는 것은 사실이며, 젠더역할과 사회적 지위라는 요소를 포함시켜서, "발달이론과 사회문화적 영향력을 포함시킨 후기 이론들간의 연결고리"가 된 점은 매우 중요하다(Juntunen & Even, 2012; p.24). 이 이론의 독특한 기여는 절충과 한계가 담당하는 역할이 있고, 그 결과로서 스스로 자신의 사회적 공간을 정의하게 된다는 점이다(Gottfredson, 2005). 갓프레드슨(1996, 2005)은 각 개인들은 나이가 어릴 때에도 직업에 대한 기대를 가질 때 성별, 인

종, 사회적 계층에 의해 영향을 받는다는 사실을 설명하기 위해 한계와 절충의 이론을 개발하였다. 갓프레드슨은 직업선택이란 첫 번째로 사회적 자기의 실행이며, 심리적 자기의 실행은 두 번째라고 생각하는 점에서 수퍼와 차별화된다. 이 접근법에 포함된 요소는, 심리학적 요인들(흥미나 가치), 사회적 변인들(젠더나 사회적 계층)의 한계이다. 갓프레드슨은 다음과 같은 인지적 발달에 초점을 맞춘다: 아동은 성장하면서 자기자신의 특성과 세상 내에서 자신의 사회적 위치를 인식하게 되고, 발달하고 있는 자기이미지와 일치하지 않는 직업적 대안들을 제거하기 시작한다. 갓프레드슨은 직업적 지각과 선택에 있어서 성별, 인종, 사회적 계층, 인지적 성장, 자기-창조, 제한, 절충에 의해 차별화가 일어남을 설명하기 위해 네 가지의 발달과정을 제시하였다.

인지적 성장

아동은 시간이 지나감에 따라 직업적 정보를 다룰 수 있고, 매치의 수준을 결정할 수 있게 해주는 정교한 인지구조를 점점 더 잘 개발하게 된다. 하지만, 아동은 충족도를 증가시킬 수 있을만큼 충분한 인지적 정교도를 개발하기 훨씬 전부터, 대안들의 범위를 줄여나가기 시작하고, 자신의 진로선택에 직접적인 영향을 미치는 다른 결정들을 하기 시작한다.

자기-창조

갓프레드슨은 유전적 요소와 환경의 상대적인 영향력을 설명하기 위해 자기-창조 개념을 제시하였다. 반복적으로 동일한 경험을 하다 보면, 유전적 요소가 기반이 된 성격을 공고화시키게 되고, 다양한 상황에서도 안정적으로 반응하게 되는 "특질"을 만들게 된다. 하지만, 청소년들은 교육과 진로에 대해 적절한 선택을 할만큼 충분한 경험을 가지고 있지 않은 경우가 많다.

제한

제한은 아동이 수용할 수 없는 대안들이나, 자신의 자아개념과 상충되는 대안들을 점진적으로 포기해가면서, "수용가능한 대안들의 범위"나 "사회적 공간"을 줄여나가는 과정을 가리킨다. 갓프레드슨은 4가지 단계의 제한 모델을 통해, 대안들을 제거해나가는 과정은 점진적이고 되돌이킬 수 없으며(특이한 상황을 제외하고서는), 대부분의 경우 의식적인 자각이 없이 일어난다고 주장했다. 1단계(3세-5세)에서, 아동은 크기와 힘에 대한 지향을 발달시키고, 주위 사람들도 유사하게 큰 사람이나 작은 사람으로 분류한다. 그들은 남성과 여성 간의 신체적 차이에 대해서도 인식하게 되는데, 이는 성 역할 지향을 발달시키는 2단계(6세-8세)에 더 강화된다.

이 단계에서, 아동은 자신의 직업열망을 정의하고, 수용가능한 성 유형 범위를 구성하는데 있어서 성(sex) 적절성을 활용하여, 자신의 성 유형 기대에 맞지 않는 직업들은 제외시키게 된다. 3단계(9세-13세)에서는 사회적 가치지향을 발달시킨다. 아동들은 직업에서의 지위위계에 대해 인식하여, 명성수준과 성 유형이라는 두 가지 기준을 가지고 직업들을 검토해보게 된다. 허용가능한 수준 경계(tolerable-level boundary)를 구축하여 수용할 수 없을 정도로 명성이 낮은 직업들을 제외시키고, 허용가능한 노력 경계(tolerable-effort boundary)를 구축하여 그 직업을 갖기에는 너무 어려워보이는 직업들을 제외시킨다. 3단계가 끝나갈 때쯤 되면, 자신의 성 유형에 적절하게 관련되어 있고, 충분히 높은 수준의 명성을 가지고 있으며, 얻기에 그다지 힘들지 않은 직업들로 범위를 좁히게 된다. 4단계(14세 이상)가 되면, 청소년들은 직업선택을 고려해야 하는 니즈를 자각하게 되어, 고유한 내적 자아지향을 발전시키게 된다. 이제, 자신이 가지고 있는 흥미, 가치, 능력이 명료화되고, 초반의 단계들에서 수용가능하다고 판단되었던 대안범위 내에서 직업들에 대한 탐색을 하는 것이다. 1단계에서 3단계까지는, 사회적 자기에 대해 더 큰 관심이 있기 때문에, 수용불가능한 대안들을 거부하는 작업에 초점을 맞춘다. 하지만 4단계는 심리적 자기에 대해 더 큰 관심을 가지고, 수용가능한 대안들 중에서 어떤 것이 가장 마음에 드는지를 파악하는 작업에 초점을 맞춘다(Gottfredson, 1996). 4단계에서 절충의 과정이 시작되는 것이다.

절충

직업에 대한 열망은 접근성(가장 현실적인 선택들)과 양립 가능성(개인-환경 적합성)을 기준으로 평가한 산물로서 볼 수 있으며, 이상적인 열망은 현실적인 열망에게 자리를 내주게 된다. 절충은 접근이 불가능해 보이는 대안들을 수정하고, 덜 매력적인 대안들을 수용하는 작업들을 포함한다. 갓프레드슨(1996)은 절충 과정에서 고려하게 되는 3가지 차원으로는 성 유형, 명성, 흥미가 있고, 절충이 거의 안 되는 차원은 성 유형이며, 가장 절충이 잘될 가능성이 있는 차원은 흥미라는 주장을 하였다. 즉, 발달적으로 가장 먼저 구축되고, 자아개념의 핵심에 가장 가까운 차원이 더 오랫동안 유지되는 것이다.

갓프레드슨의 이론은 직업열망의 발달에 영향을 미치는 성-역할 사회화와 기타 사회적 요소들에 대해 명확하게 설명해주면서, 수퍼의 이론을 보충할 수 있는 관점을 제공하였다. 하지만, 수퍼의 이론은 갓프레드슨의 이론보다 더 넓은 범위의 진로행동들을 포괄하기 위해 설계되었기 때문에, 더 전반적인 전생애의 진로개발을 다루는 이론이다. 갓프레드슨의 이론은 연구자들에게는 상대적으로 적은 관심을 받았지만, 현장전문가들에게는 매우 매력적으로 다가왔다. 학자들의 관심을 별로 받지 못한 이유로는, 초기 아동기의 지각들을 평가하고, 이론에서의 중요한 구인들을 측정하기가 어렵다는 점에 관련되어 있다(Fassinger, 2005; Swanson & Gore, 2000). 더 나아가서, 성 유형, 명성, 흥미라는 차원들은 독립적으로 고려하기가 어렵다는 점도 있다(Phillips & Jome, 2005). 하지만, 개정된 이론에서는 절충에서 다양한 수준들이 존재함을 보여준 연구도 나타났다(Blanchard & Lichtenberg, 2003).

사회인지진로 이론

최근까지 사회인지진로 이론(Lent, Brown, & Hackett, 1994, 2000)은 "새롭게 나타난" 이론으로 분류되었다. 하지만, 처음 이 이론이 소개된 후부터 20년 동안 매우 많은 연구가 이루어졌기 때문에, 이제는 진로선택과 발달의 이론들 중에서 눈에 띄는 선두주자가 되었다. 사회인지진로 이론은 해켓과 베츠(Hackett and Betz, 1981)가 반듀라(Bandura, 1986)의 자기효능감 개념을 진로선택 과정에 적용해보려는 노력을 통해 개발되었다. 자기효능감 기대-또는 "계획된 유형의 성과를 얻기 위해 필요한 행동들을 조직화하고 실행하는 자기자신의 능력에 대한 평가"(Bandura, 1986, p.391)-는 흥미, 선택, 행동, 결과의 개발에 영향을 미치는 것으로 알려져 있다.

사회인지진로 이론에 포함된 반듀라의 구인들 중 또 하나는 결과에 대한 기대, 일련의 사건들이 낳은 결과에 대한 믿음이다. 진로선택의 맥락에서, 결과에 대한 기대는 특정한 진로경로를 추구하면서 개인들이 얻게 되는 바에 초점을 맞춤으로써 흥미, 선택, 행동이 발전하게 되는 과정에 영향을 미치게 된다. 사회인지진로 이론은 진로결정수행과 관련된 사건들을 만드는 개인적 구인에 초점을 맞추었던 초기 이론들과 차별화된 모습을 보인다(Lent, Brown, & Hackett, 2000). 반듀라의 개념과 해켓과 베츠(1981)의 초반 연구에 기반하여, 렌트와 동료들은(Lent et al., 1994, 2002) 진로행동을 설명하고 예측하는 통일된 사회인지프레임을 개발하였다. 특히, 세 부분으로 나누어진 그들의 모델은 반듀라의 사회인지모델을 기반으로 하여, 흥미, 선택, 결과를 연결하였다. 최근에는 네 번째 요소로서 일 만족도에 초점을 맞추고 있다(Lent, 2008; Lent & Brown, 2006).

렌트와 동료들(1994, 2002)은 모든 모델의 기본으로서 결과성취, 언어적 설득, 대리적 학습, 생리학적 상태 및 각성이 개인의 자기효능감 기대를 형성한다고 주장했고, 이는 상황-특수(situation-specific)적인 특성을 가지는 것으로 개념화된다.

또한 렌트와 동료들은(1994, 2002) 다양한 인구학적, 개인적 변인들(성, 인종/인종, 사회경제적 지위)이 배경과 맥락적 요인들과 상호작용을 하여, 자기효능감 신념을 구성하는 과정에서 기능을 하는 학습경험에 영향을 미친다고 주장했다. 그리고, 자기효능감 기대는 자신의 행동의 결과에 대해 사람들이 가지는 결과 기대와 관련이 있다.

흥미는 개발된다고 주장하는 모델에서는, 결과기대와 자기효능감 신념 모두 흥미를 예측할 수 있다고 생각한다(Lent et al., 2002). 흥미(자기효능감 신념 및 결과기대와 함께)는 목표를 예측하고, 선택과 수행활동에 관련된 행동들을 이끌어내며, 결국은 성과를 얻어내게 된다.

또한, 렌트와 동료들(2000, 2002)은 맥락적 행동유도성(contextual affordances)이라는 배경과 맥락적 요소들을 제안하여, 사람들이 강한 흥미를 가지고 있지만 그 길로 나아가지 않는 이유를 설명해보려 했다. 배경과 맥락 변인들은 기대를 가지고 있는 분야로 진입하거나 결과를 만들어내는 데에 장벽이나 지원책으로 기능한다는 느낌을 줄 수 있다. 렌트와 동료들은(2000, 2002) 맥락적 행동유도에는 두 가지 유형이 있다는 것을 정리하였다: 선택행동보다 훨씬 더 먼저 일어난 것(distal)과, 선택행동에 인접한 것(proximal). 과거로부터 영향을 주는 요인의 예로는 자기효능감과 결과기대의 개발을 제한시키거나 촉진하는 것이 있다(예: 젠더역할 사회화, 학습이 결핍된 환경). 그리고, 선택행동의 시기에 인접한 장벽과 지원(예: 이사에 대한 불안, 대학진학에 대한 경제적 지원)은 선택의 수행에 영향을 미친다. 이때의 장벽과 지원은 객관적일 수도 있고 주관적일 수도 있다. 중요한 것은 그 장벽에 대해 개인이 어떻게 지각하느냐의 문제이다.

선택모델(Lent et al., 2002)은 개인적 요인(예: 젠더, 인종, 장애, 성격, 기질)과 배경맥락은 함께 학습경험에 영향을 미치게 되고, 결국 자기효능감 신념과 결과기대에 대해서도 영향을 주게 된다고 주장했다. 앞에서 설명했듯이, 이와 같은 영향력은 목표 선택에 영향을 미치는 흥미에 영향을 주고, 목표는 행동에 영향을 주며, 행동은 결과성취에 영향을 미치게 된다. 렌트(2005)는 진로선택을 하는 과정에는 목표선택(예: 과학자 되기), 목표를 달성하기 위한 행동(예: 생물학 전공 과정을 수료하기), 앞의 행

동들의 결과(예: 생물학과를 성공적으로 졸업하기)이 포함된다고 설명하였다. 결과모델은 과거의 결과성취가 자기효능감 및 결과기대에 영향을 미치고, 그 다음에 결과목표에 영향을 주며, 따라서 결과성취수준에도 영향을 미친다고 주장한다. 다시 말해서, 과거의 성과는 자기효능감 신념 및 개인이 미래행동의 결과에 대해 가지는 기대에 대해서도 영향을 미친다는 것이다. 이러한 기대는 사람들이 스스로에게 설정하는 목표에 영향을 주게 되어, 결국 성취하게 되는 결과수준에 영향을 미치게 된다. 선택과 흥미모델은 일하고 싶은 분야나 특정직업과 같은 진로선택의 내용을 포함하는 반면, 성과모델은 선택한 분야내에서 가지는 열망을 통한 결과수준을 예측한다(Lent et al., 2002). 마지막으로 만족모델은(Lent, 2008; Lent & Brown, 2006) 개인의 목표-지향 활동을 예측하는데 있어서 자기효능감 기대와 일의 조건/결과가 기능을 하고 있다는 것을 제시하였다. 이 세 가지의 구인은 일의 만족을 예측한다.

"전통적" 이론에 대한 요약과 비판

직업심리학에서의 전통적 이론들에 대한 역사에는 개념화의 진화가 포함되어 있다: 1909년의 파슨스의 연구는 특질-요인 접근법으로 발전했고, 그 다음에는 개인-환경 적합성 이론으로 발전되었다. 수퍼는 생애주기, 생애공간 이론을 대안으로 내놓았고, 사비카스(Savickas)는 그를 기반으로 하여 진로구성 이론을 개발하였다. 현재 우리는 맥락과 관계를 중시하는 접근법으로 옮겨가는, 또 다른 패러다임 이동과정의 한가운데에 있다.

전통적 이론들에 대해 나오는 공통적인 비판은 이론의 구조내에서 더 큰 범위의 사회문화적 맥락에 대한 관심이 부족하다는 것이다. 그 결과, 현대의 학자들은 더 넓은 범위의 사람들이 보이는 직업행동을 설명하는데 있어서 기존 이론이 적절한 점도 점검하지만, 그 외에 맥락요인들을 검토하는 일도 기존 이론가들보다 더 많이 진행하고 있다. 때로 이러한 노력을 하다보면, 대부분의 사람들이

보이는 행동을 설명하기 위한 핵심개념과 능력에 대한 관심을 소홀히 할 수 있으므로, 이론가들은 그다지 좋아하지 않는다. 일반적으로 보았을 때, 전통 이론들은 정교한 검토작업을 거친 것들이기 때문에(Betz, 2008; Juntunen & Even, 2012), 새로운 시각을 가지고 있는 학자들은 신규 접근법의 기반으로서 기존 이론들이 구축해놓은 자산들을 지속적으로 활용할 것을 추천한다(Blustein, 2006; Savickas, 2011).

기존 이론들은 초반에 맥락적 요소들에 대해 큰 관심을 갖지 않았었지만, 이론 자체의 구조적 특성상 이러한 요소들에 대해 관심을 가지게 될 가능성이 있다.

예를 들어, 개인-환경 적합성 이론들은 개인의 차별적 특성을 기반으로 개발되어서(Dawis, 1992), 매우 다양한 개인경험들을 충분히 설명할 수 있는 기반이 될 수 있지만, 처음에는 미래에 대한 예측을 위한 점수를 매기기 위해 진행되었던, 각 개인의 독특성을 평가하는 과제를 수행하는데 있어서는 다소 모호한 결과를 보였었다(Savickas, 2011). 발달이론들은 다양한 개인경험을 설명할 수 있도록 자기에 대한 이해 및 자기와 진로선택의 상호작용에 초점을 맞추기는 했지만, 사실 지금까지의 강조점은 일반적 발달경로에 맞춰져 있었다. 사회인지진로 이론은 과거와 현재의 맥락적 변인에 관심을 가짐으로써, 개인 요인들(자기효능감과 결과기대)과 환경 요인들(지원과 장벽, 배경적 행동유도성)간의 보다 복잡한 상호작용을 파악할 수 있게 되었다는 점에서, 기존의 이론들과의 차별성을 보였다. 따라서, 사회인지진로 이론은 전통이론과 신생 패러다임 사이의 가교 역할을 하게 되었다.

대학 상담센터와 같은 "전통적인" 상담실 세팅을 방문한 내담자에게는 전통이론들이 지속적으로 적용되고 있다. 왜냐하면, 이 이론들은 중류층 직업 및 조직 구조에 진입하기 위해 고등교육을 받기를 원하는 개인들의 업무적 삶을 설명하기 위해 설계되었기 때문이다. 하지만, 세부 직업들과 일반적인 일 세계에서는 이미 구조적인 변화가 일어났기 때문에, 이 전통적인 상담실 세팅에서도 이론의 유용성이 감소되고 있는 상황이다. 특히 전통적인 시각에서 벗어나 선택이나 자유의지, 일과 삶의 역할, 경제적 요인들과 같이 더 넓은 경험을 이해하려면 다른 이론이 필요하다. 게다가, 전통적 이론들은 사비카스(Savickas), 리차드슨(Richardson), 그리고 블루스틴(Blustein)과 같은 새로운 관점들에 의해 더 잘 설명되는 전통적 분야 외의 영역에 대해서는 많이 다루지 못하고 있었다.

진로개발 이론과 진로상담 이론

진로개발에 대한 전통적 이론은 진로상담 이론과 관련해서 논의를 해야만 완전한 리뷰가 가능하다. 이 두 가지 종류의 이론들은 사람들이 일반적으로 생각하듯이 논리적으로 연결되어 있지 않다. 진로개발 이론은 초기 진로선택, 업무적응이나 생애주기 진로 패러다임과 같은 특정직업행동을 설명하기 위해 개발되었다. 반면에 진로상담 이론은 상담자들에게 내담자와 어떻게 작업을 해야 하는지에 대한 방법을 제공한다는 목표를 가지고 있고, 성격과 치료적 변화의 특성에 대한 철학적 시각, 즉 이론적 지향에 대한 논의와 방향을 같이 한다. 진로개발에 대한 대부분의 주요 이론들은 내담자와 그의 현재/미래 업무환경간의 적합성을 최대화하거나, 내담자가 일과 다른 삶의 역할을 통해 자아개념을 표현할 수 있도록 조력하기 위해 가장 핵심적으로 고려해야 할 것에 대해 지침을 제공하기는 하지만, 내담자와 가장 효율적으로 작업을 같이 할 수 있는 방법에 대해서는 그다지 많은 이야기를 하고 있지 않다. 반면에 진로개발에 대한 대부분의 이론들은 다음과 같은 진로상담 이론을 낳았다: 나중에 직업적응이론으로 발전된 개인-환경 조화 모델(Eggerth, 2008; Lofquist & Dawis, 1991), 수퍼의 생애주기, 생애공간 이론을 적용한 진로개발과 진단상담 모델(Niles, 2001; Super et al., 1992). 더 최근에는 사비카스(Savickas, 2005, 2013)가 수퍼의 이론을 진로구성 이론에 적용시켜서 진로상담에 대한 인생설계 이론을 개발하였다(Savickas, 2011, 2012).

기존 연구자들이 기술했듯이(Osipow, 1996; Savickas, 2011; Subich, Simonson, 2001), 진로상담 이론의 개발은 비교적 최근에 이루어진 일이다. 진로개발 이론과 진로상담 이론간의 차이는 1990년대 초반에 열린 컨퍼런스로부터 논의되기 시작했다(Savickas & Lent, 1994). 파슨스(Parsons, 1909)가 도서 '직업선택'을 집필하면서 진로개발 이론과 진로상담 서비스를 시작한 후부터, 이 두 가지 트랙은 비교적 독립적으로 발전하게 되었다. 다양한 연구자들은 또다른 진로상담 모델들을 제안하기도 했다(Crites, 1981; Yost and Corbishley, 1987; Peterson, Sampson, and Reardon, 1991; Spokane, 1991; Isaacson and Brown, 1993). 독자들은 수비치와 시몬슨(Subich and Simonson, 2001)의 책을 읽어보면 각 모델들에 대해 저 자세히 알 수 있을 것이다. 그들이 기술한 바에 의하면, "이 분야에서는 진로상담 이론개발에 대한 요구가 엄청나게 많이 나왔다"(Subich & Simonson, 2001, p.258).

이제는 현대에 나타난 두 가지 모델에 대해 특별히 언급을 할 필요가 있겠다: 기스버그, 헤프너, 존스턴(Gysberg, Heppner, and Johnston, 2003)의 진로상담 모델과 푸아드와 빙햄(Fouad and Bingham, 1995)의 문화적으로 적절한 진로상담 모델. 기스버그와 동료들(2003)의 진로상담 모델은 두 가지 핵심적인 단계를 가지고 있다: (1) 목표나 문제 파악, 명료화, 구체화 (2) 내담자 목표나 문제의 해결.

모델의 핵심은 목표 및 상담과제에 대한 합의, 상담자와 내담자 사이의 관계 형성이라는 상담자와 내담자 사이의 작업 동맹이다(Bordin, 1979). 푸아드와 빙햄(1995)의 모델에는 진로상담의 7가지 단계에 존재하는 문화적 변인들의 영향에 대한 진단이 포함되어 있고, 진로이슈에 대한 5가지 문화적 변인들(핵심문제, 젠더, 가족, 인종이나 민족집단, 지배그룹)의 영향력을 점검하는 작업이 포함되어 있다. 이 두 가지 모델들은 점점 더 많은 관심을 받고 있고, 진로상담분야에서 새롭게 발달되고 있는 이론을 위해 유용한 프레임워크를 제공할 수 있을 것이다.

"진로" vs. "개인" 상담

진로상담(career counseling)과 개인상담(personal counseling)을 부자연스럽게 분리시킨 문제에 대해서는 많은 연구자들이 언급해왔다(Haverkamp & Moore, 1993; Heppner & Davidson, 2002; Juntunen, 2006; Richardson, 1996; Robitschek & DeBell, 2002; Swanson, 1995, 2002; Whiston & Rahardia, 2008). 이러한 분리가 시작된 것은 진로상담과 심리치료가 독특한 역사적 전통을 가지게 된 때부터이고, 인위적인 경계선을 무너뜨리기 위한 노력들이 많이 존재했지만, 그 분리선은 현재까지 유지되고 있다. 예를 들어, 하버캄프와 무어(Haverkamp and Moore, 1993)는 다음과 같은 주장을 하였다: 개인 상담에 대해 사람들이 생각하는 정의에는 진로와 직접적인 관련이 없는 어떤 주제도 포함된다는 식으로 너무 광범위한 반면, 진로상담에 대한 정의 범위에는 성인 초기의 첫 번째 진로선택만 주로 포함되는 정도로 너무 좁고, 성인의 일에 대한 적응이나 일과 일외적 요인의 교차점에 대해서는 별 관심이 없다.

하지만, 어떤 연구자들은 진로상담은 "심리치료가 아니다(over-therapizing)"라는 주장을 하였다(Brown & Krane, 2000). 한 발짝 더 나아가 헤프너와 데이비슨(Heppenr and Davidson, 2002)은 상담에서 진로이슈들(그리고 일반적인 진로심리학)과 진로 외의 이슈 및 초점들을 지나치게 통합적으로 다루게 되면, 진로문제의 중요성이 낮아지게 될 수 있다고 경고했다. 이들의 주장을 뒷받침하는 근거들은 다음과 같은 두 자료로부터 나왔다: 직업적 이슈에 대한 음영화(overshadowing), 또는 진로이슈와 개인적 이슈가 함께 일어났을 때 심리치료자들이 진로이슈를 간과하는 경향(Magee & Whiston, 2010; Spengler, 2000; Spengler, Blustein, & Strohmer, 1990), 수련생 및 전문가 모두 진로상담에 대해 부정적인 태도를 가지고 있다는 문헌들(Gelso et al., 1985; Heppner, O'Brien, Hinkleman, & Flores, 1996). 이 두 가지 현상들은 동시에 일어나고 있는 것 같다. 진로이슈에 대해 초점을 맞추는 상담 활동의 가치를 낮게 보게 되면, 다른 이슈들보다 진로이슈들을 무시하게 될 가능성이 커지고, 그 결과 내담자의 진로문제는 상담자의 관심을 받지 못하게 될 것은 분명하다.

최근 상담과 교육에서 "진로"와 "개인" 영역간의 통합을 추구하기 위해 세 가지 정도의 프레임워크나 개념적 재편성 작업이 제안되고 있다(Blustein & Spengler, 1995; Richardson, 2003, 2006, 2009; Robirtsche & DeBell, 2002). 이 세 가지 프레임들은 모두 직관적인 개념들로 구성되어 있기는 하지만, 일에 대한 사고에서 커다란 변화를 보였고 이후 21세기에 나타나게 될 이론들에 대한 전조역할을 하였다(이에 대해서는 다음 장에서 설명하도록 하겠다). 우선, 블루스틴과 스펭글러(Blustein and Spengler, 1995)는 진로와 개인적 삶의 영역에서 (그들이 명명하기에) "실질적 차이 vs. 미묘한 차이"를 리뷰한 후에, "영역에 민감한(domain-sensitive) 상담"을 제안하였다. 이 상담의 특징은 진로상담과 개인상담이 전반적인 프레임워크로 통합되어, 내담자의 문제가 발생하는(아니면 적어도 초반에 나타나는) 영역-진로나 진로외 이슈-에 민감하다는 특성을 가진다. 이 프레임워크에서 상담자는 필요하다면 어떤 영역에 대해서도 개입할 수 있는 능력을 가진다.

두 번째 프레임워크는 진로개발에 대한 이론적 연구가 아니라 사람들의 삶에 실제로 존재하고 있는 일에 대한 연구를 진행하는, 직업심리학 분야에서의 패러다임 이동으로서, 리차드슨(Richardson, 1993, 1996, 2009)에 의해 정교화되었다. 그녀는 진로상담과 개인상담간에 일어나고 있는 "잘못된 분리"의 역사적 과정을 추적했다. 이 과정은 정상 기능과 병리적 성격 기능 간의 분리부터 시작되어서, 자기의 다양한 국면들을 차별화되는 기능 영역으로 나누었다. 즉, 직업지도와 상담서비스가 이루어지는 직업적 영역을 독립시킨 것이다. 그후에 진행된 또 하나의 분리작업은 "직업"에 대한 초점이 "진로"로 옮겨지면서 이루어졌다. 직업에 관련된 자기 측면은 직업세계의 구조 안에 있고, '자기'의 외부에 존재하는 것처럼 보게 된 것이다. "진로"에

대한 논의는 자기보다는 직업적 대안에 더 많이 관련하여 정의가 내려졌다. 윤투넨(Juntunen, 2006)은 리차드슨의 주장을 지지하면서 이런 이야기를 하였다. "우리는 진로라는 것이 개인의 외부에 존재하는 활동인 것처럼 생각하면서(왜냐하면, 직업적 구조에 의해 통제되기 때문에), 인간의 경험내에 존재하는 일의 핵심적인 역할을 부인하고 있다"(Juntunen, 2006, p.345). 리차드슨(Richardson, 1996) 또한 공적인 부분(진로상담)과 사적인 부분(개인상담)을 분리하는 것에 대해 다음과 같이 언급을 하였다: 사생활과 비밀에 대한 욕구는 진로상담보다 개인상담과의 관계가 더 높다고 생각하는 관점은 기존의 진로 이론에 대해 더 큰 오명을 가져다주고 있다(Ludwikowski, Vogel, & Armstrong, 2009).

세 번째 프레임워크는 로비체크와 드벨(Robitschek and DeBell, 2002)에 의해 제시되었다. 그들은 직업/진로이슈들이 상담을 진행하는데 있어서 핵심적인 문제이며 중요한 맥락적 요소로서 기능하고 있다는 사실을 고려해야 한다고 주장했다. 그렇다고 해서, 직업심리학을 상담심리학 내로 재통합해야 한다고 주장하는 것은 아니지만, 좀더 큰 패러다임의 전환이 필요하다는 의미이다. 새로운 패러다임에서, 직업에 관련된 이슈들은 "다양한 삶의 역할들과 우리가 생활하고 있는 복잡한 맥락들을 이해할 수 있도록 또 다른 장을 제공해줄 것"이다(Robitschek & DeBell, 2002, pp.801-802). 따라서, 상담의 내용이 "진로문제"인지 "개인문제"인지를 정의하는 것보다, 내담자는 본인에게 가장 중요하고, 현재 맥락을 반영한 이슈들을 가지고 온다는 것이 더 중요한 사실이다. 어떤 내담자가 직업과 관련된 문제를 가져올 때, 상담자는 그 이슈들과 관련된 다른 맥락적 요소들을 살펴볼 것이다. 그리고, 또 다른 내담자에게 직업적 이슈는 직업과 관련없는 핵심 이슈들을 둘러싸고 있는 다양한 맥락적 문제들 중의 하나일 뿐일 수도 있다.

이와 같은 패러다임 전환에 더하여, 많은 연구자들은 상담 내에서 일과 개인적인 이슈를 통합하는 문제에 대해 개념적이고 실용적인 제안들을 제공해주고 있다. 예를 들어, 로빗체크와 드벨

(Robitscheck and DeBell, 2002)은 진로상담과 개인 상담의 어색한 분리현상을 감소시킨다는 새로운 패러다임을 실행하기 위해 몇 가지의 안을 제시하였다. 그리고 윤투넨(Juntunen, 2006)은 꼭 진로상담만을 하기 위해 설계되지 않은 상담실 세팅에서도 일과 일외적 요인(개인적) 이슈들을 통합하면서 얻을 수 있는 이득에 대해 정리하였다. 연구자들이 공통적으로 제시하고 있는 주제는 접수면접부터 시작해서 본격적인 상담과정까지, 모든 내담자들이 가지고 있는 일과 관련된 이슈들을 검토하고, 일과 삶의 역할들의 상호작용을 조율하는 일이 중요하다는 것이다.

전통이론부터 신생이론까지: 일에 대한 21세기의 시각

지난 수십년 동안, 직업심리학 분야에서는 매우 중요한 변화들이 발생하였다(Fouad, 2007; Juntunen & Even, 2012). 진로개발(또는 직업선택) 이론은 단순히 한 개인에게만 초점을 맞추는 경향으로부터, 맥락적 요소들을 명확하게 인식하고, 복잡한 사회경제적 시스템에서 생활하는 개인에게 초점을 맞추는 경향으로 변화하였다. 새로운 패러다임에서는 다음과 같이 다양한 주제들이 나타나고 있다: 일과 관계, 시장노동과 돌봄노동에 대해 동일한 가치를 두고 고려하는 태도, 관계적 맥락 안에서 일을 바라보기, 진로라는 범위를 넘어서서 일의 경험에 대한 시각을 확장하기, 공통적 구성과 포스트모던주의적 시각에 관심을 가지기.

이 변화들은 쿤(Kuhn, 1962)이 기술했던 과학적 지식의 발전이라는 면에서 보았을 때, 패러다임 전환이라고 간주되어져 왔다(Richardson, 2012). 쿤에 의하면, 이와 같은 전환은 비선형적으로 일어나기 때문에, 때로는 기존 시각에서 볼 때 매우 극단적인 모습을 띄기도 하고, 예전에는 타당하다고 생각하지 않은 방법으로 현상들을 이해하기 위한 새로운 시각을 제시하기도 한다. 일반적으로 말해서, 직업심리학 분야에서 일어나는 핵심적인 패러다임 전환은 실증적 인식론으로부터 포스트모던주의적 인식론으로의 변화라고 설명할 수 있다. 실증적 인식론에서 개인은 심리측정적 진단이나 다른 형태의 경험적 관찰을 통해 "객관적으로" 파악가능하고 정량화가능한 특질의 모음으로 정의된다. 하지만, 포스트모던주의적 인식론은 각 개인은 자기만의 의미를 가지고 있고, 자기만의 이야기를 구성한다는 구성주의와 같은 시각을 가진다.

직업심리학의 역사는 20세기 초반에 나타난 심리측정운동 및 연구자, 현장전문가들이 핵심적이라고 생각하는 직업적 구인들의 측정과 관계가 깊다(Dawis, 1992). 이와 같은 측정개념들은 실증적 인식론을 기반으로 개발되었고 활용이 촉진되었다: 흥미, 가치, 능력과 같은 변인들은 실제적인 관찰은 불가능하지만 잘 구성된 측정도구를 활용하면 파악가능한 특질로 생각되었다. 흥미검사나 다른 검사들에 의해 측정된 수치들은 진로상담에서 자주 활용되면서, 상담자와 내담자가 파악하고 확인해야 하는 절대적인 지표로서 간주되었다(Reed, Patton, & Gold, 1993).

이와 같이 명확한 패러다임 전환이 이루어졌음에도 불구하고, 역사를 통해 지속되는 것들이 있다. 윤투겐과 이븐(Juntugen and Even)은 개척자 파슨스(Parsons, 1909)의 연구결과로부터 시작된 직업심리학 역사가 가지는 특징들 중에는, 사회적 변화에 대한 민감성이 존재한다고 주장했다. 파슨스는 20세기가 시작될 무렵의 사회적, 정치적, 경제적 변화로 인해 일어난 동시대의 실제 세상 이슈에 대해 반응을 보인 것이고, 요새 나타나고 있는 현대적 시각(일의 심리학 접근법을 포함)은 현대의 트렌드와 잘 맞는 것이라고 말할 수 있다.

따라서, 블루스틴(Blustein, 2011)과 동료들은 다음과 같은 새로운 이론적 관점이 필요하다고 주장했다: "일과 다른 삶의 영역간의 복잡하고 상호적인 관계, 그리고 사람들이 타인 및 더 커다란 사회적 세상과 소통을 하면서 어떻게 의미를 만들어나가는지를 통합적으로 이해할 수 있도록 일에 대해 확장된 시각을 가지는 관점"(p.2).

이와 같은 새로운 접근법들은 앞에서 이야기했

듯이 전통적인 관행과 별 관계 없이 변화하고 있는 세상을 경험하고 있는 사람들에게 특히 적절한 것으로 보인다.

현대 일/인생/진로 이론들의 시대정신은 내용이 중복되는 부분도 있지만 나름대로의 독특성을 가진 접근법들을 포함하고 있다: 관계적 시각(블루스틴, 리차드슨), 내러티브 접근법(리차드슨, 사비카스), 사회구성주의적 인식론(블루스틴, 사비카스), 일에 대한 보다 확장적 정의(블루스틴, 리차드슨). 이 접근법들은 4장의 초반에 이야기했었던 푸아드(Fouad, 2007)의 다섯 가지 가정들을 강화해주고, 사람들의 삶에서 일이 담당하는 역할에 대해 보다 확장된 현대적인 관점들을 제공해준다.

무경계 경력(boundaryless careers)이나 프로틴 경력(protean careers)과 같은 새로운 시각들은(Arthur & Rousseau, 1996; Hall, 1996) 근로자들이 조직내에서 경력을 쌓아야 한다고 생각하는 것을 넘어서서, 자기자신의 경력을 갖는 것을 더 중요하게 생각하도록 하였고, 근로자들은 자신을 고용해주는 조직과 스스로의 존재를 분리해서 바라보게 되었다. 이와 같은 현상은 각 개인에 대해 주도성(agency)을 보유하고 있으며, 자유의지를 기반으로 한 선택을 할 수 있는 존재라는 시각을 갖게 하였다. 하지만, 이 연구들의 대부분은 근로자와 조직간에 존재하는 기존의 관계 및 지속적인 관계가 중요하다고 생각하는 산업 및 조직 심리학의 시각에서 쓰여졌다. 즉, 무경계 경력이나 프로틴 경력이라는 새로운 시각도 다른 기존의 이론들과 마찬가지로, 전통적인 경력사다리의 바깥 세상에 있는 사람들은 포함하지 못했다는 것이다. 하지만, 이 접근법들은 일의 세상에서 일어나는 구조적 변화에 관련된 이슈들을 다뤄주고 있다.

반면에, 전통적인 직업심리학의 영역 내에서 이루어진 연구들은 경제 및 노동시장 변인의 영향력을 제대로 인식하지 못하는 문제를 종종 보이곤 한다. 하지만, 이 변인들은 일/진로의 발전과정 및 경험과 많은 관계가 있다. 따라서 새로운 시각에서는 경제적 영향력과 시장의 영향력을 명확하게 인식하려고 한다. 전통적인 직업심리학은 주요 초점을 개인에게 두지만, 그 개인이 일과 진로를 만들어나가는데 있어서 경험하게 되는 경제적, 사회적 현실은 간과하는 경우가 많다.

"진로(career)"라는 단어는 흥미로운 역사를 가지고 있다(Blustein, 2006). 수퍼(Super)가 이 단어를 소개했지만 "직업(vocation)"을 대신할 생각으로 만든 것은 아니었다. 블루스틴(2006, p.12)이 설명했듯이, "수퍼는 우연히 일이라는 개념을 사람들의 생활양식에 깊숙이 내재되어 있는 맥락 내에 놓은 것이다. 이때 대상이 된 사람들은 대부분 좋은 교육을 받았고, 서구의 선진국에 살고 있는 경우가 많았다." 하지만 수퍼의 원래 의도는 생애주기에 걸쳐 일어나는 일과 관련된 이슈들의 범위를 강조하려는 것이었다. 일반적인 경우, "진로"라는 용어는 학자나 이론가들이 의도했던 것보다 더 넓은 범위의 직업들을 기술하는데 사용되는 편이다. 그 이유에 대해 생각해보면, 아마 이제는 "진로"라는 용어는 은퇴할 때가 된 것이거나(리차드슨(1996)이 "진로상담"이라는 용어를 은퇴시키자고 제안한 것과 같이), 대안적으로 '진로'의 원래 의미를 되찾아서 더 좁은 범위의 정의, 그리고 신중하게 정교화한 정의를 가리키는 것으로 해야 하는 때가 된 것일 수도 있다. 단어의 원래 의미를 되찾게 되면, 일의 생애주기적 패턴에 관련된 연구들이 더 명확한 결과를 낳게 될 수 있을 것이다. 사비카스(2002)도 "진로개발(career development)"에 초점을 맞추었다고 주장하는 연구들은 사실 "직업에 관련된 행동(vocational behavior)"에 대한 것이라고 기술하는 것이 더 정확하다는 이야기를 하였다.

최근에 나타난 개념 세 가지를 보면 이제 많은 학자들이 기존의 전통적 패러다임에서 확실하게 벗어났다는 것을 알 수 있다: 사비카스(2011, 2013)의 진로구성 이론과 인생설계 패러다임; 리차드슨(2012)의 일과 관계에 대한 상담 모델; 블루스틴의 일의 심리학. 이 접근법들은 담론의 범위를 넓혀주었고, 전통적인 직업심리학 및 일반심리학을 벗어난 시각들을 제시하였다.

이 새로운 모델들이 가지고 있는 핵심적인 추진력은 일의 특성이 변화했다는 사실이고, 일에 대한 "사회적 합의가 새로워졌다"는 사실이다(Savickas et al., 2009, p.239). 최근, "일"에 대한 개념해석은 누군가를 돌보거나 자원봉사를 하는 활동과 같은 무료노동을 포함할 수 있게 확대되었다. 즉, 각 개인의 삶에서 일이 가지고 있는 다양한 형태들을 모두 다룰 수 있게 된 것이다. 예를 들어, 일의 정의는 다음과 같이 변화되었다: "사회적, 개인적 가치를 가지고 있는 상품, 서비스, 사회적 관계를 만들어내는 도구적 활동과 목적이 분명한 활동"(Richardson, Constantine, & Washburn, 2005, p.60). 유사하게, 블루스틴(2006, p.3)도 일이란 "특정한 문화의 전반적인 사회적, 경제적 복지에 기여하는 과제를 수행하기 위한 노력, 활동과 에너지"를 포함한다고 정의했다.

일이 정의되고, 지각되고, 구조화되는 방법에 대해 최근 수년간 많은 관심이 쏟아지고 있다. 각 개인의 노동경험은 세계화와 기술혁신과 같은 현재와 미래의 사회트렌드에 의해 많은 영향을 받게 될 것이다(DeBell, 2006; Niles, Herr, & Hartung, 2002). 그리고, "일"의 속성 자체에 있어서 다양한 변화들이 지속적으로 일어날 것이고, 일의 역할, 일/가족의 경계, 일이 만들어지는 일반적인 방법에 대해서도 재정의 작업이 이루어질 것이다. 이와 관련되어, "진로"가 구성되는 방법은 "무경계"나 프로틴 경력이라는 아이디어와 같이 개념적인 전환, 개인과 조직간에 이루어지는 심리적 계약의 변화를 통해 새롭게 구조화되고 있고, '평생직장'과 '상호적인 조력'이라는 개념과는 점점 멀어지고 있다(Arthur & Rousseau, 1996; Hall, 1996)

또 하나의 변인은 노동력 자체의 속성이 극적인 변화를 경험하고 있다는 것이다: 연령, 인종/민족, 성별, 성적 지향, 장애, 구성원에게 동기부여하는 변인들에 있어서 다양성이 증가하고 있다(Bobek & Robbins, 2005; DeBell, 2006; Niles, Herr, & Hartung, 2002). 나아가서, "직업"이 아니라 "프로젝트"를 위해 고용된 파트타임, 임시직, 프리랜서와 같이 불안정한 상태의 근로자들이 늘어나면서 고용주와 직원 간에 존재하는 심리적 계약은 이제 거의 찾아볼 수 없을 정도로 약해지고 있다

(Savickas, 2011). 이 모든 변화들은 개인들이 자신의 일 인생을 계획하는 것을 도와줄 수 있는 모델과, 진로 및 일에 대한 이론에 대해 매우 큰 시사점을 던져준다.

일의 속성 및 구조가 변화하는 것에 더하여, 일과 직업 관련 행동에 관련된 인식론과 담론에 있어서도 커다란 변화가 진행되고 있다. 지식의 철학인 인식론에서는 지식이 정의되는 방법에 대해 질문을 던지고(우리는 이것을 어떻게 알게 되는가? 우리의 지식 원천은 어디인가?), 지식의 실행이나 측정방법에 대해서도 의문을 가진다. 진로선택과 개발에 대한 전통이론은 실증주의적 인식론(이론이 처음에 제안되었던 때에 지배적이었던 과학 철학)을 기반으로 한다. 실증주의의 시각에서, 과학의 목적은 관찰가능하고 측정가능한 것에만 초점을 맞추어서 지식을 추구하는 것이었다. 과학은 진리를 찾아내는 방법이었고, 인과관계의 결정론적 모델에 의해 운영되었다(Trochim, n.d.). 실증주의는 관찰 가능하고 테스트가 가능한 지식에 기반되어 있다(Blustein et al., 2012). 반면에 탈실증주의적 인식론은 "실증주의의 중심적인 교리에 대해 전반적인 거부"를 하게 된다(Trochim, n.d.).

직업심리학 내의 포스트모더니즘적 인식론은 실증주의적 패러다임의 현상에 대해 도전을 하고 있다. 그 중 지배적인 접근법은 사회구성주의로서, "지식과 현실, 인간경험의 내재적 상대성"을 강조한다(Blustein et al., 2012, p.245). 이 시각에서 보면, 지식은 개인의 객관적인 관찰보다는 인지적인 과정과 사회적 상호작용을 통해 창출되며, 한 개인이 세상을 이해하는 방법은 문화와 역사 속에 포함되어 있다(Gergen, 1999; Juntunen & Even, 2012; Young & Collin, 2004). 사비카스와 동료들(2009, p.246)은 다음과 같이 기술하였다: "진로에 대한 실증주의적 연구는 의사결정과 선택에 대한 선언에 초점을 맞추고 있다. 이와 비교해볼만한 사회구성주의적 시각의 과정은 미래에 만들어갈 수 있는 다양한 자기의 모습들과 인생에 관련된 의도와 기대들을 정교화하는 것이 있다." 따라서, 포스트모더니즘이나 탈실증주의적 시각에서는 사람들이 자신의 진로에

대한 의미를 어떻게 구성하는지를 이해하고, 의미에 대한 설계를 돕는 작업에 다시 관심을 가져보려고 한다(Richardson, Constantine, & Washburn, 2005; Savickas et al., 2009; Young & Collin, 2004). 다음 장에서 논의해볼 새로운 프레임워크 세 가지는 모두 사회구성주의와 같은 포스트모더니즘 인식론에 의해 영향을 받았고, 영향을 주고 있기도 하다.

진로구성 이론과 인생설계 패러다임: 사비카스

진로구성 이론(career construction theory)의 기원은 수퍼의 생애주기, 생애공간 이론에서 찾아볼 수 있고, 수퍼의 이론이 남긴 자취는 사비카스의 이론 속에 남아 있다. 진로구성 이론은 "각 개인이 자기자신을 구성하고 직업에 관련된 행동의 방향을 잡으며, 진로에 대한 의미를 만드는" 과정을 설명해준다(Savickas, 2013, p.1). 첫 번째 개념은 자기-구성(self-construction)으로서 아동기에 시작되며, 사람들은 삶과 진로를 살아가는데 있어서 처음에는 배우(actor), 그 다음에는 기획자(agent), 나중에는 저자(author)의 역할을 맡게 된다. 진로구성 이론은 맥아담스와 올슨(McAdams and Olson, 2010)의 성격 발달이론의 시각에서 발전되었다. 이들의 이론은 각 개인이 "내적 구조의 성숙"과 더불어 환경에 대한 적응을 통해 움직인다고 보았다(Savickas, 2013, p.2).

사비카스는 일이 구성되는 환경에서 일어나는 사회적 변화를 통해 진로가 어떻게 구성되는지에 대해 재개념화를 해야 한다고 주장했다. 20세기에 수퍼가 정교화한 "진로"는 한 사람의 일의 삶이 따라가는 경로를 의미했고, 객관적인 정의가 가능하고 다른 사람들에게도 명확하게 이해되는 개념이었다. 반대로, 21세기의 시각은 무경계 경력과 프로틴 경력으로서, 각 개인에 의한 주관적인 구성과, 변화하는 환경에 대한 적응을 요구한다. 진로구성 이론은 "진로란 하나의 길을 따라가거나, 사다리를 올라가는 것이 아닌, 각 개인이 자신의 일의 삶에 대해 말하는 이야기"로 보고 있다(Savic-kas, 2013, p.6). 사람들이 "객관적인" 진로를 가질

수도 있겠지만, 그들은 자신의 행동에 대한 의미와 방향을 설정하는 주관적인 진로를 구성하고 있는 것이다. 주관적인 진로이야기는 한 개인을 다양한 변화속으로 이끌어가게 된다.

사비카스(2005, 2013)는 진로에 대한 이슈를 "네 가지 C"로 정리하였다: 진로관심(concern), 통제(control), 호기심(curiosity), 자신감(confidence). 진로관심(career concern)은 미래지향과 내일에 대한 계획의 중요성에 대한 인식으로서, 계획성과 낙관주의라는 특성을 가지며, 이의 반대 개념인 진로무관심(indifference)은 냉담과 비관주의의 특성을 보인다. 진로통제(career control)는 자신의 선택에 대한 통제권을 가질 수 있는 능력(독립성을 의미하는 것은 아니다)이며, 혼돈, 미루기, 충동성으로 표현되는 진로미결정(indecision)이 반대 개념이다. 진로호기심(career curiosity)은 자기-통제 이후에 가능해지는 것으로, 개인이 흥미와 직업적 대안들에 대해 탐구심이 생기는 상태이다. 호기심의 중요한 역할은 진로개발에 대한 다른 이론들에서도 많이 탐색되었었다(Savickas, 2013). 호기심이 부족하게 되면 자기와 환경에 대해 비현실적인 시각을 가지게 된다. 진로 자신감(confidence)은 자기효능감, 즉 교육과 진로에 대한 성공을 기대하는 태도를 가리킨다. 자신감이 부족하게 되면 진로탐색이 억제되게 된다. 이와 같은 네 가지 과정들은 발달적 궤도를 가진다. 진로통제를 경험하기 전에는 반드시 진로에 대해 관심을 표현하게 되고, 그러면서 호기심과 자신감을 발달시킬 수 있는 환경이 조성되게 된다. 사비카스(2013)은 이 네 가지의 C가 다양한 속도로 발달하게 된다고 보았으며, "네 가지 발달 영역간의 불균형"이 생기게 되면 '무관심, 미결정, 비현실성, 억제'라고 이름붙일 수 있는 문제들이 발생한다고 주장하였다.

최근 사비카스(2011, 2012)는 다음과 같은 진로상담 모델을 제안하였다. 이론/접근법들의 발전에 대해 논의하면서, 그는 세 가지 개입유형(직업지도, 진로교육, 진로상담)간의 차이에 대해 설명하고, 이 유형들이 자기에 대한 세 가지 시각과 관련되어 있으며, 직업심리학에서의 이론적 시각들이 어떻

게 역사적으로 발전했는지에 대해서도 연관되어 있다고 주장했다. 직업지도(vocational guidance)는 수치와 특질에 초점을 맞추며, 홀랜드 이론에 따라 매칭과 직업에서의 적합성에 관심을 가진다. 진로 교육(career education)은 단계와 과제에 초점을 맞추며, 수퍼의 이론에 따라 준비성과 직업적 발전에 관심을 가진다. 그리고 사비카스는 이야기와 주제에 초점을 맞추고, 진로구성 이론을 통해 일의 삶을 설계하는 인생설계 패러다임을 가진 진로상담(career counseling)을 제안하였다.

일과 관계를 위한 상담: 리차드슨

두 번째 신규 프레임워크는 진로개발 연구로부터 사람들의 삶 내부에 존재하는 일의 연구에 관심을 가지게 된, 직업심리학 분야에서의 패러다임 전환으로 나타났으며, 리차드슨(1993, 1996, 2009, 2012)에 의해 구축되었다. 그녀는 진로상담과 개인 상담간에 일어난 "잘못된 분리"(이는 정상과 병리적 성격 기능 사이의 분리로부터 시작하여, 자기의 특성들을 다양한 기능 영역 - 진로영역 포함 - 으로 분리하여, 진로 지도와 상담까지 나누게 되었음)가 진화적으로 발전된 역사를 추적해보았다. 그리고, "직업"으로부터 "진로"로 초점이 전환되면서 또 다른 분리가 진행되었고, 직업 세상의 구조에서는 직업에 관련된 자기의 영역이 자기 외부에 위치하는 것으로 간주되었다. "진로"에 대한 논의는 자기에 관련되어서는 별로 이루어지지 않았고, 그보다는 직업적 대안들과 함께 다루어지는 경우가 더 많았다. 윤투겐(2006)은 다음과 같이 리차드슨의 주장을 지지하였다. "진로라는 것이 개인의 외부에 있는 활동이라고 생각하게 되면(왜냐하면 진로는 직업적 구조에 의해 통제되므로), 우리는 인간의 경험에서 일이 담당하고 있는 핵심적인 역할을 간과하게 될 수밖에 없다."(Juntunen, 2006, p.345).

최근, 리차드슨(2012)은 시장노동, 개인적 돌봄노동, 개인적 관계, 시장노동 관계라는 네 가지 핵심 사회적 맥락, 즉 일과 관계의 교차점에 대해 제시하였다. 시장노동(market work)은 보수를 받는

일로 정의되므로, 일에 대한 전통적 시각에 가깝다. 리차드슨의 정의에서는 사람들이 유료노동을 준비하기 위해 교육을 받는 행동도 일에 포함된다. 개인적 돌봄노동(personal care work)은 자기자신이나 다른 사람들을 돌보기 위해(피부양자들, 가까운 관계에 있는 사람들, 커뮤니티 구성원들에 대한 돌봄을 포함함) 개인적 삶(무료노동)에서 이루어지는 행동을 가리킨다. 개인적 관계(personal relationships)는 일의 외부에서 이루어지는 가족과 친구와의 관계를 의미하고, 시장노동 관계(market work relationships)는 시장노동 맥락 내에서 상사, 동료, 교사들과 맺는 관계를 포함한다.

리차드슨(2012)는 직업심리학 내의 지배적인 패러다임 두 가지를 추적해보았다: 파슨스(1909)가 개념화한 직업선택, 수퍼가 정리한 진로개발. 두 패러다임 모두 역사상 특정 시기에 나타나는 개인의 일에 대한 선호와 사회적 노동시장의 니즈에 대해 해결책을 제공해준다. 첫째, 파슨스의 모델은 "자유의지에 대한 신념을 가진 미국 문화에 뿌리 깊이 박혀있는 개인주의를 보존하는 동시에, 산업적 혼란과 경제적 어려움의 시기에 노동시장이 가지는 니즈를 충족시켜주었으며"(p.195), 직업선택을 할 수 있는 구조화된 메커니즘을 제공하는 과학적 매칭 모델로 발전하였다. 둘째, 진로에 대한 수퍼의 아이디어는 "산업경제를 성숙시키려는 요구에 적합하며"(p.196), 더 큰 발달적 연속선 내에 직업선택을 놓고, 직업선택 이전과 이후의 단계들을 설계하였다.

이 패러다임들이 현대에서 유용하게 쓰일 수 있지만, 제한점이 없는 것은 아니다.

직업선택 패러다임은 "실제로 '선택'이 매우 제한적이거나 아예 존재하지 않는" 어떤 사람들, 즉, 직업이나 직업적 경로를 선택하는 사치를 누릴 수 없는 사람들에게는 적절하지 않다(Richardson, 2012, p.195). 따라서, 선택에 대한 초점은 "자유의지에 대한 신념을 영구화시킨다. 즉, 누구나 자신의 운명을 만들어갈 수 있고, 어떤 문제나 제약이 나타난다면 그것은 그 개인의 잘못이라고 생각한다"(p.196). 진로개발 패러다임에서도 여전히 선택

을 핵심적인 개념으로 생각하고, 시간이 지남에 따라 경력에 있어서 위로 올라가게 되는 것을 강조하면서, "수직성"을 추가하였다. "무경계" 경력의 개념(Arthur & Rousseau, 1996)은 조직의 구조와 상관없이 자기자신의 경력을 정의할 수 있는 개인의 능력에 초점을 맞추면서 선택의 측면을 더욱 강조하였다. "지금까지 관심을 받지 못했던 영역은 선택능력의 부족뿐 아니라, 시장노동의 상황이 점점 더 악화되고 있다는 사실이다"(Richardson, 2012, p.197).

기존 패러다임들의 한계는 다음과 같은 패러다임 전환을 이끌어냈다. 리차드슨(2012)은 사람들의 삶과 일의 특성이 변화하는 상황을 반영하고, 그에 대해 민감하게 반응을 하기 위한 패러다임 전환이 필요하다고 주장했다. 그녀는 진로상담은 "직업적 구조라는 틀에 지나치게 동일시하여 갇혀 버렸다"(Richardson, 1996, p.356)고 생각하고, "진로상담"이라는 용어를 은퇴시키고, "상담/심리치료와 일, 직업, 진로"에 대해서도 대안적인 용어가 필요하다고 이야기했다. 보다 최근에, 리차드슨은 "일과 관계를 위한 상담" 실행이 두 가지 요소의 상호관계성을 개념화하는 데에 도움이 될 거라고 주장했다. 그녀는 사고에서의 핵심적인 전환 두 가지를 제시했다: "진로"에 대한 담론으로부터 "일"에 대한 담론으로의 전환, 직업적 영역에 대한 초점으로부터 다양하고 상호관계를 가진 더 넓은 사회적 맥락들을 고려하는 초점으로의 전환(Richardson, 2000).

기존 학자들은 사람들의 삶에서 일과 일외적 요소간의 복잡한 교차점에 관련된 이슈들을 논의하면서, 역할과잉, 역할갈등, 역할향상에 대한 모델을 구축하였다. 하지만, 이 문헌들의 대부분은 고집스럽게 시장노동에 대해서만 다루고 있다(Blustein, Medvide, & Kozan, 2012). 즉, 산업/조직의 시각을 가지고 조직의 관점과 목표에 초점을 맞출 뿐, 각 개인의 관점과 목표는 간과하고 있는 것이다.

일의 심리학: 블루스틴

다양한 이론들은 심리학의 내부와 외부에서 일과 직업이 가지는 객관적, 주관적 속성에 대해 이해를 할 수 있도록 도와주었다. 블루스틴(Blustein, 2006, 2008, 2011)이 기술한 바에 의하면, 일의 심리학은 전통적인 직업심리학에 존재했던 인식론적인 렌즈를 확장시켜서, 진로(career) 심리학에 대한 연구로부터 일(working)의 심리학에 대한 연구로 범위를 넓혔다. "진로"는 "전생애동안 일과 관련된 경험 및 활동과 연계된 순서적인 태도와 행동에 대한 지각"(Hall, 1976, p.4)으로 정의되어 왔다. 하지만 블루스틴(2006, p.3)이 언급했듯이, 우리가 가지고 있는 "진로"에 대한 개념은 "전세계 인구들 중 소수(지위와 성취 수준이 높은 사람들)에게만 적합한 사회문화적 프레임워크 안에 내재되어 있다". 블루스틴의 시각들 중 핵심은 모든 사람들이 일과 진로에 관련하여 선택권이나 자유의지를 가지고 있는 것은 아니라는 사실을 명확하게 인식하는 것이다. 사실, 자유의지에 대해서는 사람들이 매우 다양한 경험을 가지고 있고, 빈곤층이나 노동자 계급은 일의 삶에서 별다른 선택권을 경험하지 못할 가능성이 높다(Blustein & Fouad, 2008; Liu & Ali, 2008). 따라서 "일"은 "진로"보다는 더 보편적이고 포괄적인 용어라고 볼 수 있다.

일의 기능들

블루스틴(2006)의 시각은 일에 의해 충족될 가능성이 있는 인간의 근본적인 욕구 3가지에 초점을 맞추고 있다: 생존욕구, 관계욕구, 자기결정욕구.

1) 생존욕구(그리고 힘에 대한 욕구)

생존욕구는 일과 돈, 상품이나 서비스를 교환하면서 얻어지는 힘을 통해 얻어진다. 이렇게 일을 보는 시각은 경제학자들의 연구결과물과 밀접한 관련이 있지만, 블루스틴(2006)은 중요한 심리학적 시사점도 존재한다고 주장했다. 나아가서, 생존욕구를 충족시키는 수단으로서의 일은 또한 사회적 지위를 만들어내거나 상승시킬 수 있다. 블루스틴(2006)에 의하면, 일의 기능으로서의 명성, 지위, 힘은 "진로에 대한 현대적 논의에서 한심할 정도로 간과되어 왔었다"(p.22). 물론 몇몇 학자들은 직업선택을 설명하는데 있어서 명성변인을 포함시키기도 했었지만 말이다(Gottfredson, 2005).

생존욕구는 일자리가 점점 귀해지고, 정신건강에 대한 실업(과 불완전고용)의 영향이 점점 커지는 것과 같이 경제적 상황이 어려울 때에 더욱 분명하게 나타난다(Goldsmith & Diette, 2012; Paul & Moser, 2009; Swanson, 2012). 리차드슨(2012)은 시장노동의 맥락이 극적인 변화를 보이고 있는데다가, "환경이 점점 더 악화되고 있다"(p.193)고 언급했다. 임금, 건강보험 수령가능액과 연금혜택의 수준이 낮아지고 있고, 수입의 불안정성과 불균형 정도가 커지고 있으며, 근로조건도 좋지 않은 경우가 많다.

2) 관계욕구

일은 "더 넓은 사회적 환경"에 대한 연결고리로서, 그리고 대인관계의 발전으로서, 사회적 연계의 도구를 제공해준다(Blustein, 2006). 나아가서, 앞에서 이야기했던 일의 구조에서의 변화는 대인관계의 유용성과 속성 또한 변화시키기 때문에(Juntunen & Even, 2012), 이 영역은 앞으로 연구자들이 관심을 가져야 할 부분이다.

3) 자기결정 욕구

마지막으로, 일은 자기결정을 할 수 있는 메커니즘을 제공한다. 자기결정은 외부적으로 동기부여하는 활동이 내재화된 과정을 가리키는데, 데시와 라이언(Deci & Ryan, 1985; Ryan & Deci, 2000)의 연구에서 명확하게 설명되었다. 블루스틴(2006)은 자기결정이 직업만족도에 대한 기존의 문헌(빈곤층이나 노동자 계층의 경험을 제대로 반영하지 못했음)보다 더 넓은 시각을 제공한다고 주장했다.

일의 관계적 이론

블루스틴(2011)은 일의 관계욕구로서의 기능을 더 자세히 설명하면서, "일의 관계적 이론"으로 확대하였다. 블루스틴은 이 이론을 기반으로 하여 몇

가지의 연구방향을 제시하였다: 관계와 일 경험 이해, 선택과 이동에 있어서 관계적 지지가 기능하는 역할, "돌봄"이나 개인노동과 시장노동의 교차점(Richardson, 1996, 2009; Schultheiss, 2006).

요약

직업심리학과 진로개발의 "전통" 또는 기본 이론들은-개인-환경 적합성, 발달적 시각, 사회인지적 시각-진로에 대한 조력을 필요로 하는 사람들과 함께 작업하는 현장전문가들에게 직업관련 행동에 대해 유용한 예측 및 실용적인 지침을 지속적으로 제공해왔다. 하지만, 일이 구성되고 경험되는 방법에서 경제적, 사회적 변화가 일어났으며, 이론의 관심 범위에서 제외되어 왔던 개인에 대한 관심이 높아졌기 때문에, 기존 이론들에게만 의존할 수가 없는 상황이 되었다. 블루스틴, 사비카스, 리차드슨의 새로운 시각들은 미래의 연구에 대해 더 큰 희망과 가능성을 제공해주고 있다. 그리고, 기본 이론들에서 어떤 내용을 유지시킬 것인지, 그리고 어떤 개념들을 신규이론의 개념들과 통합할지에 대한 문제는 이론가들과 연구자들에게 있어서 매우 중요한 이슈이다.

이와 같은 이론의 확장 및 근본이론과 신생이론의 통합을 할 때에는, 4장 초반에 논의했던 푸아드(Fouad, 2007)가 제시한 가정들에 대해 검토를 해보는 것이 바람직할 것이다. 진로개발에 대한 20세기의 개념에 기반하고 있는 이 가정들을 명확하게 이해하게 되면, 각 가정들의 반대개념에 대해서도 고려해볼 수 있을 것이다 - 일 선택을 하는데 있어서의 자유의지 부족, 개인 삶의 다른 영역과 일 간의 중요한 관계, 일 세계의 예측불가능성, 한 개인이 전 생애를 걸쳐 하게 되는 다양한 진로 및 일에 관련된 결정, 진로상담을 개선해서 범위를 넓히고 통합성을 높이는 작업. 이 새로운 개념들은 이론가, 연구자, 현장전문가들이 21세기의 일의 현실에 적응할 수 있도록 길을 열어줄 것이다.

2부
일의 맥락

5장 인종과 일

리사 플로레스(Lisa Y. Flores)

초록

예전부터 일의 세계는 인종차별주의의 치명적인 영향이 명확하게 드러난 핵심 맥락들 중의 하나였다. 5장에서는 다문화적 일의 심리학 시각을 활용해서 유색인종의 일 경험에 대한 다양한 내용들을 다룬 문헌들을 리뷰하여, 그들의 진로에 대한 내러티브를 명료화할 계획이다. 인종차별주의가 미국 유색인종 근로자들의 일의 불평등, 심리적 건강과 신체적 건강, 직업적 건강, 직업만족도, 그리고 기타 일에 관련된 결과들에 미치는 영향을 탐색할 것이다. 그리고, 유색인종의 일에 관련된 변인에 문화가 미치는 영향을 이해하기 위해, 문화와 인종-기반의 프레임워크를 적용한 연구를 리뷰해보려고 한다. 마지막으로는, 일의 심리학에서 제시하는 일의 세가지 기능(생존과 힘을 위한 일, 사회적 관계를 위한 일, 자기결정을 위한 일)을 다룬 유색인종 대상 연구를 살펴볼 것이다. 개인적인 니즈를 충족시켜줄 수 있는 일을 찾기 위한 탐색작업을 하고 있는 유색인종들을 조력하기 위해 필요한 앞으로의 직업연구, 현장실무, 정책도 제안해보려고 한다.

키워드

일, 진로, 일에서의 차별, 라틴계, 스페인계, 아프리카계 미국인, 아시아계 미국인, 북미 원주민, 인종차별주의, 유색인종

진로상담 서비스가 시작되었던 1900년대 초반은, 미국이 역사상 농업사회에서 산업사회로 큰 이동을 했던 때였다(Pope, 2000; Zytowski, 2001). 이 시기는 새로운 기술이 개발되었고, 산업 근로자들의 요구가 증가되었으며, 도시지역으로의 이동이 많아졌고, 미국으로의 해외 이민자들의 수가 늘어난 시기이기도 했다. 이와 같은 사회적 변화로 인해 프랭크 파슨스(Frank Parsons)는 소외된 집단에 대한 개입을 하기 시작했고, 직업지도 및 상담에 대한 현장실무와 연구를 진행하기 시작했다(Blustein, 2006; O'Brien, 2001; Zytowski, 2001). 즉, 직업심리학의 뿌리에는 빈곤층, 이민자, 청년들과 같은 소외된 집단에 대한 사회정의와 옹호 활동(advocacy work)이 깊이 내재되어 있다는 것이다.

이제 우리는 그때와는 매우 다른 시대를 살고 있다. 지난 100년 동안 노동시장에서는 엄청나게 많은 변화가 일어났다. 하지만, 파슨스의 시대에 존재했던 억압과 사회적 불평등은 오늘날 우리의 사회에서도 지속되는 특징으로 나타나고 있다 (DeBell, 2001). 미국은 기회와 부의 나라로 지각되고 있지만, 많은 미국인들은—대부분이 유색인종임—빈곤하게 살고 있고, 질이 높은 건강보험, 교육, 양질의 일(decent work)을 얻기 위해 애를 쓰고 있으며, 인생의 목표를 성취하지 못하게 방해하는 조직의 장애물들을 경험하고 있다. 그래서 학자들은 대부분의 직업이론, 연구, 현장실무들이 소규모의 특권층(중산층, 좋은 교육을 받은 집단, 화이트칼라 근로자)을 위해서만 개발되고 있다고 주장해왔다 (Blustein, 2006; Richardson, 1993). 이에 더하여, 현대의 직업이론과 현장실무에는 중산층 문화의 가치(예: 개인주의, 부유함)과 신념(예: 개방적인 기회구조, 실력주의의 신화)가 반영되어 있다.

이러한 이유들 때문에, 블루스틴(Blustein, 2006)은 진로를 선택하는데 있어서 특권을 가지고 있는 사람들에게만 거의 독점적으로 초점을 맞추는 반면, 경제적 자산을 쌓아가는데 핵심적으로 필요한 자원에 대해 접근할 수 없고, 일의 세계에서 자유의지를 가질 수 없으며, 비전문적 직업을 가질 수밖에 없는 소외된 계층의 직업경험에 대해서는 간과해온 기존 진로분야에 대해 비판을 가했다. 5장에서는 인종차별주의에 의해 영향을 받은 근로자 집단의 진로 내러티브에 대해 초점을 맞추어 보려고 한다: 유색인종.

블루스틴(2006)과 리차드슨(1993)이 기존 진로분야에 대해 내린 평가는 유색인종의 진로개발에 관련된 기존의 진로상담과 직업심리학에 대한 지식은 매우 제한적이라는 것을 발견한 경험적 자료에 의해 타당화될 수 있다(Byars & McCubbin, 2001; Flores et al., 2006). 1969년부터 2004년까지 미국의 주요 직업 관련 학회지에 발표된 진로개발 주제의 논문들에 대해 최근에 분석을 해본 결과에 따르면, 해당 기간 중에 발표된 모든 논문들 중 6.7%(281편)만이 미국의 다양한 인종과 민족 집단의 진로개발과 관련된 내용을 담고 있었다. 지금까지 진로와 일의 경험에 대해 우리가 알고 있었던 지식의 대부분은 중산층 백인들을 대상으로 실시되었던 연구에 기반한 것이었다는 의미이다. 따라서 이제는 우리 사회에서 살고 있는 다양한 사람들에 대해 문화적으로 적절한 이론 및 모델을 제시하고, 문화적으로 효과적인 일 개입전략을 개발하는 작업을 조력하려면, 경험적 자료에 있어서의 개선이 필요하다고 보여진다.

일은 성인의 일상생활에서 중요한 부분을 차지하고 있으며, 심리적 건강에 있어서 핵심적인 역할을 담당하고 있다(Blustein, 2008). 하지만, 이와 동시에 대부분의 미국 소수인종에게 있어서 일은 인종차별주의가 일어나는 핵심적인 맥락의 역할을 하고 있다. 결과적으로, 직업심리학자들과 정신건강 전문가들이 다양한 인종집단들의 심리학적, 직업적 니즈를 더 효과적으로 충족시키려면, 그들이 가지고 있는 일의 맥락을 신중하게 파악할 필요가 있다. 그래서 5장의 목표는 미국에 살고 있는 다양한 인종의 근로자들이 경험하는 직업적 삶에 대해 인종차별주의가 미치는 영향을 설명하는 것으로 삼았다. 5장에서는 다문화적 관점과 일의 심리학 시각을 활용하여, 심리학, 사회학, 경제학, HR, 의학 등의 다양한 분야 연구들을 검토해볼 것이다. 그래서 미국 유색인종의 진로 내러티브와 일 경험을 더 잘 이해할 수 있는 자료를 만들려고 한다. 첫째, 필자는 미국에서 일어나고 있는 인구학적 이동에 대해 살펴본 후, 미국 유색인종의 교육적 패턴 및 일의 패턴을 정리해볼 것이다. 둘째, 다양한 인종의 근로자들이 가지는 일관련 경험에 대해 인종이 어떻게 영향을 주는지에 대해 설명하고, 일터에서 인종차별주의가 만들어내는 결과에 대해 파악한 연구들을 리뷰해볼 것이다. 셋째, 유색인종의 일 궤적을 효과적으로 설명할 수 있는 문화적 이론들을 살펴본 다음에는, 일의 세계에 있어서 문화적 변인이 담당하는 역할에 대해 리뷰한 핵심적인 경험연구들을 요약할 계획이다. 넷째, 블루스틴의 일의 심리학 프레임워크(2001, 2006)에 포함된 세 가지 핵심적인 일관련 니즈(생존, 관계, 자기결정을 위한 일)를 설명해줄 수 있는, 유색인종에 대한 연구 계획을 제시하려고 한다. 마지막으로 필자는 유색인종의 개인적 니즈를 충족시켜 줄 수 있는 일을 찾는 탐색작업을 조력할 수 있는 미래의 연구, 현장실무, 정책에 대한 제안점들을 제공할 것이다.

미국의 인구학적, 교육적, 일 관련 통계에 대한 리뷰

용어정의

필자가 관심을 가지고 있는 핵심적인 인종집단의 흥미를 설명하는데 있어서 5장에서 사용하게 될 용어를 명료화하고, 그에 대해 논의하는 일은 중요한 작업이라고 보여진다. 5장에서 언급하는 인종(race)은 사회적으로 구성된 용어이고, 특정한 사회의 맥락에서 정의된 용어이다(Helms, 1990). 인종에 대한 사회적 정의는 종종 다음과 같은 경험을 공유한 집단을 가리킨다: 공통적인 역사, 신체적 특징, 관계패턴, 신념, 행동, 사회정치 및 경제적 환경. 미국에서는 5개의 핵심적 인종집단이 구성되어 있다: 미국 원주민(Native American), 아시아계 미국인, 아프리카계 미국인, 라틴계 미국인, 백인 미국인(White American). 5장에서는, 미국 원주민, 아시아계 원주민, 아프리카계 미국인, 라틴계 미국인을 가리킬 때 "인종집단" "다양한 인종집단" "소수인종" "유색인종"이라는 용어들이 사용될 것이다. 백인 미국인은 인종과 관련되어서는 특권을 누린 집단이기 때문에(Neville, Worthington, & Spanierman, 2001), 5장에서는 다루지 않을 것이다. 하지만, 백인 미국인이 일터에서 다른 형태의 억압(예: 성차별, 동성애혐오, 계급차별)을 경험할 수 있다는 사실을 인식하는 것은 중요하다. 따라서, 이 근로자들의 경험은 이후의 장에서 다루도록 하겠다.

인구학적 패턴

미국의 인구학적 구성은 이후에 직업심리학이라고 불리게 된 기반이 구축된 이후로, 극적인 변화를 보였다. 오늘날, 미국인구는 3억 명을 넘어서

고 있으며(U.S. Census Bureau, 2009), 그 중의 35%는 다양한 인종들로 구성되어 있다. 소수 인종집단의 구성을 보면, 15.8%는 라틴계 미국인, 12.4%는 아프리카계 미국인, 4.6%는 아시아계 미국인과 태평양 섬주민, 0.8%는 미국 원주민/미국 인디언, 2.6%는 복합인종이 차지하고 있다. 이와 같이 우리 사회의 인구학적 구성은 지속적인 변화를 겪고 있으며 다문화적 특성이 커지고 있기 때문에, 직업심리학자들과 정신건강 전문가들은 다양한 인종집단에 대해 효과적인 서비스를 제공하기 위해 필요한 지식을 갖추어야 하는 것이 당연하다. 다음의 인구 통계를 보면, 미국의 인구학적 구성이 변화하고 있음을 명확하게 알 수 있을 것이다:

앞으로 수십 년 이내에, 백인인구 규모는 줄어들게 되겠지만, 다른 인종집단의 크기는 커지게 될 것이다. 미국에서 가장 빠른 속도로 늘어가고 있는 라틴계 미국인과 아시아계 미국인 집단은 2050년이 되면 각각 30.2%, 8.1%를 차지하게 될 거라는 예상이다(Ortman & Guarneri, 2009). 2045년이 되면, 미국인구의 가장 큰 부분을 차지하는 것은 유색인종 집단이 될 것이다(Ortman & Guarneri, 2009).

사회계급은 미국의 인종문제와 복잡하게 연결되어 있다. 즉, 현재 존재하고 있는 경제적 불평등은 인종문제와 관련되어 있다는 것이다; 아프리카계 미국인, 라틴계 미국인, 미국 원주민 집단에 속한 많은 사람들은 빈곤층인 반면, 경제적 엘리트 집단에는 매우 많은 백인들이 속해 있다(Lui, Robles, Leondar-Wright, Brewer, & Adamson, 2006). 세부적인 빈곤율을 보면, 아프리카계 미국인은 22.4%, 라틴계 미국인은 20.8%, 미국 원주민은 22.7%인 것으로 나타났다(U.S. Census Bureau, 2009). 그리고, 아프리카계 미국인은 모든 인종집단들 중에서 가장 낮은 중앙 단일 가구 수입(median household income / 33,463달러) 수준을 보이며, 그 다음으로는 미국 원주민이 35,381달러, 라틴계 미국인이 39,923달러 수준이다(U.S. Census Bureau, 2009).

교육과 노동력 통계

현재의 인구 통계학적 구성은 우리의 사회 기

관들, 특히 교육 및 일의 환경에 그대로 반영되고 있다. 전미 교육통계센터(the National Center for Educational Statistics, Hussar & Bailey, 2000)는 초등학교, 중학교, 고등학교 입학률은 앞으로 몇 년 동안 상승할 것이라고 예측하였다. 하지만, 이러한 트렌드는 백인 학생들보다 유색인종 학생들에게서 더 강하게 나타나고 있다. 2007년에서 2018년까지, 대학 신입생 중 백인 학생의 수는 4% 늘어날 것으로 예상된다. 반대로, 2년제와 4년제 대학에 입학하는 유색인종 학생의 수는 매우 크게 증가하게 될 것이다(아프리카계 미국인 26% 증가, 라틴계 미국인 38% 증가, Hussar & Bailey, 2009).

그리고 우리의 교육기관과 일 세계에서 나타나는 또 하나의 현상은 인종차별을 기반으로 한 성취와 성공에서의 불평등이다. 1997년 이후 다양한 인종집단 구성원들이 많은 학위를 얻은 것으로 나타나고 있지만, 학교 졸업율과 중퇴율을 보면 여전히 인종집단간 불평등이 명확한 것으로 보인다. 예를 들어보자. 고등학교 졸업률은 아프리카계 미국인(81.4%)과 라틴계 미국인(60.9%)보다 백인(90.4%)이 더 높고, 대학 졸업률 또한 아프리카계 미국인(31.1%), 라틴계 미국인(12.6%)보다 백인(31.1%)이 더 높다. 하지만 고등학교 중퇴율은 백인보다 아프리카계 미국인과 라틴계 미국인이 더 높다(Chapman, Laird, & KewalRamani, 2010). 그리고 수학과 과학 관련 전공들(STEM 전공 / 건축, 기계, 수학과 통계, 자연과학, 과학기술 전공)-높은 연봉을 받을 수 있는 전공-은 백인 학생들이 대부분이다. 2008년, STEM 분야에서 학위를 받은 백인의 수는 비정상적으로 높았다(70% 이상, Hussar & Bailey, 2009). 이와 같은 학문적 접근성의 불평등은 한 개인의 일에 대한 기회, 사회경제적 지위, 가능한 수입수준에 직접적인 영향을 미치게 되므로 반드시 감소되어야 한다.

노동력의 성장률은 백인보다 유색인종 집단에서 더 빨리 상승되는 추세를 보이며(U.S. Bureau of Labor Statistics, 2008), 라틴계 미국인 집단의 성장률은 특히 다른 어떤 집단들보다 빠르게 높아지고 있다. 이렇게 유색인종은 미국의 노동력 집단에서 중요한 위치를 차지하고 있으며, 성장하고 있는 모습을 보이고 있음에도 불구하고, 통계자료를 보면 조직내 직급과 수입에 있어서 큰 불평등을 나타내며, 특정 직업들에만 집중되어 있는 것을 알 수 있다. 아프리카계 미국인과 라틴계 미국인은 백인과 아시아계 미국인보다 관리직과 전문직 종사자가 될 수 있는 가능성이 적으며, 적은 수준의 수입을 올린다(U.S. Bureau of Labor Statistics, 2010). 더 나아가서, 2009년, 아프리카계 미국인(14.8%)과 라틴계 미국인(12.1%)은 교육경험 변인을 제외하고 보았을 때에도 백인(8.5%)과 아시아계 미국인(7.3%)보다 더 높은 실업률을 나타냈다(U.S. Bureau of Labor Statistics, 2010).

유색인종들이 학교와 일터에서 더 잘 융화되고 성공을 거둘 수 있도록 도우려면, 직업심리학자들은 그들이 일상생활에서 만들어가고 있는 진로 내러티브와 어려움을 겪고 있는 문제들을 더 잘 이해하기 위해, 그들의 경험맥락을 파악하는 것이 중요하다. 그래서, 지금부터는 미국의 소수인종이 일터에서 경험하고 있는 인종차별주의의 부정적인 결과에 대해 정리해보도록 하겠다.

일과 인종차별주의

아프리카계 미국인, 라틴계 미국인, 아시아계 미국인, 미국 원주민들은 모두 미국의 노동력으로서 길고 고통스러운 역사를 겪어왔다. 강압적이었을 수도 있고, 어쩔 수 없는 선택이었을 수도 있지만, 어쨌든 유색인종들이 미국의 노동시스템에서 일하면서 착취의 대상이 되었고, 상상하기도 어려운 인권침해를 당해온 것은 분명한 사실이다. 이와 같은 힘든 상황은 오늘날에도 열악한 노동조건, 고용계약은 되어있지만 실질적으로는 거의 노예 상태에 가까운 환경, 그리고 노동법의 기타 위반 사례들의 형태로 나타나고 있다.

일은 인종과 문화의 맥락 내에 존재하는 것이기 때문에, 유색인종의 일 경험과 기회에 있어서 인종이슈는 매우 핵심적인 역할을 하고 있다. 미국 평등고용기회위원회(2011)에 따르면, 현재의 고용주나 미래의 잠재적인 고용주가 직원의 인종과 관련된 특성 때문에 해당 직원에게 불리한 상황을 만드는 것이 인종에 관련된 차별이라고 정의하고 있다. 이와 같은 차별은 직원들에게 부정적인 영향을 미치는 불공정한 일 환경조성(예: 불공정한 직원 모집, 고용, 승진, 보상과 기타 혜택에서의 차별), 괴롭힘(예: 공격적인 발언, 민족집단을 빗대어 놀리는 농담, 인종차별적 욕설), 고용정책이나 시스템 등의 형태로 나타날 수 있다.

오늘날, 인종차별주의 이슈는 일의 세계를 암묵적으로 나누고 있다. 고용율, 실업율, 불완전 고용율에서 인종간 차이가 나타나고 있으며, 유색인종은 주로 낮은 수준의 스킬이 필요한 직업을 많이 가지며, 경제적 자산을 축적할 수 있는 자원에 대한 접근기회가 적고, 조직에서 승진속도가 빠르며 안정적인 위치를 차지하기가 어려운 상황이다. 백인과 기타 유색인종 집단간의 불평등이 나타나는 이유에 대해 사회학적으로 설명을 해본다면, 불평등한 시각이 끊임없이 지속되고 있으며, 코호트 설명 시각이 존재하기 때문이라는 의견이 있다(Maume, 2004). 지속적인 불평등 시각(persistent inequality perspective)에서는 유색인종이 마주하게 되는 노동시장에서의 차별적 장벽이 전생애를 걸쳐 지속되며, 그러한 차별을 공고화시킨다고 주장한다. 반면, 코호트 시각(cohort perspective)에서는 고용상의 불평등은 근로자에게 차별적인 영향을 미치는 세대간 차이, 사회적 힘과 정책의 결과라고 주장한다. 코호트 시각에서는 더 젊은 집단은 부모 세대들과 동일한 차별적 행동을 마주하지는 않을 것이고, 보다 평등하고 개방적인 노동시장을 경험하게 될 것이라고 설명하였다. 더 나아가서, 바움르와 포셋(Baumle and Fosset, 2005)은 전통적인 형태의 차별이 과거만큼 명확하게 나타나지는 않겠지만, 고용주들은 "통계적 차별", 즉 편견에 기반한 것은 아니지만 유색인종의 생산성에 대한 추론이나 일반화에 의해 만들어진 행동을 하게 될 것이라고 주장했다. 따라서, 인종차별주의는 직접적일 수도 있지만 간접적일 수도 있고, 적절한 일터 행동이라고 생각되는 관행에도 내재될 수 있는 것이다.

연구자들은 대부분의 사람들이 다음과 같이 믿고 있다는 사실을 발견했다: 1960년대의 인권운동과, 그 이후부터 만들어진 평등고용 법규와 정책들의 결과로, 다양한 인종의 근로자들에 대한 편견이 일터에서 감소하기 시작했다고 말이다(Baumle & Fosset, 2005). 하지만, 통계자료에서 일관적으로 나타나는 사실은, 라틴계와 아프리카계 미국인은 백인 동료들보다 수입이 적다는 것이다(U.S. Bureau of Labor Statistics, 2010). 유색인종이 경험하는 교육과 일에서의 불평등을 감소시키기 위한 노력이 있긴 했지만, 아직 유색인종 구성원들은 백인 동료와 동등한 위치에 도달하지 못했다는 증거는 지속적으로 나오고 있다. 이와 같은 불평등은 다른 개인적 변인(예: 젠더, 교육수준, 세대)와 일에 관련된 변인(예: 일 경험)을 통제한 후에도 일관적으로 나타나서, 지속적인 불평등이 존재한다는 시각을 타당화해준다. 예를 들어, 백인 근로자들과 비교해보았을 때, 아프리카계/라틴계 근로자들이 경험하는 임금차별 정도는 시간이 가면서 지속적으로 점점 더 커지고 있다(Alon & Haberfeld, 2007; Browne & Askew, 2005; Maume, 2004). 몸프(Maume, 2004)는 젊은 세대와 부모 세대를 비교해보았을 때, 이와 같은 수입 차이가 적어지고는 있지만, 여전히 존재하고 있으며, 지속적으로 강화되고 있다고 주장했다. 고교 졸업후 일자리를 얻는 과정에서, 여성 근로자들간의 취업률과 수입차이를 비교해보았을 때, 백인여성은 아프리카계 및 라틴계 여성에 비해 높은 초봉을 받고 있었다(Alon & Haberfeld, 2007). 이와 같은 차이는 시간이 지나가도 계속되었고, 학사 학위가 없는 사람들에게는 더 명확하게 나타났다. 유사하게, 백인여성은 아프리카계 및 라틴계 동료들보다 첫 취업률이 더 높았는데, 이 또한 지속적으로 나타나는 현상이었다. 그리고 이러한 차이는 교육수준이 더 낮은 집단에서 보다 명확하게 나타났다. 이와 같은 결과를 보면, 연봉과 취업률의 차이는 특히 교육수준이 낮은 아프리카계/라틴계 여성 근로자들에게서 뚜렷하게 나타나며, 따라서 이들은 낮은 수준의 스킬만이 요구되는 직업을 가지게 될 가능성이 높다는 것을 알 수 있을 것이다.

피부색에 대한 차별 또한 짙은 피부색을 가진 근로자들이 일터에서 마주하게 되는 현실이다. 미국 전역의 이민자들에 대한 통계자료를 보면, 더 옅은 색깔의 피부색을 가지고 있는 이민자가 짙은 피부색을 가지고 있는 이민자보다 더 높은 수입을 올리는 것으로 나타났다(Hersch, 2008). 그리고, 이와 같은 차이는 인구학적 특성(예: 거주기간, 교육, 언어 유창성, 인종, 출신국)이나 기타 일과 관련된 특성들을 통제한 뒤에도 이민자의 배우자들에게 동일하게 나타났다(Herschl, 2011). 이에 더하여, 허쉬(Hersch, 2011)는 이와 같은 현상들이 시간이 지나간다고 해서 감소되지 않는다는 주장을 하였다.

취업과 수입에서 나타나는 불평등을 제외하고서도, 다양한 인종의 근로자들은 백인 동료들보다 일터에서 인종차별을 경험했다고 보고하는 경우가 더 많았다(Kriger et al., 2008; Raver & Nishii, 2010; Shannon, Rospenda, Richman, & Minich, 2009). 특히 아프리카계 근로자들은 다른 인종집단보다 일터에서의 차별과 위협을 받는 경험을 더 많이 했다는 보고를 하였다(Shannon et al., 2009). 다른 연구자들은 라틴계 미국인들이 일터에서 주로 경험하는 민족성 관련 괴롭힘에는 민족에 대한 비방과 경멸, 농담 등의 언어적 괴롭힘이 포함된다고 보고했다(Schneider, Hitlan, & Radhakrishnan, 2000).

특히 유색인종 여성은 억압받는 집단 두 가지에 모두 속해 있기 때문에, 인종과 젠더차별 형태의 일터 괴롭힘 대상이 되기 쉽다. 이와 같은 "이중 위험" 가설은 유색인종 여성이 일터에서 성적 괴롭힘과 인종관련 괴롭힘을 모두 많이 경험하고 있다는 연구결과에 의해 지지되고 있다(Berdahl & Moore, 2006; Gomez et al., 2001; Krieger et al., 2008; Richie et al., 1997). 부캐넌과 피츠제랄드(Buchanan and Fitzgerald, 2008)는 성적 괴롭힘과 인종적 괴롭힘이 동시에 일어날 경우, 상사에 대한 만족도 및 괴롭힘에 대한 조직의 수용도 지각에 영향을 미치는 것을 발견했다. 특히, 다른 괴롭힘들이 함께 일어나는 경우와 비교해보았을 때, (a) 인종적 괴롭힘을 많이 받고 있거나(성적 괴롭힘 수준과 관계없이), (b) 인종적 괴롭힘 수준은 낮지만 성적 괴롭힘 수준이 높은 경우들은 모두 상사에 대한 불만이 많았고, 조직이 괴롭힘 현상을 묵인한다고 생각하고 있었다. 이와 반대로 "이중 위험"의 효과를 입증하지 못한 연구도 있었다: 한 영역에서의 괴롭힘은 낮은 조직 몰입도, 업무에 대한 불만, 높은 이직의도를 예측할 수 있지만, 다른 영역의 괴롭힘이 더해진다고 해서 일에 대한 성과에 부가적인 영향을 미치지는 않는다는 결과가 나왔다(Raver & Nishii, 2010). 이 결과는 일터에서의 인종차별주의 및 성차별주의의 부정적 효과에 대해 보고했던 아프리카계 여성을 대상으로 한 질적 연구 및 성차별주의를 겪은 백인여성의 보고를 다룬 연구결과가 유사했다는 점에서 반복검증되었다(Richie et al., 1997). 이 연구자들은 일터에서의 성차별주의와 인종차별주의를 다루는데 있어서 두 여성 집단들은 유사한 대처전략을 사용한다는 점을 발견했다: 즉, 한 영역에서의 괴롭힘을 경험할 때 지원을 받을 수 있다는 믿음을 가지게 되면, 다른 영역에서의 괴롭힘에 대한 부정적인 결과를 막을 수 있는 대처행동을 할 수 있게 된다는 것이다.

심리적 건강과 신체적 건강

인종이슈에 관련된 일터의 스트레스원들은 다양한 인종의 구성원들의 건강과 웰빙에 대해 부정적인 영향을 미친다. 유색인종의 심리적, 신체적 건강에 대해 인종차별주의가 부정적 영향을 미치는 현상에 대해서는 많은 연구가 이루어져 왔다. 다양한 인종을 대상으로 한 연구들을 보면, 인종차별은 다음 변인들에 대한 핵심적인 예측요인으로 나타난다: 자기보고된 병리적 증상(Klonoff, Landrine, & Ullman, 1999), 심리적 고통과 흡연(Krieger, Smith, Naishadham, Hartman, & Barbeau, 2005), 외상후 스트레스 증상(Flores, Tschann, Dimas, Pasch, & de Groat, 2010), 고혈압(Din-Dzietham, Nembhard, Collins, & Davis, 2004), 스트레스, 자살 사고, 불안, 우울(Hwang & Goto, 2009), 전반적인 심리적 웰빙(Schneider et al., 2000). 아프리카계 미국인 여성 직원들에게 있어서, 인종차별적 괴롭힘은 여성의 전반적인 직업 스트레스, 상사와 동료 만족도, 괴롭힘에 대한 조직의 수용도, 외상후 스트레스 증상에 많은 영향을 준다(Buchanan & Fiztgerald, 2008). 134개의 연구에 대해 최근에 진행된 메타분석 결과에 의하면, 차별에 대한 지각은 심리적, 신체적 건강에 대해 부정적인 영향을 주는 것으로 나타났다(Pascoe & Richman, 2009). 특히, 이 연구자들은 지각된 차별과 부정적인 심리적 건강에 대한 110개 연구와, 부정적인 신체적 건강에 대한 36개 연구에서 나타난 부정적 영향은 각각 -.20과 .13(샘플 크기에 따라 가중치를 둠)인 것을 발견하였다. 민족성과 젠더는 지각된 차별과 정신건강간의 관계를 중재하지 않는 것으로 나타났고, 젠더 또한 지각된 차별과 신체적 건강 사이의 관계를 중재하지 않았다. 즉, 각 그룹들을 비교해보았을 때 부정적인 효과는 항상 일관적으로 나타났다는 의미이다.

직업적 건강

유색인종의 일의 삶에서 인종이 영향을 미치는 또 다른 형태는, 산업적 건강 위험 수준이 특히 높은 직업을 가지는 경우가 많다는 사실이다.

국립산업안전보건연구원(2009)에 의하면, 미국의 유색인종은 백인과 비교해보았을 때 더 낮은 연봉을 받고, 낮은 수준의 스킬이 필요한 직업을 가지며, 치명적인 업무부상과 질병을 경험하는 경우가 더 많은 것으로 나타났다. 유색인종에 대한 직종분리는 "브라운 칼라 직업"이라는 용어를 만들어냈다. 이는 낮은 수당을 받으며, 스트레스가 많고, 요구가 많은 직업을 의미한다(Catanzarite, 2002). 크리거(Krieger)와 동료들(2008)은 수입이 적은 아프리카계/라틴계 근로자들은 위험한 직장환경에 노출되는 빈도가 높다는 것을 발견하였다. 인종차별은 낮은 수준의 수입을 올리는 아프리카계/라틴계 남성과 여성에게 있어서 일터학대와 정적 상관관계가 있었으며(Krieger et al., 2008), 다양한 인종의 직업적 위험 노출 정도와 정적 상관관계가 있었는데(Shannon et al., 2009), 아프리카계/라틴계 남성에게서도 유사한 결과를 보였다(Krieger et al.,

2008). 인종차별 및 일터에서의 상해와 질병간의 관계에 대한 연구를 보면, 라틴계 근로자들은 백인 근로자들과 비교했을 때, 더 많은 일터 상해와 질병을 경험하고 있었고, 이 상관관계는 인종-기반의 차별 경험에 의해 매개되는 것으로 나타났다(Shannon et al., 2009).

직업만족도

다양한 인종의 근로자들이 가지는 직업만족도에 대해 부정적인 인종차별이 이루어지는 업무분위기가 미치는 영향은 다소 모호한 면이 있다. 한 연구를 보면, 근로자의 가치와 일터의 가치간의 일치성은 아프리카계 미국인 근로자들의 직업만족도 및 이직 의도와 상관관계를 가지는 것으로 나타났다(Lyons & O'Brien, 2006). 특히, 적합성에 대한 지각이 높은 경우는 직업만족도가 높았고, 이직 의도가 낮았다. 흥미롭게도, 조직의 부서에서 나타나는 인종차별주의적 환경은 이 상관관계에서 중재요인이 되지 않았다. 즉, 일 관련 가치와, 개인 가치와 고용주 가치간의 관계에서 지각된 적합성의 역할은 일 만족도와 조직에서 계속 일하겠다는 의도를 결정하는데 있어서 인종이슈보다 더 중요하다는 의미인 것이다. 유사하게, 호드슨(Hodson, 2002)은 여성과 소수인종 근로자들에게서 나타나는 직업만족도에는 명확한 패턴이 없다고 주장했다. 반면에, 다른 연구자들은 지각된 차별이 다양한 인종 근로자들의 직업만족도와 유의미한 관계가 있다는 결과를 발견했다. 특히 도서관의 다양한 인종 근로자들을 대상으로 한 연구에서는, 민족 및 젠더와 관련된 괴롭힘이 조직 몰입도, 직업만족도와 부적 상관을 보였으며, 이직의도와 정적 상관을 보였다(Raver & Nishii, 2010). 더 나아가서, 발디비아와 플로레스(Valdivia and Flores, 2012)는 라틴계 미국인 이민자 근로자들을 대상으로 이루어진 연구를 진행하면서, 큰 규모의 커뮤니티에서 차별에 대한 지각수준이 높으면 직업만족도가 더 낮게 나타나는 것을 발견했다.

기타 일-관련 효과

교육과 업무시스템에서 이루어지는 조직적 인종차별주의의 효과 또한 유색인종에 대한 부정적 일-관련 성과로서 나타나는 것으로 생각된다. 연구자들은 인종차별주의가 직업에 대한 고려범위 제한, 높은 장벽, 수준높은 교육과 훈련기회에 대한 접근부족, 한정적인 롤모델 및 멘토링과 관련이 있다고 주장했다(Constantine, Erickson, Banks, & Timberlake, 1998).

실제로 유색인종은 높은 포부를 가지고 있으며(Adams, Cahill, & Ackerlin, 2005; Kenny et al., 2007), 백인과 비교했을 때 거의 동일한 수준의 학문적, 업무적 기대를 가지는 것으로 나타났다(Fouad & Byars-Winston, 2005; McWhirter et al., 2007); 하지만, 그들은 백인보다 진로기회를 더 적게 지각하고 있었고(Fouad & Byars-Winston, 2005), 진로목표 성취에 대한 주위의 기대수준은 그들의 포부수준보다 낮았다(Flores, Navarro, & DeWitz, 2008). 이와 같은 현상의 이유들 중의 하나로는, 사회가 그들의 성공에 대해 그다지 기대를 많이 하고 있지 않다는 것이 있을 것이고(Blustein et al., 2010), 인종차별주의적인 조직과 시스템은 개인의 목표를 달성하는데 있어서 외부적인 장벽환경을 조성할 것이라는 예측 때문이기도 할 것이다. 사실, 19,000명 이상의 참가자를 대상으로 한 16개 연구에 대한 메타 분석결과를 보면, 유색인종은 백인보다 더 많은 업무장벽을 예상하는 것으로 나타났다(Fouad & Byars-Winston, 2005).

고등학교를 졸업하지 못한 미국 원주민 성인들은 진로추구에 있어서 핵심적인 장애물을 가족 지원의 부족으로 지각하고 있는 반면, 대학을 졸업한 사람들은 차별과 커뮤니티에서의 소외를 중요한 장벽으로 생각하고 있었다(Juntunen et al., 2001). 멕시코계 미국 청소년들은 백인 동료들보다 능력, 준비, 동기, 지원, 가족에서의 분리에 있어서, 대학진학의 장벽을 더 많이 예측했다(McWhirter, Torres, Salgado, & Valdez, 2007). 그리고 이 학생들은 백인들보다 그 장벽들을 극복하는 것이 더 어

려울 거라고 생각하고 있었다. 질적 분석을 해본 결과, 유색인종 고등학생과 대학생들은 (a) 동료와 교사/교직원으로부터 인종차별을 경험한 적이 있었고(Constantine, Miville, Warren, Gainor & Lewis-Coles, 2006; Stebleton, 2012), (b) 진로목표를 달성하는데 있어서 친구, 자기자신, 가족은 가장 흔히 볼 수 있는 장벽이라고 생각하였다(Kenny et al., 2007). 그리고, (c) 인종 및 민족적 배경 때문에 사회는 이들의 인생성공에 대해 낮은 기대를 하고 있다는 사실을 지각하고 있었다(Blustein et al., 2010; Constantine et al., 2006).

교육과 직업에 있어서의 장벽을 낮추고, 그리고 더 중요한 것, 즉 그 장벽을 극복할 수 있는 자신의 능력에 대한 신념을 강화하는 것은, 유색인종의 직업적 성과 및 대안을 개선하기 위한 하나의 방법이 된다. 예를 들어, 다양한 사회적 장벽들은 아프리카계 미국 청소년의 높은 진로미결정과 관련이 있었고(Constantine, Wallace & Kinaichi, 2005), 멕시코계 미국 소녀들이 주로 사회적 명성이 낮은 진로를 고려하게 되는 행동과도 관련이 있었으며(Flores & O'Brien, 2002), 라틴계 대학생의 여성적 직업 고려와 상관관계가 있었고(Rivera, Chen, Flores, Blumberg, & Ponterotto, 2007), 멕시코계 미국 청소년의 낮은 교육 포부와도 관련이 있었으며(Ojeda & Flores, 2008), 도시 고등학생의 낮은 학교 몰입 및 진로포부와 상관관계를 나타냈다(Kenny, Blustein, Chaves, Grossman, & Gallagher, 2003).

마지막으로, 미국 노동시장의 인종적 불평등 때문에, 모든 진로영역 및 높은 연봉을 받을 수 있는 전문 직업군에서 동일 인종의 역할모델을 많이 찾아볼 수 없다는 제한점은 유색인종의 진로개발에 있어서 인종차별주의가 미치는 또다른 부정적 효과이다. 가능하기만 하다면, 멘토는 유색인종의 전문적 개발에 대해 긍정적인 영향을 줄 수 있다. 하지만, 유색인종의 일의 삶에 있어서 멘토 및 역할모델을 찾기란 쉽지 않다(Richie et al., 1997). 기존의 연구들을 보면, 한 사람의 인종과 역할모델의 인종간에는 유의미한 상관관계가 있다는 것을 알 수 있다. 즉, 사람들은 자신과 인종이 동일한 역할

모델을 찾는 경향이 있다는 것이다(Karunanayake & Nauta, 2004). 유색인종 청소년들은 가족구성원들 중에서 역할모델을 찾는 경우가 많다(Flores & Obasi, 2005; Karunanayake & Nauta, 2004); 하지만, 이 연구들에서는 다양한 진로선택에 있어서 가지는 역할모델의 수, 영향력, 효과간에 어떤 차이점이 있는지 찾아내지 못했었다.

유색인종의 문화 이론과 일의 발달

인종/민족적 정체성 개발

인종적 정체성 이론에서는, 사람들이 다수의 사회지위들을 경험하며 갖게 되는 인종적 의식, 태도, 감정, 사고, 행동들을 통해 인종적 정체성을 구성하게 된다고 설명한다(Helms, 1990). 연구자들은 인종적 정체성과 진로개발 간의 관계에 대해 다음과 같이 가설을 세웠다: 사회적으로 더 높은 지위에 있을수록 더 발전된 진로개발과제 및 행동과 연관성이 높을 것이다(Helms & Piper, 1994). 하지만, 연구들은 인종적 세계관과 진로성과간의 관계에 대해 다양한 결과가 나왔다고 보고하였다. 어떤 연구에서는 인종적 정체성 태도와 젠더-전통적인 진로열망(Evans & Herr, 1994) 및 아프리카계 미국 대학생들의 사회인지적 변인(Gainor & Lent, 1998) 간에는 유의미한 상관관계가 없거나 있어도 아주 작은 관계만 있다는 결과가 나왔다. 후자의 연구에서, 인종적 정체성 태도는 사회인지적 변인간의 관계에 있어서 중재변인 역할을 하지 못했다. 즉, 어떤 인종적 정체성 지위를 가지고 있더라도 이 변인들간의 관계는 일관적으로 나타났다는 것이다(Gainor & Lent, 1998). 하지만, 다른 연구에서는 인종적 정체성과 다음의 변인 간에는 상관관계가 있다고 주장했다: 진로 자기효능감, 결과기대, 진로흥미, 진로장벽(Byars-Winston, 2006), 진로성숙도와 인생의 역할 현저성(salience / Carter & Constantine, 2000), 희망과 직업정체성(Jackson & Neville, 1998). 특히, 아프리카계 대학생들을 대상으로 한 연구에서, 다양한 인종집단이 공통적으로 경험한 인종차

별 이데올로기는 진로 자기효능감과 부적 상관을 보였고, 결과기대와는 정적 상관을 나타냈다. 그리고, 집단의 독특한 경험을 강조한 이데올로기는 진로흥미, 진로 장벽에 대한 선택, 일을 수행하는데 있어서의 장애물과 정적 상관을 보였다(Byars-Winston, 2006). 또 다른 연구에서 인종적 정체성은 아시아계 미국인의 진로성숙도와, 아프리카계 미국인의 인생역할 현저성(salience)과 상관관계가 있는 것으로 나타났다(Carter & Constantine, 2000). 이와 같이 연구결과가 일치하지 않게 나온 것에 대해 설명을 해본다면, 각 연구에서 다양한 인종정체성 측정도구를 사용했기 때문이기도 하고, 인종정체성 이론(Rowe, 2006) 및 측정도구(Cokley, 2007)가 가지는 제한점 때문이기도 할 것이다. 하지만, 이 연구들을 통해 다양한 진로결과들을 탐색해보니, 인종정체성이 진로개발에 미치는 영향은 헬름스와 파이퍼(Helms and Piper)가 처음에 개념화한 것만큼 크지는 않은 것으로 보인다.

문화변용과 세계관 모델

사회문화적 문화 또한 각 개인이 일에 대해 받게 되는 메시지를 구성하고, 일의 세계에서의 다양한 노출기회를 제공하면서 진로개발에 대해 영향을 미칠 수 있다. 문화변용(acculturation)이라는 문화적 변인은 일과 관련된 신념, 태도, 행동과 관계가 높기 때문에, 유색인종의 진로개발을 연구하는데 있어서 중요한 역할을 한다(Miller & Kerlow-Myers, 2009). 베리(Berry, 2003)가 정의하기에, 문화변용은 소수집단 구성원들에 의해 경험된 사회문화적 맥락에 대한 적응과정이다. 적응은 자신이 소속된 집단의 문화뿐 아니라 현재 지배적인 문화에 대해 적응하는 정도에 의해 측정된다.

지배적 문화에 대한 문화변용은 일 환경을 지배하고 있는 문화적 가치와 관행들을 강조하기 때문에, 유색인종의 일 개발을 촉진시킬 가능성이 있다. 하지만 각 개인에게 지배적 문화뿐 아니라 다양한 문화들 사이에서 자유롭게 탐색하고 성찰할 수 있는 능력이 있다면, 직업정체성 및 직업적 고려 개발을 위해 다양한 학습경험에 접근할 수 있

게 될 것이다.

진로개발 분야에서 이루어진 문화변용 연구를 리뷰해본 후, 밀러와 컬로우-마이어스(Miller and Kerlow-Myers, 2009)는 다양한 진로결과에 대한 문화변용들간의 관계에서는 연구결과들이 서로 일치하지 않는 것으로 발견했다. 문화변용은 다음과 같은 다양한 진로결과들에 대해 상관관계가 있는 것으로 나타났었다: 진로선택(Tang, Fouad & Smith, 1999), 진로-관련 자기효능감(Flores, Navarro, Smith, & Ploszaj, 2006; Flores, Robitschek, Celebi, Anderson, & Hoang, 2010; Patel, Salahuddin, & O'Brien, 2008; Rivera et al., 2007), 직업만족도(Nguyen, Huynh, & Lonergan-Garwick, 2007; Valdivia & Flores, 2012), 업무능력(Leong, 2001), 진로흥미(Flores, Navarro et al., 2006; Leong, Kao, & Lee, 2004; Tanng et al., 1999), 교육목표(Castillo, López- Arenas, & Saldivar, 2010; Flores, Ojeda, Huang, Gee, & Lee, 2006; Flores et al., 2008; McWhirter, Hackett & Bandalos, 1998).

유색인종의 진로발달에 관련되어 탐색되었던 또 다른 문화변인은 비판적 의식이다. 비판적 의식이란 억압당하는 집단이 '일에 관련된 자기'와 '일 정체성'에 사회정치적 속성이 있음을 더 많이 지각하는 것을 가리킨다. 이에 더하여, 비판적 의식은 사회적 불평등에 대해 명확하게 인식하고, 사회적 불평등을 만드는 과정에 있어서 사회정치적 장벽과 조직내 인종차별주의가 영향을 미친다는 사실을 이해하며, 사회적으로 소외된 집단이 좀 더 나은 결과를 만들어낼 수 있도록 시스템을 바꿀 수 있다는 믿음을 가지는 것을 말한다. 고성과를 내는 유색인종 여성의 진로경험을 탐색해보았을 때 다음과 같은 특성이 나타났다: 젠더와 인종이슈가 자신의 전문적 발전 및 기회에 대해 어떻게 영향을 주는지를 명료하게 이해하고 있었고, 자신이 소속된 커뮤니티들에서 활발한 활동을 하고 있었으며, 억압받고 있는 사람들의 발전을 위해 기여하고 싶다는 강한 욕구를 가지고 있었다(Gomez et al., 2001; Richie et al., 1997). 도시의 고등학교 청소년들을 대상으로 한 연구들을 진행하면서, 디머(Diemer)와 동료들은 사회정치성 발달은 청소년의

진로개발에 대해 긍정적인 영향을 미친다고 보고하였다. 특히, 이 연구자들의 발견에 의하면, 고등학생의 사회정치성 개발은 일 현저성(Diemer et al., 2010), 더 높은 직업적 기대(Diemer & Hsieh, 2008; Diemer et al., 2010), 직업정체성과 진로몰입(Diemer & Blustein, 2006), 성인의 직업적 달성(Diemer, 2009)과 정적 상관관계가 있다고 한다.

일의 심리학과 유색인종

일의 심리학(Blustein, 2001, 2006)은 비교적 최근에 개발된 관점으로서, 일에 대해 보다 포용적인 이해를 하려 하고, 일이란 세 가지 핵심 니즈(생존, 관계, 자기결정)를 가진다는 주장을 한다. 이 접근법에서는 각 개인들이 일과 자신의 일 정체성에 대해 매우 다양한 시각을 가진다고 생각한다. 그리고, 일의 심리학 프레임워크에서는 미국에 살고 있는 다양한 범위의 개인들이 가지는 일의 기회 및 일 경험에 영향을 미치는 자원에 접근할 수 있게 해주는 특권의 영역들에 초점을 맞춘다. 일의 심리학은 다양한 청소년과 성인이 가지는 일의 개념을 탐색한 최근 연구들의 기반 역할을 해주고 있다 (Blustein et al., 2002, 2010; Chaves et al., 2004; Fouad et al., 2008; Juntunen et al., 2001; Kenny et al., 2007).

일의 심리학이 가지는 핵심적인 전제들 중의 하나는, 전 세계의 노동력들(빈곤층, 소수인종, 개인적 선택을 했거나 자기를 표현할 수 있는 직업을 가지지 못한 사람들)을 모두 고려할 수 있도록 우리가 일을 이해하는 시각을 확장할 필요가 있다는 사실이다. 따라서, 유색인종의 일의 삶에 관련된 일의 심리학 분류체계를 제시한 문헌들을 리뷰해보기 전에, 필자는 다양한 문화구성원을 대상으로 하여 일의 의미를 탐색했던 연구들을 먼저 살펴보려고 한다.

일의 의미

최근에 이루어진 다수의 질적 연구들은 우리가 소수인종 성인과 청소년들이 가지는 일에 대한 내러티브를 조금 더 심층적으로 이해할 수 있게 해주었다. 이러한 연구들은 다양한 인종의 노동력들

이 일에 대해 가지는 시각과, 그들의 일 판단에 영향을 미치는 변인들에 대해 좀 더 잘 설명할 수 있도록 사회구성주의적 접근법을 활용함으로써 지식 수준을 높여 왔다. 이 연구들에서는, 유색인종이 가지는 일 내러티브와 진로개발에 초점을 맞추어, 그들이 일 경험을 구성하는데 영향을 미치는 개인적, 문화적 배경에 대해 더 풍부하고 정교한 분석을 진행하였다.

유색인종은 일반적인 보상과 안전 니즈를 넘어서, 자신의 일에 대한 신념을 표현하는 다양한 일 가치를 가지고 있다(Eggerth & Flynn, 2012; Lyons & O'Brien, 2006). 사람들이 흔히 가지고 있는 믿음으로는, 보수가 적고 일환경이 좋지 않은 직업에 종사하는 근로자들은 생계를 위해서만 일을 하는 것이고, 일을 통해 의미나 만족감을 얻지는 않는다는 것이 있다. 어떤 연구에서는 의미를 찾기 힘든 일은 그 일의 부정적인 특성과 상관관계가 있다고 주장을 했지만(Hodson, 2002), 또다른 연구에서는 반복적인 과제를 주로 하는 직업을 가지고 있는 근로자들의 대부분은 업무 스트레스가 있음에도 불구하고 일에 대해 긍정적인 의미를 경험하고 있다는 결과를 발표했다(Eggerth & Flynn, 2012; Isaksen, 2000). 이 근로자들은 자신의 일에 대해 자부심과 책임감이 있음을 보고했고, 일이란 더 큰 목적을 위해 꼭 필요한 부분이라는 시각을 가지고 있었다.

대부분 사회경제적 지위가 낮고, 다양한 인종으로 구성된 도시의 청소년 집단들은 다음과 같은 변인을 기반으로 하여 일에 대한 정의를 내리는 경우가 많았다: 결과(경제적 이득, 생계유지), 과제(신체적, 심리적 영역), 일에 대한 태도(Chaves et al., 2004). 윤투넨(Juntunen)과 동료들(2001)은 미국 원주민 성인들이 가지는 진로의 의미와 진로관련 개념들을 탐색해보았다. 이 연구자들은 참가자들이 '진로란 전생애에 걸쳐 추구해야 할 대상이며, 미래에 대한 계획과 목표 수립을 하는 활동'으로 생각한다는 것을 발견했다. 일이란 미래 세대를 위한 문화적, 민족적 전통을 전파시키는 도구라는 생각도 하고 있었다는 것이다. 또, 다른 연구를 보면 유색인종 또한 일이란 종교적, 영성신념을 수행하는 방법이라고 생각하고 있었다(Constantine et al., 2006; Flores et al., 2011).

생존과 힘으로서의 일

연구결과에 따르면, 소수인종들은 기본적인 욕구를 충족시키고, 생존하며, 경제적 안전을 추구하기 위해 일을 한다는 믿음을 가지고 있는 것으로 나타났다(Chaves et al., 2004; Constantine et al., 2006; Eggerth & Flynn, 2012; Flores et al., 2011; Gomez et al., 2001). 대부분 사회경제적 지위가 낮고 다양한 인종으로 구성된 도시 고등학생 그룹들은 일을 생존의 도구라고 생각한다는 응답을 하였다(Chaves et al., 2004). 마찬가지로 라틴계 성인 근로자들도 일이란 기본적인 생활니즈를 충족시키기 위해 돈을 버는 수단이라고 생각하고 있었다(Flores et al., 2011; Gomez et al., 2001). 라틴계 이민자들은 가족을 위한 생계유지를 위한 직업을 찾으며, 일이란 가족의 지위를 높이고 개인의 발전을 강화시키기 위한 힘을 얻는 도구라고 생각하기도 했다(Flores et al., 2011).

전반적으로, 앞의 연구결과들은 유색인종들이 일의 의미를 어떻게 만드는지, 그리고 생존의 수단으로서 일에 대해 어떻게 접근하고 있는지에 대해 설명하면서, 진로개발의 복잡성을 제시해주었다. 낮은 연봉을 받는 직업에 종사하는 유색인종들은 어려운 일에 대해 효과적으로 잘 대처하며, 이 기회들을 긍정적이고 적응적으로 활용하는 것이 사실이지만, 그렇다고 해서 이 근로자들이 더 평등하고 더 넓은 범위의 일 기회들로부터 혜택을 받을 수 없을 거라는 의미는 아니다. 기회가 주어진다면, 그들이 다른 종류의 직장에서 일의 삶을 보내는 것을 선택할 수도 있는 것이다. 누구나 공평한 힘, 좋은 교육과 일의 기회에 대한 접근가능성을 가질 수 있는 때가 오기까지, 우리는 이 연구결과들을 활용해서 현대를 사는 사람들을 지원하기 위해 노력해야 할 것이다.

사회적 연계와 관계를 위한 일

일의 심리학 시각에 따르면, 사람들은 관계적 니즈와 다른 삶의 역할을 충족시키기 위해서도 일을 한다. 미국에 사는 유색인종의 삶에서 가족과 커뮤니티가 가지는 중요성을 생각해보자. 일과 관련된 결정을 내리는데 있어서 가족의 영향력과, 가족 내에서의 역할 및 다른 삶의 역할이 가지는 중요성은 탐색을 해보아야 하는 핵심적인 영역이다. 다수의 연구들이 사회적 변인과 다음과 같은 변인 간의 관계에 대한 자료를 제공하고 있다: 청소년의 진로개발(Flores & O'Brieen, 2002; Jackson & Nutini, 2002; Kenny et al., 2003), 대학생의 진로개발(Constantine & Flores, 2006; Fouad et al., 2008; Tang et al., 1999), 성인의 진로개발(Gomez et al., 2001; Juntunen et al., 2001; Pearson & Bieshke, 2001; Richie et al., 1997). 가족과 커뮤니티가 유색인종의 진로개발에 미치는 영향력은 다음과 같은 부분에서 찾아볼 수 있다: 일과 교육(Fouad et al., 2008; Pearson & Bieshke, 2001), 의사결정에 대한 기대와 개입(Fouad et al., 2008; Tang et al., 1999), 지원(Flores & O'Brien, 2002; Fouad et al., 2008; Torres & Solberg, 2001). 특히, 가족의 영향력은 진로포부(Constantine & Flores, 2006; Kenny et al., 2003), 진로선택(Flores & O'Brien, 2002; Tang et al., 1999), 진로 관련 자기효능감(Flores et al., 2010; Torres & Solberg, 2001), 진로미결정(Constantine & Flores, 2006), 학교에서의 몰입(Kenny et al., 2003)과 관련이 있는 것으로 나타났다.

관계 지향성, 즉 타인과의 관계와 일터에서의 상호작용을 기반으로 하여 진로결정과 진로개발을 하는 경향성은(Blustein, 2011) 다음과 같은 사람들의 진로내러티브에서 공통적으로 나타나는 주제였다: 미국 원주민(Juntunen et al., 2001), 이민자(Flores et al., 2011; Stebleton, 2012), 유색인종 여성(Gomez et al., 2001; Pearson & Bieschke, 2001; Richie et al., 1997).

윤투넨(Juntunen)과 동료들(2001)은 진로결정의 핵심 변인으로서 흥미와 스킬에 집중했던 전통적인 진로개발 이론들에 반해, 미국 원주민의 진로결정은 커뮤니티의 니즈에 대한 지각에 의해 영향을 받으며, 일이란 커뮤니티 내에 존재하는 자기의 표현이라고 생각하는 것을 발견하였다. 연구참가자들은 가족 및 커뮤니티에 대한 기여도를 기준으로 진로성공의 정도를 평가하고 있었고, 가족의 지원은 진로개발에 있어서 중요한 자원이었다. 유색인종 여성들은 개인적 삶과 전문적 삶 사이에서 역할균형을 잡아야 하는 이슈에 대해 이야기하면서, 다른 여성 및 유색인종, 그리고 가족 및 커뮤니티에서 신뢰할 수 있는 사람들과의 연계가 진로 성취에 있어서 중요하다는 것을 언급하였다(Gomez et al., 2001; Pearson & Bieschke, 2001; Richie et al., 1997). 일의 관계적 맥락은 여성들이 진로에 대해 가족 구성원, 파트너, 친구, 교사, 동료, 다른 전문직 여성들로부터 지원받는 감정과, 커뮤니티 구성원들을 조력하고 역할모델로서 기능하고자 하는 욕구를 표현하면서 확장되었다. 고메즈와 동료들(Gomez and colleagues, 2001)은 가족주의 가치가 라틴계 여성들이 가족의 니즈와 일터에서의 높은 요구 사이에서 균형을 잡을 수 있도록 도와준다는 것을 발견하였다. 일의 연계성, 일터에서의 사회적 관계, 가족으로서의 의무를 충족시키는 과정을 통해 의미를 찾는 것과 유사한 연구결과는 다음의 대상들에게서도 나타났다: 유색인종 청소년(Adams et al., 2005), 아시아계 미국인 대학생(Fouad et al., 2008), 라틴계와 아프리카계 이민자(Eggerth & Flynn, 2012; Flores et al., 2011; Stebleton, 2012).

자기결정으로서의 일

유색인종은 일과 관련된 추구행동을 하도록 만드는 내적, 외적 동기요인들을 인식하고 있다. 도시 청소년들은 사람들이 일하는 이유가 생존에 대한 니즈 때문이라고 보고할 가능성이 많지만, 동시에 일이란 개인적 발전의 도구이자 자아개념을 표현할 수 있는 기회라고 말하기도 하는 것이다(Chaves et al., 2004). 다른 연구에서 조사한 도시 청소년들의 직업계획과 긍정적인 진로기대는 학교에서의 몰입(Kenny et al., 2003) 및 일에서의 희망, 진로계획, 성취욕구를 예측하는 자율성(Kenny et al., 2010)과 관련이 있는 것으로 나타났다.

유색인종은 경력경로에 있어서 다음과 같이 다양한 동기요인들이 영향을 미친다는 보고를 하였다: 인생에서의 소명추구, 세상을 변화시키기, 열정을 가지고 있는 분야에서 일하기, 스스로를 행복하게 만드는 일을 하기, 자신과 주위 사람들이 성공을 거둘 수 있음을 증명하기(Constantine et al., 2006; Gomez et al., 2001). 성공을 거둔 유색인종 여성을 대상으로 한 또 다른 질적 연구에서는 그들이 자신의 경력으로부터 외적, 내적 보상을 받고 있지만, 일로부터 받는 내적 혜택(자신이 열정을 가지고 있는 일을 하는 것의 가치)을 좀 더 강조하는 경향이 있는 것이 발견되었다(Richie et al., 1997). 마지막으로 라틴계 이민자들은 일을 하는데 있어서 다양한 외적, 내적 동기요인들의 영향을 받는다고 보고했다: 명확한 업무윤리, 좋아하는 일을 하기, 일을 통해 개인적 니즈(성취, 자율성)를 추구하기(Eggerth & Flynn, 2012; Flores et al., 2011).

결론

미국이 진정한 다문화적 사회(다수를 차지하는 집단이 없는 사회)로 나아가고 있는 지금, 우리나라 역사의 그 어느 때보다 중요한 일은 전문가들이 일의 심리학의 핵심인 '일의 세상'과 '근로자'에게 흥미를 가지는 것이다(Blustein, 2006). 근로자들의 경험을 이해하기 위한 이 접근법은 단일문화의 시각만을 가지고 있고, 교육수준이 높은 전문가들의 경험만을 중심으로 하여 일에 대해 편향된 관점을 제공했던 기존의 연구들이 가지고 있던 경계선들을 붕괴시켜주고 있다. 일의 심리학시각은 관련 분야에서의 현상에 도전장을 내밀며, 개인적 배경이나 문화적 맥락, 어떤 직장에서 일을 하든지에 상관없이 모든 근로자들에게 적용 가능하도록 지식과 서비스를 확장시켜주는 연구자료를 만드는 과정에 기여한다. 미국의 유색인종이 가지는 일 관련 경험에 대해 기존에 진행되었던 연구들은 그들이 마주하고 있는 다양한 도전과제와 스트레스원들을

파악해서 진로 내러티브 및 결과를 구성할 수 있게 조력해준다. 백인 근로자들과 달리, 유색인종은 수입이 적고, 인종차별주의에 의해 심리적, 신체적 건강에 대한 부정적 효과를 경험할 가능성이 높으며, 직업현장에서 건강문제를 겪을 위험도 높고, 목표를 달성하는데 있어서 더 많은 장애물을 지각할 수 있으며, 직업에 있어서 대안들의 수를 늘릴 수 있는 자원에 접근할 수 있는 기회가 제한적일 수 있다. 일의 심리학 시각과 함께, 인종적 정체성, 문화변용, 비판적 의식을 포함하는 문화적 이론들은 미국에 살고 있는 유색인종의 삶에서 일이 차지하는 역할에 대한 지식을 증가시키고 이해의 범위를 넓혀줄 수 있을 것이다.

미래의 방향

미국의 일터에서 지속적으로 나타나고 있는 인종차별주의의 유해한 속성은 우리 사회에 해를 미치고 있다. 왜냐하면, 인종적 지위라는 단순한 이유 때문에 유색인종의 잠재력을 제한시키고, 불평등한 결과를 만들어내기 때문이다.

앞으로 해결되어야 할 중요이슈들은 다음과 같다: (a) 유색인종, 특히 대학졸업장을 가지지 못했고 전문적 직업을 추구하지 못하는 사람들에 대한 연구가 부족하다 (b) 유색인종은 일터에서의 스트레스원을 경험할 위험이 높다 (c) 유색인종과 백인 사이에 존재하는 교육적 불평등(예: 학업성취)과, 일과 관련된 불평등(예: 차별적 연봉, 특정직업이 너무 많거나 너무 적음, 리더역할을 맡는 경우가 드묾)이 여전히 존재한다 (d) 일반 사람들에게서 나타나는 이슈들에 대해 관심이 부족하다. 앞으로 이루어져야 하는 연구, 상담/자문, 직업심리학은 이 이슈를 해결하는 데 있어서 다음과 같이 중요한 역할을 해야 할 것이다.

첫째, 직업심리학자들은 지금까지 연구자료에서 제대로 다루지 못했던 대상들에 대한 지식을 넓히기 위해 다른 학자들의 조언을 받을 필요가 있다(Blustein, 2006; Richardson, 1993). 앞에서 언급했듯이, 기존의 직업연구들을 리뷰해본 결과, 대부

분의 연구들은 백인을 대상으로 이루어졌었다 (Byars & McCubbin, 2001; Flores et al., 2006). 우리는 연구자로서, 연구대상을 다양화하기 위해 노력해야 하고, 커뮤니티의 다양성(예: 학업적 성취, 사회적 계급, 세대간 차이점)을 나타내는 유색인종을 적절하게 다루기 위해 애를 써야 한다. 그리고, 고등학생과 대학생의 진로개발에 대한 지식을 쌓는 것이 중요하긴 하지만, 고등학교 졸업 후 취직을 한 다양한 인종의 초기 성인들과, 다른 발달과정에 있는 다양한 인종의 성인들을 대상으로 연구를 확장할 필요가 있다. 특정한 직업 분야에 근무하는 유색인종의 일 경험에 대한 연구도 더 많이 이루어져야 한다(특히 업무현장에서 다양한 장벽들을 마주하는 비전문적 직업). 또, 학술지 편집위원과 심사위원들은 연구자들이 다양한 인종의 학생 및 근로자들을 샘플링하여 연구할 수 있도록 조력할 필요가 있다. 마지막으로, 미래에는 유색인종이 일에 대해 다양한 개념을 가지고 있으며, 일터에서의 사회적 연계를 위해 다양한 창구들을 찾으려 하고, 일에 대해 다양한 동기요인을 가지고 있다는 것을 밝혀낸 일의 심리학 연구들을 더 발전시킬 수 있을 것이다.

미래의 직업심리학자들을 훈련시킬 때에는 연구의 지식을 현장실무와 정책에 연계시킬 수 있도록 도와줄 필요가 있다. 직업심리학자들은 자문을 할 때, 모든 교육수준을 고려하여 다양한 훈련 프로그램을 개발하는 것이 바람직할 것이다. 인종차별주의의 개인적, 구조적, 기관적 형태에 대해 모두 명확하게 지각할 수 있도록, 각 발달단계마다 적절한 교육적 개입을 하게 되면, 미국의 미래 노동력들이 이 중요한 이슈들에 대한 관심을 더 가지도록 할 수 있을 것이다. 이들은 일터에서 오랫동안 존재해왔던 차별적 관행을 변화시킬 수 있는 힘을 가지고 있는 사람들이다. 직업심리학자들은 교육정책을 통해, 고등학생과 대학생들이 다양성에 대한 과목을 필수로 듣게 함으로써, 미래에 다양한 동료들과 효과적으로 일하는데 필요한 스킬을 익히도록 도울 수도 있다. 그리고, 기업의 임원진에게 자문을 하여, 기존의 일터문화에 다양성에 대한 인식과 지식이 통합될 수 있도록 조력할 수 있을 것이다. 또한, 직업심리학자들은 자문가로서 다양한 노동력들에게 적절한 훈련을 제공하여 스킬개발을 도울 수도 있다. 이 역할을 하면서, 직업심리학자들은 고용과 승진 과정에서 나타날 수 있는 불평등에 대한 지식을 활용하여, 기업들이 일터의 다양성을 강화시키고, 인종적 배경에 상관없이 모든 근로자들이 혜택을 받을 수 있는 정책을 갖추도록 조력할 수 있다. 그리고 우리는 유색인종 직원들이 일터 분위기를 어떻게 느끼고 있는지에 대해 기업들이 평가하는 과정을 도울 수 있고, 다문화적 조직으로서 발전해나가는 과정을 조력할 수 있게 될 것이다.

6장 젠더와 일의 심리학

니타 칸탐네니(Neeta Kantamneni)

초록

젠더와 일은 밀접하게 얽혀 있는 개념들이다. 젠더와 관련된 일의 맥락에는 성차별주의와 일반적 차별이 포함되며, 역사적으로 여성은 일에 대한 접근기회를 박탈당해왔다. 유사하게 젠더사회화 경험은 여성과 남성이 일에 대한 의미를 구성하는 방법에 대해서도 영향을 미쳐왔다. 6장의 목적은 포용적인 일의 심리학 시각을 활용해서 일이 여성과 남성이라는 젠더역할과 어떤 관계를 보이는가를 점검하는 것이다. 일과 젠더역할이 연관되는 복잡한 현상을 탐색해보면서, 사회화 과정과 성차별주의 관행이 각 개인의 일 탐색과정과 적응과정을 어떻게 제한하는지를 이해하는 것에 초점을 맞추려고 한다.

키워드

젠더, 젠더역할 사회화, 성차별주의, 젠더차별, 일과 권력

젠더와 성차별주의는 직업심리학 분야에서 많은 연구가 이루어진 영역이다. 특히, 젠더가 일의 의미를 구성하는 과정과 어떤 관련성이 있는지, 그리고 한 개인의 전반적인 일의 경험과는 어떤 연결성이 있는지에 대해 광범위하게 연구한 결과들이 많았다(Blustein, 2006). 역사적으로 볼 때, 직업지도와 진로개발은 대부분의 경우 중산층 남성을 중심으로 이루어졌었다. 왜냐하면, 미국 내의 사회적 분위기가 대부분 그랬기 때문이다. 20세기 초반, 직업심리학이 하나의 학문분야로서 생성될 때, 직업선택, 고용, 직업시장에 대한 접근권은 대부분 백인남성만 얻을 수 있는 것이었다. 가정 이외에 여성이 직업을 얻는다는 것은 흔한 일이 아니었고,

임금을 받을 수 있는 노동력이 되는 기회도 매우 적었다. 사실, 1950년대 말이나 1960년대까지도, 사람들은 여성의 진로개발에 대해 큰 관심을 갖지 않았었다(Farmer, 2006). 사실 그때 여성들의 취업률은 매우 높아졌음에도 불구하고 말이다. 인권운동과 페미니스트 운동, 그리고 1970년대 초반 고등교육이 가능해진 법규변화가 일어난 뒤에야, 여성의 진로개발에 대한 관심이 높아지기 시작했다(Farmer, 2006). 여성의 노동시장 진입에 긍정적으로 영향을 미쳤던 미국의 몇 가지 사건들은 다음과 같다: ⒜ 가사 일에 시간을 덜 쓸 수 있게 해준 기술의 발달 ⒝ 여성이 피임과 산아 제한에 대한 선택권을 더 얻게 됨 ⒞ 인권에 관련된 법규변화

⒟ 러시아를 이기기 위해 미국의 과학적 역량을 강화해야 하는 경쟁을 부추긴 냉전 ⒠ 여성의 권리와 페미니스트 운동 ⒡ 동성애자 인권운동(Farmer, 2006). 이에 더하여, 2차 세계대전 때문에 노동력이 부족해지면서, 여성들도 가정을 벗어나서 일터에 들어오도록 촉진하는 분위기가 만들어졌다(Blustein, 2006). 전쟁이 끝난 후, 많은 여성들에게는 다시 가정으로 돌아오라는 사회적 메시지가 전해졌지만, 여성들은 일을 하면서 돈을 벌 수 있는 기회를 놓치지 않았고, 노동력 집단 내에 남아서 활발하게 활동하기 시작했다. 1960년대, 페미니스트 운동은 사회적 운동으로 확산되어, 가정 내부와 외부에서 여성이 일하는 것에 대해 사회가 바라보는 시각을 크게 변화시키게 되었다(Blustein, 2006). 하지만, 여기에서 꼭 짚고 넘어갈 것은, 미국 노동시장에서의 여성참여를 연구한 대부분의 전통적 담론들은 대부분의 경우 중산층 백인여성에 초점을 맞추고 있었으며, 유색인종 여성에게는 관심을 두지 않았다는 점이다.

예를 들어, 아프리카계 미국인 여성들은 미국에서 인권운동과 페미니스트 운동이 일어나기 한참 전부터 일(주로 수입이 매우 적은 일)을 하고 있었음에도 말이다.

역사적으로, 진로개발연구는 주로 남성에 초점을 맞추어왔다. 1977년, 레오나 타일러(Leona Tyler)는 한 개인이 일의 세계를 위해 준비하는 방법에 대해 우리가 알고 있는 것의 대부분은 중산층 남성의 직업개발이라고 명명해도 크게 틀리지 않은 것이라고 주장했다(Heppner & Heppner, 2005). 직업심리학의 아버지인 프랭크 파슨스(Frank Parsons, 1909)는 직업상담이란 남성을 적절한 일에 매칭시키기 위해 필요한 것이라고 표현하기까지 했다. 이렇게 대부분의 이론들이 남성의 일에 초점을 맞추고 있었지만, 젠더와 젠더사회화가 남성의 직업결정에 어떻게 영향을 미치는지에 대해 연구를 한 것은 최근이 되어서이다. 지금까지 직업심리학자와 진로상담자들은 남성이 진로결정을 하는 방법에 대해 이해하게 되면 모든 사람들을 대상으로 개입을 할 수 있을 거라는 가정을 기반으로 하

여 남성의 진로개발을 연구해왔지만, 기존의 연구들은 남성이 자신의 젠더정체성을 구성하는 방법이 직업개발에 어떻게 영향을 미치는지에 대해서는 탐색하지 않았다. 예를 들어, 최근까지도 남성들이 직업선택을 할 때 관련되는 변인들, 즉 남성 젠더역할 사회화, 남성적인 정체성, 전통적인 젠더역할과 비전통적인 젠더역할간의 갈등에 대해서는 거의 초점이 맞추어지지 않았다. 하지만, 연구자들은 지난 30년 동안 젠더역할 사회화가 여성의 진로개발에 어떤 영향을 미치는지에 대해 탐색을 해왔다.

1980년 이후, 젠더와 진로개발이 어떻게 관련이 되는지, 특히 여성의 진로개발에 초점을 맞춘 연구들이 다수 시작되었다. 몇몇 뛰어난 직업심리학자들(Betz & Fitzerald, 1987; Farmer, 1997)은 여성이 미국 내의 직업세계로 진입하고 직업을 유지하는데 있어서 경험하게 되는 장벽에 대해 주로 관심을 가졌다. 사실, 직업결정에 영향을 줄 수 있는 모든 맥락적 변인들 중에서(예: 인종/민족성, 사회적 계급, 성적 지향, 능력 수준), 젠더는 가장 많이 연구가 되었던 맥락변인일 것이다. '여성의 일에 대한 몰입'에 대한 연구는 가장 중요하고 잘 알려진 맥락적 초점을 통합하여 일의 심리학 시각을 구축하는 데 도움을 주었다(Blustein, 2006). 여성의 일에 대해 젠더가 영향을 미치는 방법을 연구해야 한다고 강조하게 된 이유는, 일 세계 내에서 여성이 가지는 기회, 고용, 승진, 힘들을 체계적으로 제한시킨 조직내에서의 성차별주의 때문이다. 역사적으로, 여성들이 승진에 있어서 남성과 동등한 기회를 가졌던 시기는 존재하지 않았다. 일터 내에서 성차별주의가 존재해 왔고, 또 만연하고 있었다는 사실은 직업심리학의 경험적, 이론적 분야에서 많이 제시되어 왔다(Betz & Fitzerald, 1987; Fitzerald, 1993a; Norton, 2001). 그리고, 최근 연구와 문헌에서는(Heppner & Heppner, 2009; Jome & Toker, 1998; Rochlen, Suizzo, McKelly, & Scaringi, 2008), 남성들이 비전통적인 진로경로를 선택하지 못하도록 방해하는 사회적 변인들을 상세하게 기술하기 시작하고 있다. 성차별주의, 젠더차별, 젠더사회화라는

변인들이, 여성과 남성이 일의 의미를 구성하는 과정에 영향을 미친다는 사실을 우리가 이해하는 것은 매우 중요하다. 이득을 얻을 수 있고, 의미있는 직장을 얻을 수 있는 능력을 직접적으로 방해하는 차별을 경험하고 있는 개인들에게는 특히 중요한 것이다. 직업심리학이라는 분야가 포용적인 일의 심리학 시각으로 나아감에 따라, 심리학자와 상담자들에게는 젠더와 일이 모든 사람들에게 있어서 어떠한 상호작용적 효과를 하고 있는지를 파악하는 것이 중요하다. 일과 관련한 결정을 하는데 있어서 선택과 자유의지를 쉽게 얻을 수 없는 사람들에게도 말이다.

6장의 목적은 일과 젠더와의 관계를 점검해보는 것이다. 첫 번째로는, 노동력 집단에 여성과 남성이 어떻게 참여하고 보수를 받고 있는지에 대해 리뷰하고, 그 다음으로는 일과 젠더역할이 관련되는 복잡한 방법들에 대해 논의해보려고 한다. 사회화와 성차별주의적 관행이 여성과 남성의 일 기회를 제한하는 장벽들을 만들어내는 방법에 초점을 맞추어볼 것이다. 그리고, 일의 심리학 시각을 기반으로 하여 젠더에 대해 논의를 해볼 계획이다. 이 때에는 생존, 힘, 사회적 연계, 자기결정이라는 일의 의미 원천에 대해 젠더가 어떻게 영향을 미치는지에 대해 초점을 맞출 것이다. 그 다음으로는, 두 가지 진로상담의 프레임워크, 비판적인 페미니스트 접근법과 남성 사회화 접근법에 대해 알아보려고 한다. 이 접근법들에서는 특히 진로상담에 있어서 젠더역할 사회화와 젠더 중심의(gendered) 시각들을 통합해볼 것이다. 마지막으로는, 일의 심리학이 포용적이고 젠더 중심적인 시각으로 나아가기 위한 미래의 방향을 제안하려고 한다.

미국의 노동력 사회 내에서, 여성과 남성의 참여 및 보수

남성과 여성은 모두 자신에게 핵심적인 이득을 얻을 수 있는 방법으로 미국의 노동력 사회에 참여하고 있다. 노동력 집단에 대한 남성의 참여율은 지난 50년 동안 감소되어온 반면, 여성의 참여율은 상승되어 왔다.

2010년에는 노동인구 중 남성이 71%였는데(Bureau of Labor Statistics[BLS], 2011), 이는 1950년(노동인구 중 남성 86%)과 1970년(노동인구 중 남성 80%) 이후 크게 감소한 것이었다(BLS, 2007). 이 감소현상에 영향을 준 요인들은 다양하게 찾아볼 수 있다. 예를 들어 보면, 1950년에 사회보장법이 수정되어서, 50세 이하의 사람들이 장애인 수당을 받을 수 있게 되었다(BLS, 2007). 더 최근의 변화를 보면, 우리 사회가 세계화가 되어가면서, 전통적으로 남성들이 고용되었던 직장(예: 제조업)들이 외국의 근로자들을 데려오는 경제적 분위기가 만들어지게 되면서, 남성을 위한 일자리가 줄어들게 되기도 했다. 이와 유사하게, 경제적 하강과 침체는 남성의 일에 큰 영향을 미쳐서, 2011년에는 남성 중 10.5%가 실업상태인 것으로 나타났다(BLS, 2011). 노동시장에서의 남성 참여율 감소는 앞으로도 지속적으로 이루어질 것으로 예상된다: 2050년의 남성 노동인구는 66% 정도일 것으로 보인다(BLS, 2007).

지난 50년 동안, 노동인구 중 남성의 참여율이 감소해온 반면, 여성의 참여율은 눈에 띄게 늘어났다. 1950년, 노동인구 중 여성의 참여율은 34%였는데(BLS, 2010; Farmer, 2006), 이는 여성이 일을 통해 금전적 이득을 얻을 수 있도록 조력하는 여성 인권운동이 일어난 1970년에서 1980년대 이후 매우 크게 늘어난 수치였다(Farmer, 2006). 여성의 노동인구 참여는 1990년 말에 가장 높았는데, 이때에는 거의 60%에 달했다. 하지만, 2000년대가 시작되면서 여성의 참여율은 감소하기 시작했다; 현재 미국 내에서의 여성 고용률은 58.6이다.

50년 전과 비교해보았을 때, 이제 여성의 노동인구 참여율은 매우 높아졌다는 사실에도 불구하고, 여성의 일은 전통적인 여성직업에 집중되는 경향이 있다(Betz, 2005). 예를 들어보면, 여성이 90% 이상 일하고 있는 분야는 다음과 같다: 아이 돌보미, 유치원과 초등학교 교사, 간호사, 치과 위생사, 의료 조무사, 미용사, 접수 담당자(BLS, 2011). 마찬가지로, 남성은 일반적으로 남성-지향의 직업을 가지게 된다. 남성이 90% 이상 일하고 있는 분야는 다음과 같다; 건축 관리자, 기술 관리자, 토목 엔지니어, 컴퓨터 하드웨어 엔지니어, 환경 엔지니어, 광부, 소방관, 건축 근로자, 기계 운전자, 파일럿, 자동차 운전자, 대부분의 설치, 유지, 수리 근로자. 의료계나 법조계와 같이 남성-지배적인 직업에도 여성이 진출하기 시작했지만, 젠더 분리현상은 여전히 대부분의 직업분야에 존재하고 있다. 예를 들어, 남성은 여성과 비교해보았을 때 엔지니어링 분야에서 더 많이 일하고 있다; 현재 엔지니어 중에는 11.5%만이 여성이다(National Science Foundation[NSF], 2006).

여성이 남성-지배적 직업분야에 진출을 하기 시작한 것은 사실이지만, 직업적 분리현상은 여전히 존재하고 있다. 예를 들어, 이제 여성은 남성과 거의 비슷한 정도로 의대학위를 받고 있다. 2009-2010년에, 의대과정에서 수상을 한 여성은 48%였는데, 이 수치는 의학계에 들어온 여성들 중 가장 큰 수치였다(Aerican Association of Medical Colleges [ACAMC], 2010. 하지만, 각 세부전공당 여성의사의 비율은 매우 다양했다. 예를 들어, 여성은 산부인과 전공의 77%를 차지했고, 소아과 전공의 73%, 피부과 전공의 64%, 가정의학과 전공의 54%를 차지했다. 반면에, 남성은 방사선학 전공의 72%, 일반외과 전공의 69%, 마취학 전공의 65%를 차지했다(American Medical Association {AMA}, 2008). 여성이 선택한 세부전공은 관계적인 특성을 더 많이 가지고 있으며, 남성이 주로 선택하는 전공들보다 전형적으로 보수를 덜 받는다는 사실은 매우 흥미롭다.

역사적으로 여성과 남성은 동일한 일을 할 때에도 차별적인 보수를 받아왔다. 1963년, 미국에서는 남녀평등임금법이 제정되면서, 여성과 남성이 동일한 일을 할 경우 동일한 보수를 받아야 한다는 법규가 탄생했다. 본질적으로 이 법규에서는 임금차별이 불법이라는 것을 명시하고 있었다. 이때에는 남성이 1달러를 벌 때, 여성은 59센트를 벌었다. 2009년에는 남성이 1달러를 벌 때, 여성은 80센트를 벌고 있다(BLS, 2011). 1963년 이후에 성별간 보수 차이는 매우 많이 적어졌지만, 평등임

금, 즉 동일한 일을 한다면 여성과 남성 모두 평등한 보수를 받아야 한다는 개념은 오늘날의 사회에서도 여전히 제대로 적용되고 있지 못하다(Lips, 2010). 교육과 간호와 같은 여성지배적인 분야에서도, 남성은 더 높은 보수를 받고 있다. 예를 들어보면, 여성 간호사는 남성의 86.5%, 여성 초등/중등 교사들은 남성의 91%의 보수를 받는다(BLS, 2010). 하지만, 소수인종/민족 중에서 여성과 남성의 수입을 비교해보니, 또 다른 상황이 발견되기도 했다. 남성과 비교해보았을 때 여성의 수입률은 아프리카계 미국인(1달러 대 94센트)과 라틴계 미국인(1달러 대 90센트)이 가장 높았다. 이에 비해 아시안계 미국인은 1달러 대 82센트였고, 백인은 1달러대 79센트로 나타났다(BLS, 2011).

이 현상이 나타난 이유는 아마도 소수인종/민족배경을 가진 남성은 백인남성과 비교해보았을 때 이미 임금차별을 경험하고 더 낮은 보수를 받고 있기 때문일 것이다.

노동력 시장에서 여성과 남성은 차별화된 방식으로 참여하고 있다는 것은 분명한 사실이다. 직업적 차별, 특히 여성 대상의 차별을 감소시키기 위한 노력이 있음에도 불구하고, 직업분리와 차별적 보수라는 현상은 직접적/간접적 방법을 통해 지속적으로 나타나고 있다. 예를 들어, 남성들이 전통적으로 여성적인 직업분야(예: 교육)에서 더 높은 보수를 받고 있다는 사실은 임금차별이 여전히 존재하고 있음을 보여준다. 전통적으로 남성적인 직업(예: 의료계)에 접근하는 여성들에 대해 연구해보면, 여성과 남성은 지속적으로 진로의 세부전공을 정할 때 차별적인 방법을 쓰고 있어서, 직업적 분리의 미묘한 트렌드가 존재함을 알 수 있다. 이와 같이 일의 세계에서는 남성과 여성의 보수에 있어서 지속적으로 차이가 있기 때문에, 여성은 미국에서 평등한 근로자의 지위를 얻기 위해 노력하는 과정을 방해하는 장애물을 계속해서 만나게 되는 것이다.

노동시장 참여에 관련된 사회적 변인

사회적 변인들은 여성과 남성 모두의 일의 삶에 대해 영향을 미친다. 젠더역할 사회화, 역할모델과의 만남, 일에 대한 사회적 메시지, 젠더와 관련된 괴롭힘과 차별 모두는 여성과 남성이 일에 관련된 결정을 할 때 직/간접적으로 영향을 미친다. 6장의 목표는 사회적 변인들이, 여성과 남성들이 일의 의미를 구성하는 과정에 어떻게 영향을 미치는지에 대해 젠더 중심의 분석을 제공하는 것이다. 그 중에서도 특히 여성들이 명성이 있는 일을 경험하지 못하도록 방해하는 조직적/사회적 장벽들(예: 성적 괴롭힘, 여성의 일에 대한 저평가)과 비전통적인 일을 추구하고자 하는 여성과 남성의 의지를 감소시키는 다양한 사회적 변인들(예: 젠더역할 사회화)에 초점을 맞추어 볼 것이다.

젠더역할 사회화

미국 내에서의 사회화 관행은 여성과 남성 모두의 직업적/교육적 결정에 영향을 미쳐왔다. 젠더역할 사회화는 소녀와 소년, 여성과 남성이 생물학적 성별을 기반으로 한 젠더로 정의된 역할에 사회화되는 과정을 가리킨다(Nutt & Brooks, 2008). 젠더역할 사회화는 소녀와 소년들이 매우 어린 나이부터 자신에게 적절한 일의 분야에 대해 배우고, 아동기 동안 진로 대안들의 기회구조에 대해 정보를 얻으며, 청소년기와 초기 성인기를 걸쳐 직업정체성을 구성하는 과정에 매우 큰 영향을 미칠 수 있다.

젠더역할 사회화는 일의 세계에 존재하는 젠더 고정관념에 대한 노출에 영향을 줄 수도 있다. 소녀와 소년들은 인생의 초기에, 남성과 여성에게 어떤 유형의 직업들이 보다 더 "적합한지"에 대해 배우게 된다(Betz, 2005). 특정 직업은 남성이나 여성에게 더 적합하다고 생각하는 메시지와 신념은 여전히 존재하고 있다. 예를 들어, 사람들은 지속적으로 특정 직업에 대해 더 여성적이거나 더 남성적이라고 평가하고 있다는 연구결과가 있었다(Betz, 2005); 간호사, 접수 담당자, 초등학교 교사,

영양사는 여성적인 직업으로 보여지는 반면, 엔지니어, 물리학자, 중장비기사는 매우 남성적인 직업으로 간주된다(Betz, 2005; Shinar, 1975). 소녀와 소년들은 자신의 젠더정체성에 기반하여 어떤 유형의 진로에 "진입해야 하는지"에 대한 메시지를 부모, 학교, 언론으로부터 보고 듣는다(Nutt & Brooks, 2008). 이 메시지들은 직접적일 수도 있고(예: "여자아이는 파일럿이 될 수 없어" 또는 "진정한 남자가 간호사가 될 수는 없지"라는 말을 하는 것을 들을 때), 간접적일 수도 있다(예: 특정 사람에 대한 젠더를 알지 못하는 상황에서도 물리학자를 남성으로, 간호사를 여성으로 간주하는 것을 볼 때). 어린이들은 두세 살 때부터 직업에 관련된 젠더 고정관념을 배우고, 초등학교에 들어가자마자 직업정체성을 구성하기 시작하며, 스스로에게 젠더 고정 관념화된 선택을 하게 한다(Betz, 2006). 예를 들어 맥케이와 밀러(Mac Kay and Miller, 1982)의 연구에 따르면, 3학년과 5학년 소녀들은 여성성이 높은 직업(예: 간호사, 교사)을 희망하는 경우가 많았으며, 소년들은 고정 관념상 남성적인 직업(예: 경찰관, 트럭 운전사, 파일럿)을 추구하는 경우가 많았다. 더 높은 연령대에서도 소녀들은 여전히 여성-지배적인 진로를 선택하려 했다(Miller & Budd, 1999).

이에 더하여, 소녀와 소년들은 비전통적 직업을 가진 역할모델들을 만날 기회가 별로 없기 때문에 여성과 남성들은 특정직업을 가질 수 없거나 환영받지 못한다고 생각하는 경우는 더욱 강화될 수밖에 없다. 초등학교에 들어가면서, 소녀와 소년들은 본격적으로 젠더 고정관념화된 역할모델에 노출되기 시작한다(예: 대부분의 초등학교 교사는 여성인 반면, 교장과 교감은 남성인 경우가 많다 / Betz, 1994; BLS, 2011). 예를 들어, 소녀들은 여성 교장들을 보지 못하기 때문에, 교장이나 교감은 자신이 선택할 수 있는 직업이 아닌 것으로 아예 결론지어버릴 수 있다.

하지만, 대부분의 교사들은 여성이기 때문에, 소녀들은 지속적으로 교사를 선택 가능한 진로로 생각하게 된다. 에클레스(Eccles, 1987)는 젊은 여성들에게 비전통적 역할모델이 부족하게 되면 소녀

와 여성들이 가질 수 있는 일의 대안들에 있어서 제한선이 생길 수 있다고 주장했다. 어린이들은 젠더정체성을 가지는 것이 무엇인지 제대로 이해하기 전부터, 의식적/무의식적으로 초기에 사회화된 경험에 기반하여, 자신의 젠더정체성에 맞는 직업 정체성을 구성하게 된다.

또한 사회화 경험은 여성과 남성들이 일의 삶으로부터 의미를 구성하는 과정에 영향을 미칠 수 있다. 역사적으로 소녀와 여성들은 다른 삶의 역할들(교육과 직업에 대한 열망과 추구)보다 아이양육과 가정살림을 우선시하도록 사회화되어 왔다(Betz, 2005). 여성의 진로개발에 대한 초기연구들은 대부분 여성의 진로선택 과정의 복잡한 속성을 강조했었다. 여성들은 가족 돌보기와 가정살림에 대한 책임을 져야 하는 다른 삶의 역할들에 관련된 결정을 고려하면서, 일에 대한 결정을 내리는 경우가 많다(Betz & Fitzgerald, 1987; Blustein, 2006). 어렸을 때부터, 소녀들은 일반적으로 타인을 돌보는 역할을 하도록 사회화된다. 인형놀이를 하고, 누군가를 돌보는 사람이 되며, 상대방의 반응에 대해 민감해지고, 자기 자신보다 다른 사람들의 니즈를 우선시하도록 촉진된다(Betz, 1994). 반대로, 소년들은 전형적으로 독립적이고, 강하며, 회복탄력성이 강한 사람이 되도록 사회화되고, 나이가 들면서부터는 삶의 다른 국면들보다 일의 목표에 더 많은 중요성을 부과하도록 촉진된다(Heppner & Heppner, 2005). 요새에는 가정의 살림이나 돌봄의 일에 대해 남성도 책임을 져야 한다는 분위기로 바뀌어가고는 있지만, 미국 내에서의 사회화 과정에서는 누군가를 돌보는 일의 책임을 여전히 여성에게 더 많이 두고 있다(Blustein, 2006). 이와 같은 사회화 과정은 여성이 자신의 교육적 성과와 일의 목표를 지각하는 과정에 큰 영향을 미칠 수 있다(Betz, 2005). 예를 들어, 파머(Farmer, 1997)는 여성과 남성 고등학생들의 진로포부에 대해 종단 연구를 수행한 후 다음과 같은 사실을 발견하였다: 소녀와 소년들은 처음에는 교육과 진로에 대해 똑같이 높은 포부를 가졌지만, 소녀들의 포부는 나이가 들어감에 따라 감소되었다.

또한 사회화는 남성의 일 정체성 구성 과정에 큰 영향을 미칠 수 있다. 남성을 가장으로 보는 전통적인 시각은 '남성은 일을 통해 정의된다'라는 사회적 설명을 낳았다(Heppner & Heppner, 2009). 남성은 첫 번째 직업을 통해, "남자 되기"와 "일"간의 분리를 하지 못하는 일의 세계로 사회화되게 된다. 남성의 남성성은 종종 진로에서의 성공, 성취, 금전적 보상의 수준과 동일시되곤 한다(Heppner & Heppner, 2009). 그리고, 여성들이 양육자와 돌보미로서 사회화가 많이 되는 것과 마찬가지로, 남성들은 밖에 나가서 일하는 사람으로 사회화된다. 밖에 나가서 일을 하지 않거나 취직을 하지 않는 것을 선택한다면, 일반적으로 남성은 남성성에 대한 사회적 기대를 충족시키지 못하는 것으로 간주되기 때문에, 사회가 피하고 거부해야 하는 대상이 될 수 있다(Heppner & Heppner, 2009; Skovholt, 1990).

이와 같은 사회화 경험은 일의 정체성을 만들고 이행하는 과정들을 매우 다양하게 만들 수 있다. 비전통적 역할을 수행하는 여성과 남성들은 모두 일, 사회, 가정적 삶에서 차별을 경험할 가능성이 있다(Perrone, Wright, & Jackson, 2009). 역사적으로, 여성의 책임으로 간주되었던 가정 내에서의 일은 가부장적인 위계구조 내에서, 밖에서 일하는 남성의 일보다 가치가 낮은 것으로 정의되었다(Schultheiss, 2009). 현재 대부분의 여성들이 일을 하고 있음에도 불구하고, 여성들은 집의 살림을 하고 가족들을 돌보는 역할을 첫 번째로 생각해달라는 요청을 가족, 친구, 커뮤니티로부터 지속적으로 받고 있다(Betz, 1994). 그래서, 여성들은 자신의 직업적 포부를 수정해서 집과 가족에서의 책임을 다할 수 있게 하려고 한다(Gilbert & Kearney, 2006). 예를 들어, 역사적으로 어머니 역할은 사회에서 아버지 역할보다 더 중요한 것으로 여겨져 왔기 때문에(Gilbert & Kearney, 2006), 여성은 자녀양육과 가정살림에 있어서 매우 많은 책임을 져야 한다는 높은 기대를 받게 된다. 따라서 여성들은 오늘날 일의 세계에서 독특한 어려움을 마주하고 있다. 그들은 자녀양육과 가정살림에 몰입해야 한다는 직접적/간접적 사회화와 기대사항들을 경험하고 있는 반면, 그와 같은 돌봄역할은 가치가 있거나 명성을 얻을 수 있는 것이 아니며, "진정한 일"이라고 부를 수 없다는 메시지를 사회로부터 받고 있다. 슐타이스(Schultheiss, 2009)는 이러한 상황이 여성들에게 "어머니가 될 것인지, 아니면 의미 있는 일을 할 것인지"라는 선택을 하라는 도전과제를 주며, 그런 상황에서 여성들은 많은 기대를 받는 대신 가부장적인 사회에서 가치 폄하되는 양육자로서의 역할을 선택하게 되는 경우가 많다고 주장했다.

젠더역할 사회화는 여성과 남성의 능력에 대한 내면적 시각에 대해서도 큰 영향을 미칠 수 있다 (Gilbert & Kearney, 2006). 연구에 따르면, 여성들은 소녀와 여성이 잘하는 것이 무엇인가에 대한 사회적 메시지를 기반으로 하여 자신의 능력에 대한 지각을 발전시킨다.

사실, 페미니스트 학자들이 젠더와 일에 대해 연구한 결과들 중에서 가장 의미있는 것은, 특히 수학과 과학 분야에서의 참여를 고려할 때, 자신의 능력에 대해 가지는 여성들의 신념에 대해 탐색해 본 것이라고 보여진다. 예를 들어, 베츠와 해켓 (Betz and Hackett, 1981)은 자기효능감에 대한 신념은 수학과 과학 분야에서 여성이 가지는 진로포부와 높은 상관관계를 보였다는 것을 발견했다; 대학 학부생들을 대상으로 한 연구에서 자기효능감 신념은 능력보다 더 강한 예측변인인 것으로 나타났다. 또한, 여성들이 수학, 과학, 기술, 엔지니어링, 기계관련 활동, 야외 및 신체활동과 같은 비전통적 영역에서 낮은 자기효능감을 보이지만, 교육과 상담과 같은 젠더-전통적 활동에서는 더 높은 자기효능감을 가지는 것으로 나타났다(Betz & Hackett, 1997). 그리고, 여성들은 일과 관련해서 성공적인 행동을 할 수 있고, 그래서 기대하는 성과를 얻을 수 있을 거라는 신념인 성과기대가 낮은 것으로 나타나기도 했다(Betz, 2005). 지난 20년 동안 이러한 주제에 대한 연구들은 여성의 진로개발을 이해하는데 있어서 중요한 역할을 해주었다. 자기효능감 신념은 진로와 학문추구를 하는데 있어서 핵심적인 필터역할을 할 수 있다는 것이다(Blustein, 2006).

젠더를 기반으로 한 사회화는 남성에서도 중요한 영향을 미칠 수 있다. 사회화는 특정한 일이 남성에게 적절한가라는 시각을 기반으로 해서 진로대안을 선택하도록 만들기 때문이다. 어떤 남성이 특정한 일 분야에 대해 흥미를 가지고 있더라도, 그 일이 사회로부터 여성적이라는 평가를 받는 것이라면, 아예 그 분야에 대한 관심을 거두어버릴 수 있다. 예를 들어, 한 남성 대학생이 간호학 전공을 고려하고 있다고 해보자. 그런데 친구들과 언론으로부터 간호학은 남성에게 적합하지 않다는 메시지를 들을 가능성이 있다. 그리고, 여성-지배적인 일을 선택할 경우, 남성은 자신의 남성성, 성적 매력, 힘에 대한 위험을 지각할 수도 있다. 예를 들어, 전통적으로 여성-지배적인 직업에 종사하는 남성 대상 연구를 하면서, 룹톤(Lupton, 2006)은 그 남성들이 자신의 남성성과 이성애적 매력을 유지하는 것에 대해 걱정하고 있다는 것을 발견하였다. 이에 더하여, 그 남성들은 전통적인 여성적 직업을 가지게 되면, 전통적인 남성적 직업을 가진 경우만큼의 권력과 명성을 얻을 수 없다는 것을 지각하고 있었다.

또한 젠더역할 사회화는 남성들이 타인을 돌보고 양육하는 일을 하는 것을 막을 수 있다. 사실 이러한 역할들은 가장 큰 보상을 받아야 하는 일임에도 불구하고 말이다. 남성의 삶에서 중심을 차지해야 하는 것은 사회적인 일이라는 메시지를 전달하는 사회화와, 남성은 가정의 가장역할을 해야 한다는 기대 때문에, 남성들은 사회적 일보다 가정의 역할을 우선시할 경우, 가정과 친구들로부터 차별이나 평가적인 시선을 경험할 수 있다. 예를 들어보자. 브레스콜과 울만(Brescoll and Uhlmann, 2005)은 육아와 살림을 하는 아버지와 직장에 다니는 어머니들은, 전통적인 젠더에 맞는 일을 하는 부모보다 더 부정적인 평가를 받는 것을 발견했다. 놀랍게도 육아 및 살림을 하는 아버지들은 그들의 선택에 대해 가장 부정적인 평가를 받고 있었다. 더 나아가서, 로클렌, 수이조, 맥켈리와 스케린지

(Rochlen, Suizzo, McKelly, and Scaringi, 2008)는 육아와 살림을 하는 아버지들은 일차 양육자로서의 자신의 역할에 대해 주위에서 낙인을 찍고 있음을 경험한다고 주장했다. 분명히 남성들은 비전통적인 일-관련 결정을 내릴 때 사회화 경험과 낙인에 의해 부정적인 영향을 받는다. 여성들은 가정살림과 양육적 역할이라는 편협한 범위의 젠더역할에 의해 제한을 받으며, 남성들 또한 1차적 가장이라는 편협한 범위의 젠더역할에 의해 제약을 받고 있다(Perrone, Wright, & Jackson, 2009).

사회화경험은 여성과 남성들이 자신의 일 대안들을 지각하고, 가능한 일의 선택들을 제한하며, 직업정체성을 통해 의미를 구성하는 방법에 대해 큰 영향을 미칠 수 있다. 젠더사회화의 효과를 검증하는 연구들의 대부분은 여성의 사회화경험에 초점을 맞추었지만, 사실 이러한 사회화는 남성에게도 영향을 미친다. 일의 세상이 계속해서 변화해나가고 점점 더 세계화가 되어감으로써, 이제 남성과 여성들은 전통적인 사회화에 일치하지 않는 선택에 대한 요구를 받고 있다. 예를 들어보자. 전통적으로 남성적인 직업이라고 생각된 제조업은 지속적으로 외국으로 아웃소싱되고 있기 때문에, 남성들은 전통적으로 "여성의 일"(예: 서비스직, 간호사)이라고 생각된 일을 선택해야 할 수도 있다. 이러한 변화는 남성의 정체성에 큰 영향을 미쳐서, 그들의 심리학적 웰빙에도 영향력을 줄 수 있다. 더 나아가서, 남성들은 이와 같은 일을 하는 사람들을 저평가하는 환경에서 차별과 스트레스를 경험할 수도 있을 것이다. 반면에, 편협한 젠더역할에 의해 제한을 받는 여성들 또한 전통적인 남성의 일에 더 높은 가치를 두는 오늘날의 가부장적 사회에서 더 큰 영향을 받을 수 있다. 따라서 소녀들과 소년들이 아동기 때, 인생에서의 일의 역할에 대해 어떻게 사회화를 하고 있는가에 대해 비판적으로 생각해보는 것은 매우 중요한 일이다. 이러한 사회화는 그들의 심리학적 개발과 직업적 개발에 대해 부정적인 영향을 미칠 수 있기 때문이다. 더 나아가서, 우리는 성인들에게 이 메시지를 어떻게 강화하고 있는지에 대해서도 계속해서 점검해야

한다. 여성들과 남성들이 비전통적인 선택을 하지 못하도록 막는 직접적/간접적 장벽들이 여전히 존재하기 때문이다.

평등, 성차별주의와 일

다수의 직업심리학자들은(Betz & Fitzgerald, 1987; Blustein, 2006; Fitzgerald, 1993a; Walsh & Osipow, 1994) 미국 내에 직접적/간접적인 성차별주의가 여전히 존재하고 있다는 주장을 해왔다. 많은 여성과 남성들은 일터에서, 가족과 친구, 커뮤니티로부터 차별을 경험하고 있다. 차별은 고용과정, 일터의 분위기, 보수의 수준에 대해서도 영향을 미칠 수 있다. 역사적으로 여성들은 남성의 영역이라고 생각된 직장에 진입할 때 강한 차별을 경험해왔다. 일터에서 이루어지는 차별의 대부분은 여성에게 초점이 맞추어져 있다는 사실을 고려할 때, 6장에서는 성차별주의와 차별이 여성들의 일터 평등이 이루어지지 못하도록 어떻게 방해하는지에 대해 주된 관심을 가져보려고 한다.

수년간 지속적으로 존재했던 여성차별은 '여성의 일에 대한 저평가'라는 형태였다(Lips, 2010). 연구결과에 따르면, 남성이 일을 할 경우 여성의 성과보다 더 호의적인 평가를 받는 경향이 있다고 한다(Lips, 2010). 입사지원서와 이력서 또한 남성들이 여성보다 더 좋은 평가를 받았고(Harvie, Marshal-McCaskey, & Jonston, 1998), 여성의 성공은 능력보다는 "행운" 때문이라는 평가를 받는 경우가 많았다(Lips, 2010; Lott, 1985). 이러한 평가경향은 여성의 일에 대한 저평가에 직접적인 영향을 미칠 수 있으며, 여성이 일을 하는데 있어서 신뢰를 많이 받지 못하고 보수도 적게 받게 되는 이유를 설명해준다.

여성들이 일의 세계에서 발전하는 것을 방해하는 성차별주의의 간접적인 형태는, 여성이 종사하는 일의 종류에 대해 평가 절하하는 것이 있다. 리차드슨(Richardson, 2012)은 시장노동(사회에서 보수를 받으면서 하는 일)과 개인적인 돌봄노동(중요한 타인들과 커뮤니티 구성원을 돌보는 일)간의 차이점을 정리하였다. 전통적으로, 개인적인 돌봄노동은 여

성에 의해 이루어지는 반면, 시장노동은 남성이 하는 것이었다. 리차드슨은 돌봄노동이 사회의 유지와 성장을 위해 꼭 필요한 핵심적인 과제를 다루고 있음에도 불구하고, 그 과제들은 일과 진로에 대한 전통적인 담론에서 정의하는 "일"로서 평가받지 못한다고 주장했다. 반면에, 시장노동/유료노동은 미국내에서 가치가 있다고 정의된 유일한 일 유형이다. 이와 같이 개인적인 돌봄노동에 대해 거의 가치를 인정받지 못하는 것에 더하여, 여성들의 사회기여는 저평가되고 있으며, 존중받을 만한 직업정체성을 가질 수 있는 일을 할 기회는 많지 않다. 사실 그들의 기여는 "진정한" 일이 아니라는 평가까지 받고 있다. 리차드슨이 주장했듯이, 개인적인 돌봄노동과 그러한 일을 하는 사람들은 전반적으로 미국 사회내에서 낮은 위치를 차지하고 있다. 이는 다른 사람을 돌보는 일의 중요성을 인식하지 못하는 가부장적 사회의 가치에서 그 이유를 찾을 수 있겠다.

앞에서 이야기했듯이, 시장노동 참여를 선택한 여성들도 전통적으로 여성적인 직업을 가지도록 사회화되어 있다. 그리고 이들의 직업은 전통적인 남성적 직업보다 적은 보수를 받을 가능성이 높고(Betz, 2005), 관계성에 초점이 맞추어진 일일 수 있다. 전통적으로 여성적인 일이 중요한 역할을 하고 있음에도 불구하고 사회에서 제대로 평가받지 못하고 있으며, 대부분의 전통적인 남성적인 일만큼 경제적인 보상을 충분히 받지 못하고 있다. 더 나아가서, 여성들은 비전통적 진로를 택했을 때 차별을 경험할 수 있고, 환영받지 못한다는 메시지를 직접적/간접적인 형태로 받을 수 있다(Fitzgerald & Harmon, 2001). 이러한 메시지들에는 언어적 괴롭힘, 사회적 지원의 부족, 보수와 승진에서의 차별, 일과 관련된 정보적, 사회적 활동에서의 소외, 불편한 일 환경 등이 속한다(Betz, 2005). 예를 들어, 여성들은 남성동료들이 주최한 퇴근 후 스포츠 경기나 사교모임에 초대받지 못할 수도 있다. 그러한 행사들은 사실 사적인 모임이지만, 공적인 비즈니스나 비공식적인 멘토링이 그러한 행사에서 이루어지기 때문에, 초대받지 못했다는 것은 불이익이

될 수 있다.

어머니로서의 역할(임신과 출산, 양육)은 여성들이 고용과 일에서 경험하는 또 하나의 차별 원인이다(Lips, 2010). 1970년대, 미국의 법규가 개정되기 전까지는, 임신을 했거나 가임기인 여성에 대해 이루어지는 차별은 합법적이었다(Lips, 2010). 1991년에야 대법원은 임신을 했거나 가임기인 여성의 고용에 대해 이루어지는 차별을 금지시켰다(Lips, 2010). 이렇게 공식적인 차별은 불법인 것이 되었지만, 여성이 자녀양육의 책임을 주로 져야 한다고 생각하는 사회적 기대는 여성의 일에 직접적으로 영향을 미치는 일-가정 역동을 만들어냈다. 더 나아가서, 누군가를 돌보는 일에 종사해야 한다고 여성을 사회화시키는 과정은 직접적으로 그들의 일 결정에 영향을 주었다(Fitzgerald, Fassinger, & Betz, 1995). 대부분의 여성들은 진로를 계획하는데 있어서 일-가정의 균형과 갈등을 고려하게 된다(Betz, 2005). 이와 같이 계획을 하다보면, 안타깝게도 많은 여성들이 가정에서의 의무를 우선시하기 위해 진로에 대한 포부수준을 감소시키게 된다. 그리고, 고용주들도 여성구성원이 일보다 가족을 우선순위로 생각하기 때문에, 혹시 중간에 퇴사를 하지는 않을까 하는 걱정을 하면서 여성에 대한 고용을 망설이는 상황이 벌어진다.

많은 여성들이 선택가능한 일의 대안을 다양하게 갖지 못하고, 유료노동을 한다는 것은 기본적인 생계를 유지하기 위함이라는 사실을 고려한다면, 위와 같은 상황은 여성들에게 많은 부정적 영향을 미칠 수 있다.

일터에서 일어나는 젠더-기반의 차별은 또한 고용주들이 여성의 일 가치에 대해 가지는 회의감에서도 나타난다. 프라토(Pratto)와 동료들(1997)은 사회 지배 접근법을 제시하였다. 즉, 직업적 성취에서 나타나는 젠더차이를 설명하려면, 남성과 여성에 대한 일 가치 지각에 초점을 맞춰보아야 한다는 것이다. 연구자들은 고용자들이 직원후보의 가치 시스템에 대한 지각을 기반으로 하여 고용 결정을 한다고 주장했다. 여성이 일의 세계에 진입한지 얼마 되지 않았다는 사실을 기반으로, 고용주

와 채용 관리자들은 여성이 현재의 시스템에 도전하는 가치를 가지고 있다고 여기지만, 남성에 대해서는 고용환경에 이미 존재하고 있는 시스템을 원활화시킬 수 있는 가치를 보유하고 있다고 생각한다(Lips, 2010). 간단하게 말해서, 남성들은 현재의 상황을 유지시킬 수 있는 가치를 가지고 있다고 생각되는 반면, 여성은 억압된 집단의 욕구를 충족시켜 주는 사람들로 지각된다는 것이다. 프라토(Pratto)와 동료들은(1997) 실험설계 연구를 통해, 참여자들이 억압된 집단의 욕구를 충족시켜 주는 역할에는 여성을 선호하는 반면, 현상을 유지시키는 역할에는 남성을 선호하는 것을 발견했다. 이때, 지원자들의 이력서가 실제조직의 가치 시스템에 대한 고정관념에 위배되는 내용을 담고 있는지의 여부는 관계가 없었다(Lips, 2010). 이 실험에서는 실제 채용 관리자가 아니라 대학생들을 대상으로 했다는 제한점이 있기는 했지만, 이 연구는 일의 세계에서 일어나는 직업적 분리와 차별을 강화하는 역할을 하는 권력구조를 살펴본다는데 있어서 매우 많은 정보를 제공해주고 있다.

성적 괴롭힘(sexual harassment)은 일터에서 여성을 대상으로 일어나는 문제로서, 오래전부터 존재했었고, 점점 더 늘어가고 있는 현상이다(Farmer, 2006). 성적 괴롭힘이라는 개념은 전미 평등고용추진위원회가 일터에서 일어나는 성적 괴롭힘에 대한 가이드라인을 출판했던 1980년에야 법적인 정의가 내려졌다(Fitzerald, 1993a). 성적 괴롭힘이란 여성이 위협적이고, 공격적이며, 적대적인 일 환경이라고 느끼는 행동, 그리고 일 성과를 방해하는 행동이라고 정의되며(Farmer, 2006), 다음과 같은 두 가지의 커다란 카테고리로 분류된다(Fitzgerald, 1993a). 보복적 성희롱(quid pro quo harassment)은 일과 관련된 위협을 하면서 성적 관계를 강요하려는 행동인 반면, 환경적 성희롱(hostile environment harassment)은 일 자체와 직접적인 상관이 없더라도 일터에 만연하고 있고 불쾌한 성관련 언어적/신체적 행동을 가리킨다(Fitzgerald, 1993a).

피츠제랄드(Fitzgerald, 1993a)는 직업을 가지고 있거나 고등교육을 받은 여성들 중 절반 정도는 삶을 살면서 괴롭힘을 당할 가능성이 있다고 추산했다; 그 중에서도 특히 아프리카계/라틴계 미국 여성들은 일터 괴롭힘의 대상이 될 가능성이 더 크다(Betz, 2005). 최근 미국대학여성협회(AAUW, 2006)의 보고서에 따르면, 대학생들 중 2/3이 대학 재학 중에 성적 괴롭힘을 경험했고, 이들 중 대부분은 이 경험이 대학에서의 학습경험에 유해한 영향을 미쳤다고 이야기했다(Fassinger, 2008). 일터뿐 아니라 학교에서도 여성들이 괴롭힘을 받을 가능성이 높다는 것은 그 괴롭힘의 영향을 고려해보면 정말 두려운 마음이 들게 되는 현실이다. 성적 괴롭힘은 실직, 직업만족도 감소, 동기저하와 무단결근, 일터에서의 대인관계 악화 등의 문제들과 상관관계를 보인다(Fitzgerald, 1993a). 또한 성적 괴롭힘은 심리적 반응(예: 괴롭힘이 있을 때 우울이나 불안과 같은 스트레스 반응을 보임) 및 일의 성과(예: 직업만족도 감소와 조직에서의 열정 감소)와 직접적인 상관관계를 보이며, 건강 이슈들(예: 수면 장애, 두통)과 간접적인 상관관계를 나타낸다(Fitzgerald, Drasgow, Hulin, Gelfand, & Magley, 1997). 성적 괴롭힘을 경험한 여성들은 무단결근이 잦았으며, 직장을 그만두고 싶은 강한 의지를 표현했고, 일을 그만두는 것에 대해 더 오랫동안 생각하는 것으로 나타나기도 했다(Fitzgerald, Drasgow, Hulin, Gelfand, & Magley, 1997). 여성들은 이와 같이 일터에서의 성적 괴롭힘 때문에 직접적으로 부정적인 영향을 받고 있지만, 남성들 또한 이러한 환경에서 부정적인 영향을 경험한다. 일터에서의 여성에 대한 적대감은 여성 및 남성 직원 모두의 웰빙 수치를 감소시킨다. 즉, 모든 구성원들은 여성들에게 적대적인 환경에서 일을 할 때 어려움을 겪는다는 것이다(Fassinger, 2008; Miner-Rubino & Cortino, 2004).

사회적 통제의 메커니즘으로서의 괴롭힘을 살펴보는 것도 중요하다(Fitzgerald, 1993a). 역사적으로, 일터 괴롭힘은 남성의 세계에 들어온 여성에 대한 적대감의 표현으로 간주되어 왔다. 일터 괴롭힘은 주부와 양육자의 역할을 넘어서서 모험을 하면 안되며, 유료노동이라는 남성의 분야에서 여성은 환영받지 못한다는 명확한 메시지를 여성에게 보내고 있다. 피츠제랄드(1993a)가 명료하게 설명했듯이, 성적 괴롭힘은 사회에서 여성이 종속적 지위에 있다는 사실에서 비롯되었고, 현재에도 그러한 현상은 지속되고 있다. 여성들은 종종 성적 괴롭힘을 인정하고 수용하며, 그에 대해 알아서 잘 대처해야 한다는 요구를 받고 있었으며, 결정을 함에 있어서 회피하는 것 외에는 다른 대처법이 없는 상황을 경험하고 있었다. 성적 괴롭힘에 대해 주위에 알리거나 직접적으로 문제를 해결하려고 하면 매우 부정적인 결과가 나오는 경우가 대부분이었기 때문에(예: 실직이나 좌천, 낙인화, 사회적 고립), 때로는 매일매일 일어나고 있는 문제를 회피함으로써 생기는 부정적인 결과들을 끌어안고 조용히 사는 수밖에 없었다(Fitzgerald, 1993a).

앞에서 언급했었던 성차별주의와 차별적 관행의 결과는 여성의 고용에 있어서 나타나는 유리천장에서 가장 흔하게 볼 수 있다. 유리천장이란 고위 관리직 여성을 찾아보기가 힘든 현상을 가리킨다. 기업에서 여성들이 높은 직급에 대한 포부를 가질 수는 있지만, 앞에서 언급했던 많은 조직적 장애물 때문에 그들은 조직 내에서 승진하기가 어려운 상황들을 경험하게 된다(Lips, 2010). 예를 들어보자. 포춘 선정 500개 기업에서 여성이 CEO인 경우는 3%에 불과했고, 여성이 임원인 경우는 15%밖에 되지 않았다(Lang, 2010). 스톤(Stone, 2007)은 그의 훌륭한 책 "자발적 퇴사라구? 여성들이 자신의 진로를 포기하고 가정으로 향하는 진짜 이유(Opting Out? Why Women Really Quit Career and Head Home)"에서, 경쟁적인 프레임워크내에서 만들어진 불친절하고 적대적인 일터 분위기 때문에 기대하던 진로를 포기할 수밖에 없다고 주장했다. 불친절한 일터는 성차별주의와 젠더기반의 차별이 더해져서, 여성들이 일의 세계에서 환영받지 못하는 사회적 맥락을 만들어낸다.

게다가, 여성들이 일을 하면서 얻게 되는 이득은 분명 존재하지만(예: 소득의 원천, 자아개념을 실행하기 위한 수단, 사회적 지원의 기반; Betz, 2006), 일터에서 일어나는 젠더-기반의 차별이 가져오는 결과는 여성의 정신건강과 신체적 질병에 부정적인 영향을 주게 된다. 예를 들어보자. 여성들은 일을 통해 자신의 능력을 활용하고, 독특한 재능을 개발하며, 원하는 것을 성취할 수 있다(Betz, 2006). 또한, 일은 여성들에게 사회적 지원을 해주고, 성공경험에 대한 기회를 얻게 해주며, 자아복합성을 개발할 수 있는 경험을 쌓게 해주기도 한다(Barnett & Hyde, 2001). 더 나아가서, 여성들은 일을 통해 금전적 소득을 얻을 수 있고(Barnett & Hyde, 2001), 경제적 독립과 안전뿐 아니라 미국과 같은 자본주의 사회에서 높은 가치를 부여하는 부까지 얻을 기회를 갖게 된다. 낮은 사회경제적 배경을 갖고 있는 사람이나, 특히 빈곤층 여성에게 있어서, 일을 하면서 얻을 수 있는 이득은 더 크기 마련이다. 왜냐하면 이들에게 있어서 일은 기본적인 생존 및 의식주 마련에 필요한 생활필수품을 살 수 있게 해주는 유일한 수단이기 때문이다. 이와 같은 혜택들은 특히 가족의 경제적 문제와 웰빙을 혼자서 책임져야 하는 미혼모들에게 절실하기 마련이다. 이러한 경우, 성차별을 포함한 모든 차별적 고용관행과 일터에서의 괴롭힘이 낳는 결과는 엄청나게 클 수밖에 없다. 이렇게 여성들이 일을 하면서 생계를 유지하고 있지만, 남성의 세계에 들어온 여성을 괴롭히고 동기수준을 저하시키며 차별을 하는 적대적인 업무환경을 경험하게 된다면, 공격적인 환경을 다룰 수 있는 대처기제를 개발할 승산이 도무지 없는 상황으로 끌려들어가는 악순환을 겪을 수밖에 없다. 본질적으로, 이러한 환경은 일터에서 차별을 완전히 없애기 위한, 더 큰 범위의 사회적 변화를 이끌어낼 수 있는 권력구조에 접근을 해볼 수가 없는 여성들에게, 개인적인 변화(예: 불건강한 일터환경에 대처하기)를 해야 하는 책임감을 부여하곤 한다.

일의 심리학

6장에서 일의 심리학 프레임워크에 대해 전반적인 리뷰를 하기는 다소 어려울 것 같다. 하지만, 이 책의 1장과 블루스틴(Blustein, 2006), 블루스틴, 케나, 질과 드보이(Blustein, Kenna, Gill and DeVoy,

2008)의 연구물을 읽어보면 보다 전반적이고 심층적인 이해를 할 수 있을 것이다. 6장에서는 일의 심리학 시각에 대해 간단한 소개를 하고, 젠더가 일의 심리학 시각에서 어떻게 중요한 부분을 차지하는가에 대해 논의를 해보려고 한다. 간단히 말해서 일의 심리학 프레임워크는 다음과 같은 전제를 기반으로 하고 있다: 일의 맥락은 우리의 삶의 틀을 구성하는 기본적인 변인이며, 일을 선택하는데 있어서 다양한 대안들과 자유의지를 가지고 있는 특권층만이 아니라, 모든 사람들이 탐색하고 이해해야 하는 것이 일이라는 사실이다(Blustein et al., 2008). 이러한 시각은 일의 삶에 있어서 자유의지나 선택권을 갖지 못한 사람들의 인생에서 일이 담당하는 역할을 살펴보는 포괄적인 시각을 개발하고자 하는 욕구에서 출발하였다.

생존과 권력으로서의 일

일의 가장 기본적인 목적들 중 하나는 사람들이 생존에 필요한 자원들에 접근할 수 있는 기회를 제공해주는 것이다(Blustein, 2006). 일을 통해, 그리고 일과 관련된 금전적 보상을 통해 사람들은 음식과 물, 집, 옷, 안전이라는 생존도구를 얻을 수 있게 된다(Blustein et al., 2008). 이와 같은 기본적인 욕구를 충족한 다음에야 사람들은 자아실현과 같이 더 높은 수준의 목표를 달성할 수 있게 된다(Blustein et al., 2008). 이와 같이 영향력이 큰 이론가들(예: Maslow, 1968)이 더 높은 수준의 목표성취는 기본적인 욕구가 충족된 다음에야 가능하다고 주장했지만, 많은 전통적 진로개발 이론가들은 다음과 같은 전제를 가지고 있었다: 모든 사람들은 자아개념을 기반으로 한 일-관련 결정을 내릴 수 있고, 자아개념을 실행할 수 있는 방법을 고를 수 있는 선택권과 자유의지를 가지고 있다.

물론 이상적인 사회에서 일이란 모든 사람들의 자아실현을 향한 길을 제공해준다는 의미를 가진 활동일 것이다. 하지만, 안타깝게도 세상의 많은 사람들(미국뿐 아니라 다른 서양 국가들)에게 있어서 이는 현실이 아니다(Blustein et al., 2008).

생존을 위한 수단을 제공하는 것 이외에도, 일

은 사람들이 경제 및 사회적 권력에 대한 욕구를 충족할 수 있는 능력을 제공해준다(Blustein, 2006; Blustein et al., 2008). 일의 행동은 물질적 자원과 사회적 자원(돈, 지위, 명성, 특권)에 접근할 수 있게 해준다(Blustein et al., 2008). 한 개인의 경제적, 사회적 권력은 그 사람의 일과 진로선택에 직접적인 관련이 있는 경우가 많다(Schulenberg, Vondracek, & Crouter, 1984). 하지만, 사람들이 일을 통해 얻게 되는 권력은 미국의 모든 국민들에게 있어서 평등하지 않다. 그 이유는 간단하다. 사람들은 기회구조에 접근할 수 있는 수준이 매우 다양한 상황에서 태어났기 때문이다(Blustein et al., 2008). 한 사람의 교육기회, 역할모델에 대한 노출, 자신의 기회구조에 대한 지각은 모두 그 사람의 사회적 계층과 밀접하게 연결되어 있으며, 일과 관련된 의미를 발전시키는 방법에 영향을 미치게 된다(Blustein, 2006; Gysbers, Heppner, & Johnston, 2003). 따라서 상담전문가와 심리학자들은 특히 일 관련 결정을 하는데 있어서 자유의지나 선택권을 가지지 못한 사람들이 구성하는 일의 의미에 영향을 미칠 수 있는 구조적 장벽을 반드시 이해해야 한다.

가정이 아닌 장면에서의 유료노동은 20세기 중반까지 여성에게는 대부분 불가능한 것이었기 때문에, 여성들은 50년 전까지는 일과 관련된 금전적 보상과 명성에 대해서는 접근할 수가 없었다. 예를 들어, 1940년의 인구조사를 보면, 자녀가 있는 여성 중 4%만이 노동시장에 고용되어 있었다(Farmer, 2006). 일을 통해 돈을 벌 수 없고 의식주 및 다른 기본적인 생활에 필요한 물품을 살 수 없었기 때문에, 여성들은 사회 내에서 매우 취약한 위치에 있었고, 생존을 위해서는 남성들(아버지, 배우자나 다른 남성 가족구성원)에게 의존할 수밖에 없는 상황이었다. 가정을 벗어나서 일을 하는 여성들도(예: 아프리카계 여성들은 역사적으로 여성의 선거권 운동이 일어나기 한참 전부터, 미국 사회에서 노예로서 일을 했었다; Blustein, 2006). 즉, 여성들이 얻을 수 있는 일이란 대부분의 경우 보수가 매우 적었고, 편안한 삶을 위해 필요한 자원들을 충분히 살 수 없는 정도의 보수를 받는 일이었다. 더 나아가서,

사회적인 일을 하지 않는 여성들은 건강보험과 은퇴연금과 같이 유료노동에 연계된 많은 특권들을 얻을 수가 없었다.

여성들이 가정을 벗어나서 일을 하기 시작한 뒤에도, 주로 젠더-전통적인 직업을 갖는 경우가 많았고, 남성의 일만큼 가치를 인정받거나 유사한 보수를 받는 경우가 드물었다. 직업세계에서 일어나는 성 분리(sex segregation)와 임금의 차별화는 기본적인 필수품을 구입할 수 있고 사회 내에서 권력을 얻을 수 있는 능력에 매우 중요한 영향을 미치게 된다. 예를 들어 보자. 남성과 비교했을 때, 여성들 중에는 근로빈곤층이 더 많았고(6.5%), 빈곤율도 더 높았다(5.6%; BLS, 2011; Farmer, 2006). 평등한 보수문제를 제외하고서도, 여성들은 기본적인 니즈를 적절하게 충족시킬 수 있는 금전적 자원을 제공해주는 직장을 찾지 못할 가능성이 매우 높다. 일을 하지 못하거나, 남성에 비교했을 때 매우 낮은 보수를 주는 일을 하기 때문에, 여성들은 사회내에서 종속적이고 권력이 없는 지위에 머무를 수밖에 없다. 마찬가지로, 여성의 일을 방해하고 보수수준을 낮추는 상황은 남성에게 더 큰 가치를 부여하는 권력구조를 유지하게 된다(Blustein, 2006).

이에 더하여, 자녀가 있는 여성들은 배우자의 유무에 상관없이, 오늘날의 사회에서 일을 할 것인지에 대한 선택을 하기 어려운 상황이다(Schultheiss, 2009). 한 여성이 가정에서 아이들을 돌보기를 원한다 하더라도, 돈을 벌기 위해 일을 할 수밖에 없다. 더 낮은 사회계층 배경을 가진 여성들은 더 큰 딜레마를 마주하게 된다. 그들은 기본적인 필수품을 살 수 있는 돈을 벌기 위해 일을 해야 하는 것에 더하여, 자녀를 위한 육아비용을 지출해야 하는데, 그 금액은 일을 해서 버는 수준과 동일하거나 오히려 수입의 수준을 넘어서기도 한다(Schultheiss, 2009). 만약 일을 하는 동안 다른 사람에게 아이를 돌봐주는 비용을 내기 위해 정부의 지원을 받아야 하는 상황이 된다면, 그들은 사회로부터 무책임하고, 사회에서 받아들일 수 없는 "나쁜 엄마"라는 평가를 받게 되는 경우가 많다(Schultheiss, 2009).

중산층 여성들에게 있어서도, 앞에서 언급한 장벽들(예: 여성의 일에 대한 가치 저평가, 성차별주의, 성적 괴롭힘, 젠더-기반 차별)은 권력을 얻을 수 있는 더 높은 위치에 올라가는 것을 방해한다. 일이 사람들에게 사회적 지위, 더 높은 사회적 위치로 갈 수 있는 권력과 명성을 제공하는 경우가 많다는 것을 고려하면, 노동력 시장에 존재하는 억압과 차별은 오직 남성들만이 특권을 가질 수 있는 현상을 유지시키게 된다.

프라토(Pratto, 1997)의 사회지배접근법이 주장했듯이, '여성고용은 현재의 상황을 파괴할 것'이라는 명시된 가정 및 암묵적 가정 때문에, 여성들은 권력을 가질 수 있는 높은 직급에 접근하기가 어려운 상황이다.

일의 세상에서 권력을 가진 위치에 있는 여성들이 부족하다는 사실은, 정부의 고위공무원직에 여성들이 어느 정도 있는지를 보면 알 수 있을 것이다. 지금쯤 되면 누군가 '미국 사회내에서 정부조직을 구축하고 확장하며 정교화하는 일을 직접적으로 할만큼 충분한 권력을 가지고 있는 자리는 성별에 상관없이 사실 거의 존재하지 않는다'고 반론할 수도 있을 것 같다. 하지만, 우리가 이러한 위치에 있는 여성들의 수를 조사해보니, 남성들의 수와 비교해보았을 때 매우 부족하다는 것을 알 수 있었다. 2011년, 미국 하원 의회의 상원의원 100명과 하원의원 435명 중에서, 여성 상원의원은 17명(17%)이 있었고, 여성 하원의원은 90명(16.8)이 있었다(Center for American Women and Politics [CAWP], 2011; Women in Congress, 2011). 50개 주 중에서 여성 주지사가 있는 주는 6개밖에 되지 않았다(CAWP, 2011). 이렇게 여성 의원 수가 적다는 것은, 미국 인구의 51%가 여성이라는 사실을 고려한다면 정말 매우 놀라운 일이다(U.S. Census Bureau, 2011). 평등임금제를 활성화하고, 여성에 대한 차별에 대해 처벌을 하며, 실제적으로 법안을 만들 수 있는 여성정치인들이 별로 없는 사회에서 여성들이 권력을 얻도록 도와주려면 우리는 어떻게 해야 할 것인가?

일과 사회적 연계

자원과 권력을 제공하는 것에 더하여, 일은 사람들에게 사회적 환경 내에서 타인들과 관계를 맺을 수 있는 기회를 제공한다(Blustein, 2006). 일은 사람들이 도전과제에 대처할 수 있도록 돕고, 다른 사람들과 직접적인 관계를 맺으며 정체성을 발전시킬 수 있는 길을 보여주며, 지지적이고 양육적인 관계를 제공해줄 수 있다(Blustein et al., 2008). 그리고, 일은 사람들에게 더 큰 커뮤니티와의 연대감을 제공해주면서, 더 큰 사회에 기여하는 것을 도울 수 있다(Blustein et al., 2008). 사회적 연대가 일의 선택권에 미칠 수 있는 영향력이 큼에도 불구하고 이 부분은 직업관련 연구에서 왠지 모르게 간과되어 왔다. 예를 들어, 리차드슨(Richardson, 2012)은 최근에 '직업심리학자들은 다양한 사회적 맥락이 일의 결정에 어떻게 영향을 미치는지에 대해 이해의 폭을 넓혀야 한다'고 주장했다. 그녀는 사회구성주의적 시각을 제안하면서, 시장노동 관계나, 멘토, 상사, 수퍼바이저, 동료, 교사, 학생들과의 관계는 사람들이 삶을 구성하는데 있어서 매우 중요한 부분이라고 주장했다. 이러한 중요성에도 불구하고, 시장노동 관계 및 그 관계가 직업정체성 개발에 대해 가지는 영향력은 사회적 맥락이 일의 선택에 영향을 미치는 상황에서 대부분 간과되어 왔다.

사회적 연대 수단으로서의 일은 여성과 남성 모두에게 의미를 가진다. 사회화 경험 때문에 관계가 여성에게 더 중요할 수 있다고 주장한 학설이 있지만(Lips, 2010), 선두적인 페미니스트 이론가들은 관계와 관계적 시각은 여성과 남성에게 있어서 동일하게 의미를 가진다고 주장해왔다(Jordan & Hartling, 2002). 하지만, 남성들은 젠더역할 사회화(남성은 강하고, 독립적이어야 하며, 자기 자신에게 집중해야 한다)의 영향 때문에 사회적 관계의 영향에 대해 논의하는 것을 그다지 편하게 생각하지도 않고, 주도적으로 이야기하고 싶어하지도 않는다(Heppner & Heppner, 2009). 예를 들어, 유료노동은 동료들과 가까이서 일을 하게 되는 경우가 대부분인데, 이들

은 각 개인의 직업인생에서 의미있는 사회적 관계를 제공해줄수 있는 사람들이다. 특히 사회화 경험이 별로 없는 남성들에게 있어서, 일은 다른 남성들과 연대를 맺을 수 있고, 의미있는 대인관계를 구축할 수 있도록 사회적으로 수용가능한 방법을 제공해준다. 이는 여성에게도 마찬가지이다; 일은 유사한 직업과 비슷한 일의 흥미를 가진 다른 여성들과 관계를 맺고 연대할 수 있는 기회를 제공해준다. 더 나아가서, 비전통적 진로를 가진 여성들에게 있어서, 일은 일터에서 지지를 강화해주고 동기부여를 해주며 의미가 있는 관계를 구축할 수 있도록 조력해준다. 이는 유색인종 여성들에게 특히 중요하다. 사실, 한 연구에서는 일환경 내부 및 외부에서, 가족, 친구, 멘토들이 여성의 일세계 생존을 위해 중요한 역할을 하고 있다는 것을 보여주고 있다(Betz, 2005). 타인과의 관계는 백인여성과 유색인종 여성 모두에게 있어서 도움이 되고, 그들에게 지원을 제공해줄 수 있는 원천으로서 기능한다. 예를 들어보자. 아프리카계와 백인여성 고성과자들을 대상으로 한 질적 연구를 통해, 리치(Richie)와 동료들은(1997) 타인과의 상호연계성은 성과를 지속시키는데 있어서 중요한 변인임을 발견했다. 피어슨과 비에슈케(Pearson and Bieschke, 2001)의 연구 및 고메즈(Gomez)와 동료들(2001)의 연구에서는, 가족가치와 지원이 아프리카계/라틴계 여성의 직업개발에 중요한 영향을 미치는 것을 발견했다.

일터에서의 사회적 관계가 담당하는 또 다른 역할은, 일과 가정의 삶 사이를 이어준다는 것이다(Blustein, 2006). 여성들이 노동시장에 들어왔을 때부터, 일-가정간의 균형을 잡는 것은 여성들이 일 관련 결정을 하는데 있어서 계속해서 마주해야 하는 문제가 되어 왔다. 역사적으로 일-가족간의 관계는 주로 여성의 이슈인 것으로 생각되어왔지만, 일과 가족 모두에 대해 의미있는 관계를 맺기 위해 애써야 하는 것은 여성에게만 있는 문제가 아니다. 남성 또한 이 도전과제를 풀기 위해 고민하고 있다.

바넷과 하이드(Barnett and Hyde, 2001)는 의미

있는 연구를 통해, 일과 가정에서의 책임을 져야 하는 다수의 역할들은 여성과 남성들 모두에게 혜택을 줄 수 있다고 주장했다. 여러 가지의 역할을 맡는 것은 남성과 여성의 정신적, 신체적, 관계적 건강에 도움이 된다는 것이다. 더 나아가서, 이 연구자들은 사람이 다양한 역할들을 맡게 되면 한가지 역할에서 실패를 하더라도 회복이 가능하고, 추가적인 수입, 사회적 지원, 성공경험 기회, 확장된 참조틀, 적응적인 젠더역할 신념을 얻을 수 있다고 주장했다. 바넷과 하이드는 다양한 역할을 맡게 되면 남성과 여성 모두 혜택을 얻을 수 있는데, 이러한 혜택은 각 역할의 질(quality)에 따라 달라진다고 이야기했다. 예를 들어보자. 다양한 역할들은 성공기회들을 제공해주는 반면, 특히 일터에서 차별이 일어나는 맥락에서는 실패를 경험할 기회들도 제공한다.

일과 가족간의 관계에 관심을 가졌던 연구들은 주로 중산층에 초점을 맞추었고(Blustein, 2006), 유료노동을 하는 것이 당연했으며, 선택권을 가지지 못한 사람들에게는 별 관심을 두지 않았다. 심리학자들과 상담전문가들이, 여성과 남성이 일과 가족에 대한 정체성을 구성하는 방법에 대해 명확하게 이해하려면, 연구와 문헌들이 하층계급 사람들을 대상으로 하여 좀더 확장될 필요가 있다. 의미있는 일을 찾고 일터에서의 발전을 하지 못하도록 막는 다양한 장벽들을 경험하는 사람들에게 이러한 연구들은 특히 중요하다. 왜냐하면, 일터에서의 강한 일 관계와 연대는 이러한 장벽이 제공하는 부정적 효과를 막아주는 역할을 할 수 있기 때문이다. 동료들과의 튼튼한 관계와 연대가 없는 상황에서, 매우 큰 장애물들을 경험하게 되면, 일 환경과 동료들에게 몰입하기가 어렵고, 지지의 부족 때문에 승진기회를 놓치게 되며, 고립감과 불만 때문에 특정한 일 환경에서 뒤로 물러서려고만 하게 될 것이다. 더 나아가서, 사람들은 일을 통해 더 큰 커뮤니티와의 연대감을 느끼는 경우가 많다. 남성과 여성 모두, 더 큰 커뮤니티와의 연대감을 느낄 수 있는 창구가 없다면, 다수의 정신건강적 문제(예: 우울, 절망감)와 존재적 고민을 가지게 될 위험성이 있다.

자기-결정으로서의 일

일은 사람들에게 자기결정을 할 수 있는 기회를 제공해주고, 본질적인 흥미를 가지고 있으며 자아개념을 표현할 수 있는 활동기회도 제공해준다(Blustein, 2006; Deci & Ryan, 2000). 하지만, 자기결정을 위해 일을 선택할 수 있는 특권을 가지지 못한 사람들이 많다. 오히려 전혀 흥미를 느끼지 못하고, 양질의 일을 할 수 없고, 동기부여도 받을 수 없는 직장에서 일을 해야만 하는 경우가 더 많다(Blustein et al., 2006). 사실, 드시와 라이언(Deci and Ryan, 2000)은 대부분의 사람들이 수행하는 과제는 그들에게 그 어떤 흥미나 보상도 주지 못한다는 것을 발견했다. 하지만 사람들은 처음에 흥미를 느끼지 못했던 일에서 더 편안함을 느끼고, 더 많은 의미를 만들어낼 수 있는 맥락적 변인들을 다양하게 찾아내기도 했다(Blustein et al., 2006). 특히, 드시와 라이언(2000)은 금전적 자원과 같은 외부적인 이유 때문에 일을 하게 될 경우에도, 일을 통해 자율성과 연대감, 숙련도를 얻을 수 있다면 개인적인 의미를 찾을 수 있게 될 거라고 주장했다(Blustein et al., 2008). 이에 더하여, 블루스틴(Blustein, 2006)은 가치 일치도와 기회구조에 대한 접근가능성도 일에서의 의미를 강화시킨다고 이야기했다. 가치 일치도는 개인적 목표와 가치가 조직 및 고용주의 목표, 가치와 일치하는 정도를 가리킨다. 기회구조에 대한 접근가능성은 일 경험에 좋은 영향을 주고, 일과 관련된 의무를 잘 수행해서 성공적인 일 경험을 쌓을 수 있도록 도와줄 수 있는 자원들에 접근하고 활용하는 개인의 능력을 의미한다(Blustein et al., 2008). 자기-결정 이론은 특히 일에 관련하여 선택권을 가지지 못하고, 생계유지를 할 수 있는 일이라면 별 생각없이 그냥 해야 하는 사람들의 고용 조건을 개선할 수 있는 잠재력을 가지고 있다.

지금까지 정리해보았듯이, 젠더역할 사회화는 여성과 남성들이 자신의 흥미나 열정과는 상관없이, 자신의 젠더에 맞는 전통적인 직업을 가지도록 직/간접적으로 촉진할 수 있다. 간호사가 된 한 여성을 상상해 보자. 그녀는 여성의 특성에 잘 맞아서 성공가능성이 높은 진로를 택했다는 점에 대해 다른 사람들로부터 격려를 받았을 것이고, 주위에서 그녀의 간호사로서의 성공을 기뻐하는 것을 보았을 것이며, 일과 가족의 책임 간에서 마주하게 되는 문제를 잘 해결해나갈 수 있는 직업이라고 생각했을 것이다. 하지만, 이 여성은 직업으로서의 간호에 흥미를 느끼거나, 건강관리 분야의 일에 열정을 가지지 않았을 수도 있다. 이렇게 이 여성이 직업으로서의 간호사 일에 흥미를 가지지 않았을 수도 있지만, 간호사로서의 일은 의미를 찾을 수 있는 다른 혜택들을 제공해줄 수도 있고, 계속해서 그 직업을 가지게 만드는 동기부여를 해줄 수도 있다. 예를 들어, 그녀는 간호사 일을 잘 해내는 자신의 능력을 발견할 수도 있고, 동료들과 함께 보내는 시간을 즐기고 그들로부터 지원을 받을 수도 있으며, 상사로부터 자율성을 인정받을 수도 있고, 간호사 일이 자신의 가치와 잘 맞는다고 생각할 수도 있으며, 학생들에게 주어지는 간호사 장학금을 받을 수도 있는 것이다.

이러한 모든 변인들은 이 여성이 간호분야에 들어가고자 하는 동기수준에 영향을 줄 수 있으며, 처음에 간호에 관련된 과제 및 책임에 별 흥미를 느끼지 못했더라도 일을 통해 의미를 구성하는 것을 도와줄 수 있다.

기회구조에 대한 접근가능성은 자기-결정에 있어서 중요한 변인이 된다. 진로개발의 전통적 개념은 역사적으로 모든 사람들이 열심히 일을 하기만 한다면, 언제나 기회구조에 접근가능하다고 주장해왔다(Gysbers, Heppner, & Johnston, 2003). 이러한 신념은 미국에 존재하는 실력주의의 신화와 정확하게 일치한다. 실력주의(meritocracy)란 교육과 직업훈련기회와 같은 사회적 자원들은 주로 실력을 가지고 있는 사람들에게 배분된다는 것을 말한다(Rossides, 1997). 하지만, 노동시장에 만연하고 있는, 실력만을 기준으로 해야 한다는 신념은 이제 더 이상 유용성이 없는 미국 신화이다. 왜냐하면, 실력주의란 이제 미국에서 실제로 존재하는 것이 아니기 때문이다. 한 사람이 교육과 훈련을 받을

수 있으려면, 자원과 기회에 대한 접근 가능성 및 개인의 노력이 합쳐질 때 가능한 경우가 많다. 특정 직업에 있어서 사람들이 높은 동기수준을 가지고 일을 하는 이유에 대해 포괄적으로 논의를 해보려면, 실력을 가지고 있지 않은 사람들이 선택할 수 있는 기회구조에 대해서도 이야기를 해보아야 한다(Blustein, 2006). 즉, 주택, 지지적인 가족 구성원, 안전한 이웃, 효과적인 교육, 교육 및 훈련을 위한 금전적 지원에 대해 한 개인이 어느 정도 접근가능한가의 문제에 대해서도 이야기를 해봐야 하는 것이다(Blustein, 2006). 기회에 더 많이 접근할 수 있는 사람들이, 보상을 받을 가능성이 더 크다는 것은 이제 일반적인 상식이기 때문이다(Blustein, 2006).

여성과 남성은 기회구조에 대해 접근을 할 수 있는 상황상 차별점이 있다. 여성의 빈곤율은 남성보다 높으며(Heppner & O'Brien, 2006), 혼자서 가족을 부양하고 있는 경우가 더 많고(U.S. Census Bureau, 2011), 남성에 비교해보았을 때 주택과 경제적 자원에 대한 접근가능성이 더 떨어진다. 그렇기 때문에, 여성들은 어쩔 수 없이 가치가 높지 않고 위험한 일을 할 수밖에 없다(예: 매춘). 이러한 분야에서 일을 하게 되면, 그 여성들은 주위에 대한 영향력을 잃게 된다. 그럼에도 불구하고, 많은 직업심리학자들은 가정을 벗어나서 일을 하게 되면, 어떤 일을 하게 되든간에, 여성들은 힘을 얻을 수 있으며, 남성과 동등한 권리를 가지게 된다고 주장해왔다(Betz & Fitzgerald, 1987; Blustein, 2006). 분명히, 기회에 대한 접근가능성은 특히 전혀 선택권을 가지지 못한 사람들이 일 결정을 하는 방법에 있어서 중요한 역할을 하고 있다.

포괄적인 젠더시각을 통합시킬 수 있는 진로상담 프레임워크

남성과 여성 내담자의 직업인생에 있어서 일이 담당하는 역할을 점검해 보려면, 일의 심리학 시각을 실현하는 것이 중요하다. 포괄적인 프레임워크를 기반으로 한 효과적인 진로상담을 제공하려면,

포괄적이고 젠더 중심적인 시각(gendered per-spective)을 통합시킨 진로상담 프레임워크를 리뷰해야 한다. 하지만 여기서 곧바로 일 결정을 하는데 있어서 젠더의 역할을 강조하는 프레임워크를 전반적으로 리뷰하는 것은, 길이의 제한 때문에 어려울 것 같다. 대신에, 6장에서는 두 가지 프레임워크를 살펴보려고 한다. 비판적 페미니스트 접근법과 남성 사회화 접근법. 이 두 가지는 여성과 남성 모두에게 일-기반 상담을 제공할 때 활용 가능할 것이다. 각 접근법들은 젠더 역할 사회화를 통합하였고, 여성과 남성의 삶에서 일이 차지하는 의미를 이해하기 위해 포용적인 젠더 중심적인 시각을 포함시켰다.

비판적 페미니스트 접근법

크로니스터, 맥휘터와 포레스트(Chronister, Mc-Whirter, and Forrest, 2006)는 역량강화 관점을 기반으로 하여 여성들에게 진로상담을 제공하는데 있어서 페미니스트 원칙을 포함시킨 비판적 페미니스트 접근법을 개발하였다. 비판적 페미니스트 접근법은, 상담자들이 체계적으로 더 큰 맥락적 변인들(젠더 역할 사회화와, 여성의 진로개발에 대한 성차별주의)의 영향력을 점검할 수 있도록 해주는 프레임워크이다. 이러한 접근법은 맥휘터(1994, 1997)의 역량강화(empowerment)의 5가지 C를 통합하였다: 협력, 능력, 맥락, 비판적 의식, 커뮤니티.

첫 번째로, 비판적 페미니스트 접근법은 상담자와 내담자 사이의 협력적이고 역동적인 관계가 있어야 한다는 점을 강조한다; 이 관계내에서는 권력의 차이가 가능한 한 최소화되어야 한다는 것이다. 역량강화를 위한 상담의 두 번째 요소, '능력'은 강점을 기반으로 하여 여성의 스킬, 자원, 경험을 파악하고 강조하는데 초점을 맞춘다. 세 번째 요소, '맥락'은 여성과 여성의 삶에 대해 이해할 때 가족, 일 환경, 사회정치적 역사, 문화, 교육환경, 가정/이웃/커뮤니티/국가 내에서의 경제적 조건을 포함한 생태계적 시각을 가진다는 것이다(Chronister, McWhirter, & Forrest, 2006). 그러기 위해서는, 여성이 자신의 맥락안에서 경험하고 있는 억압적 권력

과 특권에 대해 세밀하게 점검해보아야 한다.

네 번째 요소, 비판적 의식은 여성의 인생에서 권력들이 어떻게 나타나고 있는지를 파악하고, 여성의 인생에서 나타나는 권력역동을 어떻게 변화시킬 수 있는지에 대한 인식을 강화하는 것을 가리킨다(Chronister, McWhirter, & Forrest, 2006). 마지막으로, 역량강화 상담의 다섯 번째 요소인 커뮤니티는, 여성들이 타인으로부터의 지지를 얻고, 다른 사람들의 역량강화에 기여하기 위해 커뮤니티 활동을 하기를 촉진한다.

크로니스터, 맥휘터와 포레스트(2006)는 역량강화를 위한 상담원칙을 포함시킨 진로상담접근법이 다음과 같은 페미니스트 시각을 기반으로 운영되어야 한다고 주장했다: 여러 가지 수준의 다양성(예: 젠더, 인종/민족, 계급, 성지향, 나이, 능력) 및 넓은 범위의 맥락(예: 가족, 커뮤니티, 더 큰 사회)에 관련된 권력역동을 설명하는 시각. 더 나아가서, 비판적 페미니스트 접근법은 역량강화 과정에 여성의 강점과 자원에 대한 강조를 포함시킨다(Chronister, McWhirter, & Forrest, 2006). 사회내에서 여성이 억압당해왔던 역사를 고려하고, 여성적인 특성과 가치에 대한 저평가를 명확히 이해하는 것은, 진로상담과정의 매우 중요한 부분이 될 수 있다.

더 나아가서, 비판적 페미니스트 접근법을 통해, 상담자들은 내담자의 삶에 영향을 미칠 수 있는 다양한 사회문화적, 생태계적 변인들을 점검할 수 있다. 이는 여성의 정서적, 신체적, 정신적, 경제적, 진로와 영성적 니즈를 전체적으로 이해하기 위해 핵심적인 단계이다(Chronister, McWhirter, & Forrest, 2006). 또한, 비판적 의식 프레임워크를 활용하게 되면, 심리학자들과 상담자들은 상담관계 내에서, 그리고 전체적인 사회내에서 이루어지고 있는 권력 역동을 탐색해볼 수 있게 된다. 여성이 경험하고 있는 권력역동을 탐색한다는 것은, 가족과 일 역동, 젠더 역할 사회화, 성차별주의, 인종차별주의, 계급주의, 각 개인의 학교와 일 맥락에 대해 점검하고 이해하는 것을 강조하는 것을 말한다(Chronister, McWhirter, & Forrest, 2006). 마지막으로, 여성들이 커뮤니티와의 연대감을 증진시키도록 강

화하는 작업에는, 정체성, 강점, 희망, 역사, 자원, 지지와 도전의 기회의 원천을 여성들에게 제공하는 것이 포함된다(Chronister, McWhirter, & Forrest, 2006). 이는 일이란 각 개인에게 더 큰 커뮤니티와의 연대감을 제공해줄 수 있다고 주장하는 일의 심리학 시각과 일치한다.

크로니스터, 맥휘터와 포레스트(2006)는 비판적 페미니스트 접근법이 모든 여성들의 역량을 강화해줄 수 있다고 주장한다. 이 접근법을 통해 여성들은 중요하고 의미있는 방법으로 일 정체성을 구성하는 과정에 영향을 미치는 다양한 맥락적 영향들을 이해할 수 있게 된다. 필자들은 이 접근법이 효과적이고 포괄적인 진로상담과 크게 다르지 않다고 주장한다. 그보다, 비판적 페미니스트 접근법을 통해 내담자를 개념화시키게 되면, 상담전문가와 여성 내담자는 여성의 역량을 강화하는 진로상담과정을 이끌어가는 프레임워크 내에서 세부적인 과정과 역동에 초점을 맞출 수 있게 된다(Chronister, McWhirter, & Forrest, 2006).

남성 사회화 접근법

헤프너와 헤프너(Heppner and Heppner, 2005)는 남성의 진로개발 문헌에 존재하는 별난 모순점을 언급했다. 역사적으로, 직업심리학 분야는 남성중심적이었지만, 진로개발에 대한 근본적 연구들 중 대부분은 모든 남성들을 동질적인 집단으로 보았고, 남성의 진로결정 맥락을 검토하지는 않았다. 예를 들어서, 초기의 직업연구들은 남성의 진로선택에 젠더역할 사회화가 어떤 영향을 미치는지에 대해 관심이 없었고, 연구자들은 비전통적 분야에서 일을 하고 있는 남성의 심리학적 특성을 탐색해보지도 않았다.

헤프너와 헤프너(2005)는 남성을 대상으로 상담을 할 때, 그리고 남성의 일 결정에 영향을 미치는 독특한 변인들에 대해 민감한 진로상담을 제공할 때에 고려해야 할 중요한 이슈 10가지를 제시하였다. 첫째, 초기 및 현재에 경험한 젠더역할 사회화가 개인생활 및 일 선택 모두에 영향을 주는 방법을 점검하고 이해하는 것이 중요하다. 젠더역

할 사회화를 파악하는데 있어서, 성별에 적절하거나 부적절한 직업에 대한 초기 태도가 형성되는 방법과 관련하여 논의를 해보면, 사회화 과정을 이해하는 데에 큰 도움이 된다. 남성들은 자신이 받았던 초기 메시지에 대해 인식하지 못하고 있었던 경우가 많았다. 남성에게 중요한 두 번째 이슈는, 남성의 삶에 있어서 일은 반드시 중요한 역할을 해야 한다는 사회화 내용이다(Heppner & Heppner, 2005). 전형적으로 사회에서는 남성을 정의하는데 있어서 그 남성의 직업을 기반으로 하기 때문에, 남성들은 당연히 자신의 일과 스스로를 강하게 동일시하게 된다. 남성들은 "진정한" 남성이 되어야 하며, 진로추구, 목표달성, 경제적 수입 및 물질적 자산을 모으는데 있어서 성공을 거두어야 한다는 메시지를 받는 경우가 많다(Heppner & Heppner, 2005). 이러한 사회화 경험들이 남성이 자신의 직업인생을 통해 의미를 구성하는 방법에 영향을 미치는 과정을 탐색하는 것은 도움이 된다. 셋째, 남성에게 효과적인 진로상담을 제공하려면, 직업심리학자들과 진로상담자들은 '모든 남자들은 동일한 특성을 가진다'라는 신화를 반드시 버려야 하며, 남성은 다양한 변인들(인종/민족 배경, 성지향, 개발, 능력수준, 영성)에 있어서 차별성을 가진다는 사실을 받아들일 필요가 있다.

남성에게 젠더에 민감한 진로상담을 제공할 때 중요한 네 번째 이슈는, 젠더와 젠더에 관련된 구성을 정확하게 평가하는 것이다. 헤프너와 헤프너(2005)는 진로상담자들이 젠더역할 갈등, 젠더-관련 스트레스, 남성의 역할에 대해 평가해보아야 한다고 주장했다. 다섯째, 진로상담자들은 남성내담자와 작업할 때, 포괄적인 접근법을 사용하고, 진로상담에 심리학적 적응도에 대한 점검을 포함시키는 것이 중요하다. 여섯째, 헤프너와 헤프너(2005)는 강점-기반의 시각을 기반으로 하여 남성 사회화가 긍정적으로 강화시켜줄 수 있는 강점들을 탐색하고 인식하며 확인함으로써, 젠더 역할 사회화의 부정적인 국면을 넘어서는 것이 중요하다고 강조하였다. 상담과정을 통해 이 강점들을 강조하고, 드러나도록 하는 일은 매우 중요하다. 남성

을 상담할 때 중요한 일곱 번째 이슈는, 도움요청을 하는 것이 어렵다는 사실이다. 상담실에 오는 행동은 남성 젠더역할 사회화와 정반대되는 것이기 때문에, 남성들은 초기에 도움을 요청하는 데 있어서 머뭇거리는 경우가 많다. 따라서, 남성들이 필요할 때 도움을 요청하도록 촉진하는 것은 매우 중요한 일이다.

여덟 번째, 헤프너와 헤프너(2005)는 강한 작업동맹을 구축하는 것은 매우 중요하지만, 남성 사회화 때문에 남성들은 타인, 특히 다른 남성들과의 관계를 어려워하는 도전과제가 존재한다고 주장하였다. 그리고, 진로상담자들은 자신의 감정에 대해 이야기하는 것은 바람직하지 않다는 남성들의 사회화 경험 때문에, 남성들이 상담과정중에 자신의 감정과 정서들을 살펴보기보다는 행동을 하고 싶어한다는 사실을 이해할 필요가 있다. 그리고, 심리학적 이슈와 감정들에 대한 문제 해결간 균형을 잡는 것이 중요하다. 마지막으로, 남성에게 특히 중요한 이슈는 직업시장과 요구되는 스킬을 변화시키는 문제이다(Heppner & Heppner, 2005). 부모 세대들의 고용에 있어서 핵심적이었던 개인특성들, 경쟁심, 위계, 지속성, 안정성은 오늘날의 일 세상에서는 그다지 높은 가치를 인정받지 못한다. 남성들은 오늘날의 일터에서 새로운 일과 관계에 관련된 스킬을 개발시키라는 요구를 받게 되는데, 이러한 상황은 남성들에게 불편감과 무능함, 그리고 스트레스를 느끼게 할 수 있다.

헤프너와 헤프너(2005)는 남성들에게 젠더에 민감한 상담을 제공하려면, 이 열가지 중요한 이슈들을 통합하는 것이 좋다고 주장한다. 특히, 미국 내의 일 세상이 변화하고, 우리가 글로벌 경제를 향해 나아가며, 오늘날의 경제적 위기가 남성의 일을 위협하게 됨에 따라, 이러한 변인들을 다루는 것은 특히 중요하다. 예를 들어보자. 남성들이 일과의 동일시를 강하게 하면서 전통적으로 사회화되었다면, 일을 얻기가 어려워졌을 때에는 정체성에 있어서 어떤 문제가 생기게 되는 것일까? 남성과 여성 모두에 있어서, 경제적인 장애물들은 의미 있는 일을 찾는 것을 더욱 어렵게 만든다. 실업기간이 길어진다면, 남성은 자신의 남성성과 젠더정체성 위기에 대해 어떻게 대처할 수 있을까? 따라서, 유료노동이든 무료노동이든 상관없이, 비전통적인 일을 하고 있는 남성의 젠더정체성과 역할 사회화에 대해 논의해보는 것은 특히 중요하다. 젠더역할 사회화는 유료노동을 선택하지 않은 남성이나, 돈을 벌지 못하는 남성에게 어떤 영향을 미치는 것일까? 마찬가지로, 비전통적인 일이나 여성적인 일로 간주되는 직업(예: 타인 돌보기, 간호사)을 가진다는 것은 남성의 정체성이나 남성성, 가부장적인 사회내 권력에 대한 접근가능성에 어떤 영향을 미칠까? 남성을 상담할 때, 일의 심리학 시각을 활용해보기 시작한다면, 이러한 질문을 해보는 것이 중요할 것이다.

결론

미국 사회에 만연해 있는 일에서의 젠더 중심 맥락과, 일-관련 행동과 관련된 엄격한 젠더역할 사회화를 고려해볼 때, 젠더와 일이 밀접하게 관련되어 있는 것은 명확한 사실이다. 6장에서는 포괄적인 일의 심리학 시각을 기반으로 하여, 젠더역할 사회화, 성차별주의, 전반적인 차별, 평등이슈에 대해 점검해보면서, 일과 젠더역할이 상호작용하는 복잡한 방법들을 살펴보았다. 역사적으로 여성들은 의미있는 유료노동에 대한 접근가능성을 갖지 못했었다. 시간이 지나감에 따라 여성들이 일의 세상으로 매우 많이 들어오게 되었지만, 이러한 소외현상은 직접적/간접적인 성차별주의와 일반적인 차별의 형태로서 여전히 존재하고 있다. 마찬가지로, 여성들이 자아개념을 실현하기 위한 내재적 이유와, 기본적인 생존니즈를 충족하기 위해 금전적 자원을 얻는다는 외부적 이유 때문에 유료노동을 많이 하게 되는 동안, 일의 세상에서 남성이 맡았던 역할도 계속해서 움직이고 변화하고 있다. 여성과 남성들은 지속적으로 일의 역할과 가족에서의 역할간의 균형을 잡기위해 노력해야만 한다; 생존을 위해 필요한 자원 얻기, 사회 내에서 권력과 지위 취득하기, 타인들과 의미있는 방법으로 관계 맺기, 자아개념을 표현할 수 있는 활동들을 추구하기.

일에 관련된 젠더의 역할을 이해하는데 있어서 포괄적인 접근법을 활용하려면, 상담전문가와 심리학자들은 전통적 진로이론들이 대부분 채택하지 않았던 방법으로 일을 개념화해야 한다. 일과 관련된 선택권과 자유의지는 모든 사람들이 가질 수 있는 특권이 아니다. 특히, 여성들은 매우 오랜 기간 동안 그러한 특권을 가질 수 없었다. 더 나아가서, 사회경제적 지위가 낮은 사람들은 일에 관련된 결정을 하는데 있어서 선택권을 가질 수 있는 기회구조에 접근할 수 없었다. 이러한 기회구조들은 각 개인이 젠더와 일간의 교차점에서 의미를 구성하는 방법에 영향을 미친다. 우리는 특권층이 '진로'라고 부르는 것을 갖는 것에만 관심을 두는 것이 아니라, 모든 사람들이 일에 대해 가지는 의미를 탐색하고 파악해야만 한다. 따라서, 이 장의 결론으로서, 젠더를 고려한 시각을 기반으로 일을 탐색할 때, 더 심층적으로 논의되어야 하는 몇 가지 분야들을 제시해보려고 한다.

미래의 방향

다음은 포괄적인 시각을 기반으로 하여 젠더를 고려한 일의 맥락을 잘 이해하기 위해 탐색되어야 할 질문들이다:

1. 구조적 장애물들(젠더 역할 사회화, 역할모델에 대한 노출, 제한된 교육기회, 지속적인 성차별주의의 존재, 수입의 불균형과 빈곤)은 여성과 남성들이 일의 세상내에 존재하는 기회 지각을 하는데 어떤 영향을 주고 있는가? 더 나아가서, 이와 같은 구조적 장벽들은 여성과 남성들이 일 선택을 하는 것을 어떻게 방해하고 있는가?

2. 젠더는 다른 정체성 특성들(예: 인종/민족, 사회계급, 성지향성, 능력수준, 영성)과 어떻게 결합되어, 각 개인의 독특한 직업정체성을 만들어내는가? 특히, 젠더가 정체성의 다른 중요한 특성들과 혼합되는 경우, 일에 관련된 의미는 어떻게 구성되는가? 젠더에 관련된 사회화 경험은 문화마다 독특할 수 있기 때문에, 젠더를 연구할 때에는 젠더만 단독변인으로 다루어서는 안된다.

3. 여성들이 성차별주의와 젠더역할 사회화에 대한 저항을 강화하는 전략들을 개발할 수 있도록 우리는 어떻게 조력할 수 있을까? 남성들이 다양한 일의 대안들을 선택하지 못하도록 막는 젠더역할 사회화와, 남성성에 대한 개념에 저항할 수 있는 전략들을 개발하도록, 우리는 어떻게 도울 수 있을까? 젠더역할 사회화, 성차별주의, 전반적인 차별이 사회에 지속적으로 만연하고 있는 것을 고려하는 것이 특히 중요하다.

4. 스스로가 충분한 선택권을 가지고 있다는 것을 인식하지 못하는 사람들의 일 결정에 대해서, 젠더는 어떤 영향을 주고 있을까? 생존을 위해 필요한 자원들을 얻기 위한 취업을 단순히 바라는 사람들에게 있어서, 젠더는 그들이 일의 삶을 통해 구성한 의미에 어떤 영향을 주고 있을까? 생존을 위한 일의 유형에 있어서, 여성과 남성은 차이점을 보일까?

5. 여성이 얻을 수 있는 직업유형에 있어서, 성차별주의와 일반적인 차별변인은 어떤 영향을 미치고 있을까? 예를 들어, 사회 내에서 여성의 신체를 대상화하고, 그에 관련하여 높은 보상을 하는 경향이 있다는 것을 고려할 때, 여성들은 미국에서 생존하기 위한 경제적 자원을 충분히 제공하는 일을 찾기 위해, 매춘이나 이국적인 춤을 추는 댄서와 같은 일을 하면서 자신의 몸을 대상화해야겠다는 마음을 가지게 될까? 남성과 여성간의 임금격차를 생각하면, 이러한 현상은 특히 여성에게 일어나고 있는 것으로 보인다.

7장 포괄적인 LGBT 일의 심리학을 향해

메리 앤더슨, 제임스 크로토(Mary Z. Anderson and James M. Croteau)

초록

본 장은 LGBT 문제를 일의 심리학과 직접적으로 관련지어 검토한다. LGBT 직업심리학에서 가장 발전된 두 영역인 LGBT 직장 내 차별 또는 차별적 풍토와 LGBT 노동자의 성적 정체성(sexual identity) 관리에 대해 개관한다. 본 장에서는 각 영역에서 선별된 최근 이론적 문헌과 경험적 연구를 논의했는데, 이러한 문헌과 연구들은 포괄적인 LGBT 일의 심리학을 향한 움직임을 촉진하고 현재의 이해를 깊게 해준다. 이를 통해 이러한 움직임을 장려하기 위한 향후 연구를 위한 제언을 하고 설명하다. 주요 제언으로는 (a) LGBT 직장풍토와 성적 정체성 관리에 대한 방법론적으로 엄격한 연구를 지속하는 것, (b) 지속적으로 광범위한 직장풍토에 주목하면서 특히 호의적인 직장환경에 기여하는 행동지향적 요인들을 찾는 것에 초점을 두는 것, (c) 성적 정체성 관리와 관련해서 일상행동과 지속적인 전략 및 성적 정체성 표현 기저의 동기에 대한 이해 등을 포함하는 폭 넓은 직장내 성적 정체성 관리 구인들에 학문적 초점을 두는 것, (d) 백인 중산층 및 상류층의 레즈비언 여성과 게이 남성의 직업적 삶에 전적으로 집중되어있는 현재 LGBT 직업심리학의 지배적 기류를 바꾸기 위하여 학문적 영역을 확대하는 것이다. 이러한 학문적 영역을 확대하기 위해서는 전문직이 아닌 노동자, 고학력이 아닌 노동자, 유색인종 노동자, 양성애자 및 트랜스젠더 노동자의 경험에 대한 이해를 우선하는 커다란 관점의 변화가 요구된다. 본 장은 광범위한 LGBT 심리학 문헌을 바탕으로 보다 포괄적인 학문으로 발전시키기 위하여 여러 가지 구체적인 제안들을 한다.

주제어

게이, 레즈비언, 성 소수자, 직업심리학, 일, 차별

레즈비언, 게이, 양성애자 및 트랜스젠더(LGBT) 직업심리학은 직업심리학 분야에서 비교적 최근에 발전한 영역이다. 이 분야의 문헌들은 특별히 동성애자에 대한 사회적 차별 및 동성애 공포증이 만연한 상황에서 LGBT의 삶을 이해하고 인정하는 것에 초점을 맞춘, 보다 넓은 LGBT심리학 연구의 제2의 물결에서 나온 것으로 볼 수 있다(Croteau, Bieschke, Fassinger, &Manning, 2008; Maher et al.,

2009). 이전에도 개별적인 연구들이 있었지만, 더 많은 내실있는 통합된 LGBT 직업심리학문헌들은 1980년대 후반과 1990년대에 등장하기 시작했다. 1990년대 중반에 *Career Development Quarterly* 의 두개의 특별 섹션과 *The Journal of Vocational Behavior*의 특별호는 성 소수자 노동자(주로 레즈비언과 게이)의 진로와 관련된 핵심적인 문제에 대한 근본적인 설명을 제공하고, 차별폐지를 위한 실천방안을 제시 하였다(예: Croteau, 1996, Croteau & Bieschke, 1996, Fassinger, 1995, Milburn, 1993, Pope, 1995). 지난 20년 동안 LGBT 직업심리학은 보다 이론에 근거한 이해, LGB에 특화된 직업이론 관점의 개발, 보다 엄격한 연구방법을 강조하면서 계속 발전해왔다(Badgett, Lau, Sears, & Ho, 2007, Croteau, Anderson, DiStefano, & Kampa-Kokesch, 2000; Croteau, Anderson, & VanderWal, 2008; Lidderdale, Croteau, Anderson, Tovar-Murray, & Davis, 2007).

일의 심리학은 직업심리학 분야에서 더욱 최근에 발전한 영역으로, 진로선택, 흥미 및 의사 결정에 중점을 두었던 것에서 일 경험전체를 아우르는 보다 폭넓은 관점으로의 전환을 특징으로 한다.(Blustein, 2006; Blustein, Kenna, Gill, & DeVoy, 2008). 일의 심리학이 지적하는 바는 직업심리학을 전통적인 진로선택의 관념으로 규정하면 태어날 때부터 갖춰진 것을 기반으로 진로선택을 할 수 있는 권련과 사회적 특권을 가진 좁은 범위의 사람들에게 초점을 둘 수밖에 없다는 것이다. 넓게 보면, 일의 심리학은 직업심리학이 견고하지만 좁은 선택, 흥미, 의사결정 영역의 좁은 토대에서 일과 노동자 전 범위를 다루는 쪽으로 확장하도록 압박한다. 이러한 확장된 관점으로 일의 심리학은 다양한 수준의 사회적 힘을 가진 사람들 간의 공통적인 일의 기능을 더욱 강조한다. 즉, 일은 생존과 권력에 대한 접근수단, 사회적 연결 수단, 자기결정의 수단을 제공하는 것으로 설명된다.

LGBT 직업심리학의 개념은 직업심리학의 '대상'을 확대한다는 측면에서 일의 심리학의 관점과 일관되어 왔다. LGBT 직업심리학이 중점 분야로서 등장하기 이전에 소수의 성적 지향(sexual ori-entation)을 가진 노동자들의 경험은 이 분야에서 거의 다뤄지지 않았다. LGBT 직업심리학 전체를 개관했을 때, 진로선택, 흥미, 의사결정과 LGBT 집단을 대상으로 한 전통적인 진로선택 상담이 주목받기는 했지만, LGBT 직업심리학 내에서 가장 일관되고 발전된 분야의 강조점은 일의 심리학의 관점과 일관되어 왔다(Croteau et al., 2000; Lidderdale et al., 2007). 가장 주목 받은 두 가지 주제는 직장내 차별과 풍토, 직장내 성적 정체성 관리로 지속적인 관심을 받은 것은 직장에서의 경험이다(Croteau, 1996; Croteau et al., 2000; Lidderdale et al., 2007). 이러한 주제들은 생존과 권력, 사회적 연결감, 자기결정이라는 일의 심리학의 주제들과 명확하게 관련되어 있다.

어떤 면에서, LGBT 직업심리학은 일의 심리학의 관점과 상당히 유사하다. 그러나, 보다 심도 있게 살펴보면, 일의 심리학에서의 제기하는 비판이 LGBT 직업심리학에 기여할 수 있는 점들이 많다는 것을 알 수 있다. LGBT 직장에 대한 문헌의 가장 두드러진 한계는 심리학 연구 및 학문 전반에 퍼져 있는 전반적인 편향성이다. 이는 주로 교육수준이 높은 중상류층의 백인들의 경험을 연구하고, 이론화하고, 보여주는 편향성을 말한다. 따라서 LGBT 직장내 차별과 풍토, LGBT 노동자의 성적 정체성 관리를 포함한 직장에서의 일의 경험이 LGBT 직업심리학의 주된 초점이었을지라도, 이 초점은 LGBT 집단 내에서 인종적으로, 경제적으로 특권층에 해당하는 사람들의 일의 경험에 집중되어 있었다.

또한 포괄성을 논함에 있어서 우리는 성적 지향을 지칭하는 용어를 선택할 때 유의해야 한다. 지금까지 우리는 문헌 전반(예를 들어, LGBT 직업심리학)을 지칭했기 때문에 "LGBT"라는 용어를 사용해왔다. 또한, 우리가 바라는 학문의 발전 방향(예를 들어, LGBT 일의 심리학)을 시사하고자 할 때, LGBT라는 용어를 사용할 것이다. 우리는 이러한 전반적인 문헌을 논의할 때, 레즈비언, 게이 남성, 양성애자 남성과 여성, 트랜스젠더를 모두 포함하는데, 왜냐하면 우리는 이 분야에서 소수의 성적 지향과 성별 정체성 집단들을 포괄하기 위한 학문과 실제를 전반에 걸친 노력을 형성하고자 하기 때문이다. 그러나 실제로, 기존의 초점의 상당부분은 레즈비언 여성, 게이 남성, 또는 양쪽 모두에게 집중되어 왔으며, 지난 5~10년 사이에는 양성애자와 트랜스젠더에 대한 관심도 나타났다. 우리는 특정 문헌을 논의할 때는 연구대상이 누구인지, 논의되고 있는 대상이 누구인지를 가능한 한 정확하게 기술하고자 하고, 현재의 양성애자와 트랜스젠더 집단에 대한 포괄성의 한계를 드러내기 위해 용어 사용을 엄격하게 할 것이다. 현재까지의 LGBT 직업심리학의 역사와 내용에 대한 우리의 이해와 이것이 어떻게 일의 심리학의 관점과 부합하는지를 고려해서, 우리는 일의 심리학 안에 LGBT 주제들을 통합하기 위해 다음의 구체적 초점과 구조를 선택했다. 첫째, 우리는 일의 경험에 초점을 두는 일의 심리학 관점과 일치하는 LGBT 직장내 차별 및 풍토와 LGBT 노동자의 직장에서의 성적 정체성 관리라는 LGBT 직업심리학의 가장 발전된 두 영역에 대한 개관을 할 것이다. 다음으로 각 영역에서, 현재의 이해를 넓히고 더 포괄적인 LGBT 일의 심리학으로의 움직임을 촉진시키는 최근의 이론 및 경험적인 문헌을 논의하고자 한다. 최근 문헌 전체에 대한 논의보다는, 일의 심리학의 관점에 대한 이해를 증진시키고 학문적 노력을 진전시키기 위한 모범 사례로서 기여할 만한 비교적 소수의 문헌을 선별하였다. 우리는 LGBT 직업심리학에서 LGBT 일의 심리학으로의 전환하는 것에 대한 폭넓은 토론으로 이 글을 마무리하고자 한다.

직장내 차별과 풍토
(Workplace Discrimination and Climate)

성 소수자문제에 초점을 둔 초창기 직업연구는 주로 직장 내 차별을 당한 경험을 설명하고 이 차별이 레즈비언 및 게이 노동자에게 미친 영향을 탐색하는데 목적을 두었다(Croteau, 1996; Croteau et al., 2000). 이러한 맥락에서, 일련의 실제 중심의 문헌들이 등장했다. 이러한 문헌들은 진로상담과정

에서 잠재적 차별에 대한 지식과 성적 정체성 발달에 있어서의 개인차에 대한 존중을 통합하기 위한 제안점들도 제공했다. 진로상담가들은 LGB 내담자들이 진로탐색 및 구직 과정의 일부로서 직장 풍토에 대한 자신들의 평가를 바탕으로 선택지를 평가하고 결정하는 것을 돕도록 권고받았다.

이러한 초창기 문헌부터 최신의 직장 관련 문헌까지 검토했을 때, 차별 경험과 장래의 차별에 대한 두려움이 만연해있다는 것은 분명하다(Badgettet al., 2007; Croteau, 1996; Croteau at al., 2000; Lidderdale et al., 2007). 또한, LGB 노동자에 대한 질적 보고서에 따르면, 직장내 차별 그 자체는 복잡한 구인이며, 사회적 연결과 자기결정의 경험뿐 아니라 체감하는 권력과 생존에 대한 접근성과도 관련이 있는 것으로 나타났다.

초기의 직장 내 차별 관련 문헌들의 중요한 측면은 이러한 경험에 대한 이해를 형성하고 설명하기 위해 LGB 노동자의 목소리에 의존한 것이었다(Croteau, 1996; Croteau et al., 2000). 노동자 본인의 설명을 신뢰한 것은 이러한 문헌의 발전에 중요했으며, 일의 심리학이 "경험에 가까운" 연구로 불리워야 한다는 것을 보여준다. LGB 노동자들의 경험에 대한 설명을 기반으로 한 차별에 대한 연구는 공식 및 비공식 차별을 포함했다. Levine과 Leonard(1984)가 명명한 이러한 구별은 "상사 또는 동료에 의한 괴롭힘 및 다른 비공식적인 행동"(비공식 차별)뿐 아니라 고용, 해고, 승진 및 포상결정(공식적 차별)과 같은 "공식적으로 수여되는 근로보상을 제한하는 제도화된 절차"를 말하는 것으로 공식과 비공식 차별 모두의 영향을 강조한다(p.706).

시간이 지남에 따라, 이러한 차별에 대한 연구는 편의에 의한 표집에 의존하는 것에서 확률표집과 실험설계를 모두 포함하는 것으로 점점 더 엄격해졌다(Badgett 외., 2007). 차별에 대한 연구는 근무 환경이나 풍토의 영향에 대한 이해를 점차 더 포괄하여 포함하게 되었다(Croteau, Bieschke, et al., 2008). 실제로 LGB 노동자에게 호의적인 근무 환경을 만드는 데 기여하는 직장의 여러 측면뿐만

아니라 공식적, 비공식적 차별을 포함하는 "직장풍토"에 대한 포괄적인 이해를 향한 전반적인 진전이 있었다. 다음 장에서는 직장 내 차별 과 폭넓은 직장풍토의 경험을 이해에 대한 최근의 성과를 검토하고자 한다.

지속적이며 더 가혹한, 만연한 차별의 증거

LGB 노동자에 대한 차별의 횡행은 1990년대 중반 이후 출판된 LGB 노동자의 경험에 대한 15편의 연구를 포함하여 공식적인 직장내 차별에 대한 최근 개관연구에 기록되어 있다(Badgett 외, 2007). 경제학, 사회학 및 심리학을 포함한 광범위한 사회과학 분야의 문헌들을 검토하여 Badgett와 동료들은 정부기관에 제기된 차별에 대한 불만접수의빈도, 임금 불평등의 증거 및 통제된 실험에서 입증된 LGB 노동자에 대한 차등적인 대우 또한 보고했다. Badgett과 동료들이 검토한 문헌은 LGB 노동자 및 직원을 향한 불평등한 대우를 초래하는 조직의 시각과 행동에 대한 이해를 강조한다. 이에 반해, LGB 직업심리학 문헌은 직원 개인의 심리적 경험에 더 중점을 둔다. 일의 심리학은 포괄적인 관점으로 이에 따라 다학제간의 지식을 발전시킬 필요가 있는 것이다. 확실히 조직 및 심리학 문헌을 함께 검토하는 것은 LGB 노동자의 경험을 보다 완전하게 이해하도록 한다.

Badgett 외(2007)가 검토한 LGB 노동자를 대상으로 한 보다 최신 조사에는 만연하고 지속적인 차별이 나타난다. 이 문헌의 대부분이 구체적인 하나의 직업이나 집단 또는 지리적 위치에 초점을 맞추고 있지만, 전국적 확률(또는 임의)표본을 기반으로 한 최근 3편의 연구결과도 검토되었다. 1990년대 중반과 2007년 사이에 발표된 15편의 연구결과에 따르면 차별 경험은 공통적으로 있었는데, LGB 노동자의 15%에서 43%가 이러한 경험을 보고했다. 예를 들어, LGB 노동자는 고용 및 해고에 있어 차별(8% - 17%), 승진 및 평가에 있어서의 차별(10% - 28%), 차등한 임금 및 복지혜택을 포함한 불평등한 보상(10% - 19%), 언어 폭력 또는 신체적 괴롭힘과 학대(7% - 41%)를 경험했다고 보고했다.

Badgett 외(2007)의 검토는 여러 국가 데이터베이스에서 작성된 임금 불평등 연구를 분석함으로써 공식적인 차별에 대한 이해를 높였다. 이러한 국가 데이터베이스로는 국민건강 및 사회생활 조사(NationalHealth and Social Life Survey), 일반사회조사(The GeneralSocial Survey), 미국인구 조사(The U.S. Census) 및 국민건강 및 영양설문 조사(the National Health and Nutrition Examination Survey) 등이 있다. 이와 같은 데이터베이스를 사용한 연구에 따르면 비슷한 직업과 성격적 특성을 가진 경우에도, 게이 남성은 이성애자 남성보다 10~32% 가량 수입이 적었다. 레즈비언 여성을 이성애자 여성과 비교했을 때 임금차별에 대한 증거는 일관성이 없었지만 레즈비언 여성은 남성보다는 수입이 일관되게 적었다.

Badgett 외(2007)는 직업선택에 있어서 성적 지향의 효과를 확인하기 위해 전통적 실험설계를 채택한 6편의 연구도 보고했다. 이 연구 중 5편에서 게이 및 레즈비언 구직자들에 대한 차별의 증거를 발견했다. 차별적인 대우는 레즈비언과 게이 노동자들에게 명백했는데, 이들은 면접기회를 더 적게 얻고, 지원서류에 대한 낮은 평가를 받았고(임금에서도 마찬가지 차별이 있었지만, 이는 레즈비언 여성보다 게이 남성에게 더 두드러졌다), 더 적은 고용 추천서를 받고, 부정적인 대인관계 상호작용을 경험했다.

전반적으로 이러한 최근 문헌 검토(Badgett et al., 2007)에는 3편의 전국 임의확률기반 표본, 6편의 전통적 실험설계 연구 및 임금 불평등에 대한 정교한 분석과 같이 다양한 연구방법을 사용하여 보인 만연한 차별이 명확하게 나타나 있다. 공식적인 차별에 대해 이렇게 철저하게 기록하는 경향을 지속하는 것에 어느 정도 유익이 있지만, 우리는 LGB 노동자에게 보다 호의적인 직장을 개발하기 위한 방법을 찾는 것을 목적으로 한 연구를 더 많이 하기를 권한다. 지난 10년간의 직업심리학 문헌은 직장풍토에 대해 보다 광범위한 기준에 초점을 맞추면서 이 방향으로 이동하기 시작했다. 이러한 직장풍토에는 직장에서의 공식적(즉, 정책적) 및 비공식적(즉, 직장에서의 관계) 지원이라는 긍정적인 지표뿐만 아니라 공식, 비공식적인 차별도 포함한다.

직장풍토 초점을 확대하기

폭넓은 직장풍토 개념을 고려하는데 진전을 보인 좋은 연구로 Liddle, Luzzo, Hauenstein 및 Schuck(2004)의 직장풍토를 측정한 연구가 있다. 이러한 새로운 풍토 척도를 개발해야하는 핵심 이유는 다양한 범위의 직장풍토 관련 경험들을 포함하기 위함이다. Chojnacki와 Gelberg(1994)의 연구를 바탕으로, Liddle 외는 공공연한 또는 은밀한 차별에서부터 관대한 혹은 나아가 LGBT를 인정하는 환경까지 포함한 직장환경을 평가하려고 노력했다. 직장풍토 전 범위를 측정할 수 있다는 것은 부정적인 직장풍토에 집중하기 보다 긍정적인 업무성과를 만들 수 있는 LGBT 노동자의 경험을 생각한다는 점에서 중요한 변화이다.

연구자들은 척도개발을 위해서 LGBT(주로 레즈비언과 게이) 노동자의 "현 직장에서 게이, 레즈비언 또는 양성애자로 산다는 것"(Liddle et al., 2004, p.37)에 대한 기술을 수집하는 것으로 연구를 시작했다. 긍정적인 경험과 부정적인 경험을 모두 포함한 초기 문항개발을 위해 질적 분석이 사용되었다. 또한 참여자들이 보고한 경험을 철저히 조사하고 문항개발을 할 때 참여자의 표현을 그대로 사용하려고 노력했다. 초기 자료들이 보다 지지적인 풍토에 있는 사람들로부터 도출된 것으로 보여, 추후 모집시 "LGBT 노동자에게 그다지 좋지 않은"(p.38) 환경에서 근무하는 참여자로부터 데이터를 얻기 위해 각별히 노력했다. 연구의 각 단계에서 다양한 직업의 노동자를 포함시키는 것이 특히 강조되었다. 개발된 척도는 직장풍토의 변화를 측정할 수 있을 뿐 아니라 LGBT에 더 지지적인 혹은 덜 지지적인 직장풍토 형성에 기여하고 이끄는 요인을 확인하기 위한 연구에서 유용할 것이다. 우리는 또한 향후 연구자들이 직장풍토를 평가할 때 보다 구체적이고 개별상황을 고려해야 한다는 Liddle 외의 제언에 동의한다. 직장풍토는 큰 직장

에서는 부서나 팀에 따라 다를 수 있으며, 이로 인해 직장 내 변인들과 LGB 노동자의 행동 및 경험 간에 복잡한 관계가 발생한다.

Liddle 외(2004)의 연구에서 잘 제시된 광의의 직장풍토와 그에 따른 척도 외에도, 효과적인 변화를 탐색하기 위해서는 LGB 노동자와 직장풍토에 대한 이론적인 이해가 필요하다. Chung은 LGB 노동자에 대한 차별과 기타 직장에서의 적대감을 극복하기 위한 LGB 노동자의 경험과 전략을 이해할 수 있게 하는 틀을 개발하기 위해 기존의 직업심리학이론과 연구를 사용하였는데, 이는 이론개발의 좋은 예이다. Chung은 앞서 언급된 공식적, 비공식적 차별의 구분에서 더 나아가, 그가 명명한 일에서의 차별(work discrimination)에 대한 대처를 개념화한 모델을 개발했다. Chung은 직장풍토라는 개념과 관련하여, 직장에서의 다양한 부정적인 경험에 대처하는 데 중점을 두어 "차별"이라는 용어를 폭넓게 사용했다. 우리가 Chung의 용어인 "일에서의 차별"을 사용하기는 하지만, 그의 개념화는 직장풍토에 대한 보다 광범위하고 포괄적인 항목(예를 들어, LGB 사람들 또는 문제에 대한 사람들의 부정적인 반응)을 포함한다.

Chung(2001)은 일에서의 차별을 공식과 비공식, 잠재와 직면, 인지와 실제의 세 가지 차원으로 구분하였다. 공식 대 비공식은 기관의 정책과 의사결정(공식적 측면)과 대인 역동 및 일터 분위기(비공식적 측면)로 구분된다. 잠재적인 차별이란 성적 지향성이 밝혀졌을 때 겪을 가능성이 있는 차별을 말하며, 직면한 차별은 LGB 노동자가 이제까지 경험해 온 차별을 말한다. 인지된 차별과 실제적인 차별의 차이는 LGB 노동자의 직장 내 기회구조에 대한 평가에서 대비되며, 권력과 기회에 대한 접근에 있어서의 인지된 한계와 실제적인 한계의 영향에서도 강조된다.

Chung(2001)의 모델에서 LGB 노동자는 일 적응행동과 직업선택 과정에서의 차별에 대처하는 것으로 개념화될 수 있다. 직업선택 과정에서의 차별에 대처하는 것은 LGB 노동자가 직면할 지도 모를 차별을 인지하고, 특정 직무 또는 직업을 추

구하는 결정을 한다는 것을 말한다. 이러한 선택은 자영업(자신을 위해 권력 유지), 직업추적(Job track-ing: LGB에 관용적이거나 수용적인 직업 또는 회사에서 일함), 또는 위험 감수(동성애에 적극적으로 적대적이고 차별적인 것으로 알려진 곳을 포함하여 보다 다양한 상황에서 일하는 것)에 관한 결정을 포함한다. 일 적응을 통해 차별에 대처하는 것은 두 가지의 광범위한 실무전략을 포함한다. 첫 번째는 차별에 대한 관리로 초기에는 차별경험에 대한 언급 없이 퇴사하는 것, 침묵하기, 사회적 지지 추구, 가해자 또는 상사와의 직접 대면을 포함하여 개념화되었다. 두 번째는 정체성 관리로, 직장에서 성적 지향성을 드러낼 것인지 감출 것인지에 대한 선택을 말한다. 정체성 관리전략에는 이성애자로 연기(acting)하거나 이성애자인 척 있기(passing)에서 소수 성적 정체성을 가진 것을 암묵적으로 또는 명백하게 드러내는 행동하기까지를 포함하는데, 이 장의 성적 정체성 관리 부분에서 보다 면밀하게 탐구하고자 한다.

Chung(2001)의 개념적 틀에 대한 초기의 타당성 근거는 8명의 레즈비언 및 9명의 게이 노동자와의 반구조화된 질적 인터뷰 결과에서 나온다(Chung, Williams, & Dispenza, 2009). 이 연구에서 참여자들이 경험한 직장에서의 차별에 대한 설명은 위 연구 모델에서의 차별 및 대처법에 대한 정의들을 사용해서 코딩되었다. 참여자들이 위 연구에서 제안한 범위 및 범주에 맞지 않는 직장에서의 경험과 반응을 보고했을 때에는 새로운 범주와 정의가 개발되었다.

예상대로, 참여자들이 보고한 차별에 대한 경험은 잠재적이거나 직면한 차별뿐만 아니라 공식적이거나 비공식적인 차별사례를 포함하고 있었다. 비슷하게, 참여자들이 묘사한 차별에 대처하는 방식들은 제안된 연구 모델을 뒷받침해주었는데, 참여자들은 장래 직장을 찾을 때 자영업에 종사하거나 직업추적 전략(해당 직업이 LGB 노동자에게 호의적인지 평가)을 사용했으며 직장에서의 잠재적 차별에 대처하기 위한 다양한 정체성 관리전략을 이용했다. 직업선택 전략으로 위험감수(risk taking) 전략을 사용하거나 정체성 관리전략으로서 이성애

자로 연기하거나 이성애자인 척한 참가자는 없었지만, 보고된 모든 직업선택과 정체성 관리 행동은 제안된 연구모델의 기존 범주에 적합했다(Chung et al., 2009).

하지만 차별에 대한 관리전략의 경우, 조사 결과가 기존에 제시된 퇴사, 침묵, 사회적 지지 추구 및 직면전략으로부터 중요한 수정이 필요한 것으로 나타났다(Chung et al., 2009). 퇴사와 침묵은 "비주장적(nonassertive)" 대처라고 명명된 새로운 카테고리로 통합되었지만, 광범위한 전략인 사회적 지지 추구와 직면은 그대로 유지되었다. 세 가지 광범위한 전략(비주장적 대처, 사회적 지지 및 직면)은 LGB 노동자가 직장에서 차별을 관리하는 다양한 방법을 설명하는 여러 하위 범주를 포함하도록 확장되었다. 비주장적 대처법은 퇴사, 침묵, 회피 및 스스로와의 대화와 같은 다양한 행동을 포함한다. 사회적 지지 전략은 배우자, 친구, 가족, 직장 동료 및 전문가의 도움을 포함한 지지 집단별로 분류되었다. 직면전략은 대인관계적 접근(가해자 또는 상사와 직접 대면) 또는 제도적 접근(인사부, 법적 대응, 대외 공표 등을 통한 직면)으로 분류되었다.

Chung(2001; Chung et al., 2009)의 일에서의 차별 연구모델을 기존 연구결과와 통합하고 향후 연구 발전에 적용하는 것을 통해 보다 호의적인 직장풍토 개발을 지원할 수 있다. 전통적인 직업개발 이론(직업선택 및 업무적응)의 핵심개념은 LGB 직업심리학 문헌(공식 및 비공식 차별, 정체성 관리전략)의 핵심개념과 통합되었고, 조직심리학 문헌에서 초점(근무기간과 시스템변화)을 두고 있는 성과물과도 연계되었다. 이 결과로 나온 분석틀은 LGB 노동자가 직장에서 시스템을 탐색할 때 관점을 제공하고, 일의 심리학의 관점을 뒷받침하는 강력한 모범사례이자, 문헌에서 비교적 드물게 논의되어온 노동자의 경험적 측면을 잘 보여준다. 특히, 직장 성적 정체성 관리와 구별되는 차별 관리법과 직업선택을 통한 차별 대처법에 대한 강조는 보다 긍정적인 직장풍토로 나아가기 위한 또 다른 방안을 제공한다.

우리가 LGB 노동자의 내적 또는 비주장적인

대처전략을 사용하여 보여주는 회복탄력성에 대한 제한된 지식을 갖고 있다는 Chung 외(2009)의 견해에 동의하며, 보다 외적이며 주장적인 행동을 지지하고 연구하려는 편향성이 현재의 직장내 성적 정체성 관리에 대한 문헌에도 명백히 존재함을 주목한다(Croteau, Anderson, & VanderWal, 2008). 우리는 사회적 지지와 직면전략에 대해 지속적으로 탐색할 뿐 아니라, 차별관리에 있어 이러한 눈에 덜 띄는 측면에도 더 많은 관심을 기울일 것을 권장한다. 대체로 대인관계 전략이라 할 수 있는 사회적 지지와 직면전략과 직장에서의 대인관계 풍토와 풍토변화를 촉진하는 시스템의 역할을 다룬 최신 문헌들(예, Embrick, Walther, & Wickens, 2007; Smith &Ingram, 2004; Hill, 2009; Willis, 2010)을 연결하는 것은 LGB 노동자를 위한 호의적이고 수용적인 환경을 어떻게 개발하기 시작할지에 대한 생각을 촉진할 것이다.

Hill(2009)은 변화를 위한 함의를 제공할 수 있다는 점에서 풍토에 대한 이론적 이해에 접근하는 또 다른 예를 제시했는데, 이번에는 정책 실행과 제도적 변화를 강조하는 조직적인 관점에서 출발한다. Hill은 직장풍토가 변함에 따라 발생할 수 있는 일 가운데 경시되어온 특정한 측면에 집중함으로써 Chung보다는 좁은 영역에 초점을 두었지만, 반발(backlash)과 역풍(blowback)에 대한 그의 탐색은 내면의 심리적인 변화와 대인관계의 행동 변화 두 가지 모두를 촉진시키는 것이 중요하다는 것을 잘 보여준다.

반발 또는 역풍은 새로운 외부 정책의 실행이나 구조가 개인을 위협하는 것으로 경험되어질 때 발생하는 변화에 대한 저항의 한 형태이다. LGB 포용을 위한 실질적인 조직의 움직임이 있을 때, 조직원들은 LGBTQ 노동자를 겨냥한 적극적인 저항과 보복행동으로 반응할 지도 모른다. Hill(2009)은 인적 자원 개발(HRD) 전문가가 조직 변화의 리더가 되도록 촉구하면서, 모든 직원의 내적 심리 변화를 촉진하는 것의 중요성과 어려움을 인식하는 변화를 도모하는 방법과 반발에 대한 분석을 제공하였다.

Hill(2009)은 일부 직원들이 반발로 반응할 수 있는 여러 가지 이유를 제시하고 시스템 변화를 촉진하는 데 필요한 내면의 변화를 지원할 수 있는 다양성 훈련을 위한 틀을 개발하였다. 역풍에 대한 다음의 다섯 가지 구체적인 이유도 논의하였다. 다수 집단의 특권에 대한 위협, "LGBTQ의 특별 권리"라고 명명된 것에 대한 분노, 두려움과 불안, 부정적인 고정관념과 이성애규범성(heteronormativity), 정부와 정치인 후원의 반-게이 연설이 그것이다. 이러한 이유들 전부는 이성애주의, 이성애규범성 및 성역할 적합성에 대한 지배적인 담론에 의해 뒷받침된다. 이러한 지배적인 담론이 도전 받지 않는다면, 성적 소수자의 삶과 경험은 지배적인 이성애 또는 전통적인 성 정체성(cisgender: 생물학적 성과 일치하는 성 정체성을 갖고 있음) 집단의 구성원에게는 보이지 않을 것이며, 이를 포용하는 것이 중요하지 않고 이를 위해 노력하지 않을 것이다. 또한 지배적인 집단의 구성원이 숙고없는 특권의식을 바탕으로 살아갈 때, 그들의 필요와 관점이 다른 사람의 요구보다 우선시되므로, 포용을 위한 노력은 불공정하거나 불필요한 것이 된다. 포용을 위한 노력을 불공정하거나 불필요하게 보일 것이다. LGB 포용에 대한 노력은 지배적인 담론을 붕괴시키고 성적 취향(sexuality)과 성(gender)에 대한 내면화된 신념을 재검토하도록 요구하기 때문에 불편하거나 위협적인 것으로 경험된다.

Hill(2009)은 차이를 포용하고 다양성 정책을 모든 직원에게 해당되는 것으로 여기는 관점에서 일하도록 권유한다. 이는 단지 다르다고 인식되는 사람들을 참아주는 것이 아니라 다양성을 축복하는(celebrating diversity) 관점이다. 이러한 관점에서 다양성의 초점은 모든 사람을 포함하는 것이다. 즉, 모든 사람은 성적 지향성과 성적 정체성(그리고 여러 자신의 고유한 면)을 가지고 있다는 것이다. 따라서, 다양성 집단과 프로그램은 모든 사람들에게 열려있어야 하고, 조직에서 지각된 결함에 주목하기 보다 모든 사람들에게 초점을 두어야 한다. 이 같은 시각은 지배적인 집단원들이 나머지 사람들에 대해 단지 "관용"을 쌓으려는 경향성에 제동을 걸고, 다양한 특성과 존재의 방식에 대해 그럼에도 불구하고가 아닌 그렇기 때문에 사람들을 소중하게 여길 가능성을 열어준다. 비록 Hill의 이 논문이 성적 소수자에 대한 억압이 어떤 식으로 지배집단에 속한 사람들을 포함한 모든 사람들에게 유해한지를 설명하는 것에 부족함이 있더라도, 논문의 제언은 시스템 변화를 향해 노력하는 이러한 관점과 일치한다.

전반적으로, Hill(2009)의 역풍에 대한 예상과 역풍에 대한 반응과 관련한 논의는, 차별 방지 정책이 있는 *외견상 포용적인 환경*(apparentlyinclusive environments)에서 일하는 노동자들이 경험할 수 있는 적대감과 차별에 대해 비판적인 사고를 하도록 장려함으로써 직장풍토에 대한 이해를 넓힌다. 본질적으로, 역풍은 이성애 노동자가 LGB 노동자에 대한 증가하는 포용정책을 위협으로 지각할 때 발생하는 것으로 이해된다. 역풍을 예상하고 대응하기 위해 Hill이 제안한 전략은 직장 내 LGBT 지지 수준에서 머물렀던 기존 연구의 초점을, 명백하게 다양성에 대한 축복(단순한 관용이나 지지집단이 아닌)을 촉구하는 관점으로 확대했다. 또한, 어떻게 이것을 성취할 것인가에 대한 Hill의 제언들은 지배적인 집단의 특권과 관점에 대한 인식을 넓히고 반억압적인 정체성을 개발하는 다른 관점들과 적절히 결합된다(Helms,1995; Mohr, 2002; Todd &Abrams, 2011; Worthington, Savoy, Dillon, & Vernaglia, 2002). 우리는 향후 호의적이고 긍정적인 직장풍토 조성을 위한 전략을 개발하기 위해 이와 유사한 생각과 모델을 보다 명확하고 광범위하게 적용할 것을 권장한다.

직장 대인관계 측면의 풍토에 특별한 중점을 두는 것. 위에서 검토한 직장풍토에 중점을 둔 문헌의 각 예는 직장풍토의 경험을 형성하는 데 있어서 대인관계 상호작용의 역할을 포함하거나 심지어 강조한다. 이 관점은 일의 심리학의 핵심원리와 일치한다. 즉, 일은 사회적 연결의 주요한 현장이며 또한 사회적 범주화의 억압적인 시스템이 작동하는 주요 장소이다. 우리는 LGB 노동자의 직장경험에 관한 최근 문헌을 검토하며 직장 내 관계와 대

인관계 상호작용에 관한 소수의 문헌을 살펴보았다. 우리는 LGBT 직장에 대한 이해와 대인관계의 측면에 개입하는 데 있어 건설적인 방향을 제시하고 설명하는 잠재력이 있다고 판단한 4편의 연구 (Embrick 외, 2007; Huffman, Watrous- Rodriguez, &King, 2008, Smith& Ingram, 2004, Willis, 2010)에 주목했다.

Huffman 외(2008)의 연구는 LGB 노동자의 직장경험에 관한 이론에 근거한 연구의 좋은 예이다. LGB 노동자가 직장에서 직면할 가능성이 있는 경험을 이해하기 위한 토대로 소수자 스트레스 이론 (Minority Stress Theory; Meyer, 1995)을 사용하였고, 저자들은 사회적 교환 이론(Social Exchange Theory; Blau, 1964)과 기존 연구의 논의를 토대로 일련의 가설을 세웠다. 이 가설은 일 관련 사회적 지지가 LGB 노동자의 직장에서의 성적 지향성에 대한 개방 정도와 그들의 직업 및 삶의 만족도에 미치는 영향에 관한 것이다.

이 연구는 상사의 지지, 동료의 지지 및 조직의 지지와 같은 세 가지 구체적인 종류의 지원의 차별적인 효과에 초점을 맞춤으로써 직장풍토에 대한 이해를 넓혔다. 상사의 지지 및 동료의 지지는 비공식적이며 대인관계 지지 자원으로 개념화된 반면, 조직의 지지는 공식적(정책) 및 비공식적 (LGB 직원을 존중하여 대하는 것)인 직장풍토(Liddle 외[2004]의 척도를 사용하여 측정)를 포함하는 보다 포괄적인 형태의 지지로 개념화되었다. 또한 조직의 지지는 상당히 포괄적으로 모든 LGB 노동자에게 지속적이고 체계적인 영향을 미치는 것으로 보여진 반면, 상사의 지지 및 동료의 지지는 더 개별적이며 특정한 직장 경험과 스트레스를 대상으로 한 것이었다.

교육수준이 높고 다수가 백인(84%), 레즈비언 및 게이인(양성애자 4.3%) 99명의 데이터를 기반으로 분석했을 때, 상사의 지지는 보다 긍정적인 직업만족도와 관련이 있었으며, 동료의 지지는 보다 긍정적인 삶의 만족도와 관계가 있었고, 조직의 지지는 직장에서의 성적 지향성에 대한 개방성과 관련이 있었다. 이러한 일련의 결과들은 저자들의 가

설과 일치한다. 이 연구결과의 의의는 이러한 각 세 가지 방법을 통한 지지를 촉진하는 것의 가치와 특별히 대인관계 측면의 지지를 늘릴 방법에 대한 추가 연구의 중요성을 보여준 것이다. 또한 노동자들이 이러한 지지 자원을 어떻게 경험하는지와 왜 다른 지지 자원이 다른 결과와 관련지어지는 지에 대한 경험에 근거한 데이트를 수집하는 것이 유용할 것이다.

Smith와 Ingram(2004)도 사회적 상호작용이 LGB 노동자에게 미치는 영향에 대한 가설을 설정하기 위해 소수자 스트레스 이론(Meyer, 1995)과 사회적 교환 이론(Thibaut &Kelley, 1959)을 사용했다. 이 연구는 특히 LGB 노동자가 직장의 이성애주의에 대한 경험을 나누도록 한 후에 비지지적인 사회적 상호작용을 경험하게 하여 그 효과에 초점을 맞추고 있다. 비지지적인 상호작용은 "사회적 관계망 구성원들로부터의 특정 스트레스 요인에 대한 반응으로, 화를 불러일으키거나 상처를 주는 반응들로 정의된다"(Smith& Ingram, 2004, p.58). 여기에는 스트레스 요인의 중요성을 축소하는 것, 스트레스 요인에 대해 당사자의 역할을 문제 삼아 고통받는 당사자를 비난하는 것, 상호작용을 꺼려하거나 피하는 것, 문제를 해결하려는 서툴고, 어색하며, 부적절한 시도가 포함되어 있다(Ingram, Betz, Mindes, Schmitt, &Smith, 2001).

대부분이 백인이고(82%), 교육수준이 높은 레즈비언 및 게이(10% 양성애자) 노동자 97명의 데이터를 토대로, LGB 노동자의 직장내 이성애주의에 대한 경험을 논의한 후에 뒤따르는 비지지적인 사회적 상호작용(예를 들어, 축소하기 또는 비난하기)은 상당한 수준의 심리적 스트레스와 관련이 있었다. 스트레스 요인의 중요성을 축소하는 상호작용(minimizing interaction)은 심리적 고통과 직접적으로 관련이 있었던 반면, 비난하는 상호작용(blaming interaction)은 이성애주의와 심리적인 고통 간의 관계를 조절했다. 비난하는 상호작용과 이성애주의 및 심리적 고통 사이의 관계의 특성을 보면, 낮은 수준에서의 경험된 이성애주의를 비난이 부정적인 결과를 악화시켜서, 높은 수준의 이성애주의 경험에 상응할 만큼의 심리적 고통을 갖게 한다는 것을 알 수 있다. 최소화하는 상호작용과 비난하는 상호작용 둘 다 강력한 스트레스 요인으로 보였다(Smith& Ingram, 2004).

Smith와 Ingram(2004)의 연구에서 LGB 노동자는 그들 자신의 사회적 관계망 안에서 경험한 비지지적 상호작용에 대한 정보를 제공했다. 이러한 관계망은 직장과 그 이외의 사람들을 포함한 것으로 보인다. 우리의 제언의 초점인 긍정적인 직장풍토를 조성하기 위해서는, 향후 연구는 특히 직장에서의 지지적인 상호작용과 비지지적인 상호작용의 역할을 평가하여, 직장에서의 상호작용의 역할을 조사할 필요가 있다. 보다 구체적으로, LGB 노동자가 경험하는 이성애주의와 이성애자 특권의 제도적 본질을 인정하거나 타당화하는 동료 및 상사의 풍토관련과 심리적 스트레스관련 결과들을 탐색할 가치가 있는 것으로 보인다.

Willis(2010)는 직장에서의 대인관계 상호작용과 사회적 지지의 역할에 대해 생각해 볼 추가적인 새로운 관점을 제시한다. 이 질적 연구는 다른 (연장자) LGBQ 직원 및 관리자와 함께 일하는 젊은(18-26) LGBQ 노동자의 경험에 초점을 두고 있다. 일이 대인관계 연결의 주요 자원이 될 수 있다는 인식하에, 본 연구의 주요 목적은 LGBQ 정체성을 가진 노동자들 간의 관계가 필연적으로 직장에서의 지지와 공통성의 원천으로 작용할 것이라는 가정을 비판적으로 조사하는 것이었다. 성적 소수자 역할모델이 진로발달에 있어서 중요한 지지의 원천으로 종종 강조되기는 하지만(Croteauet al., 2000), Willis는 성적 정체성이 LGBQ 젊은이들, 특히 다수의 억압된 사회적 정체성을 탐색하고 있을지도 모를 젊은이들의 개인 삶의 본질적인 특징이 아닐지도 모른다고 말했다.

웹 기반의 설문조사, 온라인 인터뷰, 대면 인터뷰 등을 포함하여 흥미롭고 독창적인 데이터 수집 방법을 사용해서, Willis(2010)는 호주의 34명의 젊은 LGBQ 노동자(남성 18명, 여성 16명)의 직장에서의 관계경험을 조사했다. 참여자들은 다양한 직종과 산업에서 선별되었으며, 일부는 "퀴어(queer)가

다수인" 직장에 종사했다. 연구결과에 따르면 참여자와 다른 LGBQ 노동자들과의 관계에는 연결과 지지의 관계뿐만 아니라 갈등과 분열의 관계 또한 존재했다. 지지적인 관계는 차별에 맞서는 완충망일 뿐 아니라 연장근무, 사회적 연결망, 멘토링의 원천이었다. 특히 "퀴어 정체성의(queer-identified)" 직장에서 일하는 젊은 LGBQ 노동자는 성적 정체성을 드러낼 것인지에 대해 걱정할 필요가 없는 대신에 수용받고 존중받으며, 오히려 게이라고 여기는 것에 대해 감사를 표했다.

갈등이나 분열로 특징지어진 관계는 성적 소수자라는 정체성을 넘어서는 그 어떤 공통점을 찾지 못한 채로, 연결의 부재를 경험하는 것에서부터 차별과 학대를 경험하는 경우까지 있었다. 다른 퀴어 동료들과의 관계에서 가장 힘든 경험을 보고한 참여자들의 경우 참여자와 직장동료 사이에 명백한 권력 차이가 존재했다. 성별과 나이 또한 직장 내 상호작용에서 작용한 측면이 있었는데, 다수의 참여자들이 젊음과 남성성이 직장에서 더 많은 보상을 받거나 인정받는다고 보고했다(Willis, 2010).

Hill(2009)의 제안과 일관되게, Willis(2010)도 직장에서 LGB 중심의 사회적 지지를 제공하기 위한 노력이 LGBQ 노동자 집단 및 네트워크에만 국한되어서는 안된다고 주장한다. 모든 LGBQ 노동자들이 다른 LGBQ 노동자들을 가장 좋아하고 지지 받고 싶을 것이라고 가정하는 대신, Willis는 "다양성을 존중하고 직장내 배척(workplace-exclusion)의 과정을 다루는 공동의 노력"(p.240)에 기반을 둔 개인차를 아우르는 광범위한 다양성에 중점을 둔 지지를 개발할 것을 권장한다.

Embrick, Walther와 Wickens(2007)은 노동자 계층을 대상으로 레즈비언과 게이 남성에 대한 이성애자의 태도와 행동에 초점을 맞춤으로써 성적 지향성과 관련한 직장에서의 대인관계 풍토에 대한 고유한 시각을 제시한다. 이 연구는 단일 작업장(제과제빵 회사)에서의 직장풍토의 미묘한 차이(nuances)에 초점을 맞춘 심층연구의 표본이 된다. 저자들은 6개월 간의 실제 현장 참여자 관찰과 더불어 일반적 심층면접을 사용해, 대인관계 태도와

직장정책 및 절차가 어떻게 결합되어 LGBT 직원에게 적대적인 분위기를 조성하는지를 보여준다. 연구자들이 상황에 근거한 정보를 토대로 이성애자로 행동하는 20명의 노동자, 관리자 및 하급 관리자를 선별하여 진행한 반구조화된 인터뷰 결과 그들은 LGBT 노동자에 대한 강한 부정적인 태도를 나타냈다. 두 명의 여성 참가자는 전반적으로 중립적이거나 긍정적인 태도를 가진 것으로 보인 반면, 모든 남성은 "노골적인 혐오, 묻지도 말하지도 말라, 배척과 두려움"이라는 세 가지 범주에 속하는 부정적인 시각을 보였다.

연구자들은 또한 제과제빵소 운영에 있어서의 고용절차를 살펴보고, 복잡한 정책과 과정의 사슬을 보여주고, LGBT 노동자의 고용 및 유지에 장벽이 되는 대인관계 태도를 연구했다. 그들은 LGB 노동자에 대한 부정적인 일반 태도와 고정관념이 대인관계 관계망을 통한 고용 및 수습 채용과정과 결합했을 때, 어떻게 이것이 레즈비언이나 게이 남성이 고용되거나 고용유지를 할 가능성을 낮추는지를 보여주었다. 아마도 이 데이터에서 가장 흥미로운 점은 기존의 부정적인 고정관념(대체로 게이 남성에 대한 것으로 여성성, 스트레스를 다룰 줄 모름 등을 포함)과 결합할 회사 이미지에 대한 우려에서 편견이 어떻게 작용하는가이다.

마지막으로, 저자들은 성별에 따른 차이를 탐색하여 게이 남성에 대한 강한 부정적인 반응과 남성 지배적인 본 직장(90% 남성)의 성격을 고려한 분석을 제시한다. 저자들은 이성애 남자가 생각하는 적합한 남성성과 여성성에 대한 이해와 그러한 사고가 이성애 남자에게만 유리하고 게이 남자, 이성애 여자와 레즈비언에게는 불리한 이성애규범성과 어떤 관계를 갖는가를 분석하였다. 이 같은 방법을 통해 얻은 연구결과는 성적 지향성에 대한 백인남성의 연대에 대한 개념의 이해를 확대해준다. 이전에는 이러한 연대가 백인 노동계급의 남성이 유색인종 남성과 여성, 백인여성을 배제하기 위해 어떻게 연합했는가로 정의되었다. 이 연구에서 연대집단은 분명히 이성애를 중심으로 조직되었으며 배제집단은 게이 남성과 레즈비언 여성을 포함

했다.

이 연구의 이론적 틀과 다방법(multimethod)질적분석 데이터는 일의 심리학의 관점과 일관된 연구방향을 제시하는 중요한 표본이지만, 이 연구의 독특한 점은 남성 지배적인 노동계층이 일하는 기관에서 연구를 했다는 점이다. 이성애자가 직장에서 어떻게 생각하고 행동하는지에 대한 복잡성의 이해에 초점을 둠으로써, 우리는 어떻게 사회계층과 성별이라는 사회적 구성이 게이 남성과 레즈비언에게 적대적인 직장풍토를 형성하는지에 대한 접하기 쉽지 않은 이해를 얻었다.

LGBT 노동자 정체성의 복잡성에 대한 제한된 집중. 이전 장에서 논의된 대인관계 풍토에 관한 두 편의 연구가 나이와 사회계층의 다양성을 고려하기는 했지만, 다양한 사회집단의 관점에서 LGBT 노동자를 연구하는 것은 매우 드물다. 보다 완벽하게 성적 지향성을 이해하기 위해서는 인종, 성별, 사회계층과 다른 사회적 위치의 맥락 안에서 성적 지향성에 대한 집중된 연구가 필요하다는 인식이 증가하고 있음에도 불구하고(예: Croteau, Bieschke, et al., 2008), 성적 소수자 노동자의 다양한 억압된 사회적 정체성(multipleoppressed social identities)의 개념을 직접적으로 다룬 연구는 단 두 편뿐이었다 (Bowleg, Brooks, &Ritz, 2008; Nelson & Probst, 2004).

Bowleg 외(2008)는 대부분 중산층이면서 고등교육을 받은 19명의 흑인이자 레즈비언(게이 3명, 퀴어 1명, 기타 2명 포함)을 대상으로 인종, 성별 및 성적 지향성이 결합된 경험에 명백한 중점을 뒀다. 처음에 이 연구는 참여자들의 직장경험에 대한 이해가 목적은 아니었지만, 19명 중 18명이 직장 내 차별과 스트레스에 대한 경험을 보고하자, 저자들은 이러한 경험을 보다 심도있게 다루기로 했다. 다중적 소수자 스트레스(multiple-minoritystress), 회복탄력성 및 대처가 발생하는 주요 장소로서의 직장개념의 등장은 직장이 사회적 억압의 장소일 뿐만 아니라 자기결정의 중심장소로서의 역할을 한다는 일의 심리학의 원리와 일관된다.

참여자들은 흑인 레즈비언인 것에 대한 가장 좋은 점과 가장 싫은 점, 그리고 인종, 성별, 성적 지향성과 관련하여 그들이 일상적으로 직면하는 도전에 관한 광범위한 질문에 답변하면서 다양한 직장 스트레스 요인을 보고했다. 직장 스트레스 요인은 이성애주의, 인종차별, 성 차별, 그리고 이들 사이의 교집합을 포함했다. 이러한 교차지점에 대한 이해는 단지 한 가지 형태의 억압에 초점을 두고 직장풍토를 연구한 대부분의 문헌들의 한계를 넘어선 것이다. 다음 인용문은 연구집단의 다양한 경험에 대한 목소리를 들려준다.

"… 많은 [겉보기에 남성적인 흑인 레즈비언]은 사회 주변부의 일을 합니다. 당신도 기업 사무실에서 그들이 보이지 않을 것이라는 걸 알잖아요. 반면 백인 동성애자(dykes)가 [덩치 큰 풋볼 선수]처럼 보일지라도 그들은 그녀를 고용하고 승진시킬 겁니다."(p.76; 47세의 변호사)
"… 제 직장에서 실제로 흑인 남성들의 존중을 얻기까지 적어도 7, 8년이 걸렸어요. 백인 남성들은 나와 전혀 관계하지 않는 쪽을 택했구요. (p.76; 42세의 물리 치료사)
"제 상사는 흑인이었고, 나중에 알기로는 제가 흑인이었기 때문에 저를 고용했다고 합니다.… 하지만 곧 누군가를 통해 제가 여성을 좋아하는 여성 게이라는 것을 알게 됐는데 그것 때문인지 아무튼 그가 불편해 하더라구요. 긴장감이 있었습니다. 그리고 저는 그와 함께 일했기 때문에 그를 실망시키고 싶지 않았어요. (p.77; 30세의 병원 사무자)

비록 참여자들은 그들이 직면한 스트레스 요인이 "흑인이기 때문인지, 여성이기 때문인지, 혹은 퀴어이기 때문인지"(Bowleg et al., p.77; 47세 변호사)는 알지 못했지만, 그들의 대처법에 있어서는 어느 정도의 일관성이 있었다. 차별에 대처하는 것에 대한 그들의 설명은 세 가지 주요 전략으로 분류되었다. 즉, 정체성 공개하기와 공개 관리하기, 성적 지향성 감추기, 동료들과 직접 대면하거나 교육하기이다. 이러한 직장에서의 전략은 Chung의 모델을 조직적 도구(organizational tool)로 사용할 때, 이러한 직장에서의 전략들은 차별 관리와 정체성 관리 행동 두 가지를 모두 포함하는 일 적응을 통해 차별에 대처하는 것으로 개념화될 수 있다.

요약하면, 이러한 경험에 근거한 연구에서, 흑인 레즈비언 여성들은 억압을 경험하는 주요 장소로 일을 규정했고, 그들의 정체성과 사회적 신분에서 기인한 다양한 억압요소와 관련된 교차점 또는 추가적 차별 경험을 명확히 표현했다. 이 연구는 흑인(여성) 노동자는 이성애자(중산층이자)이고, LGBT 노당자는 백인(중산층이자)일 것이라는 분명했던 틀을 넘기 시작하도록 도왔다. 게다가, 대부분의 참여자들이 있을지 모를 부정적 상호작용을 최소화하기 위해 성적 지향성을 공개할 시기와 방법에 있어서 전략적이라고 보고했지만, 그들이 동료들과 대면하고 교육하는 데 쏟는 노력은 그들이 조직 변화를 위해 일하는 것의 중요성을 잘 보여준다.

Nelson과 Probst(2004)는 풍토를 평가하기 위한 조직적 차원의 전략을 제시하여 Bowleg 외(2008)의 경험기반 연구에 대한 강력한 보완책을 제공한다. 그들은 직장에서의 차별경험을 이해하기 위한 하나의 방법으로서 조직의 다양성 풍토를 설명하는 것을 시작으로, 광범위한 다양성 중심의 조직 풍토척도를 개발하기 위해 기존의 차별 및 괴롭힘에 대한 문헌을 검토해 나아갔다. 여기에서 조직의 다양성 풍토는 "다양한 형태의 직장 내 괴롭힘 및 차별이 예상되는 결과에 대한 직원들의 공유된 인식으로 정의된다. 긍정적인 조직의 다양성 풍토는 직장 내 괴롭힘과 차별을 용인하지 않는 반면, 부정적인 다양성 풍토는 직원들에게 괴롭힘과 차별이 용인된다는 것을 알게 할 것이다"(p.196).

조직 다양성 풍토 척도(Organizational Diversity Climate Scale)는 연령, 인종, 성별, 장애 및 성적 지향성으로 인한 괴롭힘이라는 다섯 가지 주요 유형의 직장 내 차별에 관한 인식을 평가한다. 이 척도는 각 영역과 관련된 차별적 사건을 설명하는 두 가지 시나리오를 제시한다. 한 시나리오에서는 괴롭히는 가해자는 직장동료이고, 다른 시나리오의 가해자는 상사이다. 시나리오는 대인관계 상호작용의 영역에 확고하게 근거를 두고 쓰여졌으며 비

판, 농담, 부족한 역량을 지칭하거나 특정 소수자 지위에 있는 노동자의 도덕성에 대한 언급에 중점을 뒀다. 각 시나리오에 대해 응답자는 "괴롭힘을 당한 직원이 불만 사항을 제기하는 것이 얼마나 위험할 것인가", "불만제기가 진지하게 받아들여질 가능성이 얼마나 되는가", "괴롭힘 가해 피의자로 지목된 사람에게 예상되는 결과"에 대해 말했다.

Bowleg 외처럼 Nelson과 Probst(2004) 또한 다중의 소수자 지위를 가진 노동자의 경험에 특별한 관심이 있었다. 그들은 다중적 소수자 지위에 대한 개념에 근거한 토론을 통해 우리의 이해를 넓히고, 지배적인 집단으로부터의 문화적 거리 개념(Triandis, Kuroski, & Gelfand, 1994)을 활용하여 다중적 소수자 지위가 어떻게, 또는 왜 개별 노동자의 어려움을 가중시킬 것인가를 탐색했다. 동료와의 개인적 또는 친밀한 우정의 부재, 조직에 대한 신뢰 부족, 조직에 대한 헌신 부재를 포함한 경험된 거리는 장벽을 유지시키는 결과에 기여하는 것으로 여겨진다. 이러한 종류의 개념화는 정체성 현저성(identity salience)이 어떻게 작용하는지에 대한 개념적 관점의 개발을 뒷받침한다. 소수자 정체성이 현저해지면 지배집단과의 문화적 거리가 더욱 분명해진다. 따라서 개별 노동자는 지배집단과 다른 자아의 양상을 강하게 표현함으로써 더욱 차별에 노출 될 수 있을 뿐 아니라 그들이 직면하는 차별 경험을 보다 잘 인지할 수도 있다.

Nelson과 Probst(2004)는 단일 대학의 719명으로부터 얻은 데이터를 사용하여 이러한 개념적으로 바탕이 되는 생각들을 연구했다. 표본의 대부분은 백인(87.4%)으로, 대다수가 이성애자(95.8%)였고 참여자 다수는 여성(66%)이었다. 다중적 소수자 지위를 평가할 때, 성적 지향성, 인종, 종교, 장애 유무, 군필 여부, 나이 및 성별을 지표로(총=7) 사용한 결과, 가장 많은 다중적 소수자 지위를 가진 경우는 6개였으며, 한 개, 두 개, 세 개 또는 네 개의 다중 소수자 지위를 보고한 개인들 간의 비교가 가능할 만한 충분한 데이터가 수집되었다.

저자들이 예상한 바와 같이, 조직의 다양성 풍토는 대부분의 직장내 괴롭힘 및 차별을 설명하였

고, 다중적 소수자 지위는 괴롭힘 및 차별경험과 정적 상관관계를 나타냈다. 또한 정체성 중요도와 소수자 지위 사이에는 유의미한 상호작용 효과가 있었다. 따라서 정체성에 중요성을 두지 않는 개인의 경우 다중적 정체성이 직장에서의 부정적 경험과 관련이 적었던 반면, 정체성을 중시하는 개인의 경우 다중적 소수자 지위가 차별과 괴롭힘의 경험과 보다 강력한 연관성이 있었다. 또한 직업-성별 맥락도 중요했는데, 성별 불균형의 상황(남성이 많든지 여성이 많든지)은 더 적은 성별의 사람이 더 부정적인 경험을 하게 했다. 이 결과는 전통적으로 여성의 직업으로 여겨지는 직종에 종사하는 남성에게 가장 두드러졌으며, 이는 대인관계 상호작용의 질서유지에 성차별이 지배적인 역할을 할 가능성이 있음을 나타낸다. 이 결과는 또한 더 다양한 노동인력을 구축하는 것이 소수자 노동자들의 '타자성(otherness)' 경험을 감소시킬 것이라는 생각을 뒷받침했다.

우리는 Nelson과 Probst(2004)의 조직의 풍토(아마도 대인관계 풍토와 함께)를 정기적으로 평가해야 한다는 제안에 동의한다. 조직 다양성 풍토 척도(The Organizational Diversity Climate Scale)는 문제가 되는 풍토의 구체적 측면을 밝혀내는 데 사용될 수 있다. 보다 구체적으로 이 척도를 사용해서 누가(동료 v.s. 관리자) 괴롭히고 있는지 확인할 수 있을 뿐 아니라 괴롭힘의 대상이 되는 소수자 지위가 무엇인지 확인할 수 있다. 다양성 정책의 성공적인 실행을 위한 제안들(예: Hill, 2009)과 각 조직의 구체적 상황(예: Liddle 외, 2004) 안에서 다양한 하위상황(예: 팀, 부서 등)에 대한 평가를 함께 사용할 때, 이 척도는 보다 긍정적이고 호의적인 직장환경 조성에 기여할 수 있을 것이다.

LGBT 직장풍토의 일의 심리학의 관점으로의 이동(Moving Toward a POW perspective on LGBT Workplace Climate)

직장 내 성적 지향성 때문에 있는 차별에 대한 증거의 분량과 엄중함은 증가해왔으며, 차별의 만연함은 의심의 여지가 없다. Badgett 외(2007)의

연구와 검토한 연구들은 이러한 점을 확고히 보여준다. 분명 차별의 존재를 엄격하게 입증하는 지속적인 연구가 필요하지만, 우리는 학계가 직장풍토에 대한 광범위한 개념을 이해하기 위해 우리가 논의해온 경향성을 주목할 필요가 더욱 크다고 본다. 여기서 직장풍토는 공식적인 차별을 포함하지만 이에 국한되는 것만은 아니다. 우리는 LGBT 노동자에 대한 직장에서의 공식적(즉, 정책), 비공식적(즉, 직장에서의 관계) 지지를 나타내는 긍정적인 지표뿐 아니라 비공식적인 차별과 적대적인 분위기를 조성하는 직장풍토의 부정적인 면도 고려해서 더 폭넓은 개념으로서 풍토를 고려하도록 권장한다. 사실, 긍정적인 풍토의 직장에 대한 연구뿐만 아니라 직장풍토에 긍정적인 영향을 미치는 요인에 대해서도 더 많은 관심이 필요하다. 앞서 검토된 몇몇 연구들이 이러한 생각에 부분적으로 초점을 맞추고 있기는 하다.

직장풍토를 구성하고 이와 관련된 요인에 대한 연구와 학술적 문헌은 일의 심리학과 일관된 관점인 LGBT 노동자의 삶을 개선하는 데 의도적으로 초점을 맞추게 할 것이다. 이는 사회변화에 보다 직접적인 함의를 갖는데 이 경우에 풍토와 관련된 구체적인 요인들을 발견하는 것은 LGBT 노당자들에게 보다 호의적이고 포용적인 직장¾오를 만들기 위한 조직적이고 심리적인 개입을 제시할 것이다. 이러한 움직임의 예는 Liddle 외(2007)의 측정연구를 포함하는데, 개발된 척도는 풍토개선을 이룰 수 있는 광범위한 개념의 풍토와 관련된 요인들을 확인시켜 줄 것이다. Chung의 이론적 모델 또한 유사한 효과를 보여주는데, 이는 차별에 대처하는 모든 경험을 보다 완벽하게 보여주도록 촉진해서, 변화의 대상이 될 수 있는 심리적 요인과 조직적 요인에 대한 통찰과 연구를 가능하게 한다. Hill의 역풍에 대한 연구와 어떻게 역풍의 예방이 조직의 노력에 의도적으로 포함될 수 있는가는 우리가 격려하는 바와 같이, 변화를 목표로 하는 구체적인 풍토의 측면들을 검토하는 경향성을 보여주는 분명한 예가 된다. 본질상 대인관계와 관련있는 풍토의 측면은 향후 특별히 잠재성이 큰 연구

영역으로 보이며, 일의 심리학의 핵심 원리와도 일치한다. Huffman 외(2008)와 Smith와 Ingram(2004)의 연구는 이러한 초점을 가진 좋은 예이며, 어떻게 직장에서의 대인관계 상호작용이 직장 풍토를 형성하고 결과적으로 정책과 절차를 뛰어넘는 풍토변화에 대한 방안을 제공하는지에 대한 방향성을 제시한다. 하지만 LGBT 노동환경에 대한 이러한 포괄적인 초점은 이제 막 시작된 것뿐이다. 현존하는 문헌은 주로 서로간의 연결성 없이 개별적인 연구들로 구성되어 있으며, 직장에서 긍정적인 변화를 만들고 풍토를 개선하는 방법에 대한 체계적인 일련의 연구 또는 문헌은 거의 없다.

Willis(2010)와 Embrick 외(2007)의 연구 또한 중요한 새로운 추세인 풍토의 대인관계 측면에 중점을 둔 연구이다. 두 연구 모두 성 소수자 노동자의 경험을 이해하는 데 필요한 중요한 맥락인 연령과 사회계층을 추가한다. 더 나아가, Embrick 외의 연구는 풍토에 영향을 줄 수 있는 대인관계 및 조직적 요인을 온전히 이해하기 위해 이성애 노동자 및 관리자의 관점에서 풍토를 조사할 필요가 있다고 강조한다. Bowleg 외(2008)와 Nelson과 Probst(2004)의 연구 또한 최근 광범위한 LGBT 문헌에서 빈번히 출현하는, 여러 면에서 사회적으로 억압된 정체성과 그 교차영역에 관한 개념을 인정하고 있다. 흑인 레즈비언 경험에 근거한 Bowleg 외의 연구는 개인의 정체성이 전인적으로 경험될 수 있다는 것과 억압의 원인들을 개별적으로 분리하는 것은 LGBT 노동자의 경험을 이해하는 데 문제가 될 수 있음을 보여준다. Nelson과 Probst는 이 개념을 조직적인 관점에서 광범위한 방식으로 접근했다. 그들은 7가지 억압의 영역을 고려해서 다양한 수의 사회적으로 억압받는 정체성을 가진 참여자들이 경험하는 전반적인 조직 다양성 풍토에 관한 척도를 개발했다. 다른 영역의 억압과 연계해서 직장 내 소수자의 성적 지향성을 고려하고 있는 몇 가지 모범사례가 있기는 하지만 이러한 접근은 드문 것이었다. 이 장을 위해서 실시한 우리의 문헌조사가 선택적이었고 일의 심리학의 관점으로 LGBT의 직장 내 문제를 바라보는 데 초점

을 맞추었지만, 이 장에서 검토된 연구들이 일의 영역에서 다른 사회적 억압문제와 연계해 성적 지향성을 고려하는데 기여한 극소수의 문헌에 속함을 확신한다. 사실상 이러한 접근법을 발전시킨 실제 연구보다는 이러한 접근법을 요청하는 원고가 더 많다. 더욱이, 현존하는 연구는 기껏해야 다수의 억압받는 사회 정체성들 사이의 교차영역에 초점을 두고 있다. 억압받는 정체성과 특권있는 정체성간의 교차 영역에 대한 연구는 거의 없었다(구체적인 일 중심이 아닌 예로는 Croteau, Talbot, Evans, & Lance, 2002을 참고하라). 더욱이, 다수의 사회 정체성을 유지하는 복잡성을 고려하지 않은 이진법적인 사회 정체성의 관점에서 등장한 이러한 교차영역의 정체성에 대한 개념은 아직 제한적이다. 교차영역에 속한 사회집단의 정체성의 실질적인 개념은 아마도 "환원주의적인 관점에서 세계를 바라보는 경향이 있고 자아가 분리된 부분들로 이루어져 있다고 여기는(비록 분리된 부분들이 중첩되어 있다고 할지라도) 백인 유럽인의 문화적 관점"일 것이다 (Croteau, 2008, p.648). 보다 전체론적인 접근이 필요할 수 있다. 하지만 우리가 가장 강하게 강조하고자 하는 전반적인 관점은 성적 지향성 이해에 대한 영역이 다른 억압의 문제들과 분리되는 것이 아닌, 연계된 연구가 필요하다는 점이다. 사실, 이러한 관점의 확장은 LGBT 직장에 대한 연구가 일의 심리학의 관점이 옹호하는 보다 포괄적인 개념으로 나아가는 데 있어 핵심적이다.

직장에서의 성적 정체성 관리

LGBT 직업심리학 내의 또 다른 초기부터 지속된 연구분야는 직장에서의 소수의 성적 정체성에 대한 노동자의 공개 또는 관리에 초점을 둔 것이다. 비록 직장 내 성적 지향성에 대한 개방성 정도의 다양성은 Croteau(1996)의 LGBT 직업심리학 연구문헌의 통합검토에서 확인된 다섯 가지 광범위한 연구영역 중 하나이지만, 이 주제는 검토된 9편의 경험적 연구 모두에 포함되어 있었다. 이 9편의 연구를 통해 개방성 정도는 LGB 노동자와 업

무환경에 따라 크게 다르다는 것을 알게 되었다. 또한 당시에는 개방성과 상관관계를 본 연구는 극히 제한적이었지만, 개방성의 정도, 차별에 대한 두려움, 차별을 당한 경험과 직업만족도 사이의 관계를 탐색하는 데에는 관심이 있었다.

하지만 가장 중요한 것은 게이 및 레즈비언 노동자에 대한 세 편의 질적 연구(Griffin, 1992, Hall, 1986; Woods & Harbeck, 1992)가 직장에서의 성적 정체성 관리를 중심적이고 반복적인 활동으로 강조했다는 점이었다. 후속연구에 의해 뒷받침된 이러한 관점에서는 노동자는 직장에서 자신의 성적 지향성을 은닉하는 것부터 개방하는 것까지의 연속선 어딘가에 위치해 있다고 설명하겠지만, 성적 정체성에 대한 관리 경험은 직장에서 자신의 성적 정체성을 "밝히는 것"보다 훨씬 더 복잡한 문제임을 시사했다(Croteau et al., 2000; Croteau, Anderson, et al., 2008; Lidderdale et al., 2007). 직장에서의 성적 정체성 관리는 지속적인 과정으로 이해되는데, 직장에서 정석 정체성 표현과 관련된 무수히 많은 일상적 선택을 포함한다. 직장은 사회적 억압의 현장일 뿐만 아니라 자기결정의 핵심적인 장소라는 일의 심리학의 관점과 일관되게 성적 정체성 관리의 장기적인 전략뿐만 아니라 일상 행동의 선택들 역시 직장에서의 예상되거나 잠재적인 그리고 경험했거나 혹은 직면한 차별과 적대감 모두와 관련이 있었다(Anderson, Croteau, Chung, & DiStefano, 2001; Chung, 2001; Lidderdale et al., 2007).

지난 10년 동안 직장 내 성적 정체성 관리에 대한연구는 개별 연구들을 모은 엉성한 모음집에서 보다 이론에 바탕을 두고 방법론적으로 엄격한 연구물로 발전하기 시작했다. 이러한 새로운 문헌에 중요하게 기여한 것은 두 개의 다차원 정체성 관리 척도의 개발(Anderson et al., 2001; Button, 2004)과 세 개의 정체성 관리와 관련된 의사결정 모델(Clair, Beatty, & MacLean, 2005; Lidderdale et al., 2007; Ragins, 2004, 2008)의 개발이다. 다음 장에서 우리는 먼저 이러한 최근의 연구들이 정의가 명료해지는 것에 기여한 점을 요약하겠다. 그 다음 직장에서 성적 정체성을 은닉하려는 선택을 이해하는 데에 특별히 주목하면서 성적 정체성 관리와 관련된 요소를 이해하는 데 있어서의 성과를 논의하고자 한다. 마지막으로, 우리는 다른 사회 및 문화 집단 정체성을 포함한 보다 폭넓은 정체성의 이해와 성적 정체성 관리를 연결하는 새로운 방향성의 필요가 크다는 점에 초점을 맞추고자 한다.

정의에 대한 지속적인 초점

Croteau, Anderson과 동료(2008)는 *Group and Organization Management*의 LGB 관련 특별호에 기고한 글에서 직장 내 성적 정체성 관리를 정의하는 문헌들에 대한 중요한 통합적 분석을 제공했다. 그들은 성적 정체성 관리에 있어 조직 및 직업심리학 관점의 보완적 렌즈와 구인의 다차원적 정의를 개발할 필요를 강조하면서, 위에서 언급한 정체성 관리의 세 가지 개념적 모델을 검토한다. Clair 외(2005)와 Ragins(2004, 2008)에 의한 직장 내 성적 정체성 관리의 두 가지 개념적 모델은 낙인이론(Goffman, 1963)에서의 개념을 적용하는 반면, Lidderdale 외(2007)에 의한 세 번째 모델은 사회인지 진로이론(Bandura, 1986, 1997; Lent, 2005; Lent, Brown & Hackett, 2002)의 개념을 적용한다. 낙인이론에 근거한 모델은 직장의 상황과 분위기가 LGB 노동자의 성적 지향성을 공개하는 결정에 어떻게 영향을 미치는지를 이해하는 데 초점을 둔 조직적 관점을 강조한다. 이와 대조적으로, 사회인지 모델은 전반적인 일과 개인의 상황을 고려하면서 폭넓은 성적 정체성 관리의 선호도와 행동의 발달에 기여하는 내적 인지과정을 강조한다.

이러한 모델들과 기타 유사한 문헌을 함께 고려할 때, 정체성 관리는 문헌에서 적어도 다음의 세 가지의 구별되는 방식으로 정의되어져 왔음이 명확해진다. 시간경과에 따른 공개 행동의 요약으로서의 정체성 관리, 직장에서 자신의 정체성을 표현하기 위한 특별한 접근 또는 전략으로서의 정체성 관리, 구체적인 공개결정으로서의 정체성 관리(Croteau, Anderson, et al., 2008, p.547)가 그것이다. *Group and Organization Management*의 LGB 관련 특별호의 권장사항과 마찬가지로, 우리는 *정*

*체성 관리전략*과 *공개결정*이라는 두 가지 관점에 만 지속적으로 집중할 것을 권장한다. 이 두 관점은 LGB 노동자가 자세히 설명한 직장에서의 성적 정체성을 드러내거나 공개하는 것에 대한 진행중인 과정(전략)과 일상적인 선택(공개결정) 모두를 담고 있다. 직장풍토 및 다른 기타 상황 요인의 역할에 대한 이해 증진을 포함하여, 정체성 관리전략과 공개결정이 어떻게 형성되고 실행되는지에 대한 지속적인 관심이 절대적으로 필요하다. 특히 다른 사회 및 문화 정체성이 성적 정체성의 발달과 공개결정과 그에 따른 정체성 관리전략에 어떻게 영향을 미치는지에 대한 초점을 확대하는 것뿐만 아니라 직장에서 성적 정체성을 은닉하는 결정을 이해하는 것에 더 많은 관심이 필요하다.

은닉 및 공개와 관련된 요인에 대한 이해 확대

직장 내 성적 정체성 관리에 관한 기존 문헌의 대부분은 성적 정체성을 은닉하는 것보다 공개하는 것이 더 이상적이라고 규정한다. 아마도 이러한 연구와 문헌들은 레즈비언과 게이 노동자의 경험에 관한 초기연구 문헌(예: Griffin, 1992; Woods & Harbeck, 1992)에 기초해, 대부분의 연구와 문헌이 진실성에 대한 필요와 차별에 대한 두려움이 정체성 관리의 선호도와 행동에 있어 핵심적인 동기요인이라는 (좁은)생각에 기반을 두었을 것이다. 이후의 문헌(예: Creed, 2000, 2006, Lidderdale et al., 2007)에서 추가적인 동기요인이 제시되었지만, 다소 모순적이게도 직장에서 성적 정체성을 은닉하기로 선택한 LGBT 노동자의 경험은 여전히 대체로 드러나지 않은 채로 남아있다. 이 장에서는 주목할 만한 예외이자 문헌의 확장에 기여한 두 편의 최신논문을 검토한다(DeJordy, 2008; Ragins, Singh, & Cornwell, 2007).

DeJordy(2008)는 패싱(이성애자인척 있기: passing)의 의도하지 않은 잠재적 결과를 탐색하기 위한 개념모델을 개발했다. 이 모델은 조직환경에서의 개인의 업무수행 이해라는 궁극적인 목표와 함께 패싱(passing)이 심리내적 및 대인관계에 미치는 후유증을 검토했다. 낙인 이론(Goffman, 1963) 및

자기확증 이론(Self-Verification Theory; Swann, Stein-Seroussi, &Giesler, 1992)과 같은 보다 폭넓은 사회 정체성 문헌에 근거해서, 이 모델은 Clair 외(2005)와 Ragins(2008)의 직장에서의 성적 정체성 공개에 초점을 둔 연구를 토대로 한다. DeJordy는 직장에서의 성적 정체성 관리를 이해하기 위해 패싱의 구인을 다른 구인들과 구별하기, 일련의 연구 가능한 제안을 제시하기, 미래학자에게 패싱에 대한 보다 세밀한 이해를 추구하도록 장려하기의 세 가지 방식으로 확장한다.

DeJordy는 처음에 Goffman(1963)의 표현인 "드러나지 않은 불명예로운 정보의 관리"(p.42)를 사용하여 패싱을 정의했다. 그는 이 정의가 패싱을 단순히 개인의 정체성을 드러내지 않는다거나, 규정준수 및 인상관리와 같은 적합성 중심의 행동과 구별되는 개념으로 규정한다고 강조했다. 패싱은 자신의 실제 사회 정체성(불명예로울 수 있는)이 아닌, 기대되어지거나 지배적인 사회 정체성을 의도적이며 지속적으로 보여주는 것을 포함하기 때문에 단순히 성적 정체성을 드러내지 않는 것과는 구별되는 것으로 설명된다. 이런 식으로 패싱은 사회적으로 또는 상황적으로 기대되어지는 일련의 행동이나 가치를 보여주는 것을 넘어서서 그 사람의 표면적으로 보여지는 자아상을 바꾸는 것을 의미한다. 또한 공개했을 때의 부정적인 결과는 단지 예측이긴 하지만, 공개를 되돌릴 수 없다는 점에서 다른 적합성 중심의 행동보다 패싱과 관련해 더 높은 이해관계를 만들고, 결과적으로 경계심이 더 필요하게 된다.

조직 관점에서 패싱을 바라보는 핵심적인 측면은, 조직 내에서 사람들 간의 지속적인 상호작용은 본질적으로 어느 정도의 자기공개를 요구하는데, 패싱은 이를 저해한다는 점이다. 흥미롭게도 드러내기 정체성 관리전략을 선호하는 현재의 편견을 넘어서야 한다는 필요성에 대한 강력한 요청에도 불구하고, DeJordy는 패싱의 의도하지 않은, 다수의 잠재적인 부정적 결과를 강조하는 조직적 맥락에서의 패싱의 모델을 개발했다. 좀 더 구체적으로 그는 "패싱은 자아확증의 결핍, 자존감 고갈, 인지

부조화를 매개로 조직환경에서 소외되는 결과를 낳고"(506p), 궁극적으로 직장에서 "진취성, 협력성, 추가적인 역할 행동" 부족이라는 결과를 낳음을(519p) 시사하는 일련의 연구안을 제시했다.

DeJordy는 그가 제안한 모델이 패싱의 잠재적인 혜택에 대한 관심이 부족했다는 한계를 인정하고, 향후 연구는 질적 연구 혹은 경험에 근거한 연구방법을 사용해 패싱의 잠재적인 의도하지 않은 긍정적 결과를 검토하는 데 의도적으로 집중할 것을 제안한다. 우리는 이 제안뿐만 아니라 정체성 자체의 중요성에 대한 이해를 통합하고, 광범위한 패싱과 사용될 수 있는 다른 정체성 관리 행동에 대한 이해를 증진하기 위한 그의 권장 사항에 대한 논의에 동의한다. DeJord는 패싱의 의도하지 않은 부정적인 결과로 현저함이 적은 정체성을 약화시킬 수 있고 대안적인 정체성으로 가장해야 하는 패싱행동은 더 많은 자기규제가 필요하고 자유롭게 하는 것보다는 더 많은 인지적 노력이 발생할 것이라고 가정한다. 이 후자의 구별은 성적 정체성 관리의 초기 모델에서 설명된 패싱과 감추기(Griffin, 1992)의 구별 또는 위장과 회피(Woods & Harbeck, 1992) 전략의 구별과 일관된다.

Ragins 외(2007)는 또한 직장에서 성적 정체성을 공개하는 것에 대한 두려움의 영향을 중심으로 탐색하여 직장에서 성적 정체성을 은닉하기로 한 선택에 대한 이해를 확장했다. 근무태도, 심리적 부담, 공식 및 비공식적 차별경험과 같은 다양한 일 관련 결과변인들과 직장에서의 성적 정체성 공개간의 관계에 대한 현재까지의 연구에서는 어떠한 일관되거나 결정적인 결과를 찾지 못했다는 점을 언급하면서, Ragins 외는 성적 정체성 공개 그 자체보다 성적 정체성 공개에 대한 두려움이 직장 내 경험에 더 큰 영향을 미칠 수 있다고 가정했다. 이 가능성은 Chung의 잠재적 차별에 대한 논의와 일치하며, 성적 정체성 공개에 따른 부정적 결과를 예상하는 것만으로도 직장 내 행동에 상당한 영향을 미칠 수 있다는 DeJordy의 주장과도 일치한다. Ragins 외의 연구는 직장 내 성적 정체성 관리에 대한 이해를 다양한 방식으로 확장한다. 그들은 특별히 성적 정체성 공개에 대한 두려움을 측정하는데 목적을 둔 도구를 개발했다. 그들은 성적 정체성 공개의 선행사건 및 결과와 공개될 것에 대한 두려움을 비교 분석했다. 또한 직장 내 성적 정체성을 다룬 기존 문헌에서 사용한 전형적인 표본보다 훨씬 더 다양한 전국적 표본을 수집했다.

공개의 두려움 척도(The Fear of Disclosure Scale)는 "관련 문헌"(Ragins et al., 2007, p.1110)의 검토를 통해 개발되었으며, 일반적으로 직장에서의 성적 지향성 공개시 일어나는 가능한 결과들을 집중적으로 다룬다. 예시 문항으로 "나는 직장을 잃을 것이다, 나는 비공식적인 네트워크에서 제외될 것이다, 직장 동료들은 내 옆에 있으면 불편함을 느낄 것이다" 등이 있다. 본 척도의 초기의 요인분석 결과 단일요인은 64.9%의 설명력을 나타냈고, 개발된 척도의 내적합치도는 .95이었다. 이러한 초기의 심리측정 데이터가 좋은 결과를 보였더라도 추가의 신뢰도와 타당도 자료가 필요하다. 명확한 확인이 필요한 문제는 이 척도가 성적 정체성 공개에 대한 두려움이 아닌 기대나 공개에 따른 부정적 결과의 예측을 측정할 수도 있다는 점인데, 두려움에 대한 생각은 척도 안내문이나 문항자체에는 포함되어 있지 않다.

또한 기존 문헌에 대한 그들의 검토에 기초하여, Ragins 외(2007)는 성적 정체성 공개의 두려움에 대한 다섯 가지 잠재적 예측변인들을 연구했다. 인지된 직장 관리자의 성적 지향성, 인지된 직장동료의 성적 지향성, 인지된 관리자로부터의 사회적 지지, 인지된 직장동료로부터의 사회적지지, 인지된 과거의 성적 지향성 때문에 겪은 차별경험 등이다. 이 다섯 가지 예측변인과 성적 정체성 공개 수준(단일항목으로 직장에서 참여자들 자신의 성 지향성 공개 경험에 대해 질문하여 측정)과의 관계도 검토되었다. 예상대로 관리자 및 동료가 게이 및 레즈비언으로 인식되고, 그들이 지지적이라고 인식될 때, 공개에 대한 두려움이 더 낮았으며 공개의 정도도 더 높았다. 또한 과거의 차별경험은 공개에 대한 더 큰 두려움과 관련이 있었으며 더 높은 공개수준과도 관련이 있었다. 이 후자의 결과는 직장에서의 성적 정체성 공개와 정체성 관리에 있어 개인차에서 비롯된 다수의 동기를 제시한 기존의 연구 및 이론과도 일치한다(Croteau, Anderson, et al., 2008).

Ragins 외(2007)는 성적 정체성 공개의 두려움과 공개의 정도 사이의 관계와 15가지 일 관련 결과변인들 사이의 관계를 조사했다. 연구된 일 관련 결과변인의 다양성은 다음과 같이 폭넓었다. 일반적으로 평가되는 6가지 근무 및 경력태도(직업만족도, 조직헌신, 이직의도, 승진기회에 대한 만족도, 진로헌신, 조직기반 자긍심)와 3가지 직장 환경 변인들(역할 모호성, 역할갈등, 직장 내 참여도), 직장에서의 심리적 긴장을 보여주는 4가지 지표(신체적 증상, 우울증, 불안, 짜증), 2가지 진로 성과변인들(승진, 보상)이 포함되었다.

이 분석으로부터 나온 결과 비교는 매우 놀라웠다. 15개 중 13개(불안과 보상을 제외한 전부)의 결과변인들이 성적 정체성 공개에 대한 두려움과 관련이 있는 반면, 단 하나의 항목(직장 내 참여도)만이 성적 정체성 공개정도와 부분적으로 관련이 있었다. 직장에서 성적 지향성을 밝히지 않았거나 완전히 공개하지 않은 노동자의 경우, 즉 성적 정체성 공개에 따른 부정적인 결과를 두려워하는 사람들은 덜 긍정적인 근무태도를 가진 것으로 보고했고, 더 많은 역할 모호성과 갈등을 겪었고, 직장내 참여도가 낮았으며, 더 많은 신체적 증상, 우울감, 짜증을 호소했고, 승진율도 낮았다. 전체 표본이 고려했을 때(성적 정체성을 완전히 공개한 사람들과 그렇지 않은 사람들 양쪽을 포함한) 높은 공개수준이 직장에서의 높은 참여도와 관련이 있었다. 성적 지향성을 공개하지 않았거나 완전히 공개하지 않은 사람들만을 검토했을 때는, 이 관계는 더 이상 통계적으로 유의미하지 않았다. 이러한 결과의 양상은 직장에서의 성적 정체성 관리에 보다 복잡한 시각의 필요라는 기존의 요구를 뒷받침한다. 성적 정체성 공개 정도와 일 관련 결과변인들 간의 상관 부재는 성적 정체성을 공개하는 것이 보다 긍정적인 직장경험을 낳는다는 지배적인 편견에 도전한다.

이 연구의 마지막 중요한 기여는 매우 다양한 전국적 표본을 성공적으로 모집한 것이다. 참여자는 세개의 미국의 동성애자 권리 단체로부터의 방대한 전국적 무작위 표본에서 추출되었다. 동성애 단체를 통한 자료수집은 성적 정체성이 어떻게 구성되는지에 대한 어느 정도의 동질성을 암시하지만, 수집된 표본은 기존의 LGBT 일 관련 연구의 기존 표본보다 더 다양한 인종(아프리카계 미국인 15.2%, 라틴계 12.2%), 더 많은 양성애자(7.1%), 더 다양한 직장에서의 성적 정체성 공개수준(아무에게도 공개하지 않음 11.7%, 일부에게 공개 37%, 대부분의 사람들에게 공개 24.6%, 모두에게 공개 26.7%)을 포함했다. 다음 장에서 보다 자세히 설명하겠지만, LGBT 노동자 전체를 아우르는 표본추출에 보다 초점을 두는 것이 문헌에서 핵심적으로 필요로 하는 바이다.

다른 사회 및 문화 정체성에 특별히 중점을 두는 것

LGBT 직업심리학과 일의 심리학의 관점 모두 노동자의 전체 범위에 대한 더 많은 관심이 필요하다는 요청을 한다. 사회 범주화, 주변화(marginalization) 및 억압의 시스템은 특정 집단의 사람들이 보이지 않도록 작동하며, 이는 우리가 연구대상을 비전문적인 노동자, 다양한 인종배경의 노동자, 성별, 성역할 정체성의 전범위를 반영하는 노동자로 확장하는 것을 시급하게 한다. 보다 넓은 포괄성에 대한 반복적인 요청에도 불구하고, 성적 정체성 관리에 관한 연구의 지속적인 주요 한계는 백인, 높은 교육수준, 중상위 계층의 표본에 과도하게 의존한다는 점이다. 하지만 우리는 최근 문헌의 검토에서 주목할 만한 다음의 세 편의 예외적인 연구를 확인했다. 보다 구체적으로, 최근의 두 편의 질적 연구는 사회계층이 레즈비언이나 게이 노동자(McDermott, 2006; Rumens & Kerfoot, 2009)의 경험에 미치는 매개효과에 대한 초기정보를 제공하는 반면, 나머지 한편은 앞서 직장풍토에 대한 장에서도 검토한 흑인 레즈비언 노동자를 대상으로 한 질적 연구로 성적 정체성 관리와 인종 및 성별 간의 관계(Bowleg et al., 2008)를 보여줬다.

McDermott(2006)은 직장내 성적 정체성 수행과 사회계층이라는 두 요소의 결합이 성 소수자 여성의 심리적 건강에 미치는 영향을 조사하는 질적 연구를 실시했다. 이 논문에서 명시적으로 정의되지는 않았지만, 정체성 수행(identity performance)이란 정체성 관리 개념이 담고 있는 지속적이며 일상적인 행동의 범위를 포함해서 정체성이 표현될 수 있는 모든 범위의 것이라 정의된 것으로 보인다. 이 연구는 직장에서의 성적 정체성 수행과 사회계층 사이의 상호작용에 명확한 초점을 두고 있기 때문에 직장 내 성 정체성 관리에 대한 이해를 넓히는데 중요하다. 또한 연구의 개념적 틀은 사회계층과 성적 지향성 모두의 수행이라는 개념을 강조한다. 정체성 수행을 강조하는 것은 이성애주의와 계급주의라는 사회 구조적으로 형성된 본질을 드러내는 데 기여하고, 개인 노동자의 정체성 전략과 관리결정을 넘어서서 이성애규범성과 사회계급 불평등의 재생산이라는 더 넓은 맥락의 사고에 초점을 두도록 돕는다.

이 정체성 수행 연구 참여자는 영국의 21세에서 56세 사이의 24명의 여성이었다. 참여자들은 자신을 레즈비언, 게이 또는 동성애자(dyke)라고 보고했고, 백인(17명), 흑인 또는 혼혈인종(5명), 유대인(2명)이라고 했다. 사회 계급에 있어서는 노동계급(10명), 중산 계급(7명), 대학교육을 받은 노동계급 출신 여성(7명)으로 분류된 세 집단이 연구에 참여했다. 다른 연구결과와 일관되게, 이 여성들은 직장 내 동성애 공포증은 만연하며, 이는 이성애 주류의 직장에서의 상호작용에서 경험하는 스트레스와 피로감에 기여한다고 보고했다. 직장에서 레즈비언 정체성을 수행하는 것은 전반적으로 위험한 것으로 인식되었고, 각 개인 노동자의 성적 정체성 수행은 관련 위험에 대한 복잡하고 신중한 평가에 근거해 이루어졌다. 기존의 연구를 바탕으로 예상했던 바와 같이, 참여자들의 직장에서의 성적 정체성 수행 양상은 상당히 다양했으며, 이는 보다 수용적인 경향이 있다고 판단되는 사람들에게 그들의 성적 정체성을 밝힐 기회를 포착하는 것, 이성애 규범에 이의를 제기하거나 논박하는 것,

이성애자를 가장하는 것을 포함했다(McDermott, 2006).

참여자들은 또한 인지된 성적 정체성 수행으로 인한 위험의 수준에 영향을 미치는 직장의 특수한 측면에 대해서도 설명했다. 하지만 이 연구에서 가장 두드러진 발견은 사회계층에 따른 여성들의 경험 차이이다. 중산층과 교육받은 노동자 계층 출신의 사람들은 대체로 직장에서의 성적 정체성에 개방적이었다. 그들은 여성 노동자가 지배적인 직장, 다른 레즈비언이나 게이 노동자가 있는 직장, 대안적/비주류 정치 사상에 대해 명백한 지지를 밝히는 직장을 포함하여 위험이 적은 환경에서 일하는 경향이 있었다. 또한 이 여성들은 직장에서 더 많은 권력과 권한을 갖고 있는 역할을 맡는 경우가 많았는데, 이런 권력과 권한은 그들의 성적 정체성을 공개할 때 있을 수 있는 잠재적인 부정적 결과에 대한 더 큰 통제력(더 적은 취약성)을 발휘한다(McDermott, 2006).

노동계급의 여성들과 일부 교육받은 노동계층 출신의 여성들은 자신의 직장을 이성애주의가 강력하게 지배하는 고위험 환경으로 바라보았다. 보통 이러한 직장은 상당히 남성 중심적이었으며 결과적으로 여성 노동자를 높은 수준으로 철저히 검토한다. 이러한 여성들의 경험에 영향을 미치는 계층의 다른 측면은 일자리에 대한 접근성이었다. 중산층 여성들은 동성애를 혐오하는 직장을 벗어나기 위해 일자리를 바꾼 반면, 노동계층 여성들은 직장에 남아있거나 실직을 경험했다(McDermott, 2006).

이러한 결과는 사회계층과 성적 정체성 수행 사이에 분명한 상호작용이 존재하며, 이러한 상호작용에 기여하는 사회적 권력과 관련된 중요한 역학이 있음을 보여준다. 이 두 발견은 사회계층 의식과 사회적 권력이 일의 경험에 있어 얼마나 중요한 부분을 차지하는가를 포함하는 일의 심리학의 핵심 가치 및 관점과 일치한다. 두려움 대 진실됨의 관점으로부터 정체성 관리의 결정 동기를 이해하는 것에서 너무 동떨어지지 않으면서도 사회적 권력에 집중하는 것은 소수의 성적 정체성 수

행 방식(단순히 수행할 것인가 말 것인가가 아닌)을 둘러싼 선택에 중요한 시스템적 관점을 더한다. 사회계층과 성적 정체성 모두를 고려한 정체성 수행 개념에 집중하는 것과 관련해서 McDermott(2006)은 사회적 구조와 성적 정체성 및 사회계층 사이의 명확한 연관성을 제시했는데, 여기에는 사회 시스템이 이성애를 통제하고, 성과 계층 관련 불평등을 유지하는 수단이라는 점이 포함된다.

Rumens와 Kerfoot(2009)은 게이 남성들에 대한 질적 연구를 실시하여 직장에서의 성적 정체성 수행과 사회계층 사이의 밀접한 관련성을 보여주는 추가적인 증거를 제공했다. 이 연구가 제공하는 독특한 관점은 노동자가 직업인으로서의 자아를 형성하는 방법과 이러한 직업인으로서의 자아 표현에 게이 정체성을 통합시키는 방법에 중점을 두었다는 점이다. 또한, 참여자들(10명의 게이 남성, 20-48세)은 영국의 한 공공 부문의 게이 친화적 직장에서 다양한 직무를 수행했다. 이러한 배경은 직장 내 성적 정체성 관리에 대한 이해를 넓히는 데 아주 중요하다. 그 이유는 영국에는 성적 지향성에 근거한 직장내 차별을 금지하는 국가적 법률이 있기 때문인데, 이는 미국에서는 특정 지역에만 해당되는 상황이다.

이 연구의 일부 참여자들은 동성애 친화적인 직장에서 다른 직장에서보다 더 많은 수용을 경험했다고 보고하기는 했지만, 참여자들은 또한 "성적 정체성과 직업 전문성을 양극단으로 보는 이성애 규범성에 기초한 지배적인 직업규범과 담론을 지속적으로 경험한다"고 보고했다(Rumens & Kerfoot, 2009, p.763). 직업전문성에도 성 특성에 대한 편견이 있다는 점이 인식되었고, 이는 성적 취향(sexuality)에 대한 성특성 편견과도 연결되었다. 참여자들은 상사 및 동료들이 그들의 성적 정체성 수행을 면밀히 관찰한다고 기술했고, 직업적 신뢰를 향상시키기 위해 사회계층과 성(gender) 수행을 이용한다고 보고했다.

일부 참가자들은 "게이 친화적인" 직장환경은 그들이 "정상적인 직업인으로 행동할 수 있게 하고 다른 사람들에 의해서도 전문 직업인으로 여겨지도록 한다. … 게이 남성이 있는 모습 그대로 받아들여지는 곳"이라고 보고했다(Rumens &Kerfoot, 2009, p.773). 하지만 다른 참가자들은 이러한 수용에 존재하는 경계선을 강조했다. "나는 드러내 놓고 동성애자 전문 직업인이 될 수 있습니다 …나는 새로운 수용 가능한 동성애자의 얼굴입니다. 이성애자처럼 행동하고, 가정에서 파트너와 함께 아우디를 운전하고, 해외에서 휴가를 보내고, 멋진 옷을 입는 전문 직업인 입니다. 이런 삶이 문제 될 게 있나요? 사회 주변부의 가시같은 존재가 되기보다 조화롭게 섞여서…"(p.774). 이 후자의 예에서 저자들은 경제적 자립과 관습적인 성역할이 "정상적인 게이 전문 직업인"의 정체성을 만드는 데 사용된다는 점에 주목한다. 즉, 중산층의 부유함과 이성애자의 사회적 환경과 조화를 이루는 것이 직장에서의 전문가로 간주되는 수단으로 강조된다.

재정적 자원을 적게 가진 다른 게이 노동자들은 직업적 정체성을 주장하기 위해 더 많은 투쟁을 하고 있는 것으로 나타났다(Rumens & Kerfoot, 2009). 비록 이러한 노동자가 전문 직업인의 정체성에 맞는 지식과 숙련된 기술을 갖고 있더라도, 해당 사회계급과 밀접하게 연결된 것으로 인식되는 전문 직업인의 삶의 방식과 관련된 행동을 보여주는 데 분투하고 있다. 대체로 게이 친화적인 직장에서도 공개적으로 게이 전문 직업인이 되는 것은 상당한 자기규제를 요구하는 것으로 인식된다. 성적 취향의 표현은 관리감독이 필요한 것으로 여겨졌으며, 노골적으로 성별 규범을 위반하는 성적 취향은 문제가 있고 비전문적인 것으로 간주되었다. 이는 직업 전문성을 표현함에 있어, 당신이 남성성을 유지하는 한은 게이가 되어도 좋다는 메시지를 전달하는 것 같다.

동시에 Rumens와 Kerfoot(2009)은 게이 친화적인 직장은 노동자가 전문 직업인으로서의 자아상을 구축할 수 있는 환경을 제공한다는 점에 주목한다. 다양한 성적 정체성이 상대적으로 인식되고 가치있게 여겨지는 환경에서, 노동자들은 성적 정체성의 표현보다는 일의 전문성을 드러내는 데 더 중점을 두어 조직 내의 소중한 구성원으로 자리매김 할 수 있다. 그들은 게이 지지적인 환경에서는, 성적 정체성을 내재적으로 표현하는 것은 "수치심이나 자기 혐오"를 나타내는 것이라기보다는 오히려 자아의 다른 측면들을 강조하는 선택을 반영한 것이라 주장했다. 이 관점은 Croteau, Anderson, 외(2008)의 주장과 일관된 것으로, 성적 정체성 관리는 게이 지지적인 환경에서 보다 다양할 수 있는데, 왜냐하면 보다 억압적인 환경이었으면 존재할 차별에 대한 두려움이라는 단 하나의 초점 때문에 생기는 성적 정체성 표현과 관련된 선택의 제약이 덜하기 때문이다. 동시에 게이 노동자를 대상으로 한 이 질적 연구의 결과는 자기결정을 지속적으로 제한하는 성, 성적 정체성 및 일에 관한 지배적인 사회적 담론을 강조한다.

Bowleg 외(2008)는 대부분 중산층이면서, 잘 교육받은 흑인 레즈비언을 대상으로 한 연구에서 직장에서의 인종 차별주의, 성 차별주의를 고려하여 정체성 관리 주제들을 명시적으로 다루었다. 19명의 참가자 중 10명은 직장에서 성적 정체성을 공개한 반면, 18명 중 6명은 직장에서 성 지향성을 숨기거나 은닉한다고 보고했다.

직장 내 성적 정체성 관리에 대한 이해를 넓히기 위해 특히 관심을 둘 주제는 참가자가 직장에서의 성적 정체성을 드러내게 된 동기이다. 성적 정체성을 공개하게 된 동기는 스트레스 관리와 자기표현("나는 직장에서 명확히 말합니다. 나는 친구라고 말하지 않고, '파트너'라고 말합니다. 나는 "그녀"라고 말해요. 대명사를 바꾸지 않습니다. 어떤 사람은 이해하고 또 어떤 사람은 이해하지 못하지만, 저는 애매하게 돌려서 저를 표현하고 싶지는 않습니다. [p.77]), 이성애주의자들의 선입견에 대한 도전("나는 사람들이 저를 이성애자라고 가정하는 것을 좋아하지 않아요. 그런 일이 잦거든요. '오, 남자 친구는 잘 지내니? 아니면 네 남편은?'...이런 말들 말이죠. 저는 이런 상황이 달갑지 않아요. 그래서 모두에게 성적 정체성을 밝히는 것은 매우 중요합니다." [p.77])을 포함한다.

또한 대다수의 참가자가 성적 정체성 공개로 인한 부정적인 경험을 하지 않았고 LGBT 관리자 또는 지지 그룹이 있는 노동자들은 직장에서의 성적 정체성 공개에 따른 긍정적인 경험을 보고하였다. 하지만, 대부분은 또한 부정적인 반응을 최소화하기 위해 성적 정체성에 대한 정보 관리와 공개 시기와 방법에 있어서 전략적이라고 보고했다. 일부 참가자는 동료들과 직접 대면하거나 교육하는 방법에 대해서도 논의했다. 이러한 노력에는 억압적인 동료의 행동에 직접적으로 맞서거나, LGBT 관련 업무 조직에 관여하거나, 다른 사람들을 위해 모범이 되는 것을 포함했다.

직장에서 성적 정체성을 감추거나 은닉한다고 보고한 참여자들은 크게 두 가지 전략을 사용했다. 성 지향성을 드러내는 말과 행동에 주의하는 것과 사생활에 대한 정보를 거의 또는 전혀 공유하지 않는 것이다. 이러한 노동자들은 그들이 실제로 다른 선택권이 전혀 없다고 인식하는 경향이 있었고, 적어도 일부 노동자들은 다른 사회적 특권(예를 들어 남성)을 가졌다는 점에서 나머지 동료들과는 다르게 인식되었다. 이처럼 참여자들이 사용하는 대처방식의 넓은 범주와 다수의 억압된 사회적 정체성(인종, 성별, 성적 지향성)을 가진 참여자들, 억압된 사회적 정체성과 사회적 특권을 함께 가진 참여자들 간의 경험의 차이는 McDermott의 성적 지향성과 사회계층의 교차점에 대한 연구결과와도 일치하며 전반적인 성적 정체성 관리와 정체성의 복잡성에 대해 더욱 고도의 집중이 필요하다는 것을 강조하는 결과이다.

LGBT 직장 내 성적 정체성 관리를 일의 심리학의 관점으로 향해가도록 하기

어떤 면에서 정체성 관리의 개념은 일의 심리학의 관점에서 다루는 핵심적 부분이다. LGBT 노동자의 직장 경험에 관한 문헌은 정체성 관리를 일관되게 일을 탐색하는 핵심적 요소로 보며, 이러한 탐색에는 조직, 대인관계 및 개인 내적 관점을 골고루 사용한다. 직장에서의 자기표현이 직장에서의 보상, 인간관계 및 자기인식과 어떻게 연결되어 있는지에 대한 초점은 일을 생존과 권력의 접근, 사회적 연결 및 자기결정의 수단을 제공하는 것으로 규정하는 일의 심리학의 개념과 명확하게 연결된다.

비록 정체성 관리에 대한 초기 문헌이 직장에서의 소수의 성적 정체성 관리의 복잡하고 지속적인 성격을 강조했지만, 이 주제 분야의 쟁점이자 지속적으로 쟁점이 되어온 부분은 정체성 관리 전체를 이해하고 사고의 복잡성의 증가를 다루는 것이다(예: Croteau, Anderson, et al., 2008). 최근의 측정 및 이론적 발전은 몇몇 중요한 진보를 촉진했으며, 이 분야의 발전을 장려하고 가장 최신의 발전을 강조하기 위한 새로운 출발점이자 모델로서 사용될 수 있다.

Anderson 외(2001)와 Button(2004)이 개발한 정체성 관리척도는 다차원적 척도로서, 대부분 레즈비언과 게이 노동자들을 대상으로 한 초기의 질적 연구에 기반한 정체성 관리전략의 개념화를 담아낸다. 이러한 도구들은 초기 문헌에서 강조된 은닉에서 공개에 이르는 연속선 위에서 전 범위의 정체성 관리를 측정할 수 있기 때문에 유용하다. 정체성 관리에 대한 학문 연구가 점점 더 계획적이고 엄밀해지고 있지만, 이러한 측정도구들이 개발된 후 이 도구를 사용한 추가연구는 극히 제한적이다. 이 두 도구의 중요한 한계는 문항의 문구들이 양성애자나 트랜스젠더 정체성의 사람보다 레즈비언이나 게이 정체성의 사람들에게 더 잘 적용되도록 쓰여졌다는 점이다. 즉, 사회적 성(gender)개념이 아닌, 생물학적으로 동성인 파트너를 가진 사람들에게 집중했다는 점이다. 보다 포괄적인 척도를 개발하기 위한 중요한 대안은 양성애자와 트랜스젠더 사람들을 위해 구별된 척도를 포함시키는 것이다. 양성애자 또는 트랜스젠더 정체성을 가진 노동자의 정체성 경험과 정체성 관리는 이 같은 대안을 고려할 만큼 충분히 구별되는 것일 것이다. 또한 현재의 정체성 관리 척도들이나 구인에 백인, 중산층, 상류층 여부에 따른 편견이 어느 정도 존재하는지에 대한 고려가 필요하다. 우리는 성적 정체성 관리 척도(또는 이와 유사한 것)를 더 개발할 것을 강력히 권장하며, 이 측정도구들이 성 소수자라 보고하는 광범위한 노동자를 대상으로 잘 사용되기를 바란다. 우리는 이러한 노력이 현재의 학계를 모든 노동자를 포용하는 일의 심리학의 비전으로 이동시키는 데 중요한 부분임을 다시 한번 강조한다. 우리는 또한 향후 LGBT 직장에 초점을 둔 연구에서 정체성 관리를 측정하기 위해 이러한 도구(또는 이와 유사한 도구)를 사용할 것을 강력히 권장한다. 이것은 연구의 엄밀함을 증진시키고, 업무 경험과 정체성 관리의 다양한 측면 간의 관계에 대한 의미 있는 연구를 가능하게 할 것이다. 이러한 생각은 특히 정체성 관리에 대한 정의의 명료성 증가라는 문헌의 또 다른 핵심 발전 영역을 고려할 때 중요하다.

최근의 이론 연구는 직장에서의 소수의 성적 정체성 관리에 대한 두 가지 구별되는 관점을 제시했다(Croteau, Anderson, et al., 2008). 보다 구체적으로 말하면, 직장에서 성적 정체성을 관리하기 위해 행하고 있는 광범위한 전략은 노동자가 직장에서 성적 정체성을 공개할지 말지와 관련하여 하는 매일매일의 구체적인 의사 결정과 관련이 있기는 하지만 구별되는 것으로 이해될 수 있다. 일의 심리학의 관점의 핵심인 포용이라는 목표를 달성하기 위해서는 이러한 구인들 각각에 대해 더 깊이 탐색할 필요가 있다. 특히, 성적 정체성 관리전략과 공개결정 두 가지가 어떻게 형성되고 실행되는지에 대한 중점적인 연구가 절실히 필요하다. 현재까지는 그다지 검증되지 않았지만, Croteau, Anderson 외가 검토한 개념적 모델은 기존의 학문성과를 통합하고 향후 연구개발을 위한 유용한 틀을 제공한다. 이 모델을 효과적으로 적용하기 위해서는 정체성 관리와 관련된 자기효능감 및 결과 기대, 성적 정체성 공개와 관련된 조직 및 직업 규범 등과 같은 핵심적인 이론적 구인을 측정하기 위한 추가적인 도구개발이 필요할 것이다. Ragins 외(2007)의 공개의 두려움 척도(The Fear of Disclosure scale)개발과 공개의 두려움과 공개 자체 모두와 관련있는 직장 결과변인들에 대한 탐색은 이러한 중요한 도구들의 하나를 제공하는 것이고 낙인 기반 모델(stigma-based model)에 적합한 데이터를 공급하는 것이다(Ragins, 2004, 2008).

측정에서의 발전과 이론에 근거한 구인 정의의

명료화를 함께 고려할 때 성적 정체성 공개와 관리를 이해하는 것에 있어 우리가 갖고 있는 두 가지 핵심적인 한계가 강조된다. LGBT 노동자가 직장에서 성적 정체성을 표현하는 다양한 방법에 대한 추가적인 정보는 물론이고 특정한 성적 정체성 공개결정 및 광범위한 정체성 관리전략의 근간을 이루는 전반적인 동기에 대한 자세한 정보가 필요하다. 기존 문헌에서의 편향성은 성적 정체성을 드러내는 전략과 공개를 가치 있게 평가한 것이다. 이러한 편향성은 사회변화 노력에 대한 가시성의 필요와 이러한 편향성이 가장 잘 적용될 수 있는 백인, 중산층 또는 상류층의 고학력 표본에 대한 과도한 의존 등 다양한 이유로 발생할 수 있다. 직장에서 성적 정체성을 드러내지 않거나 감추는 노동자의 경험에 관한 정보는 극히 제한적이다.

은닉에서 공개에 이르는 정체성 관리의 기본적인 개념화는 1980년대 레즈비언 및 게이 노동자들이 밝힌 성적 정체성 공개에 대한 두려움과 진실성에 대한 소망 사이의 대조를 강조한다. Croteau, Anderson 외(2008)가 검토한 모델 중 하나인, 직장내 성적 정체성 관리 모델(the Workplace Sexual Identity Management Model; Lidderdale et al., 2007)은 광범위한 상황적 영향과 함께 정체성 관리 기저에 있는 추가적인 동기에 대해 생각하기 시작하도록 하는 유용한 틀을 제공한다. 직장풍토는 기존 문헌에서 가장 많이 연구된 맥락적 영향요인이다. 우리는 성적 정체성 관리전략과 공개결정에 잠재적으로 영향을 미치는 다양한 동기에 대한 이해를 높이기 위해 긍정적인 직장환경에 집중된 연구와 폭넓은 범위의 다른 맥락적 개인적 변수와의 결합을 권장한다. Rumens와 Kerfoot(2008)의 게이 남성의 전문 직업 정체성 연구는 게이 친화적인 환경에서 추가적인 사회 및 문화 정체성이 어떻게 직장 내 행동의 주요 형성요인으로 부상하는 지에 대한 예를 제공한다.

DeJordy(2008)의 패싱(passing)과 다른 형태의 정체성 비공개 방식의 차이에 대한 개념적 논의와 Ragins 외(2008)의 성적 정체성 공개 그 자체와 공개에 대한 두려움의 구별은 성적 정체성 관리전략과 공개결정 기저의 추가적인 동기를 고려하기 위해, 공개에 대한 두려움과 진실성에 대한 소망 사이의 대조 그 이상의 것을 보도록 돕는다. 특히, 최악의 부정적인 직장성과에 기여하는 것이 *이미 직면한 차별이 아닌 예상되는 차별*이라는 발견은 이러한 두려움에 근거하지 않은 정체성 비공개결정이 매우 다른 결과를 낳을 수 있음을 시사한다. Bowleg 외(2008)의 관찰에 따르면 정체성 공개에 따른 부정적인 결과가 거의 없었음에도 대부분의 노동자들이 정체성 관리에 있어서 전략적이었다. 이 결과는 이러한 선택 이면의 동기들에 대해 보다 복합적으로 생각할 필요를 뒷받침한다. Lidderdale 외(2007)가 제안한 직장 내 성적 정체성 관리모델에서 제시된, 정체성 관리전략을 개발, 변경 및 실행하기 위한 이론적 메커니즘을 탐색하는 노력은 추가적인 동기를 발견하도록 이끌어 줄 수 있다. McDermott(2006)과 Bowleg 외(2008)의 질적 연구는 스트레스 관리 및 사회변화 촉진과 같은 다른 동기들이 작동했을 수 있음을 시사했다. 사회변화 동기는 사회 권력에 대한 접근을 가능하게 하는 것에 일이 핵심적인 역할을 한다는 일의 심리학의 관점과, 특히 역사적으로 소외된 노동자들을 위해 긍정적인 근무환경 변화를 만드는 일에 학문을 사용하는 것의 중요성과 특별히 관계가 있다. 우리는 직장풍토의 변화에 대한 소망과 이러한 변화를 이끌고자하는 것이 동기가 되었을 정체성 관리전략을 지속적으로 탐색할 것을 장려하고, Creed 외의 정체성 배치(identity deployment: 주로 전략적 이유로 정체성을 내세워 보여주는 것)에 대한 탐색이 여기에 추가적으로 유용한 개념화(Creed, 2006; Creed & Scully, 2000)를 제공할 수 있다는 것에 주목한다.

직장 내 성정체성을 은닉하거나 드러내지 않는 선택에 관한 더 많은 이해가 필요하다는 요청과 정체성 관리전략과 공개결정에 대한 예측변인을 탐색하는 연구 모델에는 다음과 같은 인식이 뿌리내리고 있다. 즉, 직장에서 성적 정체성을 드러내거나 표현하는 것의 선택은 정체성에 대한 보다 폭넓은 이해를 바탕으로 전후 맥락을 고려해야한다는 인식이다. 직장 내 성적 정체성 관리에 있어서의 편차에 대한 이해를 돕는 문헌을 찾아내는 데 중점을 두기는 했지만, 우리가 찾은 논의할 만한 사례는 소수에 불과했다. 우리가 앞서 검토한 세 편의 질적 연구는 레즈비언과 게이 노동자들이 정체성 관리와 관련된 선택을 할 때 다른 사회 집단 정체성을 고려하는 것으로 나타났다.(Bowleg et al., 2008; McDermott, 2006; Nelson & Probst, 2004). 여기에서 우리가 얻은 사회계층과 인종의 조절효과는 일의 심리학의 핵심개념과 밀접하게 연관되어있다. 하지만 이 문헌의 지속적이고 핵심적인 한계는 성적 정체성 그 자체에 대한 전통적인 정의가 제한적인 개념이라는 점이다. 점점 더 많은 LGBT 심리학 문헌에서 성적 정체성의 이러한 개념화 자체가 제한적인데, 백인, 대체로 레즈비언, 중산층 혹은 상류층 출신의, 교육수준이 높은 개인들의 경험을 중심으로 하는 지배집단의 관점에 의해 제한된다는 인식이 새롭게 부상하고 있다 (Bieschke, Hardy, Fassinger, & Croteau 2008). LGBT 직장내 경험과 관련한 연구에서 성적 정체성 그 자체에 대한 이해의 폭을 넓혀야 한다는 반복적인 요청에 부응하여, 학자들은 LGBT 심리학 문헌에서의 성과 성적 정체성을 이분법적이지 않게 이해하고, 유동적이고, 전후 문맥을 고려하여 새로운 개념을 결합하지는 못하더라도 적어도 정체성 발달 평가나 정체성 현저성을 통합할 것을 권장한다 (예: Fassinger & Arseneau, 2007).

결론: 진정한 LGBT 일의 심리학을 지향하며

이 장에서 우리는 LGBT 직업심리학의 관점을 LGBT 일의 심리학의 관점으로 이동시키는 것에 집중했다. 이것은 LGBT 직업문헌에 대한 포괄적인 검토가 아니다. 오히려 우리가 판단하기에 이러한 움직임에서 특히 중요하다고 생각되는 방향을 강조하고 설명하기 위한 선택적 검토이다. LGBT 직업심리학 분야에서 가장 발달한 두 영역인 LGBT 직장풍토 및 차별과 LGBT 직장 내 성적 정체성 관리는 일의 경험에 대한 우리의 이해를 넓히는데 중점을 두는 일의 심리학의 매우 좋은 예가 된다. 하지만 일의 심리학의 렌즈를 사용해서 이러한 문헌을 검토하면, 다수의 잠재적으로 유익한 확장이 더 드러났다. 우리는 LGBT 직장 내 차별과 풍토에 대한 논의와 LGBT 직장 내 성적 정체성 관리에 대한 논의를 통해서 향후 연구와 학문발전을 위한 권장사항을 제시하는 데 일의 심리학의 관점을 사용했다. LGBT 직업심리학의 이러한 핵심 영역 전반에 일의 심리학의 관점을 통합하면서, 우리는 LGBT 일의 심리학의 관점에서 요구되는 강력하고 중요한 확장에 대한 최종 결론을 제공하고자 한다. 이러한 최종 결론 중 처음 세 가지는 LGBT 직업심리학 내에 점진적으로 강력한 기반을 구축하는 방법에 대한 권장 사항이다. 이 세 가지 제안은 간략하게 요약하였다. 네 번째와 마지막 제안은 LGBT 심리학 내에서 새롭게 등장하고 있는 관점과 포괄적인 범위의 일과 노동자의 의도적인 포함을 강조하는 일의 심리학을 연결하는 것이다. 이렇게 새롭게 등장한 LGBT 심리학의 관점은 정체성 그 자체에 대한 보다 통합적인 이해를 요청한다. 이러한 이해는 성적 및 성 지향성과 정체성에 대한 이분법적인 개념과 인종, 성별, 사회계층 등의 다른 사회적 정체성의 측면을 고려하지 않은 단일 차원으로서의 성적 지향을 고려하는 것과 그러한 정체성간의 교차점을 지나치게 단순화시켜서 추가하는 것에 도전하는 정체성에 대한 통합적인 이해를 말한다. 이 영역에서의 지식의 전환은 현재의 사고에서 훨씬 더 큰 변화를 요구한다. 따라서 우리는 이 분야의 변화를 위한 보다 확장된 토론과 제안을 제공하고자 한다.

LGBT 직업심리학 내에 기반 구축하기

LGBT 직장 내 차별이 LGBT 노동자들에게 있어 지속적이고 만연한 경험인 것을 인식하면서, 우리는 이 연구분야를 발전시키고 이를 일의 심리학의 관점으로 향해가도록 하기 위해서 두 가지 핵심 권장사항을 제안한다. 우리는 직장풍토의 다양한 측면 사이의 역동적인 상호작용에 대한 이해 증진과 긍정적인 직장풍토에서 일하는 LGBT 노동자의 경험에 대한 관심을 특별히 강조하면서, 보다 폭넓은 범위의 직장풍토의 개념에 집중할 것을 권장한다. 우리는 또한 LGBT 노동자에게 보다 호의적이고 긍정적인 직장풍토로의 변화에 의도적인 초점을 둘 것을 권장한다. 이 두 권장사항은 보다 체계적인 연구와 억압적인 직장풍토를 유지하는 전체에 영향을 주는 힘(단지 개인과 조직의 힘뿐 아니라)에 의도적으로 초점을 맞출 것을 요구한다. 직장내 만연한 차별과 광범위한 시스템적 이성애주의는 이 장의 다른 핵심 초점인 LGBT 노동자가 느끼는 직장내 성적 정체성 표현을 관리해야 할 지속적이고 일상적인 필요성을 유지하게 한다. 일의 심리학은 지속적으로 포용에 대해 압박을 가하고 이러한 움직임의 장벽을 밝힌다. 이는 다수의 기존 문헌에 나타난 직장 내 성적 정체성 관리행동과 전략에서 정체성을 더 공개하는 것을 무비판적으로 가치있게 보는 편향성에 대해 문제를 제기하는 것으로 보여질 수 있다. 이 편향성은 교육수준이 높은, 중산층 및 상류층의 백인들의 경험을 주된 대상으로 연구하고, 이론화하고, 설명하는데 중점을 둔 이 연구분야의 광범위한 편향성에서 비롯된 것일 수 있다. 이 광범위한 연구 및 학문 분야에 대한 우리의 주요 권장사항은 보다 포괄적인 범위의 노동자들을 대상으로 직장 내 성적 정체성 표현의 근간이 되는 동기와 수행 중인 전략, 일상적인 행동들에 대한 심층적인 이해를 지속적으로 추구하는 것이다. 차별에 대한 관리, 정체성 관리 전략 및 정체성 공개결정 사이의 상관성과 차이점에 대한 깊이있는 탐색은 유용할 것이다. 또한 인종, 성별, 사회계층 및 성적 정체성의 교차점을 탐색하는 최근의 질적 연구는 정체성 수행(identity performance)의 개념과 차별경험의 영향을 넘어서서 노동자의 행복에 대한 보다 광범위한 개념화의 중요성과 같은, 추가적인 관점을 통합하는 것의 잠재적인 가치를 나타낸다.

LGBT 직장 차별과 풍토 및 LGBT 직장 내 성적 정체성 관리에 대한 문헌은 연구방법에 있어 지난 10년간 더욱 엄격해졌다. 차별과 풍토에 대한 연구문헌은 국가확률 표본과 더 많은 전통적인 실험설계를 포함하도록 확장되었다. 정체성 관리 문헌은 향상된 척도와 더 많은 이론 적용의 도움을 받았다. 우리는 연구의 엄밀함에 지속적인 초점을 둘 것을 장려하고, 특별히 LGBT 차별 관리와 정체성 관리의 이해에 유의미한 확장이 있었음에 주목한다. 이러한 이해증진에는 앞서 논의한 LGBT 특정(LGBT-specific)모델 개발 및 사회인지 진로이론의 적용, 낙인이론, 사회 교환이론 및 소수자 스트레스 이론이 기여했다. 미세공격(micro-aggressions)이라는 개념은 최근 직장환경에서의 미세공격과 성적 지향성에 따른 미세공격에 대한 고려를 시작하는 연구로 확대되었다(Sue, 2010, 참조). 우리는 직장환경에 대한 이해를 넓히기 위해 직장 내 성 지향성에 따른 미세공격의 관점을 사용할 것을 권장한다.

포괄성 구축

심리학, 직업심리학, LGBT 심리학, 그리고 특히 LGBT 직업심리학은 경제 및 사회적 특권에 너무 오랫동안 얽매여 백인, 중산층 및 상류층, 레즈비언 여성 및 게이 남성의 LGBT 직업심리학을 낳았다. 일의 심리학의 관점은 이러한 학술적 노력이 특권의 경계를 넘어서야 한다는 끈질긴 도전이다. Bieschke 외(2008)는 보다 포괄적인 LGBT 심리학에서 "성적 지향성을 완전히 이해하기 위해서는 성별, 인종, 민족, 종교, 계층, 장애 및 다른 사회문화적 위치의 측면이 함께 탐색되어야 한다는 것을 인식하는"(p.177) 새로운 패러다임이 부상하고 있음을 지적한다. LGBT 일의 심리학이 이러한 인식을 구현할 것이다. 앞서 검토한 자료에서 이 작업에 대한 몇몇 예를 제시했지만, 이러한 구현은 아직 걸음마 단계이다.

인종을 고려한 포괄성의 진보에 관해 *The Counseling Psychologist*의 주요 기고논문으로 실린 최근 연구는 인종을 고려한 포괄적인 LGBT 일의 심리학을 형성하는데 필수적이다(Moradi, DeBlaere, & Huang, 2010 참조). 특히 주목할 만한 것은 유색인종 LGBT를 대상으로 연구를 수행한 논문이다(DeBlaere, Brewster, Sarkees, & Moradi, 2010).

DeBlaere 외 동료들은 이러한 연구가 가진 장벽에 대한 신중한 고찰을 보여주고 그것을 극복하는 방법에 대한 제안도 제시한다. 그들은 표본추출 및 모집, 척도 및 측정, 연구도구들과 분석 등의 문제를 고려하여 포괄적인 개요를 제시한다. 그들은 또한 기존 문헌에 대한 심층적인 비판과 문제제기를 장려한다. 예를 들어 기존의 LGBT 연구가 주로 백인 성적 소수자에 대한 연구에서 발전해왔다는 한계를 지적한다. 그들의 결론적으로 제시한 12개의 제안점은 일의 맥락을 포함하여, 그 어떤 맥락에서든지 성적 취향과 성별 관련 소수자에 관한 연구를 수행하는 사람이라면 누구에게나 일독을 권한다. 이 제안 점은 구체적인 연구방법(예를 들어, 성적 정체성을 평가하는 방법, 표본모집 계획)과 전반적으로 어떻게 접근할 것인가를 포함하고 있다. 전반적 접근이란 인종차별의 구조적 장애들을 인정하고, 효과적인 연구를 이끌어낼 수 있는 유생인종 커뮤니티의 네트워크, 관계, 리더쉽 형성을 우선적으로 노력하는 것이다.

레즈비언과 게이뿐만 아니라 양성애자 및 트랜스젠더 정체성을 가진 사람들을 포함하는 것은 LGBT 심리학의 "새로운 패러다임"(예: Bieschke et al., 2008)의 중요한 측면이다. 양성애자 남녀는 성적 소수자의 일 관련 연구의 많은 부분에서 고려되기 시작했지만, 레즈비언과 게이 노동자와는 다를 수 있는 양성애자의 경험을 이해하는 데 기여하는 연구는 소수에 불과하다. 특히 더 폭넓은 LGBT 심리학 연구에서 양성애자 남녀에 대한 연구가 있었지만, 일과 관련된 연구는 거의 존재하지 않는다. 놀랍게도, 트랜스젠더의 일에 초점을 둔 연구들은 있었다. 직장내 차별에 대한 연구문헌 검토에서, Badgett 외(2007)는 특별히 성적 정체성이나 트랜스젠더 신분에 근거한 차별에 초점을 둔 소수의 연구를 발견했다. 1996년과 2006년 사이에 실시된 6편의 연구결과에 따르면 트랜스젠더 노동자는 LGB 노동자와 비슷하거나 더 높은 수준의 고용차별을 보고했다. 또한, 우리는 그 이후로 발표된 직장 내 경험에 대한 문헌들을 검토하여 트랜스젠더 개인을 지원하는 것을 목표로 하는 4편

의 추가 논문을 확인했다(Budge, Tebbe, &Howard, 2010; Kirk& Belovics, 2008, O'Neil, McWhirter, &Cerezo, 2008; Sangganjanavanich & Cavazos, 2010). 이 논문들은 주로 성적 정체성과 성별의 다양성, 법적 문제와 차별, 괴롭힘 및 공격에 대한 일반적인 경험, 사회적 지지의 장려와 학문연구 증대에 관한 기본정보를 제공함으로써 트랜스젠더를 위한 효과적인 직업 진로상담의 개발을 강조한다. 전반적으로 트랜스젠더의 직장경험에 관한 문헌은 주로 트랜스젠더의 경험에 대한 기초적인 정보에 대한 인식을 높이고 진로발달전문가를 교육하는 데 대체로 중점을 두었다고 볼 수 있고, 연구와 이론 개발은 절실하게 부족하다.

더 광범위한 LGBT 심리학 문헌을 참고해서, Bieschke 외(2008)는 특히 사회 경제적 수준이 낮은 LGBT 사람들의 삶을 조사한 연구가 거의 없다는 점에 주목한다. 연구표본은 대부분 교육수준이 높은 중류층 및 상류층의 백인으로 일관되었고, 특히 사회계층을 주제로 한 연구는 거의 없었다. 사회 경제적 계층과 일의 경험 사이의 명확한 연관성에도 불구하고, 우리가 찾은 일의 맥락이라는 관계성 위에서 사회 경제 계층을 검토한 연구는 다음이 전부이다. Embrick 외(2007)는 주로 노동 계층 환경을 연구 배경으로 삼았고, McDermott(2006)은 사회계층을 여성 노동자 집단간의 일관련 경험들의 차이를 만드는 요인으로 주목하였다. 우리는 더 많은 연구가 노동자 계층의 환경에 초점을 두기를 바라고 LGBT 사람들의 일의 경험에 미치는 사회계층의 영향에 대한 직접적인 연구를 장려한다. 마지막으로 사회계층에 관해서는, LGBT 직업심리학 문헌에서 LGBT 사람들의 빈곤 문제를 전적으로 무시해 온 것에 주목해야 한다. Badgett 외(2007)는 소득 불균형을 드러냈지만 특별히 빈곤의 경험에 초점을 두지는 않는다. 우리는 빈곤과 관련된 요인들로 LGBT에 반대하는 차별과 적대감을 고려할 필요가 있다고 생각한다.

우리는 기존의 포괄성에 대한 개념확장을 권장하고, 연구 및 학문 분야에서 인종적, 사회적 계층 의식을 반영하지 못한 탓에 교육수준이 높은 중상

류층 배경의 백인 LGBT 사람들의 일 관련 경험도 충분히 이해되지 않았을 가능성을 지적하고자 한다. 예를 들어, 백인 중산층의 게이 남성이 직장에서 낙인 찍힌 경험은 성적 지향성 낙인에 의해 백인남성 사회계층의 특권이 흔들렸음을 가정한 맥락에서만 완전히 이해될 수 있을 것이다. 이러한 특권을 인종과 계층과의 관계에서 바라볼 때, 우리는 또한 이성애 노동자와 그들의 성적 지향성 관리 및 LGBT 직장환경에 대한 그들의 기여도에 대한 고찰을 장려하고 싶다. Badgett 외(2007)가 검토한 실험적인 연구(2007) 및 Willis(2010)와 Embrick 외(2007)의 연구는 이성애 노동자와 관리자가 직장에서 이행하는 편견을 검토한 경우이다. Hill(2009)의 LGBT 직장 내 포용성 진보에 대한 이성애자의 반발을 다룬 개념적 연구는 또 다른 예이다. 이러한 연구는 여러 방법으로 지속되고 확장될 필요가 있다. 특히 우리는 LGBT 지지적인 직장환경이 이성애 노동자에게 미치는 긍정적인 업무 효과를 상세히 보여주는 경험에 근거한 연구의 확장을 제안한다. 본 논문 이전에 일의 심리학과의 명백한 관계선상에서 LGBT 문제를 다룬 유일한 학술 논의는 일의 심리학에 대한 Blustein(2006)의 원저작물에 실린 몇 페이지에 불과하다. 우리는 일의 심리학의 메타관점이 더 심도 깊고 포용적인 포괄성을 지향하며, LGBT 사람들 사이의 일 경험에 대한 이해를 넓히고 미래방향을 제시한다는 측면에서 제공할 것이 많다고 생각한다. Blustein은 "일은 사회정의를 위한 전쟁터이다"(2006; p.26)라고 언급했다. 이러한 관점에서 권위있는 일의 심리학은 광범위한 LGBT의 삶에 더 많은 정의를 가져오는 데 중요한 역할을 할 수 있다.

8장   빈곤, 사회계층, 그리고 일

poverty, social class, and working

사바 라쉬드 앨라이(Saba Rasheed Ali)

초록

일의 심리학 관점(The psychology of working; Blustein, 2006)은 사회적 그리고 경제적 정의를 향상시키는 의제를 논한다. 블루스틴은 일, 사회계층, 그리고 빈곤과 관련이 있는 문제들을 다루는 통합적인 접근을 논한다. 본 장은 일의 심리학 관점이 어떻게 빈곤한 개인과 가족들의 일 자유의지(work volition)를 향상시킬 수 있는 자원에 접근하는 것에 영향을 주는 이슈들을 다루는 기본적인 틀로 사용될 수 있는지를 기술한다. 또한 이 이슈를 다룰 수 있는 몇 가지 개입방법과 어떻게 이러한 개입들이 일의 심리학 관점이 지지하는 경제정의와 사회정의의 기본원리를 향상시킬 수 있는지를 논한다. 이 장은 1) 일, 임금, 그리고 빈곤 간의 연결성을 논하고; 2) 직업심리학/진로상담과 빈곤퇴치를 위한 노력 간의 상호연결성(interface)에 대한 역사적이고 현대적인 관점을 개관하고; 3) 일의 심리학 패러다임이 공공정책적 노력에 가지는 의의를 논한다.

키워드

빈곤, 빈곤 노동자, 일의 심리학, 사회계층

미국통계국(US Census Bureau)은 미국 인구의 대략 15.1%가 주에서 정하는 빈곤선(poverty thresholds)에 미달하는 소득을 벌고 있는 것으로 추정한다. 따라서, 대략 4억 6천 2백만의 미국인들은 빈곤하게 살고 있으며, 지난 10년 간 50개 주 중 31개 주에서는 빈곤하게 살고 있는 사람들의 수와 퍼센트 모두가 증가하고 있다(DeNavas-Walt, Proctor, & Smith, 2010). 경제학자들, 사회학자들, 그리고 심리학자들은 모두 지난 몇 년 간의 빈곤률 증가에 대하여 다양한 설명을 가지고 있으며,

정치인들과 입법자들은 빈곤의 원인과 해결방안에 대하여 열띤 논의를 벌여왔다(Bane, 2009). 왜 빈곤이 존재하는지에 대한 이론과 설명은 모두 다르지만, 빈곤에 대한 연구와 이해를 포함하는 대부분의 학문들은 일 혹은 일의 부족과 빈곤의 관계가 중요하다는 것에는 동의한다. 이를 고려할 때, 직업심리학자들이 생활가능(livable) 임금을 제공하는 돈벌이가 되는 일자리(gainful employment)를 통하여 내담자들이 빈곤을 극복할 수 있도록 돕는 개입과 자원에 대해서 더욱 심각하게 생각하기 시작

하는 것은 중요하다.

최근 발달된 일의 심리학 관점(Blustein, 2006)은 직업심리학의 기존 가정에 대한 비판과 이 분야의 사명을 재활성화하고 확장시키기 위한 제언들을 담고 있다. 일의 심리학 관점의 주요 목표 중 하나는 빈곤과 일 사이의 불가분한 관계에 대해 주목하고 일, 사회계층, 빈곤에 관련된 문제들을 다루기 위하여 심리학적으로 통합된 접근을 제공하는 것이다. 이 관점은 또한 실업과 불완전고용의 심리적이고 경제적인 영향과 빈곤의 근본 원인으로서 교육적 자원의 부족에 대하여 면밀히 살펴본다. 이 장의 목적은 일, 사회계층, 빈곤과 관련된 이슈들이 어떻게 일 자유의지를 향상시키는 자원들에 접근하는 것에 영향을 주는 지와 일의 심리학 관점의 맥락 내에서 가능한 개입방법에 대하여 논의하는 것이다. 이 장은 다음과 같이 조직되어 있다. 첫째, 일, 임금, 그리고 빈곤 간의 연결성을 논한다. 둘째, 직업심리학/진로상담과 빈곤퇴치를 위한 노력 간의 상호연결성(interface)에 대한 역사적이고 현대적인 관점을 개관하고; 3) 일의 심리학 패러다임이 고용의 문제를 가진 빈곤한 사람들을 돕기 위한 공공정책적 노력에 가지는 의의를 논한다.

일, 임금, 그리고 빈곤
(Working, Wages, and Poverty)

지난 20년 동안, 미국 내에서의 소득이동(돈벌이가 되는 일자리와 직업승진을 통하여 빈곤에서 벗어나는 것)은 빈곤감소를 위한 방법의 지배적인 관점이었다. 정치인들은 빈곤을 피하기 위한 수단으로써 개인이 유급 노동에 참여하는 것을 부추겨 왔으며(Theodos & Bednarzik, 2006) 노동시장에 참여하는 것을 장려하기 위하여 복지와 같은 조력 프로그램 개혁을 시도하였다. 이 주장은 근본적으로 개인이 노동시장에 한번 진입하면, 그들은 자신과 가족을 부양하기에 충분한 재정적 자원을 모을 수 있으며 더 높은 임금수준으로 진급할 수 있다고 가정한다. 정책 연구자들은 이 문제에 대한 과학자들 간의 중요한 논쟁을 조명한다.

테오도스와 베드나직(Theodos & Bednarzik, 2006)은 노동자들의 상향이동이 모든 노동자들에게 동등하게 적용될 수 있는가, 현실인가에 대한 사회학자와 경제학자 간의 논쟁을 논하며, 소득이동은 저임금노동자들에게는 현실이 아님을 예로 든다. 테오도스와 베드나직(Theodos & Bednarzik, 2006)은 또한 "저임금 직업들은 경제 전반에 동등하게 분포되어 있는 것이 아니라 특정한 산업분야에 집중되어 있다… 가장 빈번하게 저임금노동자를 포함하는 영역은 농업, 도매업, 개별가정도우미(Private households), 개인 서비스(personal services), 엔터테인먼트와 여가 서비스, 그리고 사회적 서비스 부문이다"(pp.35-37)라고 하였다. 이러한 부문들은 또한 유색인종(구체적으로 아프리카계 미국인과 라틴아메리카계 미국인)과 여성들이 더 많이 일하고 있는 영역이다. 따라서 빈곤은 평등한 것과는 거리가 먼 직업기회구조의 결과이며 승진을 위한 실제적인 기회가 어떤 이에게는 주어지지 않으며, 이는 인종차별주의, 성차별주의, 그리고 동성애혐오주의, 계층주의 등으로 인해 더 복잡해진다(Blustein, 2006).

통계는 미국에서 인종과 빈곤의 복잡한 상호작용을 보여준다. 예를 들어, 아프리카계, 라틴계, 그리고 아메리카 원주민(Native Americans)들은 가난한 지역에 살 가능성이 더 많고 미국에 온 이민자들 중 9명 중 1명은 매우 빈곤한 지역에 살 가능성이 더 많다고 한다. 이는 백인 미국인의 경우와 정반대이다: 비라틴계(non-Hispanic) 백인 미국인의 25명 중 오직 한 명만 빈곤한 지역에 산다(Pendall, Davies, Frieman, & Pitingolo, 2011). 사회학자들은 매우 빈곤한 지역에서 고용문제의 영향을 연구해 오고 있다. 연구결과, 수많은 다른 요인들 중에서, 엄청나게 줄어든 도시의 제조업 일자리가 저소득층 흑인 지역의 일자리 기회를 감소시키는 데 영향을 주었다. 윌슨(Wilson, 1996)은 미국 경제가 제조업 기반에서 서비스와 과학기술 기반으로 변화하면서 이러한 일자리 부족이 생겨났으며 이는 도시 지역사회의 박탈을 가져오게 되었다고 하였다. 더욱이, 윌슨(Wilson, 2011)은 고용의 실제에서 계속되는 인종차별은 젊고 덜 숙련된 소수집단의 노동자들이 돈벌이가 되는 일자리(gainful employment)를 얻는 것을 어렵게 하였다. 예를 들어, 고등 학위를 요구하지 않는 대부분의 새로운 일자리는 서비스 부문에 속해 있다. 이러한 일자리들은 일반대중들과의 접촉을 많이 해야 하므로 도심지역의 흑인 남성들은 부정적인 고정관념으로 인하여(예: 흑인 남성들은 위험하여 위협적이다) 이러한 자리에 고용될 수 있는 가능성이 매우 낮다. 이러한 지각은 흑인 남성들의 고용전망을 어렵게 하며 이는 미국문화에 깊이 뿌리내리고 있다. 윌슨에 따르면, 흑인 미국인들은 법적인 접근 기회는 가졌을지 모르나, 인종차별주의의 문화적 힘은 100년 전부터 백인 미국인과 흑인 미국인 사이에 "열등한" 그리고 "우월한" 패턴을 만들어 냈으며 이는 현재 새로운 형태의 "자유방임 인종차별주의(laissez-faire raicism; 소수 집단을 열등한 문화로 보고 그들의 경제적 어려움에 대하여 그들을 비난하는 것, 역자 주)"를 만들어냈다(Wilson, 2011, p.20). 이러한 종류의 인종차별주의는 겉으로 명백히 보이는 분리주의는 아니지만 흑인들이 그들 자신의 경제적 어려움을 만들어 냈으며 이는 정부가 보조할 가치가 없다는 인식을 지속시킨다(Wilson, 2011). 이러한 태도의 예는 정치영역에서 볼 수 있다; 로널드 레이건(Ronald Reagan) 대통령이 지지했던 "복지여왕 welfare queen (미국 레이건 대통령이 복지혜택을 과도하게 누리는 자들을 비하하며 사용한 용어, 역자 주)"은 2012년 선거 때 부활했다. 하지만 이러한 정치적 메시지는 미국 내 빈곤의 근원이 되는 인종차별주의와 임금격차 등의 사회적 요인을 철저히 무시한 것이다.

랏과 불락(Lott & Bullock, 2007)은 미국의 약 20%의 일자리가 4인 가족 기준의 빈곤-수준임금 (poverty-level wage)보다 임금이 적다는 것을 지적하며 미국 내 임금격차가 빈곤의 근본적인 원인이라고 주장한다. 이는 미국 내 빈곤층의 대다수가 정부보조 프로그램에 의존하고 있다는 일반적인 신화와는 달리 이들의 대부분이 고용되어 있다는 것을 말해준다. 랏과 불락(Lott & Bullock)은 저소득 노동자의 임금격차를 설명하기 위하여 "월급 (salaries)이 아닌 수당(wages)을 위하여 일한다

working for wages not for salaries"라는 문구를 사용하는데, 이는 이러한 노동인구에게 소득이동은 현실이 아니라는 것을 나타낸다. (역자 주: wage는 비전문적인 분야의 노동자들이 주로 시간당 계산하여 주급으로 받는 임금을 말함. salary는 대체로 전문직 종사자들이 한달에 받는 급여를 뜻하며, 일하는 시간에 따라 변하지 않는, 매달 고정된 액수로 받는 돈을 의미함) 윌슨의 주장과도 같이 통계는 여성, 비백인, 그리고 건강이 좋지 않거나 장애가 있는 사람들이 저소득 집단의 더 높은 비율을 차지함을 보여준다(Theodos & Bedenarzik, 2006). 랏과 불락은 이민 노동자가 최저수준의 임금을 받는 집단 중 하나라고 하며 이들은 주로 하루 하루 일자리를 찾거나 대부분 최저임금 혹은 그 보다 적은 수당에 일용직으로 고용되는 경우가 많다고 하였다. 이들 노동자의 대다수가 공장이나 중산층 가정의 집안일을 돌보는(가사도우미) 일에 고용되어 일하는 여성이다. 전형적으로 이러한 일자리는 의료보험, 병가, 휴가를 제공하지 않으며 소득이동의 기회는 당연히 제공하지 않는다.

더욱이, 경제불황의 시대에는 소득의 하위층에 있는 사람들이 불황을 가장 강하게 경험할 가능성이 크고, 이는 더욱 심각하게 소득이동을 방해한다. 노동시장연구센터(Center for Labor Market Studies)의 최근 보고서는 부유층과 비교하여 경제불황이 저소득층 노동자에게 어떠한 영향을 주는지를 말해준다. 섬과 카티와다(Sum and Khatiwada, 2010)는 다음과 같이 말한다:

> 진정한 노동시장 불황(depression, 경기후퇴가 장기간에 걸쳐 심각하게 진행될 때)은 소득분포의 하위 20분위에 있는 사람들의 당면문제이며, 심각한 노동시장 후퇴(recession)는 소득분포의 중간에 있는 사람들에게 만연하고, 완전고용에 가까운 환경은 소득분포의 상층에 있는 사람들에게 만연하다. 미국의 부유층에게 노동시장후퇴란 없다.(p.13)

소득이동의 어려움은 교육 계층화 및 "성취의 끊어진 끈" 문제와 일관성있게 연결된다(Shapiro,

Meschede, & Sullivan, 2010, p.2). 미시건 대학교의 국립 빈곤센터(The National Poverty Center)는 2011년에 국가경기 후퇴와 관련된 다양한 빈곤의 측면에 대한 보고서 시리즈를 발간하였다. 이 보고서 중 하나는 소득에 관한 종단자료를 이용하여 취약한 노동자들의 연간 노동시장 소득에 경기후퇴가 미치는 영향에 대한 증거를 요약하였다(Shaefer, 2011). 쉐퍼는 모든 취약성 중 경기후퇴 시의 노동시장 소득에 영향을 미치는 주요요인은 교육수준임을 보고하였다. 쉐퍼의 보고서는 교육수준이 높은 노동자들이 경기후퇴와 회복의 시기에 소득의 성장을 실제로 어떻게 경험하는지와, 교육수준이 낮은 노동자들이 그와 동일한 시기에 심각하고도 확연한 연간소득의 감소를 경험하는지를 자세히 보여주고 있다.

더욱이, 샤피로와 동료들은(Shapiro et al., 2010) "성취의 끊어진 끈"이 아프리카계 미국인 집단 내의 높은 빈곤율에 기여한다고 하였다. 이 저자들은 수십년간의 사회정책 연구 자료들은 동일한 소득 범주에서(즉, 동일한 일자리의 사람들을 비교했을 때), 백인 미국인과 아프리카계 미국인 사이에 엄청난 부의 불평등이 존재함을 보여준다고 하였다. 근본적으로, 동일한 소득층에 있는 사람들은 동일한 비율로 부를 축적할 수 있어야 한다고 가정되지만, 자료들은 수입의 평등은 부의 평등으로 이어지지 않으며 직업에서의 성취는 가족의 부의 소유를 예측하지 못함을 보여준다. 이는 대체로 백인가정은 다른 종류의 재정적 자원(예: 상속받은 유산, 부모가 주는 금전적인 선물)을 이용할 수 있는 반면 아프리카계 미국인 가정은 위급한 상황에서 신용거래(융자)에 의존하기 때문이다. 수십년간의 불평등한 기회구조 때문에 아프리카계 미국인들은 재정적 도움을 위하여 이전 세대에 의지할 수가 없다. 샤피로 등은(2010) 이렇게 말한다: "아메리칸 드림을 이루기 위하여 벌이가 좋은 일자리에서 열심히 일한 아프리카계 미국인들은 여전히 노동시장에서 그들의 동료들 만큼 부를 성취하지 못하며 이는 매우 다른 삶의 기회로 연결된다(Shapiro et al., 2010, p.2)." 분명히, 증거들은 빈곤의 순환은 소득이동의

부족, 교육계층화, 인종차별주의, 그리고 부의 불평등의 문제에 주의를 기울이지 않고서는 쉽게 고쳐지지 않는다는 주장을 뒷받침 한다. 오직 "일하러 돌아가라(get back to work)"의 정신을 지지하는 현재의 연방 프로그램들은 기회의 부족문제에 주목하지 않는다면 문제가 될 수 있다. 예를 들어, 빈곤가정 일시부조 프로그램(TANF: Temporary Assistance for Needy Families)과 같은 프로그램들은 1997년 노동에 대한 개인책임법(PRWOA: the Personal Responsibility and Work Opportunity Act) 하에 복지(welfare)로 알려져 있는 부양아동가족부조(ADFC: Aid to Families with Dependent Children)를 대체하였다. TANF 와 PRWOA의 목표는 사람들이 일자리를 찾고 유지하도록 장려하기 위하여 정부재정보조를 제한하는 것이었다. 랏과 불락(2007)은 TANF 프로그램 실행이 주정부 복지 건수를 감소시키는 결과를 가져오기는 했지만 빈곤을 줄이지는 못했다고 주장했다. 이는 대체로 TANF가 교육이나 훈련을 위한 돈은 제공하지 않았고 사람들이 재훈련하는 동안에는 보조금을 지원하지 않았기 때문인데, 이는 대다수의 TANF 수혜자들이 어쩔수 없이 소득이동 혹은 교육적 발전의 기회가 거의 없는 저기술 저임금 일자리를 가지게 하였다(Lott & Bullock, 2007). 이러한 문제들은 기회구조에 계급차별주의가 미치는 치명적인 역할과 인종차별주의와 계급차별주의가 어떻게 종종 연관되어 있는지를 잘 보여준다. 위에서 언급했듯이, 2012 공화당 경선과정은 이러한 문제를 보여주는 최근의 실례인데, 이 과정에서 후보자들은 "열심히 일하는 중산층"과 "무임승차하는 가난한 사람들"을 구분하기 위하여 "복지여왕" 그리고 "푸드스탬프 대통령"과 같은 구호들을 반복적으로 사용하였다.

랏과 불락(2007)은 심리학자들은 빈곤가정의 필요를 더 잘 이해하고 빈곤, 계급차별주의, 그리고 교육계층화의 순환을 영속시키는 공공정책의 문제들을 연구해야 할 의무가 있다고 하였다. 직업심리학 학문의 초기역사는 이민가정과 저임금 가정을 돕고 덜 계층화된 경제체제를 만들기 위하여 사회정의와 공공정책 운동과 강력하게 연관되어

있었다(Pope, 2000). 20세기 중반에 접어들면서 승진과 대학교육을 받는 집단을 강조하는 방향으로 진로상담의 초점이 맞춰졌다(Blustein, 2006). 지난 20년 동안, 직업심리학자들은 그들의 뿌리로 돌아가 저소득 청년들과 그들 가정의 필요에 대한 연구들을 통하여 정책에 관여하는 자들에게 정보를 제공하는 것에 더욱 적극적이 되었다. 직업심리학자들은 이 분야에서 할 수 있는 것들이 많고 이러한 관심사를 더욱 거시적 수준에서 다루기 시작하였다(e.g., Blustein, 2006; Fassinger, 2008; Fouad & Bynner, 2008). 일의 심리학 관점은 이러한 새로운 시도에서 태어났으며 직업심리학자들이 빈곤을 겪는 가족과 개인들의 고용과 교육적 필요에 대한 폭넓은 답을 얻을 수 있도록 연구문제를 설정할 수 있는 틀을 제공한다. 이러한 관점에서 일을 연구하는 것은 "진로(career)"에 있어 특권을 가진 시각과 일하는 삶에 있어 더 자유의지가 높고 선택의 폭이 큰 개인들에게만 더 적용되는 모형의 대안을 제안한다. 직업심리학의 역사를 살펴보는 것은 직업심리학자들이 20세기 초반에 개인과 가족들과 일하면서 동시에 교육과 정치개혁을 효과적으로 도왔던 방식을 더 잘 이해할 수 있게 해준다. 다음으로, 직업심리학과 빈곤감소 노력 관계에 대한 과거, 현재, 그리고 미래를 논의할 것이다.

빈곤과 직업심리학
(Poverty and vocational psychology)

역사적인 관점과 현재의 관점

위에서 언급했듯이, 직업심리학 학문은 (혹은 직업지도) 처음에는 개인이 가난과 실업을 극복하도록 돕는 것과 관련되어 있었다. 직업지도의 아버지로 불리는(Miller, 1961) 프랭크 파슨스(Frank Parsons)는 20세기 초에 이민청년들이 진로결정을 내리도록 돕는 개입들을 개발하였다. 그러나 파슨스의 저서들은 직업지도가 사회적 비효율(inefficiency)과 불평등(inequality)을 다루는 데 사용되기를 깊이 열망했다. 그와 그의 동료들은 "새로운 산업과 사회질서에 대한 개인 적응 효율성의 향상"에 초점을 둔 "진보적 움직임(Progressive Movement)"의 일부였다(Baker, 2009, p.57).

파슨스는 특히 이민 청년들이 "한편으로는 개인의 능력과 성격특성의 조화를 고려하고 또 한편으로는 직업의 일상에서 요구되는 것을 고려한(Crites, 1969)" 일자리를 찾을 수 있도록 돕는 것은 이러한 적응의 일부라고 믿었다(Savickas & Baker, 2005; p.25). 파슨스는 이민자들이 영어의 유창성을 발달시키고, 고등학교를 마치며, 필요한 서비스를 받을 수 있도록 돕기 위하여 설립된 보스턴정착시설(Boston settlement home)에서 자주 강의를 하였다(Baker, 2009). 그가 가장 좋아했던 주제는 개인의 능력이 직업과 조화를 이루는 것의 중요성이었다. 대체적으로 파슨스의 업적은 청년들에게 삶에서 필요한 것들을 제공하며 궁극적으로 가난을 벗어날 수 있게 해주는 일자리에 고용되고 그 고용을 유지할 수 있도록 청년들을 도움으로써 더욱 효율적인 사회를 만들어 가는 것에 대한 전제를 바탕으로 한다. 그는 미국 교육 제도에 대한 열렬한 비판가였으며, 미국 교육제도가 이민자들이 새로운 산업시장을 준비하는 것에 유용하지 않다고 하였다(Baker, 2009). 직업심리학 내에서 파슨스는 사회정의의 선구자로 종종 칭송받는다. 하지만 그를 비판하는 자들이 없는 것은 아닌데, 이들은 파슨스와 동료들이 단지 기존의 사회질서를 강화했을 뿐이라고 비판한다(즉, 산업사회는 이민자들이 교육받는 것을 희생하고 노동을 함으로써 형성될 수 있었다)(Savickas & Baker, 2005). 어떠한 견해에 동의하든지, 직업심리학 학문은 사회지위불평등을 인정하는 것에 근거를 두고 있음을 이해하는 것이 중요하다; 이러한 맥락에서 파슨스와 그의 비판자들 사이의 불일치는 이민자의 사회적 지위를 어떻게 최선으로 변화시킬 것인가에서부터 생겨났다(교육 혹은 노동을 통하여).

20세기 초반에는 직업심리학(혹은 직업지도)의 초점이 이민자들과, 참전했던 퇴역 군인들의 교육과 고용의 필요에 있었던 반면, 20세기 중반에는 이론과 연구가 대학생들과 대학-교육을 받은 집단의 필요와 관심사로 전환되었는데, 이들 집단의 대부분은 남성이었다(Fitzgerald & Betz, 1994). 블루스틴(2006)은 직업적 관점의 초점이 진로/경력으로 옮겨 간 것은 의도하지는 않았지만 어느 정도는 직업심리학을 개인-환경 적합성의 담론에서 인간발달 영역 안으로 옮기고자 했던 도널드 수퍼의 훌륭한 시도 때문이라고 하였다. 이 시대의 직업심리학은 빈곤층과 대학교육을 받지 않은 개인들을 무시한 채, 선형적인 진로의 진행과 상향이동에 주목하는 "진로" 이론들을 발달시켰다(Fitzgerald & Betz, 1994). 지난 20년 동안 직업심리학의 사회정의 의제로 돌아가야 한다는 패러다임의 변화가 있었으며, 이는 인간의 삶에서 일의 의미와 역할을 더 넓게 이해하고자 하는 직업심리학의 새로운 관점을 재활성화시키고 발전시켰다.

예를 들어, 블루스틴, 맥월터, 페리(Blustein, McWhirter, and Perry, 2005)는 직업심리학에 프릴렐텐스키(Prilleltensky, 1997)의 해방적 사회주의(emancipatory communitarian) 접근을 사회인지진로 이론(Social Cognitive Career Theory SCCT; Lent, Brown, & Hackett, 1994)과 함께 적용하였다. 블루스틴 등은 일의 세계에서 자유의지를 거의 경험하지 못하는 사람들의 필요에 주의를 기울이는 직업심리학의 틀이 매우 필요하다고 하며 이 접근을 제안하였다. 이 이론은 직업심리학 내에서 특히 일 자유의지가 거의 없는 노동자들의 경험을 맥락과 연관짓는 것의 중요성을 강조하는 비판적 사고와 연구들을 낳았다. 더욱이, 이 패러다임은 가난한 개인들이 그들의 직업과 관련하여 마주하는 개인과 체제의 장벽들(예: 저임금, 교육기회의 부족 등)을 다루는 직업심리학자들의 역할을 촉진하였다. 이 작업에 기반하여 블루스틴(2006)은 21세기의 직업심리학을 만들어 가기 위한 어젠다를 제안하는 데에 일의 심리학 관점을 사용하였다. 이 어젠다에서는 개입방안과 공공정책을 만드는 데에 다른 학문의 업적들이 어떻게 도움이 될지를 이해하기 위해서는 직업심리학의 영역을 넘어서야 한다고 하였다.

현대 직업심리학과 빈곤

블루스틴 등(2006)의 이론에 바탕하여 디머와 앨라이(Diemer and Ali, 2009)는 사회적 계층과 빈곤 문제가 직업심리학 문헌 내에서 더 잘 다루어져야 한다고 주장하였고 이러한 문제들을 어떻게 통합하고 개념화 하는지를 다룬 다학제적 문헌고찰을 하였다. 이 고찰에서 논의된 사회계층의 개념화에서 가장 중요한 것은 사회학적이고 구조적인 관점인데, 이는 일과 가난의 관계에 대한 재개념화에 중요한 시사점을 많이 포함하고 있다. 디머와 앨라이(2009)는 이러한 관점들은 종종 진로발달과 직업적 성취에 관한 문헌의 주제들과 일치하는 평등한 기회와 실력주의를 표방하는 개인주의적인 관념에 반하는 맥락적 증거들을 제공한다고 하였다(Hotchkiss & Borow, 1996; Rossides, 1990). 평등한 기회와 실력주의에서 과도하게 개인적 요인을 강조하는 것은 억압되거나 사회 주변부에 있는 집단이 직업적 성취를 이루는 것에 크게 영향을 미치는 불균등한 자원에의 접근성과 같은 구조적 불평등과 맥락적 요소들을 간과하는 것이다(Blustein, 2006). 이러한 관점은 직업심리학자들이 기회구조와 빈곤 간의 관계에 대하여 더 넓은 체제적 해석을 하도록 하며 개인과 더 넓은 체제적 수준의 개입방안을 마련할 수 있는 정보를 제공한다. 직업심리학자들은 거시적 수준의 구인들이 각기 다른 수준의 자원 접근성을 지닌 개인들의 직업적 성취에 어떠한 영향을 주는지를 살펴봄으로써 주로 가난에 관한 거시적 수준의 이해에 초점을 두는 사회학적이고 구조적인 관점 사이의 차이를 메워가기 시작했다.

직업심리학에서 사회정의를 다루고 있는 최근의 문헌에서 우리는 선형적 진로발전과 상향 이동을 강조하는 진로발달 문헌에 문제를 제기하며 빈곤문제를 더 잘 이해하고자 하는 변화를 반영하는 현대의 연구와 저서들을 볼 수 있다. 다음에서는 빈곤을 경험하는 사람들의 직업과 교육적 발달을 탐색하고 일의 심리학 패러다임과 일치하는 연구와 개념적 문헌들의 현대적 예시들을 논의할 것이다.

청소년과 빈곤. 직업심리학에서 최근 등장한 초점 중 하나는 저소득과 빈곤이 청소년의 직업적 발달에 미치는 영향이다. 앨라이, 맥휘터, 그리고 크로니스터(Ali, McWhirter, and Chronister, 2005)는 사회경제적 지위가 낮은 학생들의 진로발달에 있어서 SCCT(Lent, Brown, & Hackett, 1994)의 역할을 살펴보았다. 연구결과, 형제자매와 또래의 지지는 직업 및 교육적 자기효능감 신념을 유의미하게 설명하였고, 직업 및 교육적 자기효능감 신념은 결과에 대한 기대를 예측하였다. 놀랍게도, 이 집단에서는 부모의 지지는 직업적/교육적 자기효능감 혹은 결과에 대한 기대의 고유한 변량을 예측하지 않았다. 이 연구는 진로발달 과정이 자원이 적은 청소년들에게 어떻게 다를 수 있는지와 구체적인 맥락요인들(지지 혹은 장벽과도 같은 환경적 요인들)이 진로발달과정에 미치는 영향을 더 면밀히 살펴보는 것이 매우 필요함을 시사한다. 렌트, 브라운, 해킷(2000)은 진로계획에서의 사회적 지지의 역할을 설명하였고 지지는 외적, 내적 장벽보다 진로발달 과정에 더 강력하게 작용할 것이라고 개념화하였다. 즉, 자원이 적은 개인에게는 사회적 지지와 관계가 진로성공에서의 개인차에 강력한 영향을 미치는 요인들이라는 것이다.

유색인종 빈곤 청소년(poor youth of color(PYOC))의 진로발달과정을 이해하기 위한 노력으로 디머(2009)는 이들의 직업적 성취에 사회정치적 발달이 미치는 영향에 초점을 두었다. 그는 사회정치적 장벽이 PYOC의 직업적 기대와 성취를 제한하지만 "사회정치적 불평등을 변화시키기 위한 의식과 동기"로 정의되는 사회정치적 발달은 이러한 사회정치적 장벽을 완화해 주는 역할을 한다고 하였다. 디머는 1998년도의 국가교육종단조사(National Educational Longitudinal Survey(NELS)) 자료를 분석하여 PYOC가 고등학교를 졸업하고 8년 후의 성인기 직업성취에 사회정치적 발달이 가지는 역할을 조사하였다. 구체적으로 이 연구는 학업수행을 통제한 후 사회정치적 발달이 성인기 직업성취에 미치는 종단적 영향을 살펴보았다. 연구결과, 사회정치적 발

달은 12학년 때의 직업적 기대와 긍정적 상관이 있었으며 성인기 직업성취에 장기적인 영향을 미쳤다. 이 모델은 남녀 참여자들 모두에게 꽤 좋은 적합성을 가진 모델이기는 했지만 연구결과는 이 모델이 사실상 여성 참여자들에게 더 좋은 적합성을 가진 모델이라고 하였다. 예들 들어, 디머는 "비판적 의식"의 발달(혹은 공평하지 않은 운동장(playing filed)을 이해하는 것)은 기회의 구조를 변화시키고자 하는 바램으로 인하여 참여와 성취를 촉진할 것으로 보았다. 이는 여성에게 더욱 두드러질 것인데, 이는 이들이 직업달성을 이루는 과정에서 인종차별주의와 성차별주의 등의 여러 가지 장벽을 다루어야 하기 때문이다.

여성과 빈곤. 헤프너와 오브라이언(2006)은 빈곤층 여성의 삶에 대하여 맥락을 고려한 시각을 제공하였는데, 이는 여성과 자녀들은 "빈곤의 영향을 가장 심하게 받는다(p.75)"는 것을 강조한다. 헤프너와 오브라이언은 직업의 보수구조의 불평등, 인종차별주의, 이혼, 자녀와 고령의 가족들에 대한 책임, 여성에 대한 폭력 등을 여성 빈곤의 주요 영향 요인으로 설명한다. 여성의 진로발달에 관한 문헌은 폭발적으로 늘어나고 있지만 여성의 빈곤에 영향을 주는 요인에 대한 연구는 많지 않다. 헤프너와 오브라이언은 이러한 주제에 관심이 부족한 것은 대체로 심리학자들이 자신들과 다른 삶에 대하여 연구하는 것을 꺼리기 때문이라고 하였다. 랏(2002)은 심리학자들이 일반적으로 빈곤계층에 대하여 잘 모른다고 하였는데, 이는 대다수의 심리학자들이 그들과 가장 유사한 사람들의 삶에 관련된 이론을 연구하고 발전시키는 백인중산층이기 때문이라고 하였다. 그녀는 심리학자들이 빈곤한 삶을 사는 이들에 대한 연구나 저술을 할 때 그들은 종종 빈곤계층의 경험을 중산층의 규준으로부터 분리시키도록 동떨어진 시각으로 빈곤층의 개인을 언급하며, 이는 빈곤층의 경험을 배제시키거나 무가치한 것으로 만드는 계층차별주의를 낳는다고 하였다. 헤프너와 오브라이언은 직업심리학자들이 인지적 거리두기를 한다고 하였으며, 직업심리학자들은 "우리 자신의 계층차별주의"를 살

펴봄으로써 빈곤층의 일하는 삶에 대하여 고정관념을 형성하는 등의 인지적 거리두기의 영향을 피해야 한다고 하였다. 그들은 이러한 고찰이 빈곤의 원인을 내부적으로 "희생자 비난하기" 관점으로 보는 것에서 보다 거시적인 수준의 체제적 관점으로 재개념화하도록 한다고 하였다.

헤프너와 오브라이언은 나아가 여성의 진로발달에 영향을 주며 빈곤층 여성을 위한 개입 마련을 도울 수도 있는 체제와 하위체제를 이해하기 위하여 쿡 등(2002)이 처음 제안한 진로발달의 생태학적 모형을 설명하였다. 이는 보다 광범위한 개입방안을 제공할 수 있도록 여성진로발달을 넓게 보도록 도울 것이다. 특히 여성진로발달과 관련하여 진로발달 문헌에서 크게 간과되어 온 한 영역은 빈곤층 여성에 기여할 수 있는 공공정책에 관한 연구이다. 앞서 언급했듯이, 랏과 불락은 여성을 저임금의 일자리로 몰아넣은 TANF와 같은 "복지개혁(welfare reform)" 입법의 중요성을 강조했다. 일의 심리학 관점과 여성 진로발달에 관한 생태학적 모형이 공유하는 하나의 신조는 심리학자들이 노동문제와 관련한 입법과 공공정책 마련에 적극적인 역할을 하는 것을 강조하는 것이다. 예를 들어, 직업심리학자들은 일자리 배치 전략 이상으로 연방보조금의 사용방향을 결정하고 여성들이 재훈련 혹은 교육을 받을 수 있도록 하는 정책에 정보를 제공할 수 있는 진로발달과 직업성취의 과정에 관한 지식을 가지고 있다(Fouad & Bynner, 2006). 이러한 문제들은 본 장의 다음 부분에서 더 설명될 것이다.

실업과 빈곤. 일의 심리학 관점에서, 블루스틴(2006)은 실업과 빈곤의 관계에 주목하는 것의 중요성을 강조한 몇몇의 직업심리학자들 중 하나이다. 사회학자들과 경제학자들이 실업과 관련된 거시체계적 요인들을 조명한 반면, 실업상태의 개인의 실제경험과 빈곤문제를 설명하는 연구와 문헌들은 매우 적다. 블루스틴(2006)은 "일의 심리학 관점은 실업과 불완전고용의 *인간적 차원*(human dimensions)이 정책입안자들과 정부공무원들의 계획에 포함될 수 있도록 하는 가능성을 가진다"고 하였다.

인간적 차원들 중 종종 간과되었던 하나의 측면은 실업으로 인한 사회계층 정체감의 변화이다(Ali, Fall, & Hoffman, in press). 앨라이 등(출판중)은 사회계층 정체감의 변화와도 같은 심리학적 영향에 주목하는 것은 실업상태의 개인들이 일자리를 얻기 위하여 궁극적으로 필요한 서비스의 유형을 더 잘 이해하도록 돕는다고 하였다. 가정이 필요한 자원들을 확보하기 위하여 돕는 서비스들은 매우 중요하다; 사회계층 변화의 심리적 영향에 주목하는 것은 이와 똑같이 중요하다. 어떠한 서비스가 필요한지에 대한 정보를 줄 수 있는 다학제적 연구가 필요하다. 종종 실업의 심리학적 결과들은(우울, 불안, 수치 등) 한 개인이 사회적 연결망에서 철수하도록 선택하거나 자신이 속한 공동체로부터 추방당하게 할 수 있다. 사회적 연결망과 재취업 간의 관계에 대한 오랜 연구가 보여주듯(Brand & Burgard, 2008) 사회학적 연구들은 사회적 고립은 실업상황을 더욱 악화시킬 수 있다고 하였다.

앨라이 등(출판중)은 연구와 개입방안의 틀로 일의 심리학 관점을 사용하는 것은 직업심리학의 강조점을 진로결정의 관점으로 진로상담을 하는 것에서 내담자가 적정한 소득을 얻을 수 있는 일자리(돈벌이가 되는 일자리(gainful employment))를 찾고 유지하며 훈련을 받을 수 있는 실제적인 부분으로 변화시키도록 도울 것이라 하였다. 다음으로, 일의 심리학 패러다임과 일치하는 개입의 실제에 대하여 논할 것이다.

실제와 개입방안들
(Practices and Interventions)

진로상담 대 직업상담
(Career counseling versus vocational counseling)

일의 심리학 관점에서, 블루스틴(2006)은 "진로상담"의 용어를 "직업상담"으로 변경하는 것을 지지한다. 그는 "진로상담"이라는 용어는 권력과 자원에 접근할 수 있는 극히 소수의 개인들에게 초점을 둔 진로의 엘리트주의적 개념과 연관되어 있다고 주장한다. 이와 대조적으로 직업상담은 내담자가 가능한 선택사항들을 탐색하는 것을 돕기 위해 고안된 개입방안들을 포함하는 보다 광범위한 개념을 뜻한다.

나는 이에 덧붙여 직업상담에 초점을 두는 것은 어떤 유형의 진로상담이든 그 궁극적 목표를 흥미와 직업환경 간의 이상적인 조합(매치)으로 부터 한 개인이 생활임금(living wage, 물가상승률과 가계소득·지출을 고려한 실제생활이 가능한 최소수준의 임금, 역자 주)을 벌 수 있을 만큼 돈벌이가 되는 일자리를 찾고 유지할 수 있도록 돕는 것으로 재구성하도록 돕는다고 주장한다. 이러한 정의에서, 우리는 진로상담의 개념을 진로결정에 초점을 두는 것에서 예방적 노력, 교육과 지도의 노력, 그리고 실업상담을 포함하는 것으로 확대할 수 있다. 직업상담은 의미있는 일을 준비하고, 찾고, 유지하는 과정의 다양한 단계에 초점을 맞출 수 있으며 소외계층을 위한 유치원 전(pre-kindergarten) 단계의 수학 프로그램에서부터 실업과 은퇴문제를 다루고 있는 개인을 돕는 것 등, 발달적 개입의 총체적인 스펙트럼을 포괄할 수 있을 것이다. 이러한 초점을 가지고 우리는 직업심리학 내에서 주변부에 있는 소외계층을 위한 서비스 개선과 이론과 연구를 포함하는 일의 심리학 어젠더를 촉진하기 위하여 무엇이 가능한지에 대한 생각들을 확장시킬 수 있다. 직업상담에 관한 확장된 개념을 통하여 우리는 현재 존재하는 서비스들을 재고안하고 증진시킬 수 있다.

해방심리학과 직업상담
(Liberatory psychology and vocational counseling)

직업상담의 개념을 확장하여 블루스틴 등(출판중)은 실업 개입방안에 대하여 해방적(liberatory emancipatory) 접근을 취할 것을 지지하였다. 그들은 비판적 심리학(critical psychology)의 관점에서 실업과 관련된 현재의 문헌들과 정책을 비판하였고 실업에 관한 현재의 담론에서 주요한 허점 중 하나는 현재의 개입과 정책들이 실업상태의 개인을 더욱 사회 주변부로 밀어내는 데 일조한다는 것이라고 하였다.

블루스틴 등(출판중)은 현재의 실업개입 모델은 실업과 관련된 정신건강 문제들을 다루지 않으며 21세기 노동시장에 적합하도록 재훈련 시키는 것을 강조하지도 않는다고 하였다. 그들은 응용심리학자들과 진로상담자들은 정신건강 다루기를 강조하는 직업상담이 재고용을 돕는 개입방안에 통합될 수 있도록 현재의 실업시스템을 재구성하는 것에 기여할 수 있다고 하였다. 블루스틴(2006)은 실업상태의 개인을 돕기 위하여 그들의 당면한 필요(pressing needs)와 실직으로 인한 심리적 영향 모두에 초점을 두는 다차원적 접근을 제안하였다. 여기에 포함되는 중요한 차원은 1) 실직에 대한 개인의 심리적 의미구성(construction)에 초점두기 2) 내담자가 직업적으로 관련된 영역의 기술과 구직 기술 모두를 개발하도록 돕기 3) 실업상태의 개인들에게 자원을 제공할 수 있는 지지적이고 참여적인 사회적, 경제적, 교육적 체제를 개발하기 이다. 그러나 실업상태의 많은 이들은 하루 하루 살아가는 것에 초점을 두고 있고 어떤 종류의 상담도 사치로 여길 수 있다. 스미스(2005)는 우리를 가장 필요로 하는 이들을 돕고 싶다면 우리는 그들에게 편리한 곳에서 상담을 제공해야 한다고 하였다. 따라서 심리학자들은 자신의 상담실(오피스)을 벗어나 이들이 서비스를 찾고 있는 곳으로 가는 것이 도움이 될 것이다(Ali et al., 2013).

예를 들어, 노동력 개발 기구들은 실업급여 지원가능여부를 파악하고 지급하는 것을 결정하고 이들의 재취업, 이력서쓰기, 면접기술, 구직과 배치를 돕는 것을 담당하고 있다. 이들 기관에 연방정부의 예산이 점점 줄어들면서 심리학자들과 진로상담자들은 지역 내 노동력 개발센터들과 협력하여 지역사회가 실업문제를 다룰 수 있도록 더욱 적극적인 아웃리치 역할을 하는 것이 중요할 것이다.

직업심리학자들과 진로상담자들이 받은 훈련과 배경을 고려할 때, 이들은 이력서 작성, 구직, 면접기술 워크샵, 흥미확인 평가, 지지모임 운영

등의 서비스들을 쉽게 제공할 수 있다(Dodge, 2009, personal communication). 진로상담과 직업심리학은 일을 삶의 중요한 영역 중 하나로 이해하는 것을 강조하며 대학원 훈련 프로그램에서 이 영역의 훈련을 제공하기 때문에 상담심리학자들과 전문상담자들은 이러한 종류의 공익을 위한 봉사활동(프로보노(pro bono))을 하기에 매우 적합한 위치에 있다. 블루스틴(2006)은 일의 심리학 관점이 재취업을 위한 새로운 개입방안들을 구성하고 기존의 개입방안들을 재구성할 수 있도록 돕는다고 하였다. 나아가, 재취업을 위하여 내담자들이 의존하는 자원에 대하여 알아가는 것은 상담자들과 심리학자들이 정부가 제공하는 보조 프로그램에 더욱 친숙해질 수 있도록 해 준다.

ACCESS 프로그램은 진로개입의 해방적 노력의 또 다른 예이다(Chronister & McWhirter, 2006). ACCESS 프로그램은 가정폭력을 경험한 여성들에게 진로교육을 제공하고 SCCT를 이론적 틀로 하여 개발되었다(Lent, Brown, & Hackett, 1994). 이 프로그램의 효과성 검증을 위하여 크로니스터와 맥월터는 73명의 여성들을 비판적 의식요소를 포함하지 않은 ACCESS 집단, 비판적 의식요소를 포함한 ACCESS집단, 그리고 대기통제집단에 무선으로 배정하였다. 두 개의 ACCESS집단은 브라운과 크래인(2000)이 지목한 5개의 가장 효과적인 진로개입 요소들을 포함하였고, 이 중 하나의 개입은 비판적 의식(즉, 가정폭력의 영향을 인식하고 자기-보호를 북돋아 주는 것) 향상을 위하여 만들어졌다. 연구 결과, 두 개의 ACCESS 집단에 참여한 여성들 모두 통제집단보다 더 높은 진로-탐색 자기효능감을 보였으며 비판적 의식요소를 포함한 ACCESS 집단 참여자는 사후검사에서 표준 ACCESS 집단의 참여자보다 더 높은 비판적 의식을 보였으며 목표달성을 위한 진척을 나타냈다. 향상된 ACCESS 집단(=비판적 의식을 포함한 집단)에 참여한 여성들은 대인관계에서 억압과 힘의 부족의 영향에 대하여 토론하고 인식하는 경향이 더 높았을 뿐 아니라 생존을 위한 기술과 이 기술들이 미래의 변화를 만드는 데에 어떻게 유용한지를 더 잘 알고 있었다. 이

연구는 진로교육 프로그램에서 비판적 의식의 역할을 경험적으로 적용한 최초의 연구이며 빈곤한 개인들에게 해방적이고 의식을 고취를 위한 노력을 직업상담과 진로교육에 적용하는 것의 중요성에 대한 강력한 증거가 된다.

빈곤예방과 진로교육
(Poverty Prevention and career education)

국가 도시 연맹(National Urban Leauge)의 회장인 마크 모리얼은 District Chronicles에서 "빈곤예방을 위한 최선의 프로그램은 일자리 [와] 교육이다"라고 하였다. 이 칼럼에서 모리얼(2008)은 Summer Youth Employment and Training Program(SYETP)과도 같은 연방 청년 고용 프로그램의 중요성을 논하였는데, 이 프로그램은 2001년에 연방예산을 잃었다. 모리얼은 이러한 훈련 프로그램의 중요성을 기술하였다. 모리얼은 도시의 유색인종 청소년들이 중요한 직업준비기술 익히기를 돕기 위하여 이러한 프로그램이 중요하다고 하였다. 그는 30년 넘게 연방정부는 SYETP를 통하여 여름 동안의 일자리를 제공하는 일에 관여했다고 하였다. 2000년에 SYETP 예산은 삭감되었고 노동력투자법(Workforce Investment Act) 내의 프로그램에 재배치되었다. 그러나 SYETP는 노동력투자법에 효과적으로 "묻혀버렸기" 때문에 이 제도는 더 이상 빈곤 청년들이 필요한 기술을 습득하고 가족부양을 돕기 위해 매우 필요한 돈을 벌고, 갱단에 속하는 것의 대안으로 삼기 위해 필요한 종류의 직업경험과 보수를 제공하지 않는다(Morial, 2008).

모리얼(Morial, 2008)은 삶의 문제를 예방하는 데 있어서 진로교육과 고용 프로그램의 중요성을 강조한다. 우리는 또한 청소년들의 일 경험은 (혹은 일경험의 부족은) 빈곤에 영향을 준다는 것을 알고 있다. 예를 들어, 할로웨이와 멀헤린(Holloway and Mulherin, 2004)은 국가 청소년 종단 연구(National Longitudinal Survey of Youth) 자료를 사용하여 빈곤한 이웃에서 사는 것이 성인기 고용에 미치는 장기적인 영향을 연구하였다. 그들은 빈곤한 이웃에서 자란 청소년들은 부분적으로는 초기

의 일 경험 부족으로 인하여 노동시장에서 주목할 만큼 불리하다고 결론내렸다.

케니 등(Kenny, 2008; Kenny et al., 2010)은 학생들의 학교생활에 동기를 부여하는 한 가지 방법으로 학업내용과 일의 세계 사이의 연결을 촉진하는 학교-일 프로그램의 중요성에 대하여 연구하였다. 이 프로그램의 주요요소 중 하나는 학생들이 실생활의 노동환경에 배치되어 학업내용과 일의 성공을 연결지을 수 있는 기회를 가지게 되는 일에 기반한 학습기회이다. 케니 등(2010)은 주요 대도시 지역의 일에 기반한 학습 프로그램에 등록한 도시 거주 소수자 학생들을 대상으로 일 희망, 자율성, 지지, 그리고 성취신념의 관계를 살펴보았다. 연구결과, 청소년들에게 목표를 설정하고 계획을 세우는 기회를 제공하는 개입들이 특별히 도움이 되는 것으로 나타났다. 나아가, 일에 기반한 학습 프로그램은 학생들이 일과 관련되고 미래지향적인 목표성취의 즉각적인 보상을 내면화 하는 기회를 제공하였으며 학업내용을 실생활의 일의 맥락에 적용하는 것은 학교교육을 마치는 것에 대한 동기를 높였다. 또한 학생들은(특히 유색인종 학생들) 이러한 목표를 그들 공동체의 필요와 연결시키는 것도 중요할 것이다.

학생들이 노동경험을 학업 및 공동체의 필요와 연결짓도록 돕는 또 하나의 진로교육 프로그램은 프로젝트 HOPE(Project HOPE; Healthcare Opportunities, Preparation, and Exploration)이다. 아이오와 주립대학의 이 다학제적 프로그램은 이 대학의 교육대학, 건강과학 대학들(의학, 공중보건, 간호학, 약학, 치의학), 주 정부 위생 연구실(State Hygienic Laboratory), 아이오와 시골(농촌) 지역의 몇몇 K-12 학교들 간의 협동을 포함한다. 프로젝트 HOPE는 이민자 인구(주로 라틴아메리카계 미국인)가 많은 두 개의 중학교에서 8학년 학생들을 대상으로 실행되었다. 이 프로젝트는 참여자들이 프로그램의 개발에도 적극적으로 참여하는 참여적인 행동-지향적인 연구관점에서 실행되었다. 이 프로그램의 목적은 두 가지 관점에서 예방적인 속성을 지닌다. 첫째 목적은 라틴아메리카계 이민 학생들이 잠재적으로 수익성이 좋은 직업 분야의 일자리 기회를 탐색할 수 있는 지식과 기술을 갖추고 그러한 분야의 일자리를 어떻게 얻을 것인지 계획 세우는 것을 돕는 것이다. 프로젝트 HOPE개발의 주요한 전략 중 하나는 일자리 기회의 탐색이 프로그램에 참여하는 학생들이 사는 지역의 노동시장 요구와 일치할 수 있도록 하는 것이다. 아이오와 에서는 (다른 주와 마찬가지로) 건강관리 산업은 가장 빠르게 성장하는 노동시장이며, 아이오와의 많은 시골 지역은 의료서비스가 부족하다. 따라서, 아이오와 지역에서는 건강관리 전문가의 필요성이 매우 높다. 이러한 첫 번째 예방적 목표와 함께, 두 번째 목표는 라틴아메리카계 미국인 집단과 같이 소외된 계층의 건강 불평등 문제를 해결하기 위하여 건강과학 노동력의 다양성을 증가시키는 것이다. 노동력의 다양성 증진은 건강관리의 불평등 문제를 해결하기 위하여 설리반 위원회(Sullivan commission), 퓨 건강관리 위원회(Pew Healthcare Commission), 그리고 미의회(U.S. Congress)를 포함한 다수의 단체들이 강력하게 권고해온 사항이다. 프로젝트 HOPE의 운영진들은 수익성이 높은 진로기회와 공동체의 건강관리 필요에 대한 이해를 연결시키고자 한다.

프로젝트 HOPE에는 두 가지 주요한 요소가 있다. SCCT(Lent et al., 1994)의 관점에서 개발된 교육과정 요인은 학생들이 건강과학 분야의 직업과 관련된 직업정보, 자원, 계획 등을 연결짓고 과학이나 수학 같은 고등학교 학업 과목들을 건강과학 분야의 직업기회와 연관지을 수 있도록 돕는다. 나아가, 학생들은 건강과학 대학이 마련한 건강관리 시뮬레이션에 참여한다. 앨라이, 리, 기본스, 호프만, 딘, 그리고 윌리엄스(Ali, Lee, Gibbons, Hoffman, Dean, and Williams(2011)는 연계프로그램이 학생들의 건강관리/과학 분야 직업에 흥미, 자신감, 지식, 계획도를 증가시켰는지 효과성을 연구하기 위하여 사례연구 방법론을 이용하였다. 예비적 사전 사후 검사결과, 수학/과학의 진로흥미와 결과기대는 높아졌지만, 수학/과학 자기효능감이나 직업기술 자기효능감의 변화는 없었다. 포커스그룹 자료는 학교행정가들은 프로그램이 도움이 되었고 통합적이었다고 생각하며 학부모들이 프로그램의 이점에 대하여 학교관계자들에게 언급했음을 반복적으로 말했음을 보여준다. 또한, 학생들은 프로그램이 즐겁고 많이 배웠다고 하였으나 가정생활과 더 잘 연결되고 다른 종류의 건강관리 직업기회들에 필요한 구체적인 기술을 배울 수 있는 기회의 필요성도 있다고 하였다. 또한, 학생들은 건강관련 직업들은 그들의 가족을 부양하는데 필요한 재정적 안정을 얻고 그들의 흥미를 충족시키는데 도움이 될 것이라고 하였다. 그러나, 그들은 또한 프로젝트 HOPE의 스탭들, 부모, 교사, 그리고 학교 행정가들로부터 지속적인 멘토링, 지지, 그리고 기술개발의 강조가 필요하다고 하였다.

프로젝트 HOPE와 같은 프로그램의 주요문제 중 하나는 K-12 학교들의 진로교육 프로그램 마련 지원을 위한 예산이 필요하다는 것이다. 아이오와에서는 다른 많은 주들과 마찬가지로, 시골지역의 대다수 학교들은 예산이 부족하고 부족한 인력으로 운영되고 있으며 학교관계자들은 학교에서 매일 일어나는 즉각적인 사안들에 대처하기 위해 시간과 에너지를 쓰고 있다. 예를 들어, 교사들은 시험을 보는 구체적인 내용들을 가르쳐야 하며 이 시험의 결과는 학교의 No Child Left Behind (NCLB) 위상에 영향을 준다. 학교상담자들 역시 다른 업무와 책임들이 과다하여 진로상담이나 개입을 지속적으로 제공할 수 없다. 상담자들이 인식하는 자신의 역할에 대한 분석은 그들이 계획짜기, 규율 가르치기, 사무 등의 행정업무에 지나치게 많은 시간을 소비하고 있으며 학생들에게 충분한 서비스를 제공하지 못한다고 여기는 것으로 나타났다(Zalaquett, 2005). 포스터, 영, 그리고 허만(Foster, Young, and Hermann, 2005)은 학교상담자 대상의 설문에서 학생들의 직업/진로 탐색기술 발달을 촉진하는 것은 어느 정도만 중요한 것으로(only somewhat important) 평정되었고 거의 이뤄지지 않는 활동으로 평정되었다고 하였다. 극심한 빈곤의 경우, 진로지도와 교육은 학생들이 21세기의 노동시장에서 경쟁력을 확보할 수 있는 기술을 습득하는 데에 중요하다.

1990년대 초반, 학교-일 이행 지원 법안(School-To-Work Opportunities Act(STWOA; 1994)은 공립학교들이 청소년들이 더 성공적으로 고등학교 이후에 직업적, 교육적 이행을 할 수 있도록 돕는 것에 대한 국가적인 관심에 초점을 두었다(Blustein, Juntunen, & Worthington, 2000). STWOA는 K-12 학생들이 일의 세계를 탐색하고 직업적 목표를 설정하고 추구하는 데에 요구되는 경험, 지식, 기술을 얻을 수 있도록 예산을 제공하였다(McWhirter, Rasheed, & Crothers, 2000). STWOA의 구체적 목표 중 하나는 "학생들이 인구학적, 지리적, 사회경제적 수준, 그리고 장애 및 건강상태와 관련된 장벽들을 극복할 수 있도록 힘을 북돋아 주는 공동체-기반의 상호협력을 마련하는 것(Lapan, Tucker, Kim, & Kosciulek, 2003, p.330)"이었다. 차기 행정부(조시 부시(George W. Bush))의 등장과 함께 새로운 연방법(NCLB)은 공립학교들이 학교에서 일의 세계로 이행하는 것에서 학업성취를 강조하는 것으로 초점을 옮겨놓았다. 따라서, STWOA의 연방예산은 진로발달이나 일과 관련된 문제의 탐색에 초점을 두는 프로그램에 더 이상 지원될 수 없었다.

오바마 행정부 기간동안, 교육정책은 차터스쿨 (Charter school, 자율형 공립학교), 기술개발, 부분적으로 표준형 시험에서 학생 수행이 증진하였는지를 통한 교사평가 등에 연방예산을 할당하는 프로그램인 Race to the Top과 같은 시도를 통하여 NCLB를 개혁하는 것에 중점을 두었다. 이러한 종류의 교육정책은 교육과 학생들의 노동시장 준비성에 중요한 의미를 가진다는 것은 명백하다. 이러한 정책은 또한 학생들이 시험을 보는 학업내용과 그들 자신의 미래 진로 기회 사이의 연결성을 얼마나 잘 볼 수 있는 지에도 영향을 미친다. 그러나 학업내용과 일의 세계를 학생들이 연결지을 수 있도록 돕는 진로 혹은 직업교육 프로그램에 예산을 지원하는 현행 연방정책과 프로그램들은 거의 없다.

일의 심리학 관점에서, 블루스틴(2006)은 직업 심리학자와 직업상담자들은 K-12 학생들과 빈곤층의 성인들을 위한 노동력 개발과 진로지도 프로그램을 위한 입법과 예산할당을 도울 수 있도록 공공정책에 더 개입해야 한다고 하였다. 그는 직업 및 다른 분야의 심리학자들은 개인에 초점을 둠으로써 주로 거시적 관점에서 빈곤, 교육, 노동문제를 다루는 다른 종류의 사회과학자들과 경제학자들의 작업을 보완할 수 있다고 하였다. 이제 직업심리학자들, 진로발달연구자들, 그리고 공공정책 분야의 전문가들이 현재 어떠한 노력을 하고 있는지 논의하도록 하겠다.

빈곤/고용 연구와 공공정책
(Poverty/Employment Research and Public Policy)

블루스틴(2006)은 빈곤, 교육, 일과 관련된 복잡한 사회문제를 해결하기 위하여 다학제적 협력이 필요하다고 하였다. 나는 여기서 더 나아가 수십년 간 사회정책 연구를 해온 전문가들과 협력하지 않고는 심리학자나 진로상담자들이 공공정책에 영향을 미치기란 거의 불가능하다고 주장한다.

국제적 진로지도 시도들(International Career Guidance Initiatives)

우리는 다른 나라들, 특히 진로지도 노력을 빈곤감소 프로그램의 최전선에 놓는 유럽의 나라들로부터 많은 것을 배울 수 있다. 예를 들어, 사회학자 토니 와츠(Tony Watts)는 세계의 여러 지도 시스템에 관한 비교연구를 수행하였다. 와츠는 2008년 국가 진로발달협회(National Career Development Association)에 30개가 넘는 나라들의 진로지도 정책에 관한 국가적 리뷰를 발표하였다. 주요 결과 중 하나는 진로지도와 공공정책의 교차점에 관한 것이다. 연구된 대다수의 나라에서 진로지도 서비스는 사적인 이익 뿐 아니라 공적인 이익을 제공한다는 기본적인 전제 위에서 공적 예산이 지원되었고 무료로 제공되었다. 이러한 나라의 정책입안자들은 그들 나라의 진로지도 서비스가 공공정책의 세 가지 목표와 일치할 것을 기대하였다: (1) 교육과 훈련의 효율성을 증진시키는 학습목표, (2) 수요와 공급의 일치를 높이고 노동시장 변화에의 적응을 높이는 노동시장 목표, 그리고 (3) 평등한 기회구조와 통합을 지지하는 사회평등 목표(Watts, 2008). 국가 리뷰들은 대부분 국가들의 공공정책 입안자들이 점점 진로지도 서비스가 전생애에 걸쳐 모든 삶의 상황에 있는 사람들에게 접근 가능해야 함을 인식하고 있다고 하였다.

와츠(2008)는 미국은 어떠한 리뷰에도 참여하지 않고 이 분야의 정책에 있어 국제적 리더는 아니지만 미국의 학자들은 진로이론발달과 연구에 선도적인 역할을 하고 있음을 주목하였다. 그러나, 그는 미국이 평등한 진로지도 서비스를 대중들에게 제공하는 데 있어서 언제나 연방정부의 시도가 부족했던 것은 아니라고 하였다. 1970년대와 1980년대에는 몇몇 연방정부 차원의 시도와 법안들이 특히 K-12 체제 내의 진로지도 서비스의 질을 높이기 위하여 시행되었다고 하였다. 그러나 와츠(2008)는 주정부 통제 하의 교육으로 변화하게 되면서 이 분야에서 연방정부의 시도는 거의 없었다고 하였다. 와츠(2008)는 몇몇 주를 샘플로 하여 국가적 리뷰를 하는 것이 다양성을 이해하고 전 생애에 걸쳐 개인들에게 필요한 종류의 서비스가 무엇인지에 대한 합의를 이끌어 내기 위한 좋은 시작일 것이라 하였다.

미국의 연구자들이 이러한 진로이론과 연구에 선도적인 역할을 하고 있다는 와츠(2008)의 인식은 중요한데, 직업심리학자들과 진로발달 연구자들은 전세계적으로 진로발달행동을 이해하고 개입방안을 발전시키는데 유용한 이론들을 발전시키는 데에 생산적이었기 때문이다. 그러나 미국내에서 진로지도 서비스가 노동력의 준비도 증진에 직접적으로 연관된다는 연구의 증거는 많지 않다; 특히, K-12 의 진로지도서비스와 고용가능성의 기술 간의 관계에 대한 증거는 부족하다(Wills & Mack, 2009). 미국 노동부를 위해 쓰여진 정책 지침서에서 윌스와 맥(2009)은 증거가 부족한 것과 학교와 기관들이 이러한 서비스 평가에 사용하는 책임지표에 대한 분명한 국가정책이 없는 것은 직접적으로 연관되어 있다고 하였다. 교육과 노동력 개발

프로그램들은 각 주에 의해 대부분 관장되기 때문에 주에 따라 진로지도 프로그램에 큰 다양성이 있으며 각 주의 진로지도 서비스의 질을 평가할만한 분명한 지표가 없다. 따라서, 연방재정은 종종 진로지도 서비스가 아닌 공공교육 내의 다른 문제와 관심사에 할당되고 진로지도 서비스의 개발과 실행을 위한 적절한 예산확보는 개별 주에 달려있게 된다. 이는 빈곤하고 자원이 부족한 학교의 진로지도서비스의 양과 질 측면에 심각한 영향을 주며 예방적 진로교육 프로그램과 성인 노동력을 위한 프로그램에도 영향을 준다(즉, TANF).

최근, 펜실베니아 주립대학은 진로발달 분야의 명성있는 연구자들과 함께 진로발달과 공공정책을 위한 센터(Center for the Study of Career Development and Public Policy)를 세웠다. 이 센터의 목적은 "입법 정보, 정책 성명, 관련된 문서들의 정보 센터가 되기' 진로발달 공공정책들의 분석과 관련된 연구 참여하기; 그리고 진로발달과 공공정책의 연구에 참여하는 다른 단체들과 협력하기(Center for the Study of Career Development and Public Policy, n.d.)"이다.

이 센터의 주요 논문 중 하나는 국가 진로발달 협회(National Career Development Association)에서 이뤄진 에드윈 허(2008)의 초청 기조강연인데, 여기서 그는 경제적으로 불안정한 시기의 진로발달 중요성에 대하여 설명하였다. 그는 직업심리학자들과 진로상담자들이 공공정책 입안자의 관점에서 어떻게 진로서비스를 제공할 수 있는지를 설명하였다. 예들 들어, 허(Herr)는 정책입안자들과 입법가들이 대체로 진로 프로그램들을 국가적인 우선순위와 목표들을 달성하기 위한 사회정치적 과정으로 볼 것을 제안하였고, 이는 종종 당시에 발생하는 주요한 사회정치적 그리고 경제적 사건에 깊이 배어들어 있다. 현재, 경제침체와 미국 경제의 세계화와 관련된 문제들은 많은 국가적 정책을 이끌고 있다. 따라서 허(2008)는 의회에서 증언하는 연구자들과 실무자들은 정책입안자들이 사용하는 언어를 익힐 것을 강하게 지지한다. 예를 들어, 경제회복과 실업과 관련된 언어들은 현재 매우 인기

가 많으며, "마찰적 실업 frictional unemployment(산업 간 또는 지역적으로 노동자가 일자리를 바꾸거나 이사를 가고 경제적 활동을 재배치하는 등에 의해 노동력의 수요와 공급이 일시적으로 불균형상태를 이루는 정상적이고 회피 불가능한 실업, 역자 주)", "구조적 실업(structural unemployment)", "오프소싱(offsourcing)" 등은 꽤 자주 사용되는 용어들이다(Herr, 2008). 나아가, 연구자들과 실무자들은 진로지도 서비스를 위한 연방정부의 노력을 촉진하기 위하여 "증거-기반의"나 "최선의 방법" 등의 용어들을 사용하는 것도 중요하다.

허와 공공정책 분야의 다른 전문가들은 연구자들과 진로상담 실무자들이 일의 심리학 관점에서 제안된 계획들을 정책입안으로 어떻게 통합할 수 있을지에 대한 구체적인 틀을 제공해 줄 수 있는 중요한 실제적 개입방안들을 많이 제안하였다. 구체적으로, 일의 심리학 관점은 주의를 기울여야 하는 공공정책과 밀접하게 연관된 많은 영역을 설명하는데, 이는 다음을 포함한다: (1) 빈곤 계층 개인들의 구체적인 직업적 필요를 문서화 하는 것에 초점을 두는 연구의 발전, (2) 다른 종류의 개입방안들을 평가하기 위한 책임지표를 만들 수 있는 체계적 아이디어로 이끌 수 있는 증거 기반의 기술, 그리고 (3) 직업심리학자와 진로상담자들이 소외된 집단의 직업적 필요를 위한 공공정책의 옹호자가 되도록 훈련시키기 (즉, 어떻게 연구를 공공정책에 적용할 것인지를 알아내기). 블루스틴(2006)이 제안하였듯이, 공공정책 노력은 우리의 내담자들이 돈벌이가 되는 일자리를 얻는 것을 방해하는 외부적 장벽을 개선하기 위하여 사용할 수 있는 전략이다. 이 문제에 관한 우리의 적극적인 참여를 통하여 우리는 상담자와 심리학자로서 발전시킨 기술들을 빈곤계층의 노동문제에 구조적 영향을 줄 수 있는 사회정의 노력에 참여하기 위하여 진정으로 사용하기 시작한다.

훈련의 시도들(Training Initiatives)

최근에 포아드와 바이너(Fouad and Bynner, 2008)는 개인이 다양한 일의 변화에 적응하도록 촉

진하는 일에 심리학자들이 더욱 개입해야 할 필요가 있다고 하였다. 특히, 그들은 심리학자들은 (나는 진로상담자들도 포함하고자 한다) 실업상태의 개인과 처음 노동시장에 진입하는 개인들(여성, 고교 졸업자들)의 훈련경험을 촉진하기 위한 정책개발과 지지를 도울 수 있다고 하였다. 앞에서 언급하였듯이, TANF와 같은 프로그램과 실업보험 프로그램은 이러한 프로그램에 등록한 개인들이 새로운 기술을 배울 수 있도록 재훈련과 재배치를 위한 예산을 지원하지 않는다. 빈곤계층의 개인들은 종종 제조업 중심의 고용이 이루어지는 지역에 거주하는데, 제조업은 우리 경제에서 약화되어 왔다. 이러한 개인들은 다른 고용기회를 위하여 현대의 후기-기술 환경에 필요한 기술을 제공하는 재훈련이 필요하다(예: 컴퓨터 훈련). 전환적인 진로지도 공공정책이 재훈련과 추가훈련을 포함하도록 영향을 주는 것은 직업심리학자들과 진로상담자들이 빈곤계층의 삶에 지속적이고 지대한 영향을 끼칠 수 있는 하나의 큰 규모의 시도이다. 일의 심리학 관점은 실무자, 학생, 연구자들이 국가수준의 큰 규모의 변화를 만들기 위한 공공정책 시도를 더욱 옹호할 수 있도록 훈련하는 것을 지지한다.

결론

블루스틴(2006)의 일의 심리학 관점은 빈곤, 사회계층, 그리고 노동의 문제를 최전선으로 이끌어내는 야심찬 계획이다. 이 장에서 설명하였듯이, 빈곤계층 개인의 필요를 살펴보기 위한 구체적인 연구들이 절실히 필요하며, 특히 계층주의, 인종차별주의, 빈곤, 그리고 교육기회의 부족이 어떻게 결합되어 많은 미국인들이 전생애에 걸쳐 돈벌이가 되는 일자리를 성취하는 것을 막는지에 대한 종합적인 관점의 연구가 필요하다. 사회학, 지리학, 경제학, 심리학의 하위 분과들(상담, 직업, 공동체, 사회 심리학 등)을 비롯한 여러 학문들과의 협동연구는 이러한 문제에 대한 우리의 이해를 증진시킬 것이다. 나아가, 진로지도 서비스의 필요와 국가적 관심사를 함께 묶는 공공정책 노력들은 빈곤예방 관점에서 노동력 문제에 관한 21세기적 초점을 형성하도록 도울 것이다.

9장 일과 가정으로부터 일의 이중모형으로

From Work and Family to a Dual Model of Working

메리 수 리차드슨, 찰스 쉐퍼(Mary Sue Richardson and Charles Schaeffer)

초록

이 장은 시장노동(market work)과 무급돌봄노동(unpaid care work)이라는 두 개의 주요한 일의 맥락을 제안하는 "일과 관계를 위한 상담의 관점(the counseling for work and relationship perspective)"에서 쓰여졌다. 일-가정 갈등(work-family conflict) 및 일-가정 확대(work-family expansion)와 특히 관련이 깊은 이 관점으로 일과 가정을 살펴봄으로써 주로 가정에 대한 일반적인 고려점의 일부로만 여겨져 왔던 무급돌봄노동에 주의가 부족했음을 보여줄 것이다. 무급돌봄노동의 중요성에 대하여 더 주의를 기울여야 할 필요성은 무급돌봄노동, 인구학적 변화, 시장노동 맥락의 변화, 그리고 성인들이 관계와 타인에 대한 돌봄을 형성하는 방식의 급진적인 변화에 지지적이지 않은 미국의 사회적 정책 맥락의 틀에서 논의될 것이다. 시장노동과 무급돌봄노동을 포함하는 전 생애에 걸친 남성과 여성 노동의 이중모형을 일의 심리학이론에 제안한다. 일의 이중모형은 시장경제에서 성인 노동자 한 명의 모형, 시장노동, 무급돌봄노동, 그리고 유급돌봄노동 간의 관계에 대한 분석, 그리고 모두에게 적용가능한 무급돌봄노동의 광범위한 정의를 기반으로 한다. 이 장은 이러한 일에 대한 이중모형이 사람들이 살만한 가치가 있는 삶을 함께 구성하는 능력과 널리 퍼져있는 성(gender)과 사회적 불평등을 개선하는 데에 공헌할 것이라 제안한다.

키워드
시장노동, 돌봄노동, 사회정의, 일-가정

"일과 가정"은 발달, 사회, 산업 및 조직심리학, 역사, 인류학, 사회학, 작업건강학, 경제학, 그리고 사회복지학을 포함하는 다학제적 학문 분야의 이름이다(Barnett, 1998; Pitt-Catsouphes, Kossek, & Sweet, 2006). 이는 일과 가정의 연관성을 다루는 학문이다. 이 장에서 우리는 일과 관계를 위한 상담의 관점이라는 렌즈를 통하여 이 분야의 문헌을 살펴본다. 무엇보다도, 일과 관계를 위한 상담의 관점(Richardson, 2012b)은 직업심리학 분야에 진로에 관한 보다 친숙한 담론보다는 시장노동과 무급돌봄노동에 관한 담론이 삶의 공동-구성(co-con-struction)에 핵심적인 것으로 제안한다. 시장노동은 사람들이 급여를 받으면서 하는 일과 시장노동을 준비하기 위해 교육을 받는 것으로 정의된다. 무급돌봄노동은 사람들이 사적인 삶에서 사람들(그들 자신이나 타인), 관계, 시설이나 공동체, 그리고 물리적인 세상을 돌보기 위하여 무급으로 하는 일로 정의된다.

돌봄노동에 관한 이러한 정의는 주로 피부양자에 관한 돌봄이라고 정의한 돌봄노동에 관한 전통적인 정의를 의도적으로 확장한다. 이러한 정의의 확장에 관한 이유는 이 장의 마지막 부분에 자세히 제시되어 있다. 이 장은 무급돌봄노동에 초점을 맞추고 있는데, 무급과 유급 돌봄노동의 관계는 중요하며 특히 사회적 평등 문제에 있어서는 특히 그렇다.

이러한 제언에서, 일과 관계를 위한 상담의 관점(the counseling for work and relationship per-spective)은 공적인 영역의 삶에서 급여를 받는 노동과 사적인 영역에서 일어나는 무급노동을 일컫기 위하여 두 개의 분리된 용어를 쓰는 것을 지지함으로써 일의 심리학(Blustein, 2006, 2008)에서 제시하는 진로담론에 관한 비평을 확장시킨다. 일과 관계를 위한 상담관점의 기본은 진로에 관한 담론과 일과 가정에 관한 담론은 무급돌봄노동을 현대의 여성과 남성들의 삶의 경험에서 주변부로 소외시키고 "사라지게" 하는데에 기여한다는 것이다. 시장노동과 무급돌봄노동에 관한 명료한 관심 없이는 일의 심리학의 담론 조차도 무급돌봄노동을 주변화시키는 위험을 안고 있다.

담론의 역할에 관한 이러한 강조는 어떻게 언어가 경험을 구성하는지에 관한 사회구성주의자들의 이해를 반영한다(Gergen, 1994; Harre, 1998; Harre & Gillett, 1994; Henriques, Holloway, Urwin, Venn, & Walkerdine, 1998; Richardson, 2012a, Shotter, 1993). 사회구성주의는 개인적 경험을 자기(selves)와 사회적 세계 간의 상호작용의 산물 혹은 결과로 본다. 즉, 개인적 경험은 사회적 상호작용으로부터 흘러오며 그러한 상호작용에 의하여 형성된

다. 담론분석은 우리가 사용하는 언어 자체와 우리가 그 언어들을 어떻게 사용하는지가 개인적 경험의 공동-구성에 중요하다는 것에 초점을 둔다. 요약하면, 우리가 무언가를 일컫는 방식이 우리가 그것을 어떻게 경험하는지에 영향을 준다. 따라서, 언어 사용에 있어서 두 가지 다른 종류의 노동을 다르게 명명하고 일컫기로 한 우리의 결정은 중요한 것이다.

이 장에서 우리는 무급돌봄노동이 얼마나 다루어지고 있으며 어떻게 다루어지고 있는지를 드러내기 위한 명백한 의도를 가지고 일과 가정에 관한 문헌을 살펴본다. 불가피하게, 우리의 관점은 유급돌봄노동에 관한 문제 또한 다룬다. 우리의 목표는 시장노동과 무급돌봄노동에 관한 새로운 담론을 가지고 진로담론 및 일과 가정에 관하여 널리 퍼져있는 담론들에 도전하는 것이며 무급돌봄노동을 노동으로서 다시 재등장 시키는 것이다. 궁극적으로, 시장노동과 돌봄노동은 경제적 생산과 사회적 재생산과 관련된 더 광범위한 문제로 조명될 수 있다. 시장노동은 본질적으로 경제적 생산 혹은 경제가 필요로 하는 재화와 서비스의 생산을 포함한다; 돌봄노동은 사회적 재생산 혹은 사람, 그들이 속한 공동체, 그리고 그들을 지속가능하게 해주는 환경의 재생산을 포함한다. 이 두 가지 기능 모두는 건강하고 지속가능한 사회를 위하여 중요하다.

이러한 관점은 유급이든 무급이든 전통적으로 대부분 여성이 담당해 왔던 돌봄노동의 가치를 재조명하기를 추구한다는 점에서 명백하게 여성주의적 입장이다. 사회구성주의 사상의 한 가닥인 여성주의 입장론(Feminist standpoint theory; Haraway, 1988; Harding, 1991)은 당신이 세상에서 위치하는 곳이 달라지면 세상이 다르게 보인다는 것을 가르쳐 준다. 개인적, 사회적 현실들은 서로 구분되는 것들이 아니다; 성별, 인종, 계급 등과 같은 사회적 위치(social locations)에 따라 사람들의 경험은 각각 다르다. 진로, 그리고 일과 가정 담론을 해체하거나 적어도 대안을 제시하는 것은 돌봄노동에 특화되었고 혹자는 돌봄노동의 제공으로 주변부로 밀

려났다고 얘기할 여성들의 사회적 경험을 보다 충실히 이해하기 위해서 필요한 일이다. 새로운 담론은 이러한 종류의 노동을 재평가 하는 것을 도울 것이다. 여성주의 시각은 돌봄노동을 재평가 하는 것에 점차 증가하는 이해관계를 가지는 남성들 역시 포함한다(Calasanti & King, 2007; Coltrane & Galt, 2000).

우리는 시장노동과 돌봄노동에 있어서 남성과 여성의 적절한 역할에 관한 규범적인 상(normative picture)이 일과 가정에 대한 문헌의 등장배경이 되는 사회적 맥락을 조성해 온 방식에 대한 역사적 고찰로 일과 가정에 대한 문헌탐색을 시작한다. 그 다음, 우리는 사회과학자들이 어떻게 일과 가정의 문제를 다루었는지에 대하여 몇 가지 주목할 만한 예를 살펴볼 것인데, 한편으로는 이 학문분야를 규범적인 성역할에 관한 기저의 가정에 연결시킬 것이며 또 한편으로는 이 분야에서 무급돌봄노동이 어떻게 다루어지고 있는지를 살펴볼 것이다. 그 다음 우리는 이 학문을 미국에서의 일과 가정에 관한 사회정책의 맥락에서 살펴볼 것인데, 이 정책은 경제적으로 발전된 다른 국가와는 매우 다른 양상을 보이는 것이다. 이 모든 것을 통틀어 우리는 빈곤한 사람들이 이 학문영역에서 다루어 졌는지 그리고 어떻게 다루어 졌는지에 주목할 것이다.

우리는 이 장의 다음 부분에서 삶의 풍경을 급진적으로 변화시키고 있는 몇몇 현재의 사회적 변화를 다루고 개인의 삶과 우리가 살고 있는 사회의 지속가능성에 있어서 무급돌봄노동의 중요성이 증가하고 있음을 강조한다. 이는 인구학적 변화들, 시장노동 맥락의 변화들, 그리고 가정의 변화를 포함한다.

마지막으로, 우리는 시장경제를 위한 단일 성인 노동자 모형, 시장노동, 무급돌봄노동, 그리고 유급돌봄노동간의 관계, 그리고 무급돌봄노동의 확장된 정의에 관한 분석을 기반으로 시장노동과 무급돌봄을 포괄하는 일의 이중모형의 논리적 근거를 발전시킨다. 결론적으로 우리는 우리 사회의 체제가 경제적 생산과 사회적 재생산 모두에 최대한으로 참여할 수 있고 만연한 성별과 사회적

불평등을 개선할 수 있도록 필요하다고 믿는 개인과 사회적 차원의 변화를 제안한다. 우리는 일을 학문의 주요 초점으로 삼는 일의 심리학 관점이 이러한 일과 노동에 관한 더 큰 그림을 포함해야 한다고 생각한다.

사회적 조직의 세 가지 역사적인 모형들
(Three historical models of social organization)

지난 두 세기 동안 경제생산과 사회적 재생산 영역에 있어 굉장히 급진적인 변화가 있었다. 여러 가지 면에서, 사회과학이 우리 삶의 조직들에서 일어나는 급진적인 변화의 종류와 속도를 따라오는 데에 어려움을 겪는다는 것은 전혀 놀라운 일이 아니다. 만약 포아드(Fouad, 2007)가 매우 적절하게 지적한 것처럼 시장노동의 세계가 움직이는 목표물일 때 진로선택을 하는 것이 어렵다면 사회적 세계가 움직이는 목표물일 때 이에 관한 이론을 발전시키고 연구를 하는 것은 똑같이 어렵다. 이 부분에서는 미국에서 일과 가정에 관한 사회과학적 문헌등장에 기반이 된 성역할에 관한 규범적인 기대와 그에 따른 사회의 조직에 관한 상대적으로 최근의 역사적 모형들을 세 가지 살펴본다(Boris & Lewis, 2006).

가정경제모형(The household Economy model)

가정경제모형은 미국 역사의 식민지와 초기 공화국 기간 동안의 성역할과 사회적 조직의 성격을 규정한다(Boris & Lewis, 2006). 부모와 자녀, 친척과 하숙인(boarders) 등의 가족구성원을 포함하는 가정을 이루는 모든 사람들은 가정의 경제적 생산에 기여할 것으로 기대되었다. 비록 남성들은 농장이나 가족 공장에서 일하는 등 가정 밖의 노동에 더욱 책임을 지고 여성은 캔만들기, 수선, 음식 준비, 육아 등 가정 안에서의 노동을 하는 등 노동이 성별에 따라 조직되기는 했지만 이 두 가지의 노동 모두 노동으로 인정받으며 가치있게 여겨졌다. 이는 노예화 되었던 흑인들에게는 심각하게 왜곡 되었지만 이러한 양상은 모든 계층과 인종에 걸쳐

그러했다(Jones, 1985; Mintz & Kellogg, 1988).

이 가정경제모형은 농장 공동체, 남부의 해방된 아프리카계 미국인 공동체, 그리고 대부분이 이민자였던 도시의 노동자들 사이에서 19세기와 20세기까지 지속되었다. 각각의 경우에서 가족 혹은 가정에서 종사하는 일의 종류는 달랐지만 경제생산의 중심이 가정이었으며 아이들을 포함한 가족이나 가정의 모든 구성원들은 생계를 꾸리는 데에 기여할 것으로 기대되었다. 예를 들어, 남부의 아프리카계 미국인들은 소작인(sharecroppers)으로서 가족집단에서 일하거나 북부의 도시이민자 가족들은 상점이나 음식점 등의 가족사업에서 일을 하였다.

동시에, 가정은 경제생산의 중심이었으므로 필요한 돌봄일들을 완수하는 데도 가정이 중심이었다. 경제생산과 사회적 재생산은 비록 그렇게 구분되어 지정되지는 않았지만 이 모형에서 철저히 상호 연관되었다. 사회적 조직의 새로운 모형이 19세기 초기의 도시에 거주하는 백인, 중산층에서 등장하기 시작하였으나 가정경제모형은 덜 풍요로운 집단을 여전히 규정하였다.

남성은 생계부양자, 여성은 보호자(돌보는 자) (The male breadwinner/female caregiver)

남성은 생계부양자/여성은 보호자 모형은 19세기 초반에 성인 한 명이, 주로 남성인, 가정경제 외부에서 벌어들이는 돈으로 집에 있는 아내와 자녀들을 부양하는 것이 가능해진 경제의 산업화와 함께 등장하였다(Boris & Lewis, 2006). 따라서, 가정경제모형은 매우 급진적인 방식으로 두 가지로 나눠졌다. 첫째, 가정경제모형은 시장노동과 경제생산이 지배적인 공공의 영역과 가정을 구성하는 사적인 영역으로 나뉘게 되었다. 이 영역 각각은 철저히 성별이 나뉘었다. 가정예찬/숭배(the cult of domesticity)로 알려진 담론 아래, 가정 내에서의 여성의 역할은 감정적이고 표현적인 것으로 굳어져갔고 남성의 역할은 공급자, 돈 버는 사람(wage earner), 그리고 생계부양자로 변화되었다.

가정예찬/숭배(the cult of domesticity) 담론에

따르면, 가정에서 여성의 역할은 가족들을 돌보는 것이었다. 수행되어야 하는 여성들의 돌봄노동은, 이러한 일에 다른 사람을 고용할 수 있는 부유한 가정을 제외하고는, 사랑의 수고로 재정의되었으며 노동으로서는 사라지게 되었다. 무급돌봄노동은 돌봄이 되었고 이 노동을 하는 것은 부양(caregiving) 혹은 돌봄을 제공하는 것이 되었다. 시장노동을 하는 아버지와 월급을 받는 남편과 가족이 필요로 하는 돌봄을 제공하는 아내와 엄마로 이루어진 핵가족 이성애 가족의 이상(ideal)은 이 모형의 핵심이었다. 돌봄노동은 철저히 이 모형에서 사적인 것이 되었으며 개인적인 책임감의 영역으로 재배치되었다.

매우 강력한 이 모형과 이상적인 가족유형은 비록 덜 부유한 가족들의 삶에는 적합하지 않았으나 20세기 중반까지 지속되었으며 사회정책 속으로 제도화 되었다(Boris & Lewis, 2006). 많은 여성들은 어떤 종류의 벌이를 통해서라도 돈을 벌어야 했다. 결혼 전의 젊은 여성들이 가정 밖에서 버는 임금 혹은 시장노동은 그들이 결혼할 때까지의 임시적인 것으로 여겨졌으며 남성 생계부양자/여성 보호자 모형을 충분히 실행할 수 있었다. 바느질이나 하숙 등으로 돈을 벌거나 유급노동을 하는 기혼 여성들은 "부업으로" 하였다. 이러한 경우, 이들의 시장노동은 "부가적인" 것이었다. 그들을 부양할 남성들이 없거나 배우자가 부양능력이 없거나 가정 밖에서 시장노동을 해야만 했던 가난한 여성들은 폄하되었고 사회적 지지를 거의 받지 못했다(Mink, 1994). 남성 생계부양자(가장)/여성 보호자(돌보는 자)의 이상에 따라 가족들을 부양할 수 없던 아버지들 역시 폄하되었다(Wellrich, 2001). 적절한 성역할이 무엇인지에 대한 이러한 뿌리깊은 태도는 남성들은 보수가 좋은 일자리에 접근하는 것이 제한되어 있었으며 여성들은 시장노동을 해야만 했던 아프리카계 미국인 가정에 특히 부정적인 결과를 가져왔다(Feldstein, 2000; Levy, 1998).

남성 생계부양자/여성 보호자 모형의 역사를 통틀어 정책입안자들은 시장노동을 하면서 아이를 돌보는 엄마들을 위한 어떠한 종류의 지원을 제공

하는 것도 꺼려하였는데, 이는 그 여성들은 애초부터 가정 밖에서 일을 해서는 안되기 때문이었다. 시장노동을 하며 아이를 돌보는 여성들에게 주어진 미미한 연금은 아동부양보조법(the Aid to Dependent Children legislation)에 자리잡은 모욕적이고 부적절한 수당으로 바뀌었다. 발달된 정책적 체제는 연금, 노인층을 위한 사회보장, 실업보험, 그리고 건강보험 등의 사회복지를 남성화된 임금노동에 연결지었다. 훨씬 더 제한된 복지가 아동양육을 하는 엄마들에게 주어졌다(Kessler-Harris, 2001).

남성 생계부양자/여성 보호자 모형은 세계이차대전 이후 모든 계층의 여성들이 시장노동에 점점 더 많이 참여하기 시작하면서 해체되기 시작했다. 이제 이 시기에 등장하였고 우리의 가장 최근의 역사를 특징짓는(Boris & Lewis, 2006) 이중 생계부양자/여성 보호자 모형(the dual breadwinner/female caregiver model)에 대해 살펴볼 것이다. 이 이중 생계부양자/여성 보호자 모형은 일과 가정에 대한 문헌이 등장한 사회적 맥락이다.

이중 생계부양자/여성 보호자
(Dual Breadwinner/Female Caregiver)

이중 생계부양자/여성 보호자 모형은 가장 친숙한 형태이며 21세기 까지 이어져 온 모형이다. 이 모형은 지난 50년 혹은 60년 동안 미국과 전 세계적으로 일어난 여성역할의 혁명을 포함한다(Collins, 2009). 기본적으로, 미국 내에서 여성운동의 명백한 신장과 함께, 여성들은 일생을 통틀어 전례가 없이 많은 시장노동에 참여하게 되었다. 처음에는 매우 어린 자녀를 둔 여성들의 노동시장 참여는 다른 집단의 여성들에 비하여 뒤쳐졌지만, 현재의 통계는 어린 자녀를 둔 여성을 포함하여 대부분의 여성들이 일생의 대부분에 걸쳐 시장노동에 참여하고 있음을 보여준다(Wharton, 2006).

대중문헌들은 이러한 혁명을 여성들의 선택의 문제로 그리는 경향이 있지만, 기저의 경제적 요인들은 다른 이야기를 한다. 본질적으로 무슨 일이 일어났는지 보자면, 아내와 가족들을 부양하기에 충분했던 가계임금이 무너지기 시작했다(Casper &

Bianchi, 2002; Warren & Tyagi, 2003; Wharton, 2006). 가족을 부양하고 중산층의 생활양식을 유지하기 위해서는 여성들의 임금이 필수적이 되었고 더 이상 부가적인 것으로 여겨지지 않았다. 어떤 면에서는, 이러한 세 번째 모형은 남성과 여성 모두 노동에 참여했던 기존의 가정경제모형의 재구성이었다. 다만 이번에는 남성과 여성 모두 가정경제(household economy)가 아닌 임금노동에 참여하는 것이었다. 다른 점은, 돌봄의 제공과 사랑의 수고로 재정의된 무급돌봄노동이 경제적으로 생산적인 노동의 집합체 밖에 존재하게 되었고 지속적으로 여성의 일로 성별화되었다는 것이다.

20세기 후반에, 중산층 여성들이 시장노동으로 옮겨가고 이중 생계부양자/여성 보호자 모형이 발전하면서, 돌봄은, 특히 자녀의 돌봄은, 문제로 인식되었다. 이는 더 이상 가정경제에 속한 것이 아니었으며 경제적 상황이 전업주부인 엄마와 가족 보호자를 계속 이상화 할 수 있는 상황도 아니었다. 그러나, 자녀가 있으며 부모 모두 직장이 있는 가족들을 위한 취약한 사회복지 지원은 계속되었다(Boris & Lewis, 2006; Michel, 1999). 여성과 가족들은 일하고 있는 동안 자녀를 돌보기 위하여 이웃, 친구, 친척들에게 사적으로 부탁을 하였다. 경제적 여유가 있는 여성들은 자녀돌봄에 다른 사람을 고용하였으며, 빈곤여성 혹은 이민자들과 같은 소외계층의 여성들이 담당하는 유급돌봄노동은 더욱 중요하게 되었다(Abel, 2000; Parrenas, 2001, 2005).

여성의 역할에 있어서 이렇게 빠르고 혁명적인 변화는 사회과학자들이 일과 가정 사이의 문제시되는 관계에 주의를 기울이도록 했다. 로자베스 모스 칸터(Rosabeth Moss Kanter, 1977)의 획기적인 저술은 여러 학문 영역에 걸쳐 이 분야의 문헌발달을 촉진시킨 주요한 원동력으로 자주 인용되는데(Barnett, 1998), 이 저술에서는 일과 가정은 서로 분리된 개별의 세계라는 신화에 도전하였으며, 이 신화는 파슨스와 그의 동료들에 의한 사회이론에 명시되어 있다(Parsons, 1964; Parsons & Bales, 1955). 일-가정 갈등은 애초부터 여성이 시장노동으로 옮겨가면서 가정에 무슨 일이 벌어지는가를 규명하고 이해하기 위한 전형적인 개념적 도식이었다. 이제 일-가정 갈등에 관한 몇 가지 주요한 연구들을 선택적으로 살펴보고, 특히, 무급돌봄노동이 이 문헌들에서 다루어지거나 다루어지지 않은 방식을 살펴보기로 한다.

일과 가정에 관한 연구
(Research on Work and Family)

이 부분에서 다루는 연구들은 대부분 산업 및 조직심리학으로부터 나온 것이며, 가족학과 사회학의 연구에도 주의를 기울였다. 먼저 갈등의 관점이 지배하는 연구들부터 살펴볼 것이며 그 후에 일과 가정연구에 관한 포괄적인 틀을 제공하며 일-가정 갈등 뿐 아니라 일-가정 확장(work-family expansion)을 뒷받침하는 이 분야의 몇몇 재개념화를 살펴볼 것이다.

일-가정 갈등(Work-Family Conflict)

20세기에 매우 영향력이 높았던 역할이론은 여성이 시장노동으로 옮겨가면서 여성과 남성의 삶에 어떤 일이 벌어지는지를 논의하는 데에 지배적이었다. 일과 가정의 세계를 서로 분리된 영역이며 분리된 역할이라고 여기던 이전의 남성 생계부양자/여성 보호자 모형에서는 이러한 역할들 간의 갈등은 여성이 일과 가정의 역할 모두에 참여하기 때문에 생기는 결과라고 가정되었다. 여기서 사회적 세계를 일과 가정으로 양분하였던 초기의 모형이 역할들이 어떻게 정의되는지를 계속 제한하고 결정했다는 것에 주목하라. 일은 오직 시장노동을 뜻했다; 돌봄노동은 가정에 묻혔으며, 결과적으로 역할로 인식되었다. 갈등이라는 개념은 희소성 가정에 근거를 둔다; 즉, 하루에 정해진 시간이 있으며 쓸 수 있는 에너지도 정해져 있다. 만약 한 사람이 두 개의 분리되고 경쟁적인 역할들의 요구에 부응해야 한다면 이는 한쪽이 질 수밖에 없는 게임(제로섬 게임)이며 역할 간 갈등은 예상되는 결과이다(Burke, 1988; Edwards & Rothbard, 2000; Katz &

Kahn, 1978; Sieber, 1974; Zedeck & Mosier, 1990).

이 분야에서 초창기의 영향력있는 이론가들인 그린하우스와 보텔(Greenhaus & Beutell, 1985)은 일-가정 갈등을 "일과 가정 영역으로부터의 역할압력이 서로 양립할 수 없는 상호역할 갈등의 형태"(p. 77)로 정의하였다. 그들은 이러한 역할갈등이 펼쳐질 수 있는 세 가지 차원을 구체화 하였다: 이 세 가지는 시간으로 인한 압력, 역할들의 육체적, 정신적 고됨으로 인한 긴장, 그리고 한 역할에서는 적응적이지만 다른 역할에서는 부적응적인 행동들에 참여하는 것이다. 이처럼 역할에 대한 보다 일반적인 고려에서는 돌봄 혹은 무급돌봄노동의 문제, 특히 가정 내 자녀 돌봄과 가사일을 하는 것에 관한 문제는 드러나기는 하지만 강조되지는 않는다. 오히려 이러한 문제들은 가정역할의 보다 일반적인 고려점으로 편입되고 전형적으로 가정역할의 구조적 측면의 하나로 논의된다.

일-가정 갈등의 개념화는 일과 가정에 관한 오늘날의 문헌에도 지속적으로 영향을 미치고 있는데, 가장 주목할 만한 것은 직업역할이 가정에서의 역할을 방해하는 경우(work-to-family conflict)와 가정에서의 역할이 직업역할을 방해하는 경우(family-to-work conflict)라는 두 개의 개별 구인으로 정교화된 것이다(Byron, 2005; Carlson & Kacmar, 2000; Frone, 2003; Frone, Russell, & Cooper, 1992; Frone, Yardley, & Markel, 1997; Netemeyer, Boles, & McMurrian, 1996). 이 두 개의 개별적이고 상호적인 구인에 대한 연구는 각각 자신만의 선행요인, 결과, 중재변인들을 가지고 무급돌봄노동을 주로 가정에서 돌볼 자녀의 유무와 연령, 그리고 가사일의 책임으로 측정하며 단지 사소하고 본질에서 벗어난 것으로 계속 언급하였다. 아동양육과 가사일은 단지 충돌하는 일과 가정의 역할들의 보다 일반적인 그림의 일부였다. 이 문헌 어디에도 가정 내에서 필요한 돌봄노동을 담당하기 위하여 다른 사람을 고용할 수 있는 능력은 주요한 요인으로 등장하지 않았다.

특히 흥미로운 제이콥스와 거슨(Jacobs & Gerson,

2004)의 일-가정 갈등에 관한 연구 프로그램은 경쟁적인 시간요구의 개념과 1992년과 1997년 두 번에 걸쳐 이뤄진 국가적 설문조사에 기반한 것인데, 이들의 연구는 가정이 일을 방해하는 것 보다 일이 가정을 방해한다고 결론지었으며 가정의 문화가 일터, 혹은 이 장의 용어를 쓰자면 시장일터의 문화보다 더 변화했다고 하였다. 그러나 이 분야의 대부분의 연구와 마찬가지로, 이 연구는 갈등의 인식과 경험에 초점을 두었으며 사람들이 실제로 그들의 시간을 어떻게 보내는지에 초점을 두지 않았다.

일-가정 확장(Work-Family Expansion)

이 분야의 문헌에서 좁게 한정되었던 갈등의 중요한 확장은 바넷(Barnett, 1998)의 급진적인 재개념화가 그 신호가 되었다. 희소성 가정(Marks, 1977; Marks & MacDermid, 1996)에 문제를 제기했던 다른 학자들의 논의에 근거하여, 바넷은 일과 가정을 두 개의 구분된 세상으로 보는 은유와 신화, 희소성 가정의 지배, 그리고 사람들은 이러한 인생의 주요한 역할에 연결되는 개별적으로 구분된 자아들이 있다는 개념화에 대하여 직접적으로 도전하였다. 그녀는 사람들이 직업적 요구들과 사회적 체계의 요구 혹은 인생의 요구에 부응하기 위한 적응적인 전략의 발달이 이루어지는 다양한 삶의 장면에 참여하는 것에 대한 더욱 전체적이고 맥락적인 모형을 제안하였다. 이 모형은 일과 가정의 학문에 기여한 많은 분야의 연구들을 조직하기 위한 틀로 사용되었다. 이 모형에서 바넷은 사회적 체계의 요구 혹은 수행되어야 하는 직업 외적인 과업을 전체적으로 인정하기 위하여 가정담론의 밖으로 나오려 했다. 그녀의 사회적 체계의 요구에 대한 개념화는 사람, 관계, 제도와 공동체의 돌봄을 포함한다는 점에서 우리가 이 장에서 사용하는 무급돌봄노동의 정의와 꽤 유사하다.

갈등이라기보다는, 바넷(1998)은 사람들이 그들의 일과 사회적 체계의 요구에 부응하기 위한 적응적 전략들을 개발하는 과정의 결과로서 적합성(fit)의 개념을 제안하였다. 그녀는 또한 사람들이 적응적 전략을 개발하고 좋은 적합성을 찾을 수 있는 능력에 영향을 미치는 원격요인(distal factors)과 근접요인(proximal factors)을 일의 영역과 사회적 체계 영역 모두에서 제안하였다. 좋은 적합성을 찾을 수 있는 사람들에게는 일과 더 넓은 사회적 체계에 참여하는 것이 서로 갈등이 되기 보다는 상승이 되는 경향이 있다. 반대로, 적응적인 전략이 좋은 적합성을 못 찾을 경우, 그 결과 갈등이 일어날 가능성이 많다. 이처럼 일과 가정의 상호작용을 이해하기 위한 보다 과정 지향적인 접근은 직업 심리학자 도나 슐쎄이스(Donna Schultheiss, 2006)의 제안과 일맥 상통하는데, 그녀는 일-가정 "탐색(navigation)"은 일-가정 "균형(balance)"보다 더 좋은 은유라고 하였다. 맥더미드, 레슬리, 그리고 비소넷(MacDermid, Leslie, and Bissonnette, 2001)의 연구에 근거하여 슐쎄이스는 가정과 일의 맥락은 시간에 따라 변화하며 경쟁적인 일의 요구들이 발생할 때 마다 이를 처리해 나가는 것이 도전적 과제라고 하였다. 탐색의 과정에서 "끝까지 버티기(Staying the course, 슐쎄이스, 2006, p.328)"가 착각적이고 필연적으로 불안정한 균형감각을 성취하기 위해 노력하는 것보다 더욱 유용한 목표라고 하였다.

만연한 경제적인 상황들, 일터의 정책과 관습, 사회정책과 관습, 그리고 일의 상황들과 같은 원격요인들(distal)에 주목하면서 바넷(1998)은 초점을 개인에서 개인이 적응적 전략을 찾는 능력에 영향을 미치는 상황들로 변경했다. 더욱 중요하게도, 그녀는 경제적 상황이 적응적 전략을 찾는 능력에 중요한 영향을 미친다는 것을 인식하였다. 더 많은 돈을 가진 사람들은 돌봄노동이 필요할 때 돈을 지불할 수 있다. 보다 높은 수준의 직업은 직업유연성이 클 가능성이 높고, 이는 결과적으로 적응적인 전략을 형성하는 능력을 촉진시킨다.

패트리샤 보이다노프(Patricia Voydanoff, 2002, 2007)는 일과 가정을 재개념화한 두 번째 모형의 책임자이며 연구와 정책을 위한 야심찬 계획들을 내 놓았다. 그녀의 모형은 생태학적 이론에 기반하였는데, 이는 일과 가정이 서로 부합할 수도 있고 그렇지 않을 수도 있으며 일-가정 갈등의 패러다임을 넘어 일-가정 균형의 패러다임을 고려했다는 점에서 바넷의 이론과 유사하다. 그녀는 또한 경제적 박탈을 균형에 영향을 미치는 중요한 요소로 고려하였다. 이 모형은 일과 가정 각각은 생태학적 이론의 중간체계(mesosystems)이며 이는 제 삼의 중간체계인 지역사회 내에 속해 있다고 제안함으로써 일과 가정에 대한 담론을 확장시킨다. 이러한 공식은 사회적 체계의 요구를 정교화한 것인데, 이는 사람들이 일과 가정 사이의 더 좋은 적합성을 찾거나 탐색해 갈 수 있도록 해주는 지역사회의 자원을 집중 조명하기 때문이다. 이는 북맨(Bookman, 2004)의 가정-친화적인 지역사회 지표와 할펀(Harlpern, 2005)의 일하는 가정을 위하여 학교와 지역사회에 주는 조언과도 같은 지역사회 요인에 관심을 주기 때문에 정책 관련 연구에서 특히 중요하다. 이러한 부분은 보통 일과 가정연구의 정책적 맥락과 연관되지 않는 요인들이며, 주택구매력, 공공교통서비스, 공공안전, 그리고 지역안정성(neighborhood stability) 등의 문제들을 포함한다(Voydanoff, 2005). 또한, 가장 중요하게도, 보이다노프의 모형은 노인돌봄을 가정에서의 요구의 요소로 포함한다. 노인돌봄은 점차 중요해 지고 있으며, 이에 대해 이 장의 후반부에서 더 논의할 것이다.

이 분야에 관한 바넷(1998)의 선구자적인 재개념화와 보이다노프(2002, 2007)에 의해 발전된 보다 최근의 모형은 일과 가정의 영역에 흥미로운 효과를 가져왔다. 가장 주목할 만한 것은, 일-가정 갈등이라는 편협한 초점이 일과 가정은 "일과 가정의 만족도 work and family satisfaction"(Ford, Heinen, & LangKamer, 2007), "일과 가정의 풍요로움 work and family enrichment"(Greenhaus & Powell, 2006), "일과 가정의 균형 work-family balance"(Grzywacz & Carlson, 2007; Grzywacz, Carlson, Kacmar, & Wayne, 2007), "일과 가정의 상호작용 work-family interaction"(Halpern & Murphy, 2005), 그리고 "일과 가정의 향상 work-family enhancement"(Wiese, Sieger, Schmid, & Freund, 2010) 등의 용어에서 보여지듯이

서로 연관되어 있을 수도 있는 방식에 대한 보다 폭넓은 고려로 변화했다는 점이며, 많은 이론가들과 연구자들은 갈등 문헌들에 만연한 양방향적 모형과 유사하게 일-가정 촉진의 양방향적 모형을 제안한다(Frone, 2003; Frone, Russell, & Cooper, 1992; Frone, Yardley, & Markel, 1997; Grzywacz & Marks, 2005; Parasuraman, Purohit, Gotshalk, & Beutell, 1996; Voydanoff, 2005). 여성들이 그들의 성인기 동안 일하는 것이 규준이 되면서, 많은 남성과 여성들이 상호 향상적이고 촉진적인 방식으로 삶의 다양한 맥락에 참여할 수 있도록 적응적인 전략을 개발하고 있는 것은 분명하다. 즉, 많은 이들은 점점 신체 건강한 성인들이 그들의 성인기 대부분을 시장노동에 참여할 것을 요구하는 변화하는 경제적 상황에 적합하도록 적응하였다.

일과 가정 간 갈등이라는 가정은 일과 가정 역할에 참여하는 이득에 대한 이론과 연구 모두를 포함하는 것으로 변화하였고, 특히 가정(family) 측면의 공식(equation)에서는 양쪽 모두 직업이 있는 기혼 이성애자 커플을 가정하는 이중 부양자/여성 보호자 모형을 따르는 정도가 되었다(Barnett & Rivers, 1996; Caspar, Eby, Bordeaux, Lockwood, & Lambert, 2007). 일과 가정에 참여하는 이러한 장밋빛 그림에서 인식되지 않았던 것은 이러한 그림이 경제적 상황에 의하여 제한된다는 점이었다. 시장노동과 무급돌봄노동을 힘겹게 하고 있는 가난한 사람들에게 어떤 일이 일어나는지에 대한 연구는 거의 없다. 바넷(1998)과 보이다노프(2002, 2007)가 제안한 포괄적인 모형들에서는 경제적 상황이 중요하게 인식되었으나, 가난한 사람들이 겪는 일과 가정의 갈등과 향상에 관한 경험적인 연구를 우리는 아직 발견하지 못했다.

또한 일과 가정 사이의 갈등과 향상에 관한 연구는 사회적 체계의 요구 혹은 직업 외적으로 수행되어야 하는 과업의 폭넓은 영역에 관하여 주목하도록 하는 바넷(1998)의 가정담론에 대한 도전에서 다뤄지지 않았다. 이 전통에서의 연구는 가정이 무엇을 의미하는지, 가정에서 이뤄져야 하는 과업의 종류, 그리고 이러한 과업을 달성하기 위하여

가정에 주어져야 하는 지지와 자원들에 대한 고려점은 확장하였으나, 일과 가정에 관한 은유와 담론은 계속 지배적이었고 돌봄과 무급돌봄노동은 일과 가정의 상호연결(interface)이라는 더 폭넓은 개념화에 계속 자리잡고 있다(Barnett & Gareis, 2006). 여기서의 중요한 문제 중 하나는 측정이다. 보이다노프(2007)는 자녀의 수나 연령 혹은 노인을 부양하고 있는지의 여부와도 같은 돌봄에 대한 대리측정(proxy measures)은 이러한 종류의 돌봄제공이 포함하는 노동의 본질을 측정하기에 부적합하다고 하였다.

재정적, 경제적 자원의 잠재적 결과로서 간접적으로 고려되는 것 외에는 돌봄노동을 하도록 타인을 고용할 수 있는 능력이 이러한 모형들에서 고려되지 않았다는 점도 주목할 만하다. 만약 무급돌봄노동이 이 문헌에서 소외된다면, 유급돌봄노동은 진정으로 보이지 않게 될 것이다.

시장과 가정 맥락에서 변화하는 노동 패턴 (Changing Work Patterns in Market and Family Contexts)

무급돌봄노동을 더 넓은 역할의 개념화 내에서 소외시키는 경향이 있는 대부분의 일과 가정에 관한 문헌과는 대조적으로, 또 다른 연구에서는 가정에서의 시간 사용과 무급노동을 살펴보았다(Budlender, 2010). 주목할만한 한 연구는 직장이 있는 1960년대부터 21세기 초반에 이르는 기간에 걸쳐 부모들이 실제로 어떻게 유급과 무급돌봄노동에 시간을 사용하고 있는지를 추적하였다(Bianchi, Robinson, & Milkie, 2006). 이 연구에서 시간사용 다이어리로 측정된 활동들은 바넷의 사회적 요구 개념화의 범위를 포함하였고 이 장에서 사용한 무급돌봄노동의 정의와 유사하다. 예를 들어, 이러한 활동들은 자녀양육과 가사일과 관련된 활동 외에도 재화와 서비스를 획득하는 것, 자기-돌봄에 주의 기울이기, 정치적, 종교적, 그리고 기타 지역사회 조직들에 헌신하기, 정보와 컴퓨터 기술 사용하기, 타인 방문하기 등을 포함한다. 특정한 주에 무엇을 했는지와 더불어 특정한 날에 무엇을 했는지를 광범위하게 살펴볼 수 있는 것을 포함하여 지난 수십년 간 시간 다이어리 방법론은 진화하였지만, 수십년 동안 기본적으로 비교 가능한 방법의 사용은 부모들이 실제로 그들의 시간을 어떻게 사용했는지와 이러한 패턴은 여성들의 역할이 변형되어 가면서 어떻게 진화했는지를 미세하게 분석할 수 있도록 해준다.

우리 관점에서 특히 주목할 만한 것은 이 연구가 유급과 무급노동이 모두 관심을 받을 만 하다는 것을 인정한 것과 무급노동에 이 장에서 무급돌봄노동으로 정의된 활동들과 대체적으로 동등하게 견줄만한 활동들을 포함했다는 것이다. 한 가지 주의점은 이 연구의 초점이 기혼 아버지, 기혼 어머니, 그리고 미혼어머니(single mothers, 미혼모)들의 표본을 대상으로 하는 자녀의 돌봄에 있다는 점이다. 자녀양육에 대한 이러한 초점 때문에, 이 연구는 노인돌봄 혹은 가정의 범위를 넘어서는 친척 가족구성원을 돌보는 일을 명시적으로 포함하지 않는데, 이는 특히 아프리카계, 라틴계, 그리고 아시아계 미국인 가정에서 중요한 무급돌봄노동의 형태이다(Gerstel & Sarkisian, 2006). 그러나, 연구의 표본으로 미혼모 집단을 포함하여 일과 가정의 연구 문헌 대부분을 지배하던 부, 모, 자녀(들)로 구성되는 규준적인 가족단위의 가정(presumption)을 뛰어넘었다는 점은 주목할 만하다.

최근의 저서에서 비앙키와 동료들은(Bianchi et al., 2006) 놀랍고도 중요한 몇몇 결론을 내렸다. 첫째, 그들은 21세기 초반의 기혼모들은 비록 더 많은 수가 종일제 혹은 파트타임으로 시장노동에 종사하고 있음에도 불구하고 자녀양육에 40년 전과 같은 양의 시간을 쓰고 있다고 결론지었다. 이는 하루가 오직 24시간이라는 논리에 맞지 않는 것처럼 보이지만, 그들의 분석은 여성들이 개인적인 활동이나 배우자와의 개인적인 시간, 가사일에 들어가는 시간을 줄이는 등, 그들의 자녀를 자신보다 더 높은 우선순위에 둠으로써 이러한 위업을 달성한다고 보았다. 즉, 그들은 멀티태스킹을 하고 있으며 가사일은 덜 하고 있다.

그들의 두 번째 결론은, 기혼부들과 기혼모들

의 유급과 무급노동을 고려했을 때 모두 동등한 업무량을 가진다는 것이다. 그러나, 남성들은 여성들보다 시장노동 활동에 종사하는 시간이 두 배였으며 여성들은 자녀양육과 가사일에 남성들보다 두 배를 사용했다. 시장노동에 관한 이러한 패턴은 기혼부와 기혼모 간에 달랐다. 기혼부들의 경우, 자녀의 수와 연령에 따라 시장노동 참여비율이 달라지지 않았다. 기혼모들의 경우, 참여비율은 자녀의 수와 연령에 따라 달랐으며 특히 6세 미만의 자녀가 있는 경우 달랐다.

세 번째 결론은 아버지들은 현재 가정에서 무급노동을 더 많이 하고 있다는 것이며, 이는 자녀를 먹이고 씻기는 등의 기본적인 자녀양육을 포함한다. 기혼모들이 이 노동을 더 많이 하고 있지만, 이 불균형은 지난 40년에 걸쳐 명백히 완화되었다. 이러한 결론들은 여성역할의 혁명적인 변화에 적응하는 데 있어서 가정이 시장 일터보다 더 변화했다는 제이콥과 걸슨(2004)의 연구를 지지한다.

미혼모 집단에 관하여 말하자면, 거의 모든 지표들에서 이 연구의 결과들은 경제적 박탈과 빈곤이 미혼모들에게 미치는 영향을 보고한다. 비록 이 연구들은 소득 수준이 아닌 혼인상태에 초점을 두고 있지만, 이 연구에서의 미혼모들은 기혼 여성들에 비하여 상대적으로 교육수준이 낮고, 연령이 낮고, 재정적 자원이 부족하다. 이 여성들은 기혼모 코호트보다 자녀양육에 시간을 덜 쓰고 있으며 시장노동 일의 양과 무급돌봄노동은 기혼 남성과 기혼 여성들보다 훨씬 높다. 이 집단의 어머니들은 기혼모와 기혼부 집단보다 시장노동과 가족 시간을 위하여 희생한다는 주관적 보고 점수가 높았다.

이 연구에서 가장 중요한 점은 이 연구가 사람들이 실제로 어떻게 시간을 쓰는지에 초점을 맞춤으로써 시장노동과 무급돌봄노동의 중요성이 전경에 떠오르도록 한 것이다. 역할들과 관련된 노동이 감춰지는 경향이 있었던 역할에 관한 보다 일반적인 고려 대신 이 연구는 공적인 영역과 사적인 영역 모두의 노동을 앞으로, 중심부로 내세웠다. 따라서, 이는 대부분의 사람들은 슐쩨이스(2006)가 제안한 바와 같이 그들이 협상해야 할 두 종류의

노동활동이 있음을 인정하는 일에 관한 새로운 모형을 위한 초석을 마련했다. 이는 단지 두 종류의 노동과업과 요구를 달성하느냐의 문제가 아니다; 이는 적합성을 찾기 위하여 이러한 두 가지 노동의 맥락들 내에서, 그리고 그 사이에서 지속적으로 협상하는 것의 문제이다.

더욱이, 이 연구는 이중 생계부양자/여성 보호자 모형이 지난 수년간 완화되어 왔지만 지속적으로 성별간 불평등을 만들어 낸 정도를 보여준다. 자녀가 있는 기혼 여성들은 종종 모성임금페널티(motherhood wage penalty)로 지속적으로 고통 받고 있는데, 이는 어머니인 여성들의 임금이 일생에 걸쳐 다른 여성들의 임금보다 적은 현상을 가리킨다(Budig & England, 2001; Misra, Budig, & Boeckmann, 2011a, 2011b; Crittenden, 2001; Hersch & Stratton, 1997; Noonan, 2001).

이 연구는 유급돌봄노동이 시장과 돌봄노동 성과의 주요한 요인으로서 무시되어 온 정도를 보여주었다. "누군가는 가사일을 하고 있는가: 가정노동의 성별분리 경향" 이라는 제목의 논문에서 비앙키, 마일키, 세이어, 그리고 로빈슨(Bianchi, Milkie, Sayer, & Robinson, 2000)은 지난 몇십년 간 남성과 여성 모두에 의한 가사노동의 전체적 시간이 꾸준히 줄어든 것은 기준이 낮아진 것과 노동을 줄여주는 기계의 발달 등의 요인 때문이라고 결론지었다. 여기서 고려되지 않은 것은 사람들이 가사일을 위하여 타인을 고용하는지의 여부와 어느 정도 지불하는가 이다.

마지막이며 가장 도발적인 부분으로, 미혼모 자료는 두 가지 도전과제를 제기한다. 첫째, 이는 이중 생계부양자/여성 보호자 모형의 생존능력에 근본적으로 도전한다. 이들의 자료는 가족이 어떻게 정의되어야 하는지에 관하여 질문을 제기한다. 미혼모들이 규준의 예외인가 혹은 양부모가 있는 가정이 예외인가? 둘째, 이들의 자료는 성별간 불평등 자체의 문제에서 남성보다 여성에게 더 영향을 미치는 근본적인 경제적 불평등이 어떻게 경제적 자원이 별로 없는 사람들이 시장노동과 무급돌봄노동에 참여하는 것의 어려움을 악화시키는지에

대한 문제로 주의를 전환시킨다.

공적, 사적 영역에서의 노동에 영향을 미치는 몇몇 근본적인 현대의 사회 변화들을 살펴보기 전에, 남성과 여성 모두 시장노동과 무급돌봄에 참여하는 것을 어렵게 하는 상황을 강력하게 조성하는 정책적 맥락을 살펴볼 필요가 있다.

정책적 맥락(The Policy Context)

미국에서의 일-가정 갈등과 일-가정 향상에 대한 연구는 시장노동경제에 참여하면서 무급돌봄노동을 감당하기 위해 도움이 필요할 수도 있는 사람들을 지원하기 위해 고안된 공공정책이 거의 없는 정책적 맥락에서 수행되었다. 미국에서 무급돌봄노동에 대한 공적인 지원의 부족은 유럽연합 내의 국가들과 비교했을 때 현저하다(Kelly, 2006). 돌봄 책임 수행을 위한 유급휴가, 보육, 그리고 탄력근무제도 등의 공공정책들은 이러한 나라들에 비하여 미국에서는 매우 부족하다. 예를 들어, 자녀와 노인돌봄 정책에 관한 분석은 유럽국가들을 대충 세 개의 집단으로 구분하였는데, 돌봄노동을 대체적으로 가정의 일로 생각하는 집단, 정책들이 가정을 지원하는 집단, 그리고 돌봄의 제공에 있어 성인들에게 폭넓은 선택지를 제공하는 집단이다 (Daly, 2001a). 그러나, 전세계적으로, 적어도 유럽연합에서는 돌봄노동을 위하여 최소한 어느 정도의 유급휴가가 가능하다. 이에 비하여, 미국은 무급돌봄휴가를 위한 공공정책적 지원이 있을 뿐이다(Kelly, 2006). 미국의 노동자들은 의무적 초과근무로부터 보호받지 못하며, 하루에 요구되는 노동시간에 대하여 법적 최고치가 없다(Appelbaum, Bailey, Berg, & Kalleberg, 2002).

공공정책보다는, 미국은 잘 발달된 고용주-기반의 정책들이 있으며, 이는 전형적으로 가족-친화적 정책으로 불리며 개인과 가족들이 일과 무급돌봄노동의 요구를 해결해 갈 수 있도록 돕기 위해 고안되었다. 자연적으로, 이러한 종류의 시장-기반의 정책들은 교육수준이 높은 노동자들을 고용하는 회사와 산업체에서 가장 많이 볼 수 있으며, 가

난하거나 교육을 받지 못하는 등, 이러한 제도가 가장 필요하기 쉬운 노동자들은 거의 그 혜택을 받지 못한다. 이러한 정책적 상황은 왜 미국의 노동자들이 보다 지지적인 정책들을 가진 국가들의 노동자들에 비하여 더 높은 일-가정 갈등과 스트레스를 보고하는지를 설명하며, 일-가정 향상의 이익은 고소득층에게 한정될 가능성이 높음을 시사한다(Jacobs & Gerson, 2004; Kelly, 2006).

현대의 사회적 변화(Contemporary Social Changes)

이 장의 마지막 부분에서 더욱 자세히 논의할 일의 심리학을 위한 일의 이중모형의 기초작업으로 세 가지 변화를 고려할 것이다. 이 변화들은 인구학적 변화, 시장노동의 변화, 그리고 가정의 변화이다.

인구학적 변화(Demographic Changes)

이 세 가지 변화들 중, 인구에 대한 인구학적 프로파일은 일생에 걸친 시장노동과 무급돌봄노동의 패턴의 변화하는 인식에 가장 근본적이다. 일과 가정의 최근 문헌에서 노인돌봄이 가장 자주 언급되고 있지만, 가장 놀라운 것은 인구학적 그림 그 자체이다. 인구학적 동향에 대한 리치(Riche, 2006)의 분석을 따르자면, 현대의 시점까지는 대부분 국가의 인구학적 그림은 젊은 세대의 수가 가장 바닥에 있고 더 넓은 층을 차지하고 노년층으로 갈수록 더 좁고 상층부를 차지하는 인구피라미드 형태를 따른다. 현재와 미래에는 인구그림이 기둥과 가장 유사하며, 여기서는 노년세대의 수와 젊은세대의 수가 거의 같다. 이 그림에는 베이비부머 세대와 관련하여 약간의 상황변화가 있기는 하지만, 연령집단의 변화하는 분포는 베이비부머 현상을 넘어선다. 사람들은 대체적으로 더 오래살고 있으며, 미국의 이민자 비율이 높다 해도 젊은 사람들이 노년층 수를 더 이상 넘어서지는 못할 것이다.

이러한 인구 그림은 무급돌봄노동과 관련된 문제들에 무거운 의의를 가지는데, 특히 자녀와 노인의 돌봄에 있어 그렇다. 자녀양육 문제는 사회에서

점점 더 적은 사람들이 자녀양육을 하게 되면서 덜 중요해 지고 있다. 이 관점에서 볼 때 자녀를 돌보는 데 필요한 전반적인 사회적 자원은 덜 부담스럽지만, 노인돌봄과 관련해서는 전혀 다른 이야기이다. 노인돌봄은 가족과 세대간 유대 약화와 치매 발병의 가능성이 있고 높은 수준의 돌봄을 요구하는 노인 수의 증가를 고려할 때 특히 문제가 된다(Alzheimer's Association, 2010; Arno, 2002). 이 모든 것은 모든 유형의 사회복지 서비스를 위한 공공 경제적 자원이 대부분 제한된 경제적 환경에서 일어난다. 인구학적 관점에서, 노인돌봄의 위기가 나타나고 있다.

보다 일반적 수준에서, 돌봄 요구의 패턴에 기대되는 변화는 인구학적 요인 뿐 아니라 현대 사회를 특징짓는 다른 종류의 급진적인 사회적 변화의 결과로 돌봄요구가 변화하고 있음을 반영한다. 여기서의 핵심은 일의 이중모형은 한 종류의 돌봄노동에만 폭좁게 초점을 두기 보다는 돌봄노동의 큰 그림을 고려해야 한다는 것이다(Folbre, 2008).

시장노동의 변화(Changes in Market Work)

세계화와 기술화가 시장노동의 얼굴을 여러 가지 면에서 급진적으로 바꾸어 놓았지만, 이 장에서 우리는 시장노동과 무급돌봄노동 간의 역동적 관계에 영향을 주는 가장 중요한 두 가지 변화를 다룬다. 첫 번째는 시장노동의 속성과 구조의 변화와 관련이 있다; 두 번째는 미래에 가장 성장할 것 같은 직업의 종류에 관련된다. 이러한 문제들은 함께 시장노동과 무급돌봄노동에 관하여 고학력의 부유한 노동자와 더 제한된 경제적 자원을 가진 노동자들이 서로 매우 다른 상황을 마주하고 있다는 것과, 덜 부유한 노동자들의 문제는 어느 때 보다도 더 많은 인구의 비율에 영향을 미치고 있다는 것과, 그리고 돌봄노동의 문제는 미국에서 증가되고 있는 경제적 불평등에 깊이 연루되어 있다는 것을 제안한다.

시장노동의 속성과 구조의 변화라는 첫 번째 문제와 관련하여, 교육수준이 높고 부유한 노동자들은 일에 헌신도가 높고 일에서 요구하는 대로 부응할 수 있는 사람이 이상적인 노동자라고 보는 새로운 종류의 노동윤리에 노출되어 있고 이를 지지한다는 강력한 증거들이 있다(Gambles, Lewis, & Rapoport, 2006). 명백히 이야기 되지 않은 것은 이러한 새로운 이상적인 노동자는 무급노동의 요구들로부터 방해를 받지 않거나 방해를 받지 않는 것 처럼 보인다는 점이다. 제이콥과 걸슨(Jacobs and Gerson, 2004)은 "'프로정신(professionalism)'윤리는 한 때 적은 종류의 일만 적용되었지만 점점 견고하고 조직적인 표준이 되어 가고 있으며"(p. 157) 더 높은 헌신으로 특징지어 질 수 있는 더 나은 직업들이 일터에서 생겨나고 있음에 주목하였다(Osterman, 1999).

일터에 대한 일방적인 헌신에 대한 압박은 증가된 생산성 등의 요소 때문일 것인데(Nyland, 1989), 이는 단시간 내에 더 많은 일이 수행되어야 한다는 것과, 더 적은 수의 노동자들의 손에 더 많은 업무를 집중시켜 온 이십년 동안의 기업인원감축을 의미한다(Cappelli, 2001). 무엇이 노동자들에 대한 기대에 있어 이러한 변화를 일으켰는지에 상관없이, 가장 교육수준이 높은 노동자들은, 모든 인종과 민족의 남성과 여성 모두 그들의 시장노동은 개인적으로 만족스럽고 재정적으로 보상이 될 것에 대하여 높은 기대를 가지고 있으며, 많은 경우, 이러한 새로운 노동윤리를 인정한다(Hochschild, 1989; Jacobs & Gerson, 2004). 24시간/7일 동안 공적인 세상과 사적인 세상의 경계를 넘어 언제 어디서나 작동하는(유비쿼터스) 기술의 침범은 이러한 새로운 노동윤리의 요구를 더 악화시킨다. 부정적인 면으로는, 실업과 불완전고용에 대한 두려움은 노동자들이 시장노동에 과도하게 헌신하도록 이끌었을 것이다. 교육수준이 높고 부유한 노동자들이 가정-친화적인 정책들을 가진 시장노동환경에 고용되는 가능성이 훨씬 더 많지만, 새로운 노동윤리는 이러한 정책의 이점을 취하고자 하는 노동자들의 의지에 반대되게 작용한다.

시장노동의 안정성 부족은 경제의 모든 수준에서 노동자들에게 확실히 영향을 미치지만 무경계 진로(boundaryless career)라는 새로운 진로담론은 교육수준이 높고 더 부유한 노동자들 사이에 새로운 노동윤리를 지지하는 방식으로 이러한 불안정성을 가중시킨다. 시장노동에 대한 높고 분산되지 않은 헌신은 이제 한 개인 자신의 진로진전을 위하여 자리잡게 되었다. 즉, 단지 임시적인 집이 될 수도 있는 한 조직에서보다 무경계 진로에 말이다. 특히 무급돌봄노동의 방해를 받는 노동자들에게 이러한 새로운 노동윤리의 결과는 과도한 부담과 과로의 느낌이다.

시장노동의 속성과 구조에 있어서의 변화는 교육수준이 낮고 덜 부유한 이들에게는 완전히 다른 형태를 띤다. 표준화되지 않은 시간과 표준화되지 않은 계약이 만연하며, 특히 서비스직에서 일하는 노동자의 경우 더욱 그렇다(Wharton, 2006). 표준화되지 않은 시간은 전통적인 9-5시, 월-금의 근무시간을 따르지 않는 근무일정을 말한다. 표준화되지 않은 계약은 파트타임, 임시직, 혹은 제한된 계약, 혹은 다른 말로는 조건부고용(contingent employment)으로 특징 지워지는 고용방식이다(Kalleberg & Schmidt, 1996). 사비카스(2011)는 이를 가장 자극적으로 직업의 사라짐으로 묘사한다. 직장에 너무 많은 시간을 소비했던 교육수준이 높고 부유한 노동자들의 문제와는 대조적으로 조건부고용의 문제는 할 수 있는 일이 충분하지 않다는 것이다. 충분치 않은 일은 충분하지 않은 수입을 뜻한다.

연구들은 5세 이하의 자녀를 둔 부부의 높은 비율은 적어도 한 명의 부모는 표준화되지 않은 시간으로 일을 한다고 보고한다(Presser, 2003). 이 자료들은 비표준적 시간이 어떤 가정들에는 도움이 될 수 있다는 증거를 제공하지만, 이러한 종류의 시장노동과 자녀 양육 방식의 정서적, 신체적 대가에 대해서는 거의 알지 못한다. 몇몇 연구들은 다양한 신체적, 심리적 문제들이 비표준 시간에서 그 원인을 찾을 수 있다고 하였다(Fenwick & Tausig, 2001). 유사하게, 몇몇 연구자들은 비표준 계약 혹은 조건적 시장노동이 시장노동과 무급돌봄노동을 함께 하는 것에 어려움을 겪고 있는 사람들에게 도움이 될 수도 있으나, 연구들은 표준 계약을 가지고 있는 사람들에 비하여 조건제 노동

자들은 그들의 일에 더 불만족 한다고 하였다(Mishel, Bernstein, & Boushey, 2003).

특히, 학자들은 두 갈래로 나누어진 일터를 묘사하는데, 여기서는 고학력의 부유한 사람들은 그들의 사적 삶의 영역에서 무급돌봄노동에의 헌신을 해치면서까지 해야 할 일이 너무 많고, 교육수준이 낮고 덜 부유한 사람들은 해야 할 일이 충분하지 않으며, 일을 해야 할 때는 일해야 할 것으로 기대되는 시간에 대한 통제권에 대하여 더 약자이기 때문에, 이 두 가지는 그들이 무급돌봄노동을 수행하기 위한 능력에 부정적인 영향을 미치게 된다(Jacobs & Gerson, 2004). 두 집단의 노동자들에게, 시장노동은 비록 서로 다른 방식이기는 하지만 침범적이다. 이렇게 양 갈래로 나누어진 일터는 양 갈래로 나누어지고 점점 불평등해지는 경제를 반영하며 이에 기여하는데, 중산층은 권력을 얻는 데에 침체되거나 쇠퇴한 반면 소수의 사람들만이 매우 부유해진 미국에서 특히 그렇다(Judt, 2010; Mishel, Bernstein, & Shierholz, 2009). 이 두 가지의 상황이 모두 시장노동과 무급돌봄노동을 결합시키기 위해 노력하는 사람들에게 문제를 발생시키지만, 가장 두드러진 것은 가난한 사람들이 겪는 문제이다. 적어도 부유한 사람들은 가정-친화적인 정책을 가진 직장에 근무할 가능성이 더 많으며 그들이 이러한 정책을 이용하고 싶지 않더라도 그들은 자신들의 사적인 삶에서 수행될 필요가 있는 돌봄노동을 구매할 수 있는 자원이 있다.

직업성장에 관한 기대는 이러한 불평등의 문제를 더욱 악화시킬 뿐이다. 노동통계청(Bureau of Labor Statistics)이 수행하고 해커(Hacker, 2011)가 보고한 최근의 통계조사는 2008년과 2018년 사이에 가장 많이 증가할 것으로 기대되는 직업은 대부분 저임금 직업이라고 한다. 가장 두드러지게도, 이러한 저임금 직업들 중 유급돌봄노동으로 특징지워질 수 있는 직업이 가장 우세하다. 예를 들어, 가정건강도우미 직업은 50% 정도 늘어날 것으로 보이며, 자격증이 있는 간호업무 직업은 20.7%, 그리고 간호조무사와 병원의 잡역부는 18.8% 증가될 것으로 기대된다. 이러한 통계치는 드러나지 않게 임

금을 받으며 이러한 차트에는 고려되지도 않는 가정부, 베이비시터, 청소부 등의 지하경제는 포함하지 않는다(Razavi, 2007). 따라서, 덜 부유한 사람들의 층은 더 증가될 것으로 보인다. 저임금노동이 복잡하고 다양한 측면의 문제를 가지고 있지만, 유급돌봄노동으로 특징지워 지는 저임금노동이 비슷한 수준의 기술을 요하는 다른 종류의 저임금 노동보다 더 보수를 적게 받는다는 증거들이 있다(England & Folbre, 1999). 따라서, 돌봄노동의 평가절하의 문제는 이러한 노동으로 돈을 버는 사람들에게 심각한 경제적 결과를 가져온다. 우리는 이 장의 마지막 부분에서 이 문제를 다시 다룰 것이다.

가정의 변화(Changes in Families)

세 번째 주요한 변화는 가족의 구성과 궁극적 의미와 관련이 있다. 마크스(Marks, 2006)는 가족형태의 다양성이 점점 규준이 되어가고 있는 정도를 보고하면서, 핵가족의 자녀가 있는 이성애 부부로 대표되는 전통적인 가족은 "경험적 다양성을 반영하기 보다는 숨기고 있는 관념적인 비유"(p.42)라고 하였다. 한부모 가정은 늘고 있는 반면, 두 명의 부모가 있는 가정은 줄어들고 있다. 혼합가정(blended families), 혼자 사는 사람들, 그리고 LGBT인 개인들이 이끄는 가정들이 늘어나고 있다. 사람들이 자녀를 덜 가지고 있지만 미국에서의 출생률은 다른 선진경제에서 그런 것처럼 대체 불가능한 수준 이하로(below replacement level) 떨어지지 않았다. 그러나, 더 부유하고 교육받은 사람들이 자녀계획을 미루는 경향이 있으며, 덜 부유하고 덜 교육받은 사람들은 더 낮은 연령에 혼인관계 밖에서 자녀를 가지는 경향이 있다. 사실, 결혼은 전반적으로 부유한 사람들보다는 가난한 사람들 사이에 점점 덜 흔해지고 있다. 결혼은 또한 점점 덜 안정적이며 이는 특히 가난한 사람들에게서 그렇다(Taylor, 2011).

마크스(2006)가 전반적으로 늘어나는 가정형태의 다양성에 덧붙여지는 요소로서 인종적, 민족적 다양성을 포함했지만, 이 장의 맥락에서 특히 중요한 것은 흑인, 라틴계, 그리고 아시아계 집단의 확대가족의 정도와 친척과 관련된 무급돌봄노동의 중요성이 가정을 넘어 확장되는 관계적이고 돌봄의 연대(tie)에 대한 고려를 요구한다는 것이다(Gerstel & Sarkisian, 2006). 시장노동과 무급돌봄노동을 협상하는 문제와 관련하여, 친족은 이러한 인종/민족 집단과 가난한 사람들에게는 훨씬 더 큰 역할을 하며, 이는 특권과 위계라는 두 가지 교차하는 표식을 나타낸다. 친족은 무급돌봄노동을 돕는 자원이기도 하며 무급돌봄노동을 요구하는 원천이기도 한다.

이 그림에서 등장하는 것은 사람들이 타인과 친밀하고 관계적인 네트워크를 형성하고 해체하며, 자녀를 출산하고 기르며, 노인, 환자, 장애인, 그리고 동반자와 친족이 있는자와 없는자들을 돌보며, 가정 경계를 넘어서는 무급돌봄노동에 참여하는 방식의 다양성과 복합성이다. 가정형태보다 더 중요한 것은 무급돌봄노동의 속성과 정도, 그리고 모든 형태의 가정과 생활 방식 형태에 걸쳐 그들이 형성하는 돌봄관계이다. 가정이 무엇을 대표하는가에 대한 이러한 변화는 가정에서 가장 중요한 것은 가정 내에서 성적인(sexual)관계 혹은 성인의 성적인 상태가 아니라 어떤 종류의 가정 혹은 생활방식을 지닌 개인을 특징짓는 무급돌봄노동 헌신의 연결망의 속성과 정도임을 시사한다.

무급돌봄노동의 중요성은 거슨(Gerson, 2010)이 대부분 20대이며, 인종, 민족, 사회경제적 지위, 성적지향, 경험이 다양하며, 한 부모 혹은 두 부모 가정에서 양육된 젊은이들과의 인터뷰에서 사용한 용어에 반영되어 있다. 전세계적으로 이 젊은이들은 헌신된 성적 관계와 의미있는 시장노동에 대한 기대를 표현하지만, 거슨은 그들의 성인기 삶에 대한 기대를 돌봄과 부양의 관점에서 설명한다. 이는 이 장에서 설명한 일의 이중모형과 일맥상통하는 용어이다. 사람들은 생계를 부양해야 하며, 그들 자신과 타인, 그들의 관계, 그들이 참여하는 단체, 그들이 살고 있는 지역사회, 그리고 물리적 세상을 돌봐야 한다. 이러한 것들이 우리가 이 장에서 추천하며 이 장의 마지막 장인 다음 부분에서 살펴보고자 하는 이중노동모형을 구성하는 두 가지 종류의 노동이다.

이중노동모형(A Dual Working Model)

모든 사람들이 각각 다른 방식과 정도로, 일생에 걸쳐 시장노동과 무급돌봄노동에 참여할 것으로 기대하는 이중노동모형의 논리는 이중노동자/여성보호자 모형에서 단일성인노동자 모형으로 옮겨가고 있는 현재의 시장노동경제에 대한 분석, 시장노동, 무급돌봄노동, 그리고 유급돌봄노동간의 역동적이고 문제가 있는 관계에 대한 분석, 그리고 이 장에서 소개하였고 경제적 생산성의 가치의 헤게모니에 도전하는 트론토가 제안한 돌봄노동의 확장된 정의에 관한 논의에 근거하고 있다.

시장경제를 위한 단일성인노동자 모형(The Single Adult Worker Model for the Market Economy)

이중 생계부양자/여성보호자 모형을 대체하는 모형 중 하나는 모든 성인들은 성인기의 상당한 기간 동안 시장노동에 참여할 것이며 보험과 다양한 형태의 사회안전을 위한 폭넓은 사회보장을 시장노동과 연결짓는 사회적 정책 망은 계속될 것으로 가정한다(Lewis, 2001). 여러 면에서, 1996년 노동책임과 개인적 기회조항(Work Responsibility and Personal Opportunities Act)을 통한 미국 내 복지개혁의 움직임은 이러한 모형 변화의 전조가 되었다. 부양할 자녀가 있는 미혼모들을 위한 경제지원 사회적 정책은 엄마들이 자녀를 돌보며 집에 있어야 한다고 보던 구시대와 구모델로 거슬러 올라간 것으로 보여질 수도 있다. 다만 이 경우에는, 가족을 부양하는 것이 남편이 아니라 주 정부였다. 복지개혁 이전에는 이러한 미혼모들은 주정부의 지원도 빈약했을 뿐 아니라 시장경제에 참여하는 자들에게 발생하는 사회보장에서도 제외되었다. 복지혜택을 끊는 것은 미혼모들을 생계를 벌어야 하는 대부분의 여성들과 동일한 입장에 놓이게 하였다. 다른 점은 미혼모들은 21세기의 시장노동을 준비하고 그들의 자녀들을 매우 제한된 경제적 자원의

맥락에서 돌보기 위한 사회정책적 지원이 거의 없는 시장노동의 일자리를 택해야 했다는 것이다. 따라서, 복지개혁은 미혼모들의 시장노동과 무급돌봄노동 모두를 악화시켰다(Boris & Lewis, 2006).

그러나, 여기서 중요한 것은 연령이 어린 자녀들의 어머니를 포함하여 모두를 위한 단일성인노동자 모형으로 옮겨가는 것은 경제 생산성의 가치에 근거한 모형임에 주목하는 것이다. 전세계적으로 선진 경제구조는 시장노동에 참여할 수 있는 모든 성인들은 그들 성인기의 상당한 기간 동안 일할 것으로 기대하는 방향으로 움직이고 있다(Lewis, 2001). 더 많은 사람들이 시장노동에 참여할 수록 그 사회의 국민총생산은 높아진다. 이 모형을 고려할 때, 필수적인 돌봄노동의 제공은 중요한 문제가 된다.

시장노동, 무급돌봄노동, 그리고 유급돌봄노동 사이의 관계(The Relationship Between Market Work, Unpaid Care Work, and Paid Care Work)

시장노동, 무급돌봄노동, 그리고 유급돌봄노동 사이의 관계는 대부분의 일과 가정에 관한 문헌에서 간과되어 왔다. 본질적으로, 여성들이 시장노동 경제로 이동하면서, 직업적으로, 비직업적으로 유급돌봄노동을 하던 사람들의 지위가 올라갔다(England, 2005; England & Folbre, 2000a; Wharton, 2006). 문제는 해커(2011)가 제안하고 이 장의 앞부분에서 언급했던 저임금 유급돌봄노동 종류의 증가였다. 그의 통계는 더욱이 지하경제에서 청소부, 가사도우미, 베이비시터, 유모 등으로 일하던 대부분의 여성들을 통계에 포함시키지 않았다는 점에서 저임금 유급돌봄노동을 심각하게 저평가했다. 이 숫자들은 미국의 가난한 여성들, 주로 유색인종의 여성들(Gerstel & Sarkisian, 2006; Helburn & Bergman, 2002)과 많은 이들이 가정노동시장(domestic labor market)에서 일자리를 찾아 미국으로 온 계속 유입되는 이민노동자를 포함한다(Ehrenreich & Hochschild, 2002; Hochschild, 2000, 2003; Parrenas, 2002, 2005).

따라서, 여성의 시장노동 참여의 증가에 수반

된 무급에서 유급으로의 돌봄노동 변화는 저임금 일자리의 증가를 가져왔다. 이는 적절한 소득이 주어지는 시장노동일자리를 가지고 있는 교육수준이 높고 부유한 여성들은 자신의 무급돌봄노동을 도와줄 수 있는 다른 사람을 고용할 수 있게 되었다는 의미이다. 그들이 고용하는 사람들은 대부분 여성으로, 이 여성들은 자신의 가정에서 필요한 무급 돌봄노동에 타인을 고용할 수 없는 수준의 비교적 낮은 임금을 받는다. 이는 결과적으로 불평등한 돌봄의 상황을 낳는다. 트론토(2009)는 이를 "불평등의 악순환"(p.6)이라 명명했다. 교육수준이 높고 부유한 부모들의 자녀 혹은 피부양자는 유급, 무급의 돌봄을 받으며 좋은 돌봄을 받을 것으로 추측된다. 가난하고 이민자인 여성의 자녀 혹은 피부양자는 친척 등의 보다 부서지기 쉽고 불확실하며 취약한 돌봄 네트워크에 의존하게 되거나 돌봄을 전혀 받지 못하며 돌봄을 덜 받을 것으로 추측된다. 이민 여성에 대하여 호치차일드(2000, 2003)는 개발도상국에서 선진국으로의 돌봄유출로 묘사했다. 따라서 유급돌봄노동을 하는 가난하고 이민자인 여성들의 자녀와 피부양자들은 소득과 돌봄 불평등 둘 다로 인하여 고통을 받으며 이는 그들 인생의 미래기회를 이중으로 위태롭게 하는 상황이다.

시장경제 내에서 유급돌봄노동에 대한 빈약한 임금의 이유는 복잡하다. 주요한 하나의 이유는 돌봄노동 제공은 비싸다는 것이다. 돌봄노동의 정의에 관한 다음 부분에서 언급하겠지만, 돌봄노동은 돌봄을 주는 이와 받는 이 사이의 관계를 의미한다. 이는 "caring for"와 "caring about"을 의미한다(Abel & Nelson, 1990). 이는 시장경제를 특징짓는 이익과 생산성 증가의 극대화에 적합한 종류의 노동이 아니다. 혹자는 시장경제에서 돌봄노동을 상품화하는 것은 필연적으로 돌봄의 질을 떨어뜨려 결국 지불가능하게 된다고 주장하겠지만 또 다른 이들은 돌봄노동은 상품화(commodified)되기보다는 돌봄의 질과 본질적인 관계와 양육의 특성을 보존하여 시장화(marketized)할 수 있다고 주장한다(Folbre, 2006; Folbre & Nelson, 2000; Razavi, 2007). 이는 예를 들어, 질이 높은 유급돌봄노동을 제공하

는 체계를 개발하거나 생산성을 위한 시장-지향적 요구로 인한 돌봄노동 질의 저하에 대항할 수 있는 방법을 마련하는 것 등을 의미한다.

여기서의 핵심은 그들의 무급돌봄노동을 돕기 위하여 낮은 임금을 지불하는 사람들을 지적하는 것이 아니며, 그보다 그들의 시장노동과 무급돌봄노동을 협상할 필요가 있는 모든 사람들에게 도전이 되는 시장노동과 돌봄노동의 상호연동 시스템(interlocking system)의 윤곽을 그려보는 것이며, 이는 돈을 벌기 위하여 돌봄노동을 하는 사람들에게는 특히 더 어려운 일이다. 이는 가난하고 사회적 혜택을 받지 못하는(disadvantaged) 집단을 포함하여 일을 하는 모든 사람들의 문제를 다루고자 하는 일의 심리학에 중요한 상호연동 구조이다. 점점 늘어나는 가난하고 사회적 혜택을 받지 못하는 사람들이 유급돌봄노동을 하고 있다. 우리의 시장노동-지향의 경제는 여성의 시장노동경제 참여율의 급격한 변화에 부응해 왔으며, 이는 저임금 유급돌봄노동의 증가로 가능하였다. 우리가 돌봄노동을 어떻게 정의하는지가 중요해지는 배경이 바로 이러한 "불평등의 악순환"(Tronto, 2009, p.6)의 맥락이다. 우리는 다음에서 이 문제를 다루려 한다.

돌봄노동의 정의(A Definition of Care Work)

시장노동이 우선시 되고 경제생산의 지표인 국민총생산(GNP)이 한 국가의 건강 지표로 널리 받아들여지는 자본주의 경제의 발전은 돌봄노동의 사유화를 동반해 왔으며, 이는 돌봄노동을 노동활동 지도의 밖으로 떨어져 나가게 했다. 결국, 자본주의자의 사고방식에서는 돌봄노동은 경제적 생산성으로 연결되지 않으며 따라서 그것은 노동이 될 수 없다. 돌봄노동을 노동으로 "다시 등장시키기" 위한 우리 노력의 최초의 원동력은 여성주의적인 것인데, 이는 우리의 의도가 역사적으로 대부분 여성에 의해 수행되던 돌봄노동을 재평가하기 위한 것이라는 점 때문이다. 이 부분에서 우리는 돌봄노동의 의미와 한 국가의 삶에서 차지하는 역할을 충분히 고려하기 위하여 그 관점을 확대한다. 대부분의 사회적 돌봄노동을 무급으로 해오던 여성들

이 시장일터로 유입되고 칸터(Kanter, 1977)가 두 개의 분리된 세상에 관한 신화를 다루고 난 이후에야 학자들과 정책입안자들이 돌봄노동과 누가 그것을 할 것인지에 대하여 관심을 기울이기 시작하였다.

돌봄노동에 관한 문헌들은 돌봄과 사회를 돌보는 것의 가치를 명확히 하는 것과 이를 전적으로 사유화된 상태(wholly privatized status)로부터 이동시키는 것에 관한 어려움을 보고하고 있다. 초창기의 노력은 돌봄과 관련이 있는 노동과 더 쉽게 경제적 지표에 적합할 수 있는 기타 무급노동을 구분하지 않은 채로 무급노동에 초점을 두었다(Razavi, 2007). 그러나 점차 앞에서 언급한 가정숭배/예찬 담론을 구성했던 사랑의 노동이라 불린 돌봄과 돌봄제공의 문제는 관심의 초점이 되었으며 경제적 관심이 원동력인 자본주의 경제에 더 어울리는 용어를 사용하여 다루어졌다. 따라서, 학자들은 돌봄노동과 돌봄활동이 경제적 성공을 위하여 필요한 인적, 사회적 자원을 생산하는 방식을 다루기 시작했다(Coleman, 1993; England, 2005; England & Folbre, 2000b; Folbre, 2001; Williams, 2010).

보다 최근의 노력들은 생산성의 윤리에 균형을 잡아 줄 수 있고 사회의 모든 사람들에게 중요한 돌봄의 윤리를 확립하려 했다. 트론토(Tronto, 1993, 2006, 2009), 댈리(Daly, 2001b), 그리고 스탠딩(Standing, 2001)과 같은 학자들은 인간의 기본 욕구와 돌볼 권리와 돌봄받을 권리를 설명한다. 사람들이 직업을 가질 권리가 있는 것처럼 사람들은 돌보고 돌봄 받을 권리가 있다. 이 학자들은 돌봄은 인간발달과 인간 사회에 본질적이라고 주장한다. "돌봄은 사회를 구성하는 한 부분이며 사회발달에 필수적이다"(Daly, 2001a, p.33). 돌봄을 가치있게 여기기 위하여 우리는 돌봄이 노동이라는 것을 인식해야 하지만, 이 노동은 경제생산성의 가치로 포괄될 수는 없는 것이다. 스탠딩(2001)은 우리가 업무(주로 임금을 얻기 위한)-기반(labor-based)의 사회에서 일-기반(work-based)의 사회로 이동해야 하며 여기서는 돌봄의 일이 "일 하는 존재로서의 전체

적 인간의 부분으로 적절히 인식되어야" 한다고 하였다(p.32). 돌봄노동은 경제적 생산과는 근본적으로 다른 목적을 가진 노동이다. 그 목적을 어떻게 정의하는가는 중요한 의의를 가지며 바로 여기서 돌봄노동 정의의 다양성이 가장 중요해진다.

많은 돌봄노동에 관한 정의는 자녀, 아픈 사람들, 장애가 있는 사람들, 그리고 노인 등의 의존적인 타인들의 돌봄에 초점을 두며(Abel & Nelson, 1990; Folbre, 2008) "물리적인 과업과 정서적인 관계를 모두 아우르는"(Abel & Nelson, 1990, p.4) 활동을 포함한다. 의존적인 타인의 돌봄에 초점을 두는 경우, 돌봄제공자와 돌봄을 받는 사람 사이의 관계에 대한 인식과 돌봄노동의 목적은 단지 필요에 부응하는 것이 아니라 개인의 능력을 신장시키는 것이라는 인식이 존재한다(England & Folbre, 2000b). 라자비(Razavi, 2007)는 이러한 종류의 돌봄이 다양한 종류의 신체적 돌봄과도 같이 반드시 정서적으로 연관될 필요는 없는 실용적인 행위서부터 깊은 정서적 돌봄을 포함하는 행위까지 확대될 수 있음에 주목한다. 그녀는 또한 돌봄노동에 돌보기 위한 선행조건인 쇼핑, 청소 등의 다양한 과업을 포함시킨다.

의존적인 타인의 돌봄은 우리의 관심을 끄는데, 이는 여성이 시장노동을 위하여 집을 떠나게 될 때 가장 손상될 수 있는 종류의 돌봄을 완벽히 보여주기 때문이며, 특히 자녀돌봄이 가장 그렇다. 이것이 이 장의 앞부분에서 논의한 노인돌봄의 위기에 대응하는 돌봄노동의 의의이다. 트론토(Tronto, 1993, 2006, 2009)는 돌봄노동에 관하여 사회적 질서의 재생산(즉, 우리가 앞에서 언급한 사회적 재생산)을 가능케 하기 위하여 돌봄노동이 기능하는 방식을 다루기 위하여 의존적인 타인의 돌봄을 넘어선 확장된 정의를 제시한 훌륭한 여성주의 이론가이다. *사회적 재생산*이라는 용어는 사회적 재상산에 필수적인 돌봄노동이 본질적으로 경제적 생산과는 그 목적이 다르다는 것을 명백히 나타낸다.

트론토(Tronto, 1993, 2006, 2009)의 돌봄노동에 관한 확장된 정의는 부분적으로는 자율적이어야 한다고 규정된 사람들이 그들의 의존성을 부인하

고 이를 의존적이어야 한다고 규정된 타인에게 투사시키게 만드는 자율적인 자기와 의존적인 타인 사이의 잘못된 이분법을 비판하는 것이다. 그녀의 분석은 의존은 각각 다른 방식과 다른 정도로 전 생애에 걸쳐 모든 인간 삶의 한 부분임을 전제한다. 독립적인 자기와 의존적인 타인을 이분화 시키기 보다는, 트론토는 모든 사람들은 인간의 삶을 특징짓는 상호 의존적인 사회적 관계의 망 안에서 존재한다고 하였다. 흥미롭게도, 이러한 분석은 심리학과 심리치료 분야에서 인간발달의 이야기를 공생에서 독립으로 진행되는 것에서 더욱 복잡하고 상호의존적인 관계의 연결망으로 진행되는 것으로 급진적으로 수정해 오고 있는 현대의 관계이론가(relational theorist)들의 관점과 잘 통한다 (Jordan, Kaplan, Miller, Stiver, & Surrey, 1991; Miller & Stiver, 1997;Mitchell, 2000; Wachtel, 2008). 인류의 사회적 상호의존은 모든 사람들이 자연환경에 상호의존적임을 인정하는 것으로도 연결된다. 모두가 돌봄이 필요함을 인정함으로써, 돌봄노동은 모두에게 중요하게 된다. 우리는 모두 돌봄을 주는 사람이며 받는 사람이다. 돌봄은 여성의 문제가 아니다; 돌봄은 인간의 문제이다.

이러한 돌봄노동의 의미확장은 또한 우리 시장경제를 특징짓는 '항상 증가하는 생산과 제한없는 성장의 윤리'에 대하여 지속가능성과 성장이 서로 경쟁하는 '성장에 제한이 있는 세상의 윤리'로 도전한다. 이 관점으로 보는 사회적 재생산은 사람(자신과 타인), 관계, 기관과 지역사회, 그리고 물리적 세상의 재생산과 돌봄에 관련되어 있다. 이는 무제한적 성장에 대한 압박에 강력하게 대응할 수 있는 잠재력이 있다. 트론토(2009)가 이야기 하였듯이, "살기 좋은 삶 livable lives"(p.3)이 있는 세상의 구성은 필수적으로 경제적 생산과 사회적 재생산을 둘 다 포함해야 한다. 돌봄노동이 없이는 모든 시장이 무너진다. 시장노동이 없이는, 돌봄을 지원할 수 있는 돈이 없다.

피셔와 트론토(1990)는 이 분석으로부터 알게 된 돌봄노동에 대한 확장된 정의를 제공한다: "우리가 가능한 한 그 안에서 살 수 있도록 '우리의 세상'을 유지하고 지속시키고 고쳐가기 위하여 행하는 모든 것을 포함하는 종(species)의 활동. 이 세상은 우리의 신체, 자아, 그리고 우리의 환경, 복잡한 삶을 유지시키는 복잡한 연결망 속에서 우리가 상호 엮어내고자 하는 모든 것을 포함한다"(p.40). 따라서, 돌봄의 정의는 의존적 타인을 넘어 사람(자신과 타인), 관계, 기관과 지역사회, 그리고 물리적 세상을 돌보는 것을 포함한다. 이는 모든 사람에게 적용되는 전면적인 노동의 이중모형의 기반을 제공한다. 돌봄노동과 시장노동의 과업들은 각각 다른 방식으로, 다른 정도로, 전 생애에 걸쳐 모든 사람들의 일하는 삶을 특징짓는다.

돌봄을 가시적이고 전 생애에 걸쳐 적용되도록 함으로써, 노동의 이중모형은 살기 좋은 삶을 만드는 데 기여할 것이다. 이는 또한 사람들이 일의 양쪽 맥락 모두에 최대한으로 참여할 수 있도록 돌봄노동을 재평가하고 시장-기반 노동에 대한 압박을 줄여야 한다고 제안한 다른 이들의 관점과도 일치한다(Appelbaum, Bailey, Berg, & Kalleberg, 2002; Gambles, Lewis, & Rapoport, 2006). 이처럼 돌봄노동을 재평가하고 일하는 삶의 두 개의 맥락 중 하나로 재위치 시키는 것은, 우리가 바라건대, 산업화의 등장과 함께 발생했던 공적이고 사적인 세상의 성별화 genderization의 지속적인 해체를 촉진할 것이다. 시장노동과 돌봄노동에 관한 성별유연성은 결과적으로 남성과 여성 모두 그들의 삶을 특징짓는 시장노동과 무급돌봄노동의 늘 변화하는 혼합을 협상하기 위한 적응적 전략을 개발하는 능력에 기여할 것이다(Gerson, 2010). 돌봄노동의 재평가와 성차별을 없애는 것(degendering)은 유급돌봄노동을 상품화하기 보다는 생산적으로 시장화하기 위한 방안을 찾는 노력에 기여할 것이며, 이는 현재 많은 유급돌봄노동에 깊이 박혀 있는 사회적 불평등을 감소시키는 데에 기여할 것이다.

결론(Conclusion)

유급노동이 사적인 삶으로 침투하는 것의 악영향에 대응하는 것과 무급과 유급형태의 돌봄노동을 재평가하는 것은 벅찬 도전이다. 갬블스, 루이스, 그리고 라포트(Gambles, Lewis, and Rapport, 2006)가 미국을 포함한 7개국의 일-생활의 도전과제에 대한 연구에서 자세히 다루었듯이, 이러한 변화들은 사고방식(mindset)의 변화와 공공정책의 변화 모두를 요구한다. 미국심리학회에서 펴낸 돌봄에 관한 노력(Caregiving Initiative of the American Psychological Association(Goodheart, 2010))은 돌봄노동에 관한 사고방식 변화를 위한 노력의 정수를

보여준다. 그러나, 공공정책은 모든 사회경제적 스펙트럼에 있는 사람들이 그들의 시장노동과 무급 돌봄노동 사이의 적합성을 찾기 위해 협상하고 전략을 찾을 수 있는 능력을 촉진하기 위해서 필수적이다. 우리는 모든 삶을 특징짓는 노동의 이중모형(a dual model of working)의 인식이 시장노동과 돌봄노동에 관한 사고방식을 변화시키고 이 두 종류의 노동 모두에 정책입안자들이 주의를 기울이도록 할 것으로 생각한다.

10장   고령화와 일에 대한 접근법

하비 스턴스와 앤서니 스턴스(Harvey L. Sterns & Anthony A. Sterns)

초록

일하는 삶과 일하지 않는 삶의 경계를 살펴보면, 과거에는 오래 다니던 직장을 그만두는 식의 분명한 은퇴가 그 경계를 분명하게 했었다. 하지만 요즈음 근로자들은 근무시간을 줄여 일을 지속하거나 은퇴전 가교역할을 하는 비정규직으로 옮겨 은퇴시기를 늦추는 '점진적 은퇴'를 원하고 있다. 이러한 추세의 배후에는 인구고령화로 인해 고령근로자의 비율이 증가한 것과, 저임금노동자의 평균연령, 그리고 교육수준이 과거에 비해 높아진 변화들이 있다. 따라서 미래 노동인구의 건강상태에는 만성질환을 갖고 있거나 갖지 않은 모두가 포함될 것이고, 건강개선에 대한 예측은 비만과 이에 관련된 건강상 변화가 있는 성인의 비율에 따라 조정되어야 할 것이다. 2007년 이후 불안정한 경제상황으로 인해 많은 고령근로자들이 기존의 계획보다 더 오래 일할 필요가 있음을 느끼고 있다. 이렇게 변화되어가는 경제적 상황과 지속적인 사회기여에 대한 관심은 많은 고령근로자들을 안정적이거나 일시적인 경제활동 및 자원봉사 활동으로 이끌고 있다. 이 장에서는 고령화와 일의 관계를 두 가지의 일의 심리학 관점―조직적 관점과 자기관리 관점―에서 살펴볼 것이다.

키워드

고령근로자, 나이와 수행능력, 은퇴, 자기관리, 생애, 훈련, 미국 장애인 제도, 연령차별 금지 및 고용제도, 직업분석

일을 지속하는 것에 대하여

일자리 문제와 경제성장 둔화는 전 세계의 꾸준한 관심사이다. 미국에서는 2007년부터 실업률이 9%를 상회하다 2011년 마침내 8.6%로 하락했다. 2011년 말까지 100,000 ~ 150,000개의 일자리가 창출되었지만, 그 수의 두 배 이상의 사람들이 더 이상 적극적으로 일자리를 찾지 않거나 취업의욕을 상실한 구직자로 분류되었다. 이렇게 느린 고용증가 수준은 계속 될 것으로 전망되지만, 더 안타까운 것은, 이런 상황으로 인해 새로운 일자리와 지속적인 근로에 대한 기회를 바라보는 근로자들의 인식이 변화되었다는 것이다.

예를 들어, 규범대로 65세에 은퇴를 계획하였던 사람들도 이제는 70세 이상까지 일해야 할 필요를 느끼고 있다. 이는 노동인구에 진입하는 고교

및 대학졸업자와 은퇴대상자에게도 깊은 영향을 주고 있지만, 가난하고 교육수준이 낮은 사람들에게는 더욱 차별적이고 부정적인 영향을 미치게 된다(Taylor & Geldhauser, 2007). 이렇게 변화하는 고용과 은퇴 후의 환경 안에서 고령근로자가 어떻게 나아가고 스스로 관리하는지, 또 조직의 입장에서는 이들을 어떻게 관리하는지 살펴보아야 할 것이다.

직장생활을 시작하는 사람들 중 많은 이들이 높은 학자금 부채를 부담하고 있다. 은퇴를 앞둔 사람들은 예상보다 낮은 주식투자 및 저축수익으로 인해 더 오래 일하게 되기도 한다. 갑자기 직업을 잃어버린 사람들(대공황의 첫 번째 고조 당시에는 실직자가 미국 노동인구의 최대 25%까지 다다랐다)은 얼마 안 가 실업수당이 만료되기도 한다(p.161 참조). 이정도 수준의 고용불안은 1980년대 이후, 1930년대의 대공황 이후로 어쩌면 처음 있는 일이다. 현 근로자들에게는 해고, 감축, 권고사직에 대한 걱정이 끊이지 않고 있으며, 이 모든 상황이 당장 은퇴를 앞둔 사람들은 물론 은퇴시기가 10년도 더 남은 사람들에게도 그들의 은퇴 계획에 영향을 주고 있다.

많은 성인과 고령근로자들은 계속해서 일을 하고 있는데, 그들은 오래 전부터 한목소리로 이렇게 더 오래 일할 생각이라고 밝혀 왔다(H. Sterns & A. Sterns, 1995). 더 오래 일하고자 하는 욕구에 대한 연구는 고령화, 일 및 은퇴에 관한 연구 접근 방식의 발전과 함께 꾸준히 추적되었다(Sterns & Patchet, 1984; Sterns, 1986; Sterns & Alexander, 1987; Sterns & Doverspike, 1989; Sterns & Huyck, 2001; Hedge, Borman & Lammlein, 2006; Rothwell, Sterns, Spokus & Reaser, 2008; Shultz & Adams, 2007; Czaja & Sharit, 2009; Cappelli & Novelli, 2010). 조직적 관점에서 볼 때, 관리자는 노동인구가 고령화되는 현상이 계획, 훈련, 지식관리 과정에 있어서 어떤 의미를 지니는지 명확히 이해해야 한다. 또한, 고령화에 따르는 장애가 보다 보편화됨에 따라 경영진과 임원들이 근로자에 대한 법적 의무를 명확하게 이해하는 것이 중요하다. 그들은 고정관념에 휘둘러서는 안 되며, 고참근로자가 축적한 지식과 그 숙련된 근로자들을 보존함과 동시에 그들이 충분한 역량과 필요한 기술을 갖출 수 있도록 재교육하는 구체적인 방법을 연구해야 한다.

자신의 경력과 은퇴를 스스로 책임져야 하는 근로자들의 관점 또한 중요하다. 1970년대 이래로 조직들은 가부장주의와 모성주의에서 벗어나기 시작했고, 근로자들은 점점 더 자신에 대한 책임을 스스로 지게 되었다(Hall, 1971; Sterns & Kaplan, 2003). 이는 경력의 갱신, 전문성 유지를 위한 교육, 진로변경 등의 문제가 모두 개인의 결정에 달려있다는 뜻이다. 최근 들어, 자기관련 경험(Carstensen, 2009), 그 중에도 긍정적인 근로경험(Warr, 2001)이 일을 지속할지 결정하는데 주는 영향에 대해서 연구되고 있다. 두 요소 모두 일에 관한 개인의 결정을 이해하는데 중요한 요소로 보인다(Sterns & Chang, 2010; Sterns & Kaplan, 2003).

생애 동안 고용의 장벽과 기회들

탄력성(회복력)

Sterns and Dawson(2012)은 전반적으로 좋아진 건강과 길어진 수명 덕분에 일부 고령자들이 직장에 더 오래 남아 은퇴를 연기할 수 있게 되었다고 강조한다. 직장에 남기로 스스로 선택한 사람들은 일을 지속함으로써 성취감을 느끼고 자존감이 향상될 수 있다. 하지만 그 외의 경우, 특히 충분한 수입을 얻기 위해 일을 계속해야만 하는 경우에는, 노년에 일을 할 때 생기는 여러 어려움들에 직면하게 된다(Blustein, Kenna, Gill & Devoy, 2008). 이때, 고령자가 직장과 직장 밖의 환경적 요구에 대응할 수 있도록 도와주는 도구, 자원 및 네트워크가 개인의 회복력과 성공 가능성을 결정하게 된다(McLoughlin, Taylor & Bohle, 2001).

많은 문헌들이 고령자가 성공적으로 머무르기 위해 극복해야 하는 노화 관련 손실에 대해 다루고 있다(Rothwell, Sterns, Spokus, & Reaser, 2008). 부정적 스트레스 요인 중 일부는 인지 능력의 변화, 감각저하, 근골격계 감소 및 운동신경 감퇴를 포함한다. 또한, 고령자들은 직장에서의 변하는 역할뿐만 아니라 가정에서도 노부모를 간병해야 한다든지, 중첩되는 다른 역할을 감당해야 할 수 있다. 근무 환경의 변화 또한 고령자의 어려움을 증가시킬 수 있다. 물리적 환경뿐만 아니라 감독자 및 동료의 태도와 같은 사회적 환경도 스트레스 요인이 될 수 있다.

실업

실직 또는 불완전 고용 상태에 있는 사람들은 일과 퇴직에 관한 결정을 내리는 것이 특히 어렵다. 1년 전에 직업이 없었던 다수의 고령근로자들이 실업 이후 1년 넘게 동안 구직하지 못한 채 살고 있다는 분명한 자료가 있다(Rix, 2011c).

노동자와 비노동자 모두 사회생활의 마지막을 생각하며 자신의 재정적 과제에 대해 새롭게 자각하고 있다. 그들은 새로운 전망과 함께 추후 수십년을 계획하기 위한 전제들을 다시 짜고 있다. 건강관리, 노후자금, 연금지급 및 전체적인 경제여건 등을 고려한 결과, 많은 사람들은 과거에 비해 더 오랜 시간 노동시장에 머물 계획이라고 보고한다.

저임금(p.162 참조)

경제적 어려움을 겪고 있는 고령자들에게는 취업 선택의 폭이 넓지 않다. 지낼 곳, 난방, 음식 및 의약품 같은 기본적인 필요를 위해 일을 하기도 한다(Blustein, Kenna, Gill, & Devoy, 2008). 한편, 빈곤은 나이 든 여성과 소수민족들에게 훨씬 더 큰 영향을 미친다(Taylor & Geldhauser, 2007). 역사적으로 보면 항상 남성보다 더 많은 여성들이 빈곤에 처해왔다. 최근 65세 이상 여성의 중위소득은 연간 12,000달러 부근으로, 미국 인구조사의 빈곤 기준선보다 겨우 3,000달러 더 높은 금액으로 밝혀졌다(Beedon & Wu, 2005).

저소득 노년층은 사회보장에 더 크게 의존한다. 연금과 저축 외의 추가적 지원으로 설계된 만큼, 경제구조의 바닥에 있는 사람들은 사회 보장금 제도에 훨씬 더 의존하게 된다. 예를 들어, 히스패닉계의 노년층 중 75%가 넘는 사람들이 본인 소득의 50% 이상을 사회보장 제도에 의존한다. 사회보장이 없이는 히스패닉 노년층의 33%가 빈곤에 빠지게 될 것이다(Taylor & Geldhauser, 2007).

아마도 저소득층 고령근로자에게 가장 큰 장벽은 현시대 직업을 위한 교육, 정보기술 및 훈련을 받을 확률이 가장 낮다는 것이다(Sterns & Sterns, 1996; Taylor & Geldhauser, 2007). 사회적 불이익이나 억압(인종차별, 성차별, 연령차별 등)으로 인해 계속 일할 선택이 없는 사람들은 일의 심리학 관점에서 언급된 불이익을 해결하기 위한 틀을 제공한다. 이는 전통적인 진로지도 접근법이 아닌, 실질적 지원, 재정계획과 기술훈련 지원의 연계를 기반으로 하며, 이런 프로그램을 지원하고 구현하는 공공기획과 정치적 맥락에서 다루어진다. 몇몇 연구자들은 사회복지사와 진로상담원(Blustein, Kenna, Gill, & Devoy, 2008)의 교육, 고령근로자를 위한 재정계획 및 기술훈련의 시행을 포함하는 구체적인 정책 권고안을 제시했다(Sterns, 1986; Sterns & Sterns, 1986; Taylor & Geldhauser, 2007).

퇴직

지난 30년간의 산업제론톨로지의 연구에서 근로의 예측과 퇴직에 대한 이해가 발전해왔다(Rothwell et al., 2008). 대규모의 기업붕괴 가능성, 세계경제의 변화, 제조산업에서 서비스산업을 거쳐 정보산업으로의 전환은 모두 고려되는 논의사항들이다. 개인 직장생활에 관한 이슈들(조직헌신도 및 혜택, 재무계획 및 투자수익, 주거 및 지역사회 지원, 연령차별, 전문지식 유지나 재훈련 능력 등) 또한 경제와 비즈니스 이슈와 함께 발전되어온 주제들이다. 그러나, 전문가들과 고령근로자들은 2005년부터 2009년 공식적인 종결 그 이후로도 여전히 지속되고 있는 경기침체와 금융위기를 준비되지 못한 상태로 맞이했다. 서로 다른 경제수준의 다양한 집단들 모두가 이 위기의 영향을 느끼고 있는 동시에, 이들은 일을 지속하는 것에 대한 인식이나 은퇴에 대한 접근에 있어서 각각 다른 방식으로 영향을 받고 있다. 이 장은 2010년대에 마주한 경제적, 사회적 도전들의 지속적인 영향과 이러한 변화들을 역사적 맥락에서 바라보고자 한다.

이 장에서는 각 문제를 고령근로자에게 접근하는 두 가지 주요 관점, 조직적 관점과 자기관리 관점에서 소개한다. 먼저 고령근로자의 정의와 그 특성을 알아볼 것이다. 그 후, 현재 노동인구의 구조를 중년 및 고령근로자에게 초점을 맞추어 살펴볼 것이며, 고령근로자의 직무수행 및 자기관리 문제를 설명할 것이다. 마지막으로, 고령근로자 지원 및 유치와 관련된 조직의 특성에 대해 논의할 것이다. 현재의 경제 및 사회상황이 앞서 언급한 문제에 어떻게 영향을 미칠 수 있는지 또한 다루게 될 것이다.

고령근로자 정의의 접근법

고령자가 증가하는 현상은 수십 년 전부터 예측되었던 것이다. 특히, 35세에서 64세 사이 전체 근로자 중 저임금 중년 근로자(시급 10달러 이하의 근로자)의 비율은 현재 38.1%로, 1979년에서 30% 증가했다(Schimidt & Jones, 2012). 사회정책 기획자들은 같은 기간 동안 이 성장세의 집단이 받는 보호, 권리, 서비스 및 혜택을 약간 조정하는 정도에 노력을 그쳤으나, 베이비붐 세대의 선두주자들이 65세에 가까워지면서 그들의 노동참여가 미치는 영향, 연장된 직업수행과 퇴직에서의 역할, 정부 복지후생 계획의 대표성이 중요사안으로 떠올랐다. 따라서, 이 장은 고령화가 근로자의 생산성과 역량에 미치는 영향을 검토한다. 또한, 고령근로자들이 경험하게 될 자신과 환경의 변화들을 주요 범주들로 묶어 살펴보고, 이러한 변화들이 노동에 미치는 영향을 검토한다. 변화에 대처하고 적응하는 메커니즘도 다룰 것이다.

고령근로자에 대한 담론은 시간에 따라 변화해 왔다. 고령근로자를 정의하는 데에는 다섯 가지-생물학적, 기능적, 심리사회적, 조직적, 생애발달적-방법이 있다(Sterns & Doverspike, 1989; H. Sterns & Miklos 1995; A. Sterns, H. Sterns & Hollis, 1996).

생물학적 나이는 고령근로자를 정의하는 가장 초기의 그리고 가장 일반적인 기준이다. 취업 연령

차별 금지법(ADEA, 1967)과 그 개정안(1978, 1986)은 고령근로자를 40세 이상의 활동하는 근로자로 정의한다(Snyder & Barrett, 1988; Sterns, Sterns & Hollis, 1996; H. Sterns, Doverspike & Lax, 2005). 법원에서는 개인의 수행능력 평가에 있어서 기능적 나이보다 생물학적 나이를 선호해왔다(아래 참조). 직무수행에 연결된다는 타당한 이유가 존재하는 경우에는 생물학적 나이가 진정 직업자격의 기준으로 받아들여진다. 예를 들어, 상업 항공사 조종사는 생물학적 나이를 기준으로 65세(과거 60세)가 의무은퇴 대상이 된다(Avolio, Barrett, & Sterns, 1984; Culler & H. Sterns, 2010).

기능적 나이는 개인의 수행능력에 초점을 맞추어 나이를 정의한다. 기능적 나이는 생물학적 변화와 심리적 변화에 기초한 평가를 종합한 단일지표로 제시된다. 여기에는 전반적 역량과 함께 숙련도, 지혜, 경험의 변화도 고려된다(Birren & Stafford, 1986). 이러한 변화들은 한 개인에게 증가로 나타날 수도 있고 감소로 나타날 수 있는데, 그 이유는 이 지표가 주어진 연령대에서 개인의 평균 대비 수행능력을 나타기 때문이다. 따라서, 어떤 50세의 사람이 25세의 평균적인 사람처럼 빠르게 달릴 수 있다고 한다면, 이 사람은 25세의 기능적 나이를 가졌다고 말할 수 있다. 기능적 나이 접근법의 두 가지 예는 신체능력 분석과 기능평가이고, 더 상세한 내용은 이 장의 뒷부분을 참조하길 바란다.

고령근로자에 대한 심리사회적 정의는 사회 규범과 고령근로자에 대한 사회적 인식에서 비롯된다. 이 관점에서는 사람이 고령자로 인식되는 나이, 고령근로자에 대한 태도, 근로자에게 "고령근로자"라는 꼬리표를 부여하는 인사부의 결정, 그리고 그의 영향과 의미가 핵심적으로 다루어진다. 예를 들어, 지난 몇십 년 동안 고령근로자에 대한 조직적 인식에 상당한 변화가 있었다고 연구는 밝히고 있다. 이 변화에는 부정적 인식과 긍정적 인식이 모두 포함되어 있다. 1970년대와 1980년대의 연구에서 발견된 고령근로자에 대한 부정적 인식으로는, 훈련하기가 어렵고, 기술변화에 덜 수용적이고, 사고를 더 잘 당하며, 추진력이 떨어지고, 동

기부여가 낮다는 것이 있었다(e.g., Avolio & Barrett, 1987; Bird & Fisher, 1986; Schwab & Heneman, 1978; Stagner, 1985). 긍정적인 측면으로는, 고령자들이 더 믿음직스럽고, 협조적이고, 양심적이며, 일관성 있고, 지식을 더 갖추었다는 것이었다(Schwab & Heneman, 1978). 1990년대로 들어서면서 인식의 변화가 일어나 상당수의 고령근로자가 계속해서 일을 하고 싶어하게 되었으며(H. Sterns & A. Sterns, 1995) 최근에는 고령 노동자들이 활동 욕구와 경제적 필요에 따라 계속해서 일할 것으로 예상되고 있다(Rix, 2011a). 허나 고령근로자에 대한 고정관념은 여전히 남아있다(Posthuma & Campion, 2009). 오늘날도 고령근로자들은 여전히 유연성과 에너지가 부족하며, 훈련에 대해 무관심하고, 건강이 좋지 않다고 여겨지고 있다. 그들은 충성스럽고 믿음직한 직원으로서 긍정적으로 정형화되기도 한다.

Sloan Center of Aging & Work의 Pitt-Catsouphes and Smyer(2007)에 따르면 근로자를 보는 관점 중 하나는 세대적 렌즈를 통한 것이다. 각 세대집단은 나이만 비슷한 것이 아니라, 직장에서 표현되는 가치관이나 관점을 변화시킬 수 있는 중요한 역사적 사건에 함께 노출되어왔다는 점에 주목할 수 있다. 예로는, 1981년과 1999년 사이에 태어난 밀레니얼 세대가 자라면서 컴퓨터나 인터넷에 쉽게 접근했었기에 기술 적응력이 더 높다는 것과, 1946년부터 1964년 사이에 태어난 베이비붐 세대는 자라면서 베트남 전쟁을 통해 충격적인 상실과 혼란에 노출되었다는 것을 들 수 있다. 이러한 세대적 차이로 일터에서 발생하는 어려움은 크게 두 유형으로 나타날 수 있는데, 1) 세대적 렌즈를 오용하여 한 시대의 성향을 지나치게 일반화하고 집단원 모두에게 적용함으로써 각 직원을 한 개인으로 대하지 않거나; 2) 팀적인 소통과 협동이 필요한 일에서 서로 다른 견해, 가치와 노동윤리가 갈등을 일으키는 것이다. 고령근로자가 성공적인 직장환경을 유지하기 위해서는 동료와의 긍정적인 교류와 지원이 필요하기에, 근로자의 관계적 탄력성에 관한 패턴을 찾아야 한다면 이런 부분에서 쉽게 찾을 수 있을 것이다.

고령화에 관한 조직적 접근은 조직원들의 개인적 역할을 이해하고, 여러 연령대 직원들이 섞임으로써 조직 전체에 미치는 영향에 초점을 맞춘다. 이 관점에서는 나이보다는 전문지식, 연공서열 및 재임기간이 강조된다. 조직을 통틀어 고령화되었다고도 표현한다. 조직원들의 평균연령이 높을수록 고령화된 조직이다. 예를 들어, 어떤 신생 소프트웨어 회사는 직원의 평균연령이 30대이고 평균 재직기간이 1년 미만인 반면에, 어떤 저명한 제조회사는 직원 평균연령이 45세이고 평균 재직기간은 15년 이상일 수 있다. 직원의 평균연령이 높아질수록, 조직에게 요구되는 태도적, 재정적 사항이 달라질 수 있다. 궁극적으로 이 접근법은 조직의 성격과 그 안에서 일어나는 상호작용에 가장 주의를 기울인다. 고령화가 조직에게 미치는 영향을 조사할 때, 조직에서 요구되는 활동의 인지적·신체적 필요역량을 중요하게 고려한다. 예를 들어, 신생 회사의 경우, 소프트웨어 언어와 프로그래밍이 빠르게 변할 가능성이 높지만, 제조회사의 경우, 변화는 훨씬 점진적으로 발생하며 비연속적인 갑작스러운 변화는 드물기 때문이다.

생애접근은 위의 각 접근법과 함께 사람들은 역동적이고 그들의 행동 변화는 직장생활의 전 기간에 걸쳐 일어난다는 관점을 통합한다. 이 접근법의 강조점은, 개인의 나이와 같은 상당 수의 개인 변수를 인식하는 것이다(Baltes, Reese, & Lipsitt, 1980; Bowen, Noack, & Staudinger, 2011, Sterns, 1986). 사람에게는 나이에 따른 표준적 생물학적·환경적 영향(나이가 들며 생기는 신체적, 인지적 변화), 표준적 역사적 요인(세대별 중요 사건), 그리고 개개인에게 특수한 비표준적 영향이 모두 작용한다. 이러한 표준적, 비표준적 영향이 상호작용하여 개인의 진로방향을 이끄는데, 시간이 지남에 따라 이 요인들은 조직 내 역할에서 개인이 동원하게 되는 강점과 한계, 기술과 경험을 결정한다. 각 근로자는 서로 다른 잠재력을 가지고 시작하고 개인마다 다른 방식으로 발전하거나 쇠퇴한다.

마지막으로, 일의 심리학 관점(Blustein, Kenna, Gill, & DeVoy, 2008)은 산업 및 조직심리학과 직업심리학의 전통적 접근 방식에서 더 나아가, 한 개인의 잠재력이 온전히 구현되지 못하도록 막는 사회적 장벽의 영향을 구체적으로 고려한다. 이 관점은 개인의 일하는 삶에 초점을 맞추는데, 여기에는 진급이 뚜렷하게 보이는 자기주도적 커리어를 추구하지 못하고 있거나, 커리어와 상관없이 일하는 사람 모두가 포함된다. 그렇기 때문에 이 관점은 특히 지역경제, 장애나 중독, 또는 아이나 배우자, 연로자를 돌보는 책임 때문에 일의 제한을 겪는 근로자들을 이해하는데 유용하다.

고령근로자에 대한 이러한 접근은 미래기술 변화의 영향, 고용기회, 직장에 남도록 하는 유인요소들을 이해하고 해석하는 방법을 좌우한다. 또 고려해야 할 부분은 개인이 일정한 경력을 쌓아왔는지, 아니면 일생 동안 연속성 없는 일들을 해왔는지에 관한 것이다. 교육수준이 높은 사람은 직장생활 동안 더 잘 적응하고 경제적으로 더욱 성공하는 경향이 있다. 이런 이슈들이 종합적으로 고려되었을 때 효과적인 맞춤형 개입이 이루어질 수 있다.

위의 여섯 가지 접근법은 각각의 고유한 관점을 강조하며 그 관점에 따른 특정한 개입법을 제시한다. 생물학적 나이관점은 법적인 측면을 강조하고, 기능적 나이관점은 근로자의 신체적·인지적 역량과 그 측정을 강조한다. 심리사회적 관점은 개인의 태도를 관찰하고 조직 및 산업계에서 나타나는 규범을 밝힌다. 조직적 관점은 인적자원 관리에 중점을 두며 생산성 및 효율성을 주로 측정한다. 생애관점과 일의 심리학관점은 우리에게 개인차의 중요성을 상기시키며, 지나친 일반화에 대한 주의를 제시한다. 고령근로자에 맞춘 생산성 및 기능성 평가가 나오고, 이들을 염두에 둔 정책과 관행이 구상되기 위해서는 앞에서 언급된 여섯 가지 관점이 모두 고려되어야 할 것이다.

특히 생산성에 있어 고령화의 역할을 이해하기 위해서는, 노화가 개인근로자에게 주는 이점과 한계, 그리고 직무에 따른 과업이 정확히 정의되고 이해되어야 한다. 일을 수행하는 사람의 필요조건을 공식적으로 규정하는 것은 이른바 직무분석 과정에 의해 결정된다.

고령근로자의 규범 및 통계

근로와 은퇴에 대한 연령적 규범

2006년부터 2016년 사이 총 노동인구는 8.5% 증가할 것으로 예상되었다(그림 10.1 참조)(BLS, 2010). 최연소 그룹(16~24세)에서는 감소, 25세부터 54세의 그룹에서는 미세한 증가가 예상되었고, 55세에서 64세 사이의 근로자는 36.5%가 증가할 것으로 보였다. 55세 기준으로 75%의 사람들이 여전히 일하고 있고, 60세에는 65%가, 66세에는 33% 미만이, 그리고 70세에는 20%의 정도의 사람만이 일하고 있을 것으로 예측되었다(Rix, 2011c). 65세 이상의 근로자는 2016년까지 두 배 가까이(80%이상 증가할 것으로 예측) 증가하여 총 노동인구의 6%를 차지할 것으로 예상된다(Toossi, 2007).

일과 삶의 주기는 인구통계학적 집단 간에 일정하지 않다(Sterns & Chang, 2010). 여성, 그리고 소수인종 및 민족집단에서는 노동참여가 늘어나고 있다(Toossi, 2006, 2007). 지난 30년 동안, 65세 이상의 고용된 여성 수가 147% 가량 증가했다. 남성도 여성에 비해서는 적지만, 노동참여율이 75% 증가하며 큰 변화를 보였다(Bureau of Labor Statistics, 2008). 오늘날 대부분의 선진국을 살펴보면, 55세에서 64세 사이의 고령여성은 여전히 일하고 있는 것을 확인할 수 있다(Rix, 2005). 대공황의 시기는 반대로 남성에게 더 불리하게 작용했는데, 이는 남성직원들이 일반적이었던 당시의 건설, 제조 및 금융산업이 경제불안정에 더 큰 영향을 받았기 때문일 것이다(Borbely, 2009; Kelter, 2009).

미국 노동통계국의 전망(2007)은 2016년까지 백인이 미국 노동력의 주요 인종그룹으로서 79.6%를 차지할 것이라고 예상했다. 2016년까지 노동인구에서 아프리카계 미국인의 성장폭은 16.2%, 아시아인의 성장폭은 29.9%로써, 백인(5.5%)보다 상대적으로 빠른 성장속도를 보일 것이다. 히스패닉 노동인구는 29.9% 늘어날 것이고, 이것은 비히스패닉계 노동력의 5.1% 증가율보다 약 6배 많은 수준이다. 미래에는 노동인구의 고령화 현상을 포함

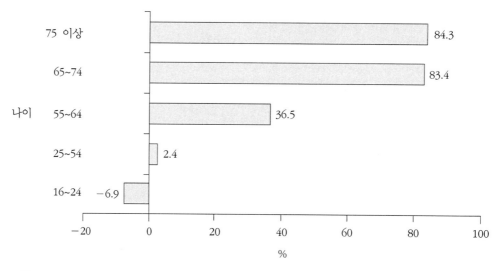

그림 10.1

하여, 이미 다양해진 노동인구가 모든 면에서 더욱 다양화 되는 모습을 볼 수 있을 것이다.

1995년부터 정규 고령근로자의 수가 증가하기 시작했다. 현재의 경제상황을 고려할 때, 이러한 추세는 더욱 강화될 것으로 보인다. 동시에 2008년 한 해 동안 파트타임 근로자의 수도 극적으로 증가했다. 이것은 고령근로자가(그리고 전반적으로 모든 근로자가) 풀타임 근로를 선호함에도 풀타임으로 일 할 기회를 찾을 수 없었기 때문이다(Borbely, 2009). 노동참여는 작업태도에 의해 조절되기도 하는데, 이는 다음 파트에서 중점적으로 다룰 것이다.

나이와 근로 태도

최근 설문 조사에 따르면, 많은 베이비부머들이 은퇴 후에도 일을 할 것이라고 말한다(Rix, 2011c). 고용된 65세의 베이비부머 중 1/3은 이전 직종에서 이미 은퇴한 것으로 보고되었다. 2010년 기준으로, 45세에서 64세 사이의 인구 중 74%(주로 베이비붐 세대)가 근로현장에 있다. 1950년, 1985년에는 각각 62%, 66%였다. 2010년, 베이비부머의 선두주자에 해당하는 55~64세의 인구는 지난 60년 동안의 어떤 해보다 더 많이 일에 종사하고 있다.

1950년대, 여성은 27%의 노동참여율을 보였다. 베이비붐 세대(1946-1964년 출생)의 여성들은 1960년대와 1970년대 노동인구에 합류하였고, 2010년에 이르러서는 여성의 노동참여율이 60%에 달했다. 베이비붐 세대 남성들의 참여율은 1950년대의 남성들보다 현저하게 낮다(현재는 70%이며 1950년에는 87%였다). 62세에서 64세의 신규 남성 사회보장 수급자의 29%가 건강 문제의 사유로 마지막 직장을 떠났는데(Rix, 2011a), 이것은 1986년의 54%(Sherman, 1985)보다 낮다. 여성과 남성사이의 노동참여율은 노동인구가 고령화됨에 따라 비슷해질 것으로 예상된다.

나이와 훈련

실업자 또는 구직자로 분류되는 사람중 6분의 1(16.7%)이 50세 이상이다(Rix, 2011b). 조사 중 대략 13%가 일을 하고 있었지만 그 전에는 본의 아닌 실업상태였다. 13.4%의 사람들은 일을 하고 있지 않았지만, 지난 3년 동안은 일을 했었다고 보고했다. 설문조사 당시 10명 중 7명(70%)이 취직 중이었다. 57.2%는 조사 당시 일을 하고 있었고, 지난 3년 동안 실업을 경험하지 않았다고 밝혔다.

나이와 업무철회

대부분의 근로자가 해오던 일을 바로 그만두지는 않고, 임시직이나 자영업을 포함한 일종의 가교 직업을 거쳐 완전한 은퇴를 하는 것으로 보인다(Rothwell et al., 2008). 이러한 사후 전환과정은 자발적인 직업변경 또는 실업에 의한 것일 수 있고, 직업변경을 수반하는 점진적 은퇴의 시도일 수도 있다(Rix, 2011b).

나이가 많아지고 수명이 길어지는 와중에 눈에 띄는 장애가 감소하고 있다면 노년층의 건강상태와 작업능력이 향상되고 있다는 것을 뜻한다. 그러나 관절염, 고혈압, 심장병 및 당뇨병과 같이 근무를 방해하는 조건은 청력 및 시각장애와 마찬가지로 연령에 따라 높아지는 것이 사실이다.

머튜어서비스라는 단체는 일을 찾고있는 노인들을 위해 3주간 취업클럽을 열었다(Ferrel & Nakai, 2012). 그룹 구성원은 7가지 측면에서 평가되었다. 그 중 4가지는 참가자의 구직활동에 대한 태도를 구성하는 낙관주의, 지각된 스트레스, 자신감, 구직활동에 대한 일반적 느낌이었다. 이 밖의 3가지 부분은 취업클럽 활동을 통해 얻은 기술에 대한 인식에 관한 것으로, 흥분, 취득한 정보의 유용성, 취업을 위한 새로운 기술습득이었다. 취업클럽 경험은 그룹 간에 일정하게 나타났다. 그 외, 여성 참가자들이 남성 참가자들보다 스트레스를 더 크게 경험했고, 유색인 참가자들이 백인 참가자들에 비해 더 높은 낙천주의, 자신감, 긍정적인 감정을 나타냈으며, 그들이 경험한 스트레스는 더 낮았다. 은퇴하지 않은 참가자들보다 은퇴한 참가자들이 스트레스가 적었고, 취업클럽이 덜 유용하다고 생각했다. 하지만 가장 중요한 점은, 취업클럽 참가자들이 구직활동에 대해 더 긍정적인 태도를 가지게 되었고, 일자리를 구하는 방법에 대한 정보와 기술이 증가했다는 점이다. 이 결과는 구직 중인 고령자를 교육할 때, 일자리 탐색 및 지원기술과 일에 대한 동기강화가 모두 중요하다는 것을 보여준다.

Munnell, Soto와 Golub-Sass(2008)는 1970년에서 2000년 사이 50세 인구의 평균수명이 4.3년 증가했다고 추정했고, 장애 없는 여생을 측정하는 '건강수명'은 대략 3년 정도 증가했다고 밝혔다. 그들은 2000년도 교육성취도에 귀인했는데, 그 당시 대학교육을 받은 50대 백인남성은 22.8년의 건강수명이, 고등교육을 받은 사람들은 13.3년의 건강수명이 남은 것으로 나타났다. 하지만 이러한 추세는 최근 다시 정체된 것으로 보인다.

앞서 말했듯이, 고령화에 따른 보호와 배려 덕분에 이제는 건강이 직장에서 방해요소로 작용하는 경우가 줄어들었다. 하지만 정작 일을 더 오래 해야만 하는 사람들(사회보장에 의존하는 저임금 근로자들)은 대부분 아주 힘든 직업을 가지고 있다. 이런 직업은 그들을 지속적으로 스트레스 상황에 처하게 하고, 또 건강관리에 관한 교육을 받거나 실천하기 어렵게 한다(Blustein 외, 2008; Taylor & Geldhauser, 2007).

고용의 자기관리 이론

일과 은퇴에 대한 개념화는 계속 발전하고 있으며, 1990년대에는 이에 관한 세 가지 중요한 문헌이 등장했다(Hall, 1996; Hall & Mirvis, 1995a, 1995b). 셋 중에 가장 알려진 출판물은 아마도 *The Career is Dead −Long Live the Career*(Hall & Associates, 1996)일 것이다. 이 책은 프로테우스적 커리어에 대하여 강한 주장을 내세우고 있다. 이는 극적으로 변화하는 근무환경 속에서 경력관리를 강조한다.

Sterns와 동료 연구자들(Sterns & Gray, 1999, Sterns & Kaplan, 2003, Sterns & Subich, 2005)은 중년 및 고령근로자가 자기관리 부분에서 직면한 어려움을 강조했다. 조직이 피라미드 구조에서 수평적 구조로 전환하는 과정에서 감축과 구조조정을 통해 조직구성을 간소화하게 되는데, 직원들은 이로 인해 실직, 경력정체 및 기술의 진부화를 겪게 될 수 있다(Farr 외, 1998; Sterns & Miklos, 1995). 또한, 진로 진입연령에 따라 중년 및 고령근로자는 중급 경영직을 차지할 가능성이 높고, 향후 경력관리 측면에서 참여와 책임을 증가시켜야 할 수도 있다. 최근의 논의(Rix, 2011a)는 한 개인이 어려운 경제상황에서 재취업이 가능하지 않을 수 있기 때문에 현 직장에서 계속 근무하기를 원할 수 있다는 것을 강조하고 있다.

경력 자기관리는 Hall과 Mirvis(1996)의 프로테우스적 커리어에 대한 논의에서 신중하게 다루어진다. 프로테우스적 커리어는 고용기관이 아닌 개인이 스스로 관리·감독하기 때문에 학습, 기술숙달 및 새로운 기술습득에 대한 큰 책임이 개인에게 주어진다(Hall & Mirvis, 1995b). 여기에서 개인은 스포츠계의 프리에이전트처럼 자기 자신의 커리어를 담당하고 통제하며 자유롭게 바꿀 수 있다(Hall & Mirvis, 1996). 이러한 관점, 그리고 프로테우스적 커리어의 목표(심리적 성공, 자아확장, 학습)는 일하는 삶과 일하지 않는 삶의 구분이 다분히 인위적임을 유의한다. 개인으로서의 역할과 직업적 역할은 아주 밀접하게 연결되어 있으며, 이들 역할간의 경계는 명확하기보다 모호한 편이다(Hall & Mirvis, 1995b). 프로테우스적 커리어의 한 가지 단점은 개인의 정체성이 어떠한 조직에도 속하지 않을 수 있다는 것이다.

고령근로자는 경력관리를 확장시켜 나아가는 데 뒤쳐질 수 있다. 조직이 주도적으로 관리하는 커리어에서 프로테우스적 커리어로의 전환은 어려운 과제가 될 수 있는데, 특히 개인이 '단일 커리어/단일 고용주'라는 관념을 가지고 사회생활을 시작했다면 더욱 그럴 것이다. 또한, 고령근로자에 대한 고정관념으로 인해 조직과 근로자 간의 새로운 질서 속에서 고령근로자가 충분히 활용되지 못할 수 있다(Mirvis & Hall, 1996).

Sterns(1986)의 경력개발 및 훈련모델에서는, 개인이 완전 또는 부분적 은퇴를 결정함과 동시에 능동적인 경력개발과 업무활동은 포기하는 것으로 여겨졌다. 개인이 직업역할에서 나가고 들어오는 것은 단편적으로 보일 수 있어도, 경력과 경력의 전환에 대한 결정에는 여러 요소가 작용한다. 그렇기에 은퇴의 자기관리에 있어서도 비슷한 다차원

적 모델이 제안되었다. 사람의 자기개념(그림 10.2), 근무환경(그림 10.3), 의미있는 관계들(그림 10.4) 그리고 지역사회 연결망(그림 10.5)은 모두 일을 계속할 것인지 혹은 은퇴할 것인지 결정하는 데에 영향을 미치는 요소들이다. 자기개념은 이 모델에서 설명하는 여러 경로를 통해 영향을 받기 때문에, 개인적 차원을 보다 광범위한 업무적, 사회적 맥락과 연결해서 생각할 수 있는 우리의 사고능력이 아주 중요하다.

조직관리와 자기관리 관점 안의 동향

위에서 제시된 통계 및 연구에 대해서는 엇갈린 결론들이 존재하는 것을 볼 수 있다. 조직의 관점에서 고령근로자가 거의 두 배로 늘 것은 분명하다. 그들은 대체로 두 가지 이유로 노동시장에 남을 것인데, 한 그룹은 사회에 참여하고자 일을 원하고, 다른 한 그룹은 일을 계속해야 하는 재정적 현실에 의해 일을 원하기 때문이다. 일반적으로 과거보다는 건강하지만, 고령화로 인해 잦은 장애를 겪을 근로자들도 수용해야 하므로, 조직은 고령근로자를 지지하는데 필요한 전문성을 준비해야 한다. 인적자원의 다양성이라는 목표를 충족시켜야 하는 산업의 경우, 모든 보호계급의 사람들을 고용할수록, 다채로운 인력을 확보하는 것은 어렵지 않을 것이다.

성인 및 고령근로자 평가

직무분석 및 직무기술서

직무분석은 직무기술서의 개발을 위한 가장 핵심적인 방법이다. 직무기술서는 일을 성공적으로 수행하기 위해 필요한 지식, 기술 및 능력을 명시한다. 직무분석은 일에 필요한 자격요건, 훈련, 의무, 책임과 도구를 규명한다. 일에 필요한 지식, 기술 및 능력을 감별하는 것이 중요한 까닭에는 두 가지 주된 이유가 있다. 첫째, 고용주는 일자리에 필요한 자격을 갖춘 지원자만을 고려하고자 할 것

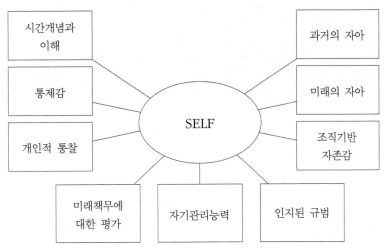

그림 10.2 자기에 관한 영향 요소

이고, 자격요건을 갖춘 인력의 가용성은 직무기술서를 바탕으로 판단된다. 이것은 회사가 다양성을 충족하는데 중요하다. 둘째, 직무분석은 채용 시 자격을 갖춘 후보자들을 평가하고 서로 비교하기 위한 기준을 마련해준다. 이 기준에 의거하여 어떤 후보가 가장 적합한지 판단할 수 있다. 현 직원의 경우, 직무분석을 통해 교육, 선발, 보상 및 성과평가와 관련된 결정을 내릴 수 있다(Cascio & Aguinis, 2005; Sterns, Sterns & Hollis, 1996).

일단 직업에 대한 기준이 수립되면, 직업에 요구되는 능력에 대한 시험이나 평가항목을 개발할 수 있다. 그런 다음, 적절한 성과 평가기준을 수립하기 위해서 기존 직무자를 대상으로 절단값(cut-off scores)을 검증해야 한다. 이 기준으로 개인을 반복적으로 평가하면 그의 성과를 추적할 수 있고, 그 값이 급격하게 떨어졌을 시에 이를 감지할 수 있게 된다. 예를 들어, 문서 작성자가 관절염으로 고생한다 해도 업무수행 수준이 기준 이하로 떨어질 때까지는 자신의 일자리를 유지하는 데에 문제가 없어야 한다. 또 타자실력이 상대적으로 덜 중요한 고객서비스 업무에는 관절염이 미치는 영향이 적을 것이다. 관절염이 업무수행에 실질적인 영향을 미치지 않기에, 퇴직결정에 있어서도 중요한 역할을 하지 않는다. 이렇듯 직무분석기반 접근법은 법적으로 수용가능하고 직무에 직접적인 연관

이 있으며, 장애와 제약에 민감하고, 나이를 차별하지 않는 수행능력 평가의 방법을 제공해 준다(Capelli & Novelli, 2010; Sterns, Sterns & Hollis, 1996).

직무분석 수행에는 여러 방법이 사용된다. 가장 보편적인 방법은 관찰, 현직자 및 감독자와의 인터뷰, 그리고 질적자료를 검증하기 위한 양적조사의 조합이다. 다른 방법으로는, 직무분류 시스템, 전문가 패널, 설문, 과업 목록, 체크리스트, 업무 기록 또는 일지 작성이 있고, 활동 샘플링 또한 검토할 수 있으며, 결정적 사건기법도 사용할 수 있다. 직무분석 과정은 직무에 필요한 지식, 기술 및 능력뿐 아니라 중심적, 주변적 기능을 자세히 설명하는 직무 기술 결과를 산출해야 한다. 이는 자격을 갖춘 후보자가 자격과 직무 수행능력에 대해 평등하게 평가받을 수 있는 기회를 제공하기 때문이다.

욕구조사

욕구조사(Goldstein & Ford, 2002) 또한 직업의 필요요건을 철저히 이해하는데 필수적이다. 욕구조사는 조직의 욕구와 그 욕구를 채울 인력을 연결하는 방법이기 때문이다. 욕구분석은 조직과 인사, 과업을 조사하는 3가지 개별 분석으로 구성된다.

조직분석은 조직의 인력, 전략 및 분위기와 환

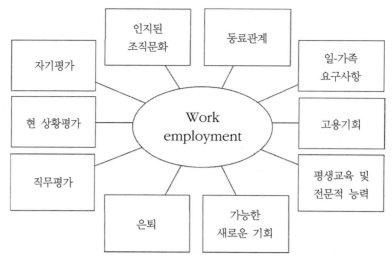

그림 10.3 직무에 관한 영향 요소

경을 다룬다(Wexley & Latham, 2002). 조직분석을 수행할 때 주의할 점은 잠재적 장애물도 포함해야 한다는 것이다. 감독자와 동료, 그리고 업무목표들은 필요한 기술을 강화시킬 수 있어야 하고, 그 목표사항들을 평가하는 기준이 사전에 마련되어 있어야 한다. 또한, 조직분석 과정에서 조직이 어떻게 지식을 관리하고 조직문화를 촉진하는지, 어떻게 조직 내 의사소통이 이루어지는지 관심을 가져야 한다.

인사분석은 성과평가의 필요성, 직원의 훈련

가능성, 현직자의 능력, 동기 및 업무환경에 대한 인식과 같은 주제를 들여다본다(Noe, 1986). 훈련 우선순위, 훈련을 위한 준비정도와 동기도 이같은 고려사항에 포함된다(Wexley & Latham, 2002).

과업분석은 직무분석과 밀접한 연관이 있다(Wexley & Latham, 2002). 과업분석은 평가관련 사항을 규명하고 잠재적 장애물을 고려하도록 돕는다. 웹 기반의 맞춤형 테스트, 360도 피드백과 훈련 같은 현대적 테스트 또한 욕구분석 과정에서 쓰여지면 좋을 것이다(Cascio & Aguinis, 2005).

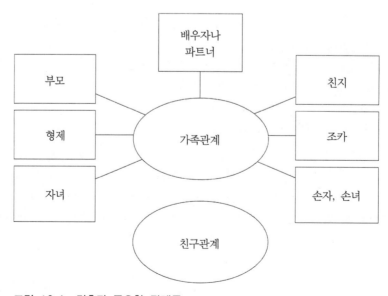

그림 10.4 결혼과 중요한 관계들

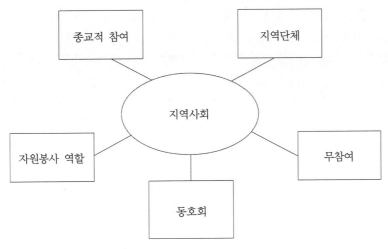

그림 10.5 지역사회 영향 요소들

욕구분석은 조직에서 흔히 있는 인사기능(직무 기술서 유지 및 점검, 기획, 교육과 경력관리)을 지원하고 향상시킨다. 욕구분석을 함으로써 조직은 직무수행에 필요한 지식·기술·능력(KSAs)을 파악하고, 직무에 적합한 교육 프로그램을 선발할 수 있으며, 직무에 대한 향후 교육을 설계하고, 관련된 KSAs 데이터베이스를 구축할 수 있게 된다. 이러한 작업은 혜택과 보상을 결정하는 기타 필수 인사기능에도 사용된다. 욕구분석은 근로자들에게 직원으로서의 필요조건들을 알려주는데, 이로써 고령근로자들이 제대로 된 자원과 안내를 받아 조직에 완전히 참여(조직과 개인이 서로 원하는 한에서)할 수 있게 된다.

직무 및 욕구분석 기법은 일을 수행하는 데 필요한 과업을 강조하지만, 다른 분석 기법(170쪽 참조)은 사람의 역량과 능력을 파악하는데 초점을 맞춘다. 이러한 접근법은 기능적 나이의 관점에서 기인하는데, 대표적인 두 가지 접근은 신체능력 분석과 기능능력 평가이다.

이 두 접근은 고령화나 장애와 직접적으로 관련이 있다기보다, 직무의 신체적 요건을 정의하고 지원자가 그것을 성취하고 유지할 수 있는지 평가하는 데에 쓰인다(Sterns, Sterns, & Hollis, 1996). 신체능력 분석은 현직자의 의식을 통하여 직무의 수고로움을 측정한다. 이 때, 수고로움에 대한 인식, 일하는 동안 겪는 피로, 연장근로에 따른 실제적

수고 시간 연구를 이용한다.

마찬가지로 기능능력 평가는 직원, 지원자, 또는 현직자가 직업에 필수적인 기능을 수행할 수 있는지 평가한다. 이 접근법은 일반적으로 공공안전과 군복무와 관련된 직업에 사용된다(Fraser, 1992; Sterns, Sterns, & Hollis, 1996).

나이에 따른 신체적, 인지적 수행능력의 변화

나이에 따른 신체적 변화와 기능적인 능력

고령화 연구는 나이와 직무수행이 일반적으로 무관하다는 것을 보여주었다(Sterns & McDaniel, 1994). 따라서 문제는 고령근로자의 일반적인 기술 수행력이 아니라, 그들이 기술변화에 대응하여 역량을 유지하는 능력이다. 학습능력이 나이듦에 따라 크게 감소하지 않는다는 것은 분명하다(Hedge, Borman, & Lammlein, 2003; Sterns & Doverspike, 1989). 따라서 고령근로자의 노화관련 감퇴 요소(예: 감각저하)를 검토하고 그들의 직장생활 연장을 지원하기 위해 조직에서 활용할 수 있는 적절한 인체공학적 개입을 제안하는 것이 중요하다.

체력적 변화

나이가 40세 이상으로 넘어가면 체력이 하락하는 일부 징후가 있지만, 감퇴의 정도나 이것이 업

무수행에 미치는 영향은 명확하지 않다. Welford (1988)는 고령자들이 중간수준의 육체노동을 잘 견뎌낸다(간헐적인 경우에 더욱)는 연구결과를 언급했지만, 다른 연구에서는 매우 육체적인 일일수록 고령근로자들이 그 일을 떠날 가능성이 높다고 밝혔다. 반복적인 하역작업, 상체 뒤틀기, 그리고 빠르게 들어올리기는 체력이 감소된 고령근로자들에게 특별히 위험하다는 주장도 있다. 따라서 그들은 고령근로자에게 부과되는 신체적 요구 중 일부를 줄이기 위한 설계 및 재설계 노력이 필요하다고 말한다(Fisk, Rogers, Charness, Czaja & Sharit, 2009; Immerian, 2009; Sterns, Sterns, & Hollis, 1996; Vercruyssen, 2009; Welford, 1988).

건강과 재활의 변화

직장생활이 연장됨으로써 되풀이되는 주제는 고령근로자의 건강문제이다. 건강이 고령자의 기능에 영향을 미치는 몇 가지 변수 중 하나이기에 고령근로자의 근로능력을 평가할 필요가 있다.

이를 위해 장애, 그리고 장애가 직장생활 미치는 영향을 측정할 때 연관되는 핵심적인 건강요소를 파악하는 것이 중요하다. 건강은 총체적 안녕, 질병의 부재 등 여러 방법으로 정의할 수 있지만, 앞으로 만성질환과 급성질환의 차이, 그리고 질병에 대한 주관적 느낌도 분명하게 구분되어야 할 것이다.

이러한 구분은 장애 또는 기능적 역량이 질병과 결함에 직접적으로 연결되지 않는다는 것을 보여준다. 심장질환, 암, 뇌졸중, 폐 및 간질환은 나이와 함께 발병 가능성이 증가하는 주요질환들이다. 모든 연령대의 사람에게 기능적 장애를 일으킬 수 있는 질환으로는 관절염, 기형 또는 정형장애, 청력과 언어장애, 정신지체 등이 있다. 이러한 장애는 개인이 할 수 있는 일의 종류에 제한을 줄 수 있어도, 근로를 완전히 방해하지는 않는다.

장애는 개인이 수행해야 할 하나 이상의 주요 일상생활활동에 미치는 지장으로 정의된다. 이렇게 정의된 장애는 2002년 미국인 전체의 11% 이상의 사람들에게 영향을 미쳤다. 즉, 5,120만 명의

사람들이 일하고 학교에 다니고, 가정일을 하는 것에 기능적 한계를 가지고 있다는 것이다(미국 질병예방 및 건강증진 사무국, 2009). 이 중 근로장애를 가지고 있는 미국인은 2,020만 명으로, 740만 명(37%)이 55세 이상이다(Waldrop & Stern, 2003).

65세 이상의 고령자는 중년의 사람들(45~64세)보다 더 많은 건강문제를 가지고 있으나 연령대 간에 큰 차이는 없다. 많은 중년 및 고령자가 일을 할 수 있는 상태이며, 65세가 건강상의 급격한 변화가 일어나는 시점이 아닌 것으로 밝혀졌다. 상당수의 고령인구가 기능적 감퇴를 경험하고 부분적 업무장애를 겪는 것은 사실이다. 하지만 이 건강의 패턴은 성별에 따라 다르며, 여성들이 남성보다 더 많은 건강문제를 보고했다. 또한 고령의 히스패닉과 흑인의 건강상태는 고령의 백인들보다 양호하지 않으며, 특히 흑인고령자들의 건강상태가 더 취약한 것으로 보인다.

건강문제는 나이와 함께 점차적으로 증가함으로 연령대가 가까운 집단 간에는 큰 차이가 없다. 따라서, 젊은 노인(young-olds, 65~74세)의 건강수준은 나이든 노인(old-olds, 75세 이상)보다 중년(45~64세)에 더 가깝다.

대다수의 45세 이상 인구는 만성질환으로 인한 기능제한이 없다고 보고하고, 그 중 2/3 이상이 자신의 건강이 좋거나 우수하다고 평가한다. 따라서 고령인구 대다수가 건강한 상태라고 볼 수 있다. 반면, 45세 이상 인구의 32%가 건강상의 한계로 인한 어느 정도의 결함을 보고하며, 이 중 다시 10%가 만성질환으로 인해 일을 하거나 집안일을 할 수 없다고 보고한다.

건강문제는 젊은사람들에 비해 나이가 많은 사람들에게 더 자주 발생하지만, 그룹 간의 차이가 크지는 않았다. 지속적 근로의 관점에서 볼 때, 상당수의 노인들이 보고하는 것은 부분적 업무장애(수행하는 주요활동의 양 또는 종류가 제한되는)이다.

결론적으로, 노년층 전체가 하나의 동질적인 집단으로 취급되지 않는 것이 가장 중요하다. 생애관점이 각 개인의 독특한 발달과정을 강조했듯이, 건강문제에서는 더욱 그러하다. 젊은인구와 비교

해 노년인구의 변동성이 더 크기 때문에, 고령근로자를 단일그룹으로 보고하면 건강 및 노화의 현실을 왜곡시킬 수 있다.

연령 관련 감각 및 지각변화와 제약

Fozard(1990), Kline과 Schieber(1985), Fozard 와 Gordon-Salant(2001)은 개관연구를 통해 청력 및 시각쪽 감각 및 지각능력은 생애 전반에 걸쳐 다른 속도로 감퇴를 한다는 것을 보여주었다. 언제나 노화의 정도에는 개인차가 있다는 것을 염두에 두어야 하지만, 다음 소개될 전반적인 노화과정도 주목해야 한다.

또한 앞서 언급해야 할 점은, 적절한 인체공학적 개입(Charness & Bosman, 1990; Fisk et al., 2009)으로 감각노화의 여러 측면을 어느 정도 개선할 수 있다는 것인데, 최종결론을 위해서는 현장에서의 실증적 연구와 조사가 더 필요하다.

극심한 감각적 감퇴는 약 70세 이상이 될 때까지 시작하지 않고, 언제나 개인차가 있어 직장 내 일부는 다음과 같은 감퇴요인에 영향을 받지 않을 수 있다는 것을 다시 한번 강조한다.

시력의 변화

조명에 대한 반응. 고령자는 조명강도의 변화에 의해 영향을 받을 가능성이 더 크다. 최근의 연구에 따르면, 고령자의 어둠적응은 기존에 생각되어 온 것만큼 문제가 되지 않을 수 있지만, 그들의 빛적응과 어둠적응은 모두 완전하고 빠르게 일어나지 않을 경우가 많다. 이러한 적응의 문제가 아니라도 고령자들은 불빛에 의한 눈부심에 더 많은 영향을 받는 것으로 나타났다.

이 노화측면에 대응하여 제안된 것은, 눈부심을 유발하는 조건들을 변경하거나 가능한 한 제거하는 것이다(Charness & Bosman, 1990; Welford, 1988). 예를 들어, 온백색 전구를 설치하는 것은 작업환경에서 빛의 분산을 돕고, 눈부심을 감소시키기 때문에 효과적인 개입이 된다. 컴퓨터 화면의 눈부심은 개입을 고려해야 할 또 다른 부분이다. 눈부심 방지 컴퓨터 스크린을 설치함으로 작업환경에서 눈

부심을 줄일 수 있다. 사무실은 하루의 시간 속에서 변하는 직원의 지각적 필요(perceptual needs)에 따라 작업공간의 조명강도를 조절할 수 있도록 설계되어야 한다. 마찬가지로, 창문위치를 고려하여 컴퓨터와 기타장비를 배치하는 것도 사무실 디자인의 문제이다. 전구는 덮개가 있어야 하며, 가구는 눈부심의 출처를 등지도록 배치되어야 한다. 마지막으로, 사무실 내에서 갑작스러운 조명의 변화는 피해야 한다. 사무실의 한 공간에서 다른 공간으로 걸어가는 동안, 직원이 조명의 급격한 변화를 느끼는 일이 없어야 한다.

열등한 대조 감지능력(contrast). 두 번째 시각적 노화는 고령자가 자극 간의 차이를 감지하는데 어려움을 겪는다는 것이다. 고령근로자는 자극들간 더 큰 대조가 있어야 그들을 구분할 수 있기 때문에(Fozard, 1990), 직장에서 계단을 걷거나 시각적 정보를 정확하게 활용해야 할 때 문제가 될 수 있다.

이에 따라, 근무환경을 디자인할 때 고령근로자가 식별하기 어려운 대조는 피하는 것이 좋다(Fisk et al., 2009). 예를 들어, 청-녹색 같은 어려운 대조는 시각(전산 또는 서면) 디스플레이에 사용되면 안 된다(172쪽 참조). 고령근로자가 쓰는 디스플레이에는 흑백대조(흰색 컴퓨터 화면에 검은색 글자)가 가장 효과적이라고 제시되었다(Charness & Bosman, 1990).

유용한 시야범위(또는 가용시각장; Useful Field of View). 세 번째 시각적 노화는 유용한 시야범위(UFOV)와 관련이 있다. 고령자는 외부환경으로부터 오는 정보를 처리하는 데에 필요한 UFOV가 비교적 작아, UFOV 외의 자극은 잘 처리하지 못할 수 있다(Fozard, 1990). Oswley 등이 진행한 운전연구에 따르면, 지각 범위 중 축소된 UFOV 때문에 고령자들의 수행능력이 손실될 수 있다고 한다(Obsley, Ball, Sloane, Roenker & Bruni, 1991). 운전연구의 결과는 근로환경에도 적용될 수 있는데, 고령근로자가 주의를 기울인 환경적 자극이 축소된 시야범위의 바깥에 있을 때 그 정보를 처리하는 능력이 낮을 수 있다.

이에 인체공학적으로 대응하려면, 일을 수행하

는데 있어 중요한 정보가 고령자의 UFOV 내에서 쉽게 감지될 수 있도록 작업공간을 구성하는 것이다. 예를 들어, 근로자의 지각적, 선택적 주의력 향상을 위해 작업공간의 일부 영역에 조명을 집중시키면 좋다.

시력감소. 기존연구에서는 시력감소의 정도가 명확하게 나타나지는 않았지만, 일반적으로 고령자는 섬세한 시각식별을 하는 데 어려움을 겪는다(Fozard, 1990; Kline & Schieber, 1985).

연구자들은 고용주가 가독성을 위해 인쇄물들의 글자크기를 적절한 크기로 수정하도록 독려했다(Charness & Bosman, 1990; Garg, 1991). 인쇄물의 철자를 크게 하기, 컴퓨터나 테블릿에서 크기 조절 가능한 글자쓰기 등의 조치는 특히 고령자에게 도움이 된다.

청력의 변화

청각적 노화로는 고음에서의 난청, 산만함 증가, 그리고 말의 속도에 따라 증가하는 어려움이 있다(Fozard, 1990; Stine, Wingfield, & Poon, 1989). 이러한 청각적 변화 외에, 고령자들은 때때로 주어진 크기의 순음을 들을 수는 있지만, 동일한 소음 수준에서 누군가 말하는 단어를 이해하지 못하기도 한다. 이 것은 음소퇴행 효과(phonemic regression effect)로 알려져 있다. 또한, 고령자는 살짝 볼륨이 커지는 것에 더 민감하게 반응하기도 한다(Stine et al., 1989). 그러나 또 다른 연구에 따르면, 다른 자음과 자음-모음의 조합은 각각 전체 볼륨과 상관없이 고령자들에게 다른 강도로 다가올 수 있다고 한다. 이 것은 직장 내외에서 흥미로운 잠재적 해결책으로 이어질 수 있다(Fozard, 1990).

노년층을 고려하여 근무환경의 청각적 특성을 개선하기 위한 여러 방법이 제안되어 왔다(Charness & Bosman, 1990). 먼저, 산만한 잡음을 줄이기 위해 전반적 소음수준을 낮추어야 한다. 기계, 난방장비 등에서 나오는 소음은 가능한 한 차단되어야 하고(예: 커튼 또는 음향 캔슬링 헤드폰과 같은 흡음재 사용), 실내에서 발생할 수 있는 울림현상을 제거한다(예: 실내음향을 최대한 활용할 수 있는 스피커 및 청중 배

치). 작업공간이나 생활공간에서 고주파 소리(예: 4000Hz이상)는 피해야 한다. 그러나 고령자가 중요한 소리(예: 화염경보기)에는 반응할 수 있도록, 그러한 소리의 음량을 키워서 청각 대비 효과를 높여야 한다. 그룹토의 형식에서는, 노년층의 감소하는 청각기능을 보완하기 위해 의사소통의 시각적 단서를 강화하는 것이 중요하다(예: 연설자는 말하고 들을 때 시각적 단서를 사용한다; 고령자의 시각 단서 사용이 원활하도록 둥글게 모여 앉는다; 그룹의 크기를 제한하여 청각적, 시각적 의사소통을 통합하도록 돕는다).

지각 속도의 변화

전반적 둔화 가설(generalized slowing hypothesis)은 노화관련 손실이 인지 처리 시스템 전반에 걸쳐 발생하며, 수행감소는 특정 요소에서보다 정보처리량에 달려 있다고 주장한다(Salthouse, 1985). Cerella(1990)는 이러한 감소가 뇌의 신경 연결망에서 일어나는 무작위적 붕괴 때문이라고 하며, 이는 시간의 경과에 따라 연속적으로 일어나면서도, 생각과 운동반응이 전달되는 회로에는 기하급수적으로 빨리 영향을 미친다고 한다. Cerella가 설명한 두 가지 기능 저하는, 완료하는 데에 1.22배가 더 걸리는 고령자들의 지각-운동 기능과 1.82배가 더 걸리는 인지기능이다. 이에 의거하여, Cerella는 높은 수준의 인지과정을 논외로 두었고, 전반적인 속도저하가 노화관련 감소를 충분히 설명한다는 입장을 취하였다.

또 다른 전반적 접근은 노화관련 변화를 지적 자원의 양의 변화에 기인한다. 여기서 말하는 자원으로는 작업기억(working memory)과 처리속도(processing speed)가 있다. 그러나 연구자들은 이러한 감퇴에 여러 가지 노화 메커니즘(i.e. 요소들)이 작용한다는 것을 발견했다(Salthouse, Kausler & Saults, 1988; 173쪽 참조). 지적 감퇴에 대한 이해를 넓히려면 앞으로 더 많은 연구가 필요하다.

업무수행에서 노화관련 인지능력의 변화

인지적 변화와 업무능력의 관계는 아주 복잡하다. 조직의 관점에서 볼 때와, 자신의 경력을 스스

로 관리하는 개인의 관점에서 볼 때에는 전혀 다른 고려사항이 존재한다. 여기에서 지능, 기억, 학습의 변화가 논의될 것이다(Schaie, 2011). 하지만 미래에 어떤 동향이 나타날지에 대한 생각과 함께, 우리는 노력적/자동적 처리과정과 전문성의 개발 및 유지에 관한 견해를 제시하려 한다. 특히, 잘 연마된 기술이 인지능력의 변화에 의해 어떤 영향을 받을 수 있는지 검토할 것이다. 역동적인 접근법은 관리자나 비즈니스 연구자들에게 있어서 매력적이지 않거나 잘 이해되지 않을 수 있다. 그러나, 지난 수십 년 동안의 인지과학의 노력은 성인 및 고령근로자의 다양성과 개개인의 변화를 반영하는 멘탈모델을 만들어냈다. 이러한 모델들은 잘 알려진 지각 및 운동 속도의 전반적인 감퇴가 근로자가 경험하는 증가된 지식, 기술, 실습의 결과에 어떻게 영향을 미치는지 이해하는데 도움을 주기 시작했다. 멘탈모델이 주는 이득은 능력의 변화, 장애, 그리고 신흥 만성질환으로 인해 어려움이 발생하는 업무 기능과 행동들을 도울 적절한 개입과 시설 개선제안까지 이어지고 있다.

지능의 변화

40년 동안, 제론톨로지 연구는 지적능력, 학습 및 기억에 대한 중요한 정보를 제공해왔다. 주요 종단연구들은(Schaie, 1985) 대부분의 사람들이 70대, 그리고 그 이후까지 안정적인 수준의 지적능력을 유지하고 있음을 보여주었다. 큰 건강 문제가 없는 한, 대다수의 사람들은 그들 인생의 끝자락까지 같은 수준의 지적능력을 유지한다.

중추신경계는 연령에 따라 변화하고, 결과적으로 사람의 정보처리 능력 또한 변한다. 나이에 따른 뇌의 신경손실은 매우 개인적으로 발생하고, 특히 독서, 흡연 등의 행동과 치매와 같은 만성질환의 영향을 받는다. 최근의 증거에 따르면, 뇌 기능의 가소성(plasticity)과 수정 가능성은 성인기 말기까지 지속된다(Papalia, Sterns, Feldman, & Camp, 2007). 성인이 주의를 분산시키고 복잡한 정보를 처리해야 하는 경우, 수행은 연령에 따라 감소한다. 이처럼 속도와 효율성은 노화에 영향을 받는

것이 사실이지만, 대부분의 업무상황에서는 최대의 수행력을 필요로 하지 않기에 대부분의 성인 및 고령근로자는 만족스럽게 업무를 처리할 수 있다(Papalia et al., 2007). 업무에 관련된 대부분의 인지영역에서는 나이에 따른 역량의 변동이 나타나지 않는다(Warr, 1993).

한편, 이러한 연구를 논할 때 문제제기 되어야 할 것은 생애 전반에 걸친 변화를 측정하는 적합한 방법이 과연 무엇인지이다. 방법론적인 고민은 조직적 관점과 업무현장에서 자주 연구되지 않는 주제이기에 특히 중요하다. 결론적으로 말하자면, 일하는 성인들에게 적용을 할 경우 지금까지의 인지연구는 여러 잠재적 제한점이 있다. 구체적으로 연령 관련 변화를 조사한 연구들을 살펴볼 때, 연구 설계가 횡단적, 시간 지연 또는 종단적인 경우, 각각 다른 결과를 보여주고 있다(Schaie, 1965, 2011). 횡단적 연구에서는 인지능력에서 유의미한 변화가 나타나는 경향이 있었던 반면, 종단적 연구에서는 유의미한 변화가 나타나지 않았다(Schaie, 1974, 2011). 각 연구방법은 선택적 표본추출, 선택적 탈락, 선택적 생존, 연습효과(종단), 세대효과(횡단)와 같은 교란요인을 가지고 있기에 그럴 것이다(Schaie, 1965, 2011).

Kanfer(2009)는 개인-직무 적합성에서 지능이 어떤 역할을 하는지 논의한다. 개인-직무 적합성은 특정 직업의 요구사항과 한 사람의 지식, 기술 및 능력의 일치를 말한다. 그러나 이 일치를 정적으로만 보기보다 역동적으로도 볼 필요가 있다. 예를 들어, 유동적 능력이나 일반적인 문제 해결력을 크게 필요로 하는 직업의 경우, 그에 따른 개인의 능력도 점차 증가해 개인의 직무수행이 최고조까지 높아지는 경험을 할 수 있다. 이는 사람이 인식할 수 있는 수행능력에 차이를 만들어서 결과적으로는 업무능력에 대한 자기인식을 변화시킬 수도 있다. 인지기능 변화에 영향을 받지 않는 결정적 능력(crystallized abilities)이나 지식기반 기술(knowledge-based skills)과는 다르다. 개인이 나이가 들며 전문적 지식(예: 한 분야의 최신 규례와 규정)을 유지하기 위해서는 더 큰 노력을 필요로 하는데, 그 노

력의 정도는 개인의 학습능력 및 동기에 따라 차이가 날 수 있다. Kanfer는 직원들이 자신의 수행능력을 인식하도록 돕는 관리지원과, 그들의 현재의 능력을 고려하여 개인-직무 적합성이 더 나은 직책으로 이동할 수 있도록 하는 것을 추천했다. 저자 역시 이러한 시각에서 직원과 고용주 모두가 개인-직무 적합성을 검토하기 위한 적절한 성과평가를 통해 정기적인 조사를 실시하는 것을 권한다(A. Sterns & H. Sterns, 1995).

자기관리 관점에서 생애 접근법 연구를 살펴보면 일부 역량(예: 문제해결 능력에서의 유동성 지능)은 변화하되, 수행의 다른 영역(예: 전문분야, 결정화된 지식)은 상당히 안정적인 것을 알 수 있다. 이것은 조직이 직원들의 변화를 관찰하고, 훈련과 기술 관리(예: 기술 이양)를 제공하며, 업무성과에 대한 보상을 하는 방법과 직접적인 관계가 있다. 이러한 인사관리는 지식관리 및 평가시스템(즉, 절차화된 지식 베이스)을 이용하여 이루어진다.

Bowen, Noack, and Staudinger(2011)는 고령자의 수행능력을 유지하는 데 있어서 선택적 최적화와 보완방안이 중요하다고 언급했다. Salthouse(1984)의 대표적인 녹취본 타이핑 연구가 보여주듯이, 보완적 행동은 적절한 수행능력 측정과 직접적인 관련이 있다. 이 연구의 따르면, 나이 든 전문 타이피스트들의 시야와 손의 범위를 확장하고 수행의 기본 세그먼트들(입력, 분석, 번역, 실행)에 대한 병행처리(겹침)를 활용하여 노화로 인한 느린 반응 속도(예: 손가락 두드리기)를 보완할 수 있었다(Salthouse, 1984). 또한, 상황패턴을 보다 쉽게 파악하고 가능한 해결책을 제시할 수 있는 전문가적 능력은 전반적 인지저하를 보완할 수 있을 것이다. 직무경험은 직원의 나이보다 직무수행을 명확히 더 잘 예측하는 요인이다($r=.18$)(Avolio, Waldman & McDaniel, 1990; Giniger, Dispenzieri & Eisenberg, 1983; McDaniel, Schmidt & Hunter, 1988).

오늘날, 노동인구가 급속도로 고령화되는 현상에 처해있다. 그로 인해 과학적인 증거로 뒷받침되어지는 핵심적인 노화관련 수행능력의 변화와 한계를 파악해야 하는 필요가 커져가고 있다. 이를 통해 적절한 교정적, 예방적 개입과 고령자를 위한 합리적인 배려가 발전될 수 있고(Kliegl & Baltes, 1987), 그런 발전 후에야 적절한 조직적 정책이 개발되고 해결책이 시행될 수 있기 때문이다.

기술진부화(skill obsolescence)는 조직과 사람 모두에게 적용되는 현상이다(A. Sterns, H. Sterns & Hollis, 1996). 조직적 정책들은 직원이 전문성을 유지하도록 동기부여하는 역할을 하기에, 이러한 조직적 요인들은 고령근로자들이 기능과 지식을 유지하는 것을 돕기도 하고 방해하기도 한다(Rosen & Jerdee, 1995, Stagner, 1985).

인지적 과제수행의 변화

실험실에서의 고령자 작업수행은 현실과 모순되는 면을 보인다. 근로지에서는 고령자들이 여전히 좋은 업무수행을 유지하는 것을 볼 수 있지만, 실험실에서 주어진 인지적 과제에서는 노화로 인한 수행하락을 나타낸다. 실험실과 근로지에서의 수행역설을 이해하려면 연령과 수행 사이의 관계를 탐구하는 메타분석 연구와 접근방법을 논의하는 것이 중요하다.

업무 수행관련 데이터를 검토하면, 연령-수행 관계를 조사한 두개의 잘 알려진 메타분석 연구를 발견할 수 있다. 이는 직무수행의 정도가 직무와 수행의 유형에 달려있다고 결론지었다. Waldman과 Avolio(1986)의 연구에 따르면, 객관적 수행지표에서는 연령에 따라 약간의 증가가 보여진 반면에 주관적인 감독 평가에서는 약간의 하락이 보고되었다고 한다. McEvoy와 Cascio(1989)는 연령과 수행 사이 어떠한 관계도 발견하지 못했는데, 이는 연령으로부터 부정적 영향이 없었다는 점에서 긍정적 결과로 간주되어야 한다. 연령-수행 관계는 수행의 유형, 개인차(종단적으로 연구되는 경우가 거의 없음), 그리고 조직의 맥락적 상황에 따라 변동이 있을 수 있어서, 이러한 난점을 고려하면 연구결과가 일관되지 못하는 것은 당연한 것일 수 있다(Sterns & Miklos, 1995; Warr, 1994).

이 때까지 개인적 특성과 조직적·맥락적 상황을 설명함으로써 연령-수행 문제를 풀어내고자 한 몇 번의 시도가 있었다. 하지만 전반적으로 미비한 연구실정으로 인해 지난 30년 동안의 몇 가지 흥미로운 모델연구에 주목하려 한다. 첫째, Giniger, Dispensier와 Eisenberg(1983)는 일련의 의류산업 연구를 통해 재봉속도와 검사기술 면에서 연령대별 차이를 알아내고자 했다. 연구결과에 따르면, 고령근로자의 수행은 젊은 근로자보다 우월했는데, 이는 고령근로자가 축적된 직무경험으로 노화적 쇠퇴요인을 보완했기 때문이라고 밝혀졌다. 유사하게, Perlmutter, Kaplan과 Nyqvist(1990)는 고령의 음식 서비스 종사자가 반응시간에서 노화 관련 감퇴를 보였음에도 불구하고, 여전히 직업지식과 수행능력이 같은 직종에 있는 젊은 근로자와 비교할 만한 수준이었음을 발견했다.

개인 근로자의 자기관리 관점에서 볼 때 주요 쟁점은 어떻게 뒤쳐지지 않는 경쟁력을 유지할 수 있는가이다(Sterns & Huyck, 2001). 학습과 기억의 측면에서의 일반적 결론은 고령자들도 젊은 사람들 못지않게 학습이 가능하지만, 대신 학습시간이 더 필요하다는 것이다(175쪽 참조). 이는 나이가 들어도 사람들의 지적능력과 학습능력은 유지되고, 익숙한 직무를 계속 수행할 수 있으며, 새로운 직무에 대비해서도 충분히 훈련받을 수 있다는 것을 의미한다. 가장 좋은 것은, 직장 안에서 취할 수 있는 교육기회와 밖에서 취할 수 있는 관련 교육기회를 모두 활용하는 것이다(Sterns & Doverspike, 1989).

조직적 관점에서 볼 때는, 조직이 고령자들도 교육경험을 통해 배우고 성장할 수 있다는 것을 인식하는 것이 중요하다(Peterson, 1986). 이는 조직 내 고령자들에게 그들을 위한 교육과 훈련기회를 확보해주는 것과 직접적으로 연결되는데, 과학자들과 엔지니어들에 경우, 분야별 지식과 기술을 유지, 관리, 업데이트하는 것이 특별히 중요하다. Sturman(2003)은 115가지 경험적 연구를 조사해 직무 복잡성에 따른 연령과 수행의 관계를 조명했다. 메타분석 결과, 복잡성이 낮은 직업에서는 수행이 평균연령과 함께 감소한 반면에, 복잡성이 높은 직업(예: 과학 및 공학)에서는 평균연령이 증가할

수록 수행이 향상되는 것으로 나타났다. Hedge, Borman과 Lämmlain(2006)은, 높은 전문성과 경험을 가진 고령근로자가 젊은 근로자만큼 능률적일 수 있으며, 모두에게 기술 최신화의 기회가 동등하게 주어졌을 때 더욱 그러하다고 강조했다. 웹 기반 또는 모바일 교육이 급속도로 보급됨에 따라 이 기회는 더욱 평등하게 분배될 것이고, 그 이후에는 학습동기가 핵심적 요인으로 부각될 것으로 예상된다. 명심해야 할 점은 여기에서 조직과 개인 모두가 중요한 역할을 한다는 것이다. 개인이 나이 듦에 따라 일의 내적보상, 직업만족, 동료와의 관계, 그리고 의미있는 일에 참여한다는 느낌이 더욱 중요해진다는 증거가 꾸준히 쌓이고 있다. 다행이 대부분의 직업에서 노년층이 직장 밖에서도 충분한 경제적 자원과 인간관계가 필요하다고 느껴 은퇴할 수 있을 때까지 계속해서 이러한 혜택들을 누릴 수 있도록 해준다(Bowen, Noack, & Staudinger, 2011).

교육 및 재교육기회에 대한 조직차원의 장벽은 개인 일생의 성장 잠재력을 제한하며 노골적인 연령차별을 일으킬 수 있기에 심각한 문제이다(Kimmel, 1988, Sterns, Sterns, & Hollis, 1996). 실직 위기 또는 기술 유능성에서 뒤쳐질 위기에 있을 고령근로자들은 이러한 장벽 때문에 기술 최신화의 기회에서조차 연령차별을 경험할 수 있다는 것이다(Rothwell et al., 2008; Sterns & Alexander, 1987, 1988).

Willis와 Dubin(1990)은 고령근로자들의 기술 진부화를 대비한 예방책으로서 전문역량의 유지가 중요한 이슈라고 주장했다. 직원들이 직무에서 탁월한 기술을 유지·향상하도록 장려하고, 도전적인 업무를 제공하며, 새로운 발상과 시도를 하도록 돕는 조직은 경쟁자보다 앞서 나갈 뿐 아니라, 직원들의 이직을 줄이고 더욱 생산적인 직원을 보유하게 될 것이다.

고령자는 어떤 직업에서든 다양한 경험과 광범위한 기술을 가지고 온다. 그들은 일생 동안 의사소통하고, 고난을 극복하고, 문제를 해결하면서 그로부터 많은 교훈들을 습득했다. 고령근로자는 자

신의 지식을 실제경험과 통합하여 업무를 효율적으로 수행하는 방법을 개발하기 위해서 수년간의 노력이 있었다. 새로운 기술이 등장하였을 때 개방적인 고령근로자들은 새로운 아이디어가 얼마나 성공적일지, 이를 어떻게 최선으로 구현할지 판단하는 가장 좋은 출처가 된다.

전문지식, 문제해결 및 의사결정

세계의 고위 경영자, 정치인 및 지도자들의 대다수는 고령자이다. 그들은 매일 가장 중요하고 영향력있는 결정을 내리며, 리더십의 책임과제를 성공적으로 수행한다. 하지만 수십 년간 이어진 연구에도 불구하고, 한 생애 동안 일어나는 인지적 변화가 수행에 미치는 영향은 명확하게 파악되지 않았다.

나이가 들면 수행력이 떨어진다고 해도, 수행 감퇴를 일으키는 원인들은 확실하지 않다. 직무별 수행에 영향을 미치는 KSA는 쓸모없어질 수도 있다(Fossum, Arvey, Paradise, & Robbins, 1986). 1980년대의 메인프레임 컴퓨터 시스템과 기계언어 프로그래밍 기술은 클라우드 서버 팜(cloud-based server farm)과 플랫폼 간 모바일 프로그래밍 환경(cross-platform mobile programming)을 제어하는 새로운 컴퓨터 언어들로 대체되었다. 이와 같이, 부족한 수행결과를 가져오는 KSA 진부화는 시간에 따라 변하는 직무의 특성뿐만 아니라, 동기부여, 개인의 성향, 조직적 요인, 그리고 조직의 구조 때문에 발생할 수 있다(Howard & Bray, 1988; Kanfer, 2009). 진부화가 수행감소의 원인인 경우, 이는 훈련을 통해 개선할 수 있기 때문에 다행이겠지만 감소에 대한 더 근본적인 원인을 암시하는 연구들이 있다.

경영관리 팀의 수행과 나이에 대한 거의 독보적인 연구에서 Streufert, Pogash, Piasecki와 Post (1991)는 다양한 연령집단에게 하루정도 걸리는 어려운 의사결정 시뮬레이션을 제시했다. 나이가 많은(75세 이상; 176쪽 참조) 참가자들로 구성된 그룹은 수행과 전략에서 중년(45-55세)과 어린(28-35세) 참가자로 구성된 그룹들과 많이 달랐다. 차이점을

살펴보면, 고령 참가자들은 추가정보를 덜 요구했고, 시뮬레이션 오버뷰(simulation overview)의 폭이 좁았으며(제한적 작업개념화), 결정시행 수단의 수가 적었고, 세운 계획도 덜 효과적이고 덜 적합하였다는 특징이 있다. 결국 고령자들로 구성된 그룹은 다른 그룹보다 시뮬레이션 성과가 좋지 못했고, 다른 그룹보다 덜 정교한 계획을 세웠다. 하지만 고령자 그룹은 본인들이 젊은 그룹들에 비해 의사결정에 더 많은 시간을 썼으며, 풍부한 정보탐색을 하지 않았다는 것을 인식하지 못한 채 비슷한 정도의 동기부여를 표현하며 자신들의 성과에 만족을 표했다. 흥미롭게도, 비상상황에 대한 반응에는 연령대별 차이가 보이지 않았는데, 이것은 아마도 허락된 정보탐색 시간이 짧기 때문일 것이다. 중요한 것은, 인지과정과 동기부여, 두 가지 측면에서 모두 측정이 이루어졌지만, 전자가 고령관리자와 젊은 관리자간의 차이를 설명하는데 핵심적인 요소로 나타났다는 것이다. 단, 인지과정의 차이는 연령보다는 그들이 속한 세대에서 비롯되었을 가능성도 있다.

고령근로자들은 어떤 직장에서나 책임과 직책을 맡고 있으며, 조직 안에서 전체 직원에게 영향을 미치는 중요한 결정을 내리게 되는 것이 분명하다. 그렇다면 이들의 의사결정은 노화과정의 영향을 받을까? 만약 그렇다면, 어느 정도 수준까지 영향을 받는 것일까?

창의력과 아이디어 생산성의 변화

창의력은 생애에 걸친 인지능력 변화에 있어서 중요한 연구분야이다. 창의력은 독창성과 생산성을 암시하는 능력일 수 있다. 일부 연구자들은 창의력이 인생의 후반부에 갈수록 감소할 수 있다는 사실을 발견한 반면(Kausler, 1992; Simonton, 1990; Sternberg & Lubart, 2001 참조), 최근 Ng와 Feldman (2008)은 메타분석을 통해 연령과 직무수행의 관계를 조사하며 다른 결과를 도출했다. 핵심과제 수행과 창의력이 포함된 열 가지 수행 측면을 연구한 결과, 이들은 대부분의 경우 연령이 핵심과제수행과 창의력에 연관성이 없다고 밝혔다. 창의적 생산

성에 중점을 둔 연구는, 경력의 초반과 비교했을 때 후반에서 직업적 생산이 감소한다는 결론을 내렸고, 또 다른 연구는 한 층 더 표준화된 척도와 통제조건을 사용하여 나이와 창의성 사이의 관계를 연구하였다.

만약 고령자가 이미 가지고 있는 지식이 창의성으로 이어진다면, 어떻게 과거에 축적된 지식이 한 문제에서 다른 문제로 적절하게 전달될 수 있는지에 대한 과정을 이해하는 것이 중요해진다. 이 과정을 파악할 수 있다면 알맞은 개입방법을 개발하고 고령근로자들을 훈련시키는 데에 유용할 것이다.

한 문제에서 다른 문제로 정보를 전달하는 것에 대한 연구는 문제의 표면적 특성과 심층적 구조적 특성에 주목해왔다. 표면적 특성은 문제의 특징이라 할 수 있다. 심층구조적 특성은 문제의 특징들간의 관계이다. 심층구조는 문제 해결에 필요한 규칙으로도 생각될 수 있다.

Stein(1989)은 한 가지 상황에서 다음 상황으로 지식이 전달되는 것을 보장하기 위해서는 표면적 특성과 심층구조적 특성이 모두 있어야 한다고 주장한다. 반면, Kotovsky와 Fallside(1989)는 한 문제에서 다른 문제로의 지식전달은 과제가 자연스럽게 정리되고 확립된 기억을 유발하도록 설계되었을 때 최적화된다고 주장하였다.

Novick(1988)은 문제 간 지식전달을 할 때 전문가와 초보자의 차이점을 살펴보았다. 두 가지 문제가 심층구조적 특성을 공유할 때, 전문가가 초보자보다 첫 번째 문제에서 두 번째 문제로 정보를 적절하게 전달할 가능성이 높았다. 문제들이 표면적 특성은 공유하지만 심층구조적 특성을 공유하지 않을 때, 초보자는 첫 번째 문제에서 두 번째 문제로 정보를 부적절하게 연결하는 경향이 있었다.

위와 같은 전문성 연구조사 결과는 중요한 정보를 제공한다. 이는 기존지식을 기반으로 고령근로자가 지식전달을 최적화하고, 생애전반에서 전문역량을 유지할 수 있도록 돕는 훈련 프로그램과 직무를 설계하는데 도움을 준다. 전문가들이 은퇴를 결정하는데에는 자신의 기술이 더 이상 적합하지 않거나, 갖고 있는 지식이 새로운 상황과 기술에 불충분하다고 느끼고, 동시에 전문성을 보완하기 위한 훈련을 받고자 하는 욕구가 시들해졌을 때 은퇴하고 싶은 욕구가 촉발될 수 있다. 그러나, 정보를 수집하고 처리하는 전문가의 능력을 어렵게 하는 것에는 지식의 변화뿐만 아니라 다른 생물학적 변화도 작용할 수 있다.

ADEA와 ADA법률이 직장에 미치는 영향

생물학적 나이 관점은 1967년의 고용상 연령차별 금지법(ADEA; Age Discrimination in Employment Act)에 의해 본격적으로 시작되었다. ADEA는 초반에 40세에서 65세까지의 근로자를 보호했으나, 1978년 보호범위를 70세까지 확장하며 개정되었다. 또한, 개정안은 공무원들의 의무적 은퇴를 폐지하였다. 1986년 개편된 가장 최근 개정안(177쪽 참조)은 특정 예외사항을 제외하고 최대 연령 제한을 없앴다. ADEA에 따르면, 고령근로자는 40세 이상의 활동적인 근로자를 말하며(Snyder & Barrett, 1988), 고령근로자로 분류된 자들은 모두 특정 차별에 대한 보호를 받게 된다. 예를 들어, 고령자들은 능력과 생산성의 저하에 대한 고정관념으로 인한 차별로부터 보호받게 된다.

1990년 가결된 미국 장애인법(ADA; Americans with Disabilities Act)은 장애인뿐만 아니라 노인들에게도 추가적인 보호를 제공하는데, 이는 노년과 관련된 많은 질병들을 이제는 장애로 분류하는 것이다(Papinchock, 2005). 나이를 근거로 고령근로자의 능력에 대한 어떤 선입견 때문에 그를 고용하지 않거나 승진시키지 않는 것은 불법이고, 이는 조직에 대한 소송으로 이어질 수 있다.

ADA는 장애를 생리적 장애나 질환, 외관상 기형, 하나 이상의 신체 시스템(신경계, 근골격계, 특수감각기관, 호흡계, 심혈관계 등)에 영향을 미치는 해부학적 손실로 정의하였으며, 이는 전염성과 질병 또한 포함한다. 하지만, 개인이 처방대로 약물을 복용하지 않거나 처방전을 읽을 수 없는 경우에는 판례에 따라서 장애인으로 간주되지 않는다. 결핵이나 HIV와 같은 전염병은 장애로 간주된다(School Board of Nassau County v. Arline, 1987).

ADA는 고용주가 감각, 신체 또는 말하기 기술에 장애가 있지만 자격을 갖춘 지원자 또는 직원에게 고용시험을 시행할 때 합리적인 편의를 제공할 것을 요구한다. 이 때 합리적인 편의가 어떤 상황에서는 만족스러울 수 있지만 다른 상황에서는 그렇지 않을 수 있다는 것을 염두에 두어야 한다. 시험 형식은 장애를 유발하는 기술을 사용할 필요가 없도록 설계되어야 하고, 아주 명확한 직무분석을 통해 필수적으로 판결된 기술과 경험, 교육수준만을 테스트해야 한다. 위에서 설명한 직무분석 기술이 정확하고 철저하게 수행되었을 때 이 요구사항에 필요한 디테일을 제공할 것이다.

여기서 고용주에게 강조할 것은, 고용시험에서는 편의를 제공하되 직업에 대한 자격요건을 변경할 필요는 없다는 것이다. 또한 고용 전 개인에게 건강검진을 요구할 수 없는 것처럼, 이러한 법적사항은 장애인뿐만 아니라 노년층에게도 도움이 될 것이다. ADA는 모두가 자신의 자격을 증명해 보일 수 있도록 기회를 주도록 요구한다. 만약, 고용주가 자격증명 후에 가장 적합한 지원자를 선택하지 않는 경우, 이는 차별행위이고 지원자에게는 소송을 추진할 명분이 생기게 된다. 거듭 강조하지만, 고용주가 기준을 바꾸거나 차별방지 프로그램을 개시할 필요는 없다. 또한 출석과 같이 업무에 중요한 모든 기능은 필수기능으로 간주할 수 있다. 그렇기에 일에서 매우 중요한 기능(드물지만, 소방관이 건물 밖으로 사람을 운반해내는 것처럼)은 그 직업을 갖기 위해 반드시 필요한 필수기능으로 요구해도 타당하다(Landy, 1992).

미국 장애인법(ADA)은 더 나아가 고령자, 특히 심장마비나 뇌졸중 같은 질병에서 회복되어 돌아오는 이들에게 추가적 보호조치를 제공해야 한다. 직원이 발병 전 직책을 유지했다는 사실만으로도 이미 자신의 자격을 입증한 셈이기에, 회복 후 합리적인 편의를 통해서라도 업무의 필수기능을 수행할 수 있다면 직장으로 복귀할 수 있어야 한다(Sterns & Barrett, 1992).

사람들은 나이를 먹음에 따라 더 많은 장애와 제한을 갖게 될 수 있지만, 이러한 변화는 대부분의 고령자들에게 큰 영향을 미치지 않는다. 또한, 장애는 정상적 노화의 결과라기 보다 유전, 사고, 질병의 결과이다. 현재 시행 중인 법률은 장애를 가진 고령근로자뿐만 아니라 젊은 근로자들까지 보호한다. 고령자가 장애를 갖게 되었을 때, 그들은 그들의 장애를 수용하는데 필요한 지원을 받으며 일의 내외적 보상을 계속 받을 수 있어야 한다.

ADEA가 "나이"를 이유로 한 차별을 금지한다는 법률문서임에도 불구하고, 이제까지의 법적해석과 판결은 여러 과학적인 증거를 반영하지 못했다. Hazen Paper Co. 대 Biggins, 507 U.S. 604 (1993) 사례에서 미국 대법원은 ADEA가 나이에 대한 부정확하거나 낙인을 찍는 고정관념에 근거한 행동만 금지한다고 해석했다. Kentucky Retirement System 대 EEOC, 554 U.S. ___, 128S.Ct. 2361 (2008) 사례에서는 연령을 연금수당 자격결정의 명시적 요인으로 사용하는 것이 차별적이지 않다고 판단했다. 70년 동안 고용과 연령에 관한 연구가 지속되었음에도 불구하고, 연구결과는 아직 연령차별적 고용사례를 판단하는데 결정적 요인이 되지 못하고 있는 실정이다.

최근 미국 "노인복지부"가 "지역사회생활부"로 변화하며 노화와 장애에 대한 문제를 새로운 시각으로 함께 고려할 수 있는 기회를 제공하고 있다. 지역사회생활은 'aging-in-place(AIP; 살던 집과 공동체에서 안전하고 자립적으로 살고자 하는 욕구를 반영한 트렌드),' 그리고 지역사회참여란 개념을 구현하는 삶의 방식이다. 지역사회생활로 초점을 옮기면 행정부서는 노화와 장애를 함께 경험하는 이들의 욕구를 반영하는 방향으로 정책과 연구방향을 다시 설정할 수 있다. 이러한 정책과 연구는 모든 문화와 경제적 배경의 사람들이 직장과 은퇴 후 삶에서 age-in-place하도록 돕는 새로운 해결책과 개입을 설득력있게 제시할 것이다.

근로자의 생산성을 생애 전반에 걸쳐 연장시키기

고령근로자가 흐름에 뒤쳐지지 않고 유능함을 유지하도록 돕는 근로환경 설계는 동기관련 연구의 중요한 응용분야이다. 나이관련 요소(예: 시력 감소)를 고려한, 연령에 민감한 훈련장비의 설계는 고령학습자와 고용주에게 많은 이점을 제공한다.

첫째, 이러한 장비들(특히 스마트폰과 태블릿을 포함하는 모바일 기기들)은 고령근로자가 과업의 요구에 적응할 수 있도록 여러 보상행동을 가능케 한다(A. Sterns, 2005). 안전점검 신호를 더 많이 제시하는 등의 여타 조정사항들도 고령근로자에게 상당한 영향을 미칠 수 있다. 둘째, 작업기억을 온전히 배우는데 쓰지 못하게 하는 주의분산 요소를 제거한다면 훈련 자료에 대한 보다 깊이있는 학습이 이루어질 수 있을 것이다. 훈련 프로그램 설계 단계에서 연령관련 요인을 고려한다면, 연수생(특히 고령자들)의 훈련가능성에 대한 기대감과 직무수행 능력이 향상될 것으로 예상된다.

조직의 관점에서 교육과 장비의 적절한 설계·재설계가 고려되지 않는 경우, 상당한 잠재적 생산성의 손실이 발생할 수 있다. 조직이 놓쳤던 것들이 있다면, 교정 훈련 프로그램, 개선된 선발과정이나 감독기술 등을 통해서 놓친 것을 바로잡아야 한정된 시간, 자본, 인적자원을 최대한 활용할 수 있을 것이다(Howell, 1992). 조직차원에서 장비 디자인을 고려할 때 사람-기계 시스템의 인지적 하위체계를 평가하고 이해하여 직원과 장비의 특성이 적합하게 짝을 이루도록 하는 것 또한 중요하다. 고령근로자의 경우, 이러한 적합성은 특히 중요하다.

다음 섹션에서는 고령자들의 업무경험을 향상하기 위해 고안될 수 있는 근무환경 개입의 구체적인 예를 다룬다.

조직 차원의 개입법 제안

인체공학적 문헌에서 다루어진 구체적인 근무환경 디자인 고려사항과 이것이 고령근로자에게 가지는 의미에 대해 논의하고자 한다. 예를 들어, 작업공간 및 컴퓨터 디자인은 고령근로자의 필요를 구체적으로 고려할 수 있는 두 영역이다. 또한, 훈련된 기술을 근로지로 연결하는 것은 고령근로자에게 적합한 교육프로그램 설계를 논의할 때 고려해야 할 실질적인 문제이다(A. Sterns & H. Sterns, 2007).

일반적 근무환경 디자인

Fisk와 동료들(2009)은 조명밝기를 전반적으로 높이는 것이(예: 특히 계단의 상하, 복도 및 엘리베이터) 고령자들에게 중요하다고 제시했다. 고령자들은 어두움에 시각적으로 적응하는 능력이 저하되었기에 조명수준이 갑작스럽게 확연히 바뀌는 것을 피해야 한다. 예를 들어, 생산공장을 설계할 때 일괄적인 조명수준을 고려하여 여러 영역에 조명을 설치하고, 특히 장애관련 위험이 있는 실내공간(예: 낮은 곳으로 내려가는 턱)에서는 밝은 조명에서 어두운 조명으로 급작스럽게 바뀌지 않도록 해야 한다.

고령자일수록 색상구분에 어려움을 가지므로 파란-초록 계열의 색을 사용한 재료는 피하고, 같은 부류의 색을 사용하지 말아야 한다(예: 계단이나 높낮이가 다른 곳에 동일한 부류의 색상의 카펫을 사용하지 말아야 한다).

온백색 전구와 눈부심이 없는 컴퓨터 화면을 사용하면 근로지의 눈부심을 줄일 수 있다. 또한, 사무실 디자인에는 밝기 조절이 가능한 조명이 포함되어야 한다.

연령이 높아질수록 작은 글씨를 읽는 것이 힘들어지기 때문에, 문서(예: 글꼴크기 최소 8mm 이상)나 표지판(예: 최소 15mm 이상)을 인쇄할 때 더 큰 글씨로 하여야 한다. 노화로 인한 시각적 쇠퇴를 보완하는 또 하나의 방법은 대조(목표 밝기)를 높여주어 시각적 식별능력을 향상시키는 것이다.

작업공간 디자인

잘 설계된 업무공간의 중요성은 아무리 강조해

도 지나치지 않을 것이다. 하지만 일반적으로 사무실 장비를 디자인할 때, 관련인구의 5~95 백분위에 해당하는 대부분의 사람들의 특성(예: 작업공간에서의 양팔이 닿을 수 있는 거리, 근로자의 앉은 키)에 맞추도록 되어있다. 일반 장비디자인은 평균적인 근로자의 신체적 특성에 초점을 두는 경향이 있지만, 연령에 따라 신체적 변화(예: 신장감소)가 있기에 이것은 고려해야 할 사항이다.

고령근로자의 신체적 변화가 장비설계에 있어서 중대한 조치를 요구하진 않지만, 65세가 넘은 인구의 비율이 전체 인구의 약 17%를 차지할 것으로 예상됨에 따라, 조직에게는 여전히 고려해야 할 사항이 된다(Sanders & McCormick, 1993). 앞으로는 연령관련 체격 변화(예: 키, 몸무게)에 초점을 맞춘 연구도 볼 수 있을 것이다. 고령자의 인체공학적 욕구와 관련하여, 수평적 작업대 설계, 좌식작업대 높이, 입식작업대 높이가 앞으로 필요한 연구영역이 될 것이다.

적절한 좌석 디자인은, 직원의 신체구조와 작업공간의 물리적 요구(예: 책상/테이블의 디자인, 키보드와 의자의 위치에 따른 손 닿는 거리) 간의 관계를 고려함으로써, 컴퓨터 사용자에게 편안함과 신체적 지원을 제공할 수 있다(Sanders & McCormick, 1993).

고령자가 무거운 물체를 운반해야 할 때 기계식 리프트를 사용함으로 근력손실을 보완할 수 있다. 고령근로자가 짐을 운반해야 할 경우, 짐을 몸에 가깝게 유지하며 몸이 구부러지거나 비틀어지지 않도록 해야 하는데, 이러한 조건은 창고시설을 재정리하고, 무거운 물건은 운반도구를 쓸 수 있도록 조치함으로써 만들 수 있다. 또한, 운반작업 사이에 휴식을 할 수 있게 하며 넘어지는 위험을 줄이기 위해 발에 마찰력이 있는 작업공간을 설계해야 한다.

이동성의 변화를 고려한 한가지 제안은 조립라인 사이에 "완충재고"를 사용하는 것이다(Welford, 1988). 완충재고는 조립라인 또는 공정라인에 여분으로 공급되는 소량의 조립품인데, 완충재고를 사용하면 더 많은 노동시간을 필요로 하는 품목의 영향을 최소화 할 수 있다. 완충재고는 조립라인

속도에 맞추어 지나가지만, 더 느린 속도로 다시 채워지기에 이러한 완충은 시간외근무나 근로자 수의 증가를 통해 보충될 수 있다.

컴퓨터 디자인

컴퓨터 사용자의 작업공간을 설계하는 것 외에도 컴퓨터 자체의 디자인 역시 중요하다(Charness & Bosman, 1990). 고령자가 컴퓨터를 효과적으로 사용할 능력은 검증되었지만(Czaja, 2001; Elias, Elias, Robbins & Gage, 1987; Gist, Rosen & Schwoerer, 1988; Hartley, Hartley & Johnson, 1984; Jay & Willis, 1992) 젊은 사람들보다 그러할 확률은 낮다(하지만 빠르게 따라잡고 있다). 스마트폰 보급률이 급증하면서 미국의 청소년, 성인 및 고령 소비자의 절반 이상이 스마트폰을 사용하게 되었다. 2010년 2분기에 55세 이상 성인의 25% 이상이 스마트폰을 가지고 있었고 그다음 분기에 30%로 증가하였다. 많은 수의 고령자들이 태블릿 또한 사용하고 있다.

모바일 태블릿 사용에 대한 공식적인 연구는 아직 없지만, 스마트폰 교육에 대한 연구는 소수 존재한다(Mayhorn & Sterns, 2006; Sterns, 2005). 예를 들어, 고령자들을 대상으로 컴퓨터 훈련을 실시하면 컴퓨터에 대한 그들의 태도가 향상하는 것으로 나타났다(Jay & Willis, 1992; McNeely, 1991). 인체공학적 관점에서 볼 때, 컴퓨터의 디자인은 사용자 편의성에 영향을 줄 수 있다. 끊임없이 변화하는 형태요소(form factor)로 인해 고령자에게 어떤 디자인이 가장 효과적인지는 계속 논의되고 있는 과제이다. 앞에서 언급했듯이, 눈부심이 없는 컴퓨터 화면을 설치하면 노화로 인해 눈부심에 따른 민감성이 증가하는 문제를 개선할 수 있다. 또 다른 측면으로는, 고령자는 고정식 컴퓨터 화면에서 정보를 읽는데 어려움을 주는 이중초점 또는 삼중초점 안경을 착용하고 있을 수 있다는 것인데, 이러한 유형의 안경을 쓰는 고령근로자에게는 조정 가능한 컴퓨터 화면이 정보를 더 쉽게 읽을 수 있게 할 것이다. Charness and Bosman(1990)은 또한 마우스를 사용하도록 하면 노인과 젊은 성인 사이의

컴퓨터 사용 속도차이를 줄이는 데 도움이 된다는 연구결과를 확인했다. 이에 Fisk와 동료들(2009)은 마우스의 민감도를 조정하여 고령 사용자의 기능에 맞추는 방법을 강조했다. Jaschinski-Kruza (1990)에 의해 제안된 또 다른 작업공간 디자인 문제는 고령 컴퓨터 사용자는 컴퓨터 화면과 좀 더 거리를 두는 것이 편할 수 있다는 것이다. 따라서 이러한 조정이 허용되는 작업공간이 가능한 대책으로 고려된다.

결론 및 미래 연구자와 실무자를 위한 권고

조직은 물론, 경력을 자기관리하는 개인 모두 직업환경의 많은 변화에 대처하고 있다. 자주 논의되지 않는 한 가지의 변화는 근로자의 나이에 따른 변화이다. 평생 극한 인지능력 저하를 경험하지 않는 사람도 있지만, 많은 고령자들이 신체적, 감각적, 그리고 어느 정도의 인지적 능력의 저하를 경험하게 되는 것은 분명하다. 그러나, 이러한 기능저하가 직무수행에 미치는 영향과, 어떤 효과적인 인체공학 디자인을 통해 이 기능저하가 개선될 수 있는지는 아직 명확하지 않았다. 또한, 오늘날의 조직들, 그리고 곧 거의 두배나 많은 고령근로자를 갖게 될 미래의 조직들이 이런 이슈에 대해서 어느 정도로 초점을 맞추고, 관찰하고 행동해야 할 것인지도 명확하지 않았다.

연령관련 감퇴(예: 감각 저하)를 개선하기 위해 여러 인체공학적 해결책들이 있지만, 동시에 기억해야 할 점은 두드러진 연령관련 기능저하를 겪지 않는 일부 성인도 있다는 것이다. 또한, 이러한 인체공학적 개입이 실제로 고령근로자에게 유의미한 개선효과를 미치는지 검증한 연구가 상대적으로 부족한 실정이다. 따라서, 근로지에서 고령자를 위한 인체공학적 개입의 실제적인 효과를 이해하기 위한 연구는 권장되는 중요한 연구영역이다.

추가적으로 고려해야 할 업무관련 이슈는 근로지에서 받는 스트레스이다. 직장 스트레스의 원인으로는 정보 과부하, 장비부족, 장비 설계상의 결함과 같은 업무관련 요인이 있고, 인구과밀과 같은 대인관계 요인, 환경요인(예: 소음, 열, 조명, 먼지 및 불결함), 그리고 신체적·경제적 안전 및 자존감에 대한 개인적인 위협을 느끼는 것도 포함된다.

스트레스에 대처할 때 개인의 성격, 태도 및 대처기술과 같은 요인이 매개역할을 한다. 즉, 이 요인들로 하여금 스트레스의 주관적, 인지적 영향이 완화될 수 있다는 것이다. 인지된 스트레스가 신체적으로 드러나는 과정에 관련된 매개요인을 이해하는 것 또한 중요하다. 고령근로자의 경우, 정보 과부하 또는 대기오염과 같은 스트레스 요인이 확대되어 느껴질 수 있다. 예를 들어, 노인들은 젊은 근로자보다 일반적인 실내공기 오염물질인 일산화탄소의 영향을 더 많이 받는다. 인지된 스트레스의 영향을 조절할 수 있는 신체적 자원이 부족하기 때문에, 고령근로자들은 스트레스로 인한 어려움을 결과적으로 더 많이 겪게 될 수 있다. 스트레스는 신체적인 징후로 이어질 뿐 아니라 직업수행과 만족도까지 하락시킬 수 있기 때문에 작업설계 및 환경과 같은 스트레스 요인을 통제하면서 고령근로자가 스트레스를 더 잘 견딜 수 있게 도와 줄 방법을 사용해야 한다. 향후, 스트레스에 더 취약한 고령근로자들을 최상의 상태로 무장시키는 방법에 대한 연구가 또 다른 초점이 되어야 할 것이다.

근무지의 디자인적 특성은 장애 발생률과 관련이 있는 것으로 밝혀졌지만, 이러한 디자인이 고령근로자의 업무수행에 미치는 구체적 영향은 조사되지 않았다. 이 문제와 관련하여 간접적인 증거를 제시하는 다양한 연구가 있기는 하지만, 이들은 또한 상충되는 결과를 보여주고 있어 확실치 않다. 피로와 교대근무 부담에 대한 일부 연구들은 이 부분에서 젊은 근로자들이 유리할 수 있지만, 수행수준은 연령층 간에 동일하다고 말한다(Fuller, 1981; Snook, 1971; Zedeck, Jackson & Summers, 1983).

일부 연구는 고령자가 신체적인 부담이 큰 직종에서 일하기가 어려울 수 있음을 시사한다. 고령자는 육체적으로 힘든 직업을 떠날 확률이 더 높으며(Hayward & Grady, 1986), 여성은 정신적으로 어려운 직업을 떠날 확률이 더 크다. Welford (1958)의 과거 연구에서는 시간적 압박이 큰 직책에서 고령근로자들이 상대적으로 적다는 사실을 발견했다. 따라서 고령근로자들은 일부 직종에서는 부정적인 물리적 영향을 보완해낼 수 있지만 다른 직종에서는 그렇지 못하는 것일 수 있다. 그러므로 고령근로자의 수행에 영향을 미칠 수 있는 업무환경적, 신체적, 기능적, 심리적(예: 업무관련 스트레스) 특징을 파악하는 연구가 이루어져야 한다. 이 연구의 주제는 특히 고령근로자가 두 번째 직업(예: 더 작은 규모의 사업에서 기업가적 역할)이나 이전의 주 경력과 유사한 교량적 직업을 갖게 될 때 특히 중요하다.

물리적 환경의 단순한 영향 외에도, 연구는 근무환경의 열악한 디자인을 완화시켜주는 심리적 측면을 조명했다. 그 중 발전 가능성과 같은 일의 심리적 요소가 업무환경의 악영향을 조절할 수 있음으로(Hayward & Grady, 1986), 직업의 물리적 측면과 함께 심리적 측면도 고려하는 것이 중요하다. 근로지는 노인들의 건강을 증진할 수 있도록 디자인 되어야 하며(예: "웰니스(wellness)" 프로그램 실시), 직업은 정신적 자극, 자율성, 발전 가능성을 촉진하도록 설계되어야 한다.

장애, 빈곤, 인종차별, 성 차별, 연령차별 또는 다른 형태의 사회 억압으로 인해 무시되고 잊혀진 사람들의 삶의 질을 다루는 것은 중요한 과제이다(Blustein et al., 2008). 이러한 사람들이 보다 성공적이고 성취감 있는 근무경험을 가질 수 있도록 하는 고용기반 접근과 프로그램이 절실히 필요하다. 소외된 사람들에게 시장성 있는 작업기술을 제공하는 것은 어떤 시기, 어떤 나이에라도 절대 늦지 않았다. 프로그램을 개발할 때 필요한 서비스는 지속적인 고용을 지원하고, 새로운 지식과 기술을 전달하고, 글로벌 자기관리 기술을 제공하는 것이다. 이로써 현재 업무를 지원하고 자원봉사를 통해 기여 하도록 하며, 성공적인 노후생활과 은퇴를 도울 수 있다. 더 나아가, 고령근로자들이 더 오래 살면서 재정적, 관계적 자원의 감소로 인해 빈곤에 빠지지 않을 수 있도록 넓고 체계적인 개입이 이루어져야 한다.

결론적으로, 점점 더 정교해지는 근무공간과 인구통계상의 변화로 인하여, 일을 원하는 고령자가 근로자로서의 삶을 연장할 수 있도록 해주는 직장에서의 인체 공학적·기술적 개입이 더욱 중요해졌다. 늘어나는 고령화 노동인구의 필요를 이해하고 충족하기 위하여 이 분야에서의 경험적 연구가 더욱 필요하다.

11장 일과 장애

엘렌 파비앙(Ellen Fabian)

초록

미국사회에서 직업은 외재적(생활수준)과 내재적(심리사회학적)으로 상당한 이점을 가져다 준다. 그러나 대다수의 장애인의 경우, 이러한 혜택에 대한 접근이 심하게 제한되어 왔으며, 때로는 거절당하기까지 했다. 사회적 시선으로 인한 장벽이나 환경적인 장벽을 경험한 다른 집단과 마찬가지로, 장애인들은 이러한 장벽을 극복하기 위해 수십년 간 투쟁해왔다. 재활분야에서는 고용장벽에 관한 많은 관심을 기울여왔지만, 사람이 일을 해야 하는 이유와 일 하는 것에 대한 장애인들의 심리를 이해하는 데에는 관심이 부족했다. 이 장에서는 일과 장애인들에 관한 역사적 이슈들, 직업재활, 태도, 그리고 여러 고용예측 변수를 소개한다. 결론부에서는 일의 심리학에 기초한 이론적 모델을 설명하며 끝을 맺는다.

키워드

장애, 일, 결함, 재활, 장애모델

서론

수백 년 동안 세계 전역의 장애인들은 사회에서 일할 권리를 박탈당하고 빈곤한 실업자 집단에 속해왔다(Barnes, 2000). 개발도상국에서 장애를 가졌다는 것은 곧 빈곤과 실업을 의미하는 것과 마찬가지이지만, 선진국이라고 상황이 좋은 것은 아니다. 예를 들어, 미국의 노동통계국(BLS; Bureau of Labor Statistics)에서 발표한 최근 자료에 따르면, 2009년 비장애인의 고용인구 비율은 64.5%, 장애인 고용인구 비율은 19.2%였다(BLS, 2010). 2009년 장애인의 실업률은 14.5%였다. 주목해야 할 점은 장애인 10명 중 약 8명은 노동인구가 아니었다는 사실인데, 이는 그만큼 많은 장애인들이 일을 하지 못하고 있었고 구직 중도 아니었다는 이야기다. 연령이 높아질수록 장애발생률이 보통 증가하기는 하지만(장애인구의 약 50%가 65세 이상), 이 자료에서 밝힌 것은 모든 연령층에서 장애인들은 비장애인들보다 노동인구에서 제외될 가능성이 높았다는 것이다. 반면, 전국 장애인 위원회(National Council on Disability)가 실시한 정기적 조사에 따르면 장애인 응답자의 60% 이상이 일하고 싶다는 의사를 나타냈다(Bertoni, 2010). 사회적, 물질적 이익을 중시하는 미국사회 속에서 일은 개인 정체성의 핵심요소이기에, 이는 놀라운 결과는 아니다.

장애와 재활연구 분야에서는 고용을 촉진하거나 방해하는 요인에 대한 긴 담론을 이어왔다. 이 담론은 일에 영향을 미치는 사람, 행동, 환경, 정치 그리고 사회세력 간의 복잡한 상호작용을 고려하며 발전되었는데, 이 장에서는 이러한 개별적이고 상황적인 요인들을 간략히 검토하고자 한다. 한편, 지금까지 장애인들이 삶 속에서 경험하는 일의 심리학적 의미에 대한 관심은 현저하게 적었다(Barnes, 2000; Shaw, Segal, Polatajko & Harburn, 2002). 이는 아마도 장애에 대한 복잡한 정치-사회적 철학이 장애의 의미를 성립하는데 기여는 했어도, 그것이 일과 복지에 대한 이론적 담론으로 확장되지는 않았기 때문일 것이다. 따라서 이 장의 목적은 이론적인 관점에서 장애인 삶 속의 일에 대해 생각해보는 것이다. 이를 위해 (1) 장애인 근로자와 관련된 정책 및 프로그램의 기원을 검토하고, (2) 업무관련 행동에 영향을 미치는 사회적, 환경적 상황에 대해 논의하며, (3) 이론적인 틀 안에서 일의 의미를 살펴볼 것이다.

장애인 근로자와 관련된 프로그램과 정책

20세기 초반부터 일 또는 고용은 직업재활(vocational rehabilitation; VR) 분야에서 핵심적인 주제였고, 역사적으로 장애에 대한 법률적 정의는 부분적인 근로능력을 전제로 하고 있다. 미국 공공VR 서비스 시스템은 1917년부터 장애인의 직장복귀를 돕도록 고안된 국가정책을 통해 발전했다(Patterson, Bruyere, Szymanski & Jenkins, 2005). 실로, 근로는 공공 직업재활 프로그램의 존재의 이유이자 목표였다. 비슷한 시기에 미국에 등장한 직업지도(vocational guidance) 운동과 마찬가지로 직업재활 서비스 제공업체들은 개인의 능력을 직업의 요구사항과 수요에 부합시킴으로써 고용목표를 달성하는 실용적인 접근법을 택하였다. 공공VR 프로그램의 초기대상은 선천적 장애가 아닌 후천적으로 장애를 가지게 된 성인들이었다. 1970년 중반까지 선천적 장애나 발달장애를 가진 어린이들은

미국의 공교육에서 제외되었고, 1975년 장애아동 교육법이 통과될 때까지 소외되거나 보호시설로 격리되었다(Loprest & Maag, 2007). 장애아동 교육법은 고용차별의 철폐를 다룬 1973년의 재활법과 함께 장애 아동 및 청소년의 교육적, 직업적, 그리고 사회적 포용(inclusion)에 대한 사회의 태도와 공공정책의 극적인 변화를 반영했다. 그러나 법이 비교적 최근에 제정되었고 주마다 불평등하게 실행되었기에, 결과적으로 장애를 가진 청소년들은 열등한 학업적 경험을 하게 되었고, 이는 그들의 취업을 매우 어렵게 만들었다(Loprest & Maag, 2007).

발달장애 아동을 포함한 교육정책의 전환은 성인들을 위한 서비스 제공에도 영향을 미쳤다. 공공직업재활 시스템의 초기의도는 후천적 장애인들을 재교육하여 재취업을 용이하게 하는 것에 초점을 맞추었고, 선천적 장애가 있는 성인을 대상으로 한 지역사회기반의 직업재활 프로그램(CRP)은 1970년대 후반부터 급증했다. 초기에 직업교육 프로그램은 "보호된 워크숍(sheltered workshop)" 또는 "과도적 취업 프로그램(transitional employment programs)"이라 불렸으며, 분리된 작업환경에서 진행되었다. 이러한 CRP의 목표는 경쟁력 있는 일자리로 복귀하도록 돕는 것이었지만, 성인 프로그램 참가자의 대다수는 결코 이 목표를 달성하지 못했다. 1980년대 후반까지도 국가적 인센티브와 실행가능한 고용지원 모델이 부족했기 때문이다(Cimera, 2008). 하지만 확대된 인센티브와 현저히 늘어난 지원금에도 불구하고, 아직 개인이 CRP를 떠나 일을 찾고, 고용을 유지할 가능성은 희박하다(Revell, Kregel Wehman & Bond, 2000). 장애인 고용이 전반적으로 열악한 상황이지만, 상당한 발달장애를 가진 사람들의 경쟁적 고용률은 25% 미만으로 최근 보고되었다(Winsor & Butterworth, 2007). 후천적 또는 선천적 장애인이 직면하는 이러한 어려움들을 동기부여 및 고용유지와 관련하여 이 장에서 다루고자 한다. 그 전에, 무엇보다도 장애의 정의를 탐색하는 것이 중요하다.

장애의 정의

장애를 가진 사람들에 대한 일의 심리를 이해하기 위해 먼저 파악할 중요한 맥락은 장애의 정의이다. Altman(2001)은 "장애를 논의할 수 있는 중립적 언어는 없겠지만, 이미 오염된 언어와 사용되고 있는 범주의 문제가 정의에 영향을 미치고 있다(p.97)"고 명시했다. 미국에서는 장애인구에 대한 국가적 추정치가 2,500만에서 5,000만에 이르기 때문에, 장애의 정의에 대한 혼란은 여기서부터 짐작할 수 있다. 요즘 떠오르는 정의적 근원은 개인의 주관적 관점에 있기에 더욱 그럴 것이다. "나의 장애란 타인이 보는 장애다(Frank, 1988)"란 문구는 장애를 정의하는 데 나타나는 역설적 어려움을 보여준다. 성이나 인종과는 달리 "장애"는 사람들이 스스로 자신의 소속을 증명하거나 기록해야 하는 때가 많은 동시에, 그렇게 함으로써 장애인 고용 접근과 승진에 대한 고정관념과 부정적인 태도를 일깨우게 된다. 게다가 Stone(1984)과 여타다른 연구자들이(Albrecht & Bury, 2001) 관찰한 바와 같이, 미국(그리고 서구) 역사에서는 장애를 "특권적" 상태로 보기도 하였다. Stone은 장애라는 꼬리표가 건강보험, 소득이전수당, 주택 바우처 등과 같은 경제적, 사회적 혜택을 부여하기 때문이라고 설명한다. 물론, 이런 혜택들의 가치가 없지는 않다. 하지만 근로자로서 받는 경제적, 사회적 그리고 사회심리적 이익이 장애보상 수혜자의 "특권적" 지위보다 훨씬 더 크다는 것은 분명하다. 동시에, 정부의 장애보상 프로그램이 직장복귀를 계속해서 저해하고 있는 부분도 주목해야 한다. 수혜자가 일에 복귀하였을 때 발생하는 상대적인 손실과 위험 비용은, 보상 프로그램이 제공하는 작은 수입보다 건강보험 혜택(미국 메디케이드나 메디케어)에 있다(Orszag, 2010). 이러한 일들이 개인의 삶에 미치는 영향은 일의 의미와 일에 참여함으로써 발생하는 사회적 및 재정적 비용과 관련이 있다. 개인의 의미부여와 의사결정에 국가정책이 영향을 미칠 수 있는 영역 중, 아마 이보다 더 중요한 영역은 없을 것이다.

미국에서 장애가 법적으로 정의된 방식에는 미국의 사회적 태도가 어느 정도 반영되어 있다. 예를 들면, 1970년대 이전에 제정된 재활법(Rehabilitation Act)에서 미국정부가 내린 장애의 정의는 전적으로 개인의 생물학적 한계에 한한 것이었다. 이러한 "의료적 모델" 관점은 "장애를 고려한 훈련(Altman, 2001)," 또는 근로자가 가진 장애상황을 직업에 맞추는 직장복귀 서비스를 고안해냈다. 예를 들면, 청각장애인에게는 과도한 소음이 작업에 어려움이나 부담이 되지 않기 때문에, 출판사 제작 부서에 고용되었다. 1970년대 장애인 인권운동의 등장과 함께, 엄격했던 장애의 생물학적 정의가 확대되어 환경이 개인의 기능에 영향을 미치는 정도를 장애의 정의에 포함하게 되었다. 1973년 재활법과 그 이후의 개정안과 같은 법의 의도는 단순히 개인의 장애가 아니라, 환경과 사람 간의 상호작용이 고용장벽을 만든다는 것을 강조했다.

이 관점은 1990년대 미국장애인법(ADA)에서 점진적으로 발전되었다. ADA의 보호를 받는 "장애인"은 (a) 육체적, 정신적 또는 정서적 장애가 있는 사람, (b) 과거 장애를 가졌던 사람 그리고 (c) 장애가 있는 것으로 간주되는 사람이었다. 의회의 의도는 장애로 인한 실제적 제한뿐만 아니라 부정적인 태도와 고정관념으로 인해 생긴 한계점에 근거한 고용차별을 방지하기 위한 것이었기 때문에, "나의 장애는 다른 사람들이 보는 장애"라는 표현은 ADA에서 성문화(codified)되었다(Dart, 1993). 흥미롭게도 이후의 대법원 판결은 장애의 정의를 넓히고자 했던 의회의 의도를 심하게 제한하기 시작했는데, 더 극심한 제한을 막고자 의회는 2009년 ADA 개정안을 제정하기까지 했다. 이 국가정책은 장애의 "시민권" 모델이라고 불린다(Altman, 2001). 그러나 사회보장법(SSA, 2009)은 장애를 아직 근로무능력으로 정의하고 있어, 개인이 "총체적인 무능력"을 문서로 증명해야만 소득이전과 의료혜택을 받을 수 있다. 이와 같이 "의학적" 또는 생물학적 결정자 모델은 여전히 강하게 남아있다. 안타깝게도, 한 개인이 사회보장 프로그램의 수혜자가 된 후 직장 복귀할 가능성은 1% 미만으로 측정되는데, 앞서 말한 정의적 제한의 결과라고 볼 수도 있겠다(Orszag, 2010).

　　장애를 정의하기 위한 현대적 모델로는 2001년 세계보건기구(World Health Organization)에서 소개한 모델이 있다(WHO, 2002). WHO가 개발한 ICF (International Classification of Functioning) 모델은 역동적인 생물심리사회적 접근방식을 기반으로 장애를 정의하고 측정한다(그림 11.1 참조). ICF는 생물학적 결함을 가진 사람이 개별적인 환경과 상황에 따라 기능장애를 겪을 수 있는 경우를 설명하기 때문에 단순하게 장애를 정의하는 것이 아닌 "장애 프로세스"의 상호작용 모델이다. 이 모델에서 "불능화 프로세스"는 단순히 장애의 유형이나 심각성만이 아닌 신체, 개인 및 환경 간의 상호작용을 뜻한다. 따라서, 일반적인 환경에서 개인의 건강상태는 직접적으로 기능적 장벽을 만들어 내지는 않지만, 인종, 성별, 심리적 성향과 같은 개별 상황요소, 특정기능 영역의 사회적 태도, 그리고 자원에 의해 조절될 수 있다는 것이다.

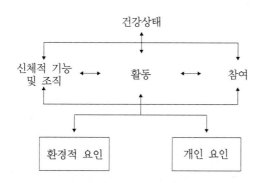

그림 11.1　장애, 건강 및 기능의 모델
세계보건기구(2002). 기능, 장애 및 건강을 위한 공통 언어를 향하여: ICF. 세계보건기구, 제네바: 저자. http://www.who.int/classifications/icf/training/icfbeginnersguide.pdf

　　ICF는 개인이 취업을 원하거나 유지하기로 한 결정에 대해 다양한 상호작용을 탐구하기 위한 포괄적인 체계를 제공한다. 예를 들면, 운동범위 장애가 있는 관절염 환자는 대기업의 회계전문가라는 직업을 고려했을 때 여러 입장에 처할 수 있다. 근로환경이 엘리베이터나 대체적으로 컴퓨터 소프트웨어 기술(타이핑보다는 말하기)과 같은 보편적인 설계요소를 가지고 있고, 주변 지역사회에서 적절한 대중교통을 제공할 때는 그가 근로를 결정하는 데 있어 개인적 요소들이 더 핵심이 될 것이다. 이런 개인적 요소에는 연령, 혼인 여부, 교육수준, 대처능력이나 자기효능감과 같은 심리적 특성이 포함된다(Szymanski & Hershenson, 2005). 환경적 요소로는 개인의 재정적 자원, 사회적 자원뿐만 아니라, 연금 및 건강보험 혜택과 같은 특정 장애 혜택을 받을 수 있는 자격이 포함된다. 또한, ICF 모델에 명확히 규정되어 있지 않지만 의사결정에 해당되는 다른 요소들은 이 장의 후편에서 논의할 것이다. 여기에 포함되는 요소들은 근로에서 파생되는 혜택들에 대한 개인평가, 그리고 이와 비교검토되는 장애의 위험요소가 있다. 마지막으로, 장애를 둘러싼 사회정치적, 문화적 맥락(예를 들어, 경제적 자급자족이나 독립성에 대한 가치관) 또한 근로결정에 영향을 미칠 수 있다.

　　인간이 내리는 정의에는 영향력이 있는 것이 분명하나, 개인이 자신이 가진 육체적 결함을 정의하는 방식은 문화적이고 개인적인 가치뿐만 아니라 지배적인 사회적 태도와 국가정책에서도 영향을 받는다. 장애는 성(gender)과 같은 "실체(thing)"가 아니라 인식(Davis, 2001)이다. Davis(p.536)는 "장애는 신체화(somaticize) 될 수는 있어도 성이나 인종처럼 본질화(essentialize) 될 수는 없는 포스트모더니즘적 정체성이다"라고 말했다. 아마도 이런 이유로 장애인들은 다양성과 다문화주의에 관한 담론에서, 대학수업, 교과과정과 교과서에서 제외되었을 것이다. 또한 Davis는 다양성에 대한 연구의 부족함을 장애의 "다공적(porous)" 성격의 결과(누구나 장애인이 될 수 있고, 장애가 치유될 수 있음으로)로 지적한다. 더욱이, ADA에 포함된 장애질환만 해도 HIV, 다운증후군, 실명, 실독증과 정신분열증 등을 포함하여 1,000가지 이상이 있어, 장애라는 개념은 광범위하고 이질적인 범주에 속한다. 이러한 특징이나 요소들은 정치적, 사회적 및 개인적인 영역에서 장애의 의미를 "본질화"하는데 있어 어려움과 모순을 만들어낸다. 이러한 기본적인 문제는 장애인(막대한 이질집단)이 삶의 의미와 일의 의미에 대해 어떻게 생각하는지 이해하는 데에 매우 중요하다.

월마트에서 호객점원으로 첫 번째 직업을 구한 지적장애인과 자동차사고로 휠체어와 함께 수업에 필요한 컴퓨터 보조장치를 가지고 교실로 돌아 온 교수에게 일은 다른 의미가 있을까? 두 사람 모두 일을 하기로 결정했고, 두 사람 모두 노동인구에서 제외될 수 있는 국가수당 프로그램에 참여할 자격이 있다. 미국에서는 생산성 저하 조건들(결함, 육아, 고령화)이 사회적, 경제적 생산성의 의무로부터 개인을 해방시켜 주기 때문이다(Stone, 1984). Stone이 말했듯, "지원받아야 마땅한 빈민(deserving poor)"인 장애인의 경우, 심리적, 사회적, 문화적, 환경적 상황 중 어떤 것이 그들이 점원이나 교수로 다시 일할 동기를 유발했을까? 이러한 문제들을 이해하는 것이 장애인들이 그들의 삶에서 느끼는 일의 의미를 이해하기 위한 기본일 것이다.

(장애인) 고용과 관련한 개인적·환경적 요인

장애인들은 현 노동시장에서 그들만의 목소리를 내지 못하고 있다. 그 이유에 대해 학자들은 수십년 간 노동시장의 공급측면(노동공급)과 수요측면(일자리)의 관점에서 연구해왔다(Gilbride & Stensrud, 1999). 공급측면의 연구는 개인적 특성, 사회의 인구학적 문제, 장애와 건강상태, 그리고 이러한 요소들이 고용 촉진요소 혹은 장벽으로 작용하는 방법을 조사했다. 이러한 연구는 주로 노동시장의 성과와 관련된 요인을 연구한다. 수요측면의 연구는 사회적 태도와 환경적 장벽에 중점을 두고 있으며, 이 연구의 규모는 더 작다. 장애가 있는 사람들이 취직하거나 직장으로 복귀하기 위한 의사결정을 할 때 영향을 미치는 요인이나 그 영향을 조사한 연구는 많지 않다(Shaw et al., 2002). 흥미롭게도, 일의 의미와 혜택과 같이 넓은 영역에 초점을 맞춘 연구는 정신과적, 인지적 장애가 있는 사람들을 대상으로 이루어졌는데, 아마도 이들이 공통적으로 경험한 억압의 역사와 심리학, 정신의학, 재활, 교육 등의 분야에 대한 연구의 종합적 특성 때문이었을 것이다(예: Grob, 1994; Wolfensberger, 1972). 이 섹션에서는 직장 내 태도에 대한 논의로 시작하여, 장애인 일자리 진입 및 재진입에 영향을 미치는 사회적이고 정치적인 정책을 검토할 것이다.

고용주의 태도

장애인 고용에 대한 고용주의 태도는 장애의 유형마다 다르지만(Dalgrin & Bellini, 2008; Unger, 2002), 전반적으로 긍정적이었다(예: Hernandez, Keys & Balcazar, 2000, Unger, 2002). 차별적 태도는 정신의학적 장애 및 기타 보이지 않는 장애(예: Beatty & Kirby, 2006; Corrigan, 2004; Matthews & Harrington, 2000)와 같이 사회적 낙인이 찍힌 장애(대중에게 잘 알려지지 않은 장애)에서 더 보여진다. 이 경우, 고용주의 태도는 소송에 대한 두려움, 장애의 본질에 대한 회의감, 또는 장애를 단순히 개인의 잘못으로 여기는 고정관념을 반영한다(Balser, 2007; Florey & Harrison, 2000).

장애인 고용에 대한 태도는 전반적으로 긍정적이지만, 태도와 실천 사이에는 상당한 격차가 있다. 예를 들어, 최근 전국에서 400만개 이상의 기업을 대상으로 실시된 설문조사를 보고한 미국 노동부(Domzal, Houtenville & Sharma, 2008)의 결과에 따르면 대기업(250 명 이상의 직원)의 19%, 중소기업의 23%만이 장애를 가진 직원이 있다고 보고했다. 반면, 최근 12개월 동안 경기침체로 전체적인 고용률이 감소하였을 때는, 9%의 고용주만이 장애인을 고용했다. 같은 연구에서 고용주들은 장애인을 고용하지 않는 이유로 "근로자의 보상비용 증가"와 "소송에 대한 두려움"같은 부정적인 고정관념을 나타내었다. 이러한 태도가 고용관행에 미치는 영향은 아직 불명확하지만, 장애인, 특히 겉으로 보이지 않는 장애를 가진 사람들이 취업 및 근로유지 단계에서 자신의 장애를 드러낸다면 부정적인 시선을 경험할 수 있다는 것은 분명하다. 이는 그들이 법적인 보호를 받기 위해 장애를 공개하도록 결정하는 데에 있어 영향을 줄 것으로 보인다.

국가정책

직장복귀에 중대한 영향을 미치는 공공정책은 보통 금전적 혜택(예: 근로자 재해보상, 장애연금, 개인 보험금)을 받을 만큼 심각한 장애의 경제적 타격을 보상하도록 되어있다. 장애유형과 재정적 보상의 정도에 따라 다른 결과를 보이는 이 분야의 연구는 꽤 복잡하지만, 공공정책이 일에 관한 결정에 상당한 영향을 미친다는 사실에서는 일치한다. 대처행동, 자아발달과 같은 개인적인 요인들과 다른 환경적 요인들(일자리의 진입성과 장벽이 없는 환경) 또한 정책과 함께 직장복귀 비율을 낮추는 역할을 할 수 있다(Dekkers-Sanchez, Wind, Sluiter & Frings-Dresen, 2010; Kennedy, Olney & Schiro-Geist, 2004). 이 점을 뒷받침하기 위해, 경제학자들은 여러 종류의 사회보장 장애연금을 받는 "많은 수"의 장애인들을 가리키며, 공공정책이 근로에 관련된 결정들을 이끌어 낸 강력한 힘의 증거라고 일컫는다. 그러나, 사회보장 수혜자 당사자들에 대한 연구에는 일반적 패턴이 나타나는데, 이는 고령화, 낮은 교육수준, 장애의 심각성 모두 직장복귀에 대한 부정적 요인이라는 것이다(Davies, Rupp, & Wittenburg, 2009; Kennedy et al., 2007). 연금과 미국의 의료 위기상황을 감안할 때 더 중요한 사항은 사회보장 장애보험이나 보충수입을 받는 수혜자가 메디케어와 메디케이드 중 하나인 국가건강보험에 가입할 자격이 주어진다는 것이다. 직장으로 복귀하는 것을 선택한 수혜자는 상대적으로 적은 연금 프로그램의 금전적 혜택보다는 의료보험과 같은 강력한 자원을 잃을 수 있다는 것을 각오해야 한다(Fabian & MacDonald-Wilson, 2005). 개인이 근로지로 돌아오면 추후 장애 프로그램 자격을 회복하는 과정이 부담이 될 수 있고, 이러한 경제적, 정치적 현실이 일을 매우 하고 싶어하는 사람의 결정행동에 실질적 영향을 미칠 수 있다(Orszag, 2010).

미국 장애인법(ADA)과 같은 법 역시 직장복귀 의사결정에 영향을 미친다. 미국 장애인법(ADA)에 따라 앞서 설명한 세 가지 정의에 "부합하는 개인"은 고용차별로부터 보호되고, "직업의 필수기능"을 수행할 때 필요한 "합리적인 편리"를 제공받을 수 있다(MacDonald-Wilson, Fabian, & Dong, 2008). 합리적 편의로는 물리적 환경의 보완, 보조기술, 조정된 근무일정과 재구성된 직무가 있다. 그러나 ADA의 보호를 요청하기 위해서는 장애인이 고용주에게 자신의 상태를 알려야 하고, 편의의 필요를 증명할 만한 의학적 증거를 제출해야 할 때가 많다. 따라서 직장에서 편의를 요구하는 행위는 고용주의 부정적인 고정관념과 태도를 불러일으킬 수 있다는 점에서 "양날의 칼"이라고 불리며, 결과적으로 이런 요구신청률조차 낮춘다는 결과가 있다(MacDonald-Wilson et al., 2008).

업무관련 행동에 영향을 미치는 개별요소

재활, 심리학과 의학을 연구하는 사람들은 후천적 장애를 갖게 된 사람들이 근로지로 돌아오는 것과, 발달장애를 가진 사람들이 취업을 시작하는 것에 영향을 미치는 생물학적, 정신사회적인 요인들을 탐구해 왔다(예: Chan, Cheng, Chan & Rosenthal, 2006; Tsang, Lam, Ng & Leung, 2000; Wehman, Targett, West & Kregel, 2005; Wewiorski & Fabian, 2004; Yasuda, Wehman, Targett, Cifu & West, 2002). 일반적으로 인구통계학적, 심리사회적 그리고 결함과 관련된 요인들이 연구되었다. 예를 들면, 취업이나 직업유지를 예측할 수 있는 자기효능감(self-efficacy)과 장애나 부상의 심각도와 같은 결함관련 요인들(예: Lancourt & Kettehut, 1992; Reisine, McQuillan & Field, 1995; Xu & Martz, 2010)은 다양한 장애연구(예: Dionne & Noven, 2011; Fabian & Leisener, 2005; Martoreu, Gutierrez-Recarchor, Preda, & Ayuso-Mateus, 2009)에서 찾아 볼 수 있다. 장애인 근로에 관한 가장 강력한 예측변수에는 교육수준, 장애 심각성, 사전 경력 등이 있다(예: Lidal, Tuan & Biering-Sorensen, 2007; Wewiorski & Fabian, 2004; Xu & Martz, 2010). 조직적 측면에서는, 근로지의 편의제공과 조직적이고 체계적인 지원(예: Chadsey & Beyer, 2001; Mank, Cioffi & Yovanoff, 1997; Schroer et al., 2005)이 취업과 직업유지(예: MacDonald-Wilson et al., 2008)에 영향을 끼친다고 알려져 있다.

개인의 장애는 육체노동(Lancourt & Kettelhut, 1992), 속도와 지구력(Shaw et al., 2002), 직장내 대인관계 문제(Novak & Rogan, 2010) 및 직장문화(Soklaridis, Ammendolia & Cassidy, 2010)와 같은 직업과 근로지의 요구사항과 함께 연구되어 왔다. 일반적으로, 후천적 장애를 가진 사람들에게는 직무의 육체적 요구가 직장복귀를 결정하는 데 가장 중요한 요인으로 작용하는 반면, 인지적 또는 심리적 장애를 가진 사람들에게는 대인관계나 근로지의 사회적 특성들이 직업유지와 깊게 연관되어 있다.

보이는 것과 같이, 취업과 직업유지를 예측하는 개인과 상황적 요인들을 살펴보고 취업과 직업유지를 가로막는 고용주의 태도와 이 외의 장애물들을 조사하는 연구들이 수십 년 간 지속되고 있다. 장애인 근로의 정치적, 경제적 맥락을 감안하여 많은 연구들은 취업을 지향하는 VR 프로그램의 개선과 현재의 사회보장 행정정책과 같은 체계적 변화와 관련되어 왔다(SSA, 2009).

장애인들의 업무참여를 방해하는 주된 장애물 중 하나는 장애정책 서비스에 남아있는 의료모델의 전제사항들이다. 이 사항들은 장애인의 고용 진입을 저해하는 정책, 문화, 체계적 문제를 개선하는 노력에 초점을 맞추어져 있는 것이 아닌 개인의 문제에 초점이 맞춰져있다. 지배적인 의료모델의 한 예로는 ADA가 요구하고 있는 일할 자격을 갖춘 장애인들이 지역사회와 고용시장에 완전히 참여할 수 있는 "합리적 편의"라는 개념이 있다. 물론 이러한 정책은 법적으로 잘못된 것이 아니지만, 정치적으로 보았을 때 사회가 환경적 장애물보다는 개인의 결함을 보상하고 있다고 가정하기 때문이다. 반면, 후자의 사회문화 정치적 접근은 본래 휠체어 사용자를 위해 설계되었지만 유모차나 자전거를 타는 사람들과 노인들도 모두 선호하게 된 단순한 연석절단(curb cuts)과 같은 "보편적 디자인(universal design)" 철학과 일치한다. 개인적인 장애를 보완하도록 설계된 해결책으로 시작되었지만, 그것은 환경적 장벽에 대한 보편적인 해결책이 되었다. 물론, 일의 세계를 모두에게 접근가

능한 사회로 만든다는 것은 어느 정도의 상상력을 필요로 하지만, 보편적 디자인 요소를 학업환경에 도입하려는 시도는 장애인뿐만 아니라 모든 학생들에게 이익이 된다는 것을 이미 보여주었다(Scott, Mcguire & Shaw, 2003). "클라우드"와 같은 새로운 기술개발은 언제 어디서나 사용할 수 있는 보조기술(예: 시각 장애인을 위한 화면 읽기(screen reader) 소프트웨어)에 보편적인 액세스를 제공해주었다. 이러한 유형의 혁신(연석절단, 클라우드)은 궁극적으로 인간의 각양 각색의 모습을 다양성의 일부로 받아들이는 사회적, 문화적인 환경을 조성하고, 후에 사람들의 태도를 변화시키고 직장의 장벽을 완화시키는 긍정적인 영향을 낳을 것이다. 이러한 일이 일어나면 다음 장에서 다룰 일의 심리학에 관한 문제들에 더 많은 관심을 기울일 수 있다.

일과 장애의 심리학

정신의학과 임상심리의 방대한 문헌자료에는 근로자의 문제에 관한 부분은 거의 없다(Neff, 1977, p.3).

장애인들은 사회의 다른 집단보다 취업을 하거나 복직을 할 때 정치적, 사회적 및 환경적인 요소에 영향을 많이 받는다. 사회의 다른 집단과 비교했을 경우, 장애인들이 취업이나 복직에 관하여 내리는 결정은 정치적, 사회적 및 환경적 요소에 영향을 더 많이 받는다. 특히 차별에 대항하고 사회적으로 포괄적인 법과 정책을 장애인들이 지지하고 일에 관한 많은 정치사회적 맥락들을 형성하는 데에 기여했음에도 불구하고, 최근 고용관련 자료에 따르면 정작 그들 자신들은 이익을 얻지 못하고 있다.

장애인에게는 노동시장의 참여가 까다로울 뿐 아니라, 일을 하더라도 해고 후의 임금문제, 정규직 또는 재취업 문제에서 비장애인보다 대우를 더 못 받는다(Burkhauser, Daly & Houtenville, 2001; Houtenville & Burkhauser, 2004).

이 장에서 다룬 내용과 같이, 재활상담과 심리학 연구의 많은 부분은 장애인의 "일하는 삶"의 동기와 혜택 등에 대한 긍정적인 영향을 조사하는

연구는 거의 없고, 대부분이 열악한 고용상황에 기여하는 복잡한 요인들을 탐구하는 데에만 전념해 왔다. 또한 직업을 얻고 유지하는 것은 사회적 태도에 대한 측면에서 어려움을 겪을 수 있으며, 만성질환과 장애를 극복하고 필요한 편의를 얻기 위해서는 개인정보를 공개해야 한다는 어려움이 있을 수 있다(Baron & Salzer, 2002).

그럼에도 불구하고, 꾸준히 발전하고 있는 재활연구에 따르면 일하는 것이 회복에서 중요한 부분을 차지하고(Alunzine, Browder, Karvonen, Test 등의) 자기결정권을 발달시키며(Dunn, Wewiorski & Rogers, 2008) & Wood, 2001; Wehmeyer & Bolding, 2008) 전반적인 삶의 질을 향상시킨다(Beyer, Brown, Akandi & Rapley, 2010). 이 장에서는 근로자들의 혜택과 그들이 생각하는 일의 의미를 이해하기 위해 장애인을 위한 일과 그 의미에 관한 문헌을 검토할 것이다.

일의 의미

Neff(1977)와 VR 분야의 개척자들(예: Hershenson, 1981; Lofquist & Dawis, 1969)은 장애인 삶에 있어서 일의 의미에 대한 연구에 상당한 관심을 가졌다. 철학적으로 VR 분야는 장애가 근로능력의 결정적 요인이라는 가정에서부터 "일하고자 하는 개인은 충분한 지원을 받는다면 일을 할 수 있다"는 지배적인 개념으로 옮겨졌다(Luecking, 2009; Wehman, Brooke, Revell, 2007). 이러한 변화된 관점은 앞부분에서 논의된 공공정책, 법률의 변화와 유사하고, 엄격한 "의료적인" 장애에서 사회적인 장애로 변화했음을 보여준다. 단순한 직업을 얻는 것보다 천직(vocation)을 선택하는 것에 초점을 맞춰서 비판 받았던 일의 심리학(예: Richardson, 1993)의 초기 담론과는 달리, VR의 역사는 단순한 직업을 얻는 것에만 초점이 맞춰져 있고 일을 선택하는 것에 대한 관심은 적다(Pumpian, Fisher, Certo & Smally, 1997; Szymanski, Enright, Hershenson, & Ettinger, 2009).

선택권에 대한 부족한 관심으로 장애인들은 대체적으로 2차 노동시장에서 "장래가 없는" 직업(Baron & Salzer, 2002; Fabian, 1999; Hagner, 2000)을 가지게 되었고, 가장 심각한 장애를 가진 사람들은 세 가지 "F"(음식, 꽃, 오물 쓰레기)로 묘사되는 패스트푸드, 수목원, 청소산업에서 일을 하게 되었다. 이러한 유형의 일자리들은(예: Fabian, 1992; Petrovsky & Gleeson, 1997) 경쟁력 있는 고용이 과연 개인의 삶의 질을 얼마나 높였는지에 대해 의문점을 품게 했다. 이후의 연구는 초급직종에서도 얻는 이득을 확인했지만, 직업을 선택하는 관념 자체는 장애연구에 있어서 아직도 골칫거리로 남아있다(Cinamon & Gifsh, 2004).

미국에서 사회적으로 구성된 '일'이란 개념은 자발성과 능력이라는 두 가지 가정에 근거한다. 전국에 있는 장애인을 대상으로 한 조사의 결과를 보면, 비근로장애인들도 일을 하고자 하는 희망을 품고 자발성을 가지고 있는 것을 알 수 있지만, 자발성이라는 것은 선택과 기회가 주어질 때야 참 의미가 있다. 이 장에서 볼 수 있듯이 부정적인 고용주의 태도에 의해 장애인의 직업선택이 제한되었고, 그로 인해 고용의 기회와 선택도 치명적인 영향을 받았다(Domzal et al., 2008; Hernandez et al., 2000). 이런 선택과 기회는 청소년기에 특수교육 프로그램에 참여하여 일반교육 경험을 받지 못한 상황(National Longitudinal Transition Study, 2005)이나 고용주의 마지못한 태도(Basas, 2008)와 앞에서 논의된 기타 장애물들 때문에 더욱 제약을 받는다.

중증 장애인에게 업무능력은 암묵적이고 명시적인 도전이 된다. 앞에서 언급했듯이, 복직을 원하며 사회보장 프로그램(사회보장 장애 소득)의 건강 및 소득 혜택에 의존하는 장애인은 직장을 찾는 동시에 업무능력 부족을 증명해야 한다. 장애인들의 또 다른 과제는 업무의 필수기능을 수행하기 위한 합리적인 편의제공을 요청하기 위해서 장애를 증명할 수 있는 증거서류를 제출해야 한다는 것이다. 이러한 상황(법적권리를 유발하기 위해 "숨겨진" 건강상태를 드러냄)은 장애인들이 업무수행에 필요한 편의제공을 요청하는 것을 꺼리는 이유를 설명해준다(Gioia & Brekke, 2003, Granger, 2000). 그들의 관점에서 보면, 업무는 "규범적 행동"과 역량을 요구하지만, 업무편의는 "비규범적" 욕구를 시사한다. 이 역설은 Neff(1977)가 말한 작업에 필수 조건 및 충분조건과 관련 있고, 필수조건은 수행 요구사항이며 충분조건은 작업환경의 심리적, 문화적, 사회적 요구를 충족시키는 조건이다.

일의 주관적 의미는 이러한 필수조건과 충분조건을 넘어선다. 현대 재활연구는 장애인들의 삶의 질에 일은 긍정적인 영향을 미친다는 것을 설득력 있게 입증했다(Schonherr, Groothoff, Mulder & Eisman, 2005; Vestling, Tufvesson, &Iwarsson, 2003). 사실, 일의 심리학의(혜택과 기회에 관한) 초기연구들은 재활심리학(Blustein, Kenna, Gill & DeVoy, 2008), 특히 유급고용과 회복의 상관관계를 가진 정신과 환자에 대한 연구(Dunn et al., 2008; Provencher, Gregg, Crawford & Mueser, 2002)에서 파생되었다. 그러나 직업이 요구하는 심리적, 사회적 및 물리적 자원(Neff가 주장한 충분조건)이 개인의 자원을 고갈시킬 수 있다는 것에 대한 사람들의 인식은 점차 커지고 있었다(Baron & Salzer, 2002). 어떤 면에서, 이러한 직업의 요구는 아이를 양육하면서 일하는 여성들이 생각하는 근로의 의미와 가치에 따라서, 본인이 모든 경쟁요건(보육과 일)을 채우는 전략을 세우든지, 아니면 휴직을 선택해야 하는 것처럼 비슷한 상황을 만들어낸다. 장애인들에게는 이러한 과제들을 해결하는 것이 증상을 악화시키는 것과 같은 위험요소로 작용하는데, 이들은 이 때문에 실직하기도 한다.

미국 국가장애기구(National Organization on Disability)가 실시한 인구조사에 따르면 장애인들은 고용되기를 원하고 있다. 따라서 이 장의 앞부분에서 논의된 여러 장벽이 존재함에도 불구하고 일하는 삶과 관련된 동기부여요소 및 인센티브를 이해하는 것이 중요하다. 다음 장에서는 이론적인 장애의 구조 내에서 동기부여와 인센티브의 이해를 위한 접근법을 논의한다.

장애와 일의 이론적 모델

장애인들이 문화적, 사회적, 물질적 그리고 개인적인 이익에 따라 일을 시작하는 이유나 직장에 복귀하는 이유를 설명하는 연구는 매우 드물다. 물론, 이 현상을 설명할 장애의 이론적 모델도 보기 드물다. Shaw와 동료들(2002)은 (이 장의 앞부분에서 살펴본)장애의 다양한 모델을 고려할 때, 이론적인 관점에서 고용의 촉진, 장벽 그리고 혜택요소들을 조사하는 것이 도움이 될 수 있다고 제안한다.

Priestley(1998)가 개발한 하나의 이론적 체계는 이장의 앞부분에서 설명한 다양한 장애모델을 기반으로 4가지 유형으로 나누어진다. 장애와 근로의 의미에 대한 후속연구(Shaw et al., 2002)에서 이 접근은 매트릭스를 만들기 위해 2차원적으로 설명했다: 개인/사회적 연속체, 그리고 물질주의적이며 이상적인 연속체(표 11.1)이다. 개인/사회적 연속체는 장애가 개인적 또는 사회적 현상으로서 경험되는 범위를 가리킨다. 또한, Priestley가 제안한 것처럼 "장애가 개인의 존재 또는 경험을 넘어 사회와 세계에서 실질적으로 집단적 존재성을 가질 수 있는지의 여부"를 나타낸다. 물질주의적/이상적 연속체는 구조적/물질적 조건(생물학적 및 사회적 구조 포함)과 이상주의적 조건(예: 문화적 상징이나 사회의 관례) 간의 구별을 구체화한다. 예를 들면, 앞서 설명한 의료모델은 개인이나 사회에 대한 해석과는 다르게 장애에 대한 해석이 엄격하게 생물학적 요인에 의존한다는 2X2 매트릭스(개인/물질주의적)의 첫 번째 위치와 일치한다. 표 11.1에 묘사된 개념적 틀에서의 위치는 Priestley가 지적했듯이 상호배타적인 것은 아니지만, "현대 장애 이론가들의 근본적 차이점 중 일부를 설명하며 사람들이 일하는 이유, 의미, 혜택을 이해할 수 있는 출발점 역할을 할 수 있을 것이다(Shaw 외., 2002, p.185)." 사람들은 개인적 요구, 신념, 가정, 가치관 및 목표에 따라 일하기를 선택하지만, 이러한 가치와 동기부여는(특히 장애인을 위한) 정치, 정책뿐만 아니라 사회적 환경요소에 영향을 받는다.

표 11.1. 장애와 일에 관련된 이론적 입장

관점	물질주의적(Materialist)	이상적(Idealist)
개인적 (Individual)	철학적 관점: 장애는 생물학적 기능요소이고, 초점은 개인의 장애와 그에 따른 기능제한에 있다. 근로 관련연구는 훈련, 보상전략 또는 장치를 통해 결함을 최소화시키는 것을 중점적으로 한다. "장애를 지녔음에도 불구하고" 일하는 것은 상징적인 성과이지만, 장애 자체는 개인적인 비극으로 남는다.	철학적 관점: 장애의 정의는 개인의 주관적 경험과 관련되어 있다. 초점은 현상학적이다. 근로와 관련된 연구는 새로운 정체성을 협상하고 개인의 가치와 신념을 변화시키는 관점에서 장애에 대한 적응력을 강조한다. 일은 새로운 정체성을 재구성 할 수 있는 기회를 제공한다. 일은 긍정적인 상황 내에서 정체성을 재구성하는 방법을 소개하는 회복의 일부이다.
사회적 (Social)	철학적 관점: 장애는 사회경제적 장벽(태도 포함)의 결과이다. 종종 "장애인의 시민권 모델"이라고 불린다. 경제와 시민참여에 존재하는 장벽을 제거하며 정치적 변화를 도모하는 집단행동에 초점을 맞추고 있다. "사회적으로 억압받는" 장애서비스 시스템은 무력한 자선단체이다. 일하지 않음으로 따르는 유해한 결과, 특히 장애혜택 프로그램의 폭발적인 증가로, 사회에 드는 비용과 경제적 기회가 장애인의 빈곤과 소외를 강조한다. 일은 정치적, 경제적 권력을 행사하고 증대시키며 전반적으로 삶의 질을 향상시키는 방법이다.	철학적 관점: 장애는 문화적 가치, 관습, 규범 및 신념에 의존하는 사회구성주의 개념이다. "유능주의 (ableist)" 문화는 정상적이지 않은 사람들의 평가를 절하하고 약화시킨다. 집단 정체성 모델에 중점을 둔다. 질적인 연구가 진행되고, "일하는 인생"을 구성하기 위해 개인의 가치와 사회적 역할에서의 공통된 변화를 강조한다. 일은 새로운 문화적 정체성과 사회적 권한 부여(억압적인 문화가치를 부정하는)를 확인하는 수단으로 볼 수 있다. 정체성과 자존심의 원천으로 보는 농(인)문화는 이러한 시각의 예시다.

입장 1: 개인/물질주의

이 입장은 개인의 기능장애가 업무와 관련된 장벽을 만들고, 결국에는 장애를 창출해낸다는 가정에 기반한 의학적 모델을 포함한다. 이 접근법에서 장애(결함)는 종종 "개인의 비극"으로 여겨지고, 생물학적 "적자"(프랭클린 루스벨트 대통령과 같은)를 극복한 사람들은, FDR이 그랬듯이 "인간정신이 궁극적으로 성취할 수 있는 것(p.532, Goodwin, 1994)"으로 보인다. 근로에 관련된 연구에서는, 앞부분에서 다룬 것처럼 직업기능에 관련된 장애의 본질, 심각성 또는 징후와 같은 신체적 결함 자체의 영향력에 초점을 맞춘다. 근로가 어떻게 자기효능감(예: Strauser, O'Sullivan, & Wong, 2010)을 발전시키는지를 보여주는 연구들은 직장이 외적인 보장(사회에서 경제적인 지위를 높이면서 삶의 질을 향상시킴)과 내적인 보상(자기효능감)을 주기 때문에 이 장의 내용과 매우 관련이 있다. 이렇게 개인주의적이고 객관화된 관점의 본질은 장애인들이 개인비용을 많이 지불하면서 일을 하였기 때문에 그들의 노력은 인정받아야 마땅하다.

아마도 이 입장을 대표하는 사례는 말에서 떨어진 후 척추마비로 인하여 목 아래는 전혀 움직일 수 없었던 배우 크리스토퍼 리브(Christopher Reeve)의 삶일 것이다. 언론은 기능을 회복하고 배우로서의 삶을 지속하기 위해 그가 지녔던 용기, 체력과 완고함에 감탄했다. 여러 기능적 결함을 가진 장애인들의 직장복귀를 주제로 한 질적연구에 참여한 사람들 중 한명은 "나는 나의 직업에 자부심을 갖고 거저 쥐어주는 지원금에 의존하지 않는다"라고 말하기도 했다(p.192, Shaw et al., 2002).

입장 2: 개인/이상주의

두 번째 입장은 개인의 장애와 관련된 경험에 초점을 맞추지만, 객관적 결함이 아닌 개인이 장애에 대해 갖는 인식과 정서적 의미를 강조한다. 재활심리학에서 장애적응에 관한 대부분의 연구를 보면, 자신의 삶에서 개인이 장애의 정의에 대한 새로운 시각(또는 가치이동)을 얻는 상황과 일관된다(예: Wright, 1983). 이와 관련하여 개인은 직장복귀로 장애를 보상하거나 "극복"하지는 않았지만, 장애의 의미를 바꾸고 장애를 통합하는 새로운 정체성을 생성한다. Wright는 이것을 "가치 범위의 확대"와 "장애효과의 내포"이라고 부른다. 정신건강 분야나 정신장애 분야에서 근로는 회복과 정의에 중요한 역할을 한다(예: Dunn et al., 2008). 일은 새로운 정체성을 생성하고 Parson(1972)의 "환자역할에 굴복"이라는 것을 넘어서는 가능성을 확장시킨다. 일과 삶에 있어서 질의 긍정적인 관계에 대한 연구(Beyer et al., 2010; Fabian, 1992; Priebe, Warner, Hubschmid & Eckle, 1998)가 많이 이루어졌는데, 이는 두번째 입장을 이해하는 것과 매우 관련이 있다.

장애 자체는 주관적으로 정의될 수 있고, 유사한 장애를 가진 사람들은 업무능력에 관한 다양한 유형의 제한사항을 보고할 수 있다(예: Yates, 2010). 이러한 인식은 개인의 심리적 요인(자기효능감 또는 대처기술(대처능력))뿐만 아니라 구조적인 자원과 사회적 자원의 이용가능성 및 접근가능성에 의해 형성된다. 물론 실명과 같은 외면상 비슷한 결함조건을 가진 두 사람의 경우, 각자의 작업능력에 영향을 미치는 제한에 대해서는 매우 다른 견해를 가질 수 있지만 결함의 본질과 범위는 여전히 중요한 역할을 한다. 사람들은 일을 권한의 방법이나 장애를 포함한 새로운 정체성을 발전시키는 개인적 기관이라고 보기 때문에 자기결정이론(Algozzine, 2001)과도 연관된다.

두 번째 입장 안에서는, 장애인, 특히 시각장애인들이 장애에 대한 주관적인 견해와 근로자로서의 정체성 공개 위험에 대한 인식에 따라서 직장에서 자신의 상태나 장애를 노출하는 문제로 어려움을 겪을 수 있다(Beatty & Kirby, 2006). 예를 들면, 겉으로 보이지 않는 허리부상을 가진 사람들을 표본으로 직장복귀의 패턴을 조사한 질적연구에 참여한 한 참가자는 "어떤 방법을 써서든 최대한 정상적으로 일하려고 했다. 그래서 외부에서는 나의 장애를 알아 볼 수 없었고, 나는 건강한 사람으로 취급받았다"라고 말했다(p.447, Svajger & Winding, 2009). 또 다른 연구에서는 휠체어 이용자가 "급여를 받고 한 직장생활을 통해 다른 사람들과 똑같이 살고 있다고 느낄 수 있다"라고 말했다(p.427, Ville & Winance, 2006).

입장 3: 사회/물질주의

사회/물질주의적 입장은 장애를 사람의 외부에 존재하는 구조적이며 제도적인 장벽으로 바라본다(p.442, Barnes, 2000). 이는 광범위한 신체적, 사회적 그리고 경제적 환경의 장벽을 말하는데, 장애인 인권운동에 핵심적인 역할을 한 장애이론을 낳은 철학적 기준이기도 하다. 차별을 반대하는 장애인조합(Union of the Physically Impaired Against Segregation)의 강령에서는 "우리의 신체적 결함과 관련된 빈곤의 형태의 이유는, 우리가 타인과 동등한 삶을 누릴 수 있는 기회 자체에서 배제되었기 때문이다"라고 표현되어 있다. 또한 한 학자는 "장애인들 사이에서 존재하는 의존성은 장애인의 기능적 제약 때문이 아니라, 그들의 삶 역시 의존성을 유발하는 경제적, 정치적, 그리고 사회적 세력에 의해 형성되었기 때문이다(p.94, Oliver, 1990)"라고 말했다. 사회경제적 환경이 장애인들의 근로접근을 크게 방해한다는 가정 하에, 고용주는 장애인이 할 수 있는 일이 자신의 회사에 없을 것이라는 잘못된 편견 때문에 장애인 근로자를 고용하지 않으려고 한다는 점이 근거로 뒷받침된다(Domzal et al., 2008).

세 번째 입장은 모든 장애인들 사이의 공통점을 가정하기 때문에 Judith Heumann(1980) 또는 Ed Roberts(Fleisher & Zames, 2001)와 같이 저명한 장애 운동가들은 장애인을 사회에서 소외된 삶으로 전락시키고 장애인 고용을 방해하는 "억압적인 시스템"에 맞선 자신의 "권력투쟁"(Albrecht & Bury, 2001) 속에서 중요한 의미를 찾았다(Albrecht & Bury, 2001). 장애공동체가 "집단적 억압"에 맞서 정치적 주장을 하는 것은 종종 시민운동이나 여성운동과 비교된다(예: Fleisher & Zames, 2001).

시민권리 관점에서 개인은 노동시장에서 일자

리 접근권을 위한 투쟁 중 의미를 찾을 수 있다. 잘 알려진 사례 중 하나는, 유소년 시기에 소아마비 발병으로 휠체어를 사용하게 된 Judith Heumann에 관련된 사건이다. Heumann은 화재 시 학생들을 건물 바깥으로 안전하게 인도할 수 없을 것이라는 이유로 뉴욕시 교육청에서 교사자격을 거부당했던 것이다(Heumann, 1980). 그녀는 이 일을 개인적인 정치사건으로 만들어 뉴욕타임스를 통해 자신의 이야기를 알렸고, Disabled in Action이라는 기관을 창립하게 되었다. 이후 그녀는 카터 대통령 지휘 하에 교육부 차관보로 지냈다. Ed Roberts도 Heumann과 비슷한 길을 걸었다. 그 또한 소아마비 환자였고, 캘리포니아 주에서 일할 수 없는 정도의 장애를 지녔다는 이유로 VR 서비스를 거절당했는데, 이후 1970년대에 이르러 그 기관의 책임자로 임명되었다(Fleisher & Zames, 2001). 이렇게 잘 알려진 장애인 인권운동의 사례들은(여성인권 운동가들처럼 많이 알려져 있지는 않지만) 삶을 방해하는 사회적, 사회적, 정치적인 고정관념에 투쟁함으로써 일의 의미를 찾게 해주었다. 이들의 이야기는 극단적인 예시이지만, 태도와 환경적인 장벽에도 불구하고 일해야 하는 문제는 일반 시민들의 직장생활 이야기에서도 나타난다.

예를 들면, 높은 성취욕을 가진 여성 장애인들의 경력에 대한 질적연구에 참여한 참가자가 "나는 사람들의 편견, 두려움과 같은 문제에 동참하고, 비위협적으로 장애에 대해 가르치기 위해서 일을 했다. 하지만, 내가 어디를 가든, 무엇을 하든, 나는 해야만 했고, 그 곳에는 언제나 도전과제가 있었으며 나는 늘 같은 질문과 같은 대우를 이겨내야만 했다"라고 말했다(p.72, Noonan et al., 2004). 이 응답에는 그들이 느끼는 부당함, 근로지에서 끊임없이 투쟁할 수 밖에 없는 개인의 결단, 그리고 세 번째 입장의 핵심이 함축되어 있다.

입장 4: 사회/이상주의

세 번째 입장과 마찬가지로 네 번째 입장에서 말하는 사회적 현상은 "개인을 초월한 객관적 실체이지만, 이 사회적 현실은 물질적 힘의 관계보다는 사상에서 더 많이 존재한다(p.68, Priestley, 1998). 문헌에서는 "사회적 구성주의" 관점으로 표현되어 있는데, 이는 문화적이고 사회적인 관습과 가치관이 장애에 대한 대중의 태도와 행동을 형성하고, 장애가 이해되고 정의 내려지는 방법에 영향을 미친다고 한다(Gill, 2001). 네 번째 입장에서 장애인들의 취업난, 직업난은 사회적 소외, 배제의 역사가 함께 거듭되고 있다. 지적 장애인들의 "정상화"에 관한 문제를 처음으로 제기한 사람들 중 Wolfensberger(1972)는 장애인들에게 일이라는 것은 합법적인 사회문화적 역할을 부여한다는 점을 전달하기 위해 "사회적 역할 가치화(social role valorization)"라는 표현을 사용했다. Wolfensberger는 "사회적 역할 가치화"라는 표현을 사용하여 장애인들에게 일이라는 것은 정당한 사회문화적 역할을 부여한다는 점을 전달하였다.

문화적 기호와 가치(예: 독립성, 건강과 미용)로부터 파생된 장애의 사회적 고정관념은 근로지 접근권에 있어 가장 견고한 장벽 중 하나이다(예: Ware, 1999). 포커스 그룹에 참여한 한 비즈니스맨은 "시력장애인을 위한 일자리가 없다"라고 말했다. Davis(1961)는 "일탈부인(deviance disavowal)"이라는 표현을 만들어 장애인이 "사회가 가지는 인상을 관리"하는 방법을 규정했고, 이는 고정관념으로부터 나오는 위협과 애매모호함을 줄이기 위함이었다. 이 입장에서는, 시각장애인이 직업을 가졌다는 사실 하나만으로도 사회의 고정관념을 깨트릴 수 있다고 본다. 예를 들면, 포커스 그룹에 참여한 한 젊은 여성은 자신이 일을 하는 것이 사람들로 하여금 "나의 존재를 알리고, 자신의 힘으로는 아무것도 할 수 없는 불쌍한 장애여성이 아니라는 인식을 심어준다"라고 말했다(p.434, Ville & Winance, 2006). 이 위치에서 장애를 가진 사람들은 정당한 사회적 정체성을 획득하고, 사회적 소외에 저항하며, 간접적으로 확립된 사회적 고정관념에 도전을 준다. 인류학자 Murphy(1990)는 휠체어를 가리켜 "휴대용 격리 오두막(portable isolation huts)"이라고 하면서 장애인들이 일과 같은 소중한 사회적 역할을 수행하기 위해 단호한 행동을 취하지 않는 한, 소외된 문화에 속할 수밖에 없다고 주장했다 (Linton, 2010).

장애인들은 구조적 및 태도적 장벽의 결과로 미국 노동시장에서 크게 제외되었었다. 몇 가지 법률, 특히 ADA가 "근로시장 평준화"를 시도했지만, 실망스러운 노동시장 수치를 보면 ADA의 희망이 장애의 성격과 한계 같은 여러 복잡한 이유로 실현되지 못했고, 구조적, 정치적인 장벽이 지속적으로 기회를 방해하고 부정적인 고정관념을 낳았다는 것을 알 수 있다. 일과 장애에 대한 문제는 여전히 복잡하고 더 나은 성과를 달성하기 위한 대다수의 개입들은 장애에 대한 이론적 담론에 뿌리를 두고 있지 않다.

"장애인 역할"에 대한 사람의 인식차이가 근로의 의미와 혜택에 어떤 영향을 미치는지에 대한 탐구는 새로운 연구의 시작을 알린다. 또한 이러한 연구는 업무중심의 중재에 대한 함의와 권고에 대한 논의로 이어질 것으로 예상된다.

중재에 대한 시사점

여기까지 장애에 대한 네 가지 입장 또는 관점이 일의 심리학에 있어서 어떠한 개인적 신념으로 이어지는지에 대해 논의했다. 장애인의 취업과 직업적 복지를 가로막는 사회적 고정관념과 오랜 신념을 고려하는 것도 중요하다. 예를 들면, 장애아동은 일반 통합(inclusion)교육을 받을 수 있었음에도 사회에서의 소외와 배제를 경험하게 되는데, 이것은 후에 그가 직업을 정하고 직업적 정체성을 갖는 데에도 부정적인 영향을 미친다(Loprest & Maag, 2007). 이 아이들 중 상당수는 고용지원과 같이 경쟁력 있는 일자리를 찾도록 돕는 프로그램들이 최근 생겼음에도 불구하고, 일반교육을 받을 수 있는 나이가 지나면서 교육시스템에서 제외되거나, 교육프로그램 또는 보호고용과 같은 분리된 직업시설로 옮겨진다(예: Cook et al., 2005; Revell et al., 2000).

반면, 이미 직업적 정체성과 경력을 가진 성인 장애인들은 다른 장벽에 직면하게 되는 경향이 있다. 여기에 포함된 장벽은 장애를 벗어난 정체성을 재정립하고, 근로지에서 오해와 오명을 관리하고, 사회보장법에 포함된 노동장애에 관한 복잡한 안건을 다루는 것 등의 문제가 있다.

표 11.1에 설명된 장애에 대한 다양한 입장들은 장애를 얻게 된 시기, 직업과 일자리 자원에 대한 접근성, 그리고 성격특성과 같은 요인의 복잡성에 따라 다른 결과를 맺게 된다. 예를 들면, 젊은 인지장애인이 일반 교육시스템에서 나온 후에 장애에 대한 개인의미를 바로 잡고 자기효능감을 키우며, 근로지에서의 고정관념을 바꾸기 위해 개인 옹호 및 자기결정 직업 중재에 참여함으로써 많은 혜택을 볼 수 있다.

세 번째 입장에서 젊은 여성들은, 다른 사람들을 롤모델 또는 멘토로 삼고 직장접근에 방해가 되는 사회적 고정관념을 다루는 새로운 기술을 습득할 수 있다. 예로, 장애가 있는 직업여성에 대한 질적연구의 한 참가자는 "장애가 있는 다른 여성들을 알고… 모임에 참석하고, 더 많이 어울리는 것"이 개인이 공동체에 속하도록 힘을 실어준다고 말했다(p.72, Noonan et al., 2004).

장애에 대한 사회적 구성주의 관점으로 특정지어지는 네 번째 입장은 보다 긍정적인 사회적 태도와 문화적 상징에 기초하여 장애를 재정의 할 수 있는 기회를 제공한다. 이 관점은 장애인의 정체성 정치(disability identity politics) 또는 Linton (2010)이 "장애를 주장하는 것"이라고 말한 것과 밀접한 관계가 있다. (청각문화와 관련된) 긍정적 관점에 기반하여 모든 경험에는 공통분모가 있다는 가정은 이 입장의 주요쟁점이다. 문화적 관습과 사회적 고정관념이 개인의 의미에 영향을 미침에 따라, Schriner(2001)는 일의 역할에 관해서 개인의 가치에 기여하는 신념의 뿌리를 구분하기 위해 사람들에게 "상류"를 바라보도록 권장했다. 예를 들면, 장애혜택 프로그램(가난할 자격을 가진 가난한 사람들)에 의해 생겨난 문화적 고정관념이 노동자 개인의 정체성에 어떤 영향을 주는가? 선천적 장애를 가진 아동의 경우, 현재의 교육정책이 직업정체성의 발전에 어떤 영향을 미치는가? 많은 특수교육 과정은 자기결정과 자기옹호 기술훈련이 포함되어 있다. 그러나 특수교육 아동과 청소년의 경력에 관한 연구에서 장애인과 비장애인 동료들을 비교했을 때 고등학교 중퇴율, 대학 입학률과 취업률(Loprest & Maag, 2007)에서 아직 상당한 격차가 보인다. 그들의 초기교육 경험은 나중에 그들이 일을 결정할 때 동반되는 가치와 의미에 큰 영향을 미친다.

사회적 신념을 변혁해가며 주류를 거슬러 올라가는 과정(working "upstream")은 느리지만 장애에 대한 인식은 높아지고 있다. 예를 들면, 최근 미국 의회에서 "Rosa's Law"란 법안을 통과시켰는데, 이는 장애 문제를 다루는 모든 국가법에서 "정신박약(mentally retaded)"이란 용어를 "지적장애(intellectual disability)"로 교체하도록 하였다.

개요

미국사회에서 직업은 외재적(삶의 수준) 내재적으로(정신사회적) 개인에게 중요한 이점을 부여한다. 대다수 장애인의 경우, 이러한 혜택에 대한 접근은 심각하게 제한되어 있고, 경우에 따라서는 아예 거부되기도 한다. 사회적 태도와 환경적 장벽을 경험한 다른 집단과 마찬가지로, 장애인들은 이 모든 것을 극복하기 위해 수십년 간 투쟁해왔다. 또한 장애를 가진 사람들에게 "장애"는 인종, 또는 성별과 같이 노골적이거나 암묵적인 고용차별과 동시에 겪게 되는 하나의 요인이 될 수도 있다. 반면에 Williams(p.139, 2001)가 지적한 바와 같이, 우리는 장애의 보편성을 인정해야 한다. 이는 우리 중 누구라도 오늘, 내일 혹은 모레에 장애의 상황에 처할 수도 있다는 것을 의미한다. 법률이 제정되고 지난 수십년 동안 사람들의 태도변화를 겨냥

한 홍보 캠페인이 진행되어 왔지만, 일을 하고자 하는 장애인들의 마음에 비하면 그들의 개인취업률은 사회가 아직 갈 길이 멀다는 것을 보여준다(National Council on Disability, 2010). 그러나, 이 장에서 논의한 것처럼, 근로문제는 VR 서비스 시스템의 주요관점(단순히 사람들의 취업 기술과 가능한 직업을 일치시키는 것)보다 훨씬 복잡하다.

한편으로는 장애연구와 일의 심리학 학문자료의 부족으로 인해 일과 장애라는 주제는 논하기에 더욱 복잡하고 어렵다. 예를 들면, 주요 장애학술서 중 하나인 *Disability Studies Reader*(2010)의 가장 최신판은 장애를 다루는 장이 하나도 없었고, 잘 알려진 *Handbook of Disability Studies*(2001)에는 단 한 장만이 장애에 관해 설명하고 있다. 많은 학자들이 지적한 것처럼, 장애(예: Hershenson, 2005; Szymanski & Hershenson, 2005)는 대부분 경력과 직업이론 및 개발에 대한 교재에서도 빠져있다. 우리가 일과 장애에 관해 알고 있는 것은 대부분 재활심리학과 상담학문(Blustein, 2008)에서 비롯된 반면, 이러한 문헌들의 주된 초점은 장애(의료모델) 치료나 사회적 장벽(인권모델)이다. 이러한 연구들은 재활프로그램이나 개입을 설계하는 측면에서 실천과 정책을 이끌어 냈지만, 광범위한 사회적 맥락에서 다양한 입장을 가지고 사람들이 왜 일을 하는지에 대한 이해에는 크게 기여하지 못했다. 넓게 일을 하기 위해 개인이 치르는 대가와 일을 통해 받는 혜택을 이해하기 위한 연구는 사회문화적 시각을 더하고 "의학/생물학적 관점이 개인적 관점을 보완하는 변화"를 일으킬 것이다"(p.195, Shaw et al., 2002). 이런 유형의 연구는 마침내 장애인들이 겪어온 고용의 현실을 다루는데 도움이 될 것이고, 젊은이들의 정체성 확립과 장기적인 고용문제 해결을 위한 새로운 방안을 모색하게 될 것이다.

3부
조직적 함의

12장 일, 일 정체성, 그리고 진로성공을 재정의하기

Redefining Work, Work Identity, and Career Success

더글라스 홀, 필립 멀비스(Douglas T. Hall and Phillip H. Mirvis)

초록

이 장은 일, 일 정체성, 그리고 진로성공에 있어서 진로의 변화하는 정의들을 탐색한다. 이 장은 어떻게 한 개인의 가정, 개인적 삶, 사회적 연결망, 그리고 지역사회에서의 비노동 활동들이 자기개발과 자기이미지, 그리고 궁극적으로 자신의 진로에 대한 심리적 성공감에 기여할 수 있는지를 고려함으로써 진로공간(space)의 개념을 확대한다. 이 장은 또한 어떻게 오늘날의 사람들이 무경계 경력(boundaryless career)을 만들어 가고 유급노동, 일의 역할들, 직업, 조직 간에 안팎으로 움직이는지 보여주기 위하여 연대기적 나이와 진로단계 사이의 관계를 열어놓음으로써 진로시간(time)의 개념을 확장한다. 이는 심리적이고 경제적으로 도전이 되지만 자아와 정체성 발달의 새로운 가능성을 열어준다. 이 장은 사람들이 이러한 새로운 진로 공간/시간을 성공적으로 다루어 가기 위해 필요한 개인적이고 환경적인 자원을 살펴본다.

키워드

진로, 프로틴 경력, 심리적 성공, 일 정체성

*진로는 죽었다, 진로여 만수무강하소서(The Career is Dead, Long Live the Career)*라는 저서에서 홀과 동료들(Hall and Associates, 1996)은 복지자본주의와 평생직장 안정성을 기반으로 한 조직과 직원 사이의 심리적 계약은 1980년대에 미국에서는 산산조각이 났으며 십년 후 유럽도 어느 정도 그럴 것이라고 하였다. 오늘날, 지속적인 구조조정, 아웃소싱, 오프쇼링(기업의 해외 업무 위탁, 역자주)은 민간부문에서 흔히 볼 수 있으며 공공분야에서도 증가하고 있고, 직원 인원감축(downsizing)과 파트타임 혹은 계약직 노동자에 대한 선호는 많은 사람들의 고용을 불안정하게 만들었다. 결과적으로, 점점 더 많은 사람들이 일생동안 정기적으로 직업과 조직을 바꾼다고 보는 무경계경력(boundaryless career)을 따르고 있으며, 자신을 재정비하기 위하여 경력"단절(breaks)"(자발적이든 아니든)을 경험하며, 이 과정에서 독학(self-study)을 하거나 학교에 등록하거나, 자녀양육을 하거나 노인 돌

봄의 책임을 지거나, 새로운 우정과 지지체계로 옮겨 가며, 그들의 진로방향을 다시 생각하고 변화시킨다.

자기 주도적 진로는 이를 전통적인 진로경로와 구분해주는 몇 가지 특징이 있는데, 이는 승진의 정상과 골짜기와 전일제 노동시장에 들어갔다가 나왔다 하는 것을 포함한다. 이러한 기복이 심한 롤러코스터 타기는 사람들에게 자기개발과 자기표현을 위한 새로운 기회를 줄 수 있지만, 이는 또한 물질적이고 정신적인 비용을 요구하기도 한다. 예를 들어, 오늘날 미국과 산업화된 다른 나라의 노동자 다수는 불완전고용 혹은 실업을 겪고 있으며, 그들의 미래 고용가능성에 대한 불확실성에 마주하고 있으며, 어떤 경우에는 부양자와 진로 성공자로서의 자신에 대한 자기-의심을 가지고 있다.

홀과 동료들은 이러한 새로운 진로를 관계적 관점(relational perspective)의 틀로 보았다. 이 틀은 개인적, 진로상의 목표를 세우고 직업적, 고용관련 선택을 내리고 진로경로를 조성해 가는데 있어서 개인 역할의 중요성을 인식하지만, 개인의 주도성을 더 지지적인 (혹은 지지적이지 않은) 고용주, 가족체계, 사회연결망, 지역사회와 노동, 고용, 성공에 관한 문화적 영향 및 공공정책을 포함하는 사회적/관계적 맥락 내에 위치시킨다. 새로운 진로를 성공적으로 헤쳐 나가기 위하여 개인은 이러한 맥락적 환경의 자원들을 이해해야 하며 효과적으로 이용할 수 있어야 한다. 또한, 이 환경에서 행위자, 이익(interests), 그리고 자원은 접근 가능해야 하며 반응적이어야 한다.

"일의 심리학"을 업데이트 하며 블루스틴(2006)은 직업적 지형(terrain)에서 유사한 형태를 관찰했으며 일의 구성과 의미에 관계적 관점을 채택하였다. 그의 관점에서 사람들의 일(노동)은 그들에게 물질의 공급과 힘, 사회적 관계, 그리고 자기결정성을 가능케 해주는 시장과 비시장 역할 모두에서 행해진다. 블루스틴은 일의 사회적/관계적 맥락을 이러한 세 가지 목표달성에 잠재적 장벽 혹은 촉진자로 여겼다.

이 장에서 우리는 사람들이 새로운 진로를 다루어 가는데 있어서 그들의 일과 자기자신에 대한 근본적인 질문들을 어떻게 묻고 답하는지를 살펴보기 위하여 두 가지의 구분되지만 겹치는 이론과 연구의 흐름을 연결시킨다.

- 나의 일을 재정의하기 – 무엇이 나의 일인가?
- 나의 정체성을 재정의하기 – 무엇이 나의 일 정체성인가?
- 나의 진로를 재정의하기 – 무엇이 진로성공인가?

앞으로 살펴보겠지만, 이러한 질문에 대한 답은 개인이 무엇을 하고, 그들 자신을 어떻게 정의하며, 그리고 그들이 진전(progress)을 어떻게 나타내는지 뿐 아니라 특히 그들이 어떻게 경험을 일, 자기자신, 그리고 그들의 진로에 관한 통합된 자기-그림(self-picture)으로 구성하는지에 달려있다.

현대의 진로(The Contemporary Career)

현대 진로의 새로운 형태를 생각해보는 것으로 시작하자. 지난 이십 혹은 삼십년 동안의 변화로 세 가지 특성을 들 수 있다(Hall, 2002).

조직경력에서 프로틴 경력으로
(From an Organizational to a Protean Career)

지난 몇십년 동안, 더 많은 사람들이 "조직의" 경력에서 자기자신의 경력정의와 개발에 더 큰 책임감을 지는 "프로틴" 경력으로 이동하게 되면서 진로발달의 개념에 변화가 있었다. 새로운 상황에 적응하기 위하여 모양을 바꾸었던 그리스 신 프로테우스(Proteus)의 이름을 따라 홀(1976)은 프로틴 경력을 다음과 같이 설명한다:

프로틴 경력은 조직이 아닌, 개인이 관리하는 과정이다. 이는 교육, 훈련, 여러 조직에서의 일, 직업 분야의 변화 등 한 개인의 다양한 경험들 모두로 구성되어 있다. 프로틴 경력은 조직보다는 개인에 의해서 형성되며 각 개인의

필요에 부응하기 위하여 때에 따라 방향조정이 되기도 한다.(Hall, 1976, p.201)

이는 경력의 개념을 어느 하나의 조직에 연결된 것과 평생동안의 유급고용과 배타적으로 연결된 것으로 부터 분리시킨다. 만약 "예전의 경력 계약"이 조직과 작성한 것이라면, 프로틴 경력에서의 계약은 자기자신과 작성한 것이며 한 개인이 일에 관하여 설정한 경계 혹은 "내가 하는 일"로 정의된다(Mirvis & Hall, 1994).

단일 평생 경력에서 다중 미니-학습 순환으로 (From a Single Life-Long Career to Multiple Mini-Learning Cycles)

1950년에서 2000년 사이의 진로에 관한 대부분의 이론과 연구는 진로단계, 인생주기, 사다리를 강조하며 사람들이 한 조직내에서 일하는 방식에 초점을 기울였다(Hall & Associates, 1986). 진로에 관한 이러한 생각은 2차세계대전 이후의 시대에 형성되었으며 대공황과 대전(the Great War)의 이야기를 직접 듣고 자란 사람들에게 매력을 끌었다. 많은 이들이 1950년대에 하나의 고용주와 평생 직장의 개념을 가지고 노동시장에 진입했다. 그 이후 30년 동안 경력을 시작한 사람들은 어느 정도는 빈번한 직업변화의 필요성을 인식하기는 했으나 대부분은 여전히 상향이동의 기대감을 가지고 있었고 한 직업에서 숙달되어 상급자(seniority, 연공서열)로서의 만족감을 맛보기를 기대했다.

그러나, 홀과 멀비스(Hall and Mirvis , 1994)가 주장하였듯, 현대 노동환경의 증가된 복잡성과 위기(turbulence)로 인하여 일련의 단계들(stages)을 가지는 단일 평생 경력이라는 전통적인 개념은 일련의 더 짧은 학습 순환으로 대체되었다. 각각의 경력 학습 순환은 탐색, 시도, 확립, 그리고 숙달이라는 수퍼(1957)의 진로단계들의 축약버전처럼 보인다. 새로운 모형에서는 개인이 경험을 얻고 수행과 숙달의 높은 수준을 성취함에 따라 목표설정, 노력, 성취의 짧은 미니-순환주기가 존재한다. 기술, 생산품, 시장, 혹은 경제적 요인 혹은 개인의 가치 혹은 삶의 상황의 변화로 인하여 필요한 경우, 각각의 학습주기의 마지막에 이르면 개인은 다시 탐색을 시작한다.

진로성공의 객관적인 정의에서 주관적인 정의로 (From an Objective to a Subjective Definition of Career Success)

이 공식에서 경력개발은(career development) 인원삭감과 기술 재교육의 정기적인 주기를 포함하여 더욱 순환적이다. 또한, 상향적이라기보다는 측면적(lateral) 이동일 것이며 단계적인 은퇴에 이르게 될 것이다. 문제는 경력진전에 대한 이 모형이 규준으로 아직 수용되지 않았다는 것이며, 이는 전통적 성공윤리에 불을 지피는 앞으로-위로의 전진에 대한 이상(onward-and-upward ideal)에 반하는 것으로 보인다. 더욱이, 이 모형은 고된 노동과 근면을 통하여 개인이 선택한 분야에서 "성공할 수 (make it)" 있다는 낡은 발상에 의문을 제기한다.

그러나, 프로틴 경력은 어느 한 조직이나 직업의 개인에게 일어나는 것이 *아니다.* 프로틴 개인의 자기성취를 위한 경력선택과 탐색은 그들 인생에 통합적인 요소이다. 성공의 기준은 객관적이지 않고 주관적이며 외부로부터 보다는 내적으로 정의된다. 성공결과를 측정하기 위한 이러한 주관적 관점을 기술하기 위하여 사용되는 용어는 *심리적 성공*(psychological success)이다(Hall, 1976).

나의 일을 재정의하기(Redefining My Work)

블루스틴(2006)은 일을 함으로써 성취될 수 있는 세 가지 기본적인 인간의 욕구를 제안하였다 — 물질적(생존과 힘), 사회적 관계, 그리고 자기결정성이다. 여기에 우리는 네 번째 차원으로 심리적 성공을 추가하는데, 이는 이러한 세 가지 기본 욕구의 측면을 구체화시킬 뿐 아니라 어떻게 일이 사람들의 자기표현과 목적감에 기여하는지를 고려하는 것이다.

일의 심리적 기능
(Psychological Functions of Work)

첫번째로 어떻게 일의 보상이 이러한 기본적인 욕구에 관련되는지 생각해보라. 일의 심리학에서는 일의 외적 보상과 내적 보상을 중요하게 구분한다(Amabile, 1993; Herzberg, 1966). 외적 보상은 급여, 혜택, 직장편의시설, 승진의 기회를 포함하는데, 이는 사람들의 물질적 욕구와 직접적으로 연결되어 있다. 일은 또한 사람들에게 권한을 부여하고 자기결정성에 도움이 되는 재정적(즉, 돈) 그리고 사회적(즉, 지위, 명성, 특권) 자원에의 접근성도 부여한다.

일은 또한 가족과 이웃 밖에서 대인관계를 발전시키고 새로운 소속집단을 형성하는 길이기도 하다. 연구들은 대인관계가 사람들이 그들의 일을 더욱 중요하고 의미있게 경험하도록 해준다고 하였다(Kahn, 1990, Wrzesniewski, 2003, Wrzesniewski, Dutton, & Debebe, 2003 참조). 더 넓은 사회적 관계망에 관한 연구 역시 이러한 대인관계가 직원들의 직장에서의 동기, 기회, 자원을 향상시킬 수 있다고 하였다(Ibarra, 1993; Leana & Rousseau, 2000; Rangan, 2000).

마지막으로, 심리학자들은 일의 내적 보상에 관하여 상당히 관심을 기울였으며, 어떻게 과제 다양성, 자율성, 그리고 완성도가 직장에서 더 많은 도전과 의미를 낳는지 규명하였다(Hackman & Lawler, 1971). 직원들은 내재적으로 동기화된 일을 하고 있으며 직무와 관련된 결정에 참여할 때 더 일 역할에 참여하며 인간으로서의 자신에 대해 더 좋게 느꼈다고 연구들은 보고한다. 이들은 심리적 성공을 경험하는 데에 핵심적인 요소들이다.

욕구 만족 대 심리적 성공
(Need Satisfaction Versus Psychological Success)

일 동기에 관한 연구들은 종종 아브라함 매슬로우가 제안한 바와 같이 사람들은 그들을 동기화시키는 욕구의 위계에 따라 작동한다는 개념을 전제로 한다-이 욕구의 위계는 생존과 안전에의 기본적 욕구에서부터, 사회적 욕구로, 자존감과 자기실현과 관련된 "고차원적" 욕구에 까지 이른다. 따라서, 고차원적 욕구만족을 심리적 성공과 동일시하는 경향이 있었다.

분명히 직원들은 매슬로우의 욕구 위계 이론을 받아들였다. 예를 들어, 1970년대와 1980년대에 베이비부머들이 노동시장으로 들어왔을 때, 조직들은 직무충실(job enrichment, 관리기능의 일부인 계획(planning)과 통제(controlling)기능의 일부를 직원에게 위임하는 방법, 역자주)과 직원 참여프로그램으로 반응했다. 이러한 처방은 더 흥미로운 일을 원하고 직무관련 결정에 목소리를 내고자 하는 교육수준이 높고 비교적 유복한 "신생(new breed)" 노동자들의 요구에 잘 맞는 듯 보였다(Yankelovich, 1981). 더욱 최근에는 유사한 논리에서 조직들은 직원들의 참여를 유도하기 위하여 개인성장과 기업의 사회적 책임성 프로그램을 사용하고 있다: 이들은 오늘날 더 자기 표현적이고 사회적 의식이 있는 밀레니엄 세대들의 욕구와 열망에 부응한다(Mirvis, 2012).

"욕구-기반" 접근의 핵심적인 문제는 연구들이 매슬로우의 이론이 통찰적이기는 하지만 사람들의 일상적 노동생활과 환경에 기계적으로 적용되지는 않는다고 밝힌 점이다. 예를 들어, 연구는 거의 모든 사람들은 그들의 현재 사회경제적 지위와는 상관없이 물질적 공급, 사회적 관계, 그리고 자기표현과 성장에 어느 정도의 동기를 가지고 있다고 하였다(Alderfer, 1972). 더욱이, 개인적 성장과 타인을 돕는 것에 대한 관심은 모든 연령, 계층, 인종의 사람들에게서 발견된다(Batson, 1990).

더 포괄적인 포인트는 심리적 성공이 단지 위계적으로 나열된 욕구들을 채우는 것으로 실현되지 않는다는 것이다. 이와 반대로, 심리적 성공은 사람들이 그들의 인생과 일의 목표를 어떻게 설정하며, 보상을 어떻게 개념화하고 경험하며, 그들 자신을 사회적, 조직적 맥락 속에서 어떻게 인식하느냐에 달려있는 매우 주관적인 판단이다(Shepard, 1984; Weiss et al., 2004). 이는 심리적 성공을 사람들은 그들의 삶을 이해하고 의미를 만들기 위하여 자신의 경험을 해석한다고 보는 자기(self)에 대한 보다 탄력적이고, 맥락화되고, 사회구성주의적인 관점에 위치시킨다(Baumeister, 1991). 일에 대한 관계적 이론에서 블루스틴(2011)은 우리는 "일과 삶의 다른 영역 사이의 복잡하고 상호적인 관계에 대한 통합적 이해와 함께 일에 대한 확장된 관점" (p.2)이 필요하다고 주장하였다. 이는 "일"을 재정의하는 것과 "나의 일은 무엇인가"에 대한 자신의 정의를 내리는 데 있어서 "시장직업(market jobs)" 과 전통적으로 "비업무(nonwork)" 또는 "생활환경 (life settings)"으로 묘사되던 일 모두를 포함하도록 돕는다.

"비업무" 환경에서의 일
(Work in "Nonwork" Settings)

사람들이 다음 네 가지 "비업무" 맥락에서 하는 일에 대한 연구의 일부를 생각해보자.

가정과 가족. 일과 가정에 관한 문헌에서 분명히 하고 있듯이, "가정" 영역에도 많은 과업이 있다(Harrington & Hall, 2007). 자녀와 (어떤 경우에는) 부모에 대한 돌봄과 책임, 가정의 유지와 관리, 자기 자신의 여가와 자기개발을 위한 활동들은 말할 것도 없이 모두 의도적이고 목표 지향적인 활동을 포함하며 이는 모두 일로 볼 수 있다. 일의 보상에 관하여 호치차일드(1997)는 오늘날의 일터는 그들의 가정환경보다 더 많은 만족감을 제공한다고 하였다. 그러나, 종단자료는 이와는 다른 이야기를 해준다: 더 많은 사람들은 그들의 일터에서보다 그들의 가정에서 충만감을 발견한다(Kiecolt, 2003).

친구와 사회적 연결망. 친구들과의 사회적 삶을 계획하고 조직하며 새로운 대인관계를 만들어가고, 지역사회에서 살며 그곳에서의 책임을 다하며, 상호보상이 되는 방식으로 이러한 관계들을 유지하기 위하여 필요한 시간과 에너지를 투자하는 것은 또한 대부분의 사람들에게 과업활동의 중요한 영역이다. 일반적으로, 연구들은 우정과 사람들의 전반적인 삶의 만족 사이에 단지 보통정도의 관련성을 보고한다. 그러나, 이 관련성은 친구들이 사회적 지지체계를 제공해 줄 때 상당히 증가한다(Rojas, 2006).

교육/학습경험과 개인적 성장. 비업무환경과 활동을 생각할 때, 자신의 신체적, 정서적, 영적 건강과 발달에서 자신의 자아(one's self)와 자아정체성(self-identity)을 간과하기 쉽다. 매우 많은 수의 사람들은 운동, 취미, 무수히 많은 종류의 "영혼의 일(soul work)"을 통하여 자신을 돌보고 있다. 역설적이게도, 일-삶의 관계에 관한 문헌들은 이들을 "균형"을 위한 요소들로 언급은 하지만 이들이 자기개발과 성장에 가지는 중요성은 거의 언급하지 않는다. 이들의 중요성은 언급되어야 한다: 자기인식(자기자각)과 자기개발은 인생계획에 있어 필수적인 요소이며 인생의 여정에 걸쳐 심리적 성공을 경험하기 위하여 없어서는 안 되는 것이다.

지역사회, 교회, 그리고 시민생활. 사람들은 자신들의 가정 뿐 아니라 이웃, 교회, 학교, 정치집단, 지역단체, 문화적 활동, 그리고 집단적 대응을 필요로 하는 문제들을 가지고 있는 지역사회에서 살아간다. 지역사회에 관여하는 것은 중요하고도 만족스러운 과업 활동을 요구한다.

나의 일의 무엇인지에 대한 정의를 확장하기
(Enlarging Definitions of What Is My Work)

이러한 비업무 영역에서 얻어지는 보상들이 고용주를 통하여 얻지 못한 보상들을 "대체할 수 있는지" 혹은 "보완하는지"에 대한 연구는 매우 많다(Staines, 1980). 연구결과들은 엇갈리지만, 분명해 보이는 것은 직장에서의 나쁜 경험은 인생의 다른 영역에서의 개인의 기분과 과업에 까지 흘러넘친다는 것이다("spill over"). 이는 가정, 우정, 지역사회, 그리고 개인적 삶에서 얻어진 보상들은 직장에서의 불만족을 보상할 수는 없다는 것을 의미한다. 이렇게 볼 때, 심리적 성공의 기준아래, 일(work)과 비업무적(nonwork) 역할들로부터 얻는 보상들은 사람들에게 충만감과 의미를 줄 수 있는 더 큰 패키지로 묶일 수 있는 가능성이 있다. 그림 12.1은 일과 보상을 포함하는 "인생의 영역들(life spheres)"을 묘사한다. 지난 수십년 간 이러한 영역에서의 일을 더욱 분명하고 보람되도록 만들기 위하여 전례없던 노력이 이루어 졌다. 예들 들어, 자녀양육, 노인돌봄, 배우자와 잘 지내기, 자신을 더 잘 돌보기 등에 관한 셀 수 없이 많은 가이드북, 워크샵, 지지집단, 그리고 자원들이 있다. 미국에서의 "자조(self-help)" 운동만 해도 101-120억 달러의 산업시장을 차지한다. 페이스북, 링크드인과 같은 사회적 미디어 기술은 우정의 네트워크를 더 강한 자원으로 만든다. 교육적 자원들 역시 지역의 대학(커뮤니티컬리지), 지역의 YMCA(지역주민들을 위한 운동, 강좌 등을 제공하는 센터)를 통해서든 온라인을 통해서든 더욱 접근이 용이해졌다. 또한, 지역사회 지지집단, 교회 등은 사람들이 필요한 물품을 얻고 사회적 관계를 만들고 자신의 삶과 미래를 주도해 가는 것을 돕는 데에 모두 자신의 역할을 하고 있다. 이러한 자원과 경험들의 총합은 종종 직업조직에서 제공하는 것 이상이 된다. 이러한 "일(work)"은 인간경험을 어떻게 풍요롭게 할까?

삶의 만족에 관한 일련의 연구들은 각각의 삶의 영역에서 얻는 만족들이 "부가적인(additive)" 기능을 한다고 주장한다(Argyle, 2001). 그러나 더 면밀한 연구는 사람들이 각각의 삶의 영역에서의 경험을 어떻게 조정하고, 가늠하고, 결합하는지에는 상당한 개인차가 있다고 하였다. 우리의 관점에서 이는 삶과 진로 계획을 현대의 일의 세계에서 특히 중요하고 일하는 자의 평생학습의 본질적인 한 부분으로 만들어 주며, 이는 빠른 나이에 시작하는 것이 가장 좋다.

혁신적인 고용주들은 이러한 모든 영역에서의 일이 주는 도전과 보상을 인식하고 존중한다. 예를 들어, 더 많은 수의 고용주들은 직원들이 이러한 삶의 영역에 통합적으로 참여하도록 돕기 위하여 일-가정 그리고 일-삶 프로그램을 운영한다. 그들은 또한, 직원들이 지역사회 지원과 서비스 프로그램에 참여하도록 한다. 많은 이들은 직원들이 그들의 직업과 다른 삶의 영역에서의 발달을 포함하는 개인발달 프로그램을 준비한다고 주장한다.

유급직장에서 고용주를 위하여 하는 일과 가정, 친구와 가족, 지역사회에서의 일과 자기개발과 타인을 돕는 것과 연관된 일 등의 비시장 업무들은 모두 중요한 심리적 기능을 한다. 심리적 성공을 성취한다는 것은 사람들에게 무엇을 의미하는가? 홀(1986)은 그가 초유능성(meta-competency)이라고 부른 적응성의 중요성을 강조했는데, 이는 사람들이 일과 비업무환경에서 새로운 과제와 관계에 적응할 수 있도록 해주며 그들의 개인적 레퍼토리로 새로운 역할과 책임을 포함시킬 수 있도록 돕기 때문이다. 이러한 다중영역에 걸쳐 일을 하는 것은 역할갈등과 과부하를 낳을 수 있다는 점은 부인할 수 없다. 탐색의 여지가 있는 것은 사람들이 어느 정도까지 일과 비업무 역할들에서의 상대적인 성공을 심리적 성공의 레서피로 혼합시키는지에 관한 문제이다. 일상적 과업에 대한 증가된 "마음챙김(mindfulness)"은 하나의 내적 자원이다. 따라서, 고용주, 지역사회, 그리고 사회는 전반적으로 비업무환경에서의 일을 촉진시키고 정당화시킬 수 있다.

직장과 비업무환경에서의 일이 주는 기쁨과 좌절의 다양한 혼합물을 포함하기 위하여 내가 무엇을 하는지 재정의하는 것은 일로부터 사람들이 얻을 수 있는 보상의 범위와 다양성을 증가시킨다. 여전히, 각 영역에서의 보상들을 범주화하고 평정하려는 경향이 있을 수 있다. 이들의 시너지효과를

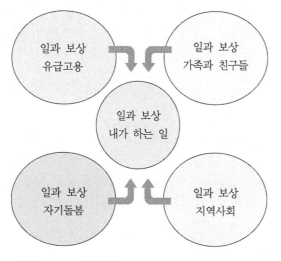

그림 12.1 나의 일을 재정의하기: "내가 하는 일"

위해서는 일하는 사람들은 또한 일을 할 때 "나는 누구인가"를 재정의 해야 한다.

나의 일정체성: 나는 누구인가
(My Work Identity: Who I Am)

일의 직업적(occupational) 모형에서 관계적 모형으로의 변화는 사람들이 자신의 일 정체성을 정의하는 방식의 변화를 요청한다. 누군가가 무엇이 필요하다고 말하는 것은 그들의 개인주의적이고 원자론적(atomistic) 특성을 강조한다. 관계적인 관점에서는, 대조적으로, 사람들의 사회적이고 관계적 자아를 강조한다. 이 관점을 발달심리학에 더하여, 밀러(1976)는 자아는 타인에 대한 관계로부터 분리될 수 없으며 "상호작용하는 자아" 는 모든 유아들에게 존재하며 평생에 걸친 자아의 발달에 영향을 미친다고 하였다. 미드(Mead, 1934) 역시 개인의 자아감은 사회로부터의 다양한 기대와 요구와 관련하여 형성된다고 하였다. 이러한 구성에서, 자아는 사람들의 다양한 역할에서의 정체감들을-직원, 동료, 부모, 지역사회 일원 등의- 포함하고 통합하는 "전체(whole)"이다.

직원참여를 위한 이러한 생각의 중요성은 사람들은 성별, 인종, 민족, 성적 선호, 연령, 그리고 보호자 혹은 부양자 등 삶에서의 역할의 형태로 일터에서의 자신을 생각하고 자신의 정체성을 구현한다는 주장과 함께 수십년 전에 형성되었다. 이러한 정체성의 형태들은 사회와 회사 내에서 논쟁, 의식고취, 그리고 정책입안의 주제가 되어 왔다. 오늘날 상위의 회사들에서는 예를 들어 직원다양성이 인적자원관리로서뿐 아니라 토마스와 엘리(Thomas and Ely, 1996)가 회사에서의 다양성 관리의 변화하는 모습에 관한 분석에서 지적했듯이 신선한 아이디어의 원천, 다문화 시장을 더 잘 반영하고 지원하는 방안, 그리고 학습과 효과성의 원천으로도 가치 있게 여겨지고 있다. 이에 상응하는 주장으로 파커와 홀(1993)은 유연한 근무방식과 다른 일-가정 프로그램의 이익에 대하여 논하였다. 구긴스, 멀비스, 그리고 로크린(Googins, Mirvis,

and Rochlin, 2007)은 이러한 논리를 바탕으로 정체성 참여에 있어서 광범위한 이동을 관찰했는데, 여기서 고용주들은 그들 직원을 "시민들(citizens)"로서 참여시킨다. 이는 자연적으로 직원의 다양한 자아정체성-인종, 성별, 연령 등과 다양한 일과 일하는 삶에서의 역할들은 물론이고 일하는 부모와 지역사회 일원으로서의 역할도 인정하고 존중함을 의미한다. 이는 또한 직원들을 사회의 시민, 지구의 주민으로서의 역할과 관련해서도 인정하고 타당하게 여김을 의미한다(그림 12.2를 보라). 이러한 것들이 "전체적 자기(whole self)"에 참여하는 것을 더욱 가능하게 해주며 개인, 조직, 그리고 사회를 이롭게 한다고 주장한다.

어떻게 조직은 정체성을 관여시키는가
(How Organizations Engage Identity)

오늘날의 조직은 연령, 성별, 인종, 성적 지향 등과 같이 사람들의 성장과정에서, 가정에서, 그리고 정체성 집단에서 사회적으로 자리잡고 있는 개인적 정체성의 측면들과 관련된 직원 정체성을 관여시키고 있다. 선도적인 조직들은 더욱 나아가 기업 규범을 조정해 가기 위하여 다양성과 일-가정 포럼을 개최하고 있으며 소수자들, 여성, 그리고

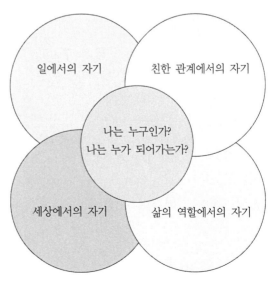

그림 12.2 내가 누구인가를 재정의하기: "전체적 인간"이 되기

LGBT 직원들이 자신들의 공통 관심사를 나누고 이익을 옹호할 수 있는 연합들을 주관한다. 이러한 친목집단들은 회사 일에 대하여 의견을 내고 피드백을 제공할 뿐 아니라, 그들 조직이 택하는 공공 정책적 입장에도 영향을 미친다― 예를 들어, 미국에서 다양한 회사와 산업분야에 걸쳐 게이/레즈비언 차별에 반대하는 입장을 취하거나 여성과 소수자들의 직업적 연합을 지지하는 조직의 수가 증가하고 있음을 보라.

피트 캣숲스와 구긴스(Pitt-Catsouphes and Googins, 2005)는 일-가정 지원은 일하는 부모들의 요구에 반응하는 조직의 방식이 그들이 돌볼 수 있는 자녀와 노인들 뿐 아니라 더 넓은 사회에 중요한 의의를 가지기 때문에 고용주의 사회적 책임이라고 주장한다. 따라서 사회적으로 책임이 있는 고용주들은 일-가정 문제에 대하여 지역사회-기반의 전략들을 고안하고 있으며 지역의 교통체계 포럼, 등교전-방과 후 학교 돌봄 프로그램, 교육개혁프로그램 등에 참여하고 있다. 몇몇 조직들은 국가적으로, 전세계적으로 일-가정 균형을 장려하기 위하여 일하는 가정을 위한 회사의 목소리(Corporate Voices for Working Families)라는 기업체의 연합에 다른 회사들과 함께 가입하였다.

사람들의 세상에서의(in-the-world) 정체성을 관여시키는 것은 어떠한가? 많은 기업의 사회적 책임 프로그램들은 빈부격차나 디지털 격차 혹은 지구환경 돌보기 등의 사회적 문제를 다루고자 하는 사람들의 열망을 높이 평가하고 이를 확장시킨다. 사람들의 사회적 역할을 포괄하는 이러한 영역에서 참여는 종종 자원봉사의 형태로 일어나며, 직원들의 재능과 회사의 자원이 중요한 사회적 도전과제를 해결하기 위하여 모아진다. 이를 넘어서, 혁신적인 고용주들은 사회적, 환경적 문제들에 대하여 직원들을 교육시키고, 친환경적이고 대의에 관련된(cause-related), 공정무역 판매에 직접 참여하도록 하며, 트리플바텀라인(triple-bottom-line 기업이익, 환경 지속성, 사회적 책임이라는 세 가지 기준으로 기업 실적을 측정하는 비즈니스 원칙, 역자주) 감사(audits)에 그들을 포함시킨다.

베스트바이와 정체성 참여
(Best Buy and Identity Engagement)

전자기기 판매 회사인 베스트바이는 직원참여의 관계적 측면에 대한 본보기가 된다. 예를 들어, 개별직원들은 자신의 강점과 열정을 바탕으로 직무참여 및 개발 할 것을 장려하는 회사의 "강점-기반" 인적 자원 모형을 통하여 참여하게 된다. 일-삶의 경계에 있어서는, 많은 직원들은 결과가 성취되는 한 그들의 업무시간과 개인적 시간을 유연하게 관리할 수 있도록 하는 결과 위주의 직업환경(results-only work environment, ROWE)의 한 부분이다. 회사는 여성 관리자, 직원, 고객들을 "Wolf Packs"에 참여하게 하는 여성 지도자포럼(a women's leadership forum(WOLF))을 개최하고 리더쉽에 대한 조언과 사회적 지지를 제공한다. 정체성 참여에 더욱 나아가, 베스트바이는 또한 인종별 친목집단(흑인직원네트워크(Black Employees Network), 아시아계 직원 네트워크(Asian Employees Network), 라틴계 직원 네트워크(Latin Employees Network)), 연령별 친목집단(십대직원과 경험의 지혜(Teenage Employees and SaGE―The wisdom of experience)), 성적지향별 친목집단(PRIDE), 그리고 신앙, 군복무, 개인적 능력/장애(INCLUDE)별 친목집단을 지원한다.

베스트바이는 "벤처시민(venture citizenship)" 프로그램을 통하여 직원들의 에너지와 기업정신을 사회로 초점을 맞추기 위하여 참여 프로그램들을 확장하고 있다. 예를 들어, 전문직원보다는 매장직원이 회사의 지역사회 지원금 프로그램을 운영하여 어떤 비영리 단체를 지원할 지를 결정한다. 그리고 그들은 @15(베스트바이가 지원하는 초기 십대들이 이끄는 사회변화 프로그램, the teen-led global social change program, 역자주) 프로그램의 학생들과 함께 일하며 자신들의 자원봉사 프로그램을 운영하는 법을 가르친다. 그리고 이 회사의 Geek Squad는 지역사회-기반 집단을 지원하기 위하여 그들의 시간과 재능을 기부한다. 직장에서는, 직원들은 베스트바이에서의 구매여부에 상관없이 중고 전자제품 재활용을 위한 회사의 프로그램에 참여하며 직원들의 사회적 미디어 대화공간인 Blue Shirt Nation을 통하여 회사 운영의 "지구녹색화(greening)"에 대한 의견을 공유한다.

왜 회사가 회사, 지역사회, 사회, 그리고 지구의 시민으로서의 사람들의 정체성에 관심을 두고 활성화 시키려고 노력하는가? 하나의 이유는 직원들이 회사가 사회에 봉사하거나 지구환경 보호 등의 자신의 관심과 열망의 모든 범위를 환영한다고 느낄 때, 그들은 그들의 "전체적 자기"를 일터에 기꺼이 가져오기 때문이다. 관계적 맥락에서, 기업의 사회적 책임은 회사의 문화와 직원들의 진로지향성(career orientaion)을 형성하는 개인과 기업 정체성 간의 대화를 발생시킨다(Schein, 1984 참조). 삶과 일에서 책임있게 살기를 열망하는 직원들은 그들 회사를 통하여 충족감을 얻음으로써 입소문을 통하여 자신의 회사의 효과적인 브랜드대사(brand embassadors)가 된다. 그들은 또한 긍정적이고 중요한 관계망이라는 사회적 자본을 생산하고 이는 그들의 회사를 다른 주주들과 크게는 대중들에게 연결시킨다.

나의 일 정체성을 풍요롭게 하기
(Enriching My Work Identity)

블루스틴(2006)은 일을 "해당 문화의 전반적인 사회적, 경제적 복지에 공헌하는 주어진 과제에 대한 노력, 활동, 그리고 인간의 에너지"(p.3)로 정의하였다. 역설적이게도, 일하는 사람들에 의한 이러한 심층적인 심리적 참여의 기반을 마련한 것은 사람들의 진리, 선, 아름다움, 전체성, 그리고 정의를 향한 근본적인 선호를 포함하는 "존재가치(Being Values)"를 묘사했던 매슬로우(1968)였다. 초기에 매슬로우는 그와 동시대의 학자들과 마찬가지로 기존의 "사회적 질서"가 사람들의 개인적 성장을 방해하고 이타주의와 생산성(generativity)을 향한 경향을 거스른다는 우려를 표명했다. 그러나, 좋은 영혼을 가진 경영(*Eupsychian Management*, Maslow, 1965)이라는 저서에서 그는 인간동기에 대한 그의 초기 서술은 너무 "개인주의적인" 것이었

으며 인간발달 촉진을 위한 집단, 조직, 공동체의 긍정적인 잠재력을 인식하는 데에 실패하였다고 고백했다. 이는 그가 인간잠재력과 인간에게 삶의 근본적 목적발견이 가지는 중요성을 강조하는 인본주의 심리학을 수용했음을 잘 나타내준다.

1960년대와 1970년대에 업무조직이 직원들의 자유롭고 생산적인 목적에 기여할 수 있다는 생각은 더글라스 맥그리거(Douglas McGregor, 1960)의 Theory X and Y 경영모형, 이 시대에 행해진 집단과 조직개발의 실제, 그리고 에리히 프롬의 이론으로부터 도출된 회사가 어떻게 "소유의 윤리(ethic of having)"가 아닌 "존재의 윤리(ethic of being)"를 촉진할 것인지를 보여주려 했던 직원참여노력에서 다양하게 표현되었다(Mills, 1975).

말할 필요도 없이, 인간 잠재력 운동은 조직참여의 물질적 측면을 강조했던 1980년대와 1990년대에는 직원발달 실제에 있어서 경시되었다(Kanter & Mirvis, 1989). 그러나 인간잠재력에 관한 관심은 다양한 보완적인 방식으로 오늘날 되살아났다. 한 예로, 칙센트미하이(Csikszentmihalyi, 1993)는 인간을 "진화하는 자아(evolving self)"로 보며 자신의 내적 본성과 그들 주변 세계에 대하여 더 충만한 의식을 얻는 것에 그 성장이 달려있다고 하였다. 발달적 용어로, 이는 인간으로서의 잠재력은 사람들이 각자의 개별적 독특성에 대해 더 깊이 인식하고 이를 세상에서의 과정에 연결시킴에 따라 확장된다고 주장한다. 칙센트미하이(1993, p. 281)는 "사람은 개인의 목표라는 보호막(cocoon) 밖으로 나와야 하며 공공의 영역에 있는 더 큰 문제들에 직면해야 한다"고 하였다.

사람들이 일 정체성에 삶의 영역의 모든 범위를 포함하도록 확장하기 위해서는 무엇이 필요할까? 홀(1986)은 개인정체감발달을 진로의 여정을 걷는 동안 심리적 성공을 경험하기 위해 필요한 또 다른 초유능감(meta-competency)이라고 하였다. 정체성 통합은 성인기 발달의 주요한 부분이다(Kegan, 1982). 즉, 사람들의 삶은 더 다양한 활동과 역할과 함께 더욱 풍성해진다. 그들의 정서적 세계는 더 커지고 복잡해진다. 그리고 자아는 성장해야

하며 사람들이 더 풍요로운 세상과 연결될 수 있도록 도와주는 새로운 요소들을 창조해야 한다.

그러나, 자아가 더욱 분화되고 복잡해지면서, 이러한 측면들을 응집력 있는 자아-그림(self-picture)으로 통합해야 할 필요가 생기며, 이를 통해 개인은 온전함을 느낀다. 심리적으로 건강한 사람은 자아의 이러한 다양한 부분들 혹은 "하위정체성(sub-identities)"을 모두 하나의 더 크고 통합적인 정체성으로 유지할 수 있다. 통합된 정체성의 획득은 말 그대로 한 개인이 발달의 과정을 거치면서 새로운 자아를 성장시키는 것이므로 매우 부담이 큰 작업이다.

한 개인이 자신의 핵심자아와 삶의 다중영역에 참여하는 것 사이에 어느 정도 거리를 두는 것이 필요해 보인다. 정체성에 관한 이러한 전체적 관점에서는, 일, 가정, 친구들, 지역사회와 연관된 과제들은 분리되고 구별될 수 있으나, 이러한 과제를 수행하는 개인은 이 과제들을 노동자, 부모, 친구, 시민으로서의 역할을 구현하는 더 큰 정체성 안으로 통합시킨다. 프로틴 경력이 사람들에게 주는 도전은 더 많은 자극들과 경험들을 그들 자신의 자아로 통합시키는 것이다. 이는 모호한 질문에 신선한 답을 찾는 것을 의미한다: "나의 일은 무엇인가? 나의 일정체성은 무엇인가? 진로성공이 무엇인가?

나의 진로를 재정의하기: 무엇이 성공인가?
(Redefining My Career: What Is Success?)

프로틴 경력의 개념에서 얻어지는 몇몇 장점이 있다. 첫째, 이 개념은 진로활동을 시간의 흐름에 따라 생각할 수 있는 새로운 방식을 열어준다. 하나의 인생/하나의 진로발달을 표방하던 전통적인 모형은 개인이 직업과 고용주들에 대한 탐색을 일찍 시작하게 하고 그들이 고용초기부터 중기단계에 이르기 까지 그들의 재능과 생산성을 높이고, 그 후 그들의 진로열망과 조직에의 기여 측면에서 "정체기(plateau)" 혹은 "쇠퇴기(drop off)"에 이른다고 본다. 그러나 프로틴 개념은 더욱 탄력적이고 사회적으로 구성된 *시간 범위*(time span)를 도입한

다. 이는 예를 들어 스타트업이나 빠르게 변화하는 기술공학 분야에서 볼 수 있는 고도의 성취로 대표되는 초기진로발달과 최근 "집에 머물고(living at home)" 있거나 좀 더 지속가능한 직업을 찾는 동안 인턴쉽과 파트타임 일을 함께 하고 있는 대학 졸업자들의 어려움을 모두 포괄한다. 이는 가정을 돌보거나 새로운 목표를 위하여 새로운 기술을 익히기 위한 중간-경력 단절과 컨설턴트 등의 자영업(self-employment)으로 들어서는 것도 포함한다. 또한, 이는 한 개인이 은퇴 후의 직업에서 자신의 열정을 발견하거나 적어도 활발하게 일하는 뒤늦은 성공(late blooming)도 포함한다.

둘째, 이 개념은 진로공간(space)을 확장한다. 진로를 유급노동과 관련 짓고 업무와 비업무(work and nonwork)의 삶 사이에 뚜렷한 경계선을 그으려는 경향이 있다. 그러나 더 탄력적인 개념에서는 업무와 비업무 역할이 겹치며 둘이 함께 한 개인의 정체성과 자기감을 형성함을 인식한다. 실제적으로 말해서, 진로공간의 확장된 정의는 사람들이 심리적 성공을 성취하기 위한 기준 아래, 성장하는 자녀와 함께 시간을 보내거나 노부모를 돌보기 위하여 시간을 내는 것을 진지하게 고려할 수 있게 해준다. 또한, 사람들이 취미를 즐기거나 심리적 평화를 얻기 위하여 경력을 "하향조정(downshifting)"을 하는 수많은 예를 볼 수 있으며, 지역사회에 환원하기 위하여 파트타임 일과 자원봉사를 결합하거나 자영업과 프리랜서로 일하는 것을 선택하기도 한다.

프로틴 경력에 대한 대중의 관심을 보여주는 부분적 증거로서, 현재 링크드인에는 프로틴 경력 집단이 있다(http://www.linkedin.com/groups/Protean-Careers-3533493?trk=myg_ugrp_ovr). 이 공간에서 활동중인 많은 회원들은 진로코치, 컨설턴트, 교사들로 보이며, 이들은 현대의 진로와 오늘날 그들의 직업세계에 있는 많은 사람들이 직면하고 있는 주요한 문제들과 딜레마에 대하여 어떻게 반응해야 하는지에 대한 관점을 공유한다.

심리적 성공을 향하여: 소명으로서의 진로
(Toward Psychological Success: Career as Calling)

더(Derr, 1986)의 연구는 사람들이 진로성공에 있어서 다른 지향성을 가지고 있다고 하였다. (최근에 진로성공은 진로문헌에서 가장 널리 연구되고 있는 주제 중 하나이다; Arthur, Khapova, & Wilderom (2005); Briscoe, Hall, & Mayrhofer, 2012 를 보라). 예를 들어 승진(ahead)에 관심 있는 사람들에게는 상향이동이 가장 중요한 목적이다. 다른 이들은 안정적(secure)이기를 추구하거나 자유롭고 자율적이기를 추구한다. 높이(high) 올라가고자 하는 사람들은 도전과 자극이 목표가 된다. 마지막으로, 균형잡히기를(balanced) 원하는 사람들이 있으며 이들은 개인, 가정의 삶을 직업적 성취에 결합시킨다. 이러한 진로지향성이 기질과 열망에서의 개인차를 나타내는 것 같기는 하지만 더의 연구는 이러한 지향성이 삶의 경험에 따라 변화할 수 있다고 제안하였다. 진로에 관한 더욱 유연한 정의는 사람들이 삶의 여정에 걸쳐 그들의 진로 지향성을 바꿀 수 있는 자유를 줄 것이다.

예를 들어 만약 우리가 사람들은 여러 개의 진로 주기를 거쳐 나이가 든다는 개념을 진지하게 받아들인다면, 진로사다리 위로 올라가기 위해서 더 교육이 필요한 어떤 초기-경력자는 부모역할을 강조하고 어린 자녀와 더 시간을 보내며, 균형잡힌 정체성으로 "방향을 바꾸기로(switch gears)" 대신 선택할 수 있으며 따라서 30대 중반 혹은 그 이후까지 MBA(경영학석사과정)를 미루거나 아예 하지 않을 수도 있다. 같은 방식으로, 작은 회사에서 경력이 절정에 이르거나 기능직 진로트랙에 있는 한 중간-경력의 여성은 비영리조직으로 옮기거나 단지 자원봉사 시간을 늘림으로써 "적극적으로 활기를 띨 수(rev up)" 있을 것이다.

블루스틴과 동료들(2008)은 "일은 사회의 더 큰 경제구조에 공헌하는 하나의 수단이며 이는 개인에게 더 넓은 사회적 세상과의 연결감을 제공해준다"(p.299)고 하였다. 따라서 사람들에게 그들이 직업을 통하여 무언가 유용한(useful) 일을 한다고

느끼는지 여부를 묻는 것은 중요하다. 이에 대하여, 그랜트(Grant, 2007)는 사람들이 타인의 삶에서 "긍정적 차이"를 만들어 냄으로써 자신의 친사회적 동기를 표현하도록 해주는 "관계적인 직무설계"에 관한 근거들을 검토하였다. 이 중 일부는 직무설계 문헌에서 "직무중요성(task significance)"의 개념에 포함되었다. 이 개념은 봉사학습에서도 더욱 온전히 드러난다. 그랜트의 현장연구는 어떻게 직원들의 지역사회 봉사가 그들에게 타인을 지원하는 기회를 주는지와 이것이 결과적으로 직원들의 조직헌신을 강화했음을 보여줌으로써 이 개념을 기업의 사회적 책임에 연결 짓는다. 아주 적절한 어구로, 그는 기업의 사회적 책임을 직원참여에 연결 짓는 것은 직원들이 "받는 것(receiving)"이기보다 "주는 것(giving)"이라고 하였다(Grant, Dutton, & Rosso, 2008).

마지막으로, 심리적 성공의 가장 깊은 형태 중 하나는 사람들이 일을 직업(job), 경력(career)으로 경험하기보다는 일을 자신의 삶의 목적으로 지각하는 소명(calling)으로 경험할 때 일어난다. 소명의 초기개념은 도덕적으로 책임이 있는 일을 하는 것에 대한 신의 부름으로 묘사되었다(Weber, 1958). 그 후에 일은 소명의 엄격히 종교적인 의미 이상으로 옮겨 갔으며 더 세속적인 관점으로 변화했다. 벨라와 동료들(2007)은 "소명"으로 언급한 일지향성(work orientation)을 설명하였는데, 이는 성취감을 위하여 일하는 사람들과 그들의 일이 어느 방식으로든 사회에 영향을 미친다는 것을 믿는 사람들을 묘사한다.

더 최근의 연구들은 소명을 강력한 내적 방향성으로 보고 있으며 더 좋은 세상에 기여하는 일(c.f., Dobrow, 2006; Hall & Chandler, 2005; Lips-Wiersma, 2002; Wrzesniewski, 2003)로 설명한다. 이러한 세속적 관점에서 소명은 도구적 목표 추구에 의한 것이 아닌 내적인 동기로 부터 온다. 오히려 이 관점은 한 개인의 직업이 가지는 의미에의 심리적 참여의 일반화된 형태를 반영한다(c.f., Kahn, 1990; Wrzesniewski et al., 1997). 예를 들어, 핸슨(Hansen, 1997)은 어떻게 개인이 진로 자기-평가와

개발이 "전체적 인간" 발달의 일부로서 개인적, 직업적 목적에 대한 자기-반성적인 물음들을 포함하는지를 설명한다.

립스-위얼스마와 모리스(Lips-Wiersma and Morris, 2011)는 소명지향성의 두 가지 주요 차원을 구분하였다: 타인에 대한 초점 대 자신에 대한 초점, 그리고 행위에 대한 초점 대 존재에 대한 초점이다. 비록 이러한 관심사 모두 긍정적인 효과를 가질 수 있지만, 한쪽 방향으로 너무 멀리 옮겨가는 사람들은 그 차원의 다른 쪽을 희생시키면서 그렇게 하는 것이다. 예를 들어, 만약 한 개인이 타인을 위한 봉사에 너무 많은 시간을 쓴다면 자신을 돌볼 수 있는 충분한 시간이 없을 것이다. 또한 한 개인이 "행위"의 모드로 너무 많은 시간을 보내면 (아마도 개발도상국의 오지에서 지역사회 봉사를 하느라), "존재"를 위한 시간(예: 자기성장, 자기-인식을 개발하기)을 많이 갖지 못할 것이다. 중심으로부터 어느 방향으로든 너무 멀리 움직이는 것은 평형의 상실을 가져온다. 이와 반대로, 개인이 이처럼 의미있는 네 가지 차원에서 균형을 이루면 평형 상태에 있다-이는 립스위얼스마가 "영적 일관성(spiritual coherence)"라고 부른 상태이다(Lips-Wiersma, 2002).

소명감의 이러한 요소들과 이들이 어떻게 강력한 내적 동기를 제공하는지를 보여주기 위하여 홀과 챈들러(2005)는 로라의 경험을 묘사하는데, 그녀는 공공의 비영리적 부문에서 진로를 추구하였다.

고등학교에서 로라는 연합학생회 회장이었으며 거의 단독으로 그녀의 졸업반 연합학생회 선거체계를 개혁하였다. 대학에서 그녀는 워싱턴 디씨에서 열리는 주요한 정치학회의 세 명의 기조연설자 중 한 명 이었다. 로라는 이 경험의 효과를 이렇게 묘사한다 - "나의.. 경험들은 자신감을 높여주었다."
대학 이후, 그녀는 일년간 이스라엘에 가는 펠로우십을 받았다. 이스라엘에 머무는 초기에 그녀는 이스라엘 대통령이 후원하고 이스라엘 - 디아스포라 관계를 다루는 학회에서 미국 학생 대표를 해달라는 요청을 받았다. 점심을 먹으면 서 이스라엘 대통령은 그녀를 그와 함께 먹도록 초청했으며 그들은 이러한 필요에 관하여 구체적으로 구조화된 학회로부터 학생들이 얼마나 이익을 얻을지를 논의하였다. 그녀는 그 학회를 조직하는 것에 자원했고 대통령은 신속하게 수용하여 자신의 거처를 학회장소로 제공하였다. 결국, 다음 해에 전 세계의 120명의 학생들이 참가하였다."(Hall & Chandler, 2005, pp.167-168)

로라는 교육을 마친 후, 주정부에서 일하게 되었으며 그곳에서 일한 지 4년 후 30세에 한 조직의 부위원장(an agency deputy commissioner)의 수석직원이 되었다. 우리가 마지막에 들었을 때, 그녀는 변화를 탐색중이라고 하였다: "나는 이제 막 나의 학습정체기에 들어섰으며 다소 지루함을 느끼기 시작했다"(Hall & Chandler, 2005, p.168).

계층화된 노동시장에서의 진로발달 (Career Development in a Stratified Workforce)

프로틴 경력 모형이 오늘날의 경제에서 더 많이 가시화되고 있지만 이는 점점 더 증가하는 계층화된 노동시장에서 다른 양상을 띨 수 있다. 예를 들어, 교육이 잘 되어 있고 기술을 갖추고 있으며 수요가 높은 노동자들을 모집하고 유지시키기 위하여 고용주들은 "재능전쟁(war for talent)"에 착수하여 보너스, 유연적 시간, 도전이 되는 프로젝트, 최신의 기술, 그리고 컨시어지 서비스부터 헬스클럽 회원권에 이르는 부대시설을 제공한다. 이러한 상층부의 노동자와 전문인들은 이동성이 매우 높고 의미와 돈을 모두 제공하는 직장을 찾는다. 몇몇은 "자유로운 에이전트(free agents)"로 활동하며 정기적으로 자신의 기술을 "가장 높은 입찰자(highest bidder)"인 고용주에게 이동시킨다.

이렇게 이동성 있는 진로경로가 심리적 성공의 방안이 될 수도 있지만, 이를 따르던 몇몇 사람들은 일의 목적과 생활양식을 신선한 눈으로 바라보고 있다. 점점 더 많은 젊은이들이 빠른 트랙을 피하면서 그들을 사회적 기업가, 시작하는 사회적 기업으로 재구성하고 있으며 혹은 지역사회와 사회의 문제들을 다루기 위하여 비영리단체로 옮겨가고 있다. 점점 더 많은 수의 기업들은 결과적으로 그들의 직원들에게 봉사학습(service learning) 과제를 통하여 "선행"을 할 수 있는 기회를 제공하고 있다(Mirvis, Thompson, & Gohring, 2012). 예를 들어, IBM은 1,000명이 넘는 직원들을 100팀으로 24개국에 그들의 기업 봉사단(Corporate Service Corps)을 통하여 한 달의 봉사업무를 위하여 파견한다. 미국 평화봉사단(U.S. Peace Corps)을 모델로 삼아, 이 프로그램은 자원봉사자 팀을 세 달 간의 사전업무, 한달 간 파견국가에서의 업무, 그리고 두 달 간의 사후봉사에 참여하도록 하고, 이를 통해 그들 자신과 기업을 위한 통찰을 얻는다.

고용 스펙트럼의 또 다른 끝은 오늘날 높은 실업률을 보이고 있으며 전일제 고용에 대한 미래 전망이 불확실하며 교육이 덜 되어 있으며 기술수준이 낮은 노동자들이다. 최근의 불황은 미국의 수백만의 사람들의 고용전망을 황폐하게 만들었으나, 가장 타격을 받은 집단은 저임금을 받으며 사회로부터 혜택을 받지 못하는 계층이다. 미국의 빈곤율은 빠르게 상승했다(2012년에 15년 만에 최고치를 기록했다); 소수인종과 18-29세의 실업률은 치솟았다; 그리고 푸드뱅크에서 보호소, 의료보장에 이르는 지역사회 자원은 필요에 미치지 못한다.

이 계층에는, 노동시장에 어떻게든 발을 들여 놓기 위하여 실업보조와 훈련은 필수적이다. Manpower와 같은 국제훈련과 임시직 기구는 실업상태의 청년들에게 삶과 개인적 상담을 제공하며 그들의 자신감과 자기-정의(self-definition)를 증진시키기 위한 프로그램을 후원한다. Focus: HOPE 이라는 미시건주 디트로이트에 있는 비영리 단체는 지역사회에서의 이러한 노력의 예시이다. 이 단체는 12,000명이 넘는 남성과 여성(주로 아프리카계 미국인들)들을 자동차 회사, 고도기술 회사, 그리고 지역의 대학(훈련생들에게 대학학위를 제공하는)과 연합하여 기계기술자, CAD/CAM전문가, IT 전문가, 그리고 시스템 엔지니어들로 훈련(혹은 재훈련) 시켜왔다. Focus: HOPE은 또한 어린이집과 푸드뱅크를 운영하고 지역사회 개발 프로그램을 운영한다- 모든 것이 디트로이트 지역의 경제발전과 인종차별을 없애기 위한 노력이다.

고용주들은 또한 저임금 직원들과 지역사회를 지원하는 역할도 한다. 2009년도의 설문에서는 (BCCCC, 2009) 미국 고용주들의 네 개 중 하나는 재화와 서비스를 여성과 소수자들이 운영하는 공급업체에서 구매하는 프로그램을 가지고 있으며 저임금 직원들에게 훈련과 개발기회를 제공한다고 하였다. 더 적은 수의 고용주(18%)는 빈곤한 지역사회로부터 직원들을 고용하기 위한 특별한 절차를 밟고 있다. 이 연구는 큰 회사는 작은 회사보다 저임금노동자와 지역사회를 상당히 더 많이 지원한다고 하였으나, 그 지원은 불황기에 줄어들었다. 분명히 저임금의 소외된 계층들이 진로트랙을 시작하고 지속하도록 돕기 위하여 민간영역의 지원이 더 필요하다.

노동시장의 점점 더 많은 사람들은 그들의 현재 일에 불만족하고 있으나 기회의 부족, 시대에 뒤쳐진 기술, 혹은 제한된 개인적 이동성으로 인하여 새로운 직업으로 이행하지 못하고 있다. 노동시장에 남아있기 위하여, 중간에 있는 많은 사람들은 그들의 훈련을 업데이트하고 홀과 멀비스(1996)가 말했듯이 "생계를 배워야(learn a living)" 한다. 이 인구 중 가장 경력이 없는 사람들과 가장 숙련된 사람들은 파트타임 직장기회도 받아들여야 하며 각각, 시작하는 혹은 마지막의 진로단계에 껴 맞추어야 한다.

평생학습의 진로경로가 자기-시작자(self-starters) (스스로 주도하여 일이나 프로젝트를 하는 사람들, 역자주)와 자기-개발자(self-developer)한테는 매력적으로 들리겠지만 이는 단점도 있다. 이로 인한 과부하의 느낌과 업무/비업무의 경계를 정기적으로 드나드는 것은 실제적인 문제들을 가져오며 사람들의 일 정체성과 가족체계를 산산이 조각 낼 수 있다. 더욱이, 새로운 직업을 다소 늦게 시작한 사람들은 전통적인 단일진로 경로를 따르는 사람들 보다 더 적은 평생소득을 가질 수 있다. 재훈련과 재배치의 비용과 잃어버린 소득의 가치를 고려할 때, 프로틴 경력은 과거의 안정적인 진로경로 보다 보수가 적다고 볼 수 있을 것이다.

진로 재정의를 위한 자원들
(Resources for Career Redefinition)

그럼에도 불구하고, 성공적으로 무경계 경력을 항해하기 위하여 활용할 자원들이 있다. 어떤 종류의 직업적이고 심리적인 자원들이 사람들이 프로틴 경력에서 요구하는 자기-구성을 통하여 살아가고 일을 하면서 통합적 정체성 발달을 하도록 기여할까? 몇 가지를 고려해 보자.

• **평생학습.** 홀과 멀비스는(Hall & Mirvis, 1994) 프로틴 경력에서의 성공은 정기적인 재훈련 이상을 요구한다고 하였다; 대신, 사람들은 연속적인 평생 학습을 시작해야 한다. 이는 공식적인 학교공부와 온라인 학습을 물론 포함하지만 이는 또한 의도적으로 기술개발을 요구하는 직업들을 찾는 것도 뜻하며 개인적 학습경험을 쌓는 것도 의미한다. 이 포인트를 확장하여 그래튼(Gratton 2011)은 일하는 사람들은 그들의 직업과 산업에 관련될 수 있는 최신의 생각과 발달에 깨어있기 위하여 "생각하는 무리(big-ideas crowd)"와 어울려야 한다고 하였다.

• **영리한 직무들.** 홀과 라스헤라스(Hall & Las Heras, 2010)는 또한 "영리한 직무(smart jobs)"의 중요성에 대해 말했다. 요구가 많은 과제특성, 다양한 대인관계, 그리고 풍부한 개발기회의 결합은 자기개발과 표현에 기여할 수 있다. 어떤 면에서는, 유급고용에서의 일과 비업무 환경에서의 일은 영리한 직무들의 "모듈"(구성단위)을 제공하는 것으로 생각될 수 있다. 직장에서의 일과 집에서의 일을 연결짓는 것, 고객에 대한 서비스와 지역사회 서비스를 연결짓는 것 등은 사람들이 적응성을 "실천하고(practice)" 그들의 일 정체성을 더욱 통합된 방식으로 볼 수 있게 해준다.

• **협동적 업무공간.** 어떻게 새로운 사회적 형태가 사람들이 프로틴 경력을 실행하는 것을 돕고 있는지도 주목할 만하다. 예를 들어 개인들이 사무실과 의사소통기기들 뿐 아니라 다양한 독립적인 동료들에게도 접근할 수 있는 "협동적 업무공간"의 수는 대도시에서 증가하고 있다. 허브 오퍼레이터들(중심관리센터)은 그들의 고객들을 위하여 전문성 발달 프로그램을 제공하기 시작했다. 또한, oDesk와 freelancer.com과 같은 온라인 시장공간들도 증가하고 있는데, 여기서는 개인 기여자(contributor)들에게 복리후생(fringe benefits)을 확보하고 있으며 Mom Corps 같은 곳은 직장 여성들을 위한 유급 서비스와 물물교환 서비스의 포트폴리오를 제공한다.

자기개발과 진로발달을 위한 공간 만들기
(Making Space for Self-Development and Career Development)

성장하기 위해서 사람은 더 높은 수준의 의식으로 발달해야 한다. 이는 개인이 어떠한 실수를 하든지 무조건적 방식으로 지지받는 것을 필요로 한다. 이는 실험과 개인적 성장을 위한 심리적 안전을 포함하는 "안전한 공간"의 창조를 의미한다. 이는 키건(Kegan)이 "버텨주는 환경(holding environment)"라고 부른 것인데, 유급고용 환경에서 이러한 "버텨주는 환경"은 구체적으로 어떻게 보일까? 몇 가지 가능성을 제안해 본다.

어떤 방식으로든 성장하는 것이 개인의 제1의 과업(혹은 제1의 과업은 아니더라도 주요한 과업)*이 되는 일정한 기간.* 예를 들어, 1주일의 리트릿이나 훈련 프로그램을 위해 업무에서 휴가를 내거나 1년의 기간 동안 공식적 교육 프로그램에 참여하는 것(예: MBA프로그램), 혹은 특정 지역의 문화나 기업운영에 대하여 학습하는 데 상당한 시간을 보낼 수 있는 해외파견 업무 등이 있다. 그리고 몇몇 조직에서는, 물론 공식적인 안식년을 시행하는데, 특정 기간 근무한 직원들은 그들의 관심사를 추구할 수 있는 몇 달간의 유급휴가를 얻는다.

공식적인 교육적 요소는 필수적이지는 않지만 도움이 된다. 만약 한 개인이 공식적으로 정의된 학습 프로그램에 등록되어 있다면 이는 학습역할

을 위하여 소비된 시간의 정당화를 도와준다. 만약 개인이 학생의 역할을 하고 있다면 아래 제시된 다른 단계들은 그들의 역할 부여자(상사)들을 "설득하기에(sell)" 더 쉽다.

개인의 주요한 역할부여자는 이러한 이행기간(liminal period)을 분명히 인정하고 업무역할기대를 감소시킨다. 역할부여자의 기대의 변화는 개인의 직무가 어느 정도는 재설계되어 학습에 전념할 수 있는 새로운 시간이 허락됨을 의미한다. 이는 결과적으로 이러한 역할부여자가 업무역할에 대하여 재협상 함을 의미한다. 이는 우리의 다음 논점으로 이끈다…

고용조직을 대표하는 감독관은 감소된 업무 역할기대에 대한 지지를 지속적으로 주도하고 제공한다. 이는 상사가 "방어를 해주어야(run interference)" 하며 직원이 정해진 업무책임과 개발에 필요한 시간 사이의 경계를 유지할 수 있도록 도와야 한다는 의미이다. 이는 직원을 더 채용하거나 업무그룹 내에서 일의 책임을 재배치하는 것을 요구할 수도 있다.

조직에게는, 이는 직원과 역할 재활성화를 위한 시간이 될 수 있다. 이는 종종 직무의 설계를 다시 생각해 보고 수정하며 구시대의 활동들을 제거할 수 있는 좋은 기회가 될 수 있다. 이는 또한 중요한 과업들을 후배직원들에게 위임할 수 있는 좋은 기회가 될 수 있고 기간제 과제에는 인턴을 조직에 고용할 수 있는 기회를 가져오며 잠재적인 새로운 직원들에게 시범적 업무를 제공할 수 있다.

발달을 위한 관계적 자원들이 반드시 제공되어야 한다. 많은 성인학습이 관계적 자원으로부터 오기 때문에 학습자들에게 분명한 "안내(guides)"를 제공하는 것은 중요하다. 이는 전문적 코치, 동료코치 (즉, 유사한 발달과정을 거친 타인), 혹은 구체적인 기술과 지식을 전수해 주는 교사일 수 있다. 최근에 유사한 종류의 발달과정을 거친 사람은 특히 관계적 학습의 강력한 자원이 될 수 있다.

개인성찰의 기회는 학습자가 버려주는 환경으로부터 배울점을 추출해 내는 것을 돕기 위하여 중요하다. 이는 명백해 보이지만 드물게 일어난다.

대부분의 성인학습경험의 큰 역설 중 하나는 그것이 상당한 자원의 투자(시간, 노력, 돈)를 수반하고 실제로 많은 학습이 일어나지만, 이는 종종 유지되지가 않는데, 이는 학습자들이 "베란다로 가서(up on the balcony)" 그들의 경험을 성찰해 보고 정식으로 그들이 얻은 지혜와 배운 점들을 추려 내는 마지막 작업을 하지 않았기 때문이다. 온라인 기술이 발달한 오늘날, 정기적인(예: 매주) "휴식시간(time out)"을 자동적으로 지정하여 각 개인은 자신의 학습 목표를 상기시키고 이러한 목표에 다가가도록 그 주에 가졌던 기회들을 회상하고, 진전을 평가하는 것이 가능하다. (하나의 예로, 포트힐 회사(Fort Hill Company)의 "결과 엔진(Results Engine)"이 있다. http://www.forthillcompany.com/solutions/retransfertool/).

진로시간을 재정의하기(Redefining Career Time)

이 모든 것을 이해하기 위해서, 일정 체성 학습은 *진로시간을 재정의하는 것*이 필요하다-연대기적 연령과 진로단계 사이의 전통적 관계. 예를 들어, 증가하고 있는 인간의 수명과 노년인구의 개선된 건강을 인식하여, 대중문화는 "70세는 새로운 50세이다"라는 주문을 채택했다. 이를 위한 물질적 요구와 함께, "제 3의 단계" 혹은 "앙코르" 진로를 말하는 것을 가능케 하는데(Kim, 2010), 여기서 이전의 퇴직자들은 그들의 고용주를 위하여 지속적으로 일하지만, 더 적은 시간동안 더 적은 수입을 위해 일하며, 다른 조직이나 비영리 단체에 연결하거나 그들 자신의 기업을 시작하기도 한다.

또 다른 요구사항은 "노화"를 고려하는 것이다. 예를 들어 피트-캣숩스, 마츠코스타, 그리고 브라운(Pitt-Catsouphes, Matz-Costa, and Brown, 2010)은 사람들이 연대기적 나이, 인생단계, 그리고 진로단계에 따라 자신을 어떻게 보는지를 비교한 "나이의 프리즘(prism of age)"을 개발하였다. 순차적인 조합은 패턴을 보였는데, 나이가 많은 노동자일수록 그들 자신이 중년이라 보았고(60세는 새로운 40세이다) 경력의 중간단계에 있다고 보았다(갈 곳이 있고 할 일이 있다). 이러한 고령의 성인들의 시선을 담고 있는 새로운 프리즘의 심리적인 표식이 존재한다. 예를 들어 베이트슨(Bateson, 2010)은 "참여 대 철수"라는 발달적 위기로 특징지어 지는 후기-성인기 발달로 2차 성인기(Adulthood II stage)를 제안했다. 이는 에릭슨의 단계에서 성숙한 성인기(생산성)와 노년기(통합기) 사이에 위치한다. 이러한 2차 성인기에 "적극적인 지혜(active wisdom)"를 추구하고 실행하기 위하여 고령의 성인들은 새로운 인생과 진로단계를 시작하면서 정체성 형성, 친밀감, 생산성과 관련된 도전들을 통하여 주기를 거슬러 올라가야 한다.

더욱이, 사람들이 진로시간에 있어서 자신이 어디에 있으며 그들이 어디로 가고 있는지를 이해할 수 있게 해주는 언어, 명칭, 개념들이 필요하다. 전통적인 진로발달 단계를 정의하고 의미를 부여하며 상향이동으로의 경로를 표시했던 전통적인 진로 앵커들(anchors)(Schein, 1974)대신에, 프로틴 경력은 사람들에게 어떻게 새로운 직업과 직장으로 여행해야 하는지를 알려주는 표지판을 요구한다(Hewlett & Luce, 2005).

진로시간에 대한 이러한 관심은 노령의 성인들에게만 해당되는 것이 아님에 주목하라. 또 다른 사회적 주문은 "30은 새로운 15세"이다. 이는 그들의 부모 집에 살며, 완전히 고용되지 않았으며, 진로진전을 위한 어떠한 그림도 부족한 초기성인기의 자녀들을 뜻한다. 심리적이고 사회문화적인 영향력은 그들의 진로시간에 대한 개념화에 고려된다. 예를 들어, 아넷(Arnett, 2000)은 20대에게 정체성 탐색을 계속 하며 불안정성, 자기-초점, 중간에 끼인 느낌, 그리고 "가능성에 대한 느낌"을 포함하는 "진입기의 성인기(emerging adult)"라고 불리는 새로운 발달단계를 부여하였다. 거슨(Gerson, 2009)은 어떻게 이러한 젊은이들이 일터에서의 성별혁명과 맞벌이 부부 및 이혼의 증가 속에서 성장하는지에 초점을 두었다. 이들은 근본적으로 20대들의 진로와 일-삶의 균형에 대한 열망을 형성했다.

초기와 후기 진로단계에 이러한 변화의 순수한 효과는 한 개인의 업무경력의 일과 학습단계를 연장시킬 것이다. 수퍼가 20세기 중반에 제안한 35년 혹은 40년을 생산적인 고용기간으로 보았던 초기의 진로단계 모형과는 대조적으로, 우리는 현재 10대에 시작해서 70, 80대까지 지속되는 노동과 학습의 결합을 보고 있으며, 잠재적 진로기간(span)을 대략 70년으로 본다. 이는 현재 고등학교나 대학교에 재학중인 사람의 진로는 그들의 부모나 조부모보다 거의 두 배 정도 더 길 것을 의미한다. 그러나, 이러한 연장된 기간은 건강과 신체적 능력의 면에서 가능할 뿐 아니라, 이는 개인의 정서적, 영적건강은 말할 것도 없이 신체적이고 경제적 건강 면에서도 필요하게 될 것이다.

결론(Conclusion)

요약하면, 일에 대한 우리의 전통적인 개념은 더 이상 적용되지 않는다. 한 때 외부에, 조직내 공간에서의 객관적인 역할과 위치에 뿌리내리고 있던 일은 이제 더욱 관계적이고 주관적이 되었다. 한 개인이 하는 일의 속성과 일이 수행되는 사회적 혹은 관계적인 공간은 직업이 무엇이고 진로가 무엇인지의 기초를 형성했던 이전의 더욱 전통적인 일에 대한 개념에서보다 훨씬 서로 침투할 수 있는 경계를 가지게 되었다. 현재 유급고용에서의 역할은 가족, 친구와의 관계, 개인발달(즉, 자신과의 관계), 그리고 세상에서의 더 큰 공동체에 자신이 속해있고 기여하는 것과 더불어 한 개인이 수행하는 한 부분일 뿐이다.

이와 관련하여, 개인의 일정체성은 또한 더 유동적인 영향력의 산물이다. 개인의 일정체성은 중심이 되는 개인과 그들과 관련된 참조집단을 포함하는 사회적 교환과정의 결과로 협상된 개념이다(Grote & Hall, 2012; Ibarra, 1993). 개인의 일 정체성은 업무역할뿐 아니라 개인적 친화집단, 사회적 정체성(개인이 속한다고 느끼는 집단), 개인적이고 가족적인 관계, 그리고 세상에서 개인적으로 의미있는 목적과 활동과의 관계의 영향도 받는다. 이처럼 한 개인의 일정체감에 대한 더욱 확산적이고 다양한 영향력은 선택과 개인적 통합을 이전 시대보다 더욱 어렵게 만든다(Kegan, 1994).

　　이러한 복잡성과 모호성 속에서 주요하게 필요한 것은 개인이 다양한 역할과 자기-기대를 탐색해가는 동안의 자기인식과 적응성(adaptability), 혹은 이렇게 변화하는 기대를 형성하고 이에 반응하는 역량이다. 변화에 편안할 수 있으며 계속되는 변동을 기대하고 무난하게 통과할 수 있으며, 지속적인 평생 학습자가 될 수 있는 능력은 주관적, 객관적 성공 모두를 위해서 중요하다. 모호함과 변화에 대한 편안함을 성취하는 것은 개인발달과 진로발달의 새로운 규준이 될 것이다.

13장　보다 포괄적인 산업－조직심리학

A More Inclusive Industrial-Organizational Psychology

마이클 지커(Michael J. Zickar)

초록

이 장은 산업-조직심리학(IO)이 보다 포괄적이어야 할 필요성을 논의한다. 역사적으로 IO 심리학자들은 경영진(관리자, management)의 주요 관심사를 다루는 연구주제에 초점을 두어왔고 대체로 노동자들의 관심사인 주제들은 간과해 왔다. 조합형성과 일하는 삶을 보다 의미있게 만드는 주제들보다는 인사선발과 생산성 등의 주제가 많은 주목을 받았다. 또한, IO 심리학자들은 질적 연구방법보다 양적 연구방법을 선호해 왔다; 이는 IO심리학자들이 노동자들의 관점에서 현상들을 이해하는 것을 더욱 어렵게 하였다. 이 장은 이러한 편향의 역사에 대하여 논의하고 학자들이 자신의 직업 생활에 통합함으로써 주제, 관점, 방법론의 선정에 있어서 더욱 포괄적일 수 있는 다양한 방안들을 제안한다.

키워드

IO 심리학의 역사, 방법론적 편향, 질적연구방법, 대학원 훈련, 노동자-경영자 관계

Society of Industrial-Organizational Psychology(SIOP)의 사명 선언문은 "조직과 일 환경에서 인간의 안녕과 수행을 향상시키기(SIOP Mission Statement, n.d.)."라는 목표를 포함한다. 나는 이 장에서 이 목표는 IO 학문 분야의 역사를 통틀어 거의 달성된 적이 없는 목표라고 주장하겠지만, 이는 대부분의 IO 심리학자들이 수용하고자 하는 일반적인 선언문이다. 이 장에서 나는 IO 심리학의 과학과 실제는 SIOP의 사명선언문이 지지하는 이상(ideals)을 더 잘 수용할 수 있는 보다 포괄적인 접근을 취하는 것이 유리함을 논할 것이다. 이러한 더욱 포괄적인 접근은 블루스틴이 지지하고 윤곽을 만든 일의 심리학과 일치한다(see Blustein, 2006). IO 심리학이 일의 심리학을 더욱 잘 반영하고 일을 하는 개인들의 다양한 매일매일의 경험을 더 잘 반영하기 위하여 나는 IO 심리학이 변화하고 적응해야 한다고 주장한다. 현재의 상태로는, 이 분야는 상대적으로 좁은 범위의 이해관계자의 관심사를 반영하며 주제의 범위도 상대적으로 제한되어 있는데, 이 둘은 부분적으로는 역사적, 문

화적, 경제적인 힘에 의하여 결정되어 온 것이다. 이 장에서 나는 다양한 영역에서 보다 포괄적인 문화의 필요성을 역설할 것인데, 이는 우리의 연구가 어떻게 사용되고 있는지에 대한 것 뿐 아니라 (즉, 효율성을 높일 것인지 안녕을 높일 것인지) 여러 다양한 측면의 포괄성을 의미한다. 나는 가치체계, 방법론, 연구문제, 출판통로, 그리고 진로경로의 다양성에 대하여 더 관용이 필요함을 설명할 것이다. 나는 IO 심리학 분야가 기존의 강점에 초점을 두기보다는 그 범위를 확장시킴으로써 스스로를 더욱 지속가능하고 중요하게 만들 수 있음을 역설할 것이다. 나는 독자들이 IO 심리학이 더 광범위한 청자들에게 더 다가갈 수 있다는 것에 확신을 가질 수 있도록 기존의 실제와 더불어 역사적 분석을 포함하는 다양한 방법들을 사용할 것이다. 마지막으로, 나는 IO 심리학이 더 광범위한 구성원들에게 더 관련성이 높아지고 있다는 것과 더 넓은 범위의 노동자들의 운명을 개선하는 데에 더 관심을 기울이며 도움을 줄 수 있도록 하는 몇 가지 제안들의 목록으로 마무리 할 것이다.

이 분야의 역사로 들어가기 전에, 나는 독자들에게 내가 썼던 어떤 원고보다도 이 장에서는 "나"라는 단어를 더 많이 사용한다고 주의를 주고 싶다. 이 장 내내, 나는 이 분야에 대한 나의 개별적인 관점(idiosyncratic view)을 제공하며 나를 지금의 생각으로 이끌어 온 개인적 일화들과 경험들을 나눈다. 1인칭 시점의 사용은 학문적 저술에서 종종 권장되지 않지만, 나는 이 원고가 독자들이 나의 관점을 더 잘 이해하고 다른 연구자들이 그들 자신의 지적 편향과 애정에 대해 더욱 분명히 할 것을 장려할 것이라는 바램에서 의도적으로 이러한 이야기들과, 편향, 그리고 가정들에 대하여 나눌 수 있는 자유를 택했다.

IO 심리학의 간략한 역사
(A Brief History of IO Psychology)

이 장에서는 다음 두 가지 주제에 초점을 두어 IO심리학 역사에 대하여 검토해 볼 것이다: 심리학과 경영 간의 관계, 그리고 수량화에 대한 집착. IO심리학의 역사에 대해서는 더 포괄적이고 깊이 있게 특히 콥스(2007) 등의 다른 저서에서 다루어졌으며, 더 관심이 있는 사람들은 이러한 자료를 참고하기 바란다. 나는 미국 내 IO심리학의 역사에 대해 다른 저서에서 쓴 적이 있다(Zickar & Gibby, 2007). 나는 다음의 내용들은 IO 심리학 역사에 대한 나의 개인적인 시각임을 인정하지만 이는 역사적인 자료들에 꽤 잘 부합되는 내용임을 주장한다.

심리학과 경영의 관계
(Psychology's Relationship with Management)

IO심리학은(원래는 응용심리학이라고 불렸으며 나중에는 산업심리학이라고 불렸다) 1910년대에 휴고 문스터버그의 산업적 효율의 심리학(Psychology of Industrial Efficiency, 1913)이라는 책의 출판과 함께 시작되었으며(나중을 위해 이 책의 제목에 주목하라), 최초의 산업심리학 프로그램은 비슷한 시기에 카네기 공과대학(Carnegie Tech, 나중에는 카네기멜론 대학(Carnegie Mellon)이 되었다)에 만들어졌다. 산업심리학의 초창기는 세계 1차대전의 영향을 받았으며, 이 시기에는 명성이 높은 응용심리학자들이 선발, 훈련, 수행의 평가, 그리고 배치에 관하여 연구했다. 수백 수천만의 병력이 1917년 이전에는 매우 작았던 군대로 빠르게 파병되어야 했으므로 이러한 서비스에 대한 필요는 매우 높았다. 요약하면, 과거의 실무로부터 가이드도 거의 없이 하루아침에 거대한 조직이 탄생해야 한 것이다. 월터 반 다이크 빙엄(Walter Van Dyke Bingham), 월터 딜 스캇(Walter Dill Scott), 그리고 로버트 여크(Robert Yerkes) 같은 심리학자들은 어떤 집단이 더 복잡한 업무를 수행할 수 있는 지능이 있는지, 누가 전기와도 같은 중요한 기술력에 필요한 거래 지식이 있는지를 가려내고, 장교(담당자, officer)들의 수행을 평가하기 위한 검사들을 개발하였다.

전쟁 이후, 이 심리학자들은 자신들이 배운 과학적 지식을 널리 알렸으며 발전된 지식을 산업체에 판매하였다. 로버트 우드워스(Robert Woodworth)

는 총격이 벌어질 때 "포탄충격(shell shock)"을 경험하기 쉬운 군인들을 가려내기 위하여 우드워스 성격검사(Woodworth Personality Inventory)를 개발하였는데, 그는 이 검사를 심리적으로 취약한 직원들(즉, 적응에 문제가 있거나 직장에서 정서적 문제를 일으킬 가능성이 높은 사람들)을 선별하는데에 관심이 있는 조직에 판매하였다. 신입단계 채용의 선별에 사용되는 능력검사 개발자들은 이와 유사한 판매 노력을 하였다; 이러한 검사들은 신입직원 고용을 돕기 위하여 다양한 직업군에 맞도록 변형되고 판매되었다. 이러한 인사관련 도구들의 사용은 점점 거대해 지고 관료화 되어 가며 새로운 자리를 채워가기 위한 체계적인 방법이 필요했던 조직에 도움이 되었다(see Jacoby, 2004). 선발검사는 판매, 관리, 철강노동자, 케이블카 조작원, 사무직 등 다양한 직책의 성공적인 직원들을 가려내기 위하여 개발되었다.

이 시기에 검사 타당화 과정이 막 개발되었다. 몇몇 심리학자들은 검사점수와 주관적 순위 혹은 평정과 상관관계를 보는 방식으로 검사 타당화를 하였는데, 이는 IO 심리학자들이 여전히 많이 쓰는 과정이다. 다른 이들은 검사점수와 조직이 중요하게 여기는 "객관적(hard)" 기준과의 관계를 알아보기 위하여 검사점수와 객관적인 기준과의 관계를 본다. 빈처(2007)는 1906년에서 1930년 사이에 선발검사 타당화를 위하여 객관적 기준을 사용한 45개의 연구를 살펴보았다. 조직들이 사용한 선발 기준을 살펴보면 조직들이 무엇을 중요하게 여겼는지를 짐작할 수 있다. 위 연구들 중 42%의 연구들은 생산품 수를 선택했고 31.1%는 판매수를 사용했다. 거의 16%는 직업수준 혹은 월급을 사용한 반면, 11.1%는 사고를 기준으로 사용했다; 사실상, 검사들의 좋고 나쁨은 조직의 생산성을 높이는 데 도움을 주는 능력에 따라 판단되었다. 이 검사들이 직원들을 더 안전하게 하는 결과를 낳았는지, 혹은 직무만족을 높였는지 등은 거의 고려되지 않았다.

생산성을 높이기 위하여 검사들이 사용된 것은 사람들이 자신이 더 성공할 수 있는 직업에 선발되도록 하고 조직의 생산성이 높아지면 직원은 장기적인 직업안정성을 가질 가능성이 커지므로 간접적으로 직원들에게 도움이 되었다고 주장할 수 있다. 그러나 1930년대에 몇몇 고용주들은 고용검사를 직접적으로 직원들의 이익을 감소시키는 데에 사용하였다. 위에서 언급하였듯이, 성격검사는 군대에서 사용된 것을 고용목적으로 변형한 것인데, 군대에서는 이 검사들이 적으로부터 처음 포격을 겪는 동안 누가 "포탄충격"을 경험할 것인지를 예측하기 위하여 사용되었다. 1920년대와 1930년대에는 직장에서의 저조한 수행의 주요 이유는 부적응이나 신경증이라고 믿었다. 엘튼 메이요(Elton Mayo)가 이끄는 경영 전문가들(Management experts)은 문제를 일으키는 직원들은 다른 직원들의 사기를 망치고 일터를 파괴하며 공격적인 노동조합을 선동한다고 주장했다.

노동조합 선동은 경영진에게는 중요한 문제였는데, 이들은 일터를 조직화하려는 공격적인 시도에 직면하고 있었다. 1920년대와 1930년대 초에, 일터에 노동조합을 만드려는 투쟁적인 노력들이 괄목할 만큼 증가하였는데, 종종 더욱 공격적인 파업들은 폭력으로 이어지기도 했다(사측과 노조측 모두가 일으킨). 경영진은 이러한 노동조합 노력에 맞서 싸웠는데, 이는 종종 노동자들의 노조가입을 금지하는 "Yellow dog(노동조합 비가입 노동자를 뜻함, 역자주)" 계약에 서명하도록 노동자들을 강요하는 관리자들을 고용하도록 허락하는 경영진에 유리한 법안들의 방조 하에 이루어졌다; 노동자들은 조합의 노력에 참여하면 해고당할 수 있었다. 대공황 동안 경제를 안정화 시키려는 야심찬 뉴딜정책의 일부로, 프랭클린 루즈벨트(Franklin Delano Roosevelt) 대통령은 1935년의 국가노동관계법(National Labor Relations Act)에 서명하였는데, 이는 관리자들이 노동자를 노동조합 활동을 이유로 해고하는 것을 불법으로 만들었으며 관리자들이 직원이 될 가능성이 있는 사람들에게 노동조합에 대한 관점을 물어보는 것도 금지하였다.

고용을 담당하는 관리자들은 조합활동에 관하여 드러내 놓고 물어보지 않고도 잠재적으로 문제를 일으킬 만한 사람들을 고용에서 배제할 수 있도록 성격검사에 의존하였다. 던캐스터 흄(Doncaster Humm)과 같은 심리학자들은 그들의 성격검사를 "문제를 일으키는 사람들을 뿌리 뽑아" 준다고 하였고 Humm-Wadsworth Inventory를 사용한 회사들은 노동문제가 감소했음을 보고하며 회사들에 직접적으로 판매하였다(Zickar, 2001 참고). 이러한 도구들이 조합원이 될 만한 사람들을 걸러 내는 데 유용한지 타당성의 증거는 전혀 없었지만 조합원이 될 만한 사람들을 제거하는 데에 필사적이었던 회사들은 이러한 검사들을 자주 사용하였다.

1960년에, 역사학자 로렌츠 바리쯔(Lorenz Baritz)는 그의 박사논문인 권력의 하인들(Servants of Power)을 출판했는데, 이는 사회과학에서 널리 인용되었고 몇몇 비전문가 독자들의 주목도 끌었다. 이 논문의 주제는 사회과학자들, 산업심리학자들과 사회학자들 모두 노동자 착취를 위하여 경영진에 가담했다는 것이었다. 그는 흄과 다른 이들의 성격/노동조합에 관한 작업들을 많이 인용하였고 사회과학자들이 노동자를 세뇌시키고 소비자들이 그들 자신의 이익에 반하는 결정을 하도록 잘못 이끄는 데에 이용된 많은 예들을 들었다.

시작하는 학자로서, 나는 바르쯔의 책이 내가 대학원에서 배웠던(일리노이 주립대학-어바나샴페인(University of Illinois at Urbana-Champaign)) 이 분야의 폴리아나적인(Pollyanna-ish) 설명(지나치게 낙천주의적인, 역자주)의 많은 부분을 수정해 주었기 때문에 이 책에 매료되었다. 대학원에서 우리는 IO 심리학이 경제와 일터의 성장에 미친 중요한 공헌을 찬양하는 논문들을 계속해서 읽었다. (나는 척 헐린(Chuck Hulin)이 IO 심리학에 대하여 다른 어떤 논문보다도 균형잡힌 시각을 가지도록 했음을 인정해야 겠다.) 권력의 하인들을 처음으로 읽은 경험은 많은 학부생들이 하워드 진의 미국 역사에 대한 좌파 관점을 읽는 경험과 유사한 것이었다(Howard Zinn's left-wing tour of American history, A Peoples' History of the United States)(Zinn, 2003). 두 책 모두 종종 논쟁의 여지가 없는 것으로 여겨지는 지식에 대해 흥미로운 비판을 제공하며 독자들로 하여금 늘 진실이라 가정했던 것들에 대해 대안적 설명을

생각하지 않을 수 없도록 한다.

그러나 역사 분석에 관심이 있는 학자로서, 나는 바리쯔가 주장한 역사적 주장에 대하여 좀 더 연구하기로 결정했으며, 이는 노동조합 선동자들을 뿌리뽑기 위한 성격 검사의 사용(Zickar, 2001)에 관한 나의 분석으로 이어졌다. 이 사례에서 바리쯔가 법의 허점을 이용하고 노동조합을 약화시킨 비도덕적인 몇몇 회사들과 심리학자들이 있다고 한 것은 부분적으로 옳았다. 바리쯔의 저술들을 좀 더 연구한 후, 나는 그의 저술들이 산업의 사회과학 이용에 관한 관념적인 논쟁이었으며 정확한 역사적인 분석은 아니라고 결론 내렸다. 그 책은 내가 이 학문분야가 가할 수 있는 해로움과 우리가 전형적으로 좁은 층의 이익을 대변해 왔음을 인정하게 해주었지만, 나는 이후에 IO심리학이 오직 경영진 측의 이익만을 대변했다고 보는 바리쯔의 공격적인 관점을 거부하게 되었다.

이러한 변화는 부분적으로 다른 역사적 고찰에 의해 영감을 받았는데(Zickar, 2003), 아서 콘하우저(Arthur Kornhauser)의 저술과 경력이 대표적이다. 콘하우저는 월터 반 다이크 빙엄에게 훈련받은 응용심리학자 제 2세대로, 비록 1990년대의 역사적 문헌 중 소수는 그를 드물게 언급했지만 그는 이 분야의 초기에 매우 널리 인용되었다. 그는 IO 심리학이 경영진의 이익과 마찬가지로 노동자의 이익을 대변해야 한다고 강력히 주장한 학자이며 이 분야가 경영진에게 중요하게 보이기 위하여 노동자의 이익을 무시하는 경향이 있었다고 비판하는 선견지명이 있었다. 콘하우저는 경영진에 적대적이지 않았으며 그의 초기연구들은 관리자들이 적절한 직원을 선발할 수 있도록 돕는 검사들의 타당화였다. 하지만 그의 마음은 노골적으로 노동자들 편에 있었고 그는 그 마음을 따라 그의 대부분의 연구 경력을 만들어갔다. 그의 연구는 직무만족의 근원을 이해하는 데 초점이 있었으며, 개인을 행복하거나 불행하게 만드는 일의 측면들을 알아내고자 하였다. 그는 디트로이트 지역의 자동차 공장 노동자를 연구함으로써 공장노동이 부정적인 정신건강 문제에 미치는 영향에 관한 최초의 대규

모 조사를 실행하였다. 그는 주로 경영진들에게만 제공되는 지식으로부터 노동조합들이 이익을 누릴 수 있도록 이들과 함께 일했다. 그는 미국 자동차 조합 노동자들이 더 나은 조합 담당자가 될 수 있도록 지도자 연수를 시행하였다.

콘하우저는 성공적인 경력을 가졌다: 그는 SIOP 의 전신 기관의 장으로 선출되었으며 동료들의 지지를 전폭적으로 받았으며 그의 저술은 많이 인용되었다. 그러나 그의 성공에도 불구하고 콘하우저는 그의 명성을 이익을 많이 내는 기업의 일에 팔지 않았다. 그는 경영진으로부터 고용된 심리학자들이 던질 수 없는 질문들을 던지는 것의 학문적 중요성에 대하여 자주 저술하였다. 지금과 마찬가지로 그때의 심리학자들은 일반적으로 경영진들과 노동자들이 합의를 이룰 수 있는 이익이 있으며 (예: 경영진과 노동자 측은 모두 조직의 성공에 관심이 있다) 일터에서의 갈등은 의사소통의 부족, 부적절한 경영, 그리고 정신병리가 있는 노동자 때문이라고 보았다. 콘하우저는 물론 경영진과 노동자측의 이익 혹은 관심이 일치된다는 것에 동의했지만 둘 사이에는 내재적으로 다툼의 소지가 있고 갈등으로 가득 찬 관계의 측면이 있다는 것도 인식하였다. 일터에서의 권리와 보상과 같은 문제들은 본질적으로 갈등으로 가득 차 있다. 콘하우저는 이러한 갈등을 인정하며 고용관계의 구조적 역동에 대한 정직한 평가를 통하여 모두가 이익을 얻을 수 있다고 주장하였다. 이 문제를 이와 같은 수준의 명료함으로 연구한 최근의 두 명의 학자들은 카우프만과 레프코위츠이다(Kaufman, Lefkowitz; 특히 Kaufman, 1993과 Leftkowitz, 2003을 참고하라).

노동조합에 참여할 수 있는 노동자의 권리에 대한 콘하우저의 맹렬한 지지는 내가 대학원에 재학중인 시절에서부터 그 이후 시기에(1990년대에서 지금까지) 이 학문분야가 노동자들의 조직과 가져온 관계와는 극명히 반대되는 것이었다. 오늘날의 이 학문분야에서는 노동조합 문제는 거의 연구되지 않으며 특히 미국에서 그렇다. 이는 부분적으로 노동조합 세력이 감소하였으며 경제 내에서 노동자들이 차지하는 비율이 감소되었기 때문이지만,

대부분의 이유는 내가 나의 동료 심리학자들에게서 발견한 반-노동조합 편향 때문이었다. 이들 심리학자들의 대다수는 일터의 모든 사람들은 그냥 계몽된(열린 마음을 가진(enlightened)) 경영진들과 잘 지낼 수 있다는 관점을 가지고 있었다. 그리고 노동조합의 문제들은 보통 조합이 형성된 조직에 일하러 온 심리학자들의 비현실적인 비판의 맥락에서 언급되었다. 노동조합은 그저 선발체계를 실행할 때 넘어야 할 하나의 장애물이거나 최선의 의도를 가진 프로젝트를 진압할 수 있는 권력을 가진 또 다른 수준의 예측 불가능한 관료체계 정도로 언급되었다. 나는 직원 태도조사 분야는 바리쯔의 가장 최악의 악몽을 확인시켜주는 새로운 수준의 착취가 되었음을 알게 되었다. 인터넷 검색창에 "노조 피하기(union avoidance)"를 넣어 보라. 당신은 고용주들이 노동조합이 파업을 할 만한 문제 영역을 찾아주고 노동조합 형성 과정이 시작되면 반-노동조합 캠페인을 진행해 주는 서비스들을 드러내 놓고 광고하는 회사들을 발견할 것이다. 나는 태도조사회사에서 일하고 있는 나의 대학원 동기가 "노조 피하기" 학회에 보내진 것을 발견했다. 또한, 단지 경영진들이 언제 반-노조 "SWAT forces" 팀을 가동해야 하는지를 결정하기 위해서만 태도 조사를 실시하는 건강관리 회사에서 일하는 대학원 동기를 발견했다. 명백하게, IO 심리학이 노동자들과 경영진 간의 싸움에서 균형잡힌 시각을 가지는 것에 대한 콘하우저의 이상은 구체화되지 못했다. 바리쯔의 최악의 악몽은 실현되기 시작했다.

일하는 삶을 연구하는 다른 학문분야의 저술들을 대충 읽어보았을 때 그 분야들은 조직화된 노동에 대하여 훨씬 활기찬 연구를 하고 있었으므로 IO 심리학 분야의 노조에 대한 일방적인 접근은 나를 놀라게 했다. 경제학과 산업사회학에는 여전히 노조의 긍정적인 측면과 부정적인 측면을 모두 활발하게 연구하는 학자들이 있다. 학문분야의 차이점을 고려하여, 나는 경제학과 사회학은 보다 균형잡힌 시각을 가지는데 비하여 (비록 사회학은 일반적으로 사실상 노조 측에 선다고 쉽게 주장될 수도 있지만) 왜 심리학이 명백하게 경영진 측에 서게 되

었는지에 대한 역사적인 분석을 시도하였다. 비록 이러한 문제에 대하여 단정적으로 대답하기는 어려웠으나, 나는 광범위한 가정들을 고려하였고 이들 중 몇몇은 다른 학자들에 의하여 연구되기도 했다(Zickar, 2004를 참고하라).

이러한 가정들 중 몇몇은 잘못되었음을 증명하기가 수월했다. 하나의 가정은 아마도 초기의 응용 심리학자들이 반-노동적이었다는 것인데, 이는 이후 세대의 심리학자들이 심리학의 초기 창립자들에 대한 편향을 지속하는데 영향을 미쳤다. 그럼에도 불구하고 이는 거짓이었는데, 대부분의 초창기 심리학자들은 명백하게 노동의 역할에 대하여 중립적이었기 때문이다. 사실, 월터 딜 스캇은 노조를 무산시키는 데에 보다 적대적인 역할을 하고자 하는 회사와 일하는 것을 거절하였다. 빙엄은 노동자 미연합(American Federation of Labor)의 설립자 사무엘 곰퍼스(Samuel Gompers)와의 교신에서 사업체 내의 심리학 촉진을 위해 만들어지는 기관에 노동자 대표를 포함할 것을 당부하였다. 역사가 진행되면서 이 분야는 점점 노동에 무관심해 졌지만 시작부터 그런 것은 아니었다.

이러한 편향을 가장 잘 설명한다고 생각하는 하나의 가정은 심리학이 경영진 측에 자신의 서비스를 판매하는 것을 익히게 되었고 많은 응용심리학자들은 기업에 자신들의 서비스를 팔게 되면서 높은 소득을 얻었기 때문이라는 것이다. 사회학자들과 노동 경제학자들은 이러한 것을 배우지 않았거나 사기업으로부터 이익 얻기를 바라지 않았고 주로 학계나 정부에만 고용되었는데, 이는 그들이 더 넓은 범위의 질문과 관점을 추구할 수 있는 자유를 주었다. IO 심리학자들의 경영 쪽에서의 성공은 경영진 측에게만 중요하게 여겨지는 문제들만 추구해야 하는 제약이 있는 심리학자들의 거대한 핵심 그룹이 생기도록 했다(현재 적어도 50%의 대학원 졸업자들은 어찌되었든 사기업에 고용되어 있다). 콘하우저가 썼듯이, "나는 직원들의 사기를 높이기 위하여 수행된 연구 중 회사가 직원들을 대표하기 위하여 더 강력하고 활발한 노조가 필요하다고 결론내린 연구를 하나도 알지 못한다(Kornhauser,

1957, p.199)."

이 분야의 형성에 경영진의 이익이 가지는 역할을 생각해 보기 위하여 중요한 또 하나의 사례 연구가 있다. 인사선발은 이 학문 분야 초기부터 중요한 주제이다. 심리학자들은 개인의 특성과 능력측정을 잘 하며, 따라서 우리가 조직에서 가장 성공적일 수 있는 직원들을 선발하도록 회사를 돕는 것은 적절한 행위이다. 인사선발의 또 다른 측면은 동일하게 의미가 있다: 사회적인 관점에서 개인이 자신의 독특한 능력, 특성, 흥미를 고려하여 자신에게 최선의 진로를 결정하고 추구하도록 돕는 일은 중요하다. 인사선발의 이러한 측면은 초기의 응용심리학에서 중요한 문제 중 하나였는데, 스트롱과 도널드 패터슨(E. E. Strong, Donald Paterson)과 같은 심리학자들은 인사 선발 관점의 두 가지 측면을 모두 연구하였다.

패터슨은 누가 성공적일지를 가장 잘 예측할 수 있게 하는 검사를 회사가 선정하도록 도왔으며 개인의 직업적 선택을 돕기 위하여 개인을 대상으로 검사를 실시하였다(Erdheim, Zickar, & Yankelevich, 2007를 참고하라).

후자는 여전히 중요하고 활발한 분야인 직업상담인데, IO 심리학자들은 교육이나 상담심리학과 같은 다른 분야로 이러한 선발문제를 대체적으로 넘겨주었다. SIOP의 사명 선언문에서 정의한 IO 심리학의 범위에는 선발문제가 명백하게 들어 맞는데도 불구하고 IO관련 저널에서 이러한 문제를 다루는 논문은 거의 없다. 나는 IO심리학은 일터에서의 심리적 기능과 관련된 주제인지 아닌지에 근거해서가 아니라 우리 분야에 지배적인 경영진의 관점에 주제가 부합하는지 아닌지에 따라 주제들을 다른 분야로 넘겨주는 경향이 있다고 주장한다.

직무만족 구인을 살펴보는 것은 유익하다. 명백히, 노동자들이 일에 만족하는지 아닌지는 만족이나 불만족의 결과와 상관없이 IO 심리학자들에게 매우 중요한 일이어야 한다. 사람들이 행복하면 사회에는 좋은 일이다; 우리는 사람들이 결혼이나 대인관계에서 행복한지 아닌지에 관심을 기울이며, 국가 간 안녕을 평가하고 비교하는 데에 행복을 의미있는 변인으로 사용하고자 하는 새로운 관심들이 있다. 그러나 수년 동안, 연구자들은 만약 직무만족이 일의 수행과 연관되어 있지 않다면(즉, 만약 더 행복한 노동자들이 더 생산적이지 않다면) 직무만족은 그렇게 관심을 기울일 것이 아니라는 가정 하에 직무만족이 수행에 관련되어 있는지 아닌지를 해결하려 하였다. 이 분야에 깔려있는 가정을 비판하는 것을 두려워하지 않는 몇 안 되는 IO심리학자 중 하나인 월터 노드(1977)는 미국심리학자(American Psychologist)라는 저널에 그는 직무만족이 수행에 관련이 있는지 없는지는 신경쓰지 않지만(당시에는 미미한 관계가 있는 것처럼 보였다) 이는 그 자체로 중요한 종속변인이라고 주장하는 논문을 출판하였다.

공정하게 말하자면, 이 분야는 최근 몇 년 사이 생산성이나 효율성 보다 노동자들의 삶의 질 문제에 더 초점을 두는 연구 문제들을 포함하도록 주제의 범위를 넓혔다. 작업건강심리학(occupational health psychology(OHP)) 분야는 IO 심리학이 중요한 공헌을 한 분야인데, 이 학문은 노동자들의 일상생활에 더 관련되어 있지만 조직의 결정에도 중요한 영향을 미치는 노동자의 스트레스와 건강문제를 연구한다. 또 다른 연구자들은 은퇴를 연구하며, 무엇이 어떤 노동자는 은퇴 시 비참한 경험을 하게 하며 다른 노동자는 행복한 경험을 하게 하는지 등을 연구한다. 이는 사람들의 노동생활에 관련하여 중요하게 던져야 하는 질문이지만, 나는 이러한 주제들은 직업상담 연구에서 벌어졌던 것처럼 곧 다른 학문 분야로 넘겨질 것에 대하여 걱정이 된다. 나는 이미 OHP 학회에 참여하고 일반적인 IO 심리학 학회에는 덜 참여하는 IO 심리학자들에게서 이러한 일이 벌어짐을 보고 있다. 한 학문 분야에서 전문화는 특히 본질적으로 다학제적인 학문에서는 자연스러운 것이지만(예: OHP와 은퇴 연구), 다른 학문들은 이러한 주제들을 끌어들이는 경향이 있는 반면, IO 심리학의 핵심은 항상 경영진들에게 가장 중요한 기본적인 문제(bread-and-butter issues)에 있다는 점은 주목할 만하다.

1990년대 중반에 클린턴 대통령은 공화당 의회에서 제안한 복지법의 전면개정안에 서명하였는데, 이는 복지에서 노동으로(Welfare-to-Work)라고 불렸다. 이 법안은 대부분의 복지급여에 엄격한 제한을 두었지만 표면상으로는 복지 수혜자들이 노동시장에 더 쉽게 통합될 수 있도록 직업훈련을 제공하였다. 만성적 실업자들이 직업기술을 개발하도록 돕는 것은 IO심리학자들에게 적절한 일이며 분명히 이 분야의 범위 안에 속하는 일이다. 그러나 나는 IO 심리학자들이 실현될 것이 분명한 정부의 프로그램에 어떻게 관여할 수 있을지를 다룬 세션은 SIOP학회에서 딱 하나 뿐이었음을 기억한다. IO 심리학자들은 이에 참여하지 않았으며 최근 몇 년 간 정부 주도하에 이뤄진 가장 중요한 노동 관련의 시도 중 하나에 기여할 수 있는 중요한 기회를 놓치고 말았다. 다시 말하지만, 이는 이 분야가 지니는 경영진의 초점에 잘 들어맞는 주제는 아니었다.

몇 년 전, 나는 이 분야에서 간과되어 온 집단에 대한 논의를 하기 위하여 연구자들을 초청해 SIOP에 심포지엄을 마련하였다. 그 중 버지니어 쉐인(Virginia Schein)은 일터에서 빈곤한 여성들이 가지는 어려움과 어떻게 미혼모(single mother)들이 그 집단 고유의 어려움을 가지게 되는지를 발표하였다. 쉐인은 응용심리학회지(Journal of Applied Psychology)에는 1970년대 초반부터 일터의 빈곤 여성 문제가 출판된 적이 없다고 하였다. 다른 발표들은 젊은 아프리카계 미국인 기업가들, 장애가 있는 노동자, 그리고 주로 밤에 근무하는 노동자들의 어려움에 초점을 두었다. 다시 말하지만, 이러한 질문들은 소수의 고용주들에게 제한되는 문제지만 노동인구의 일부에게는 매우 중요한 주제였다.

킹과 코티나(King & Cortina)는 최근에 남성, 여성 동성애자, 양성애자, 성전환자(GLBT; gay/lesbian/bisexual/transgendered) 노동자에 대한 연구가 더 많아져야 함을 지지하는 논문을 출판했다(King & Cortina, 2010). 그들은 GLBT 노동자들이 당면한 차별의 문제들을 연구하는 것은 중요하며 우리의 연구는 이들의 삶을 증진시키는 데에 사용될 것이라고 설득력있게 주장하였다. 또한, 그들은 GLBT 노동자들과 관련된 문제를 연구하는 것은 고용주들에게도 도움이 될 것이라 주장했는데, 이는 GLBT 집단에 우호적인 일터가 되면 이들 집단의 노동자들의 이직률이 낮아질 것이고 이는 조직의 이익을 높이는데 도움이 될 것이기 때문이다. 타겟 논문에 대한 코멘트 섹션에서 나는 그들이 이 분야가 더 넓은 범위의 주제를 택하도록 주장한 것과 노동자에 대한 인도주의적 관심에 초점을 둔 것에 대하여 칭송하였다(Zickar, 2010). 또한, 나는 이러한 인도주의적 관심과 경영진의 관심(즉, 효율성과 생산성)을 연결지으려한 시도가 신중한 전략이었다고 주장했다-그러나 이러한 연결이 만들어질 수 없었다 해도, 이 주제는 그 자체로도 정당한 것이었을 것이다(Zickar, 2010) IO 심리학자들은, 특히 정년이 보장된 이들은, 심리학과 일의 범위 안에 드는 것이라면 어떠한 주제든지 추구할 수 있다고 여겨야 할 것이다.

최근 IO 심리학에서 파생되어 IO 심리학의 주제들을 제 3세계 국가들과 일하는 비영리 단체와 비정부 조직(NGOs)에 적용하려는 움직임들이 있다. 이는 이 분야의 중요한 움직임이다: 추진력을 얻는다면 이 분야를 변화시킬 수 있는 잠재력이 있다. 다시 말하지만, 나는 이 분야의 역사를 고려할 때 의심스럽기는 하지만 이러한 노력을 격려하는 것은 중요하다. 포괄적인 IO 심리학에서는 IO 연구자들과 실무자들이 잠재적으로 다룰 수 있는 주제들이 더욱 광범위하다. 예를 들어, 우리가 경영진 외에 다른 관계자들의 필요를 다룬다면, 가능성은 더 넓어진다. 인사선발의 경우, 회사는 언제나 제일 똑똑하고 열심히 일하는 인재를 뽑기 원한다. 공식에서 종종 배제되는 것은 어떤 이유에서건 우리가 가장 예측을 잘 한다고 보는 검사들에서 가장 낮은 점수를 받은 사람들에게 무슨 일이 벌어지느냐 이다. 낮은 인지 능력을 지닌(혹은 "g"로 불림) 직원들은 IO 심리학자들이 개발한 거의 모든 선발과정에서 원치 않는 부류로 간주된다. 어떤 회사도 이들을 원치 않겠지만 우리 사회는 이

들이 적어도 기본적인 생계를 유지하는데 필요한 만큼의 수입을 얻고 그들 삶에 의미감을 줄 수 있는 의미있는 일을 찾도록 하는 데에 관심이 있다. 심각한 정신질환이 있는 사람들도 마찬가지이다. 비록 (내가 구별할 수 있는 한) IO 심리학자들에 의해 수행된 연구는 하나도 없으며 IO 심리학자들에 의해 전혀 인용되지도 않았지만, 심각한 정신질환이 있는 사람들의 고용가능성에 대한 연구들이 몇몇 있다(e.g., Campbell, Bond, & Drake, 2011).

경영진이 노동자를 착취하는 문제도 IO 심리학자들에 의해 연구되는 주제여야 한다. 경영진이 노동자를 "정말로 착취했던" 1920년대에 노동조합이 얼마나 중요했는지에 대해 이야기 하는 사람들은 많이 보았으나, 노동자 착취가 먼 과거의 일이라고 보는 관점은 정말로 사실이 아니다. 몇몇 소수의 노동자들이 직면하고 있는 끔찍한 노동환경을 우리에게 상기시켜 주는 높은 수위의 작업환경 재해들이 종종 있다(예: 매시 탄광 사고(the Massey mine disaster), 개발도상국의 열악한 노동환경 등). 수위가 높은 작업환경 재해로 이어지는 이러한 노동환경은 연구되어야 하지만 우리는 전세계적으로 다른 형태의 경제체제 내에 존재하는 경제적 착취와 관련된 연구들도 연구해야 한다. 예를 들어, 나는 지속적으로 가정-판매(home-marketing) 상품을 나에게 팔기 위하여 노력하는 한 친척이 있다. 한 해에는 "어떤 매장에서 사는 것보다도 훨씬 좋은 총천연 비타민"을 팔았고, 다른 해에는 "어떤 매장에서 사는 것보다도 더 효과적으로 작동하고 훨씬 더 친환경적인" 세제를 팔았다. 현재는 일년에 두 번 정도, 나는 "총천연" 에너지 드링크 24-팩 짜리를 사는데 여러 가지 이유로 나는 이 친척에게 부채의식이 있기 때문이다. 나는 박사과정생들을 위하여 이 음료 한 팩을 내놓았는데(과잉가격에 정말 맛이 없는), 이들은 필요한 에너지를 얻기 위해서라면 무엇이든 마실 것이기 때문이었다. 이 나라에는 쉽게 돈을 벌기 위하여 다단계 방식으로 집에서 이런 물건들을 팔려고 하는 수백만의 사람들이 있다. 당신은 고속도로를 달리며 "Zanga가 필요하다면 전화주세요," 혹은 "나는 30일 만에 30파운드를

뺐으며 당신도 똑같이 할 수 있도록 도울 수 있습니다" 등이 쓰여진 광고판들을 볼 때 이들을 보게 된다. 이들 중 대부분은 이러한 상품들을 통하여 절대 돈을 벌지 않는다; 사실상 종종 이들은 초기 판매품들을 구매하도록 요구받기 때문에 돈을 잃기도 한다. 돈을 버는 사람들은 다단계에서 자기 아래로 다른 판매자를 구하는데 성공하는 사람인데, 하위 판매자들은 상품을 팔 때 마다 일정수익을 이들에게 주게 된다. 물론, 몇몇 사람들은 이 사업으로 엄청난 돈을 벌기도 하지만, 대부분 이러한 회사들은 언젠가는 그들의 정기적인 직장(내 친척의 경우, 바텐더였다)을 그만두고 상류층의 삶을 살 수 있을 것이라고 생각하는 일상의 노동자들의 꿈과 열망을 착취한다. 빨리 부자가 될 수 있다는 속임수는 언제나 있었다: 내가 어렸을 때 나는 만화책 뒤에 있던 한달에 집에서 봉투붙이는 일로 몇 천달러를 벌 수 있다는 광고에 연락하는 꿈을 항상 꾸었다. 따라서 우리 분야는 경제적 착취와 관련된 문제들을 연구할 수 있으며 연구해야 한다. 우리는 왜 사람들이 이러한 피라미드(다단계) 속임수의 희생자가 되는지와 실제로 성공한 몇 안 되는 사람들의 특성을 연구해야 한다. 우리는 종종 이민 노동자이기도 한 오하이오 북서부와 다른 지역의 농장에서 일하다가 계절에 맞추어 남쪽이나 북쪽으로 이주하는 이동 농장 노동자(migrant farm workers)들의 스트레스를 연구해야 한다. 우리는 건강보험이 없는 것이 노동자에게 미치는 심리적 효과와 이것이 그들의 일상에 미치는 영향을 문서로 남기는 연구를 해야 한다. 우리는 생계를 유지하기 위하여 다중직업을 가지는 것이 한 명 이상의 직장상사를 가지고 하나 이상의 일상적 스트레스 요인을 가지는 노동자에게 미치는 영향을 연구해야 한다. 학계에 있는 IO 심리학자들은 이러한 질문들을 해야 하며 솔직히 말해서 사기업들이 관심 없어 하는 그 이상의 질문들을 해야 한다. 우리는 정부가 이러한 연구들에 예산을 지원할 것을 요청해야 한다. 그리고 우리는 외부 연구비 획득의 성공과 관련없이 이러한 연구를 잘 수행하는 연구자들을 진급시키고 정년보장을 주어야 한다. 나의

관점에서는, 이 분야는 이러한 주제들을 추구하는 연구진들을 지원할 만큼 충분히 크다고 본다. 우리는 이러한 주제를 다룬 양질의 논문을 출판할 수 있는 학술저널들이 충분하다.

나는 이 분야가 초창기부터 이 분야를 정의해 온 경영진에 초점을 두는 연구를 그만하자고 주장하는 것이 아니다. 나는 그러한 연구가 더 큰 가치가 없다고 주장하는 것도 아니다. 명백히, 우리 사회와 우리 경제가 생산적이고 효율적인 조직들을 가지는 것은 중요하며, IO 심리학자들이 이러한 목표에 공헌하는 것은 중요하다. 그러나 나는, 우리 분야에 경영진 측의 문제와 관련된 주제들을 연구해야 한다는 것에 압박감을 느끼지 않는 연구자들이 있기를 바란다. 다른 이들도 유사한 주장을 했다. 카젤과 오스틴(Katzell & Austin)은 IO심리학의 역사를 살펴본 후 이렇게 결론내렸다: "IO심리학은 여전히 경영진의 필요에 압도적으로 향해 있으며 일(혹은 실업)의 결과가 노동자, 그들의 가족들과 공동체가 가지는 영향에는 비교적 적은 관심을 가졌으며 노조 문제에도 큰 관심을 두지 않았다(1992, p.823)." 아서 콘하우저가 1950년에 주장했듯이, 이를 발전시키기 위해서는 학계에 고용된 IO 심리학자들이 지도자가 되어야 할 의무가 있다. 불행히도, 대학의 기업화는 기업들이 관심을 두지 않는 주제를 연구하는 많은 IO심리학자들의 의욕을 꺾었다.

수량화의 역사(History of Quantification)

이 분야가 더 포괄적이 되는 것을 어렵게 하며 일상의 노동자들의 관심사를 이해하는 것을 제한하는 또 하나의 집착은 양적 연구방법과 논리실증주의(logical positivism)라는 과학적 가정에 대한 집착이다. IO심리학 분야는 그 초기부터 통계적 도구에 몰두했으며 통계가 발전되면서 이러한 집착도 더해졌다. 수량화에 대한 이러한 초점은 관리자들이 더 나은 인사선발 결정을 내리도록 도운 훌륭한 기법과 도구를 낳았다. 그러나, 역사에 대한 간략한 리뷰 다음으로 주장하듯이, 양적 연구방법에만 거의 배타적으로 초점으로 둠으로써 우리는

노동자들의 관심사와 필요를 더 잘 이해하고 IO 심리학이 더 풍부한 학문이 되도록 도울 수도 있는 더 깊은 통찰을 잃었다.

거의 모든 심리학의 역사학자들은 빌헬름 분트(Wilhelm Wundt)를 현대 과학심리학의 창립자로 본다. 분트는 과학적 방법을 이전에 철학자의 영역이었던 지각과 사고에 관한 물음들에 적용하는 데에 중요한 역할을 했다. 휴고 문스터버그, 티치너, 스탠리 홀과 같은 분트의 제자들은 미국대학의 심리학에 분트의 과학적 접근을 가져 오는 데에 중요한 역할을 했는데, 이러한 방법은 후에 번성하게 된다. 분트의 과학적 방법 적용에 관한 업적은 잘 알려져 있지만 그는 또한 *Völkerpsychologie*의 제목으로 저서들을 펴냈는데, 이는 사회심리학(social psychology)으로 종종 번역되지만 아마 민속심리학(folk psychology)의 번역이 더 적합할 수 있으며, 여기서 그는 과학적 방법이 아닌 덜 과학적이고 더 개인적이고 질적인 속성을 지닌 기법으로 더 잘 이해될 수 있는 문제들이 있다고 주장하였다. 불행히도 이 저서들은 미국으로 들어오지 않았고, 그의 원저들도 거의 영어로 번역되지 않았다(Danzinger, 1994를 참고하라). 미국 내 심리학 역사의 바로 그 시작부터 양적연구와 과학적 접근은 지배적이었다.

초창기 응용심리학자들은 다양한 과학 분야에서 발전되고 있던 통계적 기법들을 재빨리 받아들였다. 심리학자들은 변량분석을 비롯하여 상관과 회귀 기법들을 사용했다. 써스턴 등의 심리학자들은 통계기법 발전에 중요한 역할을 했으며 또한 응용심리학 그룹들과 연관되어 있었고 인사선발 도구들을 개발하기도 하였다. 심리측정 이론은 교육적 검사영역에서 주로 발전되었지만, 이는 IO 심리학자들에 의해 빠르게 수용되어 검사들의 과학적 평가를 제공하는 데에 사용되었다. 통계 기법이 발전되면서 IO 학자들은 이를 빠르게 받아들였으며, 요인분석, 구조방정식 모형, 메타분석, 문항반응이론 사용법을 익혔다; IO 심리학자들은 이러한 중요한 통계적 도구의 기본적 발전에도 점차 공헌하였다. 이러한 기법들은 심리검사의 타당화를 비롯하여 귀납적 이론을 발전시키고 기존 이론을 정교화하는 데 사용되었다.

일터에 관한 사회과학적 연구에서 질적 기법을 권장하는 초창기의 전통도 있었다(일터 연구의 문화기술지 전통에 관한 요약은 Zickar & Carter, 2010을 참고하라). 철강회사의 경영진인 화이팅 윌리엄스(Whiting Williams)는 그의 직원들을 더 잘 이해하기 위해서 자신의 신분을 숨기고 펜실베니아와 나중에는 세상 전역의 철강 노동자들과 함께 일을 하기로 결심하였다. 그는 이후에 사업가들, 일반대중들, 초창기의 몇몇 응용심리학자들에게 널리 읽혀진 노동자의 마음엔 무엇이 있는가(What's On the Workers' Mind, 1920)와 굳은살이 배긴 손과 망가진 팔꿈치(Horny Hands and Hampered Elbows, Williams, 1922)라는 제목의 책을 펴냈다. 사회학자 엘튼 메이요(Elton Mayo)와 다른 연구자들의 대규모 팀은 호손 전기공장의 노동자들을 관찰하여 노동자들의 동기와 집단응집에 대하여 중요한 분석을 하였다. 심리학자 렉스포드 허시(Rexford Hersey)는 철도 노동자들의 정서적 삶과 노동이 그들의 정서적인 리듬에 미치는 영향을 알아보기 위하여 그들을 인터뷰하였다(Hersey, 1932). 이들은 더 양적 연구 지향적인 연구자들이 그들이 측정하고자 했던 현상을 더 잘 이해할 수 있도록 도와주는 중요한 연구였으며 관리자들이 그들의 노동자를 더 잘 이해하고 정책입안자들이 더 유용한 정책을 만들 수 있도록 돕는 풍부한 일화들을 제공하였다.

다른 심리학 분야들은 지속적으로 일터에서의 문화기술지를 수용하였지만 IO심리학 분야는 양적 연구방법이 발전함에 따라 질적 연구방법에서 더욱 멀어져 갔다. 사회학자들과 다른 경영학 학자들은 문화기술지 방법을 계속 사용했으며 일터를 연구하는 학자들에게 높은 관심을 받은 수준 높은 문화기술지 연구들을 출판하였다. 예를 들어, 헨리 민쯔버그(Henry Mintzberg)는 고위 관리자들이 일터에서 실제로 무엇을 하는지를 알아내기 위하여 그들을 따라다니며 일상의 행동을 기록하였으며, 실제로 그들은 다른 노동자들처럼 평범한 일을 하며 대부분의 시간을 보낸다는 것을 발견했다

(Mintzberg, 1973). 기자인 스터드 터켈(Studs Terkel)은 다양한 일과 직업을 연구하여 폭넓은 범위의 노동자(재즈음악가에서 농부, 야구선수들까지 포함하는)들과 일에 관해 나눈 대화들을 담은 노동(Working)이라는 유명한 책을 펴냈으며, 이는 후에 연극으로도 만들어졌다(Terkel, 1974). 노동이라는 책은 2001년에 보우, 보우, 그리고 스트리터(Bowe, Bowe, and Streeter)가 펴낸 긱(Gig)이라는 책에서 업데이트 되었는데, 이 책은 특별히 내가 좋아하는 책이다; 직업의 범위는 업데이트 되었지만 3에서 5페이지 정도로 직업인들과의 인터뷰를 담고 있는 기본적인 컨셉은 같다(Bowe, Bowe, & Streeter, 2001).

이러한 일터에서의 문화기술지들은 인터뷰한 노동자들 스스로가 선택한 언어의 형태로 노동자들에 대한 풍부한 정보를 제공한다. 물론, 종종 연구자들의 편향이 인터뷰에 나타나기도 하며 보고된 인터뷰 자료에서 얼만큼의 편집이 발생했는지는 결정하기 어렵다. 하지만, 노동자들에게 반응이 고정된 설문조사를 실시했을 때는 전혀 얻을 수 없는 응답의 풍부함이 있다. 조직 내에서 이뤄지는 설문 조사의 대부분은 설문대상은 별로 개입하지 않은 채로 문항들이 결정되며 (종종 수 년 전에 개발된 규격화된 척도들과 함께), 응답자 반응을 해석하는 데에 맥락이 거의 주어지지 않는다. 나는 특히 여러 구인들 간의 관계를 이해하기 위하여 이러한 설문연구가 중요하다는 것을 알지만, 우리는 여전히 특정 구인이 매일 매일의 노동자의 삶에서 어떻게 구현되는지를 잘 모르는 채로 종종 남겨진다.

대학원에서 나는 워싱턴주 동부의 시골지역에 있는 음식가공공장의 노동자들에게 직무만족 설문을 (다른 척도들과 함께) 수행했던 경험을 잊을 수 없다. 대부분의 응답자들에게 우리는 집단으로 "당신의 일은 힘이 듭니까?" "당신은 당신의 일에서 성취감을 느낍니까?" 등의 문항들에 1에서 3으로 응답하게 하는 설문을 실시하였다. 자료수집은 효율적이었으나 다소 불만족스러웠는데, 노동자들은 자신의 근무가 끝날 무렵 설문지를 작성하였고 어떠한 질문이나 코멘트도 없었기 때문이다(개별적으로든 설문 상의 서면으로든). 글을 모르는 노동자들이 몇몇 있었는데, 우리는 이들에게 모든 설문 문항을 읽어주며 응답을 받았다. 회사는 모든 직원들이 참여하는 것에 열성적이었으므로 글을 모르는 직원들도 설문을 하도록 특별한 노력을 기울였고 나는 회사의 이러한 노력을 칭송했다. 나는 읽지 못했던 한 응답자(경미한 발달장애로 인하여)를 생생히 기억한다; 그는 공장에서 감자포대를 창고로 옮기는 지게차 운전을 했다. 설문을 실시하기 전, 그가 그의 일에 대하여 나에게 설명하면서 나는 "이 남자는 그의 지루한 일을 혐오할 것이 틀림없어" 라고 생각했다. 내가 그에게 "당신의 일이 도전적이라고 느끼십니까?" "당신의 일은 당신을 활동적으로 깨어있도록 합니까?" 라고 물었을 때, 나는 그가 눈을 반짝이며 그렇다고 응답하는 것에 놀랐다. 나는 그가 아마도 문항을 이해하지 못했다고 생각해서 다시 확인 차 물었으며, 나는 그가 진심을 다해 "나는 하루 하루 무슨 일이 일어날지 전혀 모릅니다. 어떤 날은 우리는 창고의 동쪽에서 서쪽으로 상자들과 짐을 옮기며 다른 날은 그 반대입니다." 라고 말한 것을 기억한다. 그는 자신의 일에서 유사한 도전들에 대해서 동일한 수준의 강한 흥미를 가지고 계속 설명했다. 그 한 시간의 설문실행이 연구자로서의 나의 삶을 변화시켰다. 나는 여전히 복잡한 통계기법으로 분석되는 심리측정적으로 개발된 척도를 사용한 법칙정립적(nomothetic) 연구의 중요성을 깨닫는다(실제로 나의 주요연구들은 심리측정이다). 그럼에도 불구하고, 그 한 시간의 면담은 나에게 우리가 상관계수와 평균점수보다 더 깊이 파는 것에 실패하면 우리는 응답자들이 경험하는 노동의 의미를 이해하지 못할 수 있음을 보여주었다.

만약 우리가 일을 하는 사람들의 마음과 표상에 존재하는 일을 담아내는 진정한 일의 심리학을 발전시키려 한다면 우리는 일을 하는 사람들과 연결되는 것에 더 뛰어나야 한다. 우리 분야를 지배하는 과학적 연구의 가치는 우리를 너무 멀리 데려와 버렸지만 나는 우리가 연구하는 이들과 관계 맺는 것을 더 잘 함으로써 이 학문의 중요성과 영향력을 높일 수 있다고 생각한다. IO 심리학 내의 질적 연구 증가에 대한 요구가 있어 왔지만(예: Locke & Golden-Biddle, 2002) 여전히 출판된 연구물 중 아주 작은 부분을 차지한다. 또한 양적연구를 하는 사람들이 질적연구에 참여하는 것이 매우 드물다는 것은 더욱 두드러진다. 이 분야에의 몇 안 되는 질적연구자들은 존경 받는 것 같지만 다수의 연구자들에게 영향력은 거의 없다.

더 나은 IO 심리학을 위한 개별적인 단계들
(Idiosyncratic Steps for a Better IO Psychology)

이 장의 마지막 부분은 IO 심리학자들이 IO 심리학 분야를 내가 제안한 보다 넓은 비전과 일치되도록 만들기 위하여 취할 수 있는 제안 혹은 단계들의 목록이다. 모든 IO 심리학자들이 제안된 모든 것을 한다는 것은 비현실적이지만 나는 우리 중 더 많은 사람들이 최소한 몇몇 제안들에라도 참여할 때 이 분야는 훨씬 더 향상되리라 단언한다. 이 제안들 중 몇몇은 세부사항까지 상세히 기술하며 몇몇은 가볍게 언급한다. 각각의 사례에서 독자들은 무엇이 그들의 자신의 경력을 향상시킬지를 고려해야 한다.

1. *당신이 연구하고 있는 일을 수행해 보라.* TV쇼인 *위장한 상사*(Undercover Boss)는 현재 인기 있는 프로그램인데, 나는 이 쇼를 사기업 컨설팅 일을 하는 IO 심리학자인 나의 아내와 함께 즐겨 본다. 이 쇼에서는 큰 기업의 사장(CEO, 최고 경영자) 혹은 고위간부가 위장을 하여 업무에 투입되어(예: 주로 머리스타일을 바꾸거나 수염분장으로) 그 조직에서 말단의 일을 수행한다. 불가피하게 사장은 사소한 일에 실수를 하게 되며 회사가 정해 놓은 표준적인 기준에 못 미치는 수행을 하게 된다. 또한, 점심시간동안 사장은 그 날의 동료가 가지는 개인적 어려움들을 듣게 되고(종종 일과 가정 병행의 문제), 사장은 회사가 정해 놓은 어떤 정책들은 직원들의 삶에 불필요한 짐을 지운다는 것을 깨닫게 된다. 프로그램의 마지막에 모든 것이 드러나고(보

통 사장의 임시적인 동료들에게는 불안과 재미의 혼합이며, 시청자에게는 재미의 요소가 된다)/ 사장은 직원들의 일상적 삶에 도움이 되는 작거나 혹은 큰 변화들을 만들어 낸다. 보통 사장은 또한 "불평많은 직원들"과 지속적으로 친밀하게 연락할 것을 약속하며 이것은 정말 인생을 변화시키는 사건이었음을 계속해서 이야기한다. 이제 시즌 2 밖에 안됐음을 고려할 때, 이러한 위장조사의 장기적 영향을 결정하기는 어렵지만 적어도 단기적으로는 모두 좋아한다(터무니없이 나쁜 행동으로 인하여 해고되는 몇몇의 직원을 제외하고는).

이를 자신이 연구하는 노동자들과 거의 상호작용 하지 않는 전형적인 IO 심리학자와 대조해 보라. StudyResponse.com이나 구글의 Mechanical Turk와 같은 자료수집도구는 연구자들이 어떤 조직에서든 한 사람도 만나지 않고 꽤 큰 표본을 구할 수 있게 해준다. 나는 특정 일을 연구하고자 하는 사람들은 자신의 가설을 세우기 전에 적어도 이를 만이라도 그 일을 수행해야 한다는 규정이 있으면 좋겠다. 이와 같은 제안의 전례가 있다. 직무분석을 위한 최고의 법률 서비스는 IO 심리학자들이 노동자들에게 직무분석 설문을 시행하기 전에 그 일을 관찰할 것을 제안한다. 사실, 판사가 직무분석을 거절하는 가장 흔한 이유 중 하나는 관찰이 없다는 것이다. 또한, 은퇴한 일리노이 교수 척 헐린은 임시직에 관한 연구를 수행하기 전에 여름 동안 임시직으로 일한 경험을 이야기 한 바 있다. 정년이 보장된 교수로서 그가 했던 임시직 중 하나는 신임교수의 교내 이사를 돕는 일이었다!

당신이 연구하는 일을 모른다는 것의 문제점은 대부분의 대학원생들이 전혀 직장생활 경험 없이(대부분의 학부생들이 가지고 있는 여름철 임시직업 말고) 대학원에 들어오는 현실로 인해 더 악화된다. 이는 우리의 미래의 이론가들에게 일의 세계에 대한 기반을 거의 제공해 주지 못하며 대부분의 우리 이론들에 등장하는 지루한 원, 사각형, 타원에 머물도록 한다. 나의 우상 아서 콘하우저는 주요한 노동경험을 가지는 것의 중요성을 인식하여 그의 지도교수인 월터 반 다이크 빙엄에게 자신은 일한

다는 것이 정말 어떤 것인지를 배우기 위하여 미국 동부를 돌아다니고 싶다고 하며 카네기 공과대학의 석사 프로그램을 마친 후 시카고 대학의 박사과정을 시작하는 것을 연기했다.

우리가 연구하는 사람들을 피상적인 수준 이상으로 알게 된다면 우리의 연구와 실무는 훨씬 풍성해 질 것이다. 나는 현직에 있는 사람들이 경험하는 방식으로 어떠한 일에 들어가보도록 정말 노력한다면 우리의 이론들은 더욱 복합적이고 풍성하게 되며 덜 지루해질 것이라고 주장한다. 나는 우리의 연구들이 노동자들에게도 더욱 중요해 질 것이라 생각한다. 당신이 연구하는 사람들의 경험을 개인적으로 알게 되는 것은 참여적 활동 연구(participatory action research)의 주요한 신조 중 하나이다(예: Whyte, 1991).

2. *다양성을 장려하라.* 대부분의 IO 심리학자들은 적어도 어느 정도는 일터에서의 다양성의 가치를 믿는다. 나는 일터에서의 다양성에 대한 존중을 이 직업 내에서의 다양성에 대한 존중으로 옮겨오고 싶다. 이 분야는 임상심리학에서 개발된(볼더 모델(Boulder model)) 이상적인 과학자-실무자 모델이 지배하고 있으며 최상의 IO 심리학자는 연구와 실무 모두에 뛰어난 사람이라고 주장한다. 연구는 실무에 정보를 제공해야 하며 실무는 연구를 더욱 현실적으로 만들어야 한다는 주장이다. 한편으로는 이러한 이상을 반박하기는 어려우며 이 어려운 두 가지를 모두 잘 해내는 사람들을 보는 것은 멋진 일이다. 그러나 나의 신념은 과학과 실무는 한 연속선상의 양 끝이며 이 분야는 이 연속선상에 위치한 넓은 범위의 사람들로부터 이득을 얻을 것이라는 것이다. 오늘날의 조직에 직접적인 연관성이 없는 순수연구를 하는 사람들도 존중하며, 자신의 실무에는 매우 뛰어난 실무가이지만 미래 지식 기반에는 공헌하지 않는 사람들도 존중한다. 또한, 이 두 가지 일을 꽤 잘 해 내는 중간에 위치한 사람들도 있다. 연속선상에 대한 나의 관점은 사람들이 자신만의 기술과 포부 안에서 번영하는 것으로 본다. 또한, 이 연속선상에 있는 사람들이

서로 소통한다면 개개인 각자가 과학과 실무의 이상에(ideals) 갇힐 필요가 없다. 과학자들은 과학을 정말 잘 하게 두자; 실무자들은 조직에 지식을 적용하도록 두자. 그리고 이 양측이 의미있는 기반 위에서 소통을 한다면 그들은 모두 서로의 공헌으로 인하여 이익을 얻을 것이다. 현실적으로 이 분야는 이미 이러한 연속선상에 존재하지만(이상적이지만 비현실적인 과학자-실무자 모델이 널리 퍼져 있음에도 불구하고), 양측의 의사소통은 별로 효과적이지 않다. 어느 쪽도 다른 쪽이 지니고 있는 어려움과 관점을 이해하려는 시간을 갖지 않는다(저녁 먹으면서 연구와 실무에 대하여 이야기 하는 우리 가정을 빼고는!)

다양성은 과학자-실무자 연속선의 다양한 지점으로 제한될 필요는 없다. 나는 경영진-노동자 연속선의 측면과 방법론적 가정에 대한 철학적 관점과 정치적인 편향의 측면에서도 증가된 다양성을 보고 싶다. 이 분야는 경영진 측의 렌즈로 세상을 바라보는 전형적인 관점에 대한 반대진영으로 노동자 관점에서 초점을 맞추는 친-노동자 연구진들을 용인할 수 있다. 이 분야는 현재 논리실증주의의 중요성을 부인하고 사회구성주의 접근이나 다른 접근들(Crotty, 1998)에 더 초점을 두는 연구자들을 용인할 만큼 충분히 크다. 마지막으로, 이 분야는 일터 문제에서 명백한 좌파의 시각으로 접근하는 연구자들과 명백한 우파의 시각으로 접근하는 연구자들로부터 이익을 얻을 것이다. 너무 자주 연구자들은 자신의 개인적 편향과 신념을 저술활동을 하는 연구실 문 앞에서 검열한다; 그러한 편향과 신념들은 그들이 추구하고자 선택하는 연구문제에 영감을 줄 수 도 있음에도 불구하고 그들의 개인적 신념 중 어떤 것들도 저술에 들어가지 않는다.

종종 연구자들이 자신의 방어를 낮추는 예들이 있다. 두 명의 사회심리학자가 미국심리학자 저널 American Psychologist(Bramel & Friend, 1981)에 호손 연구에 대한 막스주의 비평(Marxist critique of the Hawthorne studies)이라는 도발적인 논문을 발표했다. 그 다음 호에서 브라멜과 프렌드와 자유주

의자임을 숨기지 않으며 종종 아인 랜드(Ayn Rand, 미국의 소설가이자 극작가, 시나리오 작가이며 철학자, 역자 주)를 권위있는 출처로 인용하곤 하는 우파 지식인 에드 로크(Ed Locke)가 주고 받은 논평들을 읽는 것은 대단히 흥미로운 일이었다. 정치적 편향에 있어서 이러한 개방성은 "내가 가진 패를 내보이는 것"이 종종 저널 게재에 절대 안되는 것으로 여겨지는 이 분야에서 신선한 것이었다. 이 분야는 더 넓은 범위의 의견, 방법론, 그리고 관점을 용인할 수 있을 만큼 현재 충분히 크며 기반을 세웠다. 나는 SIOP 저널인 *Industrial- Organizational Psychology: Research and Practice* 의 발간이 매우 기쁜데, 이는 서로 다른 의견을 가진 저자들이 주고 받는 논평을 정기적으로 게재한다. 우리의 규모를 볼 때, 일터와 관련된 많은 중요한 문제들에 대하여 합의를 이룬다는 것은 비현실적이고 건강하지 못한다.

3. *노동을 즐거워하라*(celebrate). 나는 적어도 미국에서는 어떤 문화적 변화를 느끼는데, 오늘날 미국에서는 노동이 중요한 소득과 지위를 얻기 위한 수단으로 여겨지며 낮은 수준의 직업들에 머물게 된 사람들은 눈쌀 찌푸림을 받거나, 혹은 더 나쁘게는, 간과되거나 무시되고 있다는 것이다. 만약 당신이 노동을 연구한다면, 상담심리학자이건, 사회학자이건, 경제학자 혹은 IO 심리학자이건, 당신은 당신이 연구하는 현상을 즐거워해야 한다. 다른 것은 없더라도, 적어도 이는 당신에게 괜찮은 수입과 많은 지적 자극을 제공했을 것이다. 당신이 연구하고 있는 주제에서 즐거움과 흥분을 키워갈 수 있는 방법을 찾아라. 나는 일과 관련된 영화 보는 것을 즐긴다- 내가 가장 좋아하는 두 가지는 다큐멘터리이다: 성경을 방문판매하는 판매원 이야기인 "*The Salesman*"과 유명한 1973년 켄터키주 석탄 광부들의 파업 이야기인 "*Harlan County USA*"이다. 나는 일에 관한 노래수집을 좋아하는데, 몇 가지 예를 들자면 불만 많은 자동차 공장노동자들이 고용주를 약탈하는 내용을 희극으로 이야기한 "Johnny Cash's *One Piece at a Time*",

멀 하가드(Merle Haggard)가 이주 노동자를 애석하게 그린 "*They're Tearing the Labor Camps Down*," 브루스 스프링스틴(Bruce Springsteen)의 절반의 작품들(Highway Patrolman, Youngstown 등)이 있다. 당신이 연구하는 주제와 관련된 예술품 등을 수집함으로써 그 주제에 대한 사랑을 키워라. 만약 당신이 당신의 연구 주제를 차갑고 지적인 방식으로 대하면 당신의 업적들도 아마 그와 같을 것이다.

4. *당신 분야 이외의 책들을 읽어라.* 당신이 연구하는 것과 같은 것을 연구하되, 단지 다른 관점과 시각에서 연구할 뿐인 수없이 많은 학문분야가 존재한다. 이 책은 어떻게 다양한 훈련과 경험을 가진 사람들이 적어도 조금의 공통된 목적을 가지고 한 저서에 참여할 수 있는지를 보여주는 좋은 예이다. 당신이 자기 자신 분야의 저서를 읽으며 시간을 보내는 것은 더 쉽다. IO 심리학 내에서, 문헌이 발전하고- 예를 들어, 일터에서의 성격이라고 하자- 초기의 번성을 지난 후에 이 분야의 사람들은 서로를 인용하기 시작하고 소수의 핵심적인 학자들 밖으로 뻗어나가는 것은 드물다. 이는 다양한 분야에서 출판되고 있는 흥미로운 책들이 매우 많은 학문영역에서는 특히 슬픈 일이다. 나는 나의 즉각적인 직업적 요구 외의 다른 분야의 책을 열심히 읽으려 하며 종종 노동역사가, 산업사회학자, 그리고 노동생활과 관련된 무언가에 대하여 쓰려고 결정한 추문폭로를 전문으로 하는 기자들이 노동생활에 대하여 출판한 책들을 읽으려 한다. 일과 관련된 인터넷 웹사이트를 검색해라. 내가 좋아하는 것 중 하나인 www.FireMe.comsms에서는 사람들이 왜 그들이 해고되어야 하며 왜 그들이 직장을 그만두고 싶은 지에 대한 끔찍한 이야기들을 나눈다. 이러한 광범위한 독서는 내가 일하는 세계에 계속 매력을 느낄 수 있도록 해주며 수업시간에 나누거나 논문에 인용할만한 일화들을 주므로 그 자체만으로도 보상이 된다.

5. *일터를 더 좋게 만드는 것을 두려워하지 말*

아라. 나는 종종 우리 대학원에 지원하는 사람들 중 얼마나 많은 이들이 그들의 자기소개서에 인본주의적인 바램들을 인용하는지 살펴보는 것을 좋아한다. 나는 적어도 50%는 일터를 스트레스가 덜 하며 더 인간적인 곳으로 만들고 싶어한다고 추측한다. 회사가 더 돈을 벌 수 있도록 돕기 위하여 IO심리학자가 되고 싶다는 지원자는 매우 적은 수이다. 나는 언젠가 이러한 자기소개서들의 내용을 코드화하여 이를 수치화해야 할 것이다. 이러한 고결한 시작에도 불구하고, 당신이 우리 졸업생들의 진로선택을 살펴본다면, 그들은 그들을 처음에 이 분야로 이끌었던 처음의 동일한 인본주의적 바램의 안내를 거의 받지 않은 것 같다. 이는 마치 우리가 4-5년의 인사선발, 통계학, 졸업을 위한 예비시험 후에 선행을 하고자 하는 바램을 모두 **빼앗**아 버린 것만 같다! 당신이 회사가 더 돈을 벌도록 돕는 사기업에 고용되어 있는 경우에도, 당신의 기술과 지식을 교회, 정치적 조직, 클럽 등 당신이 속한 자원봉사 조직을 돕기 위하여 사용하는 것을 두려워하지 말라. 그리고 만약 당신이 부유하고 일찍 은퇴할 수 있는 행운이 있다면, 당신은 당신의 경험과 자유 시간을 행운이 덜 한 사람들을 돕는 데에 사용할 수 있을 것이다.

결론

일의 심리학을 이해하는 것은 매우 어렵고 어쩌면 불가능한 과업이다. 이 장에서, 나는 IO 심리학이 종종 더 넓은 청중에 도달하는 것과 광범위한 주제와 영역에 걸쳐 스스로를 연관성 있게 만드는 것에 실패했음을 보여주기 위하여 역사적 분석과 개인의 일화를 사용하였다. IO심리학은 경영진의 관심사를 반영하는 것에서는 훌륭한 업적을 이루었고 이 분야에서 많은 중요한 진전을 이루었다. 이러한 진전은 기업이 더 생산적이고 효율적일 수 있도록 했고 노동자들을 다양한 방식으로 도왔다. 그러나 내가 이 장에서 주장했듯이, 진정한 일의 심리학은 아직 성취되지 않았다. 과거를 돌아볼 때, 나에게 희망을 주었던 밝은 면이 있으나(예: 아서 콘하우저와 도날드 패터슨), 합심의 노력이 없이는 나는 우리 분야가 이전과 같은 길을 걷게 될까봐 두렵다. 나는 이 장이 몇 가지 의견을 주었기를, 그리고 더욱 포괄적인 IO심리학이 가져올 수 있는 이익에 대한 확신을 주었기를 바랄 뿐이다.

4부
상담과 심리치료

14장 일 관련 어려움을 경험하는 내담자 상담

쉐리 터너, 줄리아 콘켈 지벨, 로빈 알카라 세이너(Sherri L. Turner, Julia L. Conkel Ziebell, and Robin A. Alcala Saner)

초록

직업심리학 분야는 일과 관련된 어려움을 경험하나 이러한 어려움을 해결하는 데 필요한 자원들이 부족한 내담자를 어떻게 상담할 것인가를 연구하는 방향으로 나아가고 있다. 본 장에서는 취직과 고용유지에서의 실질적이고 지각된 장벽을 포함한 일 관련 어려움을 경험하는 취약집단(disenfran-chised group)이 처한 현실을 개관할 것이다. 더불어, 이렇게 제한된 진로선택지를 갖고 있는 사람들에게 있어서의 일의 의미에 대해서도 논의하겠다. 본 논의는 문화와 공동체적 가치, 인종 정체성 발달과 같은 취업과 고용유지와 관련된 것으로 밝혀진 요소들을 포함할 것이다. 마지막으로, 이번 장에서는 자원이 부족한 내담자를 돕기 위해 활용되는 상담전략, 모델, 개입방안들을 살펴보겠다.

주요어

아메리카 원주민, 아프리카계 미국인, 히스패닉/라틴계, 장애, 성적 소수자 내담자, 노숙자, 가난한 노동자, 일하지 않는 가난한 사람

일은 많은 의미를 갖고 있으며, 다양한 기능을 수행한다. 현대 진로이론에 따르면, 일은 개인의 인성, 흥미, 목표(Holland, 1997)의 표현이라고 한다. 하지만, 내적 흥미를 충족하는 것이 구직의 목적이 아닌 사람들도 많이 있다. 실제로, 자원이 부족한 사람들 중에 만족과 보상을 주는 일을 찾는 경우도 있지만, 일을 할 수 있는 기회 자체를 갖지 못한 사람들도 있고, 인종차별, 차별, 괴롭힘, 무례, 육체적으로 고된 노동, 문화에 대한 무시 때문에 극심하게 고통스럽고 고된 일을 하거나 아니면 그야말로 낮은 임금으로 일하고 일할 기회가 거의 없는 사람들도 있다(예: Blustein, 2006).

그럼에도 불구하고, 일은 일상의 업무들을 완수하는 것 이상의 의미를 지닌다. 이러한 일의 의미는 적어도 어느 정도는 개인의 경험을 형성하는 문화적 맥락과 문화적 가치의 영향을 받는다(Blustein, 2006). 또한, 개인이 속한 사회경제적 환경을 바탕으로 하게 된다. 진로선택에 어느 정도의 특권이 있는 많은 사람들에게 있어, 일이란 종종 개성의 표현, 권력과 지위의 획득, 부의 축적의 수단일 수 있다. 상대적으로 낮은 사회적, 문화적, 경제적 자원을 가진 사람들에게 일이란 생존, 해체된 사회와

문화 공동체의 버팀목, 권리가 박탈당한 세대 후의 공평한 대우의 증거, 소중한 기회가 올 것이라는 약속이 담긴 미국 삶의 구조의 마지막 보루일 수 있다. 일과 관련된 어려움을 호소하는 내담자를 상담할 때는 전통적인 진로상담의 관점으로부터의 전환이 필요하다. 충분한 자원이 없는 사람들에게 최선의 상담 서비스를 제공하고자 할 때는, 그 사람들의 문화와 세계관안에서 개인을 이해하고 그들의 준거가 되는 틀안에 있는 사람들에게 영향을 미치는 모든 구성요소들을 고려하여 그 사람을 이해하는 일이 필요하다.

이번 장에서 우리는 충분한 자원을 갖지 못한 사람들을 어떻게 효과적으로 상담할지에 대한 방안을 제안하고, 그러한 사람들이 경험하는 장벽, 지지자원, 일의 의미가 무엇인지 탐색할 것이다. 우리가 다룰 구체적인 집단은 소수민족 내담자(아메리카 원주민, 아프리카계 미국인, 히스패닉/라틴계 미국인), 성적 소수자 내담자, 장애를 가진 내담자, 실업자, 노숙자, 가난한 노동자, 가난한 비노동자이다. 장벽이라고 할 때는 직업의 세계로의 좁은 진입문, 낮은 교육수준, 가난, 진로발달 가능성이나 구직가능성을 열어주는 구조로의 진입제한, 정신적 스트레스를 말한다. 이번 장에서 사회변화에 대해서는 제대로 다루지는 못하지만, 사회변화와 공평한 기회를 제공하는 것이 자원이 부족한 사람들이 경험하는 어려움을 해결하는 것에 필요하다는 것을 분명히 밝혀둔다.

소수 인종/민족 내담자들

우리는 이어지는 본문에서 일과 관련된 어려움에 크게 영향받는 집단을 소개하고, 그 집단에 대해서 간략하게 설명하고자 한다. 우리는 일할 기회를 갖기 어렵다는 것이 그 집단에 어떤 영향을 미치는지를 보여주고자 한다. 소수 인종/민족 사람들 가운데 얼마나 많은 사람들이 일상에서 가난을 경험하고 있는지와 그들의 취업률/실업률, 주로 일하는 직장이 어디이며, 취업기회를 언제 얻을 수 있는지를 포함하여 논의하겠다. 이러한 논의 후, 각

소수 인종/민족 집단별로 취업의 장애요소, 취직과 고용유지의 지지요소, 일의 경제적 의미와 보다 포착하기 어려운 무형의 의미인 자신이 속한 공동체를 응원다거나 자신의 정체성과 가치를 표현하는 것과 같은 일의 의미들에 대해서 살펴보겠다. 마지막으로, 기존의 문헌과 연구에서 제안한 각 집단별 효과적인 모델과 전략들을 검토하고자 한다.

아메리카 원주민(Native Americans)

2008년 미국의 전체 인구대비 소수인종의 인구 수는 34%를 차지하는 것으로 나타났다. 아메리카 원주민은 아메리카 원주민의 주요한 고유유산을 갖고 있는 여러 부족을 포함한 명칭으로 미국 2009년 인구조사에 따르면 그 수는 약 4백90만명이며 전체 인구의 1.6%를 차지하였다(U.S. Census Bureau, 2009a). 아메리카 원주민들이 일할 기회를 잡는 것이 어렵다는 것은 여러 지표를 통해 나타난다. 빈곤이 그 중의 하나인데, 2008년 아메리카 원주민의 가정평균의 중앙값은 37,815달러로 미국 전체 인종집단의 평균은 52,028달러이다(U.S. Census Bureau, 2009b). 또한, 이러한 지표에는 실업률도 포함되어 있다. 예를 들어, 2010년 자료에 따르면 아메리카 원주민 노동 연령대의 51.5%만이 직업이 있고, 적극적인 구직자들의 실업률도 15.2%에서 21.6%에 이르는 것으로 나타났다(Ghosh, 2010).

아메리카 원주민 보호구역에 거주하는 아메리카 원주민들의 경우 실업률은 85%로 매우 높은데 서부 보호구역 지역에서는 90%까지 이른다(Robbins, 2009). 이러한 높은 실업률은 소유재산의 부족, 산업의 부재, 이용할 만한 교통수단의 부재와도 관련이 있다. 일을 하고 있는 아메리카 원주민들도 저임금의 소매업, 건강, 사회 등과 관련된 서비스업계에 종사하는 경우가 많았다. 보호구역 밖의 아메리카 원주민들 역시 실업, 저임금노동과 가난에 시달리는 것은 마찬가지이다. 많은 아메리카 원주민들은 가난한 농촌지역에 살고 있고 대도시 외의 지역의 아메리카 원주민 52%는 빈곤하게 살고 있다. 게다가, 도시거주 아메리카 원주민들의 빈곤율은 다른 도시거주자와 비교해서 1.6배 높으며, 실

업률 역시 1.7배 높고 3배가 넘는 노숙자 비율을 보이고 있다(National Urban Indian Family Coalition, 2008).

장벽, 지지요소, 일의 의미

일은 아메리카 원주민들에게 의미가 큰데, 이는 북부 평야지역 성인 아메리카 원주민을 대상으로 한 질적 연구결과를 보면 알 수 있다. 연구결과 아메리카 원주민들은 진로를 일반적으로 생애에 걸친 노력으로 개인이 즐기는 것 혹은 특화하여 개발해 나가는 것으로 보았다(Juntunen, et al., 2001). 진로의 성공은 공동체적 경험으로 보며, 돈이나 물질 획득의 중요성은 최소화하려는 경향을 보였다. 어떤 아메리카 원주민들에게는 진로란 적통적인 방식을 장려하고 부족의 삶의 질을 향상시키는 것을 의미하기도 한다(Juntunen et al., 2001).

하지만, 학자들은 아메리카 원주민들이 지각하고 있고 실제하는 수많은 고용기회의 장벽들을 밝혀왔다. 예를 들어, 아메리카 원주민 청소년들의 경우 겨우 50%만이 고등학교를 졸업했으며, 전체 아메리카 원주민들의 3%만이 학사학위를 갖고 있다(Alliance for Excellent Education, 2009; Burton, 2010). 학자들은 아메리카 원주민 학생들의 이러한 낮은 학력이 수학, 과학, 영어에서의 학업적 어려움과 관련이 있고, 성공이 노력과 무관하다는 믿음과 어떻게 목표를 성취할 것인가에 대해 갖는 모순되고 불확실한 마음이 낮은 학력과 관련이 있다는 것이다(Hoffman, Jackson, & Smith, 2005; Turner & Conkel, 2011). 이러한 아메리카 원주민 청소년들의 낮은 교육준비도는 이후의 직업세계에서 경쟁할 때 큰 불이익을 경험하게 할 수 있다.

또한, 아메리카 원주민 청소년들이 진로흥미 영역이 제한되어 있다는 것에 대해서는 상반된 연구결과들이 있다. 백인 미국 청소년들에 비해 아메리카 원주민 청소년들은 현실형, 관습형이 더 많은 것으로 나타났고 탐구형, 예술형, 사회형, 기업형의 경우는 비슷한 정도를 보였다. 아메리카 원주민 청소년들은 고졸 혹은 전문대졸 학력을 요구하는 진로에 더 큰 흥미를 갖고 있기는 했지만 4년제 대학 졸업학력을 요구하는 진로에 백인 청소년들과 비슷한 흥미 수준을 갖고 있는 것으로 나타났다(예: Turner & Lapan, 2003). 아메리카 원주민 청년들이 제한된 흥미를 갖는다면, 그들이 고려할 직업의 범위를 더 좁힐 수 있다(Gottfredson, 1981).

아메리카 원주민 성인들의 경우 학자들이 말하는 직장과 진로성공의 장벽은 다음과 같다. 외부로부터의 지지가 부족하고, 한부모 가정이거나, 육아에 필요한 자원이 부족하고, 가정폭력, 소외, 억압을 경험하는 것이 장벽이라는 것이다(Juntunen et al., 2001). 더군다나, 아메리카 원주민 내담자들은 두 문화속에서 자라야한다는 부담을 갖게 되는데 때로는 주류의 문화와 고유의 문화의 가치들이 경쟁하는 상황에 적응해야한다. 이러한 부담감이 아메리카 원주민 내담자들의 진로발달의 심리적 장애물로 작용하기도 한다(Juntunen &Cline, 2010).

내담자들의 변화돕기

학자들은 아메리카 원주민 내담자들을 위한 효과적인 상담은 문화유능감에 의해 좌우된다고 본다(예: Garrett, Garrett, Torres-Rivera, Wilbur, & Roberts-Wilbur, 2005). 아메리카 원주민을 상담할 때 필요한 문화유능감이란 아메리카 원주민 관습, 삶의 양식, 종교의식 등에 대한 지식을 갖고 있는 것을 포함한다(예: 사우나와 비슷한 sweat lodge의 사용). 또한, 문화유능감에는 아메리카 원주민과 다른 미국인들과의 역사적 관계로 인한 영향을 이해하고 논의하는 개방성을 포함한다(예: 인구의 감소와 언어와 관습의 상실; Turner & Pope, 2009). 아메리카 원주민들의 의사소통 방식(예: 간접적인 의사소통방식, 상담에서 유머를 사용하는 것; Garrett et al., 2005)에 대한 지식과 다른 아메리카 원주민 조력자들(예: 부족의 원로나 의료담당자)과 관계를 형성하는 것 또한 문화유능감에 속한다. 역량강화모델(empowerment model), 이야기상담, 간접상담을 사용하는 것은 아메리카 원주민사회에서 자주 볼 수 있는 가치와 의사소통을 반영하는 것이다. 상담사는 아메리카 원주민들이 갖고 있는 분명한 복잡성을 고려해서 직업평가활동 결과를 해석할 때, 내담자들이 일과 진로에서 필요한 일들을 효과적으로 해결하는데 도움을 줄 수 있다. 예를 들어, 상담사는 내담자가 흥미검사를 통해 발견한 다양한 직업에 종사하는 것이 어떻게 내담자의 영적 목표를 달성하도록 도울 수 있는지를 이해하도록 도울 수 있다. 또한, 상담사는 그러한 직업에서 요구되는 과제들이 어떻게 공동체에 서비스를 제공하는 것과 같은 내담자 자신만의 가치와 연결될 수 있는지 이해하도록 도울 수 있다.

게다가, 아메리카 원주민들은 도시지역, 보호구역, 부족마을, 다른 작은 마을들이나 농촌지역에 널리 흩어져서 살고 있다. 더군다나, 미국에는 560개가 넘는 부족들이 있으며, 이는 상담사들이 내담자가 속해있는 그 지역 아메리카 원주민의 관습과 가치들을 이해해야 한다는 것을 의미한다. 상담사들은 또 아메리카 원주민 내담자들의 문화적응의 수준을 이해해야하는데(Juntunen &Cline, 2010), 왜냐하면 이러한 이해가 상담사들의 상담목표와 치료 결정에 영향을 줄 수 있기 때문이다.

직업상담사들이 아메리카 원주민 내담자들을 도울 수 있는 부분은 매우 다양하다. 직업상담사들은 아메리카 원주민 내담자의 진로목표를 달성할 수 있도록 도울 수 있고 결과적으로 내담자들 변화를 이끌 수 있다. 먼저, 상담사는 내담자들이 일을 하는지, 하지 않는지 또는 어떤 종류의 일을 선택하는지의 결정이 내담자의 가족과 공동체에 어떤 영향을 미치는지 탐색하도록 돕는다. 그런 다음, 상담사는 내담자들이 공통체적 성공이 그들에게 어떤 의미인지 탐색하도록 도울 수 있다. 내담자들은 자신의 집단적 정체성(즉, 공공의 선을 존중하며 개인의 정체성을 덜 강조하며 가족, 부족 혹은 공동체와 영적 연결감을 갖는 관계)의 핵심이 무엇이고, 이러한 집단정체성이 개인의 일과 진로선택에 어떤 영향을 미치는지를 분명하게 설명할 수 있어야 한다. 이를 통해, 상담사는 내담자 내면에 있는 것들을 밖으로 드러나게 도울 수 있고, 이를 통해 정보를 바탕으로 하고 보다 확실한 선택을 할 수 있도록 도울 수 있다. 예를 들면, 여기서 선택들이란 더 좋은 직업을 구하기 위해 이사를 간다거나 가

족과 친구들과 지리학적인 근접성을 유지하기 위해 지역 혹은 부족대학으로 진학하는 것과 같은 것을 말한다.

아메리카 원주민 내담자들이 직업적 성공을 경험하도록 도울 때, 상담사는 성공의 의미에 대한 자기 자신의 가치를 내담자가 사용하게 해서는 안된다. 대신, 내담자가 자신에게 성공의 의미가 무엇인지 탐색하고 분명하게 표현할 수 있도록 도와주어야 한다. 내담자들은 돈, 물질적 부, 일을 통해 어떻게 돈을 벌수 있는지, 어떻게 일, 가정, 부족생활을 균형있게 할지를 탐색하는 것에 도움을 받아야한다.

상담사는 내담자가 자신의 일과 진로포부를 탐색하도록 돕고, 내담자의 포부수준과 내담자가 지각한 교육 및 훈련에서 대학교 진학을 위한 학비가 없는 것과 같은 장벽의 잠재적 연결성을 이해하고 있는지 확인해야 한다. 상담사들은 아메리카 원주민 내담자들이 일을 찾고, 취업이 되고, 일을 지속하는 것에서의 장벽들(예를 들어, 소외와 억압)을 탐색하도록 도와야한다.

상담사는 아메리카 원주민 내담자가 이러한 장벽들을 효과적이면서 자신의 가치와 맞는 방식으로 하나씩 극복하도록 계획하는 것을 도와주어야 한다. 결과적으로, 상담사는 아메리카 원주민 내담자가 두 문화 속에서의 삶에 대한 자신의 감정과 행동을 탐색하도록 함으로, 내담자가 여러 문화가 공존하는 상황에서 일할 때 내담자가 취업과 필요로 하는 것을 충족하도록 하는 선택뿐 아니라 자신의 가치와 맞는 결정들을 해나가도록 도울 수 있다.

게다가, 상담사사는 아메리카 원주민들이 부족 내 자체적으로 고용을 창출하는데 진전을 보이고 있다는 것을 잘 알고 있어야한다. 아메리카 원주민 부족들은 그들 자체적으로 노동시장을 형성해 나가고 있다. 대학에서 아메리카 원주민 학생들을 대상으로 기업가정신에 대한 교육을 진행하는 것에서부터, 부족 소유의 담배가게, 편의점, 주요소, 카지노에 이르기까지, 아메리카 원주민 부족들은 부족민들의 교육, 의료지원, 은퇴에 대한 지원뿐 아

니라 아메리카 원주민들에게 예전에는 가능하지 않았던 고용기회도 제공하고 있다. 아메리카 원주민 내담자가 이러한 기회들을 탐색하고, 준비하고 얻을 수 있도록 도와주는 것은 개인 노동자와 그들의 가족들을 지원하는 것일 뿐 아니라 이상적으로는 아메리카 원주민들이 자신들의 공동체에 되돌려 줄 수 있게 한 것이다.

부족들이 이런 기회를 제공할 수 없는 지역에 사는 많은 아메리카 원주민들이나 아니면 이런 기회에 관심이 없는 아메리카 원주민 내담자들에게는 그들이 만족할 만한 일자리를 얻도록 도울 수 있고 문화와 잘 맞으면서도 임상적으로 효과적인 다른 전략들을 제공할 수 있다. 예를 들면, 흥미, 적성, 직무기술 등을 찾는 것과 더불어, 상담사는 아메리카 원주민 내담자가 대처전략을 배우고(Grandbois, 2009), 그들의 직장에서 제공하는 제도적 지지자원들(예: 적절한 비용의 어린이집, 교통편)을 발견하도록 돕고 구직활동과 직장에서 정신적 지지를 제공할 수 있는 역할모델이나 멘토 역할을 할 수 있는 사람을 찾도록 돕는다.

아프리카계 미국인(African Americans)

아프리카계 미국인은 미국 전체 인구의 13.4% (U.S. Census Bureau, 2009a)를 차지하고 있다. 미국 전체의 아프리카계 미국인의 실업률은 미국 백인의 실업율의 대략 3배에 달한다(U.S. Department of Labor, 2011a). 이에 따라, 아프리카계 미국인의 빈곤율 역시 백인과 비교할 때, 3배에 이른다(U.S. Census Bureau, 2010). 아프리카계 미국인은 높은 소득과 지위의 직업군에는 적고, 낮은 소득과 지위의 직업군에는 많다(Christie, 2010). 2010년 2-4분기와 2011년 2-4분기에 아프리카계 미국인은 전국적으로 볼 때, 미국백인의 소득(U.S. Department of Labor, 2011b)의 80%의 소득을 벌었다. 아프리카계 미국인 학생들의 51%만이 고등학교를 졸업하였다(Alliance for Excellent Education, 2009).

장벽, 지지요소, 일의 의미

아프리카계 미국인에게 일이 어떤 의미인지에 대해서 연구자들은 다음과 같이 밝혀왔다. 아프리카계 미국인 대학생은 돈을 버는 것이 중요하며 괜찮은 삶의 방식, 안전한 직업환경, 안정된 직업, 좋은 관리자와의 관계를 바라는 것으로 나타났다(Duffy & Sedlacek, 2007; Hammond, Betz, Multon, & Irvin, 2010). 연구자들은 또한 아프리카계 미국인은 사회적으로 높은 지위의 직업들에 관심이 있고, 미국 백인들보다 더 높은 진로포부를 갖고 있다고 하였다(예: Booth & Myers, 2011). 하지만, 많은 아프리카계 미국인 청소년들은 실제적으로 역할모델을 할 만한 사람들이 거의 없는 저소득층이 주로 사는 지역에 살고 있다. 따라서 아프리카계 미국인 청소년들은 자신이 진로포부를 달성할 수 있다는 것을 믿지 않을 수 있다. 게다가, 아프리카계 미국인은 구직활동을 할 때와(Riach & Rich, 2002) 직장에서 모두 차별을 경험한다. 이러한 차별은 정신적 스트레스, 낮은 자존감, 낮은 효능감(예: 능숙하다는 생각이 덜 든다거나)과 외적통제소제(Williams, Neighbors, & Jackson, 2003)와 관련이 있다. 대부분의 인종차별과 차별의 가장 극적 효과는 내면화된 인종차별적 편견이다. 예를 들어 아프리카계 미국인 초등학생은 고강도 직업을 가진 아프리카계 미국인이 저강도 직업을 가진 아프리카계 미국인보다 더 낮은 지위라고 생각한다(Bigler, Averhart, & Liben, 2003).

내담자들의 변화돕기

문화에 대한 지식은 아프리카계 미국인을 대상으로 한 효과적인 상담개입을 제공하는데 주요 역할을 할 수 있다(Arkinson & Lowe, 1995). 상담사들은 아프리카계 미국인의 전반적인 문화와 구체적인 지역 공동체별 문화와 더불어 인종차별과 차별의 효과에 대해서 철저하게 이해할 필요가 있다. 이러한 지식은 내면화된 인종차별적 편견들이 내담자의 일과 삶에 영향을 주기 때문에 이러한 편견의 효과를 논박하도록 도울 수 있다. 또한 문화에 대한 지식은 상담사가 아프리카계 미국인 공동체의 장점을 인정하고 내담자 개인과 내담자의 일하는 환경에서의 아프리카계 미국인 문화의 중요성을 인정하는 상담을 할 수 있도록 돕는다.

상담사가 아프리카계 미국인 내담자들을 위해 직업관련 개입을 할 때 상담사는 문화에 대한 지식을 갖는 것과 더불어 내담자들의 민족 정체성(즉, 어떤 민족에 속하는지에 대한 자기인식)과 이러한 정체성이 내담자의 일과 진로계획, 의사결정에 미칠 수 있는 영향에 대한 논의를 포함해야 한다. 민족 정체성은 긍정적인 자아개념, 자기효능감, 자존감과 관련되어 왔다(Fouad& Arbona, 1994). 민족 정체성은 아프리카계 미국인들이 개인적 성취의 의미를 보다 큰 맥락인 자신들의 문화 집단과 관련지어 생각하도록 한다. 또한 민족정체성은 21세기 직업세계에서 끈질기게 지속되어온 아프리카계 미국인에 대한 차별과 여러 장벽들에 대해 완충역할을 할 수 있다(Byars-Winston, 2010).

진로상담사가 아프리카계 미국인 내담자들을 돕는데 사용할 수 있는 임상적으로 증명된 개입들과 관련해서 최근 흥미로운 연구들이 나오고 있다. 구성주의 진로상담을 사용하는데, 내담자들은 비판적인 반영, 개인의 장점 발견, 문제해결, 여러 일들에서 스스로 의미를 부여하는 것을 배우도록 하는 방식이다. 구성주의 진로상담은 개인의 힘과 자유를 높이는 것을 목표로 한다. 아프리카계 미국인 대학생을 위한 구성주의 진로상담의 효과를 사전-사후 비교로 평가한 연구결과들은 이러한 방식의 개입들이 진로의사결정에서 자기효능감을 높이고, 장벽을 극복하고, 보다 긍정적인 결과기대를 갖게 하며, 보다 내재화된 통제성을 갖게 한다는 것을 보여준다(Grier-Reed & Ganuz, 2011; Grier-Reed, Skaar, & Conkel-Ziebell, 2009; Grier-Reed, Skaar, & Parson, 2009).

아프리카계 미국인 청소년을 위한 상담을 계획할 때, 상담사는 또한 최신 사회 구성주의 모델에 대한 연구를 어떻게 이용할지를 생각해야 한다. 예를 들어, 한 연구에서 연구자들은 인종차별이 있는 환경에서 수학 학업성취가 낮은 것은 수학에 대한 흥미와 부적상관이 있다는 것을 발견했다(Alliman-Brissett & Turner, 2010). 따라서, 아프리카계 미국인 청년들의 수학관련 진로를 돕는 것이 초점인 상담

을 할 때 상담사는 아프리카계 미국인들이 그들이 관심갖고 있는 수학관련 진로를 준비하고, 인종차별의 의미와 내담자들에게 미치는 인종차별의 영향을 다룰 가능한 전략들을 탐색하기 위해서, 수학 실력을 향상시킬 방법에 대해서 다루어야한다. 또 다른 연구에서, 연구자들은 아프리카계 미국인이 다수 포함된 고등학생들을 대상으로 한 진로의사결정 효능감과 결과기대 및 달성 가능한 진로결정 목표들(즉, 내담자가 작정하고 적극적으로 준비하고 측정가능하고 구체적인 목표들)간에 기대했던 상관관계들을 확인하였다. 효능감은 진로성취에 있어서 장벽에 대한 지각과 부적상관을 보였고, 진로탐색에 보다 관여하며 자신의 진로선택지들에 능동적인 것을 나타내는 진로성숙과 정적상관을 보였다(Conkel-Ziebell, 2010). 이 연구결과는 상담사에게 여러 방법들을 제시하는데, 상담사가 아프리카계 미국인청년들의 목표설정 기술을 증가시키기 위해 의사결정 효능감 증가에 집중할 수 있다는 것을 보여준다.

또한, 연구자들은 아프리카계 미국인 청소년내담자의 가족, 또래, 공동체의 지지는 내담자가 직업관련 부가적인 지식을 얻도록 도울 수 있다는 것을 밝혔다. 게다가 아프리카계 미국인 청년들을 돕기 위해서는 내담자의 진로 흥미와 비슷한 직업군의 사람을 찾고 내담자에게 그 사람의 직무를 견학(job shadow)하도록 격려할 수 있다. 이러한 적절한 역할모델링(role modeling)은 더 높은 진로 자기효능감을 갖도록 하는데 도움을 줄 수 있다. 아프리카계 미국인 내담자가 그러한 역할모델을 찾도록 하는 것은 내담자가 이전에 충분히 숙고하지 못했던 다양한 직업선택지들을 탐색하게 하는 첫 단계일 수 있다.

히스패닉/라틴계 사람(Hispanic/Latino(a)s)

히스패닉/라틴계 사람은 미국 노동시장에서 가장 큰 비중을 차지할 뿐 아니라 가장 빠르게 증가하고 있는 소수민족이다(U.S. Census Bureau, 2009a). 미국인구의 약 16.3%가 히스패닉/라틴계 사람으로 미국사람 6명 중 1명이 히스패닉/라틴계 사람

이라는 것이다. 히스패닉/라틴계 사람은 민간직업군의 14.2%를 차지하고 있다(Kochhar, 2008).

히스패닉/라틴계 미국인들의 평균임금은 나라 전체의 평균과 비교할 때 매우 낮으며, 빈곤 노동자로 분류된다. 2009년 히스패닉/라틴계 미국인의 가계수입 중간값은 약 38,039달러였던 것에 반해, 백인 미국인 가계수입 중간값은 51,861달러였다(U.S. Census Bureau, 2009b). 연구결과 이러한 현상은 적어도 부분적으로는 낮은 학력, 제한된 영어 유창성, 빈곤 밀집지역에 거주, 직업적 차별(예: National Center for Education Statistics, 2011; Toussaint-Comeau, Smith, & Comeau, 2005) 때문이라고 할 수 있다. 히스패닉/라틴계 사람들은 일반적인 대중이 "라틴계 사람들"하면 주로 연결지어 생각하는 저숙련, 저임금 서비스, 육체노동, 농업관련 직업에 지나치게 많이 종사하고 있다. 히스패닉/라틴계 사람의 고등학교 졸업률은 55%이다(Alliance for-Excellent Education, 2009).

장벽, 지지요소, 일의 의미

연구자들은 다른 사람들과 구별되는 라틴계 사람들의 여러 문화적 가치들을 발견했는데, 이러한 가치들은 라틴계 사람들이 직장에서 "취직, 고용유지, 승진, 직무환경, 진로 및 리더쉽 개발"하는 것에 영향을 준다(Holvino, 2008, p.6). Holvino는 이러한 가치들 중에 다음의 일곱 개의 문화적 가치 (혹은 기술)를 제시했다: (1) 가족에 대한 강한 의무감과 충실함, (2) 남성은 주도하고, 여성은 돌봐준다는 사회적 역할에서의 성별 차이, (3) 의미있고 신뢰로운 관계를 만드는데 필요한 공손함과 정중함, (4) 갈등을 피하고 화목을 유지, (5) 개인중심이라기보다는 집단중심, (6) 현재지향성, (7) 권위에 대한 존중. 이러한 가치들 중에 일부는 일터에서의 기대(예: 권위에 대한 존중)와 일치하지만, 어떤 가치들은 일 문화와 안맞는 것들이 있다. 일 문화는 무엇보다도 일, 동료 및 상사와 협력과 빠르고 독립적인 의사결정간의 균형, 평등주의와 성평등, 미래목표를 추구하고 달성하는 것을 매우 중요하게 초점을 둘 것을 요구하기 때문이다. 히스패닉/라틴

계 사람들이 일터에서 전통적인 가치를 고수하는 것이 그들의 문화공동체와의 연대를 유지하고, 그들 자신의 심리적 진실성을 지켜준다 하더라도, 이로 인해 고용주들의 가치체제와의 갈등이 있다면 역시 스트레스를 경험할 수 있다.

히스패닉/라틴계 사람들 간에도 교육에 대한 소명이나 성취에 있어서 차이가 있을 수 있다. 예를 들어, 멕시칸계 미국인 고등학생의 50%가 대학원 진학을 원하지만, 이들 중 57%의 학생들은 고등학교를 마치지 못하며, 겨우 11%가 대학을 졸업한다(Ojeda &Flores, 2008;St. Hilaire, 2002; Stoops, 2004). 몇몇 연구자들은 히스패닉/라틴계 사람들이 학교에서 실패하는 것은 학교의 문화배경과 히스패닉/라틴계 문화 간의 불협화음의 결과라고 믿고 있다. 예를 들어, Valenzuela(1999)는 히스패닉/라틴계 문화는 학교에서 평가절하되고 이로 인해 학생들을 사회 문화 자원으로부터 분리되서 학생들이 학업실패에 더 취약하게 한다는 것이다. 연구자들은 히스패닉/라틴계 학생들은 학업준비, 진로정보와 지도를 받는 것에도 제한된 기회를 갖는다고 하였다(Lee & Ekstrom, 1987).

그럼에도, 히스패닉/라틴계 사람들은 일 자체에는 높은 가치를 둔다. 히스패닉/라틴계 사람들은 "열심히 일하고 일을 잘한다는 것을 자랑스러워한다(Benitz, 2007, p.46)." 히스패닉/라틴계 사람들은 미국에서 자신들이 기회를 가졌기 때문에 자신들의 가족을 부양하기 위해서 일하기도 하지만 존엄, 투지, 자부심을 갖고 일한다고 말해왔다(Benitiz, 2007). 또한, 자신들이 직업적으로 미국에서 차별을 받고 있고, 낮은 학력을 갖게 되기 쉽지만, 히스패닉/라틴계 사람들은 직업 세계에서 넓은 영역의 흥미를 갖고 있는 것으로 나타났다(Kantamneni & Fouad, 2011). 히스패닉/라틴계 사람들의 진로목표는 다른 여러 집단의 사람들이 그렇듯이, 흥미와 효능감에 의해 영향을 받는다(Flores, Robitscheck, Celebi, Andersen, & Hoag, 2010).

내담자들의 변화돕기

내담자의 문화적 가치를 아는 것은 내담자의

변화를 촉진하고 굳건한 작업동맹을 맺는 것에 도움이 된다. 예를 들어, 상담회기에서 정중함과 존경의 가치를 작동시키는 것은 강한 작업동맹을 형성하는 것에 필수적일 수 있다(Flores, Ramos, & Kanagui, 2010). 상담사가 내담자의 가족에 대한 강한 헌신과 의무감뿐 아니라 내담자의 직업적 성격을 이해하는 것은 내담자로 하여금 이와 일치하고 문화적으로도 적합한 일을 선택하게 돕도록 해 준다. 히스패닉/라틴계 사람들의 문화가치에 맞게 상담을 한 예는 단지 몇 개밖에는 없다. 히스패닉/라틴계 사람들을 상담하는 상담사는 내담자들을 이끄는 가치에 대해서 매우 잘 알아야하며 변화를 촉진할 내담자의 세계로 쉽게 들어갈 수 있어야 한다.

히스패닉/라틴계 문화에 기반한 상담모델이 개발되었다. 예를 들어, 진로상담에서 DSM-IV-TR의 문화적 공식 진단의 개요(Cultural Formulation Outline)에서 저자들은(Flores, Ramos et al., 2010, p.412) 내담자의 진로문제를 다룰 때, 다음의 5가지 차원을 사용하기를 제안하였다. "(a) 자아 정체성과 문화정체성(즉, 개인이 정의되고 문화에 의해서 만들어지는 방식), (b) 진로문제에 대한 자신과 문화적 개념, (c) 문화맥락에서의 자아, (d) 치료적 관계에서의 문화적 역동, (e) 진로상담과 개입을 위한 전반적인 문화진단(내담자의 배경, 전통, 이민역사와 문화적응 등을 포함)."

또 다른 예로, 연구자들은 4년제 대학 라틴계 학부생들을 위한 진로지지 집단에 문화적 가치들을 통합시켰다(Berrios-Allison, 2011). 이러한 상담모델을 사용해서 상담사들은 진로계획, 재정적 지원, 학업 훈련, 멘토링, 대학분위기, 소수인종의 정체성 탐색들을 다뤘다. 그 결과 대학에 등록한 1학년부터 4학년 학생들의 등록 유지율을 봤을 때, 집단에 참여한 학생은 유지율이 16%에서 22%로 참여하지 않은 학생들보다 높았다. 이러한 개입을 활용함으로 얻는 점은 상담사가 히스패닉/라틴계 사람들의 진로발달 필요에 초점을 두면서 동시에 그들의 문화적 가치와 문화정체성에 민감할 때 이룰 수 있는 성공을 보여줬다는 것에 있다.

장애가 있는 내담자

미국장애협의회(National Council on Disability, 2008)에 따르면 미국인구의 20.4%는 장애를 갖고 있다. 여기서 말하는 장애에는 발생률이 낮은 장애(예: 자폐, 실명, 청각소실, 심각한 인지장애)와 발생률이 높은 장애(예: 학습, 의사소통, 또는 정서 및 행동장애, 경도인지장애, 다른 건강 장애들)를 모두 포함한다. 장애가 있는 사람들의 실업률은 높은데, 장애가 있는 성인들 중에 22.6%만이 취업상태인 반면에(U.S. Department of Labor, 2009b), 장애가 없는 일반사람의 경우는 일반적으로 71.9%가 고용된 상태이다. 장애와 가난은 따로 떼어 생각할 수 없는 연결점이 있다. 지속적인 소득빈곤(48개월 기간 중에 36개월 이상 빈곤함)을 경험하는 취업연령성인 가운데 거의 3분의 2에 달하는 사람이 최소한 한 개의 장애를 갖고 있다. "장애가 있는 사람들은 장애가 없는 사람보다 식품 불안정, 필요한 의료 또는 치과진료를 받지 못하고, 집세, 주택자금, 공과금을 낼 수 없는 것과 같은 다양한 형태의 물질적 어려움을 경험할 가능성이 훨씬 많다"(Fremstad, 2009, p.3).

장벽, 지지요소, 일의 의미

장애가 있는 사람들은 일에서 큰 의미를 발견한다. 예를 들어, 연구자들에 따르면, 일은 장애가 있는 사람들의 활동수준을 높이고 자아존중감을 얻도록 한다는 것이다(Freedman, 1996). 지적장애가 있는 사람들에게 있어서 일은 사회적 인정을 얻도록 하고 다른 사람들과의 연결을 가능하게 한다. 또한 일은 공동체 속으로 통합되는 수단, 직장 집단의 일부가 되는 즐거움, 동지애와 재미, 자부심, 직무를 수행하는 만족감, 사회적 편안함, 심리적 역량강화를 제공한다(Kober & Eggleton, 2005; Lysaght, Ouellette-Kuntz, & Morrison, 2009). 신체, 시각, 청각 장애를 가진 여성들에게 있어서, 일은 정서적 안녕(emotional welfare), 자아존중감, 사회적 지위, 독립심, 개인능력과 관련이 있었다(Gonzalez, 2009). 정신 질환으로부터 회복된 환자들에게 일은 자부심, 자아존중감, 대처전략과 관계가 있었으며, 일은 그들이 소비자가 되도록 하고 가족을 부양하도록 했다(Dunn, Wewiorski, & Rogers, 2008).

그럼에도 불구하고, 장애가 있는 사람들의 취업과 고용유지에는 구조적인 어려움이 있다. 여기에는 적합한 교육적 준비의 부족(장애가 있는 학생의 고등학교 자퇴율은 그렇지 않은 학생보다 두 배 이상 높은데, 50%를 살짝 넘는 수준이다; National Council on Disability, 2004), 가능한 직업의 부족, 교통수단의 부족, 직업정보 부족, 부적합한 훈련, 저소득 의료보장혜택(Medicaid)이나 건강보험혜택을 잃을 것이라는 두려움, 가족이나 친구들이 일하려는 의지를 꺾는 것(Loprest & Maag, 2001)이 포함되어 있다. 또 다른 이유들로는 구체적인 직업에서 요구하는 훈련의 부족, 해당 직업과 관련된 기술이나 경험의 부족, 장애인에게 필요한 편의제공에 대한 감독관의 지식 부족, 동료나 상사의 태도와 편견, 제한된 인맥, 빈곤, 증상의 현존 , 대인관계 능력의 부족과 재활프로그램의 부족이 있다(Baron & Salzer, 2002; Dauwalder & Hoffmann, 1992; Loprest & Magg, 2001). 여기에는 직장에 만족하는 것을 방해하는 심리적 장벽들도 있다. 예를 들어, 산업재해에서 회복한 사람들의 경우, 고통 파국화(즉, 고통을 최악으로 상상해서 끔찍하고 견딜 수 없는 것으로 만드는; Garcely et al., 2004), 고통과 관련된 불안, 우울, 활동회피가 성공적인 재취업의 장벽인 것으로 밝혀졌다(예: Carleton, Abrams, Kachur, & Asmundson, 2009). 다른 심리적 장벽들로는 보호받는 근무환경에서의 일을 시시하고 불만족스럽게 여기는 것(Szivos, 1990), 장애를 갖고 있다는 것에 대해서 갖는 지각된 낙인 때문에 경험하는 외로움과 소외감(Pettrovski & Gleeson, 1997), 고용인의 기대를 충족할 능력 또는 직업에서 요구하는 일과 관련된 적합한 기술들을 갖지 못하는 것에 대해 불안을 느끼는 것이 포함된다(Jahoda et al., 2009).

진로의사 결정과 관련해서 장애가 있는 사람들은 이러한 과정에서 수많은 어려움들을 경험하게 된다. 장애가 있는 사람들은 효과적인 진로 의사결정을 내리는 것에 대해 장애가 없는 사람과 비교할 때 더 적은 자신감을 가질 수 있고, 자신에 대한 결정을 할 때 다른 사람들에게 더 의존할 것이라는 점이다(Luzzo, Hitchings, Retish, & Shoemaker, 1999). 장애가 있는 사람들은 진로탐색에 관여를 덜 할 가능성이 많고, 고등학교때 진로교육 과목을 수강할 가능성이 더 적으며, 자신과 일의 세계에 대한 지식을 연결짓는 연습을 할 기회를 가졌을 가능성이 더 적다(Luzzon, 2000; Ochs & Roessler, 2004; Trainor, 2007). 이렇게 된 적어도 일정부분은 고등학교에서 전환 또는 삶의 기술 과목들을 수강해야 되기 때문에 보다 충분한 정보에 근거한 진로결정을 이끌어 낼 수 있는 진로탐색 활동을 추구하지 못한 것이 이유라고 할 수 있다. 하지만, 장애가 있는 사람들의 취업에 대한 일반사람들의 기대 때문일 수도 있는데, 이러한 취업기회들은 청소년이든 성인이든 쉽게 가질 수 있는 것이 아니다.

진로의사결정에 있는 이러한 어려움들 중의 한 예로, 장애가 있는 사람들의 진로흥미, 스스로 생각하는 능력과 얻을 수 있는 일자리들 간의 높은 불일치 비율이다(Turner, Unkefer, Cichy, Peper, & Juang, 2011). 연구자들은 자신의 홀랜드(Holland)흥미 코드와 맞는 직업을 가진 장애가 있는 고등학생과 성인은 그렇지 않은 사람들보다 높은 수행률, 낮은 결근율, 더 적은 품행 문제, 높은 직업만족을 보인다는 것을 밝혔다(Jagger, Neukrug, & McAuliffe, 1992; Wilkes, 2002). 하지만 장애가 있는 청년을 대상으로 한 연구에서 연구자들은 단지 31%만이 자신의 흥미에 맞는 직업을 갖고 있었으며, 겨우 33%가 스스로 생각하는 업무능력에 부합하는 직업에 종사하고 있다고 보고했다. 게다가, 미국 전 지역에 걸쳐 장애가 있는 사람들은 현실형 직업계과하게 집중되어 고용되었는데, 미국 전체 직업에서 현실형 직업이 35%뿐인데도 장애가 있는 사람들 70%가 현실형에 종사하고 있다(Turner et al., 2011; U.S. Department of Labor, 2006).

내담자들의 변화돕기

장애가 있는 사람들과 작업동맹을 형성하는 것은 장애의 유형과 정도에 따라서 달라질 수 있다.

하지만, 장애유형과 장애정도와는 별개로 장애가 있는 사람들을 상담할 때의 접근방식은 제시되어 있다. 예를 들어, 연구자들은 "(1) 장애의 강도와 관계없이 모든 내담자를 성인으로 대할 것, (2) 나이에 적합한 언어와 기법 사용할 것, (3) 내담자의 장점에 강조점을 둘 것, (4) 내담자의 가치와 신념을 존중할 것"(Kosciulek & Wheaton, 2003)을 제안했는데, 이는 견고한 작업동맹을 만드는 데에 유익한 바탕이 될 수 있다. 심리학자들이 "장애에 대한 개인의 반응이 다양하다는 것을 인정하고자 노력하고, 적절할 때 장애가 있는 내담자의 가족들과 협력해서 개입을 계획하고 개발해서 실행하는 것"이 중요하다(American Psychological Association, 2011).

강한 작업동맹은 또한 상담에서 적절한 편의를 제공했을 때 촉진 될 수 있다. 편의제공에는 통역사의 사용, 질문과 답을 하는 의사소통에서 컴퓨터 사용, 휠체어나 엘레베이터 사용가능, 주차와 주차장에서 사무실까지 오갈 때의 도움제공 가능이 포함될 수 있다. 상담사는 장애가 있는 내담자의 필요를 주의깊게 고려해야 하고, 각 내담자가 같은 편의제공을 원할 것이라고 가정하기 보다는 내담자에게 구체적으로 어떤 종류의 편의제공을 원하는지 물어봐야 한다. 예를 들어, 청각장애인과 난청이 있는 사람들 경우, 수화사용자의 50%가 통역사가 있는 것을 선호하고, 43%는 수화를 사용하는 상담사와 상담하기를 선호한다(Middleton et al., 2010).

상담전략과 관련해서 장애가 있는 내담자의 변화를 돕는 매우 중요한 전략은 내담자가 자기옹호(self-advocacy) 기술을 개발하도록 돕는 것이다. 자기옹호란 내담자가 자신의 흥미, 욕구, 권리, 필요를 듣는 사람이 이해할 수 있고 받아들일 수 있는 방식으로 표현할 수 있고, 정보에 근거한 결정을 내릴 수 있고, 자신의 결정에 책임질 수 있는 것을 말한다(VanReusen, Bos, Schumaker, & Deschler, 1994). 장애가 있는 사람이 자기옹호를 하고 스스로 결정하는 것을 배우도록 돕는 것은 그들이 자기 자신의 삶과 일하는 환경에서 주요 주체(primary casual agents) 되도록 도울 수 있다. 자기옹호는 내담자가 진로발달에 필요한 조력요청을 보다 잘 할 수 있도록 도울 수 있다. 자기옹호는 가족 책임감, 교통수단 마련, 필요한 훈련이나 의료보험 혜택과 같은 구조적 어려움에 대처할 방안을 타협할 수 있도록 한다. 자기옹호는 내담자가 자신에게 필요한 편의제공에 대해서 직장 상사들에게 미리 알려줄 수 있도록 도울 수 있으며, 내담자가 고용주나 동료들의 잘못된 신념이나 태도에 이의를 제기할 수 있도록 도울 수 있다. 자기옹호는 내담자가 동료들과의 인적 네트워크에 포함되도록 협상하고 사회적 지지를 요청하는 것을 도울 수 있다. 장애를 가진 사람들의 자기옹호는 자기효능감, 지각된 직무능력, 일의 만족과 긍정적 상관이 있는 것으로 밝혀져 왔다(Bedell, 2007; Tschopp, Frain, &Bishop, 2009).

장애를 가진 내담자들은 진로발달 기술들을 학습함으로써 혜택을 얻을 수 있다. 내담자가 자신을 이해하고 직업세계를 이해하도록 돕고(Turner et al., 2011) 진로계획, 진로의사결정, 직무조력 계획에 참여하도록 하는 전략들은 내담자가 충만하고 만족스러운 고용을 유지하고 획득하도록 돕는 것에 있어서 매우 중요하다. 이러한 유형의 조력을 제공하려는 상담사에게 제시할 수 있는 모델로 개별적 진로계획 모델(Individualized Career Planning Model; Condon & Callahan, 2008)이 있다. 이 모델은 진로계획과 직업발달의 과정이 단계별로 구체화되어 있다. 이 모델에서 장애가 있는 내담자들은 자신의 흥미, 선호, 학습전략, 기술, 적성, 환경적 지지와 그들이 할 수 있는 직업관련 과업들을 평가받는다. 평가 후 상담사들은 직업 프로파일을 작성하고 개별 맞춤형 직업계획들을 만들기 위해 내담자와 만난다. 내담자가 고용상황에서 잠재적으로 기여할 수 있는 부분과 내담자들이 일에서 성공할 수 있도록 돕는 대표적인 이상적인 상황을 이야기 기술방식의 프로파일(narrative profile)로 만든다. 프로파일은 이후에 직업 개발자가 고용주에게 내담자를 대변하기 위해 사용하거나 내담자가 자기 자신의 사업을 설계할 때 사용할 수 있다. 마지막으로, 사회보장 근로유인 정책(Social Security

Work Incentives)을 통해 직업 코칭, 직업개발, 교통수단, 장비, 훈련과 같은 필요한 서비스에 비용을 사용하게 한다.

또한, 장애가 있는 내담자들은 일 준비 기술들을 학습함으로써 혜택을 받을 수 있다. 내담자의 일 준비 기술을 개발하도록 돕는 것은 내담자가 일 환경에서 잘해나가는 것을 배우도록 도울 수 있다. 예를 들어, 18개월 개입프로그램은 정신장애로부터 회복한 사람들이 의미있는 일로 돌아갈 수 있도록 하고, 소프트 스킬(soft skills; 예를 들어 사회 및 대인관계 기술들)과 대처기술 훈련이 제공되도록 설계되었다. 참여자 개개인의 정신건강과 진로발달 필요에 따라 구체적인 서비스가 제공된다. 이러한 서비스에는 종일반 프로그램, 위기 안정화, 직업재활, 경력개발지침, 일 적응과 지원 서비스, 직업개발/구직/직업소개 서비스, 교육지원 서비스, 재정지원 혜택 신청 조력, 지원받는 일을 할 (supported work) 기회가 포함되어있다. 이러한 개입의 사전-사후를 평가한 연구결과 개입의 시작 때와 비교해서 개입을 마쳤을 때, 참여자들의 고용 수치들이 유의미하게 높았다. 참여자들의 주당 노동시간이 유의미하게 증가했고, 참여자들의 수입 역시 유의미하게 높아졌다. 더군다나, 독립적 생활이 유의미하게 증가했고, 전반적인 자아존중감이 유의미하게 상승하였다(Hutchinson, Anthony, Massaro, & Rogers, 2007). 상담사들이 장애가 있는 사람들의 일과 진로발달과 관련해서 도움을 이끌어낼 수 있다는 최신 연구결과는 겨우 몇 개뿐이다.

마지막으로 장애가 있는 내담자들은 재활 서비스로부터 혜택을 받을 수 있다. 장애가 있는 사람들이 잃어버렸던 기술을 다시 학습하도록 하거나 (National Institutes of Health, 2011), 직장에서 기능을 수행하기 위해 직업관련 편의를 사용하는 것을 돕는 것은 내담자들의 고용가능성과 직무만족을 매우 높일 수 있다. 이러한 편의의 예로는 필기하기, 일간 달력 기록하기, 할 일 목록 작성하기, 필요한 물품들을 보이는 곳에 배치하기, 음성유도장치가 있는 개인디지털 보조기(personal digital assis-

tants; PDAs)와 디지털 사용능력을 향상시키는 웹기반 강의(Assistive Technology Solutions, 2011; Center for Gerontology, 2006; Starcic & Niskala, 2010) 같은 기술 사용법 학습이 포함되어 있다. 직업상담사나 심리학자가 내담자의 적절하고 접근 가능한 편의를 옹호해야하는 한편, 의뢰할 수 있는 이러한 유형의 교육에 특화된 여러 전문가들 인적 네트워크를 갖고 있는 것은 내담자가 편의 자원들을 발견하고 편의 사용에 능숙해지도록 하는 것을 도울 수 있다.

성적 소수자 내담자

미국내 게이(gay), 레즈비언(lesbian), 양성애자(bisexual), 트랜스젠더(transgender)인 성 소수자(GLBT)는 2011년 기준으로 전체의 3.8%를 차지한다. 이는 9백만명의 GLBT가 있다는 것과 같다(Gates, 2011). 트랜스젠더와 성별에 비순응하는 사람들(gender-nonconforming persons)의 실업률은 높은데, 일반 사람들의 실업률과 비교할 때, 2배에서 4배에 이른다. 게이, 레즈비언, 양성애자들의 실업률에 대해서는 확실하게 알려진 바가 없다. 이와 비슷하게 게이 또는 양성애자 남성의 경우 같은 자격조건의 이성애자 남자들에 비해 15%에서 30% 낮은 소득을 얻는 것으로 나타났다(Carpenter, 2007). 이에 비해 레즈비언과 레즈비언이 아닌 여성의 월급의 차이에 대한 자료의 명확성은 부족하다.

GLBT 내담자들이 직장에서 경험하는 차별에 대해서 국가적인 논의가 있었는데, 게이의 15%에서 43%는 직장에서 무차별적으로 해고되는 것과 고용기회와 고용권리를 부정당하는 것과 같은 직장관련 차별을 경험했다고 보고했다(Burns & Krehely, 2011). 일에서의 차별의 결과는 GLBT들에게 매우 부정적인 영향을 미친다. 예를 들어, 노숙자와 빈곤의 비율이 트랜스젠더들에게 불균형하게 나타나는데, 극빈층으로 분류되는 일년에 일만 달러 미만의 가계수입을 보이는 트랜스젠더가 일반 사람의 4배가 된다(Grant et al., 2011). 게다가, GLBT 배우자에게도 배우자가 아플 때의 사용할 수 있는 병가, 배우자에게 제공되는 의료보험과 같은 일반적인 배우자가 갖는 권리를 인정하는 회사가 매우 드물다(Ash & Badgett, 2006).

장벽, 지지요소, 일의 의미

일과 진로는 GLBT들에게 여러 가지 의미일 수 있다. 일은 자신의 삶에 집중할 수 있도록 한다(Hook &Bowman, 2008). 또한 일은 삶의 질을 높여주며, GLBT들에게 특권, 안정감, 경제적 유익, 사회 관계의 원천이 될 수 있다.

그럼에도 불구하고 GLBT들은 불공정한 처우, 이성애자중심으로 인한 차별, 실직이나 자신의 성적 지향성이나 트랜스젠더라는 상황 때문에 승진이 불가능함, 직장내 괴롭힘 등을 포함한 일과 관련된 높은 스트레스를 보고해왔다(Bowleg, Brooks, & Ritz, 2008; Budge, Tebbe, & Howard, 2010; Lombardi, Wilchins, Priesing, & Malouf, 2001; Smith & Ingram, 2004; Trau & Härtel, 2004). 일부 게이 남성들은 고립, 조롱, 직장 동료의 지지부족으로 고통받는 사람들이 있고, 또 다른 성적 지향성을 공개하지 않은 게이들은 솔직하지 않다고 느끼고 자신의 성적 지향성이 공개될 것을 걱정하기도 한다(Trau & Härtel, 2004). 몇몇 트랜스젠더들은 동료에게 거부당하거나 해고를 당하고 물리적 위협이나 신체적 또는 정신적 학대를 경험을 한다고 보고하였다(예를 들어, Budge 외, 2010; Lombardi 외, 2001). 이러한 이유들로 성 소수자들은 불안해하며, 일부는 자살생각을 갖는다.

게이, 레즈비언과 양성애자들 일부는 모욕당한 적이 있다거나 직장에서 이성애자처럼 행동해야 한다고 느꼈다고 보고했다(Smith & Ingram, 2004). 이러한 동성애자에 대한 차별 사건들은 우울과 스트레스와 관련있다(Smith & Ingram, 2004). 몇몇 레즈비언들은 직장에서 주변화된 느낌, 직장 내 대화에 내제된 동성애차별적 가정들, 동료에게 성적매력을 보인다는 추측을 피하기 위해서 타인과의 상호작용과 행동을 조심해야 할 필요와 같은 스트레스를 보고했다(Bowleg et al., 2008).

이러한 차별적 행동들 때문에, 개인의 성적 지향성과 그러한 선호에 대한 다른 사람들의 반응을 고려하는 것이 GLBT 내담자들이 진로를 선택할 때 염두해야 할 요소일 수 있다. GLBT 내담자들은 자신들의 일에서 혹은 일을 통해서 그들의 성적 지향성을 표현할 기회를 반길 수 있다(Chung, 1995). 하지만, 이론가들은 성인 레즈비언들에게 진로를 선택할 때, 보다 관대한 일 환경, 자신들의 가치나 삶의 선택들을 지지받을 수 있는 지리적인 위치, 재정적인 안정성 등의 요소를(예: Fassinger, 1995, 1996) 고려하기를 권해왔다. 이와 비슷하게, 연구자들은 직장을 유지하는 가운데 성전환을 한 트랜스젠더들은 직업포부, 새로운 기술을 배울 기회와 직장 복지뿐 아니라 실제적인 장벽과 지각된 장벽(예: 트랜스젠더 정체성 때문에 예상되는 실직)을 고려한다고 밝혔다.

또한, GLB들의 진로의사결정 과정에서 지지가 중요한 요소임이 증명되었음에도 불구하고, 게이, 레즈비언, 양성애자들은 이 과정에서 타인들로부터 더 적은 격려를 받는다는 증거들이 있다(Nauta, Saucier, & Woodard, 2001). 예를 들어, 게이, 레즈비언, 양성애자 대학생들은 진로 역할모델의 성적 지향성과 같은 성적 지향을 가진 사람으로부터 받는 지지가 자신들이 내리는 진로결정에 중요하다고 보고하였다(Nauta et al., 2001).

내담자들의 변화돕기

연구자들은 GLBT를 위한 직업개입을 계획하는 상담사가 보편적 다양성 지향(universal diverse orientation; 다른 사람들과의 공통점과 차이점에 대한 이해와 개방성; Fuertes, Sedlacek, Roger, & Mohr, 2000)을 갖고 있으면 보다 강한 작업동맹을 맺을 수 있다고 하였다. 또한, 내담자들은 LGB에 대한 구체적인 지식과 일반적인 치료기술(Burckell & Goldfried, 2006; Stracuzzi, Mohr, & Fuertes, 2011)을 가진 상담사를 높이 평가하였다. 더욱이 상담사들을 대상으로 한 연구결과를 보면, 상담사의 관점에서 상담사의 자기효능감이 LGB 내담자들과 작업동맹을 맺는 것을 돕는 데 중요하였다(Burkard, Pruitt, Medler, & Stark-Booth, 2009). 여기에 포함되는 것으로 LGB 내담자들과 상담할 때 부정적인 정서를 극복할 수 있다는 효능감, LGB 내담자들이 동성애자임을 공개하는 과정에서 경험하는 어려움과 사회에서의 차별에 대한 자비를 표현할 수 있는 효능감, 내담자들에게 긍정적인 감정을 느끼고 내담자들을 좋아하고, 존중하고 지원하는 것에 대한 효능감, 종교와 성적인 고민에 대해 논의하고 내담자의 경험을 일반화하는 효능감과 적절한 상담과 의뢰를 제공할 수 있다는 효능감이 있다. 앞으로 이러한 측면들이 내담자가 평가하는 작업동맹과 내담자와 상담사 모두의 상담사 유능성 평가와 어떻게 관련이 되는지에 대한 연구가 이루어져야 한다. 하지만 앞서 말한 연구는 상담사들이 그들의 LGB 내담자들과 어떻게 작업동맹을 맺을 수 있는지에 대한 초기 통찰력을 제공한다.

상담전략과 관련해서는 GLBT 개인들의 진로상담에 대한 성과연구가 거의 없다. 그럼에도 불구하고, 경험연구들은 GLBT 내담자들의 진로의사결정을 도울 때 고려해야 할 요소들에 대한 지침을 제공하였고, 상담사가 GLBT 내담자들의 일과 진로발달 필요를 충족하도록 돕는데 사용할 수 있는 개입모델이 개발되었으며 레즈비언이 직장에서 자신들의 성적 지향성을 공유하는 것에 편안해지도록 돕기 위해 설계된 개입의 효과를 사전-사후를 평가한 연구가 있었다(e.g., Chung, 2001; Chung & Harmon, 1994).

진로의사결정에서 고려해야 할 요소들과 관련해서 연구결과 GLBT는 GLBT가 아닌 사람들보다 성-비전형적인(gender-nontraditional) 진로흥미를 보일 수 있다고 했다. 예를 들어, 나이, 사회경제적 지위, 인종배경, 학생상태, 학력이 유사한 게이와 이성애자 남성을 비교한 연구에서 게이 남성은 이성애자 남성보다 현실형과 탐구형 직업에 대한 흥미를 더 적게 보였고, 예술형과 사회형 직업에 대한 흥미를 더 많이 나타냈다(Chung & Harmon, 1994). 연구 참여자들이 희망한 진로에서 사회적 지위 수준의 차이는 없었다. 이와 유사한 연구가 10년 후에 있었는데, 라틴계 게이와 레즈비언 청소년(18세에서 20세 사이)을 대상으로 한 질적연구

가 있었다. 그들에게 자신들이 생각하는 진로흥미를 묘사하도록 했는데, 이들의 진로흥미 묘사에 성역할 전형성이 적게 나타났다. 이 연구 참여자 8명의 청년들 가운데, 모든 남성(5명)은 예술적 흥미를 가졌고, 모든 여성(3명)은 과학, 의학, 공학, 항공우주학에 관심을 가졌었다(Adams, Cahill, & Ackerlind, 2005). GLBT 내담자들의 흥미나 원하는 지위에 대해 고정관념을 갖는 것이 이들 내담자를 상담할 때 비효과적일 수 있더라도 상담사는 내담자의 흥미를 광범위하게 탐색하는 것에 개방적이어야 하며, 이러한 지식을 내담자의 내재적 흥미를 만족시킬 수 있는 일과 진로를 찾을 수 있도록 돕는데 사용해야 한다.

게다가, 내담자가 보다 충분한 정보를 바탕으로 진로를 결정할 수 있도록 하는 모델(진로선택모델: the Vocational Choice Model), 성적 정체성을 관리하는 모델(정체성 관리모델: the Identity Management Model), 차별에 대처하는 모델(차별 관리모델: the Discrimination Management Model)이 개발되었다(Chung, 2001; Chung, Williams, & Dispenza, 2009). 내담자의 진로의사결정을 돕기 위해 진로선택모델을 사용해서 상담사는 내담자의 차별 관리에 대한 효능감과 편안함의 수준을 바탕으로 직업을 선택하도록 도울 수 있다. 이 모델에서 다음의 세 개의 전략이 제시되었다; 자영업자 되기, 직업이나 일터에서 LGB를 환영하는지 확인하기, 일 관련 차별이 있을 수 있다는 것을 알고 위험감수하기가 그 세 가지 전략이다. 정체성 관리모델의 전략들은 성적 정체성에 대해 아닌척하거나 공개적으로 말하는 것(행동이나 명시적인 말로)등의 상황에 사용된다. 차별 관리모델에서의 전략들로는 직업을 그만두는 것, 침묵, 사회적 지지, 직면이 있다. Chung 등은 이러한 모델들에서 어떤 전략들을 사용할 것인지는 개인의 선택에 달려있다고 강조했으며, 상담사들은 내담자에게 특정 전략을 다른 전략에 우선하여 선택하도록 압박해서는 안된다고 했다. 하지만 직장에서 정체성을 공개하는 것, 스스로에게 진실되는 것, 자신의 정체성을 자랑스러워하는 것과 긍정적인 정신건강 혜택은 상관관계있다는 연구결과

가 있다. 자신의 성적 지향성을 직장에서 공개한 GLBT는 자신의 일 상황에서 보다 자신감있고 더 편안함을 느끼며 일과 가정에서 더 적은 갈등을 경험했다(Day & Schoenrade, 1997; Trau & Härtell, 2004).

예를 들어, 사전-사후 비교연구(Morrow, 1996)에서 연구자는 자기주장 훈련과 동성애혐오증과 이성애주의에 대처하는 것을 교육하는 것을 통해 레즈비언이 직장에서 자신들의 성적 지향성을 공유하는 것을 편안해하도록 돕는 프로그램을 설계하였다. 연구결과 사후 검사에서 실험집단의 참여자들은 통제집단의 참여자들과 비교해서 유의미하게 강한 자아발달, 레즈비언 정체성 발달, 역량강화와 자신을 드러낼 수 있는 능력을 보였다. 의사소통과 자기주장을 할 수 있고, 개방적으로 살 수 있는 역량은 레즈비언 여성이 직장에서 자신들의 성적 지향성을 편안하게 공유할 수 있는 능력에 대단히 긍정적인 영향을 미칠 수 있다. 이러한 연구결과들을 참고하는 것은 상담사가 GLBT 내담자들을 위해 유용한 일과 진로에 대한 상담개입을 설계하는 것에 도움이 될 수 있다.

실직한 사람, 노숙자, 가난한 노동자와 일을 하지 않은 가난한 사람들

2009년 미국 인구조사에 따르면 미국인의 14.3%인 4천3백6십만 명의 사람들은 연방정부가 정한 빈곤선 이하의 연소득을 갖고 있었다. 빈곤율은 미혼여성이 가장인 경우에 가장 높았는데, 특히 미국 흑인이나 라틴계 여성의 경우에 그러했다. 18세 이하의 청소년의 경우(미국인구의 25%) 빈곤층의 35%를 차지했다. 이 장의 앞에서 논의한 바와 같이, 빈곤을 경험하는 사람들의 대다수는 빈곤이 아니더라도 인종, 민족, 성적 소수자 또는 장애와 같은 소수자의 지위 때문에 권리박탈을 경험하는 사람들이다(Smith, 2005). 하지만 미국내의 어떤 집단도 빈곤의 영향을 받지 않거나 빈곤이 사람의 삶에 미치는 파괴적인 영향을 받지 않을 수는 없다.

빈곤의 어떤 경우는 노숙자로 이어지기도 한

다. 미국 인구의 약 0.2%(약 65만명)는 어느 날 밤에는 노숙자라는 것이다. 미국의 인구의 약 1%는 일 년 중 얼마간의 기간 동안은 집이 없다(미국 주택 및 도시 개발부, 2010). 노숙자들 가운데, 남자, 아프리카계 미국인, 미혼 성인 및 장애인은 인구대비 각각 1.3:1, 3:1, 5:1, 2.4:1로 과도하게 많다. 게다가 모든 노숙자가 직업이 없는 것은 아니다. 실제로, 연구자들은 노숙자의 44%가 직업을 갖고 있다고 했다(Long, Rio, & Rosen, 2007).

장벽, 지지요소, 일의 의미

빈곤의 가장 분명한 징후는 무너져가는 동네와 제대로 관리되지 않은 사회기반시설이 보이는 도심부와 낡아 황폐한 집과 눈에 띄는 고용기회가 부족한 농촌지역에서 볼 수 있다. 빈곤과 관련된 문제의 주체는 여러 가지이며 잘 알려져 있다. 여기에는 부적절한 영양, 주거, 의료보험 및 교통, 안전하지 않은 이웃, 재정이 부족한 학교, 낮은 교육성취 등이 포함된다. 극심한 가난과/또는 정신건강 치료와 같은 자원에 대한 접근성의 부족은 궁극적으로 노숙자, 기본 생필품의 만성적 결핍, 및 잠재적으로 암울한 생활로 이어지게 한다(Torey, 2008).

실업과 빈곤과 관련된 심리적 장벽을 단지 몇 개만 예로 들자면 불안, 우울, 무망감과 공격성이 있다(Belle & Doucet, 2003; DeCarlo Santiago, Wadsworth, & Stump, 2011). 빈곤한 내담자들이 만족할 만한 직업을 갖고 그 직업을 유지하는 것의 장벽에는 학력부족, 전환기 필요한 직업기술의 부족(Nixon, 2006)과/또는 일할 수 있는 구조에 대한 접근 부족(예: 교통, 전화, 주소 또는 장애인을 위한 적절한 편의)이 포함된다. 가난한 사람들에게 있어서 일이란 생존의 문제이지만, 다른 사람들에게는 일이란 여전히 자기표현, 사회적 수용, 자아정체성, 즐거움, 만족감, 자존심을 의미한다.

내담자들의 변화돕기

직업상담사와 빈곤한 내담자간의 작업동맹 형성에 대한 연구는 아직 발달 초기 단계에 있다고 할 수 있다. 하지만 한 연구에서 상담사와 빈곤층으로 살고 있는 청소년 간의 강한 작업동맹은 내담자의 끌림(예: 상담사가 빈곤층 내담자에게 잠재적으로 가질 수 있는 편견에 대처할 수 있는지 여부)을 바탕으로 형성되어야 한다고 강조했다(Hutchison, 2010). 그럼에도 불구하고 직업상담 분야에서 일하는 전문가에게 유익한 상담가와 빈곤층에 살고 있는 사람들 간의 심리치료적 관계 개발에 관한 많은 문헌이 있다. 요약하면, 빈곤층의 내담자를 상담하는 것과 관련된 선입견의 많은 부분이 잘못된 것이다. 빈곤층의 내담자도 상담의 혜택을 받는다. 빈곤층의 내담자가 보다 편안한 환경에서 살고 있는 내담자들보다 조기에 상담을 중단하는 경우가 많다. 하지만, 이러한 조기종결은 내담자들이 심리학자들의 사무실에서 드러나는 공인되지 않은 특권과 계급주의를 직면했기 때문일 수 있다. 상담사가 빈곤층의 내담자를 상담할 때 경험하는 장벽은 가난한 사람들과의 동일시, 상담자들의 빈곤에 대한 두려움과 상담자의 능력위주(meritocracy) 전제에 대해 생각, 내담자들이 여전히 생활필수품이라 여겨지는 것들을 상실한 삶으로 돌아갈 가능성이 많은 상황에서 상담자가 경험하는 비효율성에 대한 상담사 자신의 내면화된 저항감 때문일 가능성이 매우 높다. 수퍼비전, 교육, 유연성 및 혁신적인 치료개입 전략을 시도하려는 의지는 빈곤층의 내담자와의 관계변화를 형성하는 것을 배우는 첫 단계일 수 있다(Smith, 2005). 빈곤층의 내담자를 위한 직업상담 개입을 계획할 때 상담사들은 내담자들이 교육적으로 성취하고 진로개발 기술을 습득하며 재활 서비스에 참여할 수 있도록 도와주어야 한다. 청년들의 교육적으로 성취하도록 돕는 것은 청년들이 나중의 삶에서 빈곤을 피하도록 돕는 것에 필수적이다. 고등학교 졸업장을 받지 못한 젊은 사람들은 취업과 고용유지의 가능성이 더 적다. 예를 들어, 2009년 7월 고등학교 중퇴자의 실업률은 15.4%인 것에 반해, 고졸자의 실업률은 9.4%이었다(U.S. Department of Labor, 2009a). 하지만 청년들이 졸업까지 인내하도록 돕는 것은 여전히 어렵다. 미국 전체 학생의 25%가 넘는 학생과 다양한 소수 집단 출신 학생 중 약 50%가 고등학교를 졸업

하지 못하고 있다(Snyder & Dillow, 2011).

청년들이 고등학교를 졸업하기 위해 기술을 개발하도록 돕는 것에 대한 많은 연구들이 있다(예: Flum & Blustein, 2000). 이러한 연구들에서 연구자들은 교육기술, 직업계획 기술 및 다양한 유형의 교육, 직업 및 개인적 지지들이 학생들의 교육적 노력을 지원하는 데 중요하다고 밝혔다. 예를 들어, 최근에 수행된 7년간의 종단 연구는 주로 낮은 사회 경제적 지위의 다민족 학생들의 고등학교 졸업률을 높이기 위하여 만든 프로그램들을 평가하였다. 이 연구에서는 졸업률이 증가한 학교의 학생 참여자가 그렇지 않은 학교의 학생들과 비교해서 구별되게 갖고 있는 기술들을 확인했다. 졸업한 학생들이 갖고 있는 관련 기술로는 수학 및 읽기, 흥미와 적성탐색, 학업성과 검토, 시간을 현명하게 사용하는 방법 배우기, 대학입시 관련 정보 사용법 익히기, 장학금 및 진로, 고등학교 졸업후의 진로선택에 대해 배우기, 진로계획에 참여하기가 있었다(Mason-Chagil et al., 2011).

또한, 연구결과에 따르면 고등학교 이상의 학업성취는 더 좋은 취업결과와 관련이 있었다(Stoll, 2010). 그러나 빈곤층의 학생들은 고등교육을 받을 재정이 부족하거나 대학 수준의 공부를 위해 학업적으로 준비되지 못할 위험이 있다(Lapan, Turner, & Pierce, in press). 이를 해결하기 위해 대학들은 종종 학업성취도를 높이기 위해 학생들의 학업 능력 향상을 위한 보충과정을 제공한다(Mina, Fulmer, & Smith, 2010). 연구자들은 수학 보충과정을 수강한 학생들은 이 과정을 마치지 않은 학생들과 비교해서 대학을 중퇴하는 수가 적다는 것을 보였다(Bettinger & Long, 2005).

상담사가 성인 노동자들의 빈곤을 개선하는데 도움이 되는 하나의 유용한 방법은 내담자가 진로발달 기술을 익히도록 돕는 것이다. 포괄적인 진로발달 모델의 하나인 진로발달 통합적 맥락모델(ICM; Integrative Contextual Model of Career Development)에서 Lapan(2004)은 다양한 긍정적인 동기와 긍정적인 교육 및 직업적 성과로 이어지는 여섯 가지 기술 세트를 확인했다. 첫 번째 세트는

적절한 노동시장 정보를 얻기 위한 기술을 포함한 진로탐구 기술이다. 특히, 반숙련 직종, 비숙련 직종 또는 아르바이트의 경우 기회가 외부에 공지되지 않을 수 있고 비공식 네트워킹을 통해 그 직업들이 채워질 수 있다(Holzer, 1996). ICM 모델에서 확인 된 다른 기술 세트는 사람-환경 적합성 기술, 목표설정 기술, 사회성, 친사회성, 일 준비 기술, 자기조절 학습 기술 및 사회적 지원의 일관된 활용이다. 이러한 진로발달 기술들은 청년들과 성인 모두의 학교에서 일, 직업에서 직업, 또는 직종에서 직종으로 전환하는 것을 도울 수 있다.

노숙자나 절대 빈곤층으로 살고 있는 사람들에게 제공하는 서비스로는 장애인을 위한 재활 서비스와 공적 및 사설기금으로 운영되는 지역 상담센터를 통해 정신건강 및 사례관리 서비스와 진로계획 기술습득을 위한 도움제공이 있다. 만성적인 노숙자의 경우 미국 전역에서 많은 프로그램이 개발되었으며 일부는 임상적으로 검증받았다. 예를 들어 심한 정신 질환을 앓고 있는 노숙자들을 대상으로 한 프로그램에서 실험집단 참여자의 97%(비교집단 참여자의 67%와 비교)는 직업평가 및 직업선호도에 기반한 직업개발을 포함한 직업서비스를 받았으며, 직업기술 훈련, 통합된 공동체 환경(장애인을 위해 따로 마련한 것이 아닌)의 경쟁적인 고용 상황에서 최소한 최저임금을 지불하는 직업배치받고, 구직을 위한 취업지원을 받았다. 연구결과 실험집단 참여자는 연구기간인 24개월의 동안 대부분 통제집단 참여자보다 경쟁적인 고용에서 안정적이고, 더 많은 시간을 일할 수 있었으며 수입이 더 많았다(Cook et al., 2005). 이 모델은 진로상담이나 재활 서비스를 단독으로 제공하기보다는 여러 전략을 결합하는 것이 빈곤층 사람들의 성공적인 일 성과로 이어질 수 있음을 보여줬다.

결론

이 장에서는 일과 관련된 어려움과 부족한 자원으로 어려움을 경험하는 내담자들의 많은 주제들을 명확하게 했다. 이러한 문제들이 해결된다면

내담자들이 생산성을 획득하고 유지하는 것 모두를 도울 수 있고 만족스러운 고용을 도울 수 있다. 첫 번째로 교육수준이 낮은 문제이다. 고등학교 졸업장을 요구하지 않는 직업은 거의 없으며, 그러한 직업은 일반적으로 최저임금 이상을 지불하지 않는 직업이다. 상담사는 졸업장을 받기 위해 계속해서 애쓰고 있는 고등학교를 중단한 여러 소수민족 공동체의 약 50%의 학생들을 돕는 것에 치중해야 한다. 그러나 고등학교를 마치지 못한 성인이나 교육을 완료할 수 없었던 학생들과의 상담에서 그들이 고등학교로 돌아가는 대신에 할 수 있는 온라인 과정수강, 견습과정 수료, 검정고시(GED)합격이나 인턴십 참여 또는 일을 기반으로 한 학습기회 등과 같은 대안들이 있다. 이런 한 방법으로 상담사들은 직장생활에 어려움을 겪고 있는 성인이 기술을 향상시키도록 장려할 수 있다. 지역사회-진로 파트너십 네트워크안에서 일할 때, 상담사는 내담자의 교육개발을 돕기 위해 내담자들을 이러한 기회들에 의뢰하는 것을 도울 수 있다(Turner & Lapan, 2003).

두 번째 주제는 일 관련 차별이다. 이 장에서 논의 된 바와 같이, 일 관련 어려움을 갖고 있는 사람들은 여러 유형의 차별에 직면하고 있다. 그러나 이러한 차별의 대부분은 주류의 존재방식이나 행동과의 차이 때문이거나 인종, 성별 또는 장애 여부에 따른 것이다. 상담사가 상담회기 중에 차별을 다루는 것은 매우 중요하며, 내담자가 인종차별이나 편견이 그들의 고용과 정신건강에 미치는 영향을 관리하도록 돕는 것은 필수적인 일이다. 상담사는 차별을 경험하는 내담자를 상담할 때 내담자가 차별을 이해하도록 돕고 충분한 정보를 바탕으로 차별의 효과를 상쇄하기 위한 선택을 하도록 돕기 위해 설계된 모델 및 역량강화 모델을 사용해야 한다.

또 다른 주제는 내담자에게 일은 큰 의미가 있으며 상담사는 내담자가 그 의미를 활용할 수 있도록 도와야 한다는 것이다. 이것은 많은 사람들이 직면하는 어려움을 완충시키는 데 도움이 될 수 있다. 일 관련 어려움을 갖고 있는 사람들이 쟁점

으로 삼아야 할 것은 구조적인 문제뿐만 아니라, 그들 환경 때문에 유발되는 스트레스에 대한 심리적인 반응이기도 하다. 상담사는 이러한 내담자들에게 직업 상담을 제공할 때 내담자에게 효과적이고 중요한 서비스를 제공하기 위해 내담자의 일을 개인상담에 진정으로 통합해야 한다. 예를 들어, 상담사는 진로미결정과 지연행동으로 이끄는 진로문제에 대해 갖는 내담자의 두려움이나 불안과 같은 정서적 요소들을 검토하도록 도울 수 있다 (Krumboltz, 1993).

마지막으로 우리의 연구개관에서 우리는 일과 관련된 어려움과 불충분한 자원을 갖고 있는 내담자들을 위한 직업상담 모델과 방법을 평가하기 위한 연구가 부족하다는 것을 알았다. 특정집단(아프리카계 미국인을 대상으로 한 구성주의 상담)을 대상으로 한 상담방법이나 구체적인 모델을 사용할 때의 진로관련 성과를 평가하는 것에는 일부 진전이 있었다. 하지만, 다른 집단(예: 아메리카 원주민)의 성과를 평가하는 연구는 거의 수행되지 않고 있다. 일과 관련된 어려움과 불충분한 자원을 갖고 있는 내담자를 상담하는 상담사의 훈련에 대한 연구도 전무하다. 이러한 두 가지 영역의 연구는 앞으로 필요할 것이다.

논의

일 관련 삶에서 자유의지가 적은 내담자를 상담하는 상담사가 직면 한 가장 복잡한 과제 중 하나는 내담자의 우선적 필요가 구직일 때 내담자들이 진로를 개발하도록 돕는 것이다. 이러한 때 상담사들은 내담자의 구직 동기를 탐색하는 것이 필요하다. 실제로 일을 함으로 이익을 얻는 내담자들의 경우 일을 하는 것이 효과가 있다. 다수가 직업이 없는 공동체에서 소수자인 일을 하는 내담자들에게는 어려움이 있다. 왜냐하면 얻은 수입의 가능한 많은 부분을 그들의 친구, 가족 및 지역 사회를 지원하는데 사용할 수 있기 때문이다. 내담자는 일의 경제적 이익뿐 아니라 일을 함으로써 얻을 엄청난 심리적, 사회적 혜택을 누리고자 노력할 필요

가 있다. 취업함으로써 얻는 이익과 위기 비용을 비교하는 비용 편익분석은 내담자가 일을 하도록 하고 이후의 진로선택을 돕는데 유용할 수 있다.

다음으로, 상담사는 자신이 갖고 있는 진로개념을 다시 생각할 필요가 있다. 진로를 경제적 신분상승의 경로로 보는 전통적인 관념은 유럽계 미국인이 주류인 사회에서 경계선에 위치한 내담자들이 갖는 의미와 맞지 않을 수 있다. 실제로 어떤 내담자들은 가족 및 지역 사회, 또는 개인적 또는 문화적 가치를 개인의 부의 증대를 위해 직업을 추구하는 그 욕구보다 중요시할 수 있다. 상담사는 신분상승으로 이어지는 진로경로를 원하는 내담자들과 다른 유형의 진로경로를 선택하는 내담자들을 포함한 취업하려는 누구에게든 도움이 되는 기술유형을 개발하도록 도와야 한다. 이러한 기술은 거주지역뿐 아니라 다른 지역의 기회에 대해 잘 이해하고 자신의 기술과 흥미가 어떻게 부합하는지 이해하는 것을 포함한다. 일과 관련해서 어려움을 갖고 있는 내담자들을 상담할 때도 그들의 개인적인 선호를 고려해야 한다는 점에서 더 많은 자원을 가진 내담자와 동일한 존엄성을 부여받도록 해야 한다. 사회적으로 지위가 낮은 직업들, 생산직이나 낮은 임금을 받는 초보적인 일에 대해서도 일반적으로 어떤 직업을 우선적으로 추구할 것인지 선택할 수 있다. 그렇지 않은 경우라면, 상담사는 내담자가 다음 기회를 위해 준비하고 계획하도록 도와주면서 내담자가 가능한 직업에 취업할 수 있도록 자신을 마케팅하는 방법을 배우도록 도울 수 있다. 상담사는 또한 일과 관련한 어려움이 있는 내담자를 상담할 때는 중산층 사람들이라면 크게 어렵지 않은 문제로 간주할 신뢰할 수 있는 교통수단을 유지하는 방법, 돈이 거의 없을 때 일하기에 적합한 옷을 살 수 있는 곳이나 좋은 보육시설 찾는 법 등의 문제에 대해 도와주어야 한다. 이러한 종류의 상담에서는 내담자가 목표를 설정하도록 돕는 것뿐 아니라 이러한 목표에 도달하기 위한 전략과 과제를 탐색하고 헌신하도록 돕는 것이 필요할 수 있다. 또한 내담자가 도움(예: 육아협동조합)을 얻을 수 있는 가능성과 어디서 도움을

얻을지에 대한 구체적인 정보를 제공하는 것이 필요할 수 있다.

다음으로 구직활동을 하면서, 상담사는 일과 관련된 어려움을 갖고 있는 내담자가 진로발달 기술과 긍정적인 결과기대 및 안정적인 내적 통제성과 희망을 개발하는 것을 도와야 한다. 직업기술 뿐 아니라 소프트 스킬과 대인관계 기술도 개발되어야 한다. 내담자는 원하는 일자리를 찾을 때 직면할 수 있는 저항을 탐색하고 이러한 저항을 관리하는 방법을 계획하는 것에 대해 도움을 받아야 한다. 또한 내담자는 일과 관련하여 가졌던 자신의 역기능적인 생각을 탐색하는 데 도움을 받아야 한다(예: 아무도 나를 고용하지 않을 것이다, 또는 오늘 내게 일어난 일은 평생동안 내게 일어나는 모든 것을 결정할 것이다). 내담자는 감춰져 있고 예기치 않은 네트워킹 자원과 지원을 찾는 것에 도움 받아야 한다. 이들은 직업 관련 지지 지원이 아닐 수 있다. 이들은 공동체 자원, 가족자원 또는 전문가협회의 멘토일 수 있다.

내담자는 긍정적인 자존감(예: 자신에 대한 긍정적인 견해 및 사람으로서의 가치)을 개발시키는 것에 도움을 받아야한다. 내담자는 자신의 상황이나 다른 사람들이 자신을 보는 것과 관계없이 자신이 누구인지와 자신의 인간적 가치를 이해하는 것에 도움을 받아야 한다. 내담자의 핵심 자아를 이해하는 것은 내담자가 통제할 수 없어 보이는 일들로 낙담하는 것을 방지하고 내담자가 그들의 목표에 집중할 수 있게 도울 수 있다. 여기서 핵심자아는 자신이 잘하고 있는 것이 궁극에는 자신의 목표달성을 이루게 할 것이라는 희망과 신념을 갖고 자신의 특별한 능력과 재능에 대해 현실적으로 평가하는 것을 바탕으로 한 것이다.

마지막으로, 상담사는 권리를 박탈당해 온 사람들이 일의 기회를 갖고 경제발전을 이룰 수 있도록 강력한 지지자들이 되어야 한다. 상담사는 고용주가 다양한 문화권의 노동자들과 의사소통하는 방법을 배우는 것을 돕고 고용주들과 장애인을 위한 주정부 지원 고용 서비스를 이용하는 방법에 대한 정보를 공유하며, 일 기술 발달의 초기단계에 있는 사람들을 위한 초급 및 시간제 아르바이트 일자리를 찾기 위해 고용주들과 네트워크를 구축하는 활동에 참여할 수 있다. 이와 함께 일과 관련된 어려움을 경험하는 사람들을 포함한 모든 사람들이 동등한 기회를 가질 수 있도록 상담사는 보다 큰 사회변화를 촉진하는 활동에 계속 참여해야 한다.

향후 방향

전통적인 직업상담은 공평, 기회 및 자원을 전제로 하고 있다. 이 장에서 논의된 바와 같이, 미국에는 이러한 가정과 맞지 않는 많고 많은 사람들이 있다. 어떤 유형의 진로상담이든지 상담은 다양한 사회 문화적 집단의 사람들이 경험하는 장벽뿐 아니라 특정 지역사회와 개인내담자를 통해 제공되는 강점에 대한 이해를 기반으로 해야 한다. 일과 관련해서 어려움을 겪고 있고 불충분한 자원을 가진 내담자를 효과적으로 상담하기 위해서는 관점의 전환이 필요하다.

다음의 질문들은 이러한 측면에서 향후 방향을 고려하기 위해 제시되었다.

1. 상담사가 내담자의 문화적 맥락에서 그들에게 필요한 서비스가 무엇인지 알 정도로 충분히 문화적 가치를 배우려면 어떻게 해야 하나?

2. 어떤 사전-사후 연구를 설계해야 우리의 상담이 일과 관련해서 어려움을 겪고 불충분한 자원을 가진 내담자에게 가장 효과적인 방법이라는 것을 알릴 수 있는가?

3. 우리는 일과 관련해서 어려움을 겪는 내담자를 상담할 때, 어떻게 표준 직업평가 방법을 가장 잘 사용할 수 있는가?

4. 우리는 어느 시점에서 내담자에게 자신의 문화적 가치 체계에서 계속 작동하기보다 일 문화를 받아들일 것을 권장하는가?

5. 우리는 일과 관련해서 어려움을 겪고 있는 내담자에게 최선의 서비스를 제공하기 위해 어떻게 하면 다문화 이론, 연구 및 모델에 대한 우리의 지식을 가장 잘 활용할 수 있는가?

15장　심리치료와 일의 심리학의 치료 실제에의 통합

앤더슨 프랭클린, 메리 베스 메드비데(Anderson J. Franklin and Mary Beth Medvide)

초록

심리치료와 진로상담은 전통적으로 두 개의 서로 배타적인 호소문제를 갖고 있는 내담자를 상담하는 별개의 것으로 취급되어왔다. 정신역동 이론의 지배적인 도그마는 보다 넓은 사회적 맥락을 희생하여 개인의 내면세계와 초기경험이 탐색을 위해 풍부한 영역을 제공하는 치료적 만남을 만들어왔다. 사회적 맥락에서 놓친 부분은 최적의 기능에 고유한 기여를 하는 일의 경험이다. 전통적인 진로이론은 자주적인 사람에 대한 최적의 기능을 정의할 때, 다양한 수준의 특권을 가진 사람들의 삶은 대체로 간과한 채, 상당한 자유의지를 가진 사람으로 정의했다. 새롭게 등장하는 관계적 접근은 개인을 상호의존적인 존재로 재정의하고, 진로성취보다는 더 확장되고 포괄적인 일 활동에 초점을 둔 관점을 개발하였다. 이러한 새로운 진로 패러다임은 일을 관계의 집합체 안에서 자리잡게 하여 심리치료와 진로상담을 통합하기 위한 논의의 초석을 마련했다. 현재 어떻게 전통적인 심리치료 이론에 직업과 관련된 기술들을 통합시킬 것인가에 대한 연구들이 증가하고 있기는 하지만, 이론적인 통합은 아직 검증되지 않았다. 이번 장에서는 이러한 이론검증과 통합된 상담관점의 효용들을 보여주는 사례연구를 보여줄 것이다.

주요어

상담, 진로발달, 심리치료, 일(일에 대한 태도)

서론

이번 장에서는 우리의 심리치료 이론들과 그에 따른 실제가 상담사와 연구자들이 일의 의미, 일의 맥락의 중요성, 일의 경험들이 인간의 삶을 어떻게 형성하는가를 제대로 이해하는 것을 어떻게 제한했고 결과적으로 기존의 상담과 심리치료 실제에 직업 문제를 보다 잘 통합하는 것을 어렵게 했는 지를 보여줄 것이다. 또한, 이 장의 논의를 통해 사람들의 여러 다른 삶의 영역들이(예: 관계) 그러하듯이 성, 인종, 문화, 사회경제적 지위가 어떻게 일 경험과 맥락에 대한 이해의 복잡성을 증가시키는지를 더 잘 알게 될 것이다. 이 장의 목표는 또한 심리치료사들과 상담사들이 내담자의 일 관련 주제들을 치료적 사례개념화와 실제에 통합하도록 하여 확장된 인식과 지식 및 향상된 기술을 통해

보다 효과적이고 유능한 상담자가 되도록 촉진하는 것이다.

상담과 심리치료의 실제에 일과 관련된 주제를 통합하는 것의 적절성

심리치료 이론의 정립에서 일이 간과되거나 주변요소로 다뤄졌다면, 일의 의미와 중요성 및 일의 다양한 맥락적 요소들이 심리치료의 실제에 충분히 포함하지 못했을 것이라 생각하는 것은 합리적이다. 따라서, 일의 심리학 관점(Blustein, 2006)에 따르면 일 관련 주제들과 사람들의 삶에서의 일은 상담의 실제와 심리치료에서의 우리의 개념적 접근, 진단과 개입들과 통합되어야 한다. 왜냐하면, 일과 관련된 주제들과 일의 유용성은 모든 개인이 삶을 살아가고 생존하기 위해서 하는 일상적인 기능에 기본이 되는 공통된 경험이기 되기 때문이다(Blustein, 2006; Richardson, 1993, 2012). 근본적으로, 개인의 심리적 안녕(well-being)과 전반적인 정신건강은 타인과 또는 사회와의 관계안에 중첩되어 있기 때문에, 직접적으로 또는 간접적으로 일과 관련이 있다(Richardson, 2012). 이러한 주장을 통해 우리는 일을 이해할 때, 일이란 개인이 종사하는 것일 뿐 아니라 가족과 공동체에서 중요한 타인들이 함께 구성하는 포괄적인 심리적인 환경이기도 하다는 것을 이해하도록 돕는다. 중요한 타인들의 일의 경험 역시 우리들에게 영향을 준다. 따라서, 일은 매우 포괄적인 것이며, 다면적이면서 개별적인 구인으로 경험의 주관성과 현실의 객관성이 결합된 것이다. 또한 일은 우리가 만든 것, 얻는 것, 그것으로부터 성취한 것으로 채워진 사회적 구성(social construction)이다. 우리의 일의 경험은 우리가 생애주기에 걸쳐 갖게 되는 다양한 역할의 산물이다(Blustein, 2006). 다양한 맥락(예: 사회, 경제, 정치, 공공의 정책 등)이 일을 구성한다. 일과 진로발달은 생애주기를 거쳐 진화하지만(Savickas, 2005; Super, 1957), 여기에는 여러 결정요인들이 있다. 전체 논의를 충분히 이해하고 연구자 및 실무자의 입장을 공평하게 대변하기 위해서 우리는 다양한

집단(예: 백인 중산층 이외의 빈곤층 및 다른 인종, 민족과 성별 집단들)이 이론정립, 연구대상 선정, 개발된 진로 및 직업상담의 실제에서 소외되어 왔다는 점을 명심해야 한다.

개인 일의 심리역사가 각 개인의 생애주기와 얽혀서 진화하는데도 불구하고 상담사나 심리치료사는 실제 치료적 개입에서는 그 가치를 충분히 인정하지 않았다(Blustein, 2011). 상담사와 심리치료사들은 너무나 자주 내담자의 일의 중요성을 제대로 취급하지 않는데, 이는 자신들의 이론적 지향과 그에 따른 사례개념화의 실제와 일치하지 않기 때문이다. 어떤 점에서는 설명의 틀로서 많은 이론들의 초점이 개인의 다른 형성요소들(구성요소들)이기 때문이기도 한데, 이러한 요소들이 종종 더 중요하게 고려된다. 예를 들어, 개인에게 일의 역할과 중요성이 우리의 많은 심리치료와 발달이론들에서 필수적인 부모-자녀 상호작용의 중요성을 이론화할 때 명시적이거나 잠재적인 행동의 주요 구조요인으로 고려되는 경우는 드물다. 그러므로 심리치료에서 이뤄지는 우리의 인간행동에 대한 해석과 공식의 얼마나 많은 부분이 우리의 상담관점의 바탕이 되는 특정 이론적 도그마에 의해 인도되는가를 잘 알아차리는 것이 중요하다. 결과적으로, 우리는 사회정의, 비판적 의식, 역량강화, 관계중심 등의 여러 새롭게 등장하는 일의 심리학 관점들을 더 많이 포함하도록 옹호하면서, 이 분야에서 지속적으로 만연한 실제의 현실과 정당한 변화를 방해하는 현실을 염두에 두려 한다(Blustein, 2006; Richardson, 2012; Schultheiss, 2003). 다시 말하면, 지배적인 도그마는 사회문화적 환경에 맞게 조정할 수 있는 렌즈를 제공하지 않은 채 개인의 상황에 초점을 맞추도록 하기 때문에, 이를 바탕으로 추론을 하는 것은 위험한 일이다. 이는 또한 사례개념화와 치료 노력에 영향을 미치는 사회정의 원칙을 간과하도록 이끌 수 있다. 하지만 일의 심리학의 메타관점은 정신역동 실제 및 다른 이론적 패러다임의 의도를 존중하면서 인간행동을 이해하기 위해 사용할 수 있는 틀과 같이 통합을 이루기 위해 필요한 개념적 도구를 제공한다. 일단은 먼저

심리치료와 상담의 실제에 일의 심리학을 통합할 때의 몇몇 장벽을 탐색하도록 하겠다.

통합에 대한 장벽: 이론적 도그마에 의해 만들어진 개념적 상자

상담과 심리치료의 실제는 이론과 사람들의 삶을 개념화를 통해 설명하려는 것에 매여 있다. 우리가 사람들과 상담에서 알아차림과 지식 및 기술을 장려하더라도 우리의 지향이 기존의 이론적 사고에 제한되어 있다면 이를 사용한 적용도 그럴 것이다. 현재의 진로 및 직업이론가들은 우리의 이론과 실제가 보다 포괄적이며 서비스 제공자의 사고와 실천이 다양한 사람들, 경험, 동기 및 맥락에 빠른 반응을 보이며 변화해야한다고 주장해왔다 (Blustein, 2006; Richardson, 2012; Schultheiss, 2003). 상담사이고 심리치료사인 우리에게 사람들이 간과되거나 무시되어서는 안되는 일련의 인간경험을 명백하게 알려주는 것이다.

발달에 대한 과거 진로상담 이론과 심리치료의 이론화에는 일반적으로 생물학적 관점을 활용하거나 개념적 병인으로 유기적 관점을 사용하였다 (Richardson, 2012). 예를 들어, 프로이트나 피아제와 같은 많은 전통적인 심리치료이론과 발달이론들은 그들의 개념화에서 근본적으로 유기체적인 단계기반 발달 프래임을 만들어냈다. 이상적인 발달이라는 것은 원시(유아) 단계에서 보다 성숙한(성인) 단계로 넘어가는 것을 의미했다. 그럼에도 불구하고, 이론이 단계발달이든, 성격구조와 기능이든, 또는 사람들의 삶의 맥락에 대한 것이든지 각 이론은 해당 이론가와 경험한 특정집단과의 작업을 바탕으로 발전했다는 원칙을 갖고 있다(Fall, Holden, & Marquis, 2010).

우리의 이론이 현실을 얼마나 잘 설명하는가는 우리의 임상표본의 경험에 의해 제한될 수밖에 없다. 게다가 우리가 연구하는 대부분의 행동 및 심리현상의 복잡성과 방대함은 이론가인 우리가 종종 부족하고 간략한 설명을 할 수밖에 없게 한다. 이러한 현실과 복잡성 포착에서의 우리의 한계를 감안할 때, 우리의 이해에는 대표성이 부족하게 되고, 선의를 갖고 하는 일이지만 결국에는 우리가 이해하고자 하는 것들에 대해 부적절한 설명을 내놓게 된다. 결과적으로 이론 구축과 이론 자체는 맥락적이기 때문에 이론으로부터 나오는 적용들도 그러하다는 것이다. 상담사와 심리치료사인 우리는 상담실에서 이러한 인간경험의 복잡성과 마주할 때, 전문적인 안전지대에서 편의에 의한 이론적 프로토콜이 제시하는 간략한 설명과 실제에 의지하게 된다. 이러한 안전지대는 일종의 상자를 만들게 되는데 그 상자는 이론적 도그마로 둘러싸여있고 기존의 전문성과 실제의 편안함들로 꾸며져 있다. 우리가 내담자와 환자에게 상담이나 심리치료를 받도록 초대하는 것이 바로 이 상자 안에서 이뤄지는 것이다. 그러나 이러한 상황에 대해서 상담사나 심리치료사를 과도하게 비난하기 전에 우리가 어쩌다가 이러한 상황을 맞게 되었는지 상담사와 심리치료사의 진로여정을 간략하게 살펴보고자 한다. 상담사와 심리치료사의 훈련을 이해하는 것은 포괄적인 직업심리학의 옹호자인 우리로 하여금 다른 관점에 대한 수용가능성, 그에 대한 저항과 상담계 전체를 바꾸는게 아니더라도 사고를 전환하게 할 가능성을 더 잘 가늠하게 한다.

상담사와 심리치료사들이 받는 일의 생활 관련 훈련의 현실

따라서 우리 앞에 다음의 중요한 질문이 놓여 있다: 우리가 받은 심리치료 이론에 대한 훈련은 세상에서 일하기 위한 준비 경험과 관계로 인간의 발달(출생부터 사망까지)을 이해하도록 우리를 얼마나 잘 준비시키는가? 우리의 훈련교과나 실습경험들을 점검해볼 때, 별로 그렇지 않다. 훨씬 많이 강조가 되는 부분은 가족 및 다른 관계적 맥락에서의 인간발달에 대한 우리의 이해이다. 심리치료의 실제에서 우리에게 진정으로 필요한 것이 무엇인지를 살펴본다면, 왜 상담 실제에서 일 관련 주제들이 우리의 심리적 사고의 중심이 아닌지에 대한 많은 분명한 설명들이 있다. 한 가지 명백한 이유는 상담사, 심리치료사 및 복지서비스 제공자로서의 우리의 훈련, 수퍼비전 및 근무환경에서 찾을 수 있다. 우리의 박사전(predoctoral)과 박사후(postdoctoral) 훈련 모두와 보수교육은 보통 이론적 지향과 그와 관련된 개입기술로 요약된다. 상담 및 심리치료의 역량은 가장 일반적으로 환자와의 상담과 수퍼비전 경험을 통해 얻어지는 것으로, 이는 특정 이론적 관점에 따르게 되어 있다. 훈련 중에 학생(훈련에서 전수되는 신념의 기능으로)의 역량 발달에서 이론적 모델을 이해하고 사용(즉, 불가피하게 환자를 여기에 맞추어)하는 방법을 배우도록 격려받는다. 이는 학생들에게 이론가들이 연구하고 이론을 구축하는 과정과 같이 어떻게 하면 환자의 삶의 이야기를 사용하여 통찰과 개입을 사용하여 이론을 정립해나갈지를 가르치는 것보다 훨씬 많이 강조된다. 진정으로 유능한 심리치료사가 되기 위해서는 대학원 졸업 이후의 여러 해에 걸쳐 기술을 숙련하는 것이 필요하지만, 궁극적으로는 그저(그리고 흔히 수퍼비전을 받지 않은) 폭넓은 환자와의 임상경험을 통해 이뤄진다. 이것이 보통 전문적인 독립성을 얻는 방법이다. 그럼에도 불구하고, 우리가 훈련을 통해서 얻은 이론적 지향은 종종 우리의 전문상담 경력이 쌓이는 동안 깊이 자리잡게 되며 아마도 우리의 진로 동안 새로운 전문적인 흥미의 출현과 경험을 통해 수정되겠지만, 많은 경우 우리가 처음에 배운 것에 계속 뿌리를 두게 된다. 따라서 일의 심리학 관점을 심리치료의 주요 이론에 따르는 기존의 상담에 결합하는 것은 우리가 경력을 쌓는 동안 내재화하고 포용한 지속적인 인간발달 모델에 대한 우리의 충성도에 의해 제한되고 도전받는다. 우리는 이러한 모델들을 이해하고자 해야 하지만, 이 때문에 습관화를 이해나 유능감으로 오해해서는 안되는데, 습관화가 새로운 이론적 가능성을 탐색하거나 사고의 폭을 넓히는 것을 주저하게 만들기 때문이다.

일의 심리학을 훈련하는 것은 또한 전문가 자격과 면허에 필요한 다양한 영역을 교육하는 훈련 프로그램의 목적과 다양한 목표에 따라서 결정된다. 훈련 프로그램에 진로상담이나 직업재활의 사

명이 있지 않는 한, 생애주기에서 일 관련 문제의 영향에 대한 어떠한 이론지향도 접할 기회가 매우 적을(예: 한 과목) 것이다. 어떻게 훈련 교과과정의 우선순위가 정해지는가를 고려할 때 생애주기에 거쳐 중요한 발달을 형성하는 행동으로서의 일의 개념화는 상담사의 전문기술 발달에서 상담사의 이론이나 실제(연구는 더욱 적고)의 접근에서 중요한 부분이 아닌 것은 당연한 일이다(Robitsche k& DeBell, 2002). 그래서 상담분야에서 일의 심리학의 더 큰 포용 또는 재통합을 지지하는 사람들의 우려와 주장이 더 큰 포용을 위한 싸움이 너무나 압도적인 힘겨운 전투가 아니라면 대단히 유익한 것이다(Blustein, Medvide, & Kozan, 2012). 이를 위해 포용의 전략에 대한 훈련이 필요할 것이다. 우리는 훈련은 전문화의 하수인이며 이론에 대한 훈련은 역량과 전문적 정체성을 달성하는 데 필수적임을 인식해야한다. 우리의 훈련이 어떻게 전문화되는지 몇 가지 예를 살펴보고자 한다.

전통적인 심리치료 이론 및 실제를 통한 전문화

언급한 바와 같이, 전통적인 심리치료 이론은 심리내적 행동의 설명모델에서 노동생활을 필수로 하지 않았다. 심리치료 이론에서 인간의 발달을 개념화 할 때, 특히 어머니와 함께 내면세계를 발달시키는 유아기의 상호작용에 중점을 두었다. 덧붙이자면, 이는 심리치료 이론 구축에서 아동발달과 심리내적 구조화에 미치는 아버지의 영향을 더 적게 나타냄으로 이론의 또 다른 한계가 강조된다. 그럼에도 불구하고 많은 전통적인 이론은 이론 지지자나 치료자에게 부적응행동이나 병리를 생애 초기에 획득한 역기능적 행동의 징후로 보도록 이끈다. 전통적인 이론들은 역기능적 행동의 원인을 밝혀내기 위해 다음과 같은 적절한 심리치료 과정과 경로에 대한 분명한 경계와 지침을 갖고 있다. 이는 노동을 이론적 틀이나 개입전략에 포함시키는 것에 장애가 될 수 있다. 왜냐하면 하나의 전통적 심리치료 이론 지향에 따라 훈련받는다는 것은 이론의 신성한 원리에 따르기 위해 다른 관점에

대해서는 눈을 가리게 하기 때문이다. 전통적인 심리치료 이론과 지향에 대한 간략한 검토를 통해 포괄적 심리학의 실제를 옹호하는 것에 대한 이 같은 딜레마를 더 밝혀보고자 한다.

정신역동 지향

예를 들어, 전통적인 정신분석 인식론은 주요 형성 인자로서 아동의 생물학적 원시 본능의 개념화에 근간을 둔다. 이는 정신을 형성하고 공고히하는 초기의 부모-자녀(어머니에게 더 중점을 둔)관계에서 원시적 본능을 충족하는 경험(즉, "쾌락 원칙"에 의해)을 하거나 생물학적 충동인, 리비도에 대한 통제권을 얻는 경험을 말한다. 이러한 초기단계에서 확립되고 발달된 심리의 지형은 사람이 자신과 다른 사람들과의 상호작용을 처리하고, 해석하고 내면화하는 지속적인 방식인 개인의 방어기제(예: 억압, 공상, 치환, 투사, 승화)와 함께 심리내적 구조와 기능(즉, 원초아, 자아, 초자아; 의식 전의식, 무의식)을 결정한다(Fallet al., 2010).

코헛을 따르는(Kohutian) 자기 심리학자들과 같이 다른 개념화에서는 개인의 심리내적 기능을 돕는 주관적인 경험에서 시작되는 "자기 대상들"(주로 사람들) 또는 유아기 및 초기 아동기의 타인들과의 관계 경험 안에서 성장한 자아 또는 자기 자신에 대한 이해를 추구한다. 이는 공감적 조율(emphatic attunement), 반사(mirroring), 이상화(idealization), 쌍둥이관계(twinship), 자기가 개발한 공감적 실패로 촉진되는 통합경험과 자기대상들과의 상호작용에 의해서 이뤄진다. 많은 다른 정신역동 관점뿐 아니라 이러한 자기 심리학 관점에서 나온 해석들은 궁극적으로 초기 부모-자녀 관계를 심리적 기능을 형성하는 맥락적 역동의 근원으로 의지하고 있다(Fall et al., 2010).

환자나 분석대상자와 상호작용하지 않도록 훈련받은 전통적인 분석가는 분석과정에서 임상 과정으로 정의되는 전략적 해석을 가끔 사용하기도 한다. 이는 분석가의 부적절한 해석에 의해 방해받지 않고 환자의 통찰이 치료적 과정을 이끌어갈 수 있도록 하기 위함이다. Sandor Ferenczi와 Otto Rank(1988)는 정신분석의 발전과 형성과정에 대해 비판적으로 회고했다.

분석가는 여러 번에 걸쳐 나타나는 환자의 거의 모든 표현을 항상 고려해야 하지만, 그의 가장 주요한 관심은 현재의 반응이어야 한다. 오직 이러한 관점만이 기억해내려는 반복적인 시도를 성공으로 이끌 수 있다. 이 과정에서 미래에는 거의 관심을 기울일 필요가 없다. 자신의 과거와 현재의 정신적 어려움을 충분히 깨달은 사람은 자기 자신에게 미래를 평온하게 맡길 수 있다. 역사적, 문화적, 계통 발생론적 유추는 대부분 분석에서 논의될 필요가 없다. 환자는 이러한 초기에 좀처럼 전념하지 않으며, 분석가는 극히 드물게 전념한다.(p.31)

그러므로 Ferenczi와 Rank(1988)의 관점에서는 일의 심리학을 포용하는 것이 어려운데, 왜냐하면 심리내적 개념화에서 만큼이나 분석의 과정에서도 인간의 삶에서 노동에 초점을 두는 것을 허용하지 않는 기존의 정신역동 이론의 원리 때문이다. 이와는 대조적으로 Axelrod(1999)는 성인 자기의 중요한 결정요소이자 성격의 기능으로서 노동 행동들을 해석하는 분석가의 가치를 인정했다. 그는 불만족스러운 일 경험을 근본적으로는 정신병리와 주로 연결지어 개념화했는데, 이는 분석가가 분석대상자의 대인관계 어려움을 다룰 때와 같은 방식을 사용하는 것이다. Axelrod는 일이 성인에게 있어 중요한 발달과제라고 믿었지만, 정신역동 도그마에 충실한 그의 개념화는 더 큰 맥락을 희생하면서 개인에 집중되어 있었다. Blustein(2006)은 Axelrod(1999)의 기여가 일의 중요성을 재구성하는 데 유익하기는 하지만, 이러한 생각의 중요성은 진로 성취에만 초점을 둔 배타성으로 인해 제한되었다고 지적했다.

근본적으로, 정신역동 이론과 관계심리치료 이론은 개인의 내면세계와 맥락적 전경에서 다른 사람들과의 관계적 상호작용에 대한 개념화를 상당히 강조한다(Blustein, 2006). 일련의 다른 타당한 영향력 있는 상황과 환경(예: 주요 형성맥락으로서 세계경제 및 공공정책)은 기존의 이론과 이와 관련된 치료 실제에서는 배경으로 물러난 결정변인이 된다. 따라서 상담자와 내담자의 비판적 의식과 사회정의 당위성은 강조되거나 적절하다고 촉진된 적이 없기 때문에 훨씬 더 기존의 이론에 통합되지 않았다.

근거기반의 심리적 실제 및 포괄적인 실행

근거기반 심리적 실천(Evidence-based psychological practices: EBPPs)과 경험적으로 지지되는 치료(empirically supported therapies: ESTs)는 심리학 공동체 내에서 윤리적이고 유효한 치료지침을 마련하려는 시도를 보여준다. EST를 향한 움직임은 1995년에 시작되었는데, 이는 신뢰로운 경험적 연구로부터 표준화된 치료법을 찾기 위해 생의학 패러다임을 기반으로 한 미국 심리학 학회(APA)의 노력을 통해서이다. 이후에 APA(2006)는 엄격한 생물학적 모델에서 벗어나 사회 및 문화적 과정에 더 큰 관심을 쏟은 EBPP를 제안하였다(LaRoche& Christopher, 2009). 안타깝게도, 두 접근 모두 일의 심리학을 중심으로 한 통합적인 접근에 도움이 되는 일과 개인 영역의 상호연관성에 대한 가치, 신념이나 가정으로 뒷받침되지는 못했다. 다음은 최소의 몇 가지 요소들의 기능이다. (1) EST는 학습, 강화, 행동습득에 관한 이론(경험적 연구)과 연결된 실제 외에는 그것의 관점을 이끄는 근본이론 자체에 대한 어려움이 있다. EST는 말할 것도 없고 EBPP의 이론 기반 영역에서 일의 심리학에 대한 이해는 중심이 아니다. (2) EST는 정신질환의 진단 및 통계편람, 제4판(DSM-IV, American Psychiatric Association, 1994)의 진단범주 내에서 흔히 나타나는 정신장애에 대한 심리적 치료를 목표로 한다. 특정장애와 관련된 개인에게 나타나는 인지와 행동을 재구성하고 증상을 완화하는 것이 보통 그 초점이 된다. 역기능적인 행동이 특정 치료적 개입을 위한 노동환경과 연결되어 있지 않는 한 일의 심리학의 더 넓은 개념화는 이러한 실제와 관련이 없다. (3) EST 상담은 매뉴얼화되어 있는 경우가 더 많기 때문에, 장애와 관련된 행동을 교정하기

위해 그에 맞게 처방된 정확하게 계획되고 제한된 심리치료 지침으로(APA, 2006; Barlow, 2004), 포괄적인 직업심리학의 목표와는 더 거리가 있다. 결과적으로, 비판적 의식이나 사회정의에 관한 폭 넓은 관심을 갖고 있는 일의 심리학 관점의 확장은 EBPPs의 현재의 초점과 관계가 적다.

EBPPs는 일반적인 연구결과와 임상적으로 지지된 접근과 그 하위에 포함된 구체적인 근거를 바탕으로 한 상담실제에서의 개입을 신뢰하기를 주장한다. 높아지는 EBPP의 표준은 상담자의 전통적인 훈련에 대한 새로운 도전을 제시한다. EBPP를 지지하는 사람들은 개인적응, 자기발견 및 진로의사결정(Barlow, 2004)과 같은 상담 분야에 대한 기존의 심리치료 실천의 유용성을 어느 정도 인정하고 새로운 중요기준이 된 EBPPs에 이의를 제기하는 심리치료자와의 논쟁을 할 의향이 있기는 하다(Westen, Novotny, & Thompson-Brenner, 2004). 하지만 그들은 이 어려운 논의에서 일의 심리학을 중요한 심리적 영역으로 포함하지 않았다.

요약

이상에서 간략하게 논의된 기존의 이론들 중 하나를 지지하는 사람들 중에서도 자신의 특정 지향이 갖고 있는 지나치게 단순하고 경직된 관점에 대항하여 논쟁하고자 하는 사람이 분명이 있을 것이다. 기존 이론들의 학파 내에 예외적으로 일의 심리학 관점에서 요구하는 포용의 정도에 가까운 개념과 실제가 존재한다는 것을 부정하거나 잘못된 사실을 말하려는 의도는 없다. 기존의 심리치료 이론 학파에서 나온 많은 다른 이념적 진영들은 실제뿐 아니라 신념에서도 다양성을 보여 왔다(Fall et al., 2010). 일부는 자신 학파의 심리치료의 실제와 이론적 개념에는 일과 관련된 주제들이 다른 학파들보다 더 수용적으로 포함되어 있다고 정당하게 주장할 수 있다. 앞서 언급했듯이, Axelrod(1999)는 생산적이고 만족스러운 노동생활이 최적의 기능을 수행하기 위한 근간이라고 주장하는 정신분석 이론가로서 주목할 만한 예외적인 사람이다. 그럼에도 불구하고, 여기에 논쟁이 되는 부분

은 기존의 전문가훈련에 갇혀 있는 평균의 훈련된 상담사나 심리치료사가 상담의 실제에 일의 심리학을 포함시킬 가능성이 얼마큼인가이다. 대다수의 훈련생들에게 있어 전통적인 심리치료 이론과 이에 수반하는 실제는 노동맥락에 대한 관심을 전혀 두지 않고 강조되고 가치를 인정받는다. 언급했듯이, 근거기반 치료 및 실제의 발전조차도 환자의 삶에서 일과 관련된 문제의 깊이와 폭에 대한 충분한 신뢰성을 제공하지 못한다(아마도 일 관련 불안 또는 공포를 치료하는 것은 예외이다). 그렇더라도, 이러한 어려움이 일의 심리학의 관점을 포용하는 포괄적인 심리적 실제를 채택하고 개념을 확장하려는 노력을 막지 않는다. 또한 긍정적인 삶의 질이라는 성과를 만드는 일의 생활에 장애가 되는 불공평함과 기타 사회의 불의한 행동들에 맞서 싸우는 다른 사람들과 자신의 역량과 비판적 의식이라는 더 고귀한 요소를 향한 지지를 약화시키지 않는다.

Blustein(2008)은 사람들의 삶에서 일에 필수적으로 포함되는 인간의 세 가지 필요요소를 제시했다: 생존, 관계, 자기결정성. 이들은 전 세계적인 인간 경험과 사람들의 욕구 충족을 위한 노력으로 수많은 삶의 맥락을 구성하는 방대하고 다양한 형태의 경험을 나타낸다. 전통적인 심리치료 이론과 마찬가지로, 진로 및 직업상담 분야의 이론들은 국가 및 세계 인구 다양성을 고려할 때 사람들의 삶에 영향을 미치는 일 관련 문제의 범위를 적절하게 대표하기 어렵다는 그들 스스로 한계로 어려움을 겪어 왔다.

진로발달 이론에서의 포용의 어려움

백여년 간 진로발달은 직업선택부터 전 생애에 걸친 진로의 연구로 발전했고 가장 최근에는 사람들의 삶에서의 일은 학계와 사회에서의 역동적인 변화를 반영하는 궤적을 보여준다(Blustein, 2011; Richardson, 2012). 학술적 관점에서 이러한 변화의 범위는 기존이론의 확장과 개정에서부터 분야를 움직이는 기본개념을 근본적으로 다시 생각하는

패러다임 변화까지 이르고 있다. 패러다임 변화의 등장은 개인과 상담과정에 대한 실증주의적 가정에서 벗어나 사회구성주의적 틀과 주관성 및 여러 진리들에 기초하여 세워진 새로운 이론적 관점을 향해 나아가게 했다(Blustein, 2011). 결과적으로 학계의 새로운 프로그램은 관계적 맥락에서 사람들의 일의 결정에 초점을 두고 충만하고 의미있는 일 생활을 저해하는 사회적으로 구성된 장벽들에 관심을 둠으로써 더 정치적인 고려를 함에 따라 보다 포괄적이 되었다.

전통적인 진로발달 패러다임

20세기 초반과 중반의 심리치료 이론들과 마찬가지로 진로발달 이론은 객관성, 중립성, 경험주의를 강조하는 논리적 실증주의와 후기 실증주의의 기둥 위에 세워졌다(Richardson, 1993). 20세기의 진로발달 이론은 또한 사회에서 상당한 특권을 가진 집단에 대해 더욱 집중했고, 백인 상류층과 중산층의 문화적 가치와 그들의 거친 개인주의(rugged individualism) 정신에 대한 지지를 반영하기 시작했다(Richardson, 1993, 2012). 심리치료 이론과 마찬가지로, 진로발달 이론과 평가는 이론, 연구 및 실제의 성장을 위한 촉매제 역할을 한 세계 대전과 같은 맥락적 상황에 대응하여 개발되었다. 따라서, 심리치료와 진로발달 이론 두 가지 모두에서의 이론적 진보는 전체적인 사회와 개인 내의 최적 기능의 특성을 정의하는 코호트효과(cohort effects)와 맥락으로 특징지어질 수 있다.

진로발달의 시작은 Frank Parsons과 20세기로 접어든 보스톤의 직업지도국 설립으로 거슬러 올라갈 수 있다. Parsons의 기관은 최근 신 유럽이민자들에게 훈련과 교육을 제공하였다(Hartung & Blustein, 2002). 이러한 사회에서 가장 취약하고 권리를 박탈당한 구성원들의 노동인구에게 초점을 두는 것은 사회와 직업적인 개입과 평가에 대한 필요가 제 1차 세계 대전 이후부터 시작되어 제2차 세계 대전까지 지속되었고, 1960년대의 "우주 경쟁"으로 진화함에 따라 줄어들었다(Blustein, 2006). Parsons의 뒤를 이은 초기 직업심리학자들은 제1

차 세계 대전 이후 수년간 그들에게 부여된 요구에 응했다. 이 이론가들은 개인의 성격특성과 직장의 성격을 짝지을 필요성이 증가함에 따라 특성-요인 접근(나중에 개인-환경 적합 모델로 재 명명된)을 고안했다. 이러한 접근의 목표는 적응적인 진로선택과 개인과 일 환경 간의 최적의 조합을 통해 만족스럽고 생산적인 일 생활을 할 가능성을 높이는 것이었다(Hartung & Blustein, 2002). 이러한 이론들은 제2차 세계 대전을 통해 계속해서 추진력을 얻었고, 일반적으로 합리적이고 자율적인 개인의 의사결정을 특징으로 하는 고립된 활동으로 일을 개념화하고 선택에 영향을 미치는 문맥적 요인들을 훨씬 적게 다루었다(Blustein, 2006).

20 세기 중반에 Donald Super(1957)는 진로발달 이론으로 생애공간, 생애주기 이론을 개발하였는데, 이는 아동기에 시작해서 노년기까지 확장한 발달 단계와 진로선택을 지속적인 삶의 경험으로 개념화한 것인데, 개인-환경 적합성 모델의 한계를 넘어서는 급진적인 출발로 기록되었다(Blustein, 2006). Super(1980)의 후기업적은 또한 다양한 삶의 역할 개념을 소개한 것인데, 진로는 기능의 한 영역을 나타내며, 삶의 다른 영역을 강화하거나 약화시킬 수 있는 자아실현을 위한 한 영역이라고 하였다. 이것은 관계적 맥락에서 진로에 관한 이론을 구축하는 중요한 전조가 되었는데, 왜냐하면 Super는 일을 개인에게 영향을 주는 매트릭스 안에서 인정했기 때문이다. Super(1957) 이론의 의도하지 않은 효과 중 하나는 소외된 집단(marginalized groups)에 대한 Parsons의 초점에서 훨씬 더 멀어진 것인데, 이는 이미 개인-환경 적합 이론가들의 공헌을 통해서도 분명한 것이었다(Richardson, 1993). Super(1980)는 후에 그의 이론을 여성과 인종 및 민족적 소수 집단을 포함하도록 수정하였지만, 그의 공헌은 백인 중산층과 상류층에 의해 존중되는 거친 개인주의(rugged individualism)를 계속 반영했고, 이러한 집단들이 독립성보다 상호의존성을 가치있게 볼 가능성을 간과했다. 결과적으로 Super(1980)의 연구는 진로 의사결정과 다른 가치 지향을 포함할 수 있는 더 넓은 최적의 기능을 지

원하는 관계적 과정을 간과했다.

Super(1957, 1980) 연구의 중요성에도 불구하고, 많은 학자들은 그의 이론은 경제적 시간의 변화(호황과 불황)에 따른 활력을 유지하는 통일된 틀을 제시하는 것에는 부족함이 있다고 느꼈다(Lent, Brown, &Hackett, 1994). Lent 외(1994)는 사회인지 이론으로부터 사회인지 진로이론(SCCT: social cognitive career theory)을 개발하여 진로의사결정과 목표행동 설정에 영향을 주는 자기효능감과 미래에 대한 기대를 연구했다. 중요한 개발과정에서 Lent 외(1994)는 또한 장벽과 관계적 지지에 대한 인식이 내담자의 자기효능감과 긍정적 기대를 촉진하는 것을 통해 어떻게 진로의사결정에 영향을 주는지에 초점을 맞추었다. 장벽에 대한 관심은 중요한 이론적 발전이었고 진로성과의 주요 맥락적 장벽에 대한 논의를 촉진하였다. 다른 이론들처럼, SCCT는 실증주의적 틀에 대한 충실함을 유지했고 백인 중상류층 및 상류층과 문화적 사고방식에 대한 제한된 초점을 공유했다.

실증주의자의 가정을 거부했다는 점에서 Savickas(2005)의 이론은 SCCT의 중심원리와 매우 다르기는 하지만, SCCT(Lent et al., 1994)와 마찬가지로 Savickas는 Super(1957, 1980) 연구의 한계에 대한 답을 했다. Savickas(2005)는 직업의 자기개념에 대한 Supe(1957, 1980) 연구의 가치를 높이 평가하였지만, 선형적인 진로궤적은 더 이상 많은 사람들의 현실과 맞지 않는다는 것도 인식하였다. Savickas(2005)는 사람들이 그들의 진로 전체를 볼 때, 한 조직에 머무르게 되지는 않는다는 것을 알고, 진화하는 직업환경과 변화하는 시장역동을 설명하는 이론을 고안했다. 사회구성주의(Gergen, 1999)를 바탕으로, Savickas(2005)는 자율성과 합리성의 가치를 떠나 어떻게 개인이 자신의 일 경험에서 의미를 만들고 정체성을 형성하는지를 탐색하였다. 후기실증주의 패러다임으로부터 떠났다는 점에서 중요하기는 하지만, 이 이론은 선택과 자유의지가 있는 개인의 일 생활을 반영하는 것이고, 사회적 불평등에 의해 특징지어질 수 있는 소외된 집단의 삶에 대한 이론화는 간과하였다(Richardson,

1993). 그러므로 Savickas(2005)는 Super(1957, 1980)의 변화무쌍한(protean) 진로에 기여를 적용하는 것에는 성공했지만, 그의 연구는 백인 중산층 세계관을 넘어서지 않았다. 생존을 위해 일해야 하는 사람들의 삶은 진로발달 문헌의 초점에서 계속적으로 무시되어 왔다. Super(1957, 1980)의 연구의 강점을 바탕으로 특권의 정도가 다양한 여러 집단들의 일 경험에 대한 반향을 일으키는 과업은 Blustein(2006, 2011) 및 Richardson(2012)과 같은 학자들이 진행하고 있다. 진로발달의 이러한 새로운 패러다임을 살펴보는 것은 상담사와 심리치료사에게 그들의 상담 실제에서 보다 광범위하고 포괄적인 방식으로 직업을 개념화할 수 있도록 한다.

21세기의 새로운 직업 패러다임

Richardson(1993)은 진로를 지속적으로 제한하기보다 일을 더 포괄적으로 정의하는 방향으로 패러다임의 전환이 필요하다고 한 최초의 학자들 중의 한 사람이다. 이러한 제안은 또한 Blustein(2006, 2012)의 일의 심리학 관점의 핵심이기도 한데, 두 학자들 모두 관계적 렌즈가 사람들이 일에서 어떻게 의미를 발견하는지를 보다 잘 대변하고 사회적 정의를 이해하도록 하는 도구라고 평가했다. Richardson(1993, 2012)은 경제불이익을 경험한 사람들의 일 생활에 많은 관심의 초점을 두었던 것에 반해, Blustein(2006)은 이러한 논점을 다른 소외된 집단에 적용했다. 두 학자 모두 일은 개인적 중요성과 직업적 중요성의 관계 안에 자리잡고 있다고 주장했다. Richardson(1993, 2012)은 일을 더 세분화해서 주로 돌보기(caregiving)와 같은 사회적 생산에 기여하는 일과 경제적 생산에 기여하는 일로 구분하였다. 그녀는 사람들이 공적 및 사적 영역의 관계 매트릭스 안에서 그들의 경험에서 의미를 만들고 의미있는 일의 생활을 구성한다고 주장했다. 그러한 구분은 물질적 이득을 위해 수행되는 일에 특권을 부여하는 보다 전통적인 이론에서는 대체로 간과되어온 부분이다. 따라서 Blustein(2006)과 Richardson(1993, 2012)이 취한 입장은 일을 다른 삶의 영역과 불가분의 관계로 보는 관점을 장려한다. 그들 연구의 핵심이 되는 이 주장은 관계적 관점이 어떻게 사회적 연결의 가치 및 자기와 사회 간의 관계를 이해하는지를 잘 보여주는 예가 된다.

이러한 Blustein(2006, 2011)과 Richardson(1993, 2012)의 공헌이 탄력을 얻고 있고, 진로발달에서 관계적 접근이 개인 및 그들이 일하는 맥락에 광범위하게 적용할 수 있음에도 불구하고 아직 지배적인 이론을 물러나게 하지는 못했다. 관계라는 우산아래 다면적인 여러 관점이 존재하기는 하지만(예: Blustein, 2006; Richardson, 2012; Schultheiss, 2003), 평균적인 노동자의 일생에 걸친 경험들을 대변하는 이러한 모든 저작물들은 일의 많은 우여곡절이나 진로선택에 대한 우리의 이론정립을 부적절하게 표현하고 있다. 인구의 다양성, 시스템 및 구조적 장벽의 영향, 변화하는 노동시장을 고려할 때 이를 제대로 파악하는 것은 더욱 어렵게 된다. 이와 유사한 패러다임 변화가 심리치료의 이론과 실제에서 나타나야 한다. EBPP와 EST와 함께 내면세계에 대한 정당한 정신역동의 초점과 많은 심리치료 이론의 드러나는 행동에 주목하는 것에는 다양한 사람들이 전 생애에 걸쳐 그들의 고유한 경험인 노동과 생존으로부터 갖는 감정과 생각이 어떻게 생겨나고 내면화되는지를 통합하는 변화가 수반되어야 한다.

주변부에 있는 삶을 위해 새로운 진로 패러다임 검토하기

Smith(1983)의 중요한 연구가 있기 전에는 인종 및 민족적 소수자들의 진로에 대해 큰 관심을 기울이지 않았다. 1970년대 후반과 1980년대 초반에는 또한 여성의 진로의사결정에 대한 관심이 커졌는데, 이전에 여성들은 주류의 진로발달 이론에서 무시되었거나 돌보는 사람(caregiver)으로서의 위치로 물러난 반면 남성들은 경제적 생산에 대한 공헌으로 이상화되었다(Betz, 2005). 가난한 노동계층 및 게이와 레즈비언과 같은 기타 소외된 집단의 구성원의 진로경험은 이 후 20년 동안 문헌에서 주목을 받았다(Blustein, 2006). 다음으로 우리는 아프리카계 미국인의 진로와 일 생활에 대한 전통 및 현대적 이론 관점으로 실시한 연구를 간략하게 검토해 보겠다. 비록 이러한 초점이 사회의 다른 소외된 집단의 일 생활로 완전히 일반화될 수는 없겠지만, 그럼에도 불구하고 이 장의 뒷부분에 제시된 사례연구를 고려할 때 유익하다.

20세기의 영향력 있는 이론들 중에서 SCCT (Lent et al., 1994)는 아프리카계 미국인의 진로의사 결정과 성취에 영향을 미치는 맥락적 요인들을 이해하기 위한 틀로서 종종 사용된다(Constantine, Wallace, & Kindaichi, 2005). SCCT의 독특한 측면은 개인에게 근거리 또는 원거리에 위치한 장벽 및 지지에 대한 인식에 주의를 기울였다는 것이다. Constantine 외(2005)는 편견과 차별이 직업흥미, 선택, 결과기대 및 자기효능감에 미치는 영향을 연구했다고 하였다. 가족과 멘토로부터의 근접 지원 (proxiaml support)은 이러한 관계가 아프리카계 미국 대학생들을 위한 진로확신 및 선택과 정적상관이 있다는 점을 미루어볼 때 완충효과를 가질 수 있다(Constantine & Flores, 2006). 성인의 노동경험에 대한 연구는 청소년과 대학생을 대상으로 한 연구결과와 일관되었고, 편견과 차별경험은 성공의 장벽으로 계속 작용하지만 공식 및 비공식 지지 네트워크는 진로성과를 촉진할 수 있다고 하였다(Fouad & Kantamneni, 2008). 종합해 보면, SCCT의 틀을 사용한 연구들은 생애주기에 걸쳐 진로흥미와 의사결정을 이해하는 데 일반적으로 도움이 되었지만, SCCT에 대한 비판이 없는 것은 아니다.

배경맥락 또는 근접맥락으로 정의되는가의 여부를 떠나서 사회 맥락의 이론적 개념화를 통해 SCCT는 진로흥미 형성을 저해하고 진로기회를 박탈하게 할 수 있는 편견과 차별과 같은 요인에 대한 논의를 가능하게 했다. 그러나 SCCT는 명시적으로 사회정의 문제에 초점을 맞추기 위해 개발된 것은 아니며, 보통은 핵심이론에 대한 보충자료로 규정된다. 이러한 점은 아프리카계 미국인과 다른 권리를 박탈당한 집단(Blustein, 2006, Richardson, 1993)의 일 생활을 이해하는 것에 있어 SCCT의 적용 가능성을 잠재적으로 경감시킬 수 있다. 이러한

잠재적 한계에도 불구하고, Alliman- Brissett과 Turner(2010)와 같은 연구자들은 아프리카계 미국인 청소년의 자기효능감 및 학업성취를 연구하기 위해 SCCT 틀에 인종 정체성 이론(Helms, 1990)을 더하였다. 이를 통해 학생들이 성공에 대한 자신의 전망을 어떻게 인식하는지에 대한 귀중한 통찰력을 얻었으나, 소수의 인종과 민족 집단의 가치와 신념을 완전히 반영하지 못하는 SCCT로부터 나온 문화적 사고방식은 완전히 극복될 수는 없었다 (Helms &Cook, 1999).

사회 구성주의자의 아이디어를 사용한 진로발달에 대한 관계적 접근은 여러 문화적 견해에 보다 부합하며, 사회정의를 보다 명백하게 다룬다. 예를 들어, Blustein(2006)은 전통적 진로발달 이론들이 특권과 억압이 진로선택에서 어떤 의미를 갖는지를 비판적으로 평가하지 않은 채 이들에 대한 논의를 배경으로 물러서게 했다고 주장했다. 광범위한 사회적 맥락에서 일에 가치를 두는 것을 통해서, 이 문제는 관계적 관점의 최전방에 있다고 할 수 있다. 관계적 관점은 기존의 기술 구축 연습을 넘어서는 것으로 내담자가 관계 내에서의 근접한 장벽과 보다 원거리에 있는 사회적으로 구성된 장벽들에 직면했을 때, 자신들의 행동의 의도성을 개발할 수 있도록 돕는다. 이러한 의도성은 의식 고취와 역량강화를 동반하며, 상담관계에서부터 나와서 일 환경으로까지 이어지도록 한다. 따라서 전통적인 직업이론과 비교할 때, Blustein(2006, 2011)과 Richardson(2012)의 관계적 관점은 일 환경이 행복에 도움이 되지 않는 내담자에게 특히 유용할 수 있다. 이러한 틀 내에서 가치를 부여받은 기술구축은 내담자가 자기비난을 멈추고 사회적 연결을 극대화하면서 억압적인 관행에 직면하는 데 도움이 된다.

앞서 언급한 한계에도 불구하고, 전통적인 진로이론에 기반한 연구는 소외된 집단의 진로발달을 이해하는 데 기여했다. 현재 학계는 그 초점을 진로에서 일로 전환함으로 몇 가지 단점을 해결하기 시작했다(Richardson, 2012). 그러나 진로성취나 일 활동 어디에 초점을 맞추든 간에, 차별적인 일

환경에서 일 관련 의사결정하기처럼 직업과정과 성과를 심리적 안녕과 별개의 것으로 다루는 것에는 잠재적인 위험이 있다. 다음 장에서는 포괄적인 심리적 실제에 관한 문헌과 보다 전인적인 내담자 이해를 위해 진로상담과 심리치료의 밀접한 결합을 지지하는 학자들의 연구를 검토 하겠다.

포괄적인 심리학적 실천 및 새로운 진로 패러다임

패러다임 전환을 선호하는 학자들은 또한 내담자의 삶에 대해 보다 포괄적인 이해를 제공하기 위해 직업 및 개인영역을 치료에 통합하는 보다 포괄적인 심리학적 실제를 옹호했다(Blustein, 2006, 2011, Richardson, 2012). 이러한 입장은 진로상담과 심리치료를 상호 배타적으로 만드는 표준관행(standard practice)과는 대조적이다(Richardson, 2012). 이 제안은 새로운 패러다임에 한정된 것이 아니며 실제로 패러다임 전환에 대한 Richardson(1993)의 최초의 요청보다 앞선다(Betz & Corning,1993). 하지만, 이러한 대의는 정치적 의식을 갖고, 관계적 관점에서 연구해왔고 기회에 대한 차별적인 접근을 특징으로 하는 사회를 포함하여 다양한 맥락에서 중첩된 것으로 일의 경험을 보는 Richardson(2012)과 같은 학자들에 의해 옹호되었다.

통합접근법을 옹호하는 사람들은 개입의 기초로서의 작업동맹의 중요성(Betz & Corning, 1993; Blustein, 2006)과 같은 심리치료와 진로상담의 근본적인 공통점을 오랫동안 인정해 왔다. Richardson(1996)의 통합접근법에 대한 입장은 Betz와 Corning(1993)의 이전 연구를 보완했지만, 치료자가 소외된 집단의 삶에 영향을 미치는 불평등을 무시하는 것은 시스템적 요소를 너무 다루지 않는 것이고, 내담자가 상처받은 결과를 회복할 수 있도록 도와줄 의도가 없이 현재 상황 그대로의 억압이나 권한박탈에 대한 암묵적인 수용이라고 주장함으로써 특권과 억압의 문제를 조명했다. 이 주장은 새로운 패러다임의 개념이 진로발달 담론에서 탄력을 얻는 것에 영향을 주었다(Blustein, 2006).

포괄적인 심리학적 실제에 관한 담론 중 상당한 부분은 두 분야를 이어주는 작업동맹 또는 기법적 절충(technical eclecticism)에 집중되어 있다(Blustein, 2006). Blustein(2006)은 Gergen(1999), Wachtel(1993), Richardson(1996)의 연구에 기초하여 포괄적인 심리학적 실제의 요소를 확인했고, 공감, 해석 및 불일치하는 신념에 대한 도전의 역할을 강조했다. Juntunen(2006)은 나중에 임상맥락에서의 일의 심리학 관점에 관해 썼고 평가 및 상담 기술을 사용하여 전통적인 심리치료의 호소문제와 함께 일 문제를 해결하는 틀의 개요를 제시했다. 그러나 Blustein(2006)이나 Juntunen(2006) 모두 진로와 심리치료 이론 간의 시스템적인 통합을 이루지는 못했다.

심리치료 변화에 대한 지지와 도전

요약하면, 일의 심리학 관점(Blustein, 2006)은 심리치료사들의 실제에서 고려해야하는 다수의 중요한 개념들과 요소들을 제공 해왔다. 첫째는 심리적 안녕과 정신건강에서의 필수적인 역할을 할 뿐 아니라 개인의 삶의 기초가 되는 다양한 차원에서의 일의 중요성이다. 일을 그래서 사람들의 삶의 중심이라고 인정하는 것이다. 둘째, 사회 구성주의(Gergen, 1999)는 사람들의 삶에서 일의 역할을 고려하는 중요한 렌즈이다. 사람들이 노동을 보는 관점과 내면화하는 데는 여러 방법이 있으며, 사람들의 일상생활에서의 일의 의미뿐만 아니라 그들의 성격구조, 정체성, 자기개념, 자존감과도 관련이 있다(Blustein, 2006). 또 다른 예는 어떻게 자기효능감이 직업과 삶의 만족을 결정짓는 강력한 결정요인일 수 있는가에 대한 것이다(Perdue, Reardon, & Peterson, 2007; Wright & Perrone, 2010). 셋째, 비판적 의식은 더 큰 사회적, 정치적, 경제적 맥락에서 사람의 일이 어떻게 부합하는지 이해하는 데 기여할 수 있다(Blustein, 2006, Richardson, 2012). Blustein(2006)은 또한 농경사회에서 산업사회로 그리고 현재의 탈산업, 기술기반 사회로의 시장전환의 결정요인에 대한 우리의 이해에 영향을 미치는 역사적 맥락을 강조했다. 이상적으로는 해방철학과 해방교육학의 전통에서 비판적인 의식은 최고의 특권층에 있어 사회 기반시설의 역할을 사람들이 이해하는 것에 도움이 된다. 특정 사회질서가 불평등과 사회적 불의를 어떻게 만들어 낼 수 있는지 이해하는 것은 가장 억압받는 집단이 이러한 불의를 극복하기 위해 그들의 주체성을 활용하도록 힘을 실어줄 수 있다(Blustein, 2006). 넷째, 상담사와 심리치료사로서 우리가 사회불평등, 소외된 인구, 민족적 소수자, 장애를 가진 사람들, 빈곤한 노동자 및 실업자, 그리고 외국인 혐오증으로 희생된 무력하고 환영받지 못하는 이민자들과 같은 차별받는 집단에 더 민감하게 된 것은 비판적인 의식에서 비롯된 것이다. 페미니스트 관계적 관점의 영향을 받은 또 다른 사례로서, Schultheiss(2003, 2009)의 연구는 노동시장에서 여성의 투쟁과 노동에 대한 성 지향성(gender orientation)에 대한 우리의 주의를 명확하게 끌었다. 이와 동등하게 중요한 것은 노동자들의 또 다른 특징적인 범주로 과반수가 여성인 돌보는 사람에게 초점을 맞추는 것이 중요한데 이들은 기존의 상담자와 심리치료가의 사고의 주변부에 있으며, 매우 다양하다(Richardson, 1993).

마지막으로, 소외된 인구가 최저생활 수준에서 삶을 유지한다고 가정하고 일의 역할유형을 깊이 분석하면 생존과 연계된 노동의 수많은 환경과 조건을 알 수 있다. 대부분의 국가에서 가족 자산의 분포를 감안할 때, 이러한 상황은 공통적인데, 포괄적인 이론과 실제의 범위와 적절성은 미국을 넘어 확장되지만 동시에 이민 가정을 위한 일을 이해하는 맥락에서 미국 내에서도 적절성하다(Blustein, 2006).

근본적으로, 일의 심리학 관점은 상담자, 심리학자, 그리고 일련의 복지관련 종사자들이 우리의 전문적인 실무, 평가, 개입, 연구 및 공공정책에서 사람들의 삶에서 노동의 의미와 일 경험의 다양성을 포함시키고자 노력해야 한다고 주장한다(Blustein, 2006). 아니면, 상담심리학의 역사적인 공헌자인 Leona Tyler라면 이것이 "상담자의 일"의 일부여야 한다고 주장할지 모른다. Blustein(2006)은 우리가 "영역에 민감"하고 "인간경험의 전 범위에 개방"되어야 한다고 지적했다(254p). 다시 말하면, 우리는 사람의 삶에서의 다양한 영역뿐만 아니라 다양한 사람의 일 경험 영역과 분야에 대해 잘 알고 수용 할 수 있어야 한다. 삶의 영역은 일 경험과 관련될 수도 있고 독립적일 수도 있지만, 확실히 상담자가 설명과 개입을 고려할 때 삶과 일 경험 모두를 치료적 과정에 체계적으로 통합해야 한다. 이러한 상담과정의 목표를 실현하기 위해, Blustein (2006)은 상담자가 상담을 할 때 개인의 일 환경과 개인적인 상황의 접점을 이해하는데 있어서 공감의 가치를 활성화하도록 권장한다. 게다가, 상담자는 기존의 상담장면에서 보통은 보지 못한 사람들의 환경을 이해하고 연결할 수 있는 특별한 역량을 획득해야 한다(APA, 2003). 우리는 특히 무의식 중에 구분을 짓고 너무나 자주 소외된 인구들을 "게토화(ghetto-izing)"라는 좁은 렌즈로 보고, 민족적 소수자, LGBT 사람들, 위기의 청소년(종종 청소년 소수자의 완곡어법), 이민자 등과 같은 특수집단 범주로 나누어서 보려하는데, 실제로는 매우 다양한 유형과 교차하는 정체성(예: 가난하고 최저임금 소득을 갖고 있는, 애팔래치아 출신의 젊은 백인 미혼모)을 가진 사람들이 많다.

점점 더 세계화된 첨단 기술경제로의 전환에서, 이러한 노동의 현대적인 변화는 일하고자 하는 사람들에게 커다란 도전이 되고 있다. 예를 들어, 시장의 몇몇 영역의 직업은 채워지지 않은 채로 남아있는데, 이것은 정리 해고된 사람들은 가능한 직업들에 적합한 기술을 가지고 있지 않기 때문이다(Bartsch, 2009). 이러한 직업기술 요구와 노동자 기술 간의 차이는 상황적 딜레마를 강조한다: 또한 맥락적 상황이 어떻게 사회적으로 성과를 구성할 수 있는지를 강조한다. 따라서 이런 상황은 최소한 한 세대 동안 지속될 수 있는 상황이라는 점에서, 진로 실제에서 포괄성을 고려하는 진로와 직업 상담가들에게 또 다른 어려운 집단이 생긴 것이다.

Blustein(2006)은 우리의 과정이 기존의 심리치료 사고에 너무 많이 의존해서 이끌리고 있다고 경고하는 일의 심리학 관점에서 나온 "영역에 민감한" 접근을 옹호했다.

영역에 민감한 접근이란 개념화와 치료전략에

서 균형을 찾는 것이다. 영역에 민감한 접근의 핵심요소는 일 관련 문제들이 기존의 이론이나 모델에 적합한 심리치료적 틀이나 가족 체제 틀로 체계적으로 변모하지 않는다는 점이다. 주어진 맥락이 그러한 개념화를 나타내더라도, 그 유용성은 다른 보다 간결한 개념화와 비교해서 검토할 필요가 있을 것이다(257p).

포괄적인 심리학적 실천의 주요 목표들에는 역량강화와 비판적 의식 증진이 있다. 이들은 작업동맹, 해석, 불일치하는 신념과 행동의 탐색, 그리고 내담자의 변화를 돕는 상담가의 기술에 의해서 촉진되어야 한다(Blustein, 2006, pp.282-85). 이러한 것들은 전통적인 심리치료로 간주되는 기술영역과 동떨어진 것이 아니라 오히려 치료적 맥락에서 의미 있는 노동문제를 통합하도록 하는 치료자 민감성의 중요성에 대한 우리의 인식을 높이는 것을 돕는다. 앞에서 언급했듯이, 이는 어려운 과제인데, 왜냐하면 보통 이론은 애초에 일과 일 생활을 염두하며 발달한 것이 아니기 때문인데, 이론 패러다임의 개념화와 관련해서는 더욱 그러하다.

전통적인 심리치료 이론에 일의 심리학을 포함하기

지금까지 우리는 일의 심리학의 관점을 전통적인 상담과 심리치료 이론 및 실행에 통합하기 위한 과제를 제시했다. 요약하면, (1) 일 관련 주제 통합의 타당성 보이기, (2) 지배적인 이론적 도그마 극복하기, (3) 일의 심리학의 관점을 표준 직업훈련에 통합하기, (4) 진로발달 이론 및 실제를 변환하기, (5) 전 세계적으로 사람들과 삶의 맥락의 확장을 통해 일의 다양성을 포함하는 새로운 패러다임을 지지하기이다. 상담사와 심리치료사의 상담 실제에서 일의 심리학의 관점을 보다 포괄적으로 바꾸기 위해서는 개입을 이끄는 이론 및 사례공식에 어떻게 영향을 미칠지를 고려해야 한다. 이 장의 다음 단계로서, 우리는 기존의 관행을 재구조화하기 위한 가설적 과정에 수반될 수 있는 것에 중점

을 두기를 원한다.

우리가 특별히 생존을 위해 일하거나 불평등을 극복하는 것으로 특징 지워지는 노동자들의 삶을 포함하여 광범위하게 다양한 사람들을 포함할 수 있게 조정가능한 렌즈를 통해 기존의 심리치료 이론들 중 일부를 다시 고려하고자 한다면 수정론자에 의해 추가되는 부분이 있거나 적어도 이러한 이론들에 대한 개념적 재구성이 필요하다. 일의 심리학 수정론자가 갖고 있는 도전적 과제는 구인과 개입이 어떻게 내담자를 보는 관점을 재개념화하는가이다. 이론의 핵심요소에 대한 우리의 생각은 윌리암(William)의 삶의 세부사항과 더불어 다음 장에서 제시되는 사례에 대한 접근의 일부가 될 것이며, 일의 심리학의 관점이 사례개념화에 어떻게 통합될 수 있는지를 설명한다.

논의를 위해 신성시되는 부모-자녀 관계를 예로 들어 보고자 한다. 이는 앞서 언급한 대로 발달 초기 단계에서 심리내적 구조와 과정의 기초를 확립하는 것으로 보는 정신역동 지향의 명백한 이론적 핵심으로 간주된다. 이는 어린 시절과 다른 많은 이후의 성인행동을 설명하는 데 도움이 된다. 우리가 부모의 노동생활 경험과 그에 대한 만족도를 자녀와의 상호작용의 중요한 결정요인으로 가정할 수 있다면, 부모-자녀 관계로부터 심리적 결과들에 대한 병인학뿐 아니라 새로운 해석들이 더 많이 나올 수도 있다. 이 같은 관측은 확실히 학문적 연구에 더 가치가 있다. 다시 말해, 부모의 일 경험(또는 돌보는 사람으로 집에서 일하는 부모)은 부모와 자녀 간의 상호작용의 방정식에서 중요한 결과들을 얼마나 많이 설명하는가? 직장에서 힘든 하루를 보낸 후 좌절감을 쏟아내기 위해 "개를 걸어 차기"와 같은 속담처럼 중요한 퇴근 후의 행동은 우리 공동체의 이야기에서나 공적인 영역(예: 미디어)에서 그 예가 분명히 넘쳐난다. 직장에서 긴 하루를 보낸 후에 가정으로 돌아와서의 우리의 태도와 반응은 다양하고 강력한 퇴근 후의 역동적인 심리적 맥락의 집 분위기를 조성한다. 연구 동향은 일화적 증거를 뒷받침했으며 직장에서의 어려움이 가정의 역동에 부정적으로 누출됨을 보여주며, 결

혼생활의 불화와 가족책임에 대한 부족한 관심으로 이어진다고 했다(Amstad, Meier, Fasel, Elfering,& Semmer, 2011, Ford, Heinen, & Langkamer, 2007).

대부분의 심리치료사는 부모가 자신의 직장에서의 하루를 반영하고 처리하는 것은 여러 관계 및 가족 상호작용과 관련이 있다고 해석했다. 예를 들어, 가족의 삶의 질과/또는 그들의 일 환경의 결과로서 갖는 사회 경제적 지위에 대한 만족도는 부모의 자신에 대한 노동자, 부양자, 그리고 사람으로서의 효능감에 대한 믿음에 크게 영향을 줄 수 있다. 여기에는 수많은 다른 역할과 정체성의 교차가 포함될 수 있다. 직무만족도는 국내 및 국제조사에서 항상 포함되는 중요한 질문이며 연구에서 중요성이 강조된다. 직장에서 긴 하루를 보낸 후에 있는 부모의 음주행동(일부 약물남용)은 그들의 일에 대한 태도(또는 의무감)와 관련 있을 수 있다. 이는 커플 및 결혼치료에서 흔한 주제이다. 퇴근 후 행동은 일관되게 상담 및 심리치료에서 강력한 맥락적인 변인이다. 그러므로 우리는 심리치료 이론에서는 덜 중요하게 다뤄지더라도 부모의 직장생활(및 그 의미)이 가족역동 및 아동발달에 미치는 영향을 축소할 수는 없다. 우리는 발달의 형성단계인 아동발달 초기 단계와 성인기로 이어지는 성장과 행동에 미치는 부모의 직장생활의 영향을 감안하지 않고 어떻게 아동발달 초기 단계의 중요성에 대해 이론화할 수 있는가? 아버지가 일하고 어머니가 주부이자 돌보는 사람으로 있는(현대의 산업화된 국가에서는 감소하고 있는) 전통적인 두 부모가 있는 핵가정을 예로 들었을 때, 우리는 합리적인 신빙성을 가지고 다음을 가정할 수 있다. 양쪽 부모가 일함으로써 얻은 만족과 성취는 자녀와의 상호작용의 선행변수로 그들이 자녀의 의존성과 애착을 어떻게 보는지에 영향을 미쳐야 한다. 일하는 사람의 고유한 수많은 상황들은 가족과 인간발달에 대한 우리의 깊은 통찰력을 가능하게 하는 풍부한 연구영역이다.

상담실무가들은 개인의 발달에 대한 노동의 중요한 영향을 포함하여 이론과 경험적 자료로 더 잘 준비될 필요가 있다. 실제로, 심리치료에서 우리는 일상생활에서 어떤 사람의 성취와 효능감이 어떻게 부양자 역할, 양육, 부부공동체(marital partnership)와 같이 개인의 다른 삶의 역할의 교차점과 관련되는지를 고려해야 한다. 직장생활의 만족과 효능감은 양육 및 가족역동 방정식의 다양성을 설명해야 한다. 얼마나 많이 설명하는가의 문제가 있고, 이에 대한 기여는 아직 분명하지 않은 것은 사실이다. 현대의 가족 구조의 다양성(예: 이혼 및 많은 수의 한부모 가정)은 적합한 이론 및 실천모델의 개발을 복잡하게 만든다.

우리가 사람의 삶에서 노동이 수행하는 결정적인 역할을 높인다면, 심리치료 과정과 결과를 나타내는 전통적인 이론적 관점과는 다소 구별되어 재개념화할 수 있는 많은 방법이 있을 수 있다. 노동환경과 노동생활은 인지, 정동, 정상 및 역기능적 행동에서 상호작용을 형성하는 것에 자극을 준다. 내담자의 상황을 종합한 가상의 사례를 다음 장에서 보여주고자 한다.

일의 심리학적 관점의 통합을 통한 사례개념화의 전환: 윌리암(William)의 사례

뉴욕시의 메트로폴리탄 교통회사(MTA)와의 컨설팅을 했던 동료가 윌리엄을 나에게(제1저자) 의뢰했다. 그는 8년간 시내버스 운전기사로 일했고 일종의 개인적인 문제해결을 도와줄 수 있는 사람과 이야기할 수 있는가를 비밀리에 요청했다. 그는 아프리카계 미국인 남성 상담자를 선호했는데, 이것이 나의 조건과 맞았다.

배경

윌리엄은 35세의 아프리카계 미국인 남성으로 결혼한 지 10년이 되었고, 그에게는 10세의 아들과 8세의 딸이 있다. 그의 아내 로즈(Rose)도 35세이며, 고등학교때부터 사귄 사이이다; 그들은 그가 지역에 있는 전문대학교 1학년때 결혼했다. "일을 해서 돈을 벌기를 원했기" 때문에 대학을 졸업하지 못했다. 윌리엄은 대학에 관심이 전혀 없었다고 인정했는데, 실제로는 재학 중에는 평균 이상의 성적을 받고, 이는 고등학교 성적에서도 일관되었다.

윌리엄은 야간근무를 위해 일어난 후이자 일을 가기 전의 시간인 늦은 오후에 상담을 받았다. 그의 호소문제는 결혼 생활의 긴장을 줄이고, 그의 부인과 다른 확대 가족의 사람들로부터 받는 압력에 대한 그의 생각과 감정을 정리하는 것이다. 그는 그의 부인이 표현한 대로 "단지 늙은 버스 운전사가 되는 것"보다 대학에 돌아가서 더 나은 직업을 가져야 한다는 압력을 받고 있다고 했다. 그는 주기적으로 우울한 기분이 들었으며 때로는 미래와 결혼문제에 관해 부인과 감정적인 논쟁을 벌였다. 이러한 논의는 자기불신과 모호한 열망을 극복하려는 일생의 노력을 다시 촉발시켰다. 그는 직업의 필요성에 대한 자신의 생각 때문에 몇몇 밤은 잠에서 깨는데, 휴식이 필요할 때 매우 괴로운 일이며 특히 그의 직업이 요구하는 휴식을 고려할 때 그러하다. 그의 아내와의 이러한 논쟁은 인생경로, 직업 및 결혼과 관련된 그의 선택에 대하여 깊이 생각하게 한다.

그의 아내는 고등학교를 졸업하고 아들을 가진 후에 임시 영업일을 했으며, 지난 몇 년 동안 주요 백화점의 파트타임 판매원으로 정기채용되어 있다. 그녀는 훌륭한 직원으로서 전인제 직책을 제안받았지만, 아이들 때문에 전임으로 일하기를 원하지 않았다. 그녀와 윌리엄은 둘 다 몇 년째 일과 양육에서의 요구들을 곡예하듯이 충족시켜왔고, 가까이 사는 두 분의 할머니들로부터 지원을 받아왔다.

윌리엄은 일상적으로 야간교대에서 집으로 돌아왔을 때 아침식사를 돕고 아이들을 학교에 데려다 주려고 한다. 그와 그의 아내는 잠자리에 들기 전에 함께 시간을 보낸다. 그는 아이들이 학교에서 집에 돌아 왔을 때와 직장 가기 전 일찍 저녁을 먹을 때 아이들과 조금 시간을 보낸다. 할머니들은 각각 오후나 저녁시간을 담당하며, 이 덕분에 로즈는 일부 평일 오후와 밤에 일할 수 있으며, 그녀가 일하는 시간에 가정을 대신 맡기 위해 윌리암은 자신의 휴일을 남겨두었다. 이같은 일상은 수년간 짜여져 왔는데, 윌리엄의 근무 교대시간의 변화에 따라 조정되었고, 이러한 부분이 로즈가 윌리암의

직업에 대해서 불만을 갖는 이유이다. 로즈는 결론이 없는 일이라고 생각한다: 윌리암은 자신의 직업을 시에서 고용한 안정적인 "조합 급여"가 있는 직업으로 본다. 게다가 이 직업은 그가 가족을 부양하는데 필요하다; 여기에 그 부부의 긴장감이 존재한다. 윌리엄은 나에게 부부로서의 사랑과 공동체의식에 대해서는 빠르고 확신있게 말했고, 이러한 긴장감은 그의 직장 때문에 만들어지는 삶의 질에 대한 걱정과 아이들을 양육과 일을 조절하면서 갖는 로즈의 개인적인 좌절감에서 비롯되었다고 했다. 로즈는 더 나은 삶을 기대했고, 그것은 윌리엄이 대학교육과 더 나은 직업을 얻는 것과 관련이 있다고 믿었다.

논의

본 사례의 초기과제는 윌리엄의 정신건강상태를 평가하고, 주요 우울증이나 다른 심각한 병리를 배제하는 것이었다. 초기 회기에서 윌리암의 가족과 직장역사를 다루면서, 윌리엄은 그가 세 자녀 중 첫째였으며, 한부모 가정에서 어머니가 그를 키우셨다고 했다. 그는 평균 이상의 성적을 보였고 행동에 문제가 없었으며 다양한 친구를 가진 매우 사교적인 사람이었다. 그의 고등학생 및 전문대학 시절은 늘상 친구들과 어울리고 사교활동을 했다는 것 말고는 특별한 일이 없고 평범했다. 대학을 중퇴한 후, 그는 어쩌다보니 최저임금보다 약간 높은 보수를 받는 서비스직의 일을 했다: 특정진로를 염두에 둔 것보다 돈을 벌기 위해 일하는 듯이 보였다. 윌리엄과 어느 정도 가까웠던 도시 버스운전사인 삼촌이 격려해서 윌리엄은 지원했고, 마침내 버스운전사직을 위해 교육받고 고용이 되었다. 결혼하고 아들이 태어난 후 윌리엄을 좋은 직업을 얻어야 한다는 것을 알았다. 상황이 버스운전사 자리를 더욱 중요하게 만들었다.

내가 직업에 대한 그의 관점과 만족도를 평가하는 것은 초기 회기에서 중요한 부분이었다. 나는 그에게 직업과 관련해서 좋아하는 점과 싫어하는 점을 물었다. 그것은 Blustein(2006)이 말한 바와 같이 직장에서의 강점과 어려움을 평가함으로써

중요한 요소로서 일을 심리치료에 포함시키는 것이다(277p). 이는 또한 그가 보고한 우울감, 수면문제, 낮은 자존감, 억제된 분노와 삶의 질에 대한 불만족을 감안할 때, 그의 감정과 인지상태를 심도있게 결정짓는 것과도 일치했다. 이 버스기사직을 얻은 이후로 윌리엄은 상당히 행복했다. 그는 근무시간을 딱히 좋아한 것은 아니지만, 근무년수가 증가하면 더 나은 근무시간대에서 일할 수 있을 것으로 믿고 있다. 사실, 이것은 그의 "첫 번째 진짜 직업"이었다. 그는 야간근무조가 되는 것이 나쁘지 않다고 했는데, 왜냐하면 어릴 때는 밤의 절반쯤을 밖에서 파티를 하곤 했고, 밤에 밖에 나와 있는 승객들과 상호작용하는 것을 좋아하기 때문이라고 했다. 탄탄한 직장을 다니고 가족을 부양할 수 있다는 것이 윌리엄의 기분을 좋게 했다. 우리의 회기에서 부재한 부양자라는 흑인 남성에 대한 공공의 고정관념을 깼다는 것에 대한 깊은 만족감과도 뒷받침되었다. 결과적으로, 직장을 갖는 것과 그의 가족을 부양하는 것은 윌리엄의 인종과 성 정체성과 관련이 있었다. 윌리엄에게 있어서, 치료사가 흑인 남성이 갖는 이러한 딜레마를 이해하고 공감하는 것이 중요했다. 그는 대중의 마음속에 있는 규칙이 아닌 예외로 보여지기를 원했다. Franklin (2010)은 흑인 아버지들이 어떻게 가정생활에 존재하고 포함되는지를 보통 대중들이 잘 보지 못하고, 흑인 남성들이 무책임하다는 고정관념이 얼마나 자주 흑인 아버지들에게 그들을 드리워 신용을 얻기 어렵게 하는지를 지적했다.

윌리엄은 또한 개인적으로 가족의 삶의 질을 향상시키는 것과 같은 상향이동성 목표를 달성하는데 전념했다. 그는 자신의 목표를 어떻게 달성할지에 대해서는 확신할 수 없었는데, 왜냐하면 자신의 꿈에 대한 주요 장애물이 차별이라고 보았기 때문이다. 비록 그의 아내의 꿈은 집을 사는 것과 더 관련이 있지만, 윌리엄은 "나는 우리가 더 좋은 시간을 함께 하고 더 행복하기를 바란다"고 한 그의 말에서 알 수 있듯이, 윌리엄은 이 목표를 달성한 것에 좀 더 유연하고 약간은 구체적이지 않았다. 윌리엄이 가진 딜레마는 "나의 좋은 버스 기사"라는 직업이 그와 로즈가 원하는 삶의 질을 성취하게 해 줄 것인지에 대한 불확실성(종종 로즈의 우선순위에 의해 촉발된)이었다. 그는 또한 결혼생활 만족에 미치는 영향에 대해서도 우려했다. 이 때문에 그는 현재 직업이 강력한 노조가 있어서 직업 안정성과 근속이 보장되어 그의 아내가 제안하는 진로제안을 따르는 것보다는 더 확실성을 제공하는 직업이라고 여기면서도 항상 다른 직업을 찾는 것에 대해서 생각한다.

전통적인 진로상담과 직업상담 이론은 일 경로를 선택하는데 있어서 자유의지를 중요시한다. 윌리엄은 직장에서 기회가 있다고 믿었지만, 그가 믿는 직장에서의 흑인 남성에게 가해지는 차별과 인종차별로 인한 구조적 장벽을 감안할 때, 그 가능성을 확신하지는 않았다. 윌리엄은 또한 그의 흥미나 가치관과 일관된 일의 기회를 갖는 것보다 돈을 그의 마음에서 가장 중요하게 여겼기 때문에 안정적인 임금을 받는 직업에 대해서 더 많이 생각한다. 윌리엄에게 있어, 보다 내적 만족감을 줄 수 있는 직업을 추구하는 것은 그가 투자할 수 있다고 느끼는 것보다 더 많은 준비, 시간, 희생을 요구할 수 있다. 게다가, 그는 진로성취가 불확실한 상황에서 학교로 돌아가고 학비를 지출하는 위험을 고려할 때, 그 결과에 대한 자신이 없다. 윌리엄의 생각은 "손에 든 새 한 마리는 숲에 있는 새 두 마리의 가치가 있다"이다. 다른 말로 하자면, 그는 좋은 직업을 가지고 있다; 왜 모험을 하는가?

윌리엄과 같은 흑인 남성의 심리치료에는 그들의 근본적인 삶의 문제를 이해하는 것, 그들에게 있어 일의 개념, 그리고 직업만족을 달성하기 위한 실행가능한 환경에 대한 그들의 평가를 포함해야 한다. 여러 유색인종 공동체에서 지속적인 높은 실업률, 불완전한 고용과 일자리를 찾는 것을 포기한 또래 집단에 대한 인식은 일의 중요성과 의미를 구조적인 불평등의 현실에 좌우되도록 한다. 흑인 남성 세대의 노동 역사에 있어서의 사회적 불의와 불평등과 그것이 그들의 가족과 공동체의 순 자산에 미치는 영향을 감안할 때, 심리치료사들이 흑인 남성들 직업의 심리역사적 맥락을 이해하고 이것이 어떻게 직업과 진로의 기회를 실현시키는 능력에 대한 그들의 견해를 구성하는지 이해하는 것이 가장 중요하다.

심리학자들은 또한, 퓨 연구소의 보고서(Pew Research Center Report, 2011년, 1p)에서 제시하는 빈부격차에 대한 상황을 알아야 하는데, 이 보고서에서 2009년까지 평균 백인가정의 순자산(즉, 자산에서 부채를 뺀 값)가치($113,149)가 흑인가정($5,677)보다 20배 이상 더 많았고 라틴 아메리카계 가정($6,325)보다 18배 이상 더 큰 것으로 나타났다. 2005년에 백인가족의 순자산은 134,992달러, 라틴 아메리카계 미국인의 경우 18,359달러, 흑인의 경우 12,124달러였다.

이런 종류의 드릴 다운(drill-down) 통계는 국가적으로나 전 세계적으로 특권층과 소외계층의 노동시장에 대한 또 다른 시각을 제공한다. 그것은 또한 개인적인 발전과 가족 간의 상호작용에 대한 이론화에서 또 다른 관점을 제공해야 한다. 분명히, 이러한 자료들은 사회적으로 경제적으로 소외된 사람들의 한 명인 윌리엄 같은 누군가가 심리치료를 받게 되면, 그의 심리내적 구조와 기능만이 치료내용(또는 메뉴얼된 개입에 민감한 일련의 제한된 행동들을 보여주는)으로 적합한 것이 아니라 사회의 기반이 되는 외부의 구조적 불평등도 치료내용으로 적합하다는 것을 시사한다. 이러한 현실은 조건, 기회, 인센티브 및 보상을 결정함으로 그와 그의 가족의 노동생활을 요약한다. 윌리엄의 성 및 인종적 정체성의 교차점을 이해해야 하는 이유는 (Franklin, 1999, 2004, Helms & Cook, 1999) 이 사례가 직업 및 진로상담 이론 구축, 연구 및 실제에 포함되어야 할 것이 무엇인지를 잘 보여주기 때문이다. 상담사와 내담자는 원하는 일의 질을 확보하기 위해 기회, 자본, 능력, 그리고 효능감을 어떻게 평가할지에 대한 안내를 받아야 한다. 상담사로서, 우리는 사람들이 그들의 사회 맥락적 요인(예: 특권층 대 차별받는 계층)을 감안하여 어떻게 가족의 일 목표를 달성하는지 평가할 필요가 있다. 윌리엄은 노동시장에서의 불평등에 대한 흑인공동체의 이야기에 맞는 그의 통찰력으로 일의 심리학의 원리와

일치하는 수준의 비판적 의식을 보여 주었다. 그것은 소외계층에 비해 특권층이 얼마나 유리한지에 대한 그의 견해에 반영되었다. 그들은 삶의 질을 달성하기 위해 노동시장을 탐색하는 "내부 트랙"을 가졌다. 윌리엄에게는, 사회적 불평등이 그가 성공하기 위해 경계해야 할 중요한 현대적인 현실로 남아 있다; 사실상, 다양한 불평등의 원천들은 일의 생활에서 체념과 위험 회피의 강한 감정을 갖게 하는데, 윌리엄은 이를 내면화했고, 이는 그의 다른 삶의 영역으로 확정되었다. 윌리엄의 삶의 사례와 같은 복잡한 여러 수준을 고려할 때, 다른 많은 내담자와 다르지 않게 상담자인 우리는 내담자의 문제에 대한 간략한 설명을 찾으려고 하기 쉽다. 상담사와 심리치료사로서의 사고와 실천에서 보다 포괄적으로 되기 위해 다른 현저한 삶 영역을 탐색하는 대신 우리의 이론적인 안전지대에 그것들을 맞추는 것이 훨씬 쉽다. 그럼에도 불구하고 내담자의 삶에서 노동의 큰 의미의 중요성을 인식하는 것은 우리가 관습에 도전하고 개념상의 경계를 넓히고 우리의 실천을 조정하게 한다. 다음 장에서는 이를 수행할 수 있는 몇 가지 가능한 방법을 더 제시하겠다.

심리치료 실천에 일을 통합하기 위한 경로

애착의 발달에 대한 고찰

이론과 실제에 있어 보다 포괄적인 방법으로 윌리엄의 사례를 고려하기 위해 정신역동적 관점에서 바라본 발달영역의 예부터 시작해보겠다. 앞서 우리의 이론을 고수함으로써 만들어진 개념상 자를 논의할 때, 정신역동 이론적 사고에 필수적인 부모-자녀관계의 중요성과 어떻게 이러한 특정한 방향으로 상담사들을 이끄는지에 대해서 말했다. 정신역동적 사고 안에서 개발된 중요한 분야는 애착 이론이다. Bowlby(1973)가 영구적인 애착 방식과 어머니-자녀 관계(성인애착에서도 분명한)의 결과에 영향을 미치는 "내적 작동 모델"을 표현한 이래로, 이러한 결과를 보여주는 무수한 연구들 (Grossman, Grossman,& Waters, 2005)이 있어 왔다. 우리의 목적을 위해, 이러한 이론적 지향에 동의하

는 상담사와 심리치료사는 윌리엄이 그의 어머니와 안전하거나 불안전한 애착을 가졌는가를 당연히 고려할 수 있으며, 이에 따라 그의 아내 로즈와의 관계와 그의 관계적 어려움의 근원을 부분적으로 결정한다. 다음과 같은 사고방식은 합리적인 개념화와 일관된다. 하지만, 일 맥락처럼 어머니의 애착 반응을 형성하는 많은 다른 요인들은 우리의 연구 지식에서 제대로 나타나 있지 않고, 어떻게 그것들이 결정요인이 되는가는 훨씬 더 알기 어려우며 따라서 내담자의 사례개념화에서 이러한 부분이 제한된다.

Wachtel(1993, 2008, 2011)은 자신의 순환 정신역동 이론에서 정신역동적 사고에 의해 크게 강조된 성격형성에서 과거에만 제한된 개념화라는 함정에 주의를 기울였다. 대신, 그는 우리가 현재와 함께 과거를 다룰 뿐 아니라 과거와 함께 현재의 구체적인 상호작용에 의해 심리적 구조의 기능에 미치는 상호 영향력을 이해하도록 했다. 현재와 함께 과거를, 과거와 함께 현재를 다루는 것은 유지되는 심리적 기능안에서 우리의 행동을 변화시킬 뿐만 아니라 속성과 지속성을 재구성할 수 있다. 그러한 견해는 정신역동 지지자들(다른 사람들뿐 아니라)이 사례 개념화를 할 때 오늘 날의 사회불평등 경험과 같은 외적 요인을 활용하도록 한다.

구조적 불평등에 대한 윌리엄의 비판적 의식은 그의 삶의 연속성뿐만 아니라 발달기와 성인기의 애착에 대한 창이었다. 그의 확대가족 전체에 걸쳐 세대를 아우르고 개인적 상호작용에 영향을 미친 신념은 구조적 불평등에서 나오는 지각된 힘의 차이였다. 그것은 일의 기회, 시장, 그리고 노동에 대한 기대에 관한 특정 견해와 믿음을 만들어 냈다. 그리하여 성인으로 일하는 것에 대한 윌리엄의 지향과 그의 가족과 지역 사회의 담화는 그가 자람에 따라 수렴되는 부분이 있었다. 그는 이러한 구조적으로 불평등한 현실을 헤쳐나가는 것의 성공이 또한 대인관계의 역동과 애착에 영향을 주는 것을 보았다. 그것은 개인 효능감이 가족과 공동체의 구성원들에 의해 어떻게 평가되는가 하는 요소이다. 윌리엄은 그가 자라는 동안 그의 어머니와

아버지가 돈과 노동에 사로잡혀 있었던 것이 어떻게 그의 가족환경을 구조화했는지 묘사할 수 있었다. 그는 또한 그것이 어떻게 가정 내에서 애착형성에 기여하는지 알고 있었다. 노동은 그들의 일상 담화속에 스며들어 있었다. 그는 아버지와 애착을 형성하며, 가족을 위해 돈을 벌어오는 아버지의 노력을 보호로 느꼈으며, 어머니가 아버지의 성취 수준에서 적당한 요인인 인종차별을 받아들이기를 거부하고 어머니의 결혼만족도를 높일 턱없이 부족한 능력을 가졌다는 것에 화가 났다. 윌리엄은 결과적으로 일 차별에 의해 형성되는 이러한 장벽들을 그의 개인적인 효능감에 내재하는 안녕과 정체성에 대한 주요한 위험으로 간주하였다.

인간의 발달과 애착에 대한 우리의 이론은 이러한 삶의 환경이 어떻게 그들을 형성하는지에 대해 적절하게 고려하지 않았다. 예를 들어, 윌리엄의 가정생활과 그의 부모님과의 특별한 경험은 그가 말했듯이 매일의 일에 부여되는 중요성과 결과에 크게 좌우되어 결정되었다. 그는 아버지가 가정을 떠난 것은 일에 대해 어머니와 아버지 사이에 갈등이 해결되지 않았기 때문이라고 생각한다. 그의 아버지에 대한 애착과 그의 아버지와 어머니가 가졌던 노동문제에 대한 유산은 그의 개인적인 안정감을 형성하는데 기여했다. 그것은 현재 그의 부부와 가족상황에 불안정성을 불어 넣었다. 이는 "좋고 안정적인 직업"을 가지는 것이 "찾기 힘들고 이른바 유망하다고 하는 직업"이 보장할 수 있는 것보다 가정파괴 위험에 대한 불안감을 줄인다는 양육에 있어서의 그의 접근을 형성한다. 게다가, 직업안정성은 윌리엄의 인종과 성 정체성을 그대로 간직하게 하고 고정관념 위협으로부터 보호한다(Steele, 1997). 이러한 요소들은 모두 그가 회복력을 발휘할 수 있는 그의 능력요소들이다. 그러나 그의 성격은 노동경험의 패러다임에 그려지는 포괄적인 공식은 없이 그의 어머니에 대한 안전하거나 불안정한 애착의 렌즈를 통해 따로 볼 수 있다. 이 사례의 경우 안전한 애착으로 양육할 수 있었던 윌리암 어머니의 능력은 이러한 안전한 애착을 제공할 수 있는 부모의 노동 환경 내에 있었던 그

녀 자신의 발달 결과라고 가정할 수 있다. 애착 이론적 지향을 활용하는 상담사나 심리치료사는 이와 같이 노동경험을 사례개념화 및 치료과정에 통합한다면 그들의 사고를 넓히고 강화할 수 있을 것이다.

진로 및 직업에 대한 고찰

상담에서 윌리엄이 보고한 갈등상황을 바탕으로 그의 진로 적합성의 중요성을 높이는 것을 통해 상담에서 그의 환경에 접근하는 것은 역시 쉽다. 그의 갈등적 상황은 아마도 직업적절성, 드러난 우울한 증상, 진로포부에 대한 혼란과 모호함을 통해 해석할 수 있을 것이다. 그는 자신의 낮은 목표 지향적인 동기, 낮은 기분과 정서, 안정의 역사를 보고한다. 우리는 그가 표현한 직업만족을 삼촌이 그에게 건네준 직업의 편의성에 대한 순응으로 볼 수 있다. 비록 윌리엄의 불만이 결혼생활의 긴장과 관련이 있지만, 일하는 상황이 지금 상황에서 가장 중요한 듯하다. 게다가, 윌리엄 내면에는 직업 및 진로흥미 평가가 개입의 가치가 충분할 것이라는 점을 시사하는 충분한 혼란과 불확실성이 있다. 이 시점에서 사례개념화를 할 때 주목할 위험은 성 및 인종 불평등에 관한 사회화로부터 윌리엄의 발달에 대한 영향을 고려하지 않고 우리의 이론적인 경향에 따라 직업 및 진로영역에 너무 많이 집중하는 것이다. 이것은 그의 어머니 역할에 따라 윌리엄의 심리내적 구조를 밝히는 이론에 초점을 맞추는 상담사나 심리치료자가 가질 수 있는 임상 실제의 위험보다 크지는 않다.

인지-행동적 접근에 대한 고찰

상담사나 심리치료사가 윌리엄의 상황에 접근할 수 있는 또 다른 방법은 그를 꼼짝 못하게 하고 그의 불안감과 우울증증상을 유발하는 방식인 그의 인지에 집중하는 것이다. 상담사는 내담자가 그의 넘치는 생각들(인지)과 그들에 대한 자신의 반응에 통제감을 갖도록 도와주어서 버스기사로 일하는 것과 그와 관련된 부부간의 긴장감에 대한 그의 딜레마를 더 잘 해결할 수 있도록 도울 수 있

다. 그의 강박적 사고와 관련된 행동의 사슬을 인식함으로써, 그는 전형적으로 그의 과정의 결과를 좌우하는 불안을 예방하고 이러한 패턴을 방해하는 기술을 배울 수 있다. 심신을 약화시키는 사고 과정을 줄이는 것은 그가 더 잘 기능하도록 해 줄 것이고 이렇게 향상된 기능은 윌리엄이 더 건강한 상태에서, 그의 일과 열망의 딜레마와 부부 간의 긴장을 직면하도록 도울 것이다. 좀 더 감정적으로 균형을 이룬 안정적인 상태는 또한 그의 직업과 진로흥미에 대한 그의 직업적 평가와 지침에 잘 참여하도록 할 것이다.

결혼과 가족 체계에 대한 고찰

윌리엄의 상황에서 부부 간의 긴장감과 확대 가족의 개입의 중요성은 가족상담사나 심리치료사가 쉽게 가족구조 내에서 형성된 관계문제에 집중하도록 이끌 수 있다. 분명히 윌리엄과 그의 아내 간의 사랑뿐 아니라 긴장 역시 그들 부부뿐 아니라 그들의 역동을 관찰하는 자녀들의 대인관계 구조화에도 영향을 준다. 윌리엄을 위해 관계적인 맥락과 환경을 탐색하는 것은 그의 일의 지향과 그가 일 만족과 충족되지 않은 소망에 대한 갈등을 해결하려는 부수적인 어려움에 대한 통찰력을 제공한다. 상담사나 심리치료사는 가족체계의 관점에서 윌리엄의 상황에 접근할 수 있다. Bowen (1978)의 세대 간 유산의 전수에 대한 강조는 윌리엄의 상황을 이해하는 적절한 틀이다. 윌리엄 부모님은 부부관계와 가족관계에서 일이라는 주제로 어려움을 경험했기 때문에, 윌리엄은 부모님과의 상호작용과 그가 직접 관찰한 것이 그의 부부관계 갈등의 시작으로 이해할 수도 있다. 게다가, 윌리엄은 확대가족의 일에 대한 생각을 매우 잘 반영하고 있다. 그를 버스기사가 되도록 그의 미래를 안내한 삼촌은 역할모델이었다. 한 세대 전 가족들은 삼촌을 그의 직업안정성에 비추어 좋은 양육자로 보았다.

그러므로 가족치료의 지향에서 볼 때, 우리의 내담자는 노동의 가족 세대 간 유산일 뿐만 아니라 가족의 산물이다. 일에 대한 가족의 지향과 노

동에 대한 공동체에서 세대간 전해지는 이야기의 연속성의 상호작용은 보통 가족 구성원들이 취업시장에 들어가는 방법을 결정한다. 일과 관련된 맥락에서 가족체계가 역할을 하는 한 가지 방식은 가족 구성원들이 다른 가족 구성원들과 관련된 직업과 진로여정을 따를 수도 있다는 것이다. 가족 및 공동체 체계 내의 관계는 개인 내담자 및 가족(및 그 가족의 구성원들)이 그들의 삶에서 노동을 본질적인 것으로 여기는 것에 영향을 미친다(Richardson, in press). 우리는 종종 이러한 관계적인 역동 때문에 가족이나 멘토와 관련된 직업에 진입하는데, 가족이나 멘토의 접근성은 그러한 직업분야에 대해서 우리가 접근할 수 있는 특권을 줄 수 있다. 가족이나 공동체 직업패턴을 깨는 것은 보기보다 더 어려운데, 왜냐하면 가족과 공동체의 가치관, 신념 및 실천에 대한 세대 간 유산의 전수는 보통 인식할 수 없는 강력한 방식으로 우리 삶에 깊숙이 박혀 있기 때문이다(Bowen, 1978; McGoldrick, Carter, &Garcia-Preto, 2010; Walsh, 2006).

결론: 통합적이고 포괄적인 틀의 고찰

다시 한번, 우리가 융통성있게 생각할 때, 거의 모든 우리의 이론적 관점은 개인에게 있어 노동의 의미에 영향을 미치는 심도있는 구조적이고 체계적인 복잡성을 이해하도록 하는 고유의 방식으로 우리를 이끌 수 있다. 윌리엄의 상황을 개념화하기 위해 이처럼 다른 이론적 틀을 간략하게 제시한 이유는 우리의 지향이 얼마나 빨리 우리를 제약할 뿐만 아니라 인도 할 수 있는지를 강조하기 위해서였다. 우리의 이론과 실제의 지향은 우리가 제공받은 개념적인 안내책자와 개입안내서 덕분에 특정렌즈를 통해 내담자의 상황을 쉽고 편안하게 볼 수 있게 해 준다. 이는 각 지향의 지지자들이 부여한 강화된 신뢰를 감안할 때 비밀도 아니며 반드시 잘못된 기대도 아니다. 우리가 특정한 이론 및 실제 진영에 갇혀 있기 때문에, 새로운 사고방식 및 실제에 대한 개방성은 주로 우리의 일에 대해 만연한 개념적 상자 때문에 쉽게 이루어지지 않는

다. 그럼에도 불구하고, 우리는 더 포괄적이 되고 궁극적으로 더 효과적이도록 우리의 전문영역을 계속 도전해야 한다.

일의 심리학이 바로 그 일을 옹호한다(Blustein, 2006). 윌리엄의 상황에 또 다른 방식의 접근은 보다 통합적이고 포괄적인 틀에서 비롯된다. 예를 들어, 간략하게 제시된 여러 가지 접근들은 인간의 발달과정에 보다 정당성과 위상이 부여된 일이라는 관점 안에서 William의 치료계획에 통합될 수 있다. 상담사나 심리치료사는 이를 위해 높은 수준의 정교함이 필요하고, 이에 따라 심리치료 통합은 가장 중요한 훈련목표가 된다. 교과과정 개발의 과제에도 불구하고, 이 장의 또 다른 목적은 치료과정의 특정시점에서 내담자의 환경에 어떤 접근이 다른 접근들보다 적절할 때 다른 이론 및 실제 개입을 사용하는 통합된 심리치료 지향의 실행가능성을 제안하는 것이다. 이러한 전문적인 입장을 취함으로써, 우리는 내담자의 이익을 위해 최상의 치료방법을 제공하기보다 눈가리개 역할을 할 수 있는 절대적인 이론에 대한 충성의 족쇄를 풀기 시작한다. 내담자 삶의 여러 영역을 개념화하는 것을 본질적인 복잡성 이상으로 어렵게 만드는 것은 이론과 실제의 경직성이다. 여기에는 직업과 진로상담 이론과 실제를 포함하고 있는데, 이들도 다른 학파들처럼 전문화된 상자를 벗어나 진화하려고 애쓰고 있다.

대부분의 치료자는 소외된 사람들과 비전통적인 진로 또는 직업상담의 내담자들에 관여할 뿐 아니라 일의 심리학의 관점을 상담 실제에 포함하려 하고, 이를 위해서는 패러다임의 변화가 필요하다(Franklin, 2010). 패러다임의 변화는 우리가 심리치료의 이론과 실제뿐 아니라 일의 심리학 학계를 지속적으로 옹호함에 따라 더욱 커질 것이고, 패러다임의 변화는 이론, 연구, 실제에 있는 내부적(emic) 관점 대 외부적 관점(etic)으로부터 발전할 것이다.

5부
커뮤니티 기반의 개입과 공공 정책

16장 교육개혁의 구성요소로써 일의 가능성

모린 케니(Maureen E. Kenny)

초록

오랫동안 교육은 '아메리칸 드림'을 실현하는 수단으로써 받아들여져 왔다. 최근 직업사회로의 진출과 경력개발 측면에서 교육의 중요성은 더욱 부각되고 있다. 공무원들과 정책가들이 고등학교가 학생들을 대상으로 대학진학과 취업준비를 시키는 것은 고등학교가 해야 할 역할이라고 주장하고 있음에도 불구하고 아직까지 많은 청년들이 부족한 기술을 갖고 고등학교를 졸업하거나 중퇴하고 있다. 미국에서 이루어진 교육개혁은 학업성취 강화와 특별히 민족, 인종간 성취도의 차이를 없애는 방향으로 이루어져왔다. 하지만 이러한 노력은 충분한 성과를 내지 못하였으며, 정책형성의 과정에서 학습동기 분야의 이론 및 연구, 학생들의 삶의 맥락이 고려되지 않았다. 본 장은 경력개발 및 직업기반 학습에 대한 이론과 연구를 살펴봄으로써 모든 학생들을 진학과 진로에 준비시키는 교육이 무엇을 의미하는지 고찰해본다.

(키워드)

사회정의, 일터에서의 스킬, 교육개혁, 학교에서의 몰입, 학문에 대한 동기부여

서론

최근 우리 사회에서는 일과 교육의 역할이 급격하게 변화하고 있다. 삶을 영위할 수 있는 임금과 승진할 수 있는 기회를 제공하는 직장을 얻기 위해서 고등교육을 이수하는 것이 점점 더 중요해지고 있다(Haskins & Kemple, 2009). 이러한 현실은 최근 경제침체기에 특히 부정적 결과들을 낳았으며, 낮은 교육수준과 경쟁력 있는 기술의 부족으로 소외된 이들에게는 더욱 피해가 컸다. 예를 들어, 2009년에 고등학교를 졸업하지 못한 미국인의 실업률은 14.6%였는데, 고등학교 졸업자의 경우 9.7%, 준학사 학위자의 경우 6.8%, 학사 학위자와 그 이상의 고학력자의 경우 4.6%였다(Bureau of Labor Statistics, 2010). 최근 자료에 의하면, 정부의 노력에도 불구하고 고등학교와 대학졸업률에서 인종에 의한 격차도 줄어들지 않고 있다.

이 장은 현존하는 교육연구와 정책을 비판적으로 검토한다. 이들에 관한 통찰이 사회적 불평등에 대한 이해를 높일 뿐만 아니라, 불평등을 해소할 행동을 촉진할 수 있길 바라면서 말이다. 그를 위해 먼저, 젊은이들에게 교육과 일의 중요성, 일의

세계의 변화, 21세기 직장에서 요구되는 기술들을 다룬다. 교육의 중요성에 대한 인식에서, 미국의 기업 및 정책관료들은 모든 미국 학생들이 대학과 직업활동에 충분히 준비된 상태로 고등학교를 졸업해야 한다고 말한다(Haskins & Kemple, 2009). 하지만 지난 수십년 동안 교육개혁의 다양한 시도들이 있었음에도, 그들의 결과는 기대에 미치지 못했다. 이러한 시도들을 돌아보며 저자는 젊은이들의 삶을 지배하는 맥락과, 학습동기 및 경력개발에 관련된 이론과 연구를 도외시한 개혁전략은 실패할 수밖에 없다고 주장한다. 또한 다양한 개혁 노력의 성공과 한계를 통찰하기 위해 학교참여 및 학습동기(특히 유색인종 학생의)를 설명한 이론과 연구를 검토한다. 마지막으로, 효과적인 교육은 적절성과 엄밀함을 모두 갖추어야 하며, 직업교육과 직업기반 학습은 이 두 가지 기준을 모두 만족시킬 수 있다고 주장한다.

교육과 아메리칸 드림

삶의 질에서 학업성취의 중요성은 널리 입증되었다. 아메리칸 드림이라는 관념은 교육이 미국에서 계층이동의 수단이라는 전제에 뿌리를 두고 있다. 이러한 전제와 일관되게, 높은 교육성취는 더 큰 직업적 성공, 높은 수입, 낮은 실업 및 빈곤 위험, 더 나은 건강과 더 높은 시민참여와 연관된다(Baum & Ma, 2007; Jerald, 2009). 교육과 수입의 상관관계는 모든 성별과 민족, 인종집단에 걸쳐 존재하지만, 집단 간에는 학업성취, 고등교육 이수, 그리고 대학진학 및 이수에 있어서 유의미한 차이가 존재한다(Baum & Ma, 2007). 1990년 이래로, 표준화 검사점수에서 모든 집단의 학업성취 수준이 증가하였지만, 흑인, 라틴계, 그리고 최근 이민자 학생들은 백인과 아시아계 학생들보다 더 낮은 점수를 기록하였다(National Center for Education Statistics, 2009). 라틴계 미국인 그리고 아메리칸 인디언/알래스카 원주민들은 다른 집단보다 고등학교를 중퇴할 가능이 높았다. 중퇴비율은 라틴계 21.4%, 아메리칸 인디언/알래스카 원주민 19.3%로 나타났다(National Center for Education Statistics, 2007). 고등학교를 졸업한 사람들은 대학 진학 및 대학졸업 비율에서 인종, 민족, 그리고 소득 수준에 따라 차이를 보였다. 시골지역의 사람들, 학생들은 고등교육에 참여하는 비율이 상대적으로 낮았다. 또한, 흑인, 히스패닉, 그리고 저소득 학생들은 다른 학생들보다 학위취득 전에 대학을 그만둘 확률이 더 높았다(Baum & Ma, 2007).

인종과 민족에 따른 교육 및 직업성취의 불평등은 미국의 인종차별주의와 구조적 장벽의 기능으로써 존재한다. 브라운 대 교육부 판결로부터 50여년이 지난 지금도 공립 고등학교들은 학생 구성과 재정수준에서 막대한 차이를 보이고 있으며, 이에 따라 분리된, 불평등한 고등학교 경험을 만들어내고 있다(Balfanz, 2009). 넓은 도시지역의 공립학교들은 인종과 사회계층에 따라 점점 분리되어 가고 있다(Weis & Dimitriadis, 2008). 소수집단의 청소년들을 빈곤지역에 위치한, 소수집단 학생들로 구성되고, 재정이 부족하며, 졸업률이 낮은 학교에 몰려있다. 제일 빈곤한 가정과 지역사회에서 자란 학생들은 학생수가 많고 이들 중 높은 비율이 학년별 수준에서 뒤떨어지는 학교에 다니고 있다. 이러한 학교는 교사 대비 학생 비율이 높으며, 학생 한 명당 들어가는 비용이 적다(Balfanz, 2009).

미국의 인종, 민족, 그리고 사회계층별 교육수준의 차이는 점점 커지는 생애소득 격차에 기여하고 있다. 고등학교 중퇴자는 장기적 실업과 빈곤의 위험이 더 높다. 2005년도 국가 차원의 통계에서, 고등학교를 졸업하지 못한 정규직 사원의 중위소득은 $18,000였는데, 고졸자는 $24,900, 학사학위자는 $39,000, 전문학위자는 $74,500였다(Baum & Ma, 2007). 더욱이, 교육수준이 낮은 사람들에게는 지난 30년 동안 경제적 기회가 더욱 줄어들었다(Haskins & Kemple, 2009). 대학교육의 재정적 혜택은 같은 기간 동안 25% 상승했는데, 대학과정을 마친 해마다 얻는 수익률은 13~24%였다(Jerald, 2009).

부모가 하위 5백분위 소득계층에 속하는 경우, 아이가 대학학위를 취득하면 상위 5백분위 계층으로 이동할 가능성이 5%에서 19%로 약 4배 높아진다. 안타깝게도, 이러한 소득계층에서 자란 젊은이 중 단 3분의 1만이 실제로 대학에 입학하고, 단 11%만이 학위를 취득한다(Haskins & Kemple, 2009). 부모의 교육수준은 힘과 자원의 접근성에 영향을 대대로 미치게 되어, 교육받은 부모의 자녀는 유년기에 학교 준비도가 더 높으며, 청소년기에 대학에 진학할 확률이 더 높다(Baum & Ma, 2007). 학교에서 이민자 자녀들의 수가 늘어나고 있는 이 시기에, 아메리칸 드림의 길은 좁아지고 있는 것이다.

교육과 사회정의

미국과 전 세계에서 교육은 고용기회로 이어지는 핵심적 요소이다. 일이 생존, 권력, 사회적 관계, 그리고 자기결정의 수단인 만큼(Blustein, Kenna, Gill, & DeVoy, 2008), 고용불안정과 실직은 사회정의의 문제가 된다. 미국의 교육시스템, 그리고 사회계층, 인종, 민족, 장애상태에 따른 학업 및 직업성취도에서 불평등이 집요하게 지속되고 있는데, 이러한 불평등을 시스템적, 구조적 편향과 사회적 차원의 억압의 결과로 보는 학자들(e.g., Fine, Burns, Payne, & Torre, 2004; Prilleltensky, 2001)의 주장에 나는 동의한다.

사회정의의 완전한 실현을 위해서는 정치경제 수준에서 광범위한 구조적, 시스템상의 변화가 필요하지만, 동시에 높은 학술적, 비판적 사고기술 또한 젊은이들이 직장에서 성공을 거두고 정치과정에 참여하기 위해서 대단히 중요하다(Cochran-Smith, Gleeson, & Mitchell, 2010). Prilleltensky와 그의 동료들(Prilleltensky, 2001; Prilleltensky & Nelson, 1997)이 언급하였듯이, 개인 및 집단차원에서의 기술과 역량은 온전하고 평등한 사회참여와 삶에서의 자유의지 및 자기결정을 이루는데 필수적이다. 기회를 가로막는 구조적 장벽의 제거가 중요한 만큼, 완전한 사회참여에 필요로 되는 개인적 기술 또한 개발될 필요가 있다는 것이다(Prilleltensky, Dokecki, Frieden, & Wang, 2007). 교육과 일의 불평등은 실질적인 사회변화를 요하는 광범위한 사회

적 이슈이지만(Prilleltensky & Nelson, 1997), 의미 있는 학업 및 직업적 기회의 접근성을 높이고, 젊은이들을 이러한 환경에서 번영하도록 준비시키는 교육 및 근로정책을 생성하는 것은 사회정의의 진보를 위해서 필요불가결한 것이다. 교육은 사회경제의 현상유지를 위해서가 아니라, 사회정의를 촉진하고 젊은이들을 억압에 저항하도록 준비시키는 방향으로 구조화 될 수 있으며, 마땅히 그래야만 한다.

이번 장에서는 관련 역사, 이론, 그리고 연구를 비판적으로 검토함으로써 교육정책, 그리고 학교 및 직업프로그램을 구조화하려는 시도들을 조명할 것이다. 이러한 정책과 시도들은 사회정의를 촉진하고 다음 세대에 더 나은 삶을 제공할 것이다. 먼저, 업무현장의 변화, 미국의 교육에서 학교와 일의 연관성, 그리고 미국 공교육 개혁의 본질에 대해 간략히 이야기한다. 그런 다음, 더욱 효과적이고 정의로운 정책과 실천을 구체화하기 위하여 관련된 교육 및 심리연구들을 검토한다. 이는 모든 젊은이들의 역량을 증진하여 일과 사회에 온전히 참여하도록 도울 것이다.

변화하는 일의 세계

21세기의 노동시장은 개인에게 점점 더 높은 수준의 학업 및 기술능력을 요구하고 있다. 미국경제는 1997년 이후로 급격히 변화되어 왔다. 과거의 경제생산에서는 물품제조(예: 자동차와 산업장비)와 물품운반(건축, 운송)이 지배적이었지만, 지금은 서비스, 특히 정보 서비스 및 기술이 가장 중요하게 되었다(Partnership for 21st Century Skills, 2008). 세계화와 자동화는 반복작업, 컴퓨터에 의해 프로그램되거나 로봇에 의해 수행될 수 있는 작업을 없애는데 기여하고 있으며, 조립라인이나 다른 일관작업은 이제 미국의 노동자보다 더 적은 임금으로 일할 수천 마일 떨어진 곳의 사람들에게 위탁될 수 있다(Jerald, 2009). 미국 노동부에 의하면(Bureau of Labor Statistics, 2008), 2006년과 2016년 사이, 학사 이상의 학력을 요구하는 직업은 고졸

이하의 학력을 요구하는 직업에 비하여 2대1의 비율로 증가할 것이라고 한다. 새로운 직업의 3분의 2가 고졸 이상의 학력을 요구할 것으로 예상된다(Bureau of Labor Statistics, 2008). 고등교육을 받지 못하고 기초적인 읽기능력과 기술만을 갖춘 사람들은 생활임금을 지급하는 일자리를 찾는 것이 점점 더 어려워질 것이다(Baum & Ma, 2007).

역사적으로, 미국은 최고의 대학 교육기관들과 K-12 학교를 가진 세계의 교육리더라고 자부해왔다. 실제로, 미국 노동인구의 교육성취도는 2차 세계대전 이후 미국의 경제력을 지탱해온 핵심요소였다. 그러나, 다른 국가들과 비교한 국제적인 평가를 보았을 때 미국의 위상은 줄어들고 있음을 알 수 있다. 2009 학업성취도 평가 프로그램(Program for International Student Assessment; PISA)에 따르면, 미국의 청소년들(15세)은 33개 선진국 중 수학에서 18위, 과학에서 13위를 차지하며 평균 또는 그 이하를 기록했다.

변화하는 업무현장에 대한 인식과 세계경제에서의 경쟁우위 유지에 대한 우려로 인하여, 미국의 노동계와 기업은 교육시스템을 통해 개발되어야 할 주요 업무기술을 정립하고자 노력하고 있다. 21세기 기술을 위한 파트너쉽(Partnership for 21st Century Skills; www.p21.org)은 학생들이 변화하는 업무현장에서 성공할 수 있도록 준비시키는 교육강화 옹호단체의 리더로, 고용주, 시민, 그리고 K-12와 고등교육기관 교육자들의 전국포럼을 개최했다. 그곳에서 모두의 의견을 수렴해 21세기의 학습과 학생성과에 대한 집단비전을 개발했다. 이 폭넓은 비전은 현재 그리고 미래의 근로자가 학문적 지식을 현실적인 문제에 적용하는데 필요한 다양한 기술들(비판적 사고 및 문제 해결, 의사소통, 협업 및 팀 구축, 창의력 및 혁신)을 반영한다. 경제학자들 역시 미국인들이 높은 임금수준을 유지하고자 한다면 다른 근로자보다 더 많은 창의력과 혁신을 발휘해야 할 것이라고 이야기한다(National Center on Education and Economy, 2007). 이러한 기술의 중요성은 널리 알려져 있어도, 기업의 고위간부와 인적자원 관리자들의 입장에서는 아직 신입

사원들이 이러한 분야에서 전혀 준비되어 있지 않다고 보고 있다. 고졸근로자의 절반 이상이 충분히 준비되지 않은 것으로 평가되며, 대학졸업자의 25%만이 우수한 기술수준을 보이는 것으로 보고되고 있다(www.p21.org).

21세기 교육이 모든 학생들에게 고급 학업기술과, 학문적 배움을 실제문제에 적용할 수 있도록 돕는 광범위한 역량(Jerald, 2009)을 함께 제공해야 한다는 것은 대부분의 전문가들이 동의하는 견해다. 반면, 이러한 역량을 키우기 위한 교육전략에 대해서는 일치된 의견이 많지 않다. 일부 교육자와 정책가들은 대학에서 필요한 학문적 기술을 갖추는 것이 노동인구로 준비되는 최상의 방법이라고 주장한다(ACT, 2010). 하지만 다른 학자들은 오로지 학문적 기술과 대학교육 학습능력에만 초점을 맞춘다면 대인관계 능력, 학문적 지식을 실생활에 적용해본 경험 등, 일과 삶의 성공에 있어서 중요한 다른 능력들이 도외시될 수 있다고 지적한다(Grubb & Oakes, 2007, Stern, 2009). 고등학교 졸업생들의 대학 및 취업준비를 향상시키기 위해 전국적으로 채택하고 있는 공통핵심학력기준(Common Core State Standards; ACT, 2010)은 오직 학문적 기술에만 중점을 두고 있다. 노동인구 양성을 위해 학교가 해야 하는 역할에 대한 이러한 의견충돌은 미국의 교육역사와 여태껏 시도된 다양한 교육개혁 노력들을 살펴볼 때 분명하게 드러난다.

교육개혁에서의 직업준비

역사적으로 고등학교는 상향계층 이동, 노동인구 양성, 경제성장 및 시민의식 개발을 위한 통로로 알려져 왔다(Balfanz, 2009). 그러나 다음의 역사적 검토가 드러내듯, 이러한 목표에서의 성과와 각 목표의 중요성은 시대에 따라 변화되어 왔다.

20세기 초반에는 소수의 특권층만이 대학진학을 위해 고등학교에 다녔다. 많은 청소년들이 비공식적으로 가족이나 공동체구성원들을 관찰함으로써, 또는 공식적인 견습을 거침으로써 일을 배웠다. 그러나 1960년대부터 16세까지 고등학교를 의

무적으로 출석하여야 했고, 학교의 임무는 노동인구양성과 학업능력 향상뿐만 아니라 사회화 및 생활적응을 포함하도록 확장되었다(Kliebard, 1999). 20세기 전반에 걸쳐, 미국의 고등학교는 크게 학업교육과 직업교육(현재는 career and technical education[CTE]으로 일컬어짐)으로 구분되어 학생들은 두 가지 길 중 하나를 선택해야 했다. 그러나 1980년대에 이르러 직업교육과 기술교육은 학생들, 특히 낮은 사회경제적 집단의 학생들의 진로를 규정하고 대학 준비과정 및 대학진학에 대한 접근을 제한한다는 비판을 받게 되었다(Oakes & Saunders, 2008). 그 이후로 직업 및 기술교육에 등록하는 학생은 점차 줄어들었고, 최근에는 미국 고등학생의 3% 미만이 직업기술학교에 다니고 있다(Stern, 2009). 2003-04년도 고등학교 졸업생 중 15%만이 3학점 이상의 비즈니스, 의료 및 마케팅과 같은 직업준비과정 과목을 이수했다(Stern, 2009).

지난 반세기 동안 경쟁력 있는 노동인구 준비와 교육성취도에서 인종적, 사회적 계급불균형을 해소하기 위한 다양한 교육개혁이 개시되었다. 1981년, 백악관은 미국이 다른 나라들보다 뒤쳐지기 시작했다는 것을 인지하고 미국의 교육에 대한 연구를 의뢰했다. A Nation at Risk(National Commission on Excellence in Education, 1983)라는 제목의 결과보고서는 미국의 교육자들에게 학생 성취도 저하의 책임을 물었고, 학교가 학생들을 근무지로부터 분리시켰다고 비판하였으며, 미국 학생들의 교육적, 직업적 준비가 불충분한 것이 경제 불안정의 원인이라고 언급하였다(Hargreaves & Shirley, 2009). William T. Grant Foundation(1988)의 영향력 있는 보고서 또한 높은 수준의 실직, 직업 불안정성, 대학에 진학하지 않은 청년들이 장래성 없는 직업에서 허우적거리는 현상에 관심을 불러일으켰다. 이 보고서는 교육자와 정책입안자들 사이에서, 많은 미국 청소년들이 직장으로의 성공적인 이행을 위한 학업 및 업무준비 능력이 부족하다는 우려를 자극했다.

1990년대 미국에서 시작된 school-to-work (STW)운동, 또는 school-to-career 운동(Olson, 1997)과 1994년의 School-to-Work Opportunities Act (STWOA)는 일을 선택한 젊은이들의 기회감소와 미국 노동인구의 질적저하에 대한 우려에서 나온 것이다. 독일, 오스트리아, 스위스, 일본 등은 학교에서 직장으로 학생들의 성공적인 전환을 돕기 위해 고등학교와 고용주 사이의 정교한 학생 인턴 및 협력 시스템을 발전시켰는데, 이는 미국의 교육개혁에서 자극제 역할을 하였다(Mortimer, 2003). STW 프로그램은 직업기술 교육의 대안이 되었으며 학업 및 취업준비 기술개발을 위한 새로운 모델을 제공했다. 학업적 교육과 분리되었던 직업 및 기술교육과 비교하여, STW 프로그램은 학업 및 직업준비를 새로운 방식으로 통합하고자 하였다. 이러한 연결활동은 젊은이들이 학교와 직업의 관계를 이해하고 학교에서 학습한 것을 직장에 연결시키도록 돕는 중요한 메커니즘으로 개념화되었다 (Blustein, Juntunen, & Worthington, 2000). STWOA는 진로준비 활동을 지원하기 위해 15억 달러가 넘는 기금을 투자했다. STWOA의 진로준비 활동에는 다음과 같은 활동들이 포함되었다: 업무기반 학습 또는 업무환경 안에서 이루어지는 교육적 경험(예: 직업체험, 협동교육, 학생들에게 유급으로 직장학습경험을 제공하고 직장 멘토와 연결시켜주는 인턴쉽 및 청소년 견습 프로그램), 진로에 초점을 맞춘 학교기반 학습(예: 기술 지도와 직업을 강조하는 기술 준비 프로그램), 연결활동(Mortimer, 2003). 2001년 국가법이 만료된 후는 지역자원에 의존하게 되었지만, 이러한 정부기금이 마련됨으로 많은 혁신적인 프로그램들의 개발이 지원되었다.

장기적인 결과가 평가되기 전에 법이 만료되어 아쉽지만, STW의 단기적 결과는 유망했다. 무작위 대조연구를 비롯한 다양한 연구 증거를 종합하여 보면, 전반적으로 STW프로그램의 학생은 STW프로그램이 없는 학교의 학생들보다 출석률과 성적이 높았으며, 직업선택의 폭이 넓었고, 고등학교 중퇴율이 낮았다(Hughes, Bailey, & Mechur, 2001). 표준화된 시험점수에 미치는 긍정적인 영향은 확립되지 않았지만(Hughes et al., 2001), 연구에 따르면 STW프로그램 졸업생은 그렇지 않은 학생보다 이후 교육과정에 등록 및 이수한 비율이 높았고 소득도 더 높았다(MacAllum & Bozick, 2001).

2001년 NCLB(No Child Left Behind)로 더 잘 알려진 초·중등교육법(ESEA)의 재승인은 국가교육정책의 전면적인 변화를 가져왔다. NCLB가 학습성취도에 초점을 맞추고, 학교에 학생들의 시험 점수를 향상시키라는 재정적·사회적 압력이 가해짐에 따라 STW와 그 밖에 학업과 현장학습을 연결하였던 시도들은 모두 축소되었다(Mortimer, 2003). 입법안의 이름에서 알 수 있듯이, 법안의 목적은 학업성취의 격차를 줄이고 유색인종 아동, 영어 학습자(ELLs), 장애아동과 빈곤층 아동을 포함한 모든 학생의 성취도를 높이는 것이었다. 이 전반적인 목표는 널리 수용되었어도 이를 수행하는 방법, 연방정부가 목표를 달성하기 위해 제공한 자원, 그리고 개혁의 효과에 대해서는 논란이 있다.

NCLB와 현재 교육정책의 기본전제는 엄격한 평가와 책임부여가 학생, 관리자 및 교사의 동기를 향상시켜 학업성취도를 향상시킬 수 있다는 것이다. 그러나 학교가 학생들의 진도를 입증하지 못하고 '개선필요'라는 딱지가 붙여질지 예측하는 유일하고 강력한 변수는 학교빈곤이다. NCLB는 근본적인 사회경제적 원인을 다루기보다 관리자, 교사, 학생에게 책임을 지웠다. 이미 연구는 학교 행정담당자를 해고하는 것이 효과적인 개혁 전략이 아님을 시사하였지만 말이다(Good & McCaslin, 2008). 미국 공립 고등학교 학생의 4명 중 1명이 졸업 전에 중퇴하고 있는 상황에서(Balfanz, Bridgeland, Moore & Fox, 2010), 현재까지 교육개혁의 성과는 불충분하다고 말할 수 있다. 보편적인 개혁 접근법은 교사의 봉급과 학생의 시험점수를 연결시키고, 차터스쿨(공적 자금을 받아 교사·부모·지역 단체 등이 설립한 학교)과 공립학교가 학생과 공공기금을 놓고 경쟁하도록 하는 등, 경제적 인센티브를 활용한 비즈니스 모델을 채택하고 있다.

NCLB의 개시 이후, 성취도가 낮은 학생들의 학업진전이 불충분 하였으며 중퇴율이 증가하였다. 이는 학생들에게 고부담시험을 보게 하는 것이 부적절하며 유해할 수도 있는 교육개혁 방법이라

는 것을 나타낸다(Good & McCaslin, 2008). 증거에 따르면, 일부 학생들(특히, 증가하고 있는 ELL 이주민 학생, 소수인종/민족학생, 특수교육학생)은 자신이 졸업을 위한 고부담시험을 통과하지 못할 것이라 예측하고 낙담하며, 학교를 중퇴하게 된다(Fine, Jaffe-Walter, Pedraza, Futch & Stoudt, 2007). NCLB의 엄격한 책임기준과 평가는 학생들에게 동기를 부여하기보다 많은 ELL에게 극복 할 수 없는 과제가 되었다. 비평가들은, 또한, 연간 학력향상 기준치(AYP)를 달성해야 하는 압박은 필연적으로 시험 위주의 커리큘럼으로 이어진다고 지적했다. 이러한 커리큘럼은 맞춤 및 협동학습 환경과 같이 학생들의 학습참여를 촉진하는 요소들을 도외시하며, 실제적 문제와 관련된 평가와 함께 지적으로 흥미로운 커리큘럼에서 멀어지게 된다(Darling-Hammond, 2006; Fine et al., 2007). 표준화 된 테스트를 통과하기 위한 준비과정으로 인하여 종종 비판적 사고능력 개발과 고임금 일자리와 시민참여에 필요한 지식적용을 간과하게 된다(Cochran-Smith et al., 2010). Good and McCaslin(2008)은 NCLB 개혁정책의 영향을 받은 교실에서는 아이디어의 상호관계 또는 미래의 적용점에 대한 논의 없이 기본적인 기술과 사실적 자료에만 중점을 두고 있음을 발견했다. 선생님과의 관계는 좋았지만 학생에게 선택권이나 주도적 기회는 없었다. 미국학생과 근로자의 국제적 위상에 대한 국가적인 우려 가운데서, 아이들과 아이들의 전반적 복지를 위하여 가장 좋은 것이 무엇인지 잊혀져서는 안된다(Shaker, 2010). 너무 많은 학교들이 고등학교 이후의 교육과 직업에서 성공할 수 있도록 학생들을 준비시키지 못하고 있다(Fleischman & Heppen, 2009).

교육개혁과 관련된 이론과 연구

비평가들(예: Orfield, 2004)은 NCLB가 심리학, 교육 및 교육측정에서 전문가의 의견을 고려하지 않고 미국의 교육정책을 변형시켰다고 지적했다. 이론과 연구는 심리학과 교육학에서 가장 좋은 실천이 무엇인지 알기 위해 꼭 필요한 부분이다

(Hage et al., 2007). 따라서 최근의 교육정책 시도들 (예: 혁신 기금 투자)은 학군과 연구기관간의 파트너십을 장려한다. 이는 교육실천을 엄격하게 평가하고, 어떤 접근이 효과적인지 파악하며, 새로운 환경에 적용하도록 하기 위함이다. 다음 섹션에서는 교육 및 직업심리 분야의 정책실천을 향상시키는 지식을 알아보기 위해 관계되는 이론과 연구를 살펴볼 것이다. 이러한 자료들은 고등학생의 학습동기와 학교참여에 대하여, 그리고 학교참여와 진로개발을 방해하는 시스템 요인에 대하여 조명하고 있으며, 상담심리학자의 역할이 이 영역에서 두드러진다. 또한, 학교와 일을 통합하고자 하는 프로그램의 효과를 검토할 것이다. 학구적 배움, 직업준비, 그리고 교외학습을 분리시키려는 시도는 잘못된 판단이며, 학생들의 학교 및 학습 참여동기 요인을 고려하지 않았고, 21세기 노동인구에게 중요한 창의성, 비판적 사고, 협동을 무시하였다. 여기서 학생들의 참여와 동기에 집중하는 것은 동기부여가 부족하여 학생들이 진전하지 못했다는 의미보다 학생들의 동기, 학생들이 사회경제적 불평등에 대처하도록 돕는 요인에 대한 적절한 이해 없이 교육개혁이 이루어지고 있기 때문이다.

학교참여

학교참여는 학습과 학업기술 숙달에 학생이 행동·정서·인지적 측면에서 얼마나 관여하고 있는지 나타내는 개념이다(Fredricks, Blumenfeld, & Paris, 2004). 학교참여는 최근 교육 및 심리학 문헌에서 학업성취와 관련된 요인으로써 주목받고 있다. 고등학교에서 중퇴하는 것은 학교로부터 이탈하는 긴 과정의 종점으로 이해된다(Tyler & Lofstrom, 2009). 학생들이 자신의 능력에 상응하는 성취를 이루기 위해서는 관심, 동기, 그리고 노력이 필요하다는 것을 이해하면서 학교참여에 대한 관심이 높아지게 되었다. 이것은 집단 내 변수로써, 저소득 소수민족 집단 안에서도 왜 어떤 학생은 더 큰 학업적 성과를 거두고 어떤 학생은 그렇지 않은지 설명하는데 도움을 줄 수 있다(Sirin & Rogers-Sirin, 2005). 더욱이, 학교참여는 보다 조정가능한 요소

로써, 다른 광범위하며 시스템 깊이 내재된 요인들과 비교하여 단기간에 변화를 일으키기 용이하다고 알려져 있다(Fredricks et al., 2004, Perry, 2008). 학생참여가 학업수행 및 지속성과 정적 상관관계에 있으며, 학교중퇴, 부정행위, 약물남용과는 부적 상관관계에 있다는 것이 연구를 통해 확인되었다(Voelkl & Frone, 2000).

이 개념의 잠재적 가치를 인식하면서, 긍정적 학교참여 또는 비참여를 촉진하는 요인들을 파악하고자 연구가 진행되었다. 고려해야할 점은 많은 연구들에서 학교참여가 초등학교 수준에서는 강하게 나타나지만 중고등학교 시기를 거치면서 점차, 때로는 급격하게, 감소하는 것으로 드러났다는 것이다(Balfanz, Herzog, & MacIver, 2007). 중학교 시기에 학교참여가 감소하는 것은 9학년 때 중퇴율이 급증하는 현상과 연관된다. 이는 성적이 낮은 도시 학교에서 더욱 쉽게 찾아볼 수 있다(Balfanz et al., 2007). 2006년 전국 고등학교 학생참여 설문은 널리 퍼진 충격적인 수준의 비참여를 드러냈다(Yazzie-Mintz, 2007). 설문조사에 따르면, 대다수의 학생들이 수업을 가치 있게 여겨서가 아니라 법으로 정해져 있기 때문에 학교에 다니고 있다. 고등학생의 3분의2는 최소한 수업의 어느 시점에서 지루함을 느낀다고 응답했다. 학생들은 지루함을 느끼는 이유에 대해 수업내용이 흥미롭지 않음(75%), 연관성 없음(39%), 도전적이지 않음(32%), 교사와의 상호작용을 제공하지 않음(31%) 이라고 답했다(Yazzie-Mintz, 2007).

학교참여와 관련된 요소는 다양한 생태학적 수준에서 확인되었다. 예를 들어, 개인수준에서 볼 때, 남학생은 중고등학교 시기에(특히 도시학교에서) 여학생보다 더 많이 학교로부터 이탈하는 것으로 나타났다(Balfanz et al., 2007; Sirin & Rogers-Sirin, 2005). 여학생은 남학생보다 더 적게 이탈할 뿐 아니라, 6학년 때에 중퇴의 위험징후를 나타낼 확률이 더 낮고, 고등학교를 마치기 전에 실제로 중퇴할 확률 또한 낮았다(Balfanz et al., 2007). 이것은 여러 소수민족 및 백인 문화에서, 남학생들이 학업적 성공을 저평가하고 학교에서 잘하는 것을 "따

분한" 것으로 간주하는 동료규범을 더 쉽게 내면화시키는 것과 연관될 수 있다(Tyson, Darity, & Castellino, 2005).

미시체계 수준에서는 학부모, 동료 및 교사의 지원이 학생참여에 매우 중요하다(Close & Solberg, 2008, Kenny, Blustein, Chaves, Grossman, & Gallagher, 2003, Murray, 2009, Perry, Liu, & Pabian, 2010; Simons-Morton & Chen, 2009). 라틴 아메리카계 이민청소년들 사이에서 학교참여의 변동은 교사 또는 학교의 다른 성인으로부터 느끼는 지지의 변동과 관련이 있다(Green, Rhodes, Hirsch, Suarez-Orozco, & Camic, 2008). 또래에 관해서 살펴보면, 고등학생들은 자신의 또래가 학교를 소중히 여기는 것으로 인식할 때 학교에 적극적으로 참여할 가능성이 더 높다(Kenny & Bledsoe, 2005). 일찍이 3학년 때의 또래관계 수준(우정의 질, 친구 지지, 또래 공격성 포함)은 5학년 때의 학교참여와 밀접하게 연관된다(Perdue, Manzeske, & Estell, 2009). 학교에서의 인종차별 경험은 학교참여와 반비례 관계에 있다(Dotterer, McHale, & Crouter, 2009). 동네의 안전과 적당한 학교 규모(한 학급에 400명 미만의 학생)도 학생참여와 정적으로 상관관계에 있다(Daly, Shin, Thakral, Selders, & Vera, 2009, Weiss, Carolan, & Baker-Smith, 2010).

더 넓은 차원에서 보면, 사회적 불평등은 학교에 대한 불만과 이탈로 이어져 왔다. Fine, Burns, Payne, and Torre(2004)는 초등학교부터 고등학교까지 자원이 부족한 학교에 다니는 학생들과 포커스 그룹을 진행했다. Fine과 동료들(2004)은 학생들이 자신이 다니는 학교와 부유한 청소년들이 다니는 학교 사이의 사회적, 경제적 불평등을 예리하게 인식하고 있음을 발견했다. 이 인식은 많은 학생들에게 분노, 불신, 수치심, 사회적 냉소, 학교 및 시민 문제로부터의 소외감을 낳았다.

전반적으로, 학교참여에 관한 많은 연구들(비록 상관관계 연구일지라도)은 교육개혁에서 가족, 또래, 사회적 불평등 및 불평등에 대한 학생들의 인식 등을 포함하여, 학생들의 학습참여에 영향을 미치는 다양한 생태학적 요인을 고려해야 한다고 강조

한다. 사회정의는 이러한 불평등을 바로잡기 위한 노력을 요구하지만, 학생들이 사회경제적 불평등의 부정적 영향에 저항할 수 있도록 돕는 방법에 대해서도 고려할 필요가 있다.

장벽의 인식

사회경제적 불평등이 학업성취와 진로개발에 미치는 영향에 대한 우려는 학업성공을 가로막는 인지된 장벽에 대하여 그 수준과 중요성을 조사하는 연구를 촉발하였다. 인지된 장벽에 대한 연구는 장벽에 대한 인식을 근거 없는 믿음이나 인지적 왜곡으로 치부하지 않는다(Kenny et al., 2003). 오히려, 이는 개인 또는 집단이 자신의 환경에 존재하는 진로개발에 관한 수많은 실제적 도전을 어떻게 내면화하고, 이해하며, 그로부터 어떤 영향을 받는지 측정한다(Constantine, Erikson, Banks, & Timberlake, 1998). McWhirter, Torres, Salgado and Valdez (2007)에 따르면, 유럽계 미국인 학생들과 비교하여 멕시코계 미국인 고등학생들은 자신이 이후의 교육과정에서 장벽에 직면할 것이며 그 장벽을 극복하기가 어려울 것이라고 예상했다. 또한, 성별, 세대, 부모의 교육수준에 상관 없이 모든 멕시코계 미국인 고등학생들 사이에서 인식된 교육장벽은 학생들의 교육열망과 반비례하는 것으로 나타났다(Ojeda & Flores, 2008). 저소득 도시 지역의 민족·인종적으로 다양한 고등학교에 다니는 학생들 사이에서, 인지된 가족·재정·사회적 장벽과 학업 및 직업 성공 사이의 관계가 입증되었다(Kenny et al., 2003; Kenny & Bledsoe, 2005). 사회적 편견과 불평등에 체계적으로 노출된 학생은 학교에 대해 무관심하거나, 자신의 노력이 중요하지 않으며 보상받지 못할 것이라고 믿을 수 있다. 하지만, 청소년의 장벽에 대한 인식과 교육적·직업적 진전 사이의 관계를 조사한 연구가 보편적으로 일관된 결과를 보이고 있지는 않다(Lent, Brown, & Hackett, 2000; McWhirter et al., 2007). McWhirter, Hackett, Bandalos(1998)는 한 멕시코계 미국인 여학생들의 표본에서 인지된 교육 및 경력상의 장벽이 이들의 고등교육 계획을 예측하는 요인이 아니라는 사실

을 발견했다. Ali, McWhirter, and Chronister (2005)는 또한 사회경제적 배경이 낮은 유럽계 미국 고등학생들에게서 인식된 장벽과 고등교육 계획 사이의 관계를 찾는데 실패했다.

인종적 정체성과 사회정치적 발달

사회경제적 장벽에 대한 연구들이 일관된 결과를 나타내지 못하자, 연구자들은 청소년이 이러한 장벽의 부정적 영향에 저항하고 극복할 수 있도록 지지하는 요소가 존재할 것이라고 가정하게 되었다(Kenny et al., 2003). 사회적으로 부과된 부정적 고정관념은 학생들의 학습흥미와 동기를 약화시킬 수 있는데, 긍정적인 민족적, 인종적 정체성은 이러한 고정관념에 저항하도록 돕는 하나의 요소이다(Nicolas, Helms, Jernigan, Sass, Skrzypek, DeSilva, 2008; Spencer, 2005). 예를 들어, Shin, Daly, Vera(2007)는 도시의 공립학교에 다니는 7, 8학년 학생들을 대상으로 한 연구에서, 긍정적인 민족적 정체성이 높은 수준의 학교참여, 부정적 또래 규범에의 저항과 연관된다는 것을 발견했다. Chavous와 동료들(2003)은 600명의 아프리카계 미국인 고등학교 3학년 학생들을 2년 동안 추적하였다. 그 결과, 자신의 인종을 긍정적이고 중요하게 생각한 학생들은 다른 패턴으로 인종적 정체성을 드러낸 학생들보다 대학에 입학할 확률이 더 컸으며, 대학에 남아있을 확률 또한 더 컸다.

이러한 발견은, 또한, 유색인종 학생의 사회정치적 발전이 가지는 보호가치를 다룬 연구와 겹쳐진다(Diemer, 2009; Diemer & Blustein, 2006; Watts & Flanagan, 2007). 개인작인성 및 집단행동 수단과 더불어, 사회정치적 발달은 학생의 성취를 촉진할 수 있다(Diemer & Blustein, 2006; Watts, Williams, & Jagers, 2003). Freire(1972)에 따르면, 의식화 운동, 또는 억압의 근원을 분석하는 과정은 사회적으로 소외된 사람들이 열등감과 자기비하를 내면화하게 되는 심리적 억압에서 벗어나는데 필수적이다. 낮은 사회경제적 배경을 가진 유색인종 학생들의 연구는 Freire의 전제와 일관된 결과를 나타냈는데, 구조적 불평등의 원인에 대한 비판적인 의식과 이

불평등을 줄이기 위한 동기부여가 직업 기대 및 일이 자신의 미래에 중요하다는 인식과 긍정적인 관계가 있음이 나타났다(Diemer & Hsieh, 2008, Diemer, Wang, Moore, Gregory, Hatcher & Voigt, 2010).

경력개발 및 학교참여

이 장의 주제와 특히 관련하여, 도시 고등학생을 대상으로 한 연구는 진로계획 능력과 긍정적인 직업기대가 9학년 과정 동안 학교참여의 증가에 기여한다는 것을 보여주었다(Kenny, Blustein, Haase, Jackson & Perry, 2006). 학교참여는 도시 청소년들의 진로계획 능력, 인종정체성과 긍정적 상관관계를 보였다(Perry, 2008). 또한, 도시 고등학생들 사이에서 진로계획 능력과 직업기대(목표의 존재, 목표 성취 수단에 대한 고려, 목표성취에 요구되는 능력에 대한 열망, 자신감, 동인 등을 포함)는 적응적 성취 관련 믿음(학습의 즐거움, 학교생활은 자신의 미래와 연관된다는 믿음, 성공적인 학교생활에 요구되는 능력에 대한 자신감 등을 포함)과 연관되었다(Kenny, Walsh-Blair, Blustein, Bempechat & Seltzer, 2010). Perry와 동료들(2010)은 또한 도시 청소년의 다양한 표본에서, 진로준비(진로계획과 진로결정 자기효능감으로 측정됨)가 교사지지 및 부모의 진로지원이 학교참여에 미치는 영향을 매개하는 것을 발견했다. 즉, 학부모와 교사의 지원이 직업준비에 기여했으며, 이는 다시 학교참여와 학업성취에 기여했다.

당연히 학교참여에 기여하는 요소 중 많은 부분들은 청소년 진로개발에도 영향을 준다. 예를 들어 Perry와 동료들(2010)의 연구에 따르면, 학부모 및 교사의 지원은 진로 준비에 기여한다. 다른 연구에서(Kenny & Bledsoe, 2005; Metheny, McWhirter, & O'Neil, 2008), 교사의 지원은 학생의 진로결정 자기효능감, 직업성과 기대, 직업계획과 정적 상관을 보였으며, 인식된 교육장벽과는 부적 상관을 보였다. 인식된 부모지원은 진로확실성과 정적 상관관계에, 진로미결정과는 부적 상관관계에 있었다. 이와 반대로, 인식된 진로장벽은 진로확실성과 부적 상관관계, 진로미결정과 정적 상관관계를 보였다

(Constantine, Wallace & Kindaichi, 2005). 지지적 성인의 존재와 직업기반 학습경험의 기회는 학교에서 직장으로 전환하는 청소년들의 준비에 기여하는 요인으로 확인되었다(Phillips, Blustein, Jobin-Davis & White, 2002).

위의 연구에서 교사와 가족의 지원, 진로계획, 학교참여, 긍정적 인종 정체성 및 비판의식 사이의 상호관계가 입증되었다. 이는 미국 청소년들의 교육발전과 진로준비를 강화하기 위하여 이러한 요소들이 고려되어야 함을 제시한다. 다음으로는, 동기 이론과 연구의 함의에 대해서 알아볼 것이다.

학업 동기부여

이탈학생의 이유를 이해하고 참여를 높이려는 노력은 학업동기에 초점을 둔 이론 및 연구를 통해 이루어져 왔다. 많은 동기이론이 존재하지만, 여기에서는 청소년의 교육과 일 관련 문헌에서 가장 많은 주목을 받아온 이론들을 다룬다.

자기결정 이론(self-determination theory, SDT; Ryan & Deci, 2000)은 동기부여를 촉진하거나 억제하는 사회맥락적 조건에 중점을 둔다. 이 이론은 사회 관계적 욕구와 자기결정 욕구의 중요성을 부각시킨다는 점에서 일의 심리학적 관점과 일치한다(Blustein et al., 2008). 개인의 유능감과 함께 관계와 자율감이라는 기본적 심리욕구를 충족시킬 수 있는 교육 및 직무환경이 동기부여와 자기관리를 촉진하는데 최적으로 여겨진다(Ryan & Deci, 2000). 이러한 욕구에 대한 만족도는 평생 중요하지만, 자율성을 높이고 정체성을 확립하고자 하는 욕구는 청소년기에 특히 두드러진다(Eccles & Midgley, 1989). 지원과 함께 자율을 제공하는 환경은 규범과 구조를 제시하면서도, 목표와 목표달성을 전략을 설정하는데 있어서 어느 정도의 선택권을 보장해준다(Newell & Van Ryzin, 2007). 유능감 욕구를 학교 환경에 적용하여 살펴보면, 학업적으로 뒤처지며 스스로 낙제할 것이라고 생각하는 학생들이 동기를 잃고 이탈할 가능성은 쉽게 이해할 수 있다. 교사, 가족, 또래 지지가 학교참여 및 진로개발과 긍정적인 관련이 있다는 연구결과(예: Kenny &

Bledsoe, 2005)도 이 이론과 일치한다. 비평가들은 미국의 종합고등학교에 대해 비인간적이고, 규칙에 얽매이며, 학생의 목소리에 귀 기울이지 않는다고 비판한다(Neild, 2009). 이들은 추가적으로 이러한 고등학교 구조와 분위기는 성취도가 낮은 십대 학생들의 학교참여를 촉진하는데 도움이 되지 않는다는 증거를 제시하였다.

기대가치 이론(Wigfield & Eccles, 2000)은 성공에 대한 학생들의 기대와 과업의 인지된 가치(흥미, 중요성, 인지된 유용성을 포함)가 함께 작용하여 성취믿음(예: 능력에 대한 자기 인식)과 행동(예: 지속성)을 결정한다고 가정한다. SDT와 마찬가지로, 기대가치 이론은 왜 지속적으로 학업실패를 겪는 청소년들이 학업에서 점차 이탈하게 되는지 이론적 설명을 제공한다. 성공의 중요성과 동기부여의 유용성을 인식함으로써, 이 이론은 학업적 배움을 중요하지 않거나 미래의 직장생활과 무관한 것으로 보는 학생들이 지루함을 느끼며, 흥미를 잃고, 이탈하게 되는 과정을 설명해준다. 따라서 기대가치 이론은 역량과 관련성이 동기부여에 어떻게 영향을 미치는지에 초점을 맞추지만, SDT가 강조하는 관계성과 자율성의 역할을 등한시한다.

긍정심리학의 관점에서 파생된 최근의 연구 (Juntunen & Wettersten, 2006; Snyder, 2000)는 동기부여를 촉진하고 인간의 행동에 영향을 미치는데 희망감이 중추적인 역할을 한다고 제시한다. Snyder(2000)는 희망감을 목표, 목표성취 수단에 대한 지식, 그리고 이러한 목표를 달성하기 위한 자신의 능력에 대한 욕구, 자신감, 작인성을 모두 포함하는 것으로 개념화했다. 이 관점은 SDT, 그리고 기대가치 이론과 마찬가지로, 인지된 유능감 또는 효능감을 중요하게 생각하며, 이에 더하여 목표와 계획의 중요성을 강조한다. Juntunen과 Wettersten(2006)은 직업영역에서 희망감이 어떻게 관련되는지 설명하였다. 그들은 달성가능한 진로목표를 설정하고, 성취방법을 파악하는 것이 동기부여를 촉진할 수 있으며, 목표의 부재와 불명확한 가능성은 동기를 약화시킬 수 있다고 제시하였다.

학업적 발전과 진로교육을 연결 짓는 증거들이

점차 늘어나고 있는데, 위의 이론적 관점들은 이러한 증거와 일관된다. 예를 들어, 여러 연구들은 학교와 일 장면에서 청소년의 동기부여 과정을 이해하는데 있어서 SDT의 적용을 지지한다. Kenny와 동료들(2010)에 따르면, 교사가 지지를 제공함과 동시에 자율성을 촉진하는 것으로 인식될 때, 학생들은 적응적 성취 관련 믿음을 발전시키게 된다. 이러한 성취 관련 믿음은 학업적 유능감과 학교에서 잘 해내고자 하는 욕구를 포함한다(자체적 동기, 좋은 직업을 갖기 위한 동기 모두 포함). Brogan(2010)의 도시 공립학교 중학생 연구에서, 학생들의 진로개발 정도는 그들의 학교에서 성공에 대한 기대, 학교가 자신의 미래에 중요하다는 인식과 관련이 있었고, 이는 다시 학교참여 수준과 연결되었다. 따라서, 진로개발은 긍정적 학업동기 신념이라는 메커니즘을 통해 학교참여를 증진함으로써 중학생에게 도움을 줄 수 있는 것으로 보인다. Balfanz와 동료들(2007)에 따르면, 도시빈곤 지역의 학교에 다니는 중학생들에게서 학교에서 배우는 내용의 유용성에 대한 인식, 내재적 관심, 부모의 참여, 교사 지지는 모두 학생의 출석, 행동 및 노력과 연관되었다. 삶의 여러 국면(예: 학교, 가정, 또래, 일)에서 학생들의 자율감, 소속감, 유능감의 욕구가 충족되는 정도는 그들의 심리적 건강, 학교적응과 관련이 있다(Milyavskaya et al., 2009).

학생의 희망감과 성취도의 정적 상관을 입증하는 연구 또한 존재한다(Covington, 2000). 예를 들어, 높은 희망감을 가진 학생은 도전적인 학업목표를 설정하고, 즉각적인 성공을 경험하지 못할지라도 결국에는 목표를 성취할 가능성이 높다(Snyder, Shorey, Cheavens, Pulver, Adams & Wiklund, 2002). Kenny와 동료들(2010)은 학생들의 자신의 직업적 미래에 대한 희망감이 학교의 관련성에 대한 이해, 학교의 즐거움, 학교에서 잘 할 수 있다는 자신감과 긍정적인 연관이 있음을 발견했다. 진로 희망감이라는 개념은 진로경험과 성취동기의 관계를 설명하는 경험적 가치를 가질 수 있다. 직업기반 학습과 진로경험은 청소년이 직업목표를 확인하고 목표 도달방법에 대한 이해를 확장하도록 도우며,

목표성취의 자신감을 강화함으로써 희망을 고취시킬 수 있다.

Lapan(2004)이 제시한 진로개발의 통합적 맥락모델(Integrative Contextual Model of Career Development)은 동기요인에 분명한 중점을 두고 있다. Lapan(2004)은 모든 사회적 계층 및 민족/인종집단의 청소년들이 그들이 바라는 미래를 실현할 수 있도록 힘을 부여하는 노력 중 희망과 동기를 형성하는 것이 특히 중요하다고 강조했다. SDT(Ryan & Deci, 2000)와 마찬가지로 Lapan(2004)은 직업적 관심을 탐구하고 발전시키는 경험의 중요성을 이야기하는데, 이러한 경험이 내재적 동기를 강화하고 청소년의 선택, 목표, 통제의식을 길러주어 학교에서의 방향성과 흥미를 잃지 않도록 해준다고 설명한다. 진로교육, 직업기반 학습, 포괄적 진로개발과 상담 프로그램은 청소년이 진로관심과 목표를 형성하고, 자제력과 희망을 개발하도록 도우며, 자칫 지루하고 동떨어진 것으로 느껴질 수 있는 학업에 청소년의 관심과 참여를 증진시킨다. 진로개발 연구 및 실천은 이른 시기에 직업적 열망과 기대를 제한해버리는 내재적/외재적 장벽등을 조명하였다. 통합적 모델은 이러한 장벽에 대응하도록 돕는 여섯 가지 주요 개념에 초점을 맞춘다: (1) 미래에 대한 긍정적 기대, (2) 정체성과 목표개발, (3) 자기자신, 자신과 직업세계의 적합성에 대한 이해 (4) 내재적 흥미추구, (5) 학업성취 능력과 학습환경에서 개인의 주의와 행동을 조절할 수 있는 능력, (6) 직무 준비 행동과 사회적 지지 활용 능력의 개발. Lapan(2004)의 모델은 실무자들에게 진로개발 및 동기부여 연구를 통합하는 가이드를 제공하며, K-12 수준에서 학업과 진로준비를 통합하는 이론적 프로그램의 개발에 대해 알려준다.

교육개혁과 공공정책은 종종 현존하는 이론과 연구에 기반하지 않은 채로 형성된다. 위에서는 새로운 정책과 실천을 구성할 때 고려해야할 학문적 증거를 다루었다. 다행이도, 몇몇 유망한 교육 모델이 부상하고 있으며, 다음은 이러한 모델들을 검토한다.

유망한 총체적 학교개혁 모델

NCLB가 주도한 교육개혁의 긍정적 결과 중 하나는 고교 수준에서 새로운 교육모델이 확산되었다는 것이다. 이러한 수많은 시도들 가운데 점차 축적되고 있는 평가증거들을 살펴보면, 미국 청소년들의 학업발전과 직업준비도 향상을 위한 몇몇 전략들에서 "한 가닥의 희망(glimmer of hope)"을 발견할 수 있다(Fleischman & Heppen, 2009). 효과적인 학교개혁 접근법에 대해 검토함으로써 그들의 성공에 기여한 것으로 여겨지는 몇 가지 일반적인 요소를 확인할 수 있었기 때문이다(Fleischman & Heppen, 2009). 이 요소들을 갖춘 프로그램은 고등학교의 모든 학생들이 참여하며 심화된 학습, 진로, 참여적 시민의식의 기술을 제공하였다. 이러한 요소에는 학생의 학업적 성공뿐만 아니라 사회적, 정서적 성장까지 돌보는 개별적, 지지적, 체계적 학습환경이 포함되었다. 또한, 효과적인 학교는 뒤쳐진 학생들이 따라잡을 수 있도록 지침을 제공하였다. 학교는 이 학생들에게 적절한 교수법을 실천하고 탄탄한 내용을 제공하였으며, 진로 및 이후 교육과정을 위해 학생을 준비시키는데에 초점을 맞추었다. 이러한 요소들은 이 장에서 다루었던 교육 및 진로이론, 연구와 일치하며, 많은 프로그램들은 교육과 직업준비를 혁신적인 방법으로 또한 통합하고 있었다. 성공적인 프로그램은 학생들 삶의 문맥을 고려해야 하며, 교육에 대한 학생의 동기부여와 참여를 도울 수 있도록 이해를 갖춘 상태에서 설계되어야 하는데, 위의 요소들은 전반적으로 이러한 개념에 충실히 따르고 있었다.

가장 포괄적인 개혁접근은 학생들이 대학과 직장에서의 삶을 면밀하게 준비할 수 있도록 학교를 총체적으로 재구조화하고자 한다. 총체적 학교개혁 이니셔티브는 1980년대에 시작되었으며, 의회의 지원을 받아 1990년대에 그 중요성이 증대되었고, NCLB의 초점이 아님에도 불구하고 계속해서 주목을 받고 있다(Fleischman & Heppen, 2009). 몇 중요한 모델들은 학업 및 진로준비의 통합에 중점을 두었다. 예를 들어, 진로아카데미는 1970년대에 고등학교 중퇴를 예방하기 위한 대안교육 전략으로 시작되었다(Grubb, 1995). 1980년대에는 CTE가 학생들을 추적하는 시스템일 뿐 학생들을 학업적으로 충분히 준비시키지 못한다는 비판이 일어났다. 이에 진로아카데미는 보편적인 고등학교 학생들에게 대학 준비와 진로인식을 제공하는 등 교육영역을 확장하였다(Hooker & Brand, 2009). 1990년대에는 남부 지역 교육위원회(Southern Regional Education Board; SREB)가 CTE를 개선하기 위한 노력의 일환으로 High Schools That Work(HSTW)를 시작하였다. HSTW 체계의 골자는 주요 학문내용을 더 탄탄하게 다루고, 학업 및 진로지도를 제공하며, CTE의 기회를 주고, 학업교사가 커리큘럼 개발에 동참하도록 하는 것이다(Wonacott, 2002). HSTW는 대학준비 커리큘럼과 진로과목 커리큘럼의 이수 요건을 병합했다.

현대의 많은 접근법이 이러한 시도들의 성공에 집중하고 있다. 예를 들어, 현재 전국의 고등학교에 2,500개가 넘는 진로아카데미가 있으며, 학교개혁 계획에서 중요한 요소를 담당하고 있다. 진로아카데미의 구체적인 주제와 구조는 저마다 다를 수 있다. 아카데미의 핵심적 요소에는 광범위한 진로 주제에 초점을 맞춘 학업적/직업적 커리큘럼, 직업기반 학습 기회를 제공하는 지역 고용주와의 파트너십, 같은 진로 주제나 아카데미에 참여하는 학생과 교사가 매일 여러 수업을 함께 하는 '학교 안의 학교' 구조가 포함된다(Hooker & Brand, 2009).

진로아카데미가 학생 성과에 미치는 영향을 뒷받침하는 확실한 증거들이 존재한다. 예로써, MDRC가 11년간 실시한 전국의 아홉 개 고등학교 대상의 종단 실험연구(Kemple, 2008)는 고등학교 중퇴 고위험군 학생들에게서 특히 긍정적인 결과를 나타냈다. 진로아카데미에 다니는 학생들은 그렇지 않은 학생들보다 더 높은 학교참여를 나타냈고, 핵심 고등학교 학업커리큘럼의 이수율이 더 높았으며, 졸업 후 수입과 취업률이 더 높았다. 아카데미가 이후 교육과정의 진학 또는 성취에 영향을 미치지는 않았지만, 이 외에 예상치 못한 긍정적 영향력도 나타났다. 아카데미 학생들은 부모로부터 자립하여 가정을 꾸릴 가능성이 더 높았으며, 22~26세의 나이에 양육권을 갖춘 부모가 될 가능성 또한 더 높았다.

유망하게 평가받는 여러 학교 모델들(Fleischman & Heppen, 2009)은 진로아카데미의 구성요소들을 포함하고 있다. 예를 들어, 재능개발 고등학교 (Talent Development High School)는 신입생을 위한 세미나, 학년기준에 뒤쳐진 채 입학한 9학년 학생들을 위한 보충강의, 그리고 고학년을 위한 진로아카데미를 제공한다. Multiple Pathways in California (최근에는 Linked Learning으로 재명명됨) 또한 대학준비와 진로준비를 통합하기 위해 의식적으로 노력하고 있다. 이 모델은 다음과 같은 세 가지 연구기반 원리로 설명된다(Saunders & Chrisman, 2008): (1) 실제상황에서 학술 및 기술 지식이 통합적으로 실습 될 때 학습이 강화된다; (2) 학업이 실제 업무경험과 연결될 때 학생의 흥미와 참여가 증가한다; (3) 탄탄한 학업 및 직업교육을 받을 때에 학생의 대학과 진로선택이 넓어진다. 모든 학생들은 대학준비 핵심 학업과정을 이수하는데, 이 과정은 프로젝트 기반의 학습을 포함하고, 학업이 CTE에 어떻게 관련되고 적용되는지를 강조한다. 또한, 모든 학생들은 전문적/기술적 핵심 지식을 습득하고, 도전적인 직업기반 학습을 마친다. 이들에게는 보충지도, 상담, 교통편의와 같은 적절한 지원서비스가 제공된다. 직업 기반 학습요소는 학교의 학업 및 기술커리큘럼을 지원하고, 학년 수준에 따라 점차 정교하고 복잡한 기술을 발전시키도록 설계되었다. 철저한 학업적 배움과 진로교육을 실시함으로써, Multiple Pathways 모델은 역사적으로 직업교육에 있어서 인종, 민족, 사회계층에 따라 학생들이 획일화되었던 현상을 극복하고자 한다 (Oakes & Saunders, 2008). Multiple Pathways 모델은 개별상황에 맞는 여러 교수법(예: 학습체험, 프로젝트 학습, 협동학습)을 제공함으로써, ELL과 특수교육학생들의 필요 또한 충족시키고자 노력한다. 이러한 유형의 커리큘럼을 효과적으로 전달하기 위해 교사에게는 학업 및 진로지식을 통합하기 위한 특별훈련이 요구된다(Saunders & Chrisman, 2008).

Multiple Pathways 모델의 주요 원칙들은 증거에 기반을 두고 있지만, 이 모델로부터 발전된 학교에 대해서는 아직 연구가 진행중이며, 현재 긍정적인 증거가 축적되고 있다(James Irvine Foundation, 2009). University of California Los Angeles (UCLA)의 Institue for Democracy, Education, and Access(IDEA)(http://www.idea. gseis.ucla.edu)는 이 모델을 성공적으로 실현하였거나 시도하고 있는 10개의 학교를 선정하여 사례연구를 진행하고 있다. 이 연구는 성공적인 Multiple Pathways 학교를 이루는 조건이 무엇인지 확인하고, 효과적인 실행방향과 도전들에 대해 통찰을 제공할 것이다.

신입생 아카데미와 진로아카데미, 그리고 전문아카데미를 포함한 여러 소규모 학습공동체들은 큰 학교를 주제별로 소학교로 나누거나 아예 새로운 작은 학교를 만듦으로써 형성된다. 이러한 소규모 학습공동체는 학생들을 개별적으로 보다 잘 지원하고자 만들어진다. 전문아카데미는 과학, 기술, 공학과 같은 특정 분야에 학술적 또는 커리큘럼상의 중점을 둘 수 있다. 이러한 전문 분야는 잠재적 직업과 연관될 수 있으며, 엄밀함과 타당성을 강조하지만 반드시 업무중심 학습을 포함하지는 않는다. 이러한 소규모 학습공동체의 전반적 효과성에 대해서는 연구결과가 엇갈리는데, 소규모의 개별적인 학습 환경은 학생의 학습을 위한 필요조건이지만 충분조건은 아닌 것으로 나타났다(Fleischman & Heppen, 2009). 이 장 초반에 제시되었던 연구결과를 생각하면 이러한 결론은 그다지 놀랍지 않다. 학생의 학교참여에는 교사의 지원과 진로학교 연계가 모두 중요하다. 소규모 학습공동체는 학생 소외를 줄이고, 무단결석과 정학을 감소시키며, 학생의 자율성과 참여를 증진시키는 것으로 보이지만, 커리큘럼이 부실하다면 학생성취도에 기여하지 못할 수 있다.

최근 고등학교 재학생들이 대학수업을 듣고 학점을 취득할 수 있도록 하는 이중 등록 프로그램들이 늘어나고 있다. 비록 이런 프로그램들은 성취도가 높은 학생들을 위해서 처음 고안되었지만, 시간이 갈수록 많은 학생들이 자신의 고등학교 커리큘럼에 엄밀함을 더하는 수단으로 사용하고 있다. 대부분의 이중 등록 프로그램들은 학생들이 개인적인 학습경험을 만들어내도록 격려하며, 학생들을 지원하고 끌어주기 위한 "지도시스템"과 같은 멘토링 서비스를 포함하고 있다. 이 프로그램은 직업 아카데미만큼 엄격한 평가를 거치지는 않았지만, 여러 상관연구들은 이 프로그램이 긍정적인 기대효과를 가져올 것이라 전망하고 있다(Fleischman & Heppen, 2009). 학생들이 고등학교 재학중에 대학 수업을 들을 수 있도록 기회를 제공하는 것은 학교 내에 대학진학 문화를 형성하고, 학생들에게 자신이 대학에서 잘 적응하여 성공을 거둘 수 있다는 믿음을 심어줄 것이다.

대학진학 준비가 우선시되는 학교에서는 진로를 개발하는 노력이 소홀히 될 수 있다는 점을 감안하여, 뉴욕시의 Inquiry School은 학업적으로 어려움을 겪는 학생들, ELL, 그 외 대학진학에 특별히 뜻이 없는 학생들을 위해 고안되었다. Inquiry School은 조기의 대학경험과 함께 진로개발역량을 높이는 직업학교를 제공한다(Rivera & Schaefer, 2009). 학업 및 진로개발 프로그램을 통합하는 이러한 결정은 연구결과에 의해 뒷받침된다. 연구에 따르면, 진로개발 관련 서비스는 학생의 개인적, 사회적, 학업적 성공과 연결되며, 진로개발 교육의 중요성을 인식하는 것이 필요하다(Kenny et al., 2006; Lapan, Aoyagi & Kayson, 2007). 직업학교 커리큘럼은 학교 상담사, 교사 및 대학 교수진이 공동으로 개발하고 지도 그룹(advisory group)을 이끄는 교사가 실시한다. 지도 그룹은 매일 만남을 갖고, 7년 동안 동일한 교사와 함께 지내게 된다. 중학교 수준에서 커리큘럼은 학생의 자기인식을 강조하며, 학교와 일의 관계를 이해하는 것에 초점을 맞춘다. 고등학교 수준에서는 진로정보 습득, 대학 및 진로계획, 대학결정에 더 중점을 둔다. 그리하여 이 프로그램은, 비록 개별 프로그램의 효과성은 아직까지 검증되지 않았지만, 개인화, 충실한 커리큘럼, 고등교육과 진로의 준비 등 Fleischman와 Heppen(2009)이 언급한 교육개혁의 효과적 요소들을 포함

하고자 노력한다.

진로개발 개입

총체적 학교개혁 및 재설계 노력 이외에도, 초점, 기간, 위치, 범위에 따라 다양한 진로개발 개입을 통해 미국 고등학교에 교육과 일을 통합하려는 시도들이 있다. 이러한 개입은 학업계획에 중점을 둔 조언, 진로상담, 개인적 및 직업적 자각과 계획 능력을 촉진할 수 있다. 또한, 지역 사업장과의 간헐적 또는 지속적인 상호작용(예: 인턴십, 직업체험, 직업코칭, 멘토십)을 포함할 수도 있고, 직업 기반의 개입을 보완하도록 고안된 학교기반 커리큘럼(예: 커리큘럼에 녹아 든 직업정보 또는 직업기술, 기술준비 커리큘럼)을 통해 전달될 수도 있다(Dykeman, Ingram, Wood, Charles, Chen, & Herr, 2001).

종합적 발달지도 모델(comprehensive developmental model of guidance)이 가장 선호되고 있지만(Gysbers, 2004), 집중지도 개입 또한 개발되고 있다. 집중지도 개입들은 여러 연구에서 밝혀낸 유색인종, 특히 저소득 지역 청소년들의 학업 및 진로동기를 약화시키는 몇몇 특정한 이슈들을 해결하기 위해 고안되었다. 이러한 개입은 학생들이 학교와 직업적 미래의 관계를 이해하도록 돕는 연결활동들로 나타날 수 있다(Blustein et al., 2000). 이러한 구체적 프로그램들은 진로아카데미와 같은 총체적 학교개혁 접근법의 엄격한 종단연구 검증을 거치지 않았다. 하지만 현재까지의 연구결과들은 집중개입들이 어느 정도 성과가 있었음을 제시하고 있고, 이는 차후 연구를 통해 지속적으로 평가될 것이다. 다양한 진로교육 및 경력개발 프로그램을 평가한 문헌에 따르면, 총체적 학교개혁보다 훨씬 적은 비용과 노력에도 긍정적 영향이 나타났는데, 진로계획 지표(Hughes & Karp, 2004), 고등학교 졸업, 대학진학(Visher, Bhandari, & Medrich, 2004)에 효과가 있는 것으로 보고되었다. 따라서, 총체적 학교개혁 모델의 일부로써, 또는 독립된 개체로써 진로 관련 개입에 대한 연구가 더욱 진행되어야 할 것이다.

구체적인 프로그램으로는 청소년의 동기를 강화하는 개입으로 개발된 ASIP(Achieving Success Identity Pathways: Howard & Solberg, 2006; Solberg, Howard, Blustein, & Close, 2002)가 있다. 이 커리큘럼은 청소년들이 자신과 세계에 대한 억압적인 사회 메시지에 도전하고 성공의 정체성을 창출하도록 힘을 부여하고자 한다. 커리큘럼의 일환으로써, 학생들은 자신의 이야기를 공유하고, 학교에서 직면하는 어려움을 파악하며, 장단기 학업 및 취업목표를 수립하고, 업무의 세계에 대해 배우며, 대인관계 및 갈등조정 능력을 개발한다. 사회적 맥락에서 자신의 행동이 어떻게 영향을 받는지 이해하게 될 때, 학생들이 그들의 선택에 대해서 더 많은 권한과 통제력을 가지게 될 것이다. 이 8회기 개입 프로그램에 대한 평가는 고무적이다. 저소득층, 9~10학년 학생들에게서 이 프로그램의 참여는 더 높은 성적과 출석, 더 적은 정학, 더 많은 수업 이수 및 학점 취득과 연관된다(Howard & Solberg, 2006). 이 개입의 영향을 추가로 평가하기 위해서는 비교집단과의 보다 광범위한 장기 추적 관찰이 필요하다.

초이스 프로그램(Choices Program; Vera, Caldwell, Clarke, Gonzales, Morgan & West, 2007) 또한 긍정적 정체성, 사회적 및 학업적 효능감, 또래 압력에 효과적으로 대처하는 효능감을 증진하고, 학업적, 직업적 열망을 강화하기 위하여 고안된 문화적으로 적절하고 신속한 개입이다. 학생들은 사회적인 장벽을 검토하고, 조직 및 학습기술을 개발하며, 지역 사회 기반의 학업자원에 대한 지식을 향상시키는데 도움을 받는다. 발표된 연구문헌을 참고하여 학생, 학부모, 교사로 이루어진 포커스 그룹을 실시한 결과 8회기 프로그램이 개발되었고, 도시 지역 공립학교 7, 8학년 학생들에게 제공되었다. 3회기 부모 프로그램과 2회기 교사상담이 학생 프로그램을 보완한다. 형성평가를 통해 프로그램이 시행된 9년 동안 꾸준히 수정 및 향상과정을 거쳤으며, 총괄적 평가는 학생의 사회적 효능감이 증진되었음을 입증하였다. 참여자로부터의 피드백은 이 프로그램이 유익하다는 것을 암시하지만, 프로그램 개발자는 아직 비교집단 연구를 진행하거나 장기적인 학업성과를 정립하지 못했다.

Tools-for-Tomorrow(Kenny, Sparks, & Jackson, 2007, Solberg et al., 2002)는 저소득층 유색인종 학생을 대상으로 특별히 설계되었다. 이 프로그램의 목표는 현재와 미래의 학업공부와 직업적 미래의 연관성을 내면화하도록 도움으로써 학생들의 학업동기를 강화하는 것이다. 커리큘럼은 매주 1년간 진행되며, 자기탐구와 정체성, 진로탐구, 장벽과 자원의 파악이라는 세 가지 상호연관된 구성단위로 이루어진다. 프로그램 평가 데이터는 제한적이지만, 참여자들이 학교와 직업적 미래의 연관성을 이해하며 자신의 목표를 더욱 정교하고 분명하게 표현하게 되었다는 증거가 있다(Blustein et al., 2010; Perry, DeWine, Duffy & Vance, 2007). 체계적 연구는, 또한, 커리큘럼 과정 동안에 학생의 진로계획 수립과 진로기대감이 학교참여의 증진에 기여한다는 것을 보여준다(Kenny et al., 2006).

도심지역 저소득 청소년의 학업동기에 관련하여, 인지된 학교 및 직업 장벽은 잠재적 악영향을, 인지된 자원은 적응적인 영향을 미친다(Kenny et al., 2003). 이러한 인식에서 Jackson, Kacanski, Rust, 그리고 Beck(2006)은 도심지역 저소득층(주로 흑인과 라틴계) 8,9학년 학생들을 대상으로 2시간짜리 워크샵을 개발했다. 워크샵은 직업에 대해서 배우고 직업적 보상에 있어서 교육의 가치를 돌아보며 자신의 학업 및 직업목표 달성을 돕는 개인적/상황적 지원에 대해 알아보는 것에 초점을 맞춘다. 평가결과에 따르면, 학교 및 직업 장벽을 인지할수록 학생의 학업적, 직업적 열망은 낮아졌다. 단기개입을 통해서 이러한 장벽을 극복하도록 돕는 외부자원에 대한 인식(예: 가족, 친구, 교사, 코치, 상담사, 프로그램 스태프)이 증진되었다. 하지만, 이러한 변화가 미래행동과 성취도에 어떤 영향을 미치는지는 아직 검증이 필요하다.

McWhirter, Rasheed, Crothers(2000)는 미국 중서부 도시지역 고등학생(주로 유럽계 미국인)을 대상으로 9주 동안의 진로교육과정을 개발했다. 교육과정 이후, 학생들은 통제집단과 비교하여 진로

결정과 직업기술에 대한 성과기대와 자기효능감이 높아졌다. 연구자들은 수업의 경험적 성격이 직업 진도에 대한 장벽을 극복하는데 학생들의 자신감을 증가시킬 것이라고 예상하지만, 아직까지 증명되지는 않았다. 그러나 이 개입은 사회적 장벽을 분석하는데 중점을 두지 않았다. 샘플이 유럽계 미국 청소년으로 이루어졌기 때문에 인종차별과 관련한 장벽으로 씨름하고 있는 학생은 별로 없었다. 그리하여, 민족-인종적으로 다양한 학생들을 대상으로 한 연구와 달리, 이 연구에서는 인지된 장벽이 진로성과 기대에 영향을 주지 않는 것으로 나타났다. 직업교육에 상황적 장벽을 통합하는 것이 이후 연구의 관심사가 될 것이다.

결론

미국 교육시스템의 성공은 미래 경제활성화와 시민들의 안녕과 번영에 아주 중요한 이슈이다. 구조적, 시스템적 불평등은 미국의 빈곤층 청소년들의 성취를 저해하고 있다. 이들 대부분은 최근에 이민을 왔으며 억압받는 소수집단에 속해있다. 그러나 효과적이고 성공적인 교육은 모든 청소년들에게 시민사회와 직업분야에 완전히 참여할 수 있는 기술을 제공할 수 있다. 교육개혁은 지난 수십년 동안 전국적 관심을 받아왔지만, 최근의 시도들은 실망스러운 결과를 내고 있다. 아프리카계 미국인, 히스패닉, 그리고 아메리카 원주민 학생들의 고등학교 졸업률은 60%를 겨우 넘는 실정이다 (Balfanz et al., 2010). 더욱 최근의 교육개혁은 잘못된 길로 가고 있다. 학생들 삶의 문맥을 전혀 고려하지 않았고, 또 인종차별, 빈곤, 적응적 대처 메커니즘의 영향에 대한 연구와 같은 학교참여와 동기에 대한 연구들을 전혀 참고하지 않았다.

미국교육과 노동시장이 마주한 엄청난 문제들을 고려하였을 때, 하나의 교육모델이 이것들을 모두 해결해줄 것이라고 믿는 것은 지나치게 순진한 생각일 것이다(Fleischman & Heppen, 2009). 그러나, 심리학적 연구와 평가증거들에 주의를 기울인다면, 기존 모델들은 "한줄기 빛" 그 이상으로 발전

되고 적용될 수 있다(Fleischman & Heppen, 2009). 고부담시험과 책임성을 강조하는 기조는 성공을 거두지 못했고 오히려 이로 인해 학생들의 온전한 발전을 촉진하는 프로그램들을 잃게 되었다. 유망한 프로그램들을 검토해보면, 직업기반 학습과 진로교육이 학생참여와 동기부여, 궁극적으로는 학생 성취도를 강화할 수 있는 교육적 요소라는 것을 알 수 있다. 이렇게 주장하는 것은 많은 학교들이 시험 준비에만 열중하느라 미술, 음악, 체육과 같은 학생의 흥미유발과 학교참여에 필수적인 다양한 교육활동들을 외면하고 있기 때문이다. 이러한 과목들은 학생참여 뿐만 아니라, 궁극적으로 21세기 직업 현장에서 요구되는 창조적이고 유연한 사고를 개발하는데도 중요한 역할을 한다. 직업기반 학습과 진로교육은 미국이 마주한 교육 과제들에 대한 손쉬운, 완벽한 해결책이 아니다. 물론, 교육개혁이 폭 넓고 지속적인 영향을 가지려면 공정한 노동법률과 적절한 의료보험, 주택 공급, 주거분화 및 빈곤대책 등이 동반되어야 한다(Saunders & Chrisman, 2008).

중등교육의 개혁은 대학 유형, 그리고 청소년들을 위해 남겨주고자 하는 고등교육 경험을 고려해야 한다. 적어도 1년 과정의 고등교육 이후 자격증 프로그램에서는 학업적, 기술적 실력을 갖춰줄 수 있고, 다양한 직업기술을 쌓을 수 있으며, 이는 준학사 학위자와 동등한 수준의 수입을 보장해준다(Gonzalez, 2010). 21세기 업무기반 기술과 중산층 소득을 얻기 위해서는 일정 부분의 고등학교 이후 교육이 필요할 수 있지만, 학사학위는 필수가 아니다. 직업분야에서 전문대 학위를 소지한 사람의 20%는 학사학위자보다 수입이 더 높았고, 14%는 석사학위자보다도 높았다. 고등학교 수준의 직업 및 기술교육 또한 일부 학생들에게 도움이 될 수 있다. 고교에서 CTE 과정을 수강하는 학생은 실제로 CTE를 수강하지 않는 학생보다 대학에 진학할 가능성이 더 크다. 대학에 진학하지 않는 학생 중에서는, CTE를 수강한 학생들이 그렇지 않은 학생들보다 수입이 더 높았다(Stern, 2009). 모든 학생들을 대학과 진로에 준비시키고자 하는 열정 가

운데서, 4년제 대학에서는 제공되지 않는 기술 훈련의 가치를 고려하는 것이 현명하다. 학생들의 관심과 노동시장의 요구는 중등 및 고등교육과 그 이후 과정에서 여러 경로들이 제공되어야 한다고 말하고 있다.

앞으로의 방향성

진로교육과 학업발전을 통합하는 시도들을 더욱 진전시키기 위해서는(특히 중학교 수준에서) 상당한 노력이 필요할 것이다. 진로교육과 직업기반 학습을 교육개혁 목표 안에 성공적으로 통합한 사례를 제시하기 위해서는 직업아카데미에 대한 연구 외에도 더 많은 심층적 연구들이 필요하다. 진로개발 및 학교참여에 관한 연구결과가 유익한 정보임에도 불구하고, 이는 대부분 상관관계 연구이며 변화를 가져오기 위한 입증된 개입을 확인하지는 못한다. 공무원과 정책 입안자에게 확실한 증거를 제공하기 위해서는 무선배치, 장기적이고 객관적인 후속검사, 대체모델의 비교 등의 황금률을 따르는 연구가 분명히 필요하다. 또한, 어떤 환경에서 효과를 나타낸 프로그램을 어떻게 다른 환경으로 확장할 것인지 설명하기 위해서도 연구가 필요하다. 현재의 공공정책 추진과 일관된 흐름에서, 우리는 확대되고 있는 프로그램들을 위한 최선의 전략을 검토하고 그것들이 가장 잘 작동하는 장소, 조건 및 인구를 확인해야 한다(Granger, 2010). 교육은 복잡하고 다양한 요인들에 의해 영향을 받으며, 이러한 요인들은 개괄적으로 그리고 심층적으로 검토되어야 한다. 질적 연구는 대규모 연구들을 보완하여 프로그램 결과에 영향을 주는 과정들을 더 자세히 설명해줄 수 있다. 빠른 해결책을 찾다 보면 정책입안자들은 시도되지 않은 방안들을 수용하고 이전의 노력들을 거부하게 된다. 하지만, 이전 평가에서 확인된 "한줄기의 빛"들은 이것이 언제 효과가 있으며, 누구에게 어떻게 혜택이 돌아갈 수 있는지 계속 탐구되어야 한다. 이러한 도전은 교육 및 진로개발에 관심을 갖는 심리학자들에게는 아주 중요하고 요긴한 과제이다.

프로그램 평가 외에도 직업심리학자는 자신의 기술과 경험을 여전히 뒤쳐진 학생들(특히 저소득층 학생과 유색인종 학생)을 위한 경력개입 프로그램의 개발 및 향상에 사용할 수 있다. 이 젊은이들의 삶을 개선하기 위한 사회정의적 문제는 심리학자들이 대중옹호에 참여하도록 유도해야 한다. 우리는 교육, 진로개발, 인종, 종교에 관한 심리학적 지식을 대중과 정치적 리더들에게 알려서, 교육정책 및 개혁이 이러한 지혜와 함께 형성되도록 하여야 한다.

17장 성인 노동자를 위한 직업훈련 및 취업지원서비스

신디 윤투넨, 탐바-쿠이 베일리(Cindy L. Juntunen, Tamba-Kuii M. Bailey)

초록

일의 심리학의 관점은 취업 및 직업훈련을 찾는 성인 노동자들의 독특한 필요에 초점을 둔 유용한 렌즈이다. 이 장에서는 일의 심리학의 관점에서 보편적인 성인 일 전환 사례와 성인 노동자들이 구하는 다양한 취업지원 서비스들을 살펴본다. 대안과 개선점이 제시되며, 기존의 취업 및 직업훈련 서비스들에 대한 구체적인 개선안을 사례와 함께 설명한다. 이 장은 일의 심리학의 관점에서 향후 연구 및 개입을 개발하기 위해 설정된 추가적인 질문들을 제시하며 결론을 맺는다.

주요어

성인직업 개발, 일 전환, 취업 및 직업훈련 서비스

직업심리학은 성인 노동자, 특히 본인의 자유 의지가 아닌 이직하는 상황에 놓인 성인 노동자에 대해서 그 동안 관심을 거의 가지지 않았다. 근거에 기반한 대다수의 직업적 개입들은 교육에서 일로 전환하는 청소년 및 청년, 혹은 은퇴를 준비하는 세대에 대해서 개발되고 적용되었다(Brown& Lent, 2005). 사실 Herr(2002)는 21세기초까지도 "성인 진로발달"이라는 용어가 상대적으로 새로운 용어라고 언급했었다. 이러한 관심의 부족은 성인을 위한 직업훈련 및 상담서비스가 상대적으로 부족한 현상을 가져왔고, 직업심리학의 연구 및 이론에 기반한 것은 더욱 부족했다. 하지만 성인 노동자의 필요는 상당하고, 현재와 같이 경제적으로 어려운 상황에서는 더욱 그렇다.

미국의 경제는 전 세계 노동자들에게 상당한 영향을 미치며, 이는 국제 노동시장이 점차 상호의존적이 되고 있다는 사실을 여실히 보여준다. 국제노동사무국(ILO: International Labour Office, 2010)에 의하면, 2008년 미국의 투자은행이 부도난 사건은 다른 여러 가지 요인들과 함께, 전 세계 수백만 명의 사람들이 직업을 잃는 결과를 초래했다고 보고했다. 구체적으로는 전 세계 실직자의 수가 2007년 1억 7,800만 명에서 2009년 2억 1,200만 명으로 급증한 것을 볼 수 있다(ILO,2010). 실직 외에도 실망노동자(가능한 일자리가 없을 것이라 믿기 때문에 취업을 더 이상 포기한 사람들), 취약한 노동자 및 직업을 가졌으나 가난한 상태에 살고 있는 이들의 숫자 또한 급증했다(ILO, 2010). 사실 비평가(Jensen & Slack, 2003)들은 넓은 개념인 노동 취약자와 불완전 노동자를 포함한 불완전 고용이 실업보다 노동력의 상태를 점검하는데 더 좋은 지표라고 지적했다.

2011년 7월 현재 미국의 실업률은 9.2%(약 1,400만 명)으로 이중에 44%(약 630만 명)가 27주 이상 구직활동을 한 장기 실직자로 분류된다(U.S. Department of Labor, July 8, 2011). 여기에 더해서 860만 명이 전임제 일을 찾지 못하거나 근무시간이 단축된 타의적 시간제 근무자로 분류되었다. 또한 270만 명의 미국인들은 과거 12개월간 구직활동을 했으며, 노동능력이 있으나 최근 4주간 구직하지 못한 "경계노동자(marginaliznally attached)"로 분류되었다. 이들 270만 명 중에 98만 2,000명은 실망노동자로(U.S. Department of Labor, 2011) 이는 2008년 1분기에 비해서(U.S. Department of Labor, 2009) 2배 이상 증가한 수치이다. 또한 새로운 경제 패러다임 협회(New Economic Paradigm Associates)는 현재의 미국경제에서 영구장애 및 조기은퇴를 신청한 상당한 수의 지원자들을 포괄하는 "매우 실망노동자(Byrne & Derbin, 2011)"라는 새로운 분류를 내놓기도 했다.

2008년 경제위기 이전에도 진로상담가들은 성인 진로발달의 변화된 환경을 반영해 "성인 노동자들은 오늘 직업을 갖고 있더라도 자신의 능력이나 열심과는 별개로 다음 날에는 실직자가 될 수 있는 상황을 강요받고 있다"(Niles, Herr, &Hartung, 2002, p.4)라고 했다. 현재의 취업 및 불완전고용 통계자료들을 볼 때 이는 전 세계 수 많은 성인들에게 예언같은 표현이었다. 하지만 직업심리학은 증가하는 이러한 사람들의 요구를 해결하기 위한 일이 거의 없다. 예를 들어, 2011년 7월까지 PsycINFO에 게재된 직업심리학 또는 진로상담 관련 출판물 중에 실망노동자를 언급한 것은 1988년에 출판된 교과서(Herr &Cramer, 1988)뿐이었다.

일의 심리학 관점(Blustein, 2006)은 직업심리학이 성인 노동자가 그들이 유급노동력인지와는 무관하게 성인노동력의 필요에 초점을 둘 수 있도록 하는 현시점에 좋은 기회를 제공하고 있다. 일의 심리학은 일의 의미를 생존과 권력, 사회적 연결, 자기결정성의 원천으로 보며(Blustein, 2006), 이를

통해 성인 노동자를 위한 독특한 개입방안을 만들고 현재의 직업훈련 및 취업서비스를 개선하는데 도움을 줄 수 있다.

이 장에서는 우리는 성인 노동자들이 직업서비스의 혜택을 받을 수 있는 자의적, 타의적 전환 상황을 대면하는 다양한 방법과 일 전환에 영향을 미치는 맥락요인들을 논의하겠다. 이후에는 가장 보편적인 성인 구직서비스들에 대한 설명을 하도록 하겠다. 일의 심리학의 렌즈는 성인 노동자의 잠재적 요구와 기존의 성인 구직서비스에 대한 비평적 분석을 제시하는데 사용될 것이다. 일의 심리학 관점에서 기존의 서비스들의 확장 혹은 개선에 대한 의견과 현존하는 성인 노동자 지원구조의 획기적인 변화방안을 제안하겠다. 육아 및 돌봄 등 중요한 노동이 현재 유급직장의 개념 밖에서 이뤄지고 있다는 점을 인지하는 것 또한 중요하다. 하지만 이 장의 초점은 직업훈련 및 취업서비스이기 때문에 취업 혹은 유급노동에 관심을 집중하기로 하겠다. 전반적으로 다면적인 성인의 삶이라는 전제하에 일의 의미에 대해서 집중하겠다.

성인의 일 전환

현대의 성인 노동자는 한 직장에서 고용주와 오랜 관계를 이어갈 확률이 높았던 이전 세대에 비해서 다수의 그리고 때론 예상하지 못한 일 전환을 경험할 가능성이 훨씬 많아졌다(Fouad & Bynner, 2008; Niles et al., 2002). 이로 인해 적응성(adaptability)은 성인 노동자에게 중요한 능력이 되어가고 있다(Ebberwein, Krieshok, Ulven& Prosser, 2004; Fouad &Bynner, 2008; Savickas, 1997; Zikic &Hall, 2009). 불행하게도 변화에 성공적으로 적응하는 개인의 능력은 그 개인의 교육의 기회 및 자원들에 대한 접근성에 많은 영향을 받게 되며(Schoon, 2007), 이러한 교육의 기회들은 젊은 세대에게 점차 중요한 것이 되고 있다(Schoon, Martin, &Ross, 2007).

상당수의 사람들은 성인이 되어서 학교에서 직장으로의 전환을 경험하기는 하지만, 이 장에서는

무직 상태에서 취직, 한 직장에서 다른 직장으로 이동, 현직 상태에서 실직 등의 전환에 초점을 둘 것이다. 인간관계 및 가족의 역할은 통합되어 있으며, 이는 직장의 관계적인 요소와 일 전환이 일과 가정에서의 관계에 미치는 영향을 고려하는 것의 중요성을 인정한 것이다(Bauer & McAdams, 2004). 타의에 의해서나 강요에 의해서 일 변화가 있는 것은 자의적인 경우와는 다른 영향을 노동자 본인과 가족에게 미치기 때문에 이러한 전환의 경우 자유의지의 영향을 특히 염두에 두어야 한다(Fouad & Bynner, 2008).

유입과 재유입 취업(Entry and Reentry Transitions)

처음으로 취업을 하거나 장기간 노동시장을 벗어나 있다가 다시 취업을 도모하는 경우 이를 유입 취업(entry transitions)이나 재유입 취업(reentry transitions)이라고 한다. 최초의 구직이나 재취업은 관계, 환경 및 자아인식의 변화로 상당한 스트레스를 야기할 수 있다(Juntunen, Wegner, & Matthews, 2002). 자발적으로 취업 혹은 재취업을 결정하게 될 경우 흥분과 만족감 등의 긍정적인 감정을 가져올 수 있지만 불안과 염려도 함께 있을 수 있다. 구직을 열심히 했던 경우라도 새로운 근무 환경은 개인의 실력을 시험하고 취업을 위해 포기한 것들에 대한 양가적인 감정을 가지거나 개인의 사회적, 가족적 관계들에 변화를 가져올 수 있다(Juntunen et al., 2002).

비자발적 유입취업 또는 재유입취업의 촉발요인은 중요한 복잡함을 더할 수 있고 전환에 들어선 것을 강조할 수 있다. 비자발적 전환은 심한 재정적 스트레스를 동반하는 경우가 많다. 생계에 충분한 급여를 받아야 한다는 압박감이 매우 클 수 있다. 또한 장기간의 휴직기간 후에 재취업을 도모한 경우 휴직 기간 동안 업무에 필요한 능력과 근무 환경 등이 이전과 다르게 크게 변화되었다는 것을 깨닫는 과정이 더해진다(Griffin & Hesketh, 2005; Juntunen et al., 2002). 이러한 경우는 또한 기존에 급여를 받았던 다른 가족원의 사망, 이혼 혹은 다른 이유에서 떨어지는 경우에도 일어날 수

있다(Bobek & Robbins, 2005). 또한 자발적 전환과 달리 비자발적인 노동인구로의 전환은 계획을 세우기 위한 시간이 충분하지 못하여 일과 가정의 균형을 이루는데 더욱 어려움을 겪게 되는 경우가 많다(Fouad & Bynner, 2008). 비자발적 노동인구로의 전환은 주로 생계를 위한 것으로 자기결정 및 사회적 연결에 참여할 충분한 기회가 주어지지 않은 경우가 많다. 구직자 및 부양가족의 생계를 지원하기 위한 취업 및 기타 사회적 지지를 통해 자원들에 대한 접근성을 수립하는 것이 일의 심리학적 개입의 필요한 초점일 수 있다.

비폭력범죄 출소자들의 재유입취업에 필요한 것들을 평가하는 질적 연구결과, 몇 가지의 일의 심리학 원리들이 참여자들에 의해 자연스럽게 나타났다(Shivy, Wu, Moon, Mann, Holland, & Eacho, 2007). 특히 그들은 사회적 네트워크, 교육을 통한 역량강화, 직업적 관심과 심리적, 사회적, 감정적 요소들과의 교착점을 중요하게 보았다. 연구자들이 일의 심리학 관점을 검증한 것은 아니지만, 이 연구는 재유입취업에 대한 포괄적 접근의 필요성과 수감경험자들이 경험하는 독특한 장벽들에 대한 좋은 예시를 제공했는데, 이는 일의 심리학의 주요 원리들과 일치한다.

일에서 다른 일로의 전환

앞서 언급한 노동력시장의 역동적인 상태를 감안할 때, 성인의 일에서 다른 일로의 전환은 점차 보편적인 경험이 될 것이다. 어떤 노동자들에게 이러한 전환은 좋은 기회가 될 수 있다. 이러한 전환은 고용인이 아니라 피고용인이 자신의 진로를 설계하는 모습을 보여주는 "무경계"(Arthur & Rousseau, 1996)와 "변화무쌍(protean)"(Hall, 2004)의 예시에서 잘 나타난다(Clarke, 2007). 이러한 관점은 소수의 성인 노동자들이 누리는 일정 수준의 주체성과 자유의지를 전제로 하고 있으며, 인력, 재정, 교육에 있어서 제한적인 자원을 갖고 있는 이들의 상황을 완전히 대변하지 않는다. 최근에 Sels와 Stynen(2009)은 주체성에 동력을 받은 변화무쌍한 진로와 노동시장의 구조적 문제들의 상호작용을

탐색하는 진로 이동성에 대한 개념모델을 제안하기도 했다. 복잡한 문제들을 다루는 매우 흥미로운 모델이지만 개인의 자유의지와 지각된 다양한 기회라는 전제에 의존하는 모델이기도 하다.

이와 대조적으로 많은 성인 노동자들은 기회가 매우 적음을 느끼게 하는 비자발적인 일에서 다른 일로의 전환을 직면하게 된다. 이러한 전환은 고용인이 노동자에게 근무시간 변경을 요구하거나, 근무지 이동, 현직급을 유지하기 위한 추가적인 교육을 요구하는 경우 또는 인력조정이나 예산절감의 일환으로 이직할 것을 요구할 때 일어난다. 이러한 변화는 노동자로서의 개인의 정체성에 영향을 미칠 뿐만 아니라(Juntunen et al., 2002), 수입 및 부가혜택의 변화로 이어질 수 있다. 또한 낮근무에서 야간근무로 바뀌는 것과 같이 재정적 안정을 위해 가족과 사회생활에 지장을 주는 변화도 있다. 이와 유사한 문제들이 노동자가 한 고용인에서 다른 고용주에게로 이직할 때 새로운 직장환경의 규범들과 관행을 배워야 할 필요와 함께 나타난다. 일에서 다른 일로의 전환은 비자발적으로 시간제 근무로 전환되는 경우도 포함하며 그 영향은 높은 수준의 우울증으로 나타날 수 있다(Dooley, Prause, & Ham-Rowbottom, 2000). 또한 안정감이 낮고 압박이 강한 좋지 않은 질의 직장에서 일하는 것은 건강에 악영향을 미칠 수 있다(Broom et al., 2006). 일의 심리학의 관점에서 비자발적으로 일어난 일에서 다른 일로의 전환을 볼 때, 이러한 전환이 향후 기회, 사회적 권한에 대한 접근, 사회적 연결의 본질과 일의 변화를 통해 자유의지 혹은 주체성을 경험할 수 있는 개인의 역량에 미치는 영향을 고려하는 것이 중요하다.

직장에서 무직으로의 전환

직장인에서 무직으로 이동하는 것은 성인이 경험하게 되는 매우 어려운 상황 중에 하나라고 할 수 있다. 특히 이러한 전환이 비자발적이거나 예상치 못했을 때 더욱 그렇다(Fouad & Bynner, 2008). 자발적이라고 하더라도 은퇴로 전환하거나 다른 이유에서 직장을 이동하게 될 경우 매일의 일상, 사회 및 동료와의 관계와 가족의 체계에 상당한 적응을 요구하게 된다. 이러한 적응의 문제 이외에 직장을 떠나는 이들은 성인의 삶의 중요한 부분이라고 생각하는 사회에 대한 본인의 책임을 못하고 있다고 생각할 수 있다.

인력조정 및 해고 등으로 직업에서 무직으로 옮겨지는 경우 증가하는 우울과 불안이나 자존감 저하 등을 포함하여 건강 몇 가지 지표에 상당한 영향을 줄 수 있다(Paul & Moser, 2009). 급여와 생계비 부족으로 인한 안정감 감소는 가족의 삶에 중요한 영향을 미칠 뿐 아니라 실직은 증가하는 아동학대와 방임(Sedlak et al., 2010), 부부 및 가정 내 갈등 등과도 관계가 있다(Lobo & Watkins, 1995; Patton & Donohue, 2001). 타의적으로 실직하거나 불완전고용의 상태에 놓인 성인들에 대한 적절한 서비스를 제공함의 중요성은 강조해도 지나침이 없다. 직업훈련과 취업서비스는 한 개인과 그 가족, 주변공동체 및 미래의 고용주까지 영향을 미칠 수 있는 잠재력이 있다. 실업자로의 전환과정에 대한 일의 심리학 관점을 더함으로 인해 비고용 노동의 중요성과 임금감소로 인한 생계 및 사회적 권력과 관련된 필요를 해소하도록 한다.

진로전환 과정의 문화적 맥락

Fouad와 Byars-Winston(2005)은 일은 문화적인 구성물로 일과 관련된 많은 가치와 기대들이 문화에 기반을 두고 있다고 했다. 그들은 개인의 문화적 맥락이 일과 관련해 어떤 결정이나 선택에 있어서 차이를 가져온다고 평가했다. Fouad와 Bynner(2008)는 "자신의 인생에 있어서 새로운 전환을 고려하고 있는 모든 이들이 같은 단계의 운동장에서 시작하는 것은 아니다"(p.246)라고 했다. 즉, 성인의 노동력 기여 및 진로전환을 논의할 때 그들의 문화적 맥락(성별, 인종, 나이 및 능력)을 면밀히 살필 필요가 있다.

성별. 성별은 진로선택과 이직에 있어서 중요한 역할을 할 수 있다. 전반적으로 여성의 실업률이 남성의 실업률 보다 낮지만(Bureau of Labor Statistics, 2009), 여성의 경력 이동성 및 선택을 제한하는 많은 요소들이 있을 수 있다(Cabrera, 2007; Forret, Sullivan, & Mainiero, 2010). 이러한 요소들은 직장과 가정의 균형을 원하거나, 사회적인 규범과 고정관념 때문에 진로에 제한을 두거나(Forret et al., 2010) 성희롱을 비롯해 여러 종류의 성에 기반한 억압을 경험하는 것이 포함된다(Gelfand, Fitzgerald, & Drasgow, 1995; Gutek & Koss, 1993). 남성의 일 전환 역시 보다 전통적인 일 역할과 진로경로를 따르도록 압박을 받는다고 느낀다면 제한될 수 있 수 있으며(Forret et al., 2010) 특히 전통적이지 않은 진로의 길을 가는 역할모델이 적다는 점에서 그렇다.

실직으로 인한 비자발적 전환의 경우에도 성별차이가 영향을 준다. 자료에 의하면 실직에 대한 남녀의 반응은 비슷한 것으로 나타나지만, 여성들이 대체로 비자발적 전환상황을 더 잘 극복하고 진로성장을 경험할 가능성이 높은 것으로 보인다(Eby & Buch, 1995). 이는 남성의 경우 일에서 자신의 정체성을 찾기 때문에 실직이 실패로 경험 되어지는 반면, 여성의 경우 진로와 관련없는 다양한 곳에서 정체성을 찾기 때문에 실직이 기회로 경험되어질 수 있다는 차이 때문일 수 있다(Forret et al., 2010).

인종/민족. 고용통계에 따르면 인종 및 민족에 따른 차이가 여전히 나타나고 있다. 2009년에 아프리카계 미국인(14.8%)과 라틴계(12.1%)의 실업률이 백인(8.5%)의 실업률보다 높았고 동양계(7.3%)의 실업률이 가장 낮았다(Bureau of Labor Statistics, 2010). 지난 30년간 아프리카계 미국인과 라틴계의 실업률은 꾸준히 백인보다 높게 기록되었다. 또한 퓨 연구소(Pew Research Center)의 보고에 따르면 백인가정의 평균재산이 흑인가정보다 20배 많으며, 라틴계보다 18배 많은 것으로 나타났다(Kochhar, Fry, & Taylor, 2011). 아프리카계 미국인과 라틴계 미국인의 높은 실직률, 낮은 평균자산 및 많은 비자발적 진로전환이 있는 것에는 여러 가지 이유가 있다. 미국노동부는 실직률이 높은 직업에 취업하는 비율, 낮은 교육수준, 직업기회가 제한적인 지역에 밀집되어 거주하는 점과 인

종차별 등이 여기에 포함될 것이라고 예상했다(Bureauof Labor Statistics, 2010).

Fouad와 Byars-Winston(2005)는 진로선택에 있어서 인종 및 민족의 차이에 대한 메타분석을 통해 취업활동과 관련이 있는 진로포부 및 인식의 면에서 인종과 민족이 진로포부 및 의사결정에 영향을 미치지 않는다는 것을 발견했다. 하지만 그들은 진로기회 및 장벽에 대한 인식에 있어서 인종/민족에 따른 차이가 있음을 발견했다. 즉, 진로기회 및 장벽들은 취업활동 참여 및 전환에 영향을 미칠 가능성이 있다.

장년 노동자. 1995년 이후 55세 이상 노동자의 수는 엄청나게 많아졌고 1995년 이전에 비해서 55세 이상 전임제 노동자의 수는 2배 가까이 증가했다(U.S. Bureau of Labor Statistics, 2008). 2016년까지 55세 이상 노동자 36%, 65세 이상은 80% 증가할 것으로 예상되고 있다(U.S. Bureau of Labor Statistics, 2008). 이렇게 증가하는 장년 노동자의 노동시장 참여는 평균수명의 신장과 건강의 증진(Owen & Flynn, 2004), 은퇴계획 및 은퇴에 대한 인식 변화(Quinn & Kozy, 1996), 일부 노동시장의 인원 충족의 필요 때문인 것으로 추정된다. 하지만 장년노동자의 노동인력으로의 유입에 대한 또 다른 설명은 2007년부터 시작된 세계 경제불황이 될 수 있다. 장년 노동자들은 직장에서 상위 직급임에도 불구하고 경제상황에 따라 영향을 받으며, 경력 및 은퇴계획을 수정해야 하는 상황에 놓였다. 장년 노동자의 진로전환과 관련해서는 재정적 안정, 건강, 문화, 나이에 대한 차별, 제한적인 직장 안정성 및 직장이동성이 큰 역할을 한 것으로 보인다(Brewington & Nassar-McMillan, 2000; Brooke, 2009; Miller, 2002; Quinn & Kozy, 1996).

장년의 노동자의 진로전환을 적극적으로 다룰 수 있고, 노동시장에서 경쟁력을 갖기 위해 필요한 프로그램은 매우 제한적이다(Brewington & Nassar-McMillan, 2000). 하지만 진로전환에 대처하는 한 가지 방법은 장년 노동자들을 위한 직업훈련 및 교육프로그램인 연장자 공동체에 제공되는 취업 프로그램(SCSEP: Senior Community Service

Employment Program)을 이용하는 것이다(U.S. Department of Labor, 2011). 이 프로그램은 노인복지법(Older Americans Act)에 의거하여 정부보조금으로 운영되며 임금이 낮거나 무직의 55세 이상 개인들에게 서비스훈련을 제공하는 것이다. 이 프로그램을 통해 개인들은 SCSEP의 서비스와 원스톱 진로센터(one-stop career centers)를 이용할 수 있다(U.S. Department of Labor, 2011). 이 프로그램은 장년의 취업준비자들에게 직업능력을 향상시키고 노동시장의 필요와 경향에 대한 정보를 얻을 수 있게 한다.

능력수준. 장애가 있는 사람들의 실업률은 그렇지 않은 이들보다 높다(Schmidt& Smith, 2007). 성인 취업 준비자는 모든 능력수준을 포괄하여 보여준다. Enright(1996)는 장애와 함께 여러 환경적 제약과 개인의 신념은 장애가 있는 사람들이 다양한 진로선택지를 인식하고 따르는 방법에 변화를 줄 수 있다고 했다.

장애가 있는 일부 취업준비자들은 그들의 진로전환에 필요에 적합한 직업훈련 및 서비스를 찾고 실제로 이용하는 것에 어려움을 겪을 수 있다. 미국 연방정부는 이러한 필요를 해결하기 위한 방법의 하나로 인력투자법(Workforce Investment Act: WIA)을 이용하였다(Timmons, Boeltzig, Fesko, Cohen, & Hamner, 2007). 인력투자법은 원스톱 진로센터를 모두가 이용할 수 있도록 해서 구직자가 누구라도 편의제공을 위한 요청없이 핵심 서비스들을 활용할 수 있도록 하였다. 장애가 있는 구직자를 지원하기 위한 다른 중재안으로는 (1) 폭넓은 평가 및 개인화된 진로설계, (2) 일 정체성 및 대인관계에 중점을 둔 심리교육적 프로그램, (3) 일 경험이 있었다(Szymanski & HanleyMaxwell, 1996).

기존 성인 직업훈련 및 취업서비스 모델

실직이나 불완전 고용상태의 개인에게 직업기술훈련이나 교육을 통해 취업하거나 새로운 진로를 시작할 수 있도록 돕는 다양한 성인 취업서비스 프로그램이 있다(Goodman & McClurg, 2002). 지역사회 및 정부지원 서비스는 진로코칭, 종교프로그램, 복지혜택에서 일로 전환(welfare to-work: WTW) 그리고 원스톱 전달 서비스 등이 있다. 지역 전문대학 또한 성인 직업훈련에 중요한 역할을 하고 있으므로 지역 전문대학들이 성인취업의 필요에 대하여 가지는 장단점을 살펴보도록 하겠다. 진로코칭을 제외하고 대부분의 성인 취업훈련 및 서비스는 인력투자법의 재정적 지원을 어느 정도 받고 있으며 취업희망자들이 무료로 사용할 수 있게 되어 있다(U.S. Department of Labor, 2011). 이 장에서는 위에 언급한 프로그램들의 기본적인 구성과 장단점을 개략적으로 살펴보겠다.

진로코칭

진로코칭은 1990년대 상담운동(consultant movement)에서 파생한 것으로(Chung & Gfroerer, 2003) 진로상담, 취업개발 및 조직상담의 개념을 조합한 것에 주요 초점을 둔다(Chung & Gfroerer, 2003; Stern, 2004). 이름에서 알 수 있듯이 진로코칭은 스스로 진로를 만들어 나가는 것을 생각할 수 있는 가용자원과 자유의지, 능력이 있는 개인들에게 적합하다. 코치들은 개별적으로 내담자와 함께 일과 관련된 기술을 찾고 미래에 진로에 대한 더 나은 결정을 할 수 있도록 도와준다. 대부분의 진로코치는 최소한 경영학이나 관련분야에 학사 이상의 학력을 지니고 있다. 진로코칭이라는 분야가 진로상담 분야와 매우 유사한 점도 있지만, 진로코칭은 문제해결에 초점을 두어 개인의 진로를 개발하는 데 필요한 능력과 그것을 알리는 마케팅에 중점을 두고 있다(Amundson, 2006; Stern, 2004). 또한 진로상담과 다르게 진로코칭은 행동, 상호작용 방법, 비용범위, 실행방법의 범위 등에 대한 규정이 없다. 진로코칭에 대한 별도의 규정은 없지만 별도의 전문단체(국제코치협회: International Coach Federation)가 진로코치로 일하기 원하는 이들을 위한 훈련 및 자격증 등을 주관하고 있다.

진로코치와 함께 일하는 것의 장점은 진로코칭을 통해 취업희망자들이 받을 수 있는 개별 관심과 지원에 있는 것으로 보인다. 진로코치들은 상대적으로 폭 넓은 배경을 가지고 있기 때문에 다양한 환경과 방법으로 내담자와 상호작용 할 수 있다(Chung & Gfroerer, 2003). 코칭은 긍정심리학과 개념적으로 연관성이 있어 이미 어느 정도 좋은 성과를 지니고 있는 개인의 능력을 더욱 개발해주는 개입으로 설계되어 있다(Kilburg, 2004).

진로코칭의 가장 큰 문제는 분야 내에서의 지침이나 규정이 없다는 점과 서비스를 받는 비용이 높다는 것이다(Chung & Gfroerer, 2003). 또한 진로코칭의 방법론에 대한 경험적인 연구와 진로코칭의 효과에 대한 연구 또한 부족하다. 기존의 연구들은 주로 조직의 리더 및 관리자급의 능력을 개발하기 위한 코칭인 전문경영인 코칭이라는 특정한 분야에 한정되어 있다(Kilburg, 2004). 지난 10년간 전문경영인 코칭에 대한 연구가 증가하고 있으며(Greif, 2007), 이러한 코칭이 비즈니스 매니저들의 자기효능감(Baron &Morin, 2010; Evers, Brouwers, & Tomic, 2006), 리더십(Thach, 2002) 및 생산성(Olivero, Bane, & Kopelman, 1997)에 긍정적인 영향이 있는 것으로 나타났다. Lowman(2005)은 연구의 수가 적고, 사례연구에 대한 의존이 높으며 경험적인 연구가 부족한 현실을 두고 "코칭의 경우 실전이 연구에 비하여 상당히 앞서있다"(p.93)라고 평가했다.

코칭을 옹호하는 이들은 그것이 새로운 영역으로 그 성장은 심리치료의 평가와 방향을 같이하며(Kilburg, 2004) 성인 노동자를 위한 근거기반 개입으로서 잠재력을 지녔다고 반박한다. 일의 심리학 관점에서 진로코칭은 직장의 사회적 연결성과 자기결정성 부분을 강조하는데 유용할 수 있다. 실제로 개인이 최선의 진로선택을 하도록 지원하는 것을 강조한다는 점에서 진로코칭의 내담자들이 자유의지를 갖고 있다는 것을 전제로 한다는 점은 명백하다. 이는 전통적인 진로코칭 접근에서 생계 및 권력의 필요성은 이미 그것을 전제로 하기 때문에 무시되었을 것임을 의미한다.

종교프로그램

세속의 성인 취업서비스와 달리 종교프로그램은 해당 종교단체에서 제공하는 서비스와 종교적 요소들이 연관되어 있다는 점에서 독특하다. Uruh (aEbaugh, Pipes, Chafetz, & Daniels, 2003에서 재인용)는 종교프로그램이 세속의 것과 구별되는 두 가지 주요 요소들을 소개했다. (1) 종교교파나 교회와의 연관성, (2) 종교적 메시지를 전달하거나 프로그램의 일환으로 개인의 구체적인 종교적 경험을 제공하는 서비스가 포함되었다는 것이다. 추가적으로 세속적 사회복지 프로그램들은 해당 프로그램의 서비스에 국한되지만 종교 프로그램들은 전인적인 관계가 필요하다는 것과 프로그램 자체를 넘어서는 상호작용들을 강조한다(Lockhart, 2005).

지원금과 관련해서 1996년 제정된 개인책임과 노동기회 조정법(Personal Responsibility and Work Opportunity Reconciliation Act: PRWORA)에 의거하여 종교프로그램들도 종교적 면모를 포기하지 않으면서 연방정부의 지원금을 신청하여 경쟁을 통해 지원금을 받을 수 있다(Ebaugh et al., 2003; Lockhart, 2005). 하지만 대부분의 종교프로그램들은 대부분 연방정부의 지원금을 거의 받지 않는다(Pipes & Ebaugh, 2002). 종교프로그램들은 또한 성인 취업교육 및 훈련을 제공할 때 원스톱 진로센터 및 기타 세속조직과 협력할 수 있다(U.S. Department Labor, 2009).

종교프로그램의 큰 장점은 해당 교파 및 교회 성도가 직업훈련 및 정보에 접근하기 쉽다는 것이다(Ebaugh et al., 2003). 해당 종교의 요소들을 직업 훈련 및 직업지원에 포함시키고 싶은 개인들이 종교프로그램의 도움을 받는 것을 원할 수 있다. 직장이나 진로에서의 종교나 영성에 대한 경험적인 연구는 제한적이나(Duffy, 2006), 적은 수의 연구들이 있기는 했고, 이 연구들은 종교프로그램들이 특히 잘 적용되는 방법들을 밝혔다. 다양한 분야의 직군(간호, 교사, 법률)에 일하는 소수의 가톨릭 신자를 대상으로 한 질적 연구에서 자신의 일을 소명 또는 천직(Dik & Duffy, 2009)으로 보는 것이 연구참여자들에게 적절하다는 것을 확인했다(Hernandez, Foley, & Beitin, 2011). 일하는 어머니들에 대한 연구에서 진로에 대한 소명을 갖는다는 것은 "신이 주신 재능과 인생 어느 시점 이후에 그 것들을 현실에 드러내려는 욕구"(Sellers, Thomas, Batts & Ostman, 2005, p.201)라고 정의되었다. 대단위의 다양한 대상을 표본으로 한 연구에서 종교적 믿음과 활동은 일에 대한 소명과 사회적 정의 지향과도 관련이 있는 것으로 나타났다(Davidson & Caddell, 1994). 이러한 연구결과들은 적어도 일부 사람들을 위해 종교프로그램들의 효과성을 연구할 필요성이 대단히 크다는 것을 보여준다. 하지만 직업훈련 및 지원을 종교와 별개로 하기 원하는 구직희망자들에게는 종교프로그램이 잘 맞지 않을 수 있다.

종교프로그램들은 정부의 지원을 받는 서비스들에 비해서 "전인적"의 필요를 고려할 수 있는 유연성을 더 발휘할 수 있으며, 이러한 점에서 일의 심리학 관점에서 보이는 다양한 필요를 충족할 수도 있다. 일에서 의미를 찾는 다는 것은 종교프로그램의 지원을 찾는 이에게 당연히 감명이 있을 수 있다. 이와 유사하게 종교 행위의 사회적 연결감은 일을 사회적 연결의 원천으로 보는 것과 맥을 같이 한다. 마지막으로 종교프로그램의 주체가 참여자의 재정에 따른 차등을 두지 않는다는 전제하에 본다면, 개인의 생계 및 권력의 필요 자원이 없는 사람들의 필요를 충족하는 것을 지원한다는 다수의 종교적 원리들과도 일치한다. 종교에 기반한 서비스들이 그들의 개입에서 어떠한 직업이론을 따르는지와 경험적 근거가 있는지 여부에 대해서는 추가적인 연구가 필요하다.

복지혜택에서 일로의 전환 프로그램

개인책임과 노동기회 조정법(PRWORA)은 한 개인이 받을 수 있는 복지혜택 기간을 60개월로 제한했다. 이 법안의 통과로 인해 복지혜택에서 일로 전환(Welfare to Work: WTW)프로그램에 대한 관심이 더해졌다. 워싱턴 DC 지역의 모든 원스톱 센터를 관리하는 취업서비스국의 부국장인 HughA. Bailey는 WTW프로그램이 한시적 빈곤 지원제도 (TemporaryAssistance for Needy Families: TANF)를 받고 있는 개인들에게 직업훈련 및 목표를 갖도록 하고 그들이 취업지원을 받는 입장에서 고용되어 자급할 수 있는 상태로 바꿔주는 정부지원 프로그램이라고 설명했다(H. A. Bailey, personal communication, July 10, 2011; Pavoni & Violante, 2007).

WTW프로그램의 혜택은 TANF을 받고 있는 개인들이 이 프로그램을 통해서 직업훈련 및 교육을 받을 수 있다는데 있다(Hasenfeld & Weaver, 1996). WTW프로그램은 무료이며 해당 프로그램들은 자급할 수 있는 길로 참가자들을 이끌도록 설계되어있다(H. A. Bailey, personal communication, July 10, 2011). WTW프로그램에 대한 비판으로는 몇몇 예외를 제외한 모든 TANF 수혜자들이 자신들의 의지와 상관없이 WTW프로그램에 참여해야 한다는 점(Pavoni & Violante, 2007)과 해당 프로그램들의 시간이 개인의 필요를 고려하지 않아 제한적이고(Hollenbeck & Kimmel, 2002), TANF 수혜자가 아닌 이들은 참여할 수 없다는 점들이 있다. 이는 부양가족이 없는 성인 노동자는 WTW 서비스의 혜택을 받을 수 없다는 것을 의미한다.

WTW 프로그램의 효과성에 대한 연구는 개인 책임과 노동기회 조정법(PRWORA)의 성과를 평가할 수 있는 다양한 방법으로 인해 다소 복잡함이 있다. 복지개혁 통과 이후 몇 년간 복지 시스템 내 사례수가 급격히 감소했다(U.S. Department of Healthand Human Services, 2006). 이는 해당 프로그램과 PRWORA의 정책이 성공을 거두고 있는 것으로 보이게 했다. 하지만 이후의 분석에서는 WTW의 수혜자들에 대한 성공적인 결과가 분명하지 않은 것으로 나타났다. 중도 탈락률이 높고, 취업률은 낮으며 취업이 된다고 해도 임금이 낮은 경우가 많다는 점이 미국내 여러 주에서 수행된 다수의 연구결과에서 밝혀졌다(Beimers & Fischer, 2007; Haennicke, Konieczny, & Raphael, 2000; Livermore, Davis, Powers, & Lim, 2011).

WTW프로그램은 제한된 시간이라는 성격과 자급력에 치중하는 것 때문에 노동자의 생존과 권력과 관련한 필요에 집중할 가능성이 높은데, 적어도 재정자원 및 안전과 관련있는 권력과 관련된 필요에 집중할 것이다. 대부분의 WTW 프로그램은 사회적 연결성이나 자기결정의 필요에는 충분히 대처하지 못한다. 흥미롭게도 얼마 안되는 직업심리학이론에 기반을 둔 WTW 프로그램 (Juntunen et al., 2006) 중 하나에서 자기효능감 증진을 강조한 집단 개입활동 이후 참가자들의 우울증 수준이 감소하는 모습을 보였다. 또한 참가자들은 가치관 살펴보기, 목표 세우기, 집단원들과 연대하기, 스트레스 관리 배우기, 그리고 자신감 개발하기를 개입의 가장 가치 있는 요소로 뽑았다. 이러한 여러 요소들의 변화는 직장내 사회적 연결감, 자기결정성의 수단으로서의 일과 관련이 있었으며 이는 일의 심리학 관점이 현재의 WTW 개입들에 상당한 가치를 더할 수 있는 잠재력을 지녔다는 것을 보여준다.

원스톱 진로센터

미국정부는 20세기 초부터 시작하여 1925년 Wagner-Peyser법, 1961년 인력개발과 훈련을 위한 법률(Man power Development and Training: MDTA), 1973년 포괄적 고용 및 훈련에 관한 법률(Comprehensive Employment and Training Act: CETA), 1982년 직업훈련 파트너쉽에 관한 법률(Job Training Partnership Act: JTPA)을 통해, 개인을 위한 직업훈련 및 교육을 제공하기 시작했다(Guttman, 1983). 이러한 법률을 통해 개인을 준비된 노동력으로 만들기 위해 직업훈련과 구직 지원 프로그램이 개발되었고, 또한 이 프로그램은 빈곤문제 해결, 청소년 범죄예방 그리고 복지 수혜자들의 임금노동자로의 전환을 위한 것이기도 하다. 가장 최근에는 1988년 인력투자법(Workforce Investment Act)이 "미국의 직업훈련, 문맹률 및 직업재활 프로그램들을 통합, 조직화 및 개선하기 위해 제정되었다"(U.S. Congress, 1998, para. 1).

이러한 직업훈련 법률과 관련된 프로그램들이 노동력 개발 및 준비에 중요한 역할을 했음에도 불구하고 이와 같은 프로그램들의 방향성은 지속적으로 변동되었다(Guttman, 1983). 이들 법안의 개정과 변경은 노동시장의 필요와 해당 프로그램의 목표들에 대한 미국 의회 내 다양한 인식의 차이로 인한 부분이 있다. 변동을 가져온 또 다른 요소는 이들 법안과 프로그램 개발에는 모든 정부계층이 참여했으나 이를 계획하고 실행하는 것은 주로 지역정부에서 주관했다는 점이다.

인력투자법(WIA)의 핵심요소는 원스톱 전달 시스템(one-stop delivery system)이다. 원스톱 전달 서비스는 직업훈련 파트너쉽에 관한 법률(JTPA) 하에서 처음 개발된 것으로 인력투자법하에 운용되기까지 직업훈련 관련 법률의 중심 프로그램으로 개발되고 더욱 강화되었다(H. A. Bailey, personal communication, July 10, 2011). 원스톱 센터의 직접적인 감독은 지역 내 사업장(사기업 및 공기업) 및 고등교육의 인사들로 이루어진 지역 내 위원회에서 담당했다(H. A. Bailey, personal communication, July 10, 2011). 원스톱 전달 시스템은 주로 실직 및 불완전 고용 상태의 개인들을 위해 그들이 활용 할 수 있는 넓은 범위의 직업훈련 및 직업관련 서비스들을 제공하는 센터들로 이루어졌다(U.S. Department of Labor, 1998). 원스톱 진로센터는 핵심서비스와 집중 서비스의 두 가지 주요 서비스로 구성되었다(U.S. Department of Labor, 2011). 핵심서비스는 노동시장 정보와 같은 기초 구직 지원, 이력서작성, 면접훈련, 기초 컴퓨터 활용 훈련 및 컴퓨터 접근 등을 포함한다(H. A. Bailey, personal communication, July 10, 2011; U.S. Department of Labor, 2011). 취업에 더 큰 장벽을 경험하는 이들을 위해서 원스톱 센터는 포괄적인 평가 및 개인맞춤 구직 계획 개발 등을 포함한 집중서비스를 제공한다(U.S. Department of Labor, 2011).

원스톱 센터의 강점으로는 다수의 직업훈련과 구직자원들을 한자리에 모았다는 점이 있다(Jacobson, 2009). 또한 실직상태의 개인들이 접근하기 어려운 다양한 직업 및 직업훈련 프로그램에 대한 정보를 수집하고 배부한다. 약점은 장애를 가진 구직자를 도울 수 있는 직원준비에서 한계를 보인다는 것이다(Timmons et al., 2007). 또한 국가 전체에 알려진 브랜드가 없고 미국 내 센터들이 공통적인 이름을 사용하지 않는다는 점 또한 약점이다(H. A. Bailey, personalcommunication, July 10, 2011). 이렇게 전국적으로 통용되는 브랜드가 없기 때문에 구직자들이 지역 내 센터를 찾기 어렵다. 마지막으로 직원들의 사례 관리 기술과 관련된 역량에 대한 규정이 없다. 직원능력이 미숙할 경우 모든 센터에 걸쳐서 일정한 수준의 지원과 서비스를 제공하기 어렵다. 이러한 문제는 개별 지역 원스톱 센터의 기능과 프로그램별 효과성 평가에 초점을 둔 연방정부 평가연구에서 여실히 나타난다(U.S. General Accounting Office, 2003). 이러한 평가들도 원스톱 센터의 이용자 입장의 효과성을 완전히 고려하지 못했으며, 직업심리학 또한 이러한 서비스의 효과에 제한적인 관심을 가졌을 뿐이다. 이 분야는 성인의 구직경험에 관심을 가진 직업심리학자들에게 매우 풍부한 연구의 기회가 될 것이다.

원스톱 센터 시스템은 한 자리에서 진로 및 직업 관련 서비스들에 접근할 수 있도록 통합하기 위해 만들어졌다(U.S. GeneralAccounting Office, 2003). 원스톱 센터 이전에는 성인 구직자들이 많은 시간과 에너지를 소비하며 지역 내 다수의 서비스들과 자원들을 찾아 다녀야만 했다(H. A. Bailey, personal communication, August1, 2011). 이렇게 직업 관련 서비스들이 개별적으로 위치해있을 때는 많은 개인들이 특정 자원에 대한 접근이 제한되었을 뿐 아니라 중요한 진로지원의 자원을 접근하고 사용하기 어려워 필요보다 적게 이용하였다. 원스톱 센터의 개발 및 실행은 성인 구직자들의 직업훈련 및 교육의 가치와 접근성을 향상시켰으며 이는 일의 심리학의 초점과도 부합한다.

지역 전문대학과 직업훈련

많은 지역 전문대학들이 단기간 내에 노동시장에 진입하기 위해 구체적인 직업과 관련된 직업훈련을 받고자하는 구직자들을 위해 단기간의 직업 전문 프로그램 등 단기 훈련프로그램을 제공한다(Flannery, Yovanoff, Benz, & McGrath-Kato, 2008; Grubb, 2001; Lindstrom, Flannery, Benz, Olszewski, & Slovic, 2009). 조직유연성, 사기업과의 근접성, 저렴한 학비, 기술적 전문성, 성인학생을 가르친 경험 등 지역 전문대학교의 강점을 활용해 지역 내 노

동력 개발의 필요를 충족할 수 있다는 것이 이러한 지역 전문대학 역할의 중요한 요소이다(Jacobs & Dougherty, 2006). Jacobs 과 Dougherty는 또한 미국의 많은 주와 지역들이 지역전문대를 중점으로 직업훈련 및 확장프로그램을 만들었다고 말했다. 다음의 지역 전문대학에 대한 평가는 성인의 직업훈련 및 진로전환에 있어서의 지역 전문대학의 영향력에 초점을 둘 것이다.

지역 전문대학들은 그 훈련, 강의 및 일정이 성인과 장년에 맞춰져 있는 경우가 많기 때문에 오랫동안 성인교육에 있어서 중요한 역할을 해왔다(Jacobs, 2001). 일부 임금이 높은 직업들은 고등학교 졸업 이상 그러나 4년제 학사 학위 미만의 학력을 요구하기 때문에(Jacobs, 2001), 지역 전문대학은 이러한 필요를 알맞게 충족한다. 많은 지역 전문대학들은 노동시장의 변화에 따라 직업훈련에 변화를 주거나 새로운 것을 추가한다.

미국 연방정부도 직업훈련에 있어서 지역 전문대학의 역할을 강화하는데 영향력이 있었다. 미국 교육부는 2003년 교육부 내 기관인 직업 및 성인교육국을 통해 대학과 진로전환 계획(College and Career Transition Initiative: CCTI)을 설립했다. CCTI의 목적은 중등교육에서 중등후 교육기관으로 진학하는데 있어서 지역 전문대학과 기술전문대학의 역할을 강화하고 중등교육과 중등후 교육 두 곳 모두에서의 학업수준을 높이는 데 있다(League for Innovation in the Community College, 2008). CCTI에 포함되어있는 내용으로 미국교육부는 다섯 가지 영역에서 지역 전문대학에서의 직업훈련을 지원했다. 해당 영역은 교육 및 훈련, 건강과학, 정보기술, 법과 공공안전 및 보안, 과학기술과 공학 및 수학 등이다. CCTI는 학생들이 고등학교에서 대학으로 가는 전환의 개요를 제시했는데, 학생들이 수요가 많고 임금수준이 높은 진로분야를 성공적으로 준비해나갈 수 있도록 분명한 경로를 제시했다(Kempner & Warford, 2009). 이러한 훈련센터는 최초에 15곳에서 실행되었으며 그 이후에 175개 지역 전문대학으로 확대되었다. 이 정책안을 비롯한 여러 법안과 재정지원을 통해 지역 전문대학

이 직업교육 및 훈련에 좋은 옵션이 될 수 있었다 (Ankeny & Lehmann, 2010).

장애인의 접근성 및 훈련 또한 지역 전문대학의 강점으로 지목된다(Lindstrom 외, 2009). Lindstromet 외는 장애를 가진 사람이 그렇지 않은 사람에 비해서 중등후 교육기관으로 진학할 확률이 낮다고 했다. 하지만 중등후 교육기관으로 진학할 경우 대다수가 지역 전문대학을 비롯해 2년 이하의 학업기간을 가진 교육훈련 프로그램에 참여한다고 했다(Ankeny& Lehmann, 2010). Ankeny 와 Lehmann는 장애인들이 지역 전문대학에서 교육을 받는 것에 성공적일 수 있었던 것에는 다음의 요소들이 작용했다고 한다. 무시험입학정책, 위치, 합리적인 학비, 대학 상담서비스 접근성, 연구보다 강의에 초점을 둔 교수진, 그리고 중등후 교육을 준비할 수 있도록 도와주는 프로그램의 존재 등이 요소들이다. Lindstrom 외(2009)는 미국 오리건주 직업 재활서비스 사무소와 몇 개의 지역 전문대학 간의 직업기술 훈련 협력에 대해서 연구했는데, 그 결과 지역의 재활 상담사들이 지역 전문대학의 훈련프로그램에 대해서 잘 알고 있었고 해당프로그램들을 장애를 가진 사람들에게 추천할 확률이 높은 것으로 나타났다. 앞서 언급한 요소들 덕분에 현재까지 많은 수의 장애가 있는 사람들이 지역 전문대학의 직업훈련을 받았고 앞으로도 그렇게 되는데 일조할 것이다.

약점으로는 지역 전문대학들은 개인들을 4년제 대학에 진학하지 않도록 유도해서 개인의 교육적 성취를 낮춘다는 비판을 받아왔다는 점이 있다(Roksa, 2006). 지역 전문대학에서의 직업훈련이 성장하면서 상위교육 기관으로의 진학이라는 학교의 기능이 저해되었다고 생각된다(Jacobs& Dougherty, 2006). 이는 지역 혹은 2년제 전문대학에 진학한 학생들이 4년제 대학에 입학한 학생들에 비해서 학위를 받을 가능성이 낮다는 점에서 분명히 나타난다.

학점이 인정되지 않는 직업훈련 강의들 자체와 관련된 약점 또한 지적된다. 이러한 강의들이 지역 전문대학의 목적과 동떨어져 있으며 이로 인

해서 대학의 가치관이 변화할 수 있다는 점에 대한 우려가 있다(Jacobs & Dougherty, 2006). Jacobs과 Dougherty는 다수의 경우 학점이 인정되지 않는 강의가 학점이 인정되는 강의들과 비교해 같은 수준을 학생들에게 요구하는 것은 아니며 이로 인해 더 쉬운 것으로 보일 수 있다고 했다. 이러한 약점에도 불구하고 지역 전문대학들은 직업준비와 미국내 노동력개발의 선봉장 역할을 하고 있다.

일의 심리학 관점으로 성인 노동자 요구 평가하기

이전의 장에서 보았듯이 성인 노동자는 필요한 취업지원 및 훈련서비스의 지원을 받을 수 있는 방법이 많다. 이러한 서비스 중에 변화하는 세계시장 속에서 일 전환을 경험하는 성인들을 위한 통합 생애설계(Integrated Life Planning; Hansen, 2002) 접근법과 같은 모델이 있기는 하지만, 성인 노동자가 호소하는 전체를 적절하게 해결하는 서비스는 소수에 불과하다. 일의 심리학의 관점에서 성인 노동자의 필요를 평가하면 현존하는 자원들을 개선하는 데 중요한 지침을 제시할 수 있다.

일의 심리학 관점은 넓은 범위의 노동분야에서 급여 유무와 상관 없이 사람들이 일에서 의미를 만들어내는 방법과 그들이 가지는 내적 동기들을 이해하는 것을 강조한다(Blustein, 2006). Blustein (2006)과 그 동료(Blustein, Kenna, Gill, & DeVoy, 2008)들은 의미있음, 내적 동기 및 기타 성인 노동자들의 다양한 요구들을 해소하기 위하여 일과 가정에서의 삶을 모두 포함하는 포괄적 심리학 실제의 관점을 제안했다. 상담자는 그 틀 안에서 일을 생계, 권력, 사회적 연결, 자기결정성 등의 수단으로 본다. 이러한 각 구인들은 이 책의 다른 부분에서 더욱 자세히 다룰 것이다. 여기서는 이러한 원리들을 아래 가상사례에 적용하여 성인 노동자의 필요를 이해하고 평가해보겠다.

가상사례: 마사(Martha)

마사는 56세의 멕시코계 미국인이다. 그녀는 캘리포니아주에서 태어나 평생을 살아왔다. 그녀

는 22살에 결혼하면서 자신의 고향 가까이로 이사했고, 나이 50에 그녀와 남편 샘(Sam)이 은퇴하면서 근처의 도시로 다시 이사했다. 마사보다 10년 나이가 많은 샘은 작년에 자동차사고로 갑자기 죽었다. 마사는 현재 7살인 손자 코디(Cody)와 둘이 살고 있다. 마사와 샘은 코디가 4살 때 아이 부모가 집에서 불법마약을 제작 및 유통한 혐의로 감옥에 간 이후 그의 양육권을 갖고 보호자가 되었다. 코디의 어머니(마사의 딸) 캐롤라인(Carolyn)은 코디가 9살이 되는 해 출소할 예정이지만 마사는 딸이 "그녀 삶의 것들을 제자리로 돌려놓을 때"까지 몇 해 더 양육권을 유지할 생각이다.

마사는 코디의 양육에 있어 재정적으로 안정된 상황을 위해 다시 구직을 하기 위한 지원을 찾고 있다. 그녀는 남편과 함께 공동소유로 레스토랑을 갖고 있었고 30년 이상 그곳의 매니저로 레스토랑을 운영했다. 마사는 레스토랑 운영이 즐거웠고 그것을 떠났을 때 아쉬워했다. 하지만 그녀는 은퇴 이후 편안히 쉬면서 샘과 함께 여행을 다니는 등 자유로운 삶에 대한 기대도 있었다. 그들은 은퇴하면서 레스토랑을 팔았지만, 은퇴 후 집을 구매하고, 샘의 병원비 및 장례비용, 캐롤라인의 변호사 비용 등 이미 많은 돈을 사용했다. 마사의 현재 자산은 집, 집안물건, 자동차 정도가 있다. 수입으로는 적은 양의 사회보장 연금을 매달 받고 있으며, 주정부에서 코디의 기초생활을 위해 주는 아동보호 보조금이 있고, 그녀의 텃밭에서 가꾼 채소들을 토요일 시장에서 판매하여 얻는 수익 정도가 있다. 마사는 "코디가 기억하는 유일한 집"인 현재의 집을 팔지 않기로 결정했으며, 더욱이나 그 주택이 "지금 당장 내가 의지할 수 있는 유일한 것"이라고 말하였다.

마사는 지난 두 달간 30번 가까이 취직을 시도했으나 계속해서 거절당하고 있다. 그녀는 과거 그녀의 가족 레스토랑에서 했던 일과 같은 관리자급 일을 찾고 있다. 그녀가 받은 거절 통보장 중에는 그녀가 대학학위가 없기 때문에 해당 직급에 맞지 않는다는 말이 있었다. 또한 그녀는 사람들이 새로운 직장을 찾기에 자신이 나이가 너무 많다고 생

각하지 않을까 걱정하고 있다.

생계와 권력의 수단으로서의 일. 얼핏보면, 마사는 본인과 손자 코디의 생계를 위해서 충분한 자원을 지니고 있는 것으로 보인다. 하지만 일의 심리학적 관점에서 더 세밀히 보면 그녀의 상황이 예상하기 힘든 것임을 알 수 있다. 마사의 수입은 대부분 정부의 지원에서 온다. 경제불황이 닥치면 주와 연방정부 지원금 프로그램도 감축되거나 중단될 수 있다. 예를 들어, 그녀가 의존하고 있는 지원 프로그램이 감축되거나 중단된다면 그녀의 수입은 상당히 줄어들고 예견하기 힘든 상황이 될 것이다. 마사는 현재 그녀와 손자가 살고 있는 안전한 집이라는 자산을 가지고 있다. 하지만 급히 필요한 경우에 주택을 현금으로 유동성 있게 하는 것은 매우 어려운 일이 될 수 있다. 집을 판매하는 것은 지역의 부동산 시장의 맥락에서 이해해야 한다. 마사를 만나는 상담사가 그녀와 손자의 생계를 책임질 수 있다는 것에 대한 그녀의 인식과 자신감을 잘 평가하는 것이 매우 중요하다. 마사가 코디의 학교시간에 잘 맞는 직장을 구하지 못할 경우 돌봐줄 사람을 고용해야하는 등의 비용처럼 기본적인 안전의 필요 역시 고려해야 한다. 상담가들은 생계 곤란의 정의가 다양할 수 있다는 점을 이해하고, 내담의 생계요구를 완전히 이해하기 위해서 특권과 계층에 대한 자신들의 선입견을 점검해야 한다(Blustein, 2006; Liu, 2010).

권력과 관련해서는 마사가 현재상황에서 인식하고 있는 자유의지와 선택지에 대해서 평가하는 것이 중요하다. 또한 마사가 과거 30년간 유급으로 일하면서 인식하는 일의 의미와 현재 인식하는 일의 의미를 탐색해야 한다. 그녀는 장기간 경제적, 사회적 권력을 가지고 있는 자리에서 근무해왔으며 현재는 상대적으로 권력이 없다고 생각할 수 있다. 잠재적인 나이에 대한 차별과 인종에 대한 차별 등도 탐색하여 사회적인 요소들에 귀인할 것을 분명하게 해서 "피해자를 비난하는" 생각이 상담관계에서 없도록 해야 한다. 마사가 처한 현실의 한 단면은 고용인들이 장년 노동자의 요구를 이해할 준비가 되어있지 않다는 것이다(Miller, 2002).

마사와의 상담에서 상담자는 새로운 직장환경에 적합한 기술과 태도를 확인하고 내면화된 나이와 인종에 대한 차별적 생각에 도전하는 것과 같이 역량강화와 알아차림 증가 활동들을(Blustein et al., 2008) 포함해야 할 것이다. 무급의 경험들도 역량 강화에 도움이 된다는 점도 중요한다. 예를 들어 마사에게 코디의 보호자로서 여러 상실의 경험에도 그녀가 보여주고 있는 굳건함을 강조하여 그녀의 권위를 세워줄 수 있다.

사회적 연결의 수단으로서의 일. 마사는 다시 구직 시장에 나오는 대부분의 중장년들과 마찬가지로 사회적 연결의 필요에 영향을 미칠 수 있는 그녀 삶의 큰 변화에 대처하고 있다. 남편의 갑작스러운 죽음은 확실하게 큰 영향을 미쳤을 것이고 이것이 과부가 된 마사의 사회적 지원 네트워크에 어떤 영향을 미쳤는지 평가하는 것이 중요하다. 코디의 보호자가 되는 것도 일 밖에서의 그녀의 사회적 소속감에 영향을 미칠 것이다. 그녀의 친구들은 대부분 어린아이를 돌보고 있지 않을 것이고, 코디 부모 또래는 그녀보다 한참 어릴 것이다. 마사의 다른 사람들과의 관계가 구직에 있어서 그녀를 도와줄 수도 있지만 또 그 반대일 수도 있다는 것을 마사가 알게 하는 것에는 페미니스트 관계적 관점이 유용할 수 있으며(Motulsky, 2010), 이를 통해 마사의 현재 사회적 연결감을 더욱 포괄적으로 이해하는데 도움이 될 수 있다.

그녀가 과거에 일했던 경험에서 남편을 통한 사회적 소속감을 포함해 어느 정도 일과 사회성이 관계가 있었는지 평가하는 것도 중요하다. 마사가 과거에 일을 통해 사회적 연결감을 보상받았다면, 향후의 일도 그런 의미 있는 연결감의 자원이 될 수 있고 일에서 주는 보상의 하나로 의미있는 관계를 얻을 수 있다는 기대가 동기를 유발할 수 있다. 마사가 이전에 일을 사회적 지지의 통로로 생각하지 않았다면, 잠재적인 직장의 환경들을 평가하는 것을 통해 현재의 사회적 연결감이 증진되는 것을 보여줄 수 있다. 마사의 미래 일 환경을 평가할 때, 미래의 일이 마사가 손자의 필요를 잘 충족시킬 수 있도록 할지를 가늠하는 것도 매우 중요

한데, 일에서의 관계와 코디와의 관계 중에 하나에 우선을 두어야 할 수 있기 때문이다.

자기결정의 수단으로서의 일. 내재화의 원리(Blustein, 2006; Deci & Ryan, 2000)를 살펴보면, 현재 구직에 대한 마사의 외부적, 내재적 동기를 평가하는 것이 중요하다. 내재화는 외부의 요구가 점차 가치관, 신념 혹은 자신에 대한 규제 과정으로 내재화 되어가는 것을 의미한다(Deci & Ryan, 2000). 최초에 마사의 행위는 남편의 죽음에 의한 외부적 사정(외부적 규제)로 인한 것일 수 있다. 이는 일 혹은 구직활동을 원하지 않지만 필요한 행위로 인식되게 할 수 있다. 마사가 외부적 압박감을 내재화하여 손자의 미래를 위해 일하지 않는 것에 대해 죄책감을 가지게 될 수 있다(투영적 규제). 그녀 자신과 손자를 위한 안정의 수단으로 일을 찾는 것은 마사가 구직과 관련해서 자기결정적 관점으로 이동하고 있다는 것을 보여준다(확인된 규제). 마사는 그녀가 외부적으로 얼마나 동기부여가 되는지에 따라 이중에 어떤 규제의 상태로든 상담을 시작할 수 있다. 상담자의 중요한 역할 중에 하나는 그녀가 능력, 자족 및 기회구조 접근 등 내재적인 보상들을 인지할 수 있도록 하는 것이 될 수 있다(Blustein, 2006). 마사의 경우 당장에 과거와 유사한 직업을 찾는 것이 불가능할 수 있다. 하지만 고용구조 안으로 접근하는 것은 이전에 누렸던 직장의 만족감을 되찾는 첫걸음이라는 점에서 내재적인 보상이 될 수 있다.

결론

마사와 상담할 때, 일의 심리학 관점은 포괄적인 심리학적 실천을 하도록 하는데 이를 통해 일과 개인의 걱정들의 상호작용이 어떻게 해소되는지를 살펴볼 수 있다(Blustein, 2006; Blustein et al., 2008). 상담사에 의한 개입은 역량을 강화하고, 비판적 의식을 높여주며, 현대 노동력의 필요에 맞는 기술을 연마하도록 장려하고 강해지는 마사의 자유의지와 자기주장을 지원하는 발판을 마련할 수 있다(Blustein, 2008). 마사가 직업과 관련된 사례들에 익숙한 상담사나 심리치료사를 만난다면 이러

한 과정의 개입을 제공받을 수 있고 또 개인의 필요에 적합한 도움을 받을 수 있을 것이다.

하지만 대수의 성인 노동자들은 상담사나 심리학자가 아닌 기존의 수많은 공공 또는 민간 취업훈련 단체를 이용하거나 이런 곳에 의뢰될 것이다. 이러한 서비스들도 상당한 직업 관련 도움을 줄 수 있으나, 그 개입방안들은 일의 심리학이나 일반적인 직업심리학에도 기반을 두고 있지 않을 가능성이 높다. 기존의 성인취업 및 훈련프로그램에 일의 심리학의 원칙들을 결합시키는 것은 더 많은 성인 노동자들이 그들의 세밀한 개인적인 요구들을 살피는데 필요한 도움에 접근할 수 있게 해줄 수 있다.

현대 성인 노동자의 요구를 충족할 수 있도록 하는 개선안

이 장에서는 진로전환의 문제를 해결하는데 성인 구직자들이 활용할 수 있는 다양한 서비스들에 대해서 논의했다. 각 프로그램의 강점과 약점을 평가하며 각 프로그램이 일의 심리학의 개념화와 어떻게 비교되는지 알아보았다. 그리고 프로그램들의 일부분은 일의 심리학의 관점과 일치하는 부분들이 있긴 했지만, 우리는 진로전환의 문제를 해결하는데 성인 직업서비스들을 더욱 개선시키기 위한 몇 가지 추가적인 안내를 제시하려 한다.

접근성과 수용성 강화

이 책에서 일관되게 언급했듯이 직업적 개입은 선택지와 가용 자원이 있는 개인들이 더 접근하기 쉬웠다. 일의 심리학이 성인취업 및 훈련서비스에 이바지할 수 있는 중요한 방법은 전 연령에 걸쳐서 직업서비스를 찾을 필요성을 일반화하는 것이다. 직업적 개입이 가장 필요한 사람들이 해당 서비스를 접근하기 가장 어려울 뿐만 아니라 그러한 서비스가 존재하는지조차 모르는 경우가 자주 발생한다(Zizic & Hall, 2009). 일이 사람의 생애에 걸쳐서 다양한 목적을 가진다는 것을 인지하는 노동에 대한 포괄적이고 통합적인 분류법을 채택하는

것은 성인취업 및 훈련서비스들이 개인과 지역사회의 건강에 중점적인 역할을 할 수 있게 할 수 있다. 예를 들어, 일에 대한 포괄적인 정의가 어린이부터 청소년기의 진로탐색 활동의 일부로 포함된다면 이들이 어른이 되어서 일 전환 및 취업서비스를 예견할 가능성이 더 높아진다. 이러한 예측과 기대는 시간이 지나면 정책과 실행에 영향을 미치고 성인 노동자의 필요에 더욱 적합한 서비스들이 제공되게 될 수 있을 것이다.

직업을 찾는 것이 필요하지만 그것이 전부가 아니다

직업훈련 및 취업서비스 프로그램의 일차적인 기능은 개인들에게 구직지원 및 직업훈련을 제공하는 것이다. 이러한 서비스들은 취업에 필수적이고 개인의 자급력을 높이지만, 기존의 성인 직업훈련들은 포괄적이고 효과적인 서비스로서 전달되기 위해서는 아직 부족한 면이 있다. 특히 기존의 프로그램들은 역량강화, 자율성, 정체성 및 직업이론을 실행으로 옮기는데 최소한의 관심만을 주고 있다. 하지만 이런 영역에 더욱 중점을 두는 것은 서비스의 활용을 개선할 수 있으며 이를 통해 일의 심리학 관점을 실제에 접목시킬 수 있다.

많은 프로그램들이 역량강화와 취업을 통한 자립성을 강조하고, 이를 성인 취업프로그램의 성공의 열쇠이자 근본적인 기둥으로 본다. 표면적으로 이런 부분들은 생계적 필요를 강조하고 있다는 점에서 일의 심리학 관점과 잘 부합하는 것으로 보일 수 있다. 성인 취업프로그램의 성공적인 결과가 다소의 역량강화 및 자립성으로 이어질 수 있다는 점에는 동의하나 이러한 생각을 적용한 방법들은 구직자들에게 일정 제한선과 제약을 주기도 한다. 성인 취업서비스의 일차적인 목표는 어느 정도 수준의 고용을 얻을 수 있게 하는데 있다. 이러한 초점을 가진 대부분의 프로그램으로는 권력, 사회적 연결감, 자기결정의 필요를 해결할 수가 없다.

예를 들어서 극소수의 지원 프로그램만이 전문대학 학위나 학사 학위를 얻도록 장려하고 있다(H. A. Bailey, personal communication, July 10, 2011).

Bailey는 또한 성인 취업프로그램들이 소수의 고성장산업의 일부로 지정된 특정영역에서만 자격증이나 수료증을 제공한다고 언급했다. 이는 불행한 사실이다. 관련 연구에서는 직업과 교육을 통합한 프로그램이 한쪽으로 치우친 프로그램에 비해서 장기적인 성과가 더 좋은 것으로 나타났다(Deskins &Bruce, 2004). 높은 수준의 교육이나 훈련을 받을 기회가 제한적인 현실은 현재의 상황을 반복 재생산하는 결과를 초래하여 성인 노동자들이 권력이나 영향력이 낮은 상태로 일하는 현상이 유지되게 한다. 관리자급 훈련이나 학위를 얻도록 장려 받지 않음으로 인해 성인 구직자들은 관리자급 경력기회나 노동시장의 변화에 대응할 수 있는 더 넓은 범위의 기술을 얻을 기회가 없어진다. 성공적인 사례로 지목되는 원스톱 프로그램과 구성에 대한 종합적인 정보를 보기 원하는 이는 미국 노동부 고용 및 훈련 행정실의 연구 및 평가 싸이트를 살표보기 바란다(http://www.doleta.gov/research/).

일의 심리학의 접근을 기존의 프로그램에 접목하면 더욱 넓은 범주의 훈련 및 교육 모델들을 적용할 수 있고 이를 통해 더 높은 수준의 권력과 자기결정성을 고양시킬 수 있다. 또한 교육기회가 증진되면 유연성과 진로발달에 도움이 되고 수혜자들이 다시 실업의 상태로 회귀하지 않고 지속적으로 직업을 유지할 가능성을 높일 수 있다.

전인격적이고 통합적인 개입

현재 성인 진로프로그램에 활용되는 직업훈련 모델은 현재를 강조하고(Chung & Gfroerer,2003) 하나의 구체적인 직업을 위한 기술을 익히는 것에 초점을 둔다(Guttman, 1983). 종교프로그램에서 살펴본 것과 같이 "전인적" 필요를 고려하는 전인격적인 접근법은 직업의 의미를 높여주고 직업적 정체성 및 능력에 대해서 구직자들이 더 넓게 볼 수 있게 도와줄 수 있다. 이러한 진로 정체성의 확대는 구직자들이 이직하거나 예측불가한 노동시장을 직면할 때 이점이 될 수 있다. 또한 전인격적인 관점을 포함하여 더욱 복합적인 직업 정체성을 개발할 경우 기술연마에 더욱 큰 의미를 부여하게 되

거나 구직자의 정체성 자체에 더욱 의미 있는 변화를 가져올 수 있다. 마지막으로 실직이 정신건강과 관련성이 높다는 점(Paul & Moser, 2009)에서 포괄적인 서비스들은 상담사나 상담치료사와의 협력 혹은 의뢰를 포함할 수 있다. 이들 전문가는 개인의 염려와 직업적 염려에 대한 개인의 필요를 포괄적으로 살필 준비가 되어 있다.

일의 심리학의 관점은 고용, 비고용 노동, 가족 및 인간관계 그리고 사회정서적 근심의 접점을 명백하게 인지하여 살핀다(Blustein, 2006). 역량강화와 비판적 의식을 돕는 개입을 활용한다면 취업 및 훈련 프로그램들의 전체 내담자의 필요를 충족하는 능력이 증진될 것이다. 이러한 개입에는 일반적인 역량강화를 위해 기초적이고 이전할 수 있는 기술을 개발하거나 비판적 의식을 증진시키기 위해 내담자들이 사회적 정치적 장애물들이 자신들의 직업기회들에 어떻게 영향을 미치는지 인지할 수 있게 도와주는 것이다(Blustein et al., 2008). 기술 개발 및 변화하는 노동시장에 대한 대처에 집중하는 개입과 내담자들이 다양한 도움을 받을 수 있도록 발판의 개념을 이용하는 것(Blustein et al., 2008)은 취업 및 훈련 프로그램들이 기존의 단순히 "취업"을 강조하는 수준보다 더 나아가는데 도움이 될 것이다.

이러한 방법을 활용하는 실제사례는 매우 제한적이다(Bhat, 2010; Juntunen et al., 2006). 다음의 두 집단 프로그램은 개인과 직장의 역량강화의 통합을 강조한 것으로 둘 다 긍정적인 결과를 도출했다. Juntunenet 외는 복지 수혜자들을 대상으로 자기효능감 고취와 보편적인 장벽(교통, 탁아, 전문 발표기술 및 면접이 익숙하지 않음 등)을 다루는 것에 초점을 둔 교과과정을 개발했다. 프로그램을 완료한 참가자들은 우울증이 감소하고 자기효능감이 높아진다고 했지만, 많은 사회복지 수혜층의 불안정한 생활환경으로 인한 중도 탈락률이 높았다. Bhat(2010)은 역량강화 및 자기주장에 초점을 둔 15일간의 집중 집단 개입을 실행했다. 그녀는 실업과 자기효능감 및 자기의식을 함께 살피기 위해 행동적 개입을 접목했다. 집단의 마지막 주에는 지

역 고용주들이 집단원을 채용하도록 장려하기 위해 고용주들에게 집단원을 잘 알리려는 노력이 포함되어 있다. 이러한 집단개입의 영향을 확인하기 위해서는 추가적인 연구가 필요하다. 또한 두 집단 모두 참가자들이 시간을 투자해야 하는 활동이기 때문에 구직을 원하는 많은 성인 노동자들이 참여를 저해하는 장벽이 될 수 있다. 관련된 예시로 Clemens과 Milsom(2008)는 정보인지 과정(cognitive information process; CIP)을 활용하여 퇴역 군인들의 민간직업으로의 이직을 도운 사례를 언급했다. CIP는 전통적인 군 전환 서비스에 접목되어 군인들이 당장의 직업에 대한 걱정뿐만 아니라 앞으로의 직업 이직을 위한 기술을 배울 수 있게 했다(Clemens & Milsom, 2008). 일의 심리학 관점에서 이러한 개입은 역량강화 및 발판 만들기의 좋은 예가 될 수 있다.

직업이론을 성인 취업 및 훈련서비스에 주입

마지막으로 성인 취업 및 훈련프로그램의 개발 및 적용과 직업이론 간에 단절이 있다. 직업이론과 연구는 성인 취업 훈련프로그램 개발에 영향을 주지 않은 것으로 보이는데, 이러한 프로그램 설계를 규정하고 활용된 지역, 주, 연방 법에 직업심리학의 원리가 포함되지 않았다는 점에서 그러하다. 이러한 연결의 부재에 대한 또 다른 예로 조직운영 연구에 의하면 회사 임원진이 은퇴 후에 이전하는 것을 도와주는 재취업 상담이 개인의 동감능력, 의식 및 개방성 등 성격의 영향을 받았다고 한다(Martin & Lekan, 2008). 저자들은 재취업 상담사들에게 성격부분에 관심을 가지라고 했으나 개인의 성격과 직업이론의 관계에 대해서 언급조차 하지 못했다. 성인 취업 훈련에서 직업이론 및 직업심리학자들을 제외한 것은 프로그램의 효과를 저해할 뿐만 아니라 프로그램 개발자들이 직업심리학에서 개발된 수많은 효과적인 개입에 대해서 알지 못하게 되는 결과를 가져온다. 이런 문제를 해결하기 위해 직업심리학과 성인 직업프로그램 간에 새로운 협력관계를 제안하는 바이다. 이 협력관계를 통해 성인 직업서비스들은 프로그램의 이론적인 기반과 그 효과를 평가하고 개발하는데 필요한 신뢰할 수 있는 방법을 지니게 된다. 직업심리학의 경우 심리학자들이 해당 프로그램에서 상담고문역으로 참여하며 직업심리학에 유용한 새로운 데이터를 제공받게 된다. 이 선순환적인 관계는 심리학자들이 직업심리학이론과 모델들을 개선하거나 새로운 것을 개발하는데 도움이 되고 이것들이 다시 넓은 범위의 성인 노동자의 필요에 적합한 효과적인 개입방안으로 활용될 수 있다.

일의 심리학적 관점은 다른 직업이론을 보완하고 같이 활용되도록 설계되어 있기 때문에 직업심리학과 취업 및 훈련 기관들의 관계를 이어주는데 특히나 유용하다(Blustein et al., 2008). 일의 심리학 관점은 직업심리학으로 직업행동을 이해하면서도 전통적인 직업심리학에서 여전히 부족한 성인의 필요에 대한 포괄적 관점을 제시함으로서 동떨어진 취업서비스와 직업이론 및 연구를 이어주는 다리의 역할을 할 수 있다.

미래 방향

성인 취업 훈련서비스에 대한 본 개관은 직업심리학을 통해 더욱 완전하게 연구 및 실행될 수 있는 다양한 분야들을 발견했다. 아래의 질문들은 일의 심리학 학자들이 성인을 대상으로 한 취업서비스를 개선하기 위해 추구할 수 있는 방향을 몇 가지 제시하는 것이다.

1. 어떻게 하면 현존하는 훈련 및 취업기관들과 더 효과적이고 생산성 있는 협력을 이룰 수 있는가? 어떻게 직업심리학, 특히 일의 심리학이 기관들의 서비스와 관련이 있음을 보일 수 있는가? 이는 상호협력관계를 지원하기 위해서 미국 연방정부 및 주정부 차원에서 정책의 변화가 필요하기 때문에 필수적으로 이루어져야 하는 부분이다.

2. 상대적으로 단기 개입들이 현존의 시스템에 더 적합하고, 효과적일 수 있으며, 현재의 서비스에 주목할 만한 개선을 이루게 할 수 있다는 것을

입증하기 위해서 어떤 연구가 필요한가? 예를 들어 성인 노동자의 필요와 장기간의 워크숍에 참석하기 어려운 현실을 고려할 때, 비판적 인식, 역량강화 그리고 자기결정을 단기간에 다룰 수 있는 개입 방법을 개발해야 한다.

3. 어떻게 하면 성인의 기술습득 및 노동력의 일원으로의 개발이라는 맥락에서 사회적 연결감을 더 적절하게 평가할 수 있는가? 직업훈련 및 취업서비스의 핵심 구성으로 사회적 연결감을 접목하기 위해서는 그것이 직업 근속기간 및 만족도와 관련이 있으며 따라서 성인 취업기관의 총괄적인 목표에 기여한다는 것을 보여야 한다.

4. 고용주들을 성인 노동자를 위한 기회개발에 동참하도록 하기 위해 어떤 노력이 필요한가? 그것을 넘어서 어떻게 하면 고용주들이 거시적 경제변화 및 정치적 변화에도 이 과정에 동참하도록 할 수 있는가? 다수의 기존 직업발달 접근법은 개인에 초점을 두고 있으며 따라서 모든 이들이 기회구조에 대해 균등한 접근성을 가졌다고 전제하고 있다. 일의 심리학은 고용주들이 기회구조의 대표로서 성인 노동자들이 의미 있고 품위있는 일자리를 가질 수 있도록 중요한 역할을 해야 함을 명백히 설득해야 한다.

5. 직업서비스가 필요한 성인 노동자들이 기관 및 사무소로 찾아오는 것이 아니라, 이 서비스가 그들을 찾아가게 하기 위해서는 어떤 점이 변화해야 되는가? 세 명의 자녀를 둔 부모가 전기세와 지역 직업서비스 기관을 방문하기 위한 교통비 중에 한 가지를 선택해야 되는 상황에 있다면, 직업 서비스의 접근성이 떨어진 것이라고 본다. 일의 심리학 관점을 확장하여 직업 개입을 그것이 필요한 곳으로 가져감으로써 그것을 "나눠주는" 방법들을 생각할 수 있다. 미국 내에는 25%의 장기 실업률이 보편화된 지역들이 존재한다. 어떻게 하면 역사적으로 소외되고 관심 받지 못한 성인들에게 준비된 직업심리학자들의 의미 있는 개입안들을 가져다 줄 수 있는가?

결론

제한적인 자유의지와 선택지만을 가진 성인 노동자들의 필요는 직업심리학 연구에서 오랫동안 소외되어왔다. 일의 심리학 관점은 성인 노동자의 일 전환이 개인, 가정 그리고 지역사회에 미치는 다양한 영향을 보여줄 수 있다. 일의 심리학과 상통하는 개입은 성인의 전인격적인 필요를 강조하고, 직업이 사람의 일생 중에 다양한 의미를 가짐을 인지하며, 성인들이 일 전환에 더 잘 대처할 수 있도록 역량강화에 기반한 기술개발 모델을 제공하여 현존하는 성인 노동자 및 구직자들을 위한 서비스들을 개선할 수 있다. 더 나아가서 일의 심리학 관점을 통해서 현재 직업심리학이 성인의 취업 및 훈련프로그램에 기여하고 있는 바를 비판하고, 모든 성인이 의미 있는 직업을 가질 수 있도록 방법을 찾는 새로운 질문과 쟁점들을 제시할 수 있다.

18장 공공정책과 일의 심리학

스펜서 닐스, 에드윈 헤어(Spencer G. Niles and Edwin L. Herr)

초록

이 장에서는 공공정책과 일의 심리학간의 연결에 대한 개관을 제공한다. 구체적으로, 공공정책에 관여해야하는 이유, 일의 조직을 변화와 고용에서 요구하는 기술의 변화, 일과 가정의 갈등, 일의 심리학, 역사적 맥락에서 공공정책과 관련된 주제들에 초점을 두고 있다. 이 장은 이러한 주제들이 공공정책과 진로발달에 시사하는 바를 강조한다. 또한, 이 장에서는 구체적인 정책과 진로서비스, 정책, 맥락간의 연결을 보여주는 입법 사례들을 제시한다. 마지막으로 이러한 주제들이 보다 큰 사회변화와 진로발달 서비스 영역에서 계속적으로 생성되는 새로운 실제, 정책, 연구와 논문들에 따라 어떻게 변화되는지를 논의한다.

주요어

진로발달, 새로운 일의 맥락, 공공정책, 법률

일, 직업구조와 일의 심리학에서의 중요한 변화들로 인해 진로발달과 진로서비스를 지원하는 공공정책들을 재평가하는 것이 필요해졌다. 이 장에서는 저자들은 새롭게 등장하고 확장된 노동자의 맥락을 강조하고, 진로이론가, 진로상담가 및 진로관련 관계자들에게 공공정책이 갖는 중요한 역할에 중점을 두며, 공공정책과 일의 맥락 및 일의 심리학의 관계를 검토하고, 역사적 맥락에서의 진로발달과 공공정책을 강조하며, 공공정책과 진로발달의 현실을 확인하고, 진로발달과 관련해서 공공정책이 관여할 수 있는 기회들을 설명하였다.

진로발달 전문가들과 노동자의 새로운 맥락

진로 문제(career concerns)는 일의 본질의 변화에 따라 진화하였다. 일의 본질이 상당히 변화하고 있다는 가혹한 증거들이 있다. 이러한 변화들에 주목하여, 저자들은 "진로는 죽었다"와 "일은 죽었다"(Bridges, 1994; Rifkin, 1995)와 같은 극적인 문구들을 사용한다. 이러한 주장들이 문자 그대로 받아들여지는 것은 아니지만 진지하게 고려되고 있다. "진로가 죽었다"고 말한 저자들은 우리가 현대사회의 노동자들이 직면하는 진로관련 고민들에 효과적으로 대응할 수 있도록 하기 위해 일의 본질과 관련된 변화를 이해해야 한다는 점을 일깨워준다.

일이 변하고 있다는 것을 보여주는 지표들에는 전 세계적인 실업률, 많은 수의 직업이 한 국가에서 다른 국가로 이동, 빠르게 변화하는 직업구조, 기업축소, 해외 업무외주, 고용없는 경기회복과 관련된 통계 등이 포함되어 있다. 이러한 현상에 대한 보고는 다양한 뉴스매체들을 통해 일상적으로 보여진다. 기술발달은 작은 회사가 가상공간을 통해 전세계적으로 경쟁하는 것과 같이 사업이 이뤄지는 방식을 변화시켰고, 노동자가 했던 과업들이 컴퓨터가 수행하게 됨으로 노동자가 거의 없는 공장이 생겨나게 되었다. 임시 고용 노동자들이 프로젝트성 일을 하여, 해당 프로젝트가 완료되면 고용 관계도 끝나게 된다. 이러한 변화의 저변에는 고용주와 근로자간의 사회적 계약이 재정의되어야 한다는 분명한 메시지가 있다(Niles, Herr, & Hartung, 2002; Rifkin, 1995). 새로운 변화들과 진로과업들은 이러한 일의 본질에 있어서의 큰 변화로부터 생겨난다.

기술이 여가사회를 만들 것이라는 예견이 오래 전에 현실을 이기지 못함에 따라 현대의 노동자들은 그들의 다양한 삶의 역할 헌신에서 균형을 맞추기 위해 분투하고 있다. 기술의 발달은 더 많은 여가시간을 창출하기보다는 더 오랫동안 일하는 것을 더 쉽게(그리고 종종 필요하도록) 만들었다. 안타깝게도 기술은 일을 변화시킬 수 있지만, 여전히 24시간의 하루가 반복된다는 것과 이러한 시간 중의 많은 부분이 일과 관련된 활동으로 채워진다는 사실을 바꿀 수 없다(Blustein, 1997; Niles & Harris-Bowlsbey, 2009).

일의 본질이 바뀌고 있다는 또 다른 증거는 언론의 보도를 통해 찾을 수 있는데, a) 회사가 제공하는 어린이집과 육아휴가, b) 맞벌이 가정, c) 재택근무하는 사람들의 수가 증가하고 있다는 것이다. 일과 관련된 고민은 삶의 고민과 동떨어져서 일어나는 것이 아니다. 이러한 보고들은 증가하는 일과 가정의 역할들의 뒤얽힘을 강조하고 노동자들이 직면한 진로고민에 중요한 함의점들을 갖고 있다(Niles, Herr, & Hartung, 2002).

가족들과 직장

직장에서의 변화와 노동자가 경험하는 다양한 유형의 압력들은 가정에서 그리고 가족내에서 드러난다. 맞벌이 부부 가정의 경우 종종 부모들은 피곤한 상태에서 자녀양육과 배우자로서의 역할을 맡게 된다. 일에 대한 부담이 가정에까지 이어지는 것이다. 상당한 양의 초과근무에 대한 압력을 받는 직업의 경우나 자신의 직장에서의 기술이 부족한 경우는 일하지 않는 시간과 다른 삶의 역할들의 균형에 제한이 따르고 문제가 생긴다. 또 다른 상황으로, 한 부모 혹은 두 부모 모두가 자신들의 현재 능력을 유지해야 한다는 지속적인 압력하에 있다면, 그들은 자신들의 재량시간 중의 상당부분을 새로운 기술을 배우고 관련 교육을 받는 것에 사용하여 일의 기회에서 경쟁력을 가질 수 있도록 할 것이다. 맞벌이 부부 가정의 사람들이 갖는 더 열심히 일하고 높은 수준의 기술력을 유지해야 한다는 압력들은 또한 종종 미국에서의 자녀양육의 본질을 간접적으로 변화하도록 한다. 회사가 이전에는 회사 내에서 담당했던 과업들을 외부에 위탁하여 보안, 음식서비스, 양육관련 일, 광고, 마케팅, 회계, 운송 또는 다른 여러 가능한 일들을 개별 전문업체에 맡기듯이, 많은 가정들은 자신의 집안 일과 자녀와 관련된 일을 그처럼 똑같이 하고 있다. 그들은 낮동안 아이를 돌보는 것과 생일파티를 외부에 위탁하고, 외식을 하거나 음식을 배달해 먹고, 가게에 가서 물건을 고르는 것이 아니라 온라인으로 장을 보며, 잔디와 눈 제거 서비스 및 여러 필요한 일들을 외부에 맡겨서 일과 일이 아닌 역할들 간의 균형을 맞추고자 한다. 그리하여 "가상 육아"라는 말이 직업상 늦게까지 일하거나 출장이 잦은 부모를 묘사하기 위해 등장했다. 그들은 자녀와 연락하고 의사소통하는 방법으로 이메일, 문자, 영상통화, 영상녹음, 가족전체의 온라인 단체 통화나 음성메세지를 사용한다(Herr, 2002).

Niles, Herr와 Hartung(2002)는 많은 가족에게 부여된 이 같은 부담들은(응답들을 예로 들었다) 실제로는 사회의 부유층에게 영향을 주고 저소득층 또는 중산층이나 한부모 가정의 사람들에게는 영향을 주지 않는다고 했다. 한부모 가정의 부모들도 두 가지 이상의 직업을 갖고 있거나 경제적 자립(financial viability)을 유지하기 위해 어린이집을 이용해야한다. 하지만 그들은 비싼 어린이집이나 유치원에 보내기보다는 보육과업들을 수행할 수 있는 친척이나 친구들을 이용할 가능성도 높다. 흔히 경제적으로 가난한 나라에서는 고용이 불안정한 사람들, 자주 정리해고나 해고를 당한 사람들, 다른 기계로 대치되거나 외부 위탁되는 비숙련 직업들을 가졌던 사람들은 자신들의 재량시간 대부분을 구직을 위해 사용하거나 혹은 여러 개의 비전임(part-time)일들을 위해 쓸 것이다. 이러한 사람들 대부분은 항상 재정적 파산의 경계선상에 있으며, 그들의 자녀, 가정, 그리고 그들의 고용주들이 요구하는 모든 과업들을 담당하는 동시에 돈을 벌기 위한 많은 방법들에 매진한다. 그들은 "삶의 구조적 문제들"(즉, 그들에게 중요한 삶의 역할들에 의미있게 관여하려는 노력)이 재정적 부담과 더 나은 미래에 대한 일종의 희망과의 삼각관계를 갖고 있다. 이렇게 부유층과 저소득층으로 나눠지는 것은 사회를 해체한다. 경제적으로 빈곤한 사람들은 단지 부자가 돈이 없는 것이 아니다. 가난한 사람들의 문화, 세계관, 기대와 그들이 하고 있고 할 수 있는 역할에 대한 현실은 다른 구성원들의 부분들과 매우 상충한다. 사람들의 역할이 얼마나 다를 수 있는가를 확인시켜주는 놀라운 통계가 있다. Robert Reich(1991)는 "빌게이츠의 순자산은 미국 하위 50% 가정의 자산의 합계와 같다."고 하였다. 따라서, 오늘날의 맥락에 유용하기 위해서 진로발달 전문가들은 진로발달을 촉진(혹은 제한)하는 개인 내적 요인과 개인외적 요인들에 영향을 주는 무수한 맥락적 요인들에 대응해야 한다.

증가하는 사회경제적 분열은 간과할 수 없다. 이론들과 실제는 적용할 수 있는 것들이어야 하고 진로서비스는 모든 사회경제적 계층들이 이용할 수 있어야 한다. 가장 중요한 것은 진로발달 전문가들이 이러한 서비스들을 이용할 수 있도록 보장하는 공공정책 시책들에 관여해야 한다는 점이다.

공공정책과 진로발달 문제

공공정책은 진로발달을 꾀하는 사람들, 보통 매우 어려운 상황(예를 들어, 장기간 실업, 갑작스러운 해고)에 처한 사람들을 위해 진로서비스 영역(예를 들어 진로계획 조력, 구직활동 코칭, 진로전환 조력)을 위해서 재정적이고 개념적 지원을 제공한다. 하지만 안타깝게도, 특히 미국의 많은 진로이론가들과 실무자들은 공공정책에 대한 인식과 관여 면에서는 역사적으로 단절을 보였다. 많은 이론가들과 실무가들은 사실 연결점이 있다는 것도 이해하지 못했다. 몇몇은 어떻게 공공정책관련 노력들이 자신들이 하는 일과 관련이 있는지 의문을 갖거나 아니면 진로발달 공공정책은 다른 사람들의 일(예를 들며, 로비스트, 주정부와 연방정부 관리자들, 정책 "보좌관들")로 여겼다.

이러한 상황의 자연스러운 결과인지 상담자 교육프로그램에서 정책, 이론, 실무간의 연결은 거의 주목받지 않았다. 예를 들어, Niles와 Nassar-McMillan(2009)은 상담자교육 프로그램에 개설된 진로발달 과목들의 강의계획서 79개를 살펴봤을 때, 공공정책과 관련된 참고문헌을 포함한 강의계획서는 하나도 없었다고 했다. 이는 사회정의, 다문화주의와 상담자훈련 프로그램에서의 옹호의 중요성을 생각할 때 난감한 상황이라고 할 수 있다. 특히, 기회구조(직업적이든 교육적이든)에 접근하는 것이 상대적으로 불공평할 때, 보다 사회적으로 공평한 정책과 법령을 옹호하는 것은 중요한 행동이다.

장차 많은 경우 각자의 직장에서 주요 진로발달 전문가가 될 훈련과정 중에 있는 많은 상담자들은 분명 공공정책과 법령의 중요성에 대해서 제대로 알지 못할 것이다. 사실 지난 100년간 미국에서 공공정책은 진로서비스를 제공하는 사람, 서비스를 받는 사람, 서비스의 목적을 포함한 진로서비스 영역과 관련하여 상담자를 지원하고 기금을 마련했다. 그래서 학교상담가들, 고용상담가들, 대학에서의 상담자들, 진로상담가들 외의 여러 상담가들의 진로발달 관련 활동은 다양한 법령을 근거로(예를 들어, 인력투자법; the Workforce Investment Act of 1998, 국가방위교육법; the National Defense Education Act of 1958[NDEA], 칼 퍼킨스 직업교육 및 응용기술법 1998 수정안; the Carl D. Perkins Vocational Education and Applied Technology Act asamended in 1998) 지원되어 왔다. 보다 구체적으로 살펴보면, 정부정책과 관계법령들은 학생들이 교육계획을 수립하고 고등학교에서 대학으로 진학하는 것과 졸업 후 취업을 하는 전환과정에 대처하는 것을 돕는 원동력이 되어왔다. 마찬가지로, 입법안들은 진로전환을 위해 애쓰고 있는 성인들을 위해 노동자들의 취업능력 증진과 실업기간의 감축을 위한 지원을 제공하고자 했다. 따라서 진로 실무가들이 자신의 일과 공공정책을 연결하지 못한다면, 진로발달 분야의 미래는 매우 위험하다고 하겠다. 분명한 것은 공공정책이란 진로상담가들의 서비스가 전달될 수 있게 파이프라인을 만들어주는 것이고, 이러한 정책들이 지속되기 위해서는 실무가들의 관여가 필요하다는 사실이다.

공공정책과 진로발달 간의 단절은 긴축예산의 시기에 특히 문제가 된다. 정책입안자들은 예산을 삭감하는 어려운 결정을 내려야 하고, 이러한 의사결정 과정을 설명하는 자료들이 필요하다. 안타깝게도, 진로발달 연구가들은 자신들이 고안한 개입들의 비용 효용성에 대해서는 관심을 두지 않는 경향이 있다(Sampson, Jr., Dozier, & Colvin, 2011). 진로 실무가들은 개인의 자존감과/또는 월급의 감소와 관련해서 개인이 지불하는 비용에 관심을 갖는 반면에, 정책 입안자들은 실업과 같은 현상에 따른 사회적인 비용을 살핀다(Herr, 1996). Herr가 말하길 "한 나라의 정책과 법령은 보통 그 나라의 복지를 증진하고, 스스로에게 또 나아가 보다 큰 사회에서 문제가 되는 행동이나 부족한 기술을 가진 개인에게 필요한 도움을 확인하여 제공하고, 스스로를 돌볼 수 없는 사람들에게 안전망을 제공하고, 노동력 준비, 개발 및 훈련을 촉진하여 노동시장내에 있거나 진입하고자 하는 개인의 노동력의 질을 향상시키고자하는 국가적 목표를 반영해서 보여준다"(p.12). 게다가 진로 실무가들은 일반적

으로 자신들의 개입에 대한 성과를 체계적으로 수합하지 않는다. 만약 실무가들이 자신들의 개입의 효용성을 보여줄 수 없다면, 실무가들은 자신들의 월급을 지원하는 예산이 가치있는 비용이라는 것을 이해 관계자들에게 설득하는 데 필요한 증거가 부족한 것이다. 이러한 진로발달 개입들에 대한 효과성과 공공정책가들 간의 관계에 대한 부주의로 인한 공백은 또한 입법자들이 연방과 주 정부 예산의 큰 삭감을 고려할 때, 진로관련 분야를 위기에 처하게 한다.

미국에서의 진로서비스를 지원하는 공공정책과 법령의 지속에 대한 우려는 긴급한 것이다. 현재, 미국 의회는 여러 해결책을 고려하고 있고 이는 미국 역사상 가장 큰 비용삭감에 이르게 할 수 있다. 이러한 삭감은 청년과 성인들의 진로관련 조력을 제공하는 실무자들을 위한 예산이 포함된 법령을 심각한 위험에 놓이게 한다. 미국의 많은 사람들에게 양질의 교육경험을 접할 수 기회와 취업기회가 대단히 낮고 전반적인 실업률이, 7.5%인 캐나다, 7.7% 인 영국, 6.4%인 독일과 비교해서 미국은 9%에서 10%(Bureau of Labor Statistics, 2012)에 이르는 현실에도 불구하고 이러한 위기가 있다는 것은 모순된 일이다.

미국내 실업률에는 사람들이 경험하는 몇 가지 유형의 실업이 반영되어 있다. 개인이 경험하는 실업의 유형은 매우 중요한데, 왜냐하면 그 유형은 정책 입안자들이 주요한 실업률을 개선하기 위해 어떤 종류의 대응을 할 것인지에 대한 방향을 제시하기 때문이다. 예를 들어, 실업상태에 있는 많은 사람들은 구조적인 실업(structural unemployment)으로 분류된다. 구조적인 실업은 일 영역에서 우선시되는 일련의 기술들의 변화를 반영한다. 일예로, 20년 전에는 생산 조립라인과 관련되어 있던 많은 기술들이 이제 과학기술들로 대체되었는데, 이는 조립라인의 노동자가 했던 작업들의 많은 부분을 컴퓨터가 수행하기 때문이다. 이러한 변화들은 더 많은 수요가 있는 분야의 기술들을 훈련하는 프로그램을 접하지 못한 많은 노동자들을 소외시켰다. 직업훈련협력법(Job Training Partnership

Act)과 그 이전의 종합고용훈련법(Comprehensive Employment and Training Act)에 따른 연방 프로그램은 구조적인 실업상태의 노동자들에게 새로운 기술을 획득할 기회를 제공하여 실업노동자들이 보다 고용자격을 갖추도록 하였다(Herr, Cramer, & Niles, 2004).

노동자들은 또한 마찰적 실업(frictional un-employment)을 경험하여 실업상태 일 수 있다. 마찰적 실업은 이전 직업과 새로운 직업 사이 또는 졸업과 취업 사이의 시간들과 관련이 있다. 이러한 노동자들은 필요한 기술을 갖고 있지만 구직활동 기술에 대한 도움이 필요할 수 있다. 미국 내의 원스탑 진로센터는 인력투자법을 근거로 재정을 지원받아 구직활동관련 도움과 구직활동 기술 훈련(예를 들어, 이력서 작성 워크샵, 인터뷰 훈련, 인적네트워크)을 제공한다.

일부 노동자들은 또한 경기적 실업(cyclical un-employment) 때문에 실업상태이다. 경기적 실업은 특정 산업에서 사업의 경기 변화에 따른 정리해고로 발생하게 된다. 예를 들어, 주택융자의 이자율의 증가 때문에, 더 적은 수의 사람들만이 집을 살 수 있고, 더 적은 수의 집이 지어진다. 집 짓기의 감소는 관련 산업분야의 노동자들의 정리해고로 이어진다. 이러한 상황에서 노동자들은 보유하고 있는 기술을 다른 직업으로 전환할 수 있는 방법들을 찾는 것에 도움이 필요할 수 있다. 경기적 실업 상황에서, 관련 사업경기가 다시 좋아지면, 일자리는 다시 생기고 관련 노동자들의 기술에 대한 수요는 생긴다. 그래서 경기적 실업을 경험하는 노동자들의 재교육이 필수적으로 요구되는 것은 아니다(물론 노동자들이 경제변화에 덜 민감한 직업군의 훈련을 선호할 수는 있다).

여기서 중요한 점은 실업유형의 차이에 따라 다른 대처가 필요하며 진로 실무가와 정책 입안자들에게 다른 의미가 있다는 것이다. 하지만, 진로서비스가 필요한 상황에서도, 그러한 진로서비스 분야를 지원하는 공공정책에 대한 자료에 기반한 옹호가 없다면, 이러한 정책들(그리고 관련 서비스들은)은 재정지원을 받지 못할 수 있다. 그래서, 진로

이론가들과 실무가들은 이에 대한 인식을 높여야 하며, 전 생애에 걸친 진로서비스 영역을 지원할 수 있는 공공정책 활동에 관여해야 한다. 이러한 관계에 대한 기초적인 이해를 개발하고 공공정책 관여에 헌신하도록 촉구하는 것은 진로발달 과정과 구조에 중요한 영향을 줄 수 있고, 결과적으로 괜찮은 진로서비스가 필요한 사회의 많은 사람들의 삶에 중대한 영향을 줄 것이다.

공공정책, 일 맥락, 그리고 일의 심리학

현재의 일과 노동자의 맥락을 분명히 하는 것은 공공정책 참여의 기반을 제공한다. 이 책의 여러 장들에서 보여주고 있듯이, 일의 심리학은 복잡하다. 일의 심리학은 개인이 진로관련 의사결정을 내리거나 일 관련 활동들을 할 때, 개인에게 다양한 의미들을 전달하는 강력한 매개체가 된다. 직업을 갖는 것, 생계비를 버는 것, 개인의 필요비용을 충족하는 것, 물건과 서비스의 값을 지불하는 것을 포함하는 경제적 효과를 넘어서서 유급과 무급의 모든 일은 권력, 타인과의 효과적인 상호작용(소속), 개인의 품위(자존감, 행복), 유능감(숙련), 자신을 넘어서는 보다 큰 목적을 가진 사명(자비, 인애, 영성)과 인간관계(긍정적 의사소통, 공유, 상호작용)를 포함한 넓은 사회적이고 심리적인 필요를 충족하는 추가적인 잠재성을 갖고 있다(Arthur, 2008). 많은 사람은 이러한 필요나 인용할 수 있는 다른 것들 중에 어느 하나를 성취할 때 자신이 하는 일에 열정적인 애착을 갖게 된다.

하지만, 일이 가치있지 않거나, 그 일 문화가 매우 만족스럽지 못하거나, 상사와의 관계가 부정적이거나 또 일 업무들이 가치있지 않는 등의 상황이라면, 그러한 상황에서 노동자의 필요는 충족되지 않을 가능성이 높다. 많은 사례에서 약물남용은 노동자의 직업과 관련된 어려운 상황에 대처하는 방법의 하나가 되기도 해서(Frone, 2000) 상황을 악화시키기도 한다. 부정적인 직장에서의 어려움들은 또한 "유출"효과(spillover effect)를 낳을 수 있는데, 하나의 역할(예를 들어, 일)에 참여하는 것이

다른 삶의 역할들(예, 가족)에 참여하는 것에 영향을 주는 것을 말한다. 미국 전국 표본조사를 한 Grzyacz, Almeida와 McDonald(2002)의 연구에서 고령의 노동자(54세 이상의 노동자)는 청장년층 노동자(25세에서 54세)보다 부정적인 일-가족 유출을 적게 경험하는 것으로 나타났다. 이러한 결과들은 근무기간동안 일어나는 일과 가족간의 부정적인 유출을 해결하기 위한 직장정책들이 필요하다는 것을 보여준다. 그러한 정책들은 일-가족 유출경험의 성격 발달에 따른 차이에 관심을 두는 것이 필요할 것이다. 구체적으로 어린 자녀를 둔 청장년 노동자들은 부모를 모시는 과제가 있을 수 있는 50대 노동자들과 달리 직장에서 차별화된 서비스(예를 들어, 육아지원)를 필요로 한다. 여기서 중요한 점은 일이란 진공상태에서 일어나는 것이 아니라는 점이다. 필수 불가결하게, 모든 일터는 모든 가능성과 모든 위협이 내재된 인간공동체이다. 실제로, Landy(1989)에 따르면, "일이란 개인에게 일어나는 어떤 것이다. 일은 일종의 처우이다. 사람들은 일하러 가고 다양한 요소들에 노출된다. 이러한 요소들에는 열과 빛, 소음과 같은 것들이 포함되어 있다. 더욱이, 이러한 요소들에는 수당, 상사유형과 동료를 포함한다. "직업"을 구성하는 의무와 책임까지도 처우이다. 노동자들은 생산성과 책무성에 대한 특정요구가 있는 일하는 장소에 노출되는 것이다"(p.600). 이러한 개인과 집단적인 개인-환경 상호작용은 개인이 일에 대해 갖는 의미뿐 아니라 개인의 일 만족에도 영향을 준다.

일의 의미, 일의 언어, 일의 내용, 일의 과정, 일의 정보, 일과 관련된 스트레스, 그리고 일에서 요구되는 교육이나 기술은 시간과 세대에 거쳐서 변화한다. 정말로, 일의 선택과 일에 적응하는 것은 개인이 스스로를 어떻게 보는가와 개인의 업무과제 수행이나 숙련에 대한 자신감과 새인의 필요와 가치를 충족할 수 있는 일인가와 얽혀있다. 실제로 직장에서의 성공은 적어도 전문기술, 심리적 태도, 자기효능감과 가치들이 혼합된 것이다.

여러 논평가들이 주장하기를 미래의 개인의 진로발달은 과거와 비교할 때, 더 직선적이지 않고, 더 예측하기 어려우며, 보다 가치지향적이고 보다 자발적이고, 보다 잦은 직업변경과 전환이 있을 것이며, 간섭과 파편화로 크게 영향받게 될 것이라 했다(Herr, Cramer, & Niles, 2004). 그래서, 직업과 직장에서 요구하는 과학과 전문기술과 더불어 폭넓고 다양한 진로패턴과 노동자들의 경험을 고려하여 새롭게 등장하는 진로의 새 개념은 사람들이 개인의 유연성의 기저를 이루는 기술획득과 변화에 적응하는 능력의 중요성을 강조한다. 확실히 미래에는 더 많은 노동자들에게 좁은 분야의 전문성이나 기술보다는 한 번에 여러 작업을 하고, 다중공정을 수행할 수 있기를 기대할 것이다. "직업"이라는 용어는 사라질 가능성이 많은데, 이는 일 과업이 무엇이고, 일이 어떻게 제시되며 일의 경계가 무엇인지에 대해 예전 방식을 반영한 용어이기 때문이다. 노동자들에게 이러한 직장에서의 변화에 적응하도록 촉진하는 것은 진로 실무가들에게 매우 중요한 과제이고, 점차 공공정책과 법률들의 목표가 될 것이다(Herr, Cramer, & Niles, 2004).

공평과 접근성의 문제들은 역시 계속해서 공공정책과 관련 입법의 초점이 될 것이다. 고용과 고용유지를 포함한 용어인 노동인구의 일 준비 부족과 관련된 사회적 경제적 비용은 분명하며, 성취와 기회간의 차이에 대한 보다 명확한 인식은 이러한 문제들을 해결하기 위한 정책과 입법안을 위한 동력을 제공한다. 이러한 역사적이고 진화하는 일의 맥락은 현대 사회에서 진로발달 문제를 해결하고자 하는 공공정책과 입법의 출현의 배경 역할을 한다.

공공정책을 정의하기

공공정책과 법률의 정의에 대해서 몇 가지 방식으로 생각할 수 있다. "공공정책"은 어떤 형태이든지 연방정부나 주정부 또는 지역차원에서 사회 문제를 해결하기 위해서 제안된 실제 정부정책으로 정의할 수 있다. 이러한 맥락에서, 공공정책에는 정부의 기능을 지휘하는 일련의 정책들(법령들, 계획, 실행안)이 포함되어 있다. 공공정책에 대해서 생각할 수 있는 또 다른 방식은 공공정책을 현재와 미래를 결정하고 안내하기 위한 명확한 단계들 또는 행동방식으로 보는 것이다(Herr & Pinson, 1982). 보다 현대적인 관점에서 정책개발이란 정책을 만든 환경의 변화에 따른 최선의 추측을 반영하여 형성된 일련의 가설로 이해할 수 있다. 그러한 관점에서, 정책은 일어날 변화에 대한 조치일 뿐 아니라 변화가 필요한 상황에 대한 일련의 가설들을 바탕으로 했다고 볼 수 있다(Herr, 2008).

미국에서 공공정책은 정부 기관들, "싱크 탱크(think tanks)," 무역협회, 학회들이나 풀뿌리 행동주의와 같은 특수 이익단체들을 포함한 여러 다양한 권력 중심체들로부터 나올 수 있다. 이러한 맥락에서, 공공정책은 특정 문제에 대한 법률, 규율의 기준들, 실행의 단계들과 예산배정의 우선순위 선정의 체계로 정의될 수 있다.

공공정책은 두 가지의 서로 다른 관점으로도 볼 수 있다. 거시적 관점에서 공공정책은 법, 정책안, 공공정책과 공공정책의 목표를 달성하기 위한 수단 또는 비용에 대한 정부의 약속과 같은 특정 영역과 관련된 모든 요인들을 포함한 큰 우산으로 볼 수 있다. 미시적 관점에서는 공공정책은 실행되는 입법안만큼의 힘이 있지는 않다고도 할 수 있다. 그래서 많은 경우에 입법안은 법률로 채택될 수 있다. 따라서, 예를 들면 미국 국회에서 논의되고 승인된 구체적인 입법안은 특정 주제 영역과 관련해서 "국법"이 되는 것이며, 구체적인 입법권한을 실행을 정의하는 규칙이 포함되어 있다.

정책형성은 일반적으로 닫힌 시스템이 아니다. 오히려 몇몇 논평가들은 정책형성은 정치인, 지지자, 이익단체나 로비스트들이 언제든 영향을 줄 수 있는 다중성시스템이라고 말한다. 다른 논평가들은 공공정책을 만드는 것은 타협의 기술이 전제되고, 일반적으로 정책에 의해 영향받는 사람이 누구인지와 어떻게 영향받을지에 대해 차이를 만드는 이익단체들에 의한 정치적 운동을 전제한다고 말할 것이다. 후자의 경우 평균적인 국민들의 마음을 움직여서 공공정책과 관련된 지지활동에 참여하도록 하는 "감동적 요소"(재향군인에 대한 부당한 대우와 같이 많은 시민들이 비슷한 반응을 할 감정이 고조된 사회적 주제)를 포함할 때 가장 효과적이다. 직업을 찾을 수 없는 재향군인, 직장 내의 폭력, 실직자들 사이의 약물남용 증가, 소수자 집단들이 경험하는 좋은 학교진학 기회부족과 같은 주제들이 공공정책에 영향을 주는 집단행동을 불러일으킨 최근 사례들이다.

공공정책이나 입법안이 될 수 있는 어떤 형태의 것이든지 검토되고 논의되기 때문에, 공공정책이 현실을 만들어간다는 것은 분명하다. 과거 몇 십년을 살펴보면, 공공정책과 법률은 진로발달 개입의 내용과 형태에 중요한 개입을 해왔다. 여기에는 누가 서비스를 제공하고, 어디서 이뤄지며, 왜 필요한지, 특정 내담자 집단을 위한 진로개입을 할 때 요구되는 자격과 훈련, 누가 진로개입을 받을 것인지, 예상되는 결과 등이 포함된다. 이와 같이 공공정책과 법률은 정부와 공공기관의 진로서비스 제공과 관련해서 법률에 사용된 언어, 예산을 사용하는 기준, 달성할 목표, 시행할 의무절차와 같이 진로서비스 시행의 수용과 지지에 중요한 영향을 미쳐왔다.

법률은 규제하거나 자유롭게 할 수 있고, 완화하거나 억제할 수 있다. 법률은 고용된 사람, 능력 이하의 일을 하는 사람, 실직한 사람들이 직업훈련과 교육, 평가, 직업정보, 재정적 지원, 진로상담과 기타 과정들을 제공받을 수 있도록 촉진하고 자유롭게 하는 조건을 제공한다. 진로 전문가들은 정책입안자들과 협력해서 공공정책이 시기적절하고 분명하도록 하며, 공공정책에 진로발달 전문가들이 구체적인 공공정책의 목표를 향해 나아갈 수 있도록 기여하도록 하고 진로발달 서비스를 지원하기 위해 필요한 자원을 마련하고 그러한 진로개입이 재정을 확보하고 책임질 수 있도록 하는 조건을 포함하도록 도울 수 있다.

역사적 맥락에서의 공공정책과 진로발달

미국에서 진로개입을 지지하는 법률은 1900년대의 초기 10년간 만들어졌고, 그 이후의 매 십년

마다 진로발달의 구조와 내용을 만들고 정의하는 일들은 대체로 매우 활발하게 이루어져 왔다(Herr, 1974, 1993). 예를 들어, 다음의 진로서비스와 진로개입에는 제시된 각 상황들이 중요한 역할을 담당했다. 1900년대 초에는 사회개혁, 아동노동법, 개인의 차이에 대한 인식증가, 1920년대에는 장애인에 대한 관심, 1930년대 대공황의 시기에는 경제적 위기와 매우 제한적이지만 가능한 고용 기회와 사람들을 연결할 필요, 1940년과 1950년대에는 국가안보가 중요했다. 1940년대와 1950년대와 현재 다시 중요해진 것은 제대한 군인들이 민간 노동자가 될 수 있도록 돕거나 제대군인원호법(GI Bill)의 혜택을 받도록 돕는 것이며, 1960년대는 직업과 교육 기회의 민주화, 1970년대에는 긴축경제, 1980년대와 1990년대에는 산업사회에서 지식기반 경제로의 전환과 지구촌 경제의 등장, 그리고 지구촌 경제의 위기와 21세기 초의 경기불황과 아프카니스탄과 이라크의 전쟁의 맥락이 진로서비스와 진로개입에 주요한 역할을 했다.

현재의 공공정책, 법률과 진로발달은 시기적으로 매우 적절하며 중요하다. 미국 내의 많은 논평가들은 일의 조직과 일이 되어지는 방식, 일의 유용성과 관련한 복잡한 변화들 때문에 진로발달관련 공공정책이 국가적 관심을 받고 있다고 했으며, 다른 나라에서도 역사적으로 지금 이 시점이 중요하다는 것이다. 이 같은 맥락에서 이들 논평가들 중 많은 사람들은 세계적인 위기나 구직자들이 처한 어려움에 대해서 이야기한다. 이러한 위기는 청년과 성인, 부자와 가난한 사람, 고용주와 노동자 모두에게 해당되며, 위기는 광범위하게 적용된다. 이러한 문제들 가운데, 실직했지만 잘 훈련받고 교육받은 수백만 명의 사람들은 세계 노동시장의 과잉을 초래하고 구직을 위해 세계를 돌아다니게 되었다. 게다가, 대안적인 진로경로들이 빠르게 등장하고 있는데, 아웃소싱과 해외위탁은 다른 나라들의 가능한 직업들을 바꾸었다. 특히 중요한 것은 지속적으로 빠르게 변화하는 환경에서 "진로"의 의미인데, 많은 노동자들은 자신의 직업의 불확실성과 스스로가 자신의 진로매니저가 될 필요성 때문에 불안하고 초조해한다. 더군다나, 빠르게 증가하는 파트타임직, 임시직, 이주노동자의 비율과 급격히 감소하고 있는 전임노동자 비율과 같은 현실에 따라 많은 노동자들은 현재 자신들의 가족을 부양하기 위해 두 개 혹은 세 개의 직업을 갖고 있다.

진로, 진로발달, 진로개입 또는 관련 용어들의 정의는 지난 100년 동안 10년 단위로 계속 변화되어왔다. 이러한 용어들이 이 책에서 계속 사용되고 있기 때문에, 우리는 본 장에서의 논의를 공공정책 또는 법률에서 등장하는 것으로서의 "진로"로 관점을 어느 정도 한정하고자 한다. "진로는 사회환경 맥락에서의 자신, 과거의 성취나 실패, 현재 자신의 유능감과 특성을 스스로 어떻게 보는가를 정의한다"(Raynor & Entin, 1982, p.262). 진로는 각자마다 고유한 것일 수 있으며, 개인이 선택하거나 선택하지 않은 것에 따라 만들어질 수 있다. 진로는 역동적이며 일생에 걸쳐서 펼쳐진다. 진로는 직업뿐 아니라 직업을 갖기 전과 직업을 가진 이후의 고려들을 포함하고, 또한 다른 삶의 역할들(예를 들어, 가정, 공동체, 여가 역할들)과의 통합을 포함한다(Herr, Cramer, & Niles, 2004). 마지막으로 많은 진로전문가들은 진로를 나이와 관련해서 선형적인 과정으로 일어나는 현상이라고 보아왔다(Super, 1990). 일과 가능한 일의 변화를 고려할 때, 진로의 선형적 개념은 현재로서는 받아들이기 어려워졌다. 이는 파편화된(fragmented) 진로 때문인데, 보다 많은 사람들이 소규모 또는 중간 크기의 기업에서 일하고 있으며, 보다 많은 임시직 노동자들이 있고, 보다 많은 노동자들이 실직의 시기를 경험하고 보다 많은 사람들이 자영업에 종사하고 있다. 경제위기와 이와 관련된 불안정성은 노동자들이 진로선택을 더 자주 하도록 하고, 보통 비선형적인 진로여정이나 "변화무쌍한(protean)" 진로경험을 다루기 위해 분투하게 만든다(Hall & Mirvis, 1996).

현재, 미국에서 진로개입과 관련된 정책들은 균형이 없는 모자이크와 같다. 진로발달에 있어서 매우 중요한 법률안들(예를 들어, 1998년의 인력투자법, 2006년의 칼 퍼킨스 진로와 기술교육 증진법; the

Carl D. Perkins Career and Technical Education Improvement Act of 2006)이 있기는 하지만, 다른 많은 진로문제를 다루는 중요한 법률들이 폐기되어 왔다. 때때로 법내용에 포함된 중요한 요소들이 보다 최신 법률에 통합되기도 했지만, 또 다른 경우들은 이러한 안건들이 말그대로 폐기된다(Hoyt, 2005). 미국 내에는 연방이나 주 정부, 또는 다른 독립기관에 걸쳐 영향을 주는 하나의 진로발달과 관련된 정책방향이 없다. 광범위하고 유용한 입법청원들이 있기는 하지만, 일부 법안들은 준비 중이거나 진행되는 법안과는 별개로 만들어진 것이다. 일반적으로 법률은 모든 사람들의 생애 전체를 고려한 정책(어느 주, 어떤 기관, 어떤 지리적 위치에 있는 사람이든지 또 그 사람의 생애 어떤 시점이든 그 사람의 진로 고민이나 문제에 도움을 얻을 수 있도록 하는 것)이라기보다 특정 문제, 특정 주체들 또는 구체적인 집단에 초점을 둔 것이다.

여기에 논의된 문제들이 버겁고 복잡하게 보일 수도 있지만 공공정책과 법률을 위해 일하는 많은 정책입안자들은 진로발달과 진로서비스를 사회정치적 과정으로 보고 있으며 진로발달의 요소들을 국가적 목적을 달성하기 위한 도구로 사용해 왔다. 미국의 진로서비스 대부분은 어떤 서비스를 누구의 의해, 누구에게, 왜 제공할지를 규정한 정부정책이나 제정된 법률이나 법규의 한 형태로 시행되거나 유지되어 왔다. 엄밀하게 말하자면 진로서비스와 관련된 미국 공공정책은 가치를 기반으로 한 연속체인데 한 편의 끝에는 사회정의를 높이는 것이고, 다른 한 편의 끝은 국가안보를 우선으로 한다. 국가안보와 관련한 예로 1958년의 국가 방위교육법이 있다. 1957년 소련연방의 스푸트니크(Sputnik)발사에 대한 대응으로, 법률에는 국가안보와 관련된 과학발전을 촉진하기 위해 4년간 8억8천7백만 달러의 예산을 배정한다는 것이 포함되어 있었다. 그 법안은 미국의 학교를 향상시키기 위해 다음의 10개의 편(Title)을 포함하고 있다. Title 1, 연방정부가 교과과정, 행정, 인사에 영향을 미치는 것을 금지한다. Title 2, 주정부가 대학생들에게(2억9천5백만 달러) 저금리 대출을 제공한다. Title 3,

과학, 수학, 현대 외국어 교육에 재정적 보조(3억 달러)를 제공한다. Title 4, 종합대학 또는 단과대학의 교육관련분야에 진학하는 학생들을 위해 국가방위장학금을 신설한다. Title 5, 주교육 기관에 안내 검사서비스를 위한 보조금(8천8백만 달러)을 확보한다. Title 6, 현대 외국어 교육프로그램을 지원한다(15억 2천5백만 달러). Title 7, 교육적 목적을 위해 텔레비전, 라디오와 기타 효과적인 시청각매체 사용을 위한 연구와 실험을 제공한다(천8백만 달러). Title 8, 국가방위를 위해 필요한 직업들을 위해 보조금을 승인한다(6천만 달러). Title 9, 국립과학재단의 과학정보서비스를 제공한다. Title 10, 주교육기관의 통계서비스 향상을 위한 주 보조금을 승인한다.

이러한 법률은 미국의 주요 경제적 기여 부분을 잘 보여준다. 진로지도는 수학과 과학에 재능있는 학생들이 이러한 진로경로를 추구할 수 있도록 돕는 중요한 기저로 사용된다. 이에 따라 진로지도는 경제, 교육, 안보와 관련하여 필수적인 것으로 여겨진다. 이러한 법에 따라 재정적 지원의 투입 직후부터 몇 십 년간의 진로이론, 진로평가 도구, 진로 실무가의 수의 증가는 단순한 우연이 아니다. 국가방위교육법은 10년이 넘는 시간동안 유초등교육과 전문대학 학생들의 진로발달 프로그램의 중요성을 보여주는 공공 성명서였다. 또한 진로발달이 임의적인 임시과정이 아니라 학교의 사명 중 일부라는 것을 교사, 행정가, 학부모 및 학생들이 이해하도록 돕기 위해 학교와 전문대학에 상담자들을 배치하는 것을 지원한다.

국가방위법과 과학, 기술, 공학, 수학(STEM; Science, Technology, Engineering, Mathematics)분야 직업들과 관련된 보다 최근의 연방 보조금 청원들은 어떻게 자금의 흐름이 보다 큰 국가적 맥락과 연결되는지를 보여주는 좋은 예이다. 아주 단순화시켜서 말한다면, 국가방위법의 기금은 냉전시대의 사건들(특히 스푸트니크)로 인해 생겨난 것인데, 궁극적으로는 군사적 목적으로 사용될 수 있는 소련연방의 인공위성과 우주선 기술발달에 미국이 보조를 맞추고자한 것이다. 소련연방이 미국보다 앞서 인공위성을 궤도에 올릴 수 있었다는 것은 미국이 "우주 개발 경쟁"에서 소련에 비해 상대적으로 중요한 과학과 기술발달을 이루는 능력이 뒤쳐졌다는 것으로 미국의 우려를 낳았다. 이에 대한 반응으로 미국은 과학과 기술연구를 강조하는 방향으로 엄청난 변화를 보였다. 근본적으로 정부는 나라 전체에 걸친 군대와 교육체제를 개편했다. 게다가, 연방정부는 막대한 양의 자금을 모든 교육단계의 과학, 공학, 수학교육에 쏟아부었다. 공공정책과 법률청원은 STEM 분야의 훈련에 매우 주목하도록 하였다. 이러한 사건들은 STEM과목 영역의 교과 개발을 새롭게 강조하도록 해서 미국교육을 완전히 바꾸었다. 또한, 미국의 STEM 분야를 강화하기 위해 투입된 자금에는 가장 우수한 학생들을 STEM 진로로 안내할 수 있는 학교 내의 상담자들을 위한 지원 증가도 포함되어 있다.

현재의 미국 내 양상은 다시 한번 국가적 STEM 관련 분야 역량강화에 초점이 있다. 경제협력개발기구(OECSD)에서 지원하는 국제 학생 연합 프로그램(PISA; Program for International Student Assessment)의 보고서를 비롯한 자료들은 미국이 얼마나 효과적으로 학생들을 STEM 분야를 위해 준비시켰는가와 관련해서 또 다른 큰 실망감을 안겨 주었다. 구체적으로 2009년 PISA평가에서 미국의 학생들(15세)은 수학부분에서 평균이하, 과학분야에서는 평균정도의 수행을 보였다(OECD, 2010). 이와 같은 보고서들은 미국 내 기금청원과 관련해서 상당한 교육변혁의 기폭제가 되었다. 예를 들어, 버락오바마 대통령 행정부는 40억달러 이상을 "정상을 향한 경주(Race to the Top)" 경쟁을 통해 교육의 혁신과 변혁에 투입하였다. 이 자금의 막대한 부분은 미국의 STEM 교육향상을 위해 배정되었다.

현대적 관점에서 보면 경제위기와 불안정성의 현대적 맥락과 공공정책에 나타나있는 연방과/또는 주의 가치구조와 연결하면 잠재적인 공공정책 청원의 주요지표들을 알 수 있다. 국가안보와 상당한 경제위기가(1950년대나 현재 각각) 만연할 때, 공공정책과 관련 법률청원들은 미국의 세계적 경쟁력 향상에 초점을 둔다. 국가방위법과 정상을 향한

경주 청원이 그러했듯이 이러한 정책들은 학문적 엄격함을 증가시키고, 교육변혁을 촉진하고 학생과 국가의 교육성취를 향상하여 보다 세계적 경쟁력을 갖추려 하려는 것이다. 그러한 청원들은 종종 사회정의를 포함하지만 반드시 이를 강조하는 것은 아니다.

공공정책과 진로발달 현실들

진로발달 진로상담 진로지도나 관련된 개입이 공공정책이나 법률의 유일한 목적으로 쟁점이 되는 경우는 거의 없다. 그보다는 특정 공공정책을 고려하도록 반향을 일으킨 문제를 해결하기 위해 고안된 종합 프로그램의 일부로 진로상담과 진로발달을 보는 경우가 대부분이다. 이러한 과정은 몇몇 문제들(예를 들어, 실업, 참전군인의 민간노동자로의 복귀, 합법이민자의 훈련, 고등학생의 진로준비도)을 해결하기 위한 개입 프로그램에 포함된 다른 요소들과 연관된 것일 수 있다. 예를 들어, 그런 프로그램에는 장려금, 단기 직업훈련, 직업체험, 인턴쉽, 진로상담 등이 포함되는데, 이러한 개입들은 프로그램의 성공률을 높여주기 위해 통합된다. 여기서의 기본 전제는 진로고민을 갖고 있는 대부분의 사람들은 단지 한 가지가 아니라 여러 가지 진로 관련 필요들이 있다는 것이다.

진로서비스의 정책적 일관성에 대한 고민은 많은 주정부에서도 같은 문제가 있지만 보통 연방정부 차원의 정책 실행 측면에서 논의된다(Herr & Pinson, 1982). 미국에서 국가정책, 법률과 재정지원은 활발하게 상호작용한다. 정책은 직접적으로 입법으로 이어지기도 하고 구체적인 입법활동과 정책에서 명시된 구체적인 목적에 따른 기금 승인의 근거를 제공한다. 앞서 논의한 바와 같이 많은 개별적 이권 단체들은 궁극적으로 통과될 입법안의 내용에 영향을 준다. 특히 연방정부의 부처들은 (예를 들어, 교육, 노동, 보건복지, 국방 등) 입법안을 다듬고 만드는 정치적 과정을 거쳐가는 과정에서 중요하다. 이들 부처들은 대개 독자적인 의결권과 독립된 추천권을 갖고 있어서 법률로 전환될 수 있

는 정책과 보조금의 수준을 의회에 추천할 수 있다.

또한, 법률이 직접적으로 특정 진로서비스를 만들고 실행하도록 하는 방법들도 있다. 예를 들어, 1930년대 대량실업이 있었던 대공황시기에, Wagner-Peyser법(1933)은 일 적응의 문제가 있는 사람, 구직의 어려움을 경험하는 사람이나 장애가 있는 사람들에게 직업상담을 제공하도록 미국 고용서비스를 만들었다. 1998년 인력투자법은 Wagner-Peyser법을 포함하여 다음과 같은 유형의 사람들을 위한 원스톱센터를 만들었다. (1) 일을 찾는 사람, (2) 자신들이 받을 수 있는 정부혜택에 대한 정보를 구하는 사람, (3) 진로 실무자와 함께 온라인에 있는 지원 가능한 직업에 대한 정보를 찾는 것이 도움이 되는 사람이 그들이다.

1951년에는 재향군인 행정 직업재활과 교육서비스(the Veterans Administration Vocational Rehabilitation and Education Service)가 재향군인들에게 진로서비스를 제공하기 위해 만들어졌다. 칼 퍼킨스 직업교육 및 응용 기술법(1985)은 역사상 오랫동안 학교와 여타 기관의 진로지도를 위한 재정 지원에서 가장 큰 자원이었다. 그래서, 지난 몇 십년간 공공정책과 법률은 국가적 문제나 국가적 목표들을 다루는 것을 지속해왔고 중요한 근거기반 실제로서 진로발달 요소들을 포함하였다.

갈림길에 선 진로발달 공공정책

현재의 공공정책과 진로발달 맥락에서 제기되고 있는 중요한 문제는 진로서비스에 대한 지속적인 기금마련이다. 앞서 언급한 여러 가지 이유 때문에 아직 본격적인 단계는 시작되지 않았고, 준비작업도 아직 탄탄하지 않고, 진로발달 서비스에 돈을 투자할 필요를 정책입안자에게 설득하기 위해 필요한 적정 의결권자들도 구성되지 않았다. 이에 따라 학생들과 성인에게 제공되는 진로서비스는 보통 공평하지 않았고 지역에 따라 다양하며 근거기반 최선의 실제를 위한 기반이 확립되지 못했다. 놀라운 실례중 하나는 최고의 실업률을 갱신하고 있을 때조차도 1998년 인력투자법에 의해 재정지원을 받는 원스톱 진로센터의 상당한 수가 줄어들

었다는 것이다. 게다가 입법자들은 학생들의 진로발달을 돕는 초등과 중등학교 상담자들을 계속 재정지원하는 것이 가치있는가에 대해서 질문을 제기했다. 현재 맥락에서는 기껏해야 진로서비스를 지속적으로 지원하는가의 갈림길이라 할 수 있다.

조직적이고 체계적인 공공정책을 위해 진로발달 관련자들은 시급한 노력을 기울여야하며, 현재의 경제위기를 지나는 동안은 계속 그렇게 노력해야 한다. 기쁜 소식이라면 기회들이 있고, 전략은 명백해 보이며 실무자들은 아직 그대로 있으며, 전문협회들은 진로발달이 잘 이뤄져나가는 것에 헌신하고 있고 필요성이 증명되었다는 점이다. 단지 최종 답이 무엇일지는 불확실하다. 안타깝게도 이 질문이 방어벽처럼 크게 남겨져 있다.

많은 노동자들의 절박한 상황과 진로발달 공공정책과 관련 법령의 아슬아슬한 지속에도 불구하고, 이해관계자들은 대부분 여전히 제각각 나눠져 있다. 진로발달 투자와 관련된 전문협회들은 협력하여 일하는 경우가 드물다. 노동조합과 노동자들에게 진로서비스를 제공하는 실무자들간의 상호작용은 거의 없다. 원스톱 진로센터에 있는 진로 실무가들을 위한 훈련은 아무리 긍정적으로 보려 하고 여러 기준으로 평가해도 미흡하다. 진로발달 개입을 지원하는 공공정책이 필요하다는 통계자료들은 미미하다.

공공정책 관여의 기회들

첫째, 현재의 경제가 위기감을 촉진한다는 점을 인정하는 것도 중요하지만, 공공정책과 입법조치와 관련된 과정들에 적극적으로 관여해야 할 필요는 계속 중요하다. 경기호황의 시기에 어려움들을 간과하는 것은 경기불황의 시기에 간과하는 것만큼 위험한 것이다. 실제로 1948년부터 2010년까지의 미국내 실업률은 평균 5.7%로 여전히 미국시민 수백만 명을 대표한다. "수용 가능한" 실업수준은 겉으로 판단할 수 없는데, 왜냐하면 실업률에는 아예 구직을 포기한 사람은 포함되지 않기 때문이다. 능력이하의 일을 하는 불완전 고용은 노동력의 재능을 낭비를 보여주는 지속적인 구조적 문제가

되었다. 경기가 가장 호황일 때조차도 많은 사람들은 여전히 직업적으로 경제적으로 권리를 박탈당했기 때문에 진로발달 공공정책에 적극적으로 관여하는 것은 일관되게 지속적으로 필요하다.

가장 중요한 것은 진로발달 공공정책의 관여는 종합적이고, 폭넓으며 체계적이어야 한다는 점이다. 진로발달 이론들, 진로 실무가들, 진로발달 학자들, 진로발달 전문협회들, 기업과 산업체 지도자들, 교육지도자들과 기타 여러 사람들은 공공정책 관여에 헌신해야 한다. 이를 위한 구체적인 방안으로 다음의 몇 가지 기본적인 방법들이 있다:

1. 무엇이 문제이고, 위급한 것이 무엇인지를 당신이 확실히 이해하도록 한다.

2. 무엇이 문제이고, 위급한 것이 무엇인지를 국회의원이 확실히 이해한다.

3. 당신 지역 국회의원과 연락하고 그들의 선거구민들의 삶에 진로발달 개입이 미치는 영향에 대해 분명하게 의사소통한다.

4. 진로관련 전문가 협회들이 서로 협력해서 진로발달을 위한 공공정책과 법률의 발전을 위해 지지노력에 참여하도록 격려한다.

많은 진로발달 전문가들은 정책적 문제에는 관여하지 않는다. 앞서 논의한 바와 같이 진로발달과 공공정책의 중요성의 인식을 높이는 상담자를 위한 훈련 프로그램은 거의 없다(Niles & Nassar-McMillan, 2009). 이러한 정보들이 새로운 전문가들에게 교육되지 않는다면, 새로운 전문가들은 이러한 정보가 자신의 일에 적합하지 않다거나 중요하지 않다고 결론 내리기 쉽다. 따라서 훈련 프로그램을 통해 문제가 무엇이고 위급한 것이 무엇인지에 대한 이해를 갖는 것부터 시작할 수 있다. 공공정책, 법률, 옹호와 사회정의에 대한 정보를 스며들게 함으로써 실제와 정책을 연결할 수 있고 정책관여를 진로 실무가의 일의 한 부분으로 만들 수 있다. 실무가들은 또한 공무원들이 자신들의 일터를 방문하도록 초청할 수 있다. 내담자가 기꺼이 하고자 한다면 진로발달 개입들이 자신의 삶을 얼마나 더 효과적으로 만들도록 도왔는지 추천의 말을 할 수 있다. 이런 식으로 진로서비스의 영향을

보여주는 것은 공무원들에게 진로발달 개입의 중요성을 생생하게 알게 하는 것에 도움이 된다.

그렇지만, 많은 진로 실무가를 교육하는 사람들 스스로도 공공정책 주제들과 과정을 알지 못할 수도 있다. 자료로 스스로를 무장하는 것은 진로발달과 공공정책 문제를 알아가는 좋은 시작점이 된다. 온라인에는 연방과 주정부의 분기별 수행 보고서, 연봉정보와 실업률과 같은 이용 가능한 자료들이 있다. 진로발달과 공공정책을 위한 국제진로센터는(http://www.iccdpp.org/) 세계 여러 나라의 진로발달 서비스에 영향을 주는 공공정책 계획과 관련된 중요한 자원을 제공한다. 다양한 나라에서 진로지도 정책들을 개관한 Watts(Watts, 2005)를 비롯한 여러 개관연구들은 진로서비스 수행에 영향을 주는 전략들을 알 수 있는 풍부한 자료를 제공한다. 위에서 언급했듯이, 진로발달 개입들이 어떻게 개인의 삶을 다르게 만들었는지에 대한 개인적 이야기들 역시 현실과 진로발달 개입들의 잠재적인 영향을 보여주는 것이다. 진로발달 학자들은 자신들의 연구와 공공정책을 연결할 기회들을 찾아야 한다. 적절하다면 논문에 "진로발달 공공정책의 함의"부분을 포함하는 것은(저널 The Career Development Quarterly에서 그렇듯이) 전문학술지에서 이 주제의 중요성을 높이는데 도움이 될 것이다. 정보, 개인적인 경험과 자료를 언론과 온라인에 공유하고 직접적으로 국가공무원들 및 진로발달 공공정책에 대한 의사결정을 하는 지위에 있는 사람들과 공유하는 것은 필수적이며 진로 실무가의 책임의 일부로 포함이 되어야 한다.

전체적으로 이러한 전략들은 의회나 주의회에 영향을 줄 수 있다. 이는 특히 최근 미국이 그렇듯이 새로운 의원들이 대거 유입될 때 더욱 그러하다. 진로발달 이해관계자들은 진로발달 개입들의 중요성과 관련된 입법적 인식을 높이기 위해 앞장섬으로써 국회의원들이 일을 더 쉽게 할 수 있게 해야 한다. 특히 그러한 개입이 어떻게 사회적이고 경제적인 비용을 더 낮추는 것에 기여할 수 있는지에 대한 인식을 높이는 것이 중요하다(Herr, Cramer, & Niles, 2004). 많은 입법자들은 일반적으

로 특히 발달적 관점에서의 진로발달의 필요성을 이해하지 못한다. 진로발달에 대한 학습은 진로발달 이해관계자들의 체계적인 노력없이는 일어나기 어렵다.

요약

본 장에서 우리는 공공정책에 관여해야하는 이유, 일 조직의 변화, 고용을 위한 필요기술들의 변화, 일과 가정 간의 갈등, 일의 의미, 공공정책의 정의, 역사적 맥락에서의 공공정책 및 다른 관련주제들을 강조했다. 이러한 주제들은 공공정책과 진로발달을 표현하는 것이다. 다양한 곳, 다양한 목적, 다양한 진로 실무가의 훈련 수준에 따라 매우 다른 여러 주제들이 있다. 이러한 주제들은 보다 큰 사회의 변화와 함께 변화되고 진로발달 서비스와 관련해서 끊임없이 새로운 실무, 새로운 정책과 새로운 연구와 학문을 만들어낸다는 정도만 일단 말해두겠다.

대단히 많은 나라들은 다양한 집단을 대상으로 한 진로개입의 효과성과 진로발달에 대한 새로운 이해를 제공하는 자료수집과 분석 및 보고서 작성에 참여해 왔다. 세계은행, 국제통화기금, 국고금과 다른 자원들은 이러한 정보를 위해 재정적으로 지원해왔다. 우리가 인용한 논문이나 책은 현재 이용가능한 전세계의 진로발달과 공공정책에 대한 정보의 작은 부분을 대표할 뿐이다. 공공정책에 대해 글을 썼던 사람들은 자신의 나라 혹은 세계에 대해서 점점 다음과 같은 질문들을 하고 있다: 우리는 다른 나라로부터 어떻게 배울 수 있을까? 우리는 전문분야의 학자들이 정의한 근거기반 실제를 어떻게 실행할 수 있을까? 공공정책의 분야 중에서 전 세계적으로 비교하거나 특정 국가들간에 비교해야 하는 중요 요소들은 무엇일까?

우리의 역사에서 자랑스러워할 만한 일이 많았고, 진로서비스와 공공정책간의 연계에 대한 증가된 인식을 볼 때 미래는 훨씬 밝다. 하지만 미래가 더 밝아질지 여부는 진로발달 전문가들이 진로의 실제, 이론, 정책간의 연계를 얼마나 포용하는가에 달려있다.

색 인

저자 소개(Contributors)

사바 라쉬드 알리(Saba Rasheed Ali)
교육학부
아이오와 대학교
아이오와 시티, 아이오와 주

메리 앤더슨(Mary Z. Anderson)
상담자교육 및 상담심리학과
웨스턴 미시건 대학교
칼라마주, 미시간 주

탐바-쿠이 베일리(Tamba-Kuii M. Bailey)
상담심리학 및 커뮤니티 서비스학과
노스 다코타 대학교
그랜드 폭스, 노스 다코타 주

데이빗 블루스틴(David L. Blustein)
상담, 발달, 교육심리학과
린치 교육학부
보스턴 칼리지
체스트넛 힐, 매사추세츠 주

제임스 크로토(James M. Croteau)
상담자교육 및 상담심리학과
웨스턴 미시건 대학교
칼라마주, 미시간 주

엘렌 파비앙(Ellen Fabian)
상담 및 인사 서비스학과
메릴랜드 대학교
칼리지 파크, 메릴랜드 주

리사 플로레스(Lisa Y. Flores)
교육, 학교, 상담심리학과
미주리 대학교
콜롬비아, 미주리 주

앤더슨 프랭클린(Anderson J. Franklin)
상담, 발달, 교육심리학과
린치 교육학부
보스턴 칼리지
체스트넛 힐, 매사추세츠 주

더글라스 홀(Douglas T. Hall)
경영학부
보스턴 대학교
보스턴, 매사추세츠 주

에드윈 헤어(Edwin L. Herr)
교육학부
펜실베니아 주립 대학교
유니버시티 파크, 펜실베니아 주

신디 윤투넨(Cindy L. Juntunen)
상담심리학 및 커뮤니티 서비스학과
노스 다코타 대학교
그랜드 폭스, 노스 다코타 주

니타 칸탐네니(Neeta Kantamneni)
교육심리학과
네브라스카-링컨 대학교
링컨, 네브라스카 주

모린 케니(Maureen E. Kenny)
상담, 발달, 교육심리학과
린치 교육학부
보스턴 칼리지
체스트넛 힐, 매사추세츠 주

메리 베스 메드비데(Mary Beth Medvide)
상담, 발달, 교육심리학과
린치 교육학부
보스턴 칼리지
체스트넛 힐, 매사추세츠 주

필립 미르비스(Philip H. Mirvis)
기업시민의식을 위한 글로벌 네트워크
입스위치, 매사추세츠 주

스펜서 닐스(Spencer G. Niles)
교육학부
펜실베니아 주립 대학교
유니버시티 파크, 펜실베니아 주

아이작 프릴렌텐스키(Isaac Prilleltensky)
교육 및 심리학 연구학부
마이애미 대학교
코랄 게이블스, 플로리다 주

메리 수 리차드슨(Mary Sue Richardson)
응용심리학과
뉴욕 대학교
뉴욕, 뉴욕 주

로빈 알카라 세이너(Robin A. Alcala Saner)
교육심리학과
미네소타 대학교
미니애폴리스, 미네소타 주

찰스 쉐퍼(Charles Schaeffer)
응용심리학과
뉴욕 대학교
뉴욕, 뉴욕 주

그레이엄 스테드(Graham B. Stead)
교육 및 휴먼 서비스학과
클리블랜드 주립 대학교
클리블랜드, 오하이오 주

앤서니 스턴스(Anthony A. Sterns)
간호학부
켄트 주립 대학교
켄트, 오하이오 주
마케팅학과
애크런 대학교
애크런, 오하이오 주

비즈니스, 경영, 리더십을 위한 전문 연구학부
뉴욕 시립 대학교
뉴욕, 뉴욕 주

하비 스턴스(Harvey L. Sterns)
평생발달 및 노인학 센터
심리학과
애크런 대학교
애크런, 오하이오 주
가족 및 커뮤니티 약학과
노스이스트 오하이오 약학대학교
루츠타운, 오하이오 주

제인 스완슨(Jane J. Swanson)
심리학과
서던 일리노이 대학교 카본데일 캠퍼스
카본데일, 일리노이 주

쉐리 터너(Sherri L. Turner)
교육심리학과
미네소타 대학교
미니애폴리스, 미네소타 주

마이클 지커(Michael J. Zickar)
심리학과
볼링 그린 주립 대학교
볼링 그린, 오하이오 주

줄리아 콘켈 지벨(Julia L. Conkel Ziebell)
교육심리학과
미네소타 대학교
미니애폴리스, 미네소타 주

편집자 소개

데이빗 블루스틴(David L. Blustein)

데이빗 블루스틴은 보스턴 칼리지의 린치 교육학부(Boston College Lynch School)의 상담, 발달 및 교육 심리학과 교수이다. 블루스틴 교수는 미국 심리학회(American Psychological Association)의 제17분과(상담심리학회)의 연구원이며, 차세대 과학자-임상가 상, 존 홀랜드(John Holland) 성격 및 진로 부문 연구 성과 상, 그리고 미국 상담협회(American Counseling Association)의 연구상을 수상했다. 블루스틴 교수는 미국 교육연구협회(American Educational Research Association)와 국가진로개발협회(National Career Development Association)의 특별 연구원이기도하다. 블루스틴 교수는 경로 개발, 일의 변화, 탐구 과정, 일과 대인관계 기능의 상호작용, 그리고 일의 심리학에 관한 90편 이상의 논문 및 챕터를 발표했다. 그는 또한 「일의 심리학: 진로 개발, 상담 및 공공정책을 위한 새로운 관점」이라는 책을 출간했으며, 여러 정부기관의 진로개발교육 및 학교-직업 전환 과정과 관련된 문제에 대해 컨설팅을 진행했다.

옥스포드 심리학 총서(Oxford Library of Psychology)

핸드북 시리즈의 결정판인 옥스퍼드 심리학 총서는 세계에서 가장 오래되고 존경받는 출판사 중 하나이며, 전통적으로 심리학의 중요 서적을 출판해낸 옥스포드 대학 출판부(Oxford University Press)에서 출간되었다. 옥스퍼드 심리학 총서의 야심 찬 목표는 역동적이고 폭 넓은 분야를 포괄하는 것이며, 그렇게 함으로써 명확한 시장 욕구를 충족시키는 것이다.

핸드북 종합 시리즈를 위계적으로 구성한 이 총서는 각각 고유한 필요를 가진 여러 수준의 권으로 이루어져 있다. 한 수준에서는 심리학의 주요 하위 분야를 넓게 조망하기 위해 기획된 핸드북 세트가 있고, 또 다른 수준에서는 현재의 중요한 연구와 학문적 심리학 분야를 깊이 있고 자세하게 다룬 다수의 핸드북이 있다. 이 총서는 심리학의 역동성을 반영하도록 계획되었기에, 심리학 자체가 발전함에 따라 총서 또한 성장하고 확장될 것이며, 이 분야에 영향을 줄 중요한 새로운 연구를 강조할 것이다. 접근성과 사용의 편의성을 높이기 위해 총서는 인쇄물로 출판될 것이고, 이후에는 전자 형식으로도 출판될 예정이다.

이 총서는 심리학의 주요 하위 분야의 현 상황과 미래 전망을 조명하는 핸드북으로 구성되었다. 초판에는 사회 및 성격 심리학, 임상 심리학, 상담 심리학, 학교 심리학, 교육 심리학, 산업 및 조직 심리학, 인지 심리학, 인지 신경과학, 연구 방법과 측정, 역사, 신경 심리학, 성격 평가, 발달 심리학 등의 핸드북이 포함되었다. 각 핸드북은 넓고 포괄적인 시각에서 심리학의 주요 하위 분야를 검토하며, 대표적인 학문 내용을 제시한다. 이러한 광범위한 내용의 책 외에도 총서에는 스트레스, 건강 및 대처, 불안 장애, 인지 발달, 또는 아동청소년 평가와 같이 연구의 전문화 된 분야를 탐구하기 위해 고안된 많은 핸드북이 포함되어 있다. 하위 분야를 폭 넓게 다루는 핸드북과는 달리, 후자의 각 핸드북에서는 학문과 연구가 특히 생산적이고 집중적으로 이루어지는 부분에 중점을 둔다. 그러나 광범위하거나 구체적인 수준과 상관 없이, 모든 핸드북은 해당 선행 연구와 현재의 연구를 검토 및 평가하고 미래의 연구를 예상하는 종합적인 관점을 제공한다. 총서의 각 핸드북에는 편집자가 소개말과 끝내는 말로 목차에 대한 로드맵을 제공하고, 해당 분야의 향후 발전에 대한 통찰을 제공한다.

이 영역에서는 각 분야의 저명한 학자들로 구성된 저자 및 편집진을 필요로 하는데, 국가적으로 또는 전 세계적으로 가장 생산적이고 존경받는 많은 심리학자들이 자신의 전문 분야에 관하여 핸드북을 편집하거나 권위있는 글을 작성하는 데 동의해주었다.

옥스포드 심리학 총서는 어떤 대상을 위하여 쓰여졌는가? 총서의 넓은 폭, 깊이, 그리고 접근성으로 인해 심리학과 대학원생과 교수진, 학자, 연구자, 심리학 관련 분야의 종사자 등 다양한 독자 층에게 유용할 것이다. 이들 모두 이 총서에서 자신이 종사하고 있거나 관심을 갖고 있는 분야의 필요한 정보를 찾아낼 수 있을 것이다.

접근성을 보장하기 위해, 각 핸드북에는 종합적인 색인과 함께 연구를 안내해줄 많은 참고문헌이 포함되어 있다. 또한 총서는 처음부터 인쇄판뿐만 아니라 온라인판으로도 기획되었기 때문에 책의 구조와 내용을 온라인 상에서 쉽고 합리적으로 검색 할 수 있다. 총서가 온라인으로 출간된 후에는 정기적으로 면밀하게 업데이트 될 것이다.

요약하자면, 옥스포드 심리학 총서는 심리학의 역동성과 증가하는 학제성을 모두 반영하고, 심리학 분야에 대한 상세한 정보를 제공하기 위해 유기적으로 성장할 것이다. 총서가 전자 형식으로 출간된 후에는, 확장 검색 및 브라우징 기능을 갖춘 독보적인 상호작용 도구가 될 것이다. 이 핸드북을 읽어나가는 동안, 옥스포드 심리학 총서로 대표되는, 500년 이상 이어온 옥스포드 대학 출판부의 우수성, 혁신성 및 품질성에 대한 전통과 열정을 함께 나누기를 진심으로 바란다.

피터 네이단(Peter E. Nathan)
편집장
옥스포드 심리학 총서

역자 소개

박 정 민
COZY SUDA 대표
상담심리학자 / 온라인 리더십코칭 전문가

이화여자대학교 대학원 심리학과에서 상담심리학 전공으로 박사 학위를 받았다. 한국청소년상담원(현 한국청소년상담복지개
발원) 선임상담원, 이화여자대학교 학생상담센터 상담원, ㈜다산E&E의 EAP 팀장, ㈜피플인싸이트그룹의 EAP 팀장, ㈜리더
스인싸이트그룹의 Development 담당 상무를 역임하였고, 현재 COZY SUDA라는 1인 기업 대표로 재직 중이다. 한국심리학
회의 상담심리전문가이며, 한국코치협회의 전문코치(KPC)이다. 현재 다양한 조직의 임원 및 중간 관리자들과 함께 온라인(비
대면) 리더십코칭을 진행하고 있다.

[Homepage] cozysuda.com
[Blog] blog.naver.com/cozysuda
[Brunch] brunch.co.kr/magazine/sudadabang
[Email] monica@cozysuda.com

[저서]
온라인 리더십코칭에 대한 수다(지식과 감성, 2023)
일에 대한 모든 수다(지식과 감성, 2019)
코칭여행자를 위한 안내서(지식과 감성, 2015)
오해하지 말아주세요(박영스토리, 2014)
남자의 공간(21세기북스, 2013)
멘붕 탈출! 스트레스 관리(학지사, 2013)

[역서]
내향적 구성원에게 친화적인 일터 만들기
　(박영스토리, 2022)
Can you hear me(박영스토리, 2021)
동기부여 도구상자(박영스토리, 2020)
평판 : 나를 둘러싼 평판. 평판이란 무엇인가? 왜 중요한가?
　(박영스토리, 2019)
일터에서 긍정심리학 활용하기(박영스토리, 2019)
일의 심리학 : 옥스포드 심리학 총서(박영스토리, 2018)
밀레니얼 세대가 일터에서 원하는 것(박영스토리, 2017)
나의 일을 의미있게 만드는 방법(박영스토리, 2016)
일터에서 의미찾기(박영스토리, 2015)
역량기반 평가기법(지식과 감성, 2015)
스트레스 없는 풍요로운 삶(시그마프레스, 2013)
상사를 관리하라(랜덤하우스, 2011)
Y세대의 코칭 전략(시그마북스, 2010)
중간관리자의 성과코칭전략(이너북스, 2009)
심리치료의 거장(학지사, 2008)

김 태 선

Ball State University에서 상담심리학 전공 및 사회정의 부전공으로 박사학위를 받았다. University of California, Berkeley, predoctoral intern과 post-intern fellow로 지낸 뒤, 박사 학위를 취득 후에 진로상담 및 직업심리학, 다문화 상담 등의 강의를 하였다. 한양대학교 교육학과 조교수를 역임하였고, 현재 아주대학교 교육대학원 상담심리 전공 교수로 재직 중이다. 개인의 삶에서 일이 중요하다고 믿으며, 누구나 자신에게 의미있는 일을 발견하고 추구할 수 있는 기회와 자원을 갖기를 바라며 진로, 다문화상담, 학교상담에 대해서 연구하고 있다.

Email: taesunkim@ajou.ac.kr

신 주 연

미국 콜로라도 주립대학 심리학과에서 상담심리학으로 박사학위를 받았다. 한양사이버대학교 상담심리학과 교수를 역임하였고 현재 인하대학교 교육대학원 상담심리전공 교수로 재직 중이다. 의미있는 삶, 진로, 학업에 관한 연구를 주로 하고 있으며 긍정심리학과 긍정교육을 활용한 학교장면에서의 삶의 질 향상에 관심이 있다. 또한, 의미중심치료와 외상후성장을 중심으로 암환자 및 보호자의 삶의 질 향상을 연구하고 있다.

남 지 혜(J. Sophis Nam, Ph.D.)

유럽과 북미 사이를 오가며 자라온 Third Culture Kid(TCK)로서 미국 웰즐리 여자대학교에서 심리학 학사학위를, 하버드대학교에서 상담학 석사학위를, 보스턴칼리지에서 상담심리학 박사학위를 받았다. 초-중-고등학교, 지역사회 보건센터, 정신병원 그리고 종합병원에서 정신치료 경험을 가지고 있으며, 다양한 외국인, 피난민, 그리고 이민자를 위해 다문화적 상담을 해왔다. 일, 건강, 다문화의 접점에 관심을 두고 연구하며 현 유럽과 중동에 기반을 두고 임상심리전문가 및 교육-진로 컨설턴트로 활약하고 있다.

THE OXFORD HANDBOOK OF THE PSYCHOLOGY OF WORKING, FIRST EDITION
ⓒ Oxford University Press 2013

The Oxford Handbook of the Psychology of Working, First Edition was originally published in English in 2013. This translation is published by arrangement with Oxford University Press
PYMATE is solely responsible for this translation from the original work and Oxford University Press shall have no liability for any errors, omissions or inaccuracies or ambiguities in such translation or for any losses caused by reliance thereon.

Korean translation copyright ⓒ 2018 by PYMATE
Korean translation rights arranged with Oxford University Press through EYA(Eric Yang Agency).

이 책의 한국어판 저작권은 EYA(에릭양 에이전시)를 통한
Oxford University Press 사와의 독점계약으로
'주식회사 피와이메이트'가 소유합니다.
저작권법에 의하여 한국 내에서 보호를 받는 저작물이므로
무단전재 및 복제를 금합니다.

일의 심리학

초판발행   2018년 9월 20일
중판발행   2023년 10월 30일

지은이   Saba Rasheed Ali 외
엮은이   박정민·김태선·신주연·남지혜
펴낸이   노 현

편 집   안희준
기획/마케팅   노 현
표지디자인   권효진
제 작   고철민·조영환

펴낸곳   ㈜ 피와이메이트
               서울특별시 금천구 가산디지털2로 53 한라시그마밸리 210호(가산동)
               등록 2014. 2. 12. 제2018-000080호
전 화   02)733-6771
f a x   02)736-4818
e-mail   pys@pybook.co.kr
homepage   www.pybook.co.kr
ISBN   979-11-89005-13-9   93180

copyright©박정민·김태선·신주연·남지혜, 2018, Printed in Korea

* 잘못된 책은 바꿔드립니다. 본서의 무단복제행위를 금합니다.
* 역자와 협의하여 인지첩부를 생략합니다.

정 가   20,000원

박영스토리는 박영사와 함께하는 브랜드입니다.